SEVENTY YEARS OF
ZHEJIANG EDUCATION EXAMINATION
AND ENROLLMENT

浙江教育考试招生

70年

浙江省教育考试院　组编

ZHEJIANG UNIVERSITY PRESS
浙江大学出版社
·杭州·

图书在版编目（CIP）数据

浙江教育考试招生70年 / 浙江省教育考试院组编
. — 杭州 ：浙江大学出版社，2023.9
ISBN 978-7-308-23209-8

Ⅰ．①浙… Ⅱ．①浙… Ⅲ．①招生－考试－教育
史－浙江 Ⅳ．①G473.2

中国版本图书馆CIP数据核字(2022)第202831号

浙江教育考试招生70年

ZHEJIANG JIAOYU KAOSHI ZHAOSHENG 70 NIAN

浙江省教育考试院　组编

策划编辑	柯华杰
责任编辑	柯华杰　李　晨　陈丽勋
责任校对	沈巧华
责任印制	范洪法
封面设计	周　灵
出版发行	浙江大学出版社
	（杭州天目山路148号　邮政编码：310007）
	（网址：http://www.zjupress.com）
排　　版	杭州林智广告有限公司
印　　刷	杭州捷派印务有限公司
开　　本	889mm×1194mm　1/16
印　　张	32.75
字　　数	630千
版 印 次	2023年9月第1版　2023年9月第1次印刷
书　　号	ISBN 978-7-308-23209-8
定　　价	158.00元

《浙江教育考试招生 70 年》
编写委员会

总顾问：郑继伟

顾　问：刘希平　姜　钢　刘海峰

主　任：毛宏芳

副主任：于永明　孙　恒　黄　亮　钟依均

成　员：葛为民　叶　宏　冯成火　陈煜军　应朝帅　谢才波
　　　　施国良　王咏田　周跃良　章明卓　边新灿

序

中国是考试制度的重要发祥地。我国考试文化源远流长，历史积淀深厚，尤其是肇始于隋确立于唐的科举考试制度，是中华民族对人类文明史的一大贡献。

新中国成立后，国家教育考试制度以全新的面貌登上历史舞台。1952 年高等学校招生实行全国统一考试，研究生招生、业余学校的招生也陆续开展起来，确立了我国高等学校、中等学校招生的基本格局。1977 年恢复高考，开启了国家教育考试制度蓬勃发展的历史进程。普通高校招生统一考试制度恢复以后，研究生招生制度也随之恢复，并确立了初试以全国统一考试为主的体制；成人高校招生经由省统考确立为全国统一考试；20 世纪 80 年代初又建立了高等教育自学考试制度。此后，大学英语等级考试、全国英语等级考试、全国计算机等级考试、教师资格考试等如雨后春笋相继出现在教育考试制度的序列里。

考试的本质是检验。在此基础上派生出评价、认定和选拔功能。由此可以划分为选拔性考试（各类招生考试）、达标性考试（水平考试、等级考试、资格考试等）两大类别。无论是选拔性考试还是达标性考试，从 1977 年到 2021 年，教育考试的恢复、建立、改革与发展都包含四大主题：一是适应经济与社会发展的需要，甄别或选拔人才，遵循教育考试的外部关系规律；二是努力实现科学测量和科学评价，遵循考试测量和人才评价规律；三是坚持育人为本，遵循教育教学和成长成才规律；四是坚持公平甄别和选拔，遵循社会公共资源分配规律。

浙江是中国革命红船的起航地、改革开放的先行地、习近平新时代中国特色社会主义思想的重要萌发地、全面展示新时代中国特色社会主义制度优越性的重要窗口和高质量发展建设共同富裕社会的示范区。自恢复高考制度，特别是进入新世纪、新时代以来，浙江教育考试系统全面贯彻党中央、国务院的部署，按照党的教育方针，遵循教育教学和学生成长规律，一手抓科学评价，一手抓公平甄别和选拔，在教育考试和招生制度的改革发展中贡献了诸多浙江经验。在处理高校招生和中学评价的关系上，浙江省于 1983 年率先在重点高中实施毕业会考，1988 年扩大到全部普通高中，并设立专项课题，围绕高中会考基础上的高考科目设置问题进行研究探索；在对接高中课程改革、促进高考有利于中学实施素质教育方面，浙江省于 2008 年推出《新课改高考方案》，在全国率先提出"分类测试、分批选拔、综合评价、全面考核、择优录取"理念并付诸实施，率先在英语听力和技术科目上提供多次考试机会，率先打破文理分科壁垒，实行"18 选 6"；2011 年率先推出"三位一体"综合评价招生试点，把高考综合评价招生改革落到实处。在自学考试的发展方面，浙江通过开设适农专业、建立乡镇工作基地等措施推进自学考试向农村发展，以"一包两网"为抓手构建自考生学习支持体系，以中高职衔接、专本衔接、学分互认、学历非学历教育结合发展为支点，推进自学考试与其他教育形式衔接沟通，并出台了"一视同仁、自主择业、农转非农、户口随迁"的自考毕业生待遇政策。此外，浙江承担了国家教师资格考试和成人高校招生网上录取两项国家试点任务，结合实际自行研制开发了大学英语三级考试、高校计算机等级考试、中小学信息技术等级证书考试等考试项目，积极适应社会的多元化需求。

党的十八届三中全会提出"深化考试招生制度改革"的任务和要求后，浙江省与上海市率先承担了国家高考综合改革先行先试的光荣任务。高考综合改革把立德树人、促进学生健康成长作为高考招生的首要目标，把高中学业水平考试纳入高考评价体系，全面取消文理分科，扩大学生的选择空间，增加学生的考试机会，为学生在共同发展基础上的个性化发展搭建宽阔的平台。八年的改革实践证明：高考综合改革全面贯彻党的教育方针，直面唯分数论、一考定终身和文理严重偏科的顽瘴痼疾，形成了分类考试、综合评价、多元选拔的考试招生格局，促进了学生选择能力、生涯规划能力、综合素质和创新能力的提升，推动了高中课改的落地，撬动了高校的专业建设和育人模式改革。

《浙江教育考试招生 70 年》以恢复高考后的历史时期为重点，全面梳理了新中国成立以来浙江教育考试和招生事业发展的历程，展示了浙江教育考试和招生系统走在前列、干在实处、勇立潮头的精神风貌。全书分列八篇：第一篇，简要梳理呈现了新中国成立至恢复高考前浙江考试招生制度的变迁脉络；第二至七篇，分别聚焦普通高校考试招生、成人高校考试招生、研究生考试招生、自学考试、高中会考与高中学考、教师资格考试和其他非学历考试，展现了恢复高考后多项教育考试招生制度的演进和改革历程；第八篇，综合反映浙江教育考试和招生系统推进考试招生制度化、信息化、现代化，着力提升管理水平和服务质量的工作及成果。书稿写作以习近平新时代中国特色社会主义思想为指导，以教育部、省政府、省教育厅和省教育考试院（含原省招办、省自考办）的相关史料为依据，以省教育厅、省教育考试院（含原省招办、省自考办）的总结、领导讲话、统计资料、档案和中央、省市的媒体报道等为取材范围，辅以编写组的访谈调研资料，力求材料的真实性、叙述的客观性和结论的公允性。写作过程中注意处理好全国决策背景和浙江实践推进、全国面上情况和浙江探索创新，以及考试和教育、科学性和公平性的关系。

鉴古知今，学史明智。编写《浙江教育考试招生70年》，既是对浙江考试招生历史的回顾梳理与呈现，具有历史价值；也是对以往工作经验、改革举措的总结和思考，对今后更好地发展考试招生事业具有借鉴参考意义。浙江教育考试和招生系统的广大干部和员工，始终以自觉的责任意识、强烈的使命担当，积极开拓探索，多项全国教育考试和招生工作的改革试点均由浙江承担。凡此，皆是浙江精神在教育考试和招生领域的生动体现。这一宝贵的精神财富必将在今后的教育考试和招生制度改革发展中持久焕发青春活力，并成为浙江省积极参与教育强国建设，打造中国式现代化教育先行者伟大实践的强大动力。

毛宏芳

目 录

第一篇 新中国成立后的高等教育与中等教育考试招生（1949—1976年）

第一章 过渡与改造：新中国成立初期的浙江考试招生（1949—1952年）

一、新中国成立之初的全国高等教育招考 / 3

二、新中国高等教育招考在浙江的建立与发展 / 6

三、新中国成立之初浙江其他类型教育的招考 / 12

第二章 考试招生在浙江的探索与实践（1953—1965年）

一、探索与演进：高等教育招考的浙江实践 / 21

二、跃进与调整：浙江高等教育招考的波动 / 31

三、启航与示范：浙江研究生教育招考的勃兴 / 33

四、历史同期声：浙江教育招考面面观 / 38

第三章 停考与推荐：曲折发展年代的浙江考试招生（1966—1976年）

一、"工农兵学员"：时代风潮中的浙江教育招考 / 54

二、大学多型：动荡岁月浙江高等教育招考的另一面向 / 55

三、评价转向：以"三结合"为导向的高等教育招考 / 57

大事记 / 59

第二篇 恢复高考和改革开放后的普通高校、中专考试招生（1977—2021年）

第一章 恢复高考（1977—1978年）

一、1977年：冬天里的春闱 / 69

二、1978年：全国统考的恢复 / 77

第二章 考试招生基本格局的形成和调整（1979—2021年）

一、方针政策体系 / 79

二、考核评价与录取选拔体系 / 87

三、艺术、体育、军事、公安、飞行院校招生 / 90

四、管理体制与运行机制 / 93

五、中等专业学校的考试招生 / 97

第三章 适应经济社会发展需要的招生计划改革（1983—2021年）

一、定向招生打开人才通向农村的路子 / 100

二、委托培养打开培养与用人单位直接联系的渠道 / 103

三、自费生试水高等教育经费多渠道筹措机制 / 106

四、招生"并轨"改革协调公平与效益关系 / 109

五、定向就业招生在新背景下焕发新生机 / 112

第四章　科学选才的探索与实践（1983—2021年）

一、在投档录取体制上逐步扩大高校的选择余地 / 116

二、在统考招生的基本框架内探索德智体全面考核 / 118

三、考试的标准化和考试内容改革 / 122

四、高中会考基础上高考科目设置和评价方式改革探索 / 123

五、在统考主渠道外开辟综合评价、多元选拔的路径 / 125

六、彰显职业教育特色的高职招生综合改革 / 129

七、"专升本"与"2+2"构架在校学生成长立交桥 / 133

八、2009年《浙江新课改高考方案》的突破性探索 / 135

九、"三位一体"招生开启综合评价招生新模式 / 138

第五章　公平选才的探索与实践（1994—2021年）

一、高校扩招在满足人才需求的同时扩大受教育机会 / 141

二、放宽报考准入条件，保障公民平等受教育权利 / 144

三、严格的考试招生管理营造公平竞争的环境 / 145

四、阳光工程让考试招生全程公开透明 / 146

五、平行志愿提升招生录取的程序公平和结果公平 / 148

六、外省籍随迁子女就地高考政策诠释高考公平新内涵 / 150

七、规范高考加分和保送生招生，确保标准公平 / 152

八、实施农村专项计划，推进城乡公平和区域公平 / 157

第六章　新时代高考综合改革的先行先试（2012—2021年）

一、高考综合改革的背景 / 159

二、浙江承担先行试点任务的实践基础和有利条件 / 162

三、改革试点方案的形成、出台 / 163

四、改革试点的主要内容 / 165

五、改革试点的有序推进 / 170

六、改革试点的媒体报道和第三方评估 / 174

七、改革试点遇到的新情况新问题与深化完善 / 178

大事记 / 181

第三篇

成人高校、中专考试招生

（1977—2021年）

第一章　成人高校、中专考试招生的恢复与发展（1977—1999年）

一、成人高校考试招生的恢复与初步发展 / 197

二、成人高校考试招生的规范与快速发展 / 204

三、满足多方面人才需求的成人中专招生 / 215

第二章　新世纪成人高校考试招生的新发展（2000—2021年）

一、成人高校考试招生的改革与调整 / 220

二、成人高校考试招生改革的深化与创新 / 227

大事记 / 230

附录 / 236

第四篇

恢复高考后的研究生考试招生

（1977—2021年）

第一章　研究生考试招生制度的恢复与健全（1977—1998年）

一、研究生考试招生制度的恢复 / 241

二、学位制度的施行 / 242

三、选拔办法的变化 / 243

四、招生计划的改革 / 247

五、工作体系的形成 / 250

六、硕士研究生招生管理 / 256

七、博士研究生考试招生的初步发展 / 257

八、研究生招生规模的扩大 / 259

第二章　研究生考试招生的改革与发展（1999—2011年）

一、推进初试、复试和推免生三项改革 / 261

二、实行研究生专项招生计划 / 266

三、开展专业学位与学术学位研究生分类考试招生 / 269

四、开展同等学力申硕考试 / 274

五、改革博士研究生招生考试 / 275

六、研究生招生规模进一步扩大 / 277

第三章　新时代研究生考试招生的快速发展（2012—2021年）

一、研究生教育改革的深化对考试招生改革的要求 / 279

二、深化博士研究生招生考试改革 / 280

三、全日制与非全日制研究生招生并轨 / 283

四、扩大研究生专项招生计划 / 285

五、硕士专业学位研究生考试招生驶入改革发展快车道 / 286

六、研究生考试招生进入蓬勃发展时期 / 287

大事记 / 289

第五篇

适应经济社会需要和教育终身化趋势的自学考试制度

（1984—2021年）

第一章　自学考试制度的建立与完善（1984—1992年）

一、自学考试制度在浙江的建立 / 301

二、个人自学：在全省掀起读书求知的热潮 / 302

三、社会助学：助力自考学子进入没有围墙的大学 / 309

四、国家考试：科学设计和严格标准铸就自学考试品牌底色 / 312

五、中等专业教育自学考试的试点和发展 / 326

第二章　自学考试制度的改革与发展（1993—2000年）

一、开辟高等教育向农村延伸的通道 / 328

二、建设学习支持体系 / 334

三、本科和中专两端拓展 / 336

四、与其他教育形式合作拓展人才培养渠道 / 338

五、省委、省政府的重视与一视同仁政策的出台 / 344

第三章　自学考试功能的拓展与升华（2001—2021年）

一、以衔接沟通为抓手的功能拓展 / 347

二、为清华大学、浙江大学等远程教育提供考试服务 / 355

三、参加中欧电子学习项目和开启自学考试课程学习过程性考试 / 356

四、深化自学考试课程设置与学分制改革 / 359

五、新时代推进自学考试综合改革实验区建设 / 361

大事记 / 363

附录 / 375

第六篇　教育评价改革中形成的高中会考与高中学考（1983—2021年）

第一章　先行探索的浙江高中会考制度（1983—2005年）

一、高中会考制度建立的时代背景 / 381

二、浙江高中会考制度在全国的率先建立 / 382

三、从重点高中到普通高中，从高中毕业会考到高中证书会考 / 383

四、国家教委对浙江高中会考试点的支持和全国推广 / 386

五、推进高中会考的科学化 / 388

六、高中会考与高考招生相衔接 / 390

第二章　从高中会考到高中学考的发展嬗变（2006—2021年）

一、新课程改革中的高中会考 / 391

二、从高中会考到高中学考 / 393

三、高考综合改革中的高中学考 / 395

大事记 / 399

第七篇　教师资格考试和其他非学历考试的实施与发展（1978—2021年）

第一章　教师资格考试的探索与发展（1978—2021年）

一、教师资格考试的萌芽：任用考核、试用考核和培训考核 / 405

二、教师资格考试的发端：教师资格"省考" / 407

三、教师资格"国考"的浙江试点 / 410

四、教师资格考试在浙江的巩固发展 / 413

第二章　外语类等级考试的实施与拓展（1987—2021年）

一、大学外语四、六级考试在浙江的实施 / 418

二、浙江省大学外语三级考试的设立与完善 / 423

三、全国高等学校英语应用能力考试在浙江的实施 / 426

四、全国英语等级考试在浙江的试点与发展 / 428

第三章　计算机类等级考试制度的建立与发展（1992—2021年）

一、浙江省高校计算机等级考试的研发与演进 / 434

二、全国计算机等级考试在浙江的落地与开展 / 443

三、全国少儿计算机应用技术证书考试在浙江的实践 / 449

四、浙江省中小学信息技术等级证书考试的研发与实施 / 451

大事记 / 455

第八篇　提升管理水平与服务质量的考试招生制度化、信息化、现代化建设

第一章　考试招生的管理机构和体制

一、招生类考试和招生工作的管理机构和体制 / 465

二、自学考试管理机构与体制 / 467

三、其他各类考试的管理 / 469

四、浙江省教育考试院的建立和内设机构的调整 / 469

五、市县教育考试和招生工作管理机构 / 471

第二章　考试招生管理的制度化

一、命题工作制度化 / 472

二、考试管理制度化 / 477

三、录取工作制度化 / 485

四、特殊类型招生制度化 / 486

五、自学考试助学管理和实践环节考核管理制度化 / 488

六、从制度化管理到依法治考、依法治招 / 491

第三章　考试招生管理的信息化和手段现代化

一、考试招生的计算机辅助管理 / 493

二、先行探索无纸化考试 / 494

三、网上录取和网上阅卷 / 495

四、用高科技手段加强考风考纪建设 / 496

五、市县、高校探索"互联网+教育考试工作" / 497

六、从标准化考点到综合管理平台建设 / 498

第四章　考试招生服务体系的构建

一、咨询服务：从纸媒、广电、现场咨询到云咨询 / 500

二、爱心服务：从助考、助学到助就业 / 502

三、便捷服务：从网上答疑助学、网上报名到一站式志愿填报服务 / 503

四、升级服务：从"最多跑一次"到"浙考零跑" / 504

五、全真模拟：从适应性模拟考试到适应性模拟录取 / 505

六、守护平安：从抗暑、抗台、抗洪到抗疫 / 506

七、增值服务：率先推出全省性的考试成绩诊断报告 / 509

后　记 / 510

第一篇

新中国成立后的高等教育
与中等教育考试招生
（1949—1976年）

引　言

　　从教育考试招生史的视野出发，为国选才、与时代共命运，是考试招生工作不变的使命与底色。新中国成立后，随着经济建设和文化教育事业突飞猛进的发展，作为连接基础教育和高等教育桥梁及纽带的考试招生工作，经历了从继承到扬弃，从过渡到改造的布局调整与变革。在建立民族的、科学的、人民大众的新教育过程中，浙江教育考试招生工作始终紧紧围绕党和国家人才培养工作的大局，因地制宜，公平选才。

　　纵览考试招生自 1949 年新中国成立到 1977 年恢复高考，既有探索前进的浙江实践，又有伴随时代跃进的调整与波动；既有恒定不变的人才培养，又有转折年代的轨迹辙痕。这一时段的浙江教育考试招生，大概可以分作 3 个阶段：1949—1952 年，是新中国成立初浙江考试招生的过渡与改造阶段；1953—1965 年，是考试招生在浙江的探索与实践阶段；1966—1976 年，是曲折发展年代中浙江考试招生的停考与推荐阶段。浙江考试招生沐时代风雨，历兴替衍变，凤凰涅槃，屡仆屡起。

过渡与改造：新中国成立初期的浙江考试招生（1949—1952年）

1949年，是新中国开国之年。这是一个崭新的中国，一个不再受百年来各个帝国主义欺侮的独立的中国。正如诗人在1949年所歌咏的："中华人民共和国／在隆隆的雷声里诞生／是如此巨大的国家的诞生／是经过了如此长期的苦痛／而又如此欢乐的诞生……新的中国／人民的中国呵／你终于在旧中国的母体内／生长，壮大，成熟"。[①]

新中国的成立，开启了中国历史的新纪元，无疑也开启了教育的新纪元。对"人才缺乏"的感同身受，促使共和国的决策者们采取了"改造旧教育，建设新教育"并举的方针。聚焦开国初叶的浙江，为了满足国家建设对人才培养的要求，浙江教育招考在国家教育招考政策指导下，结合浙江实际，不断摸索发展路径，拓展培养空间，呈现出"过渡"与"改造"的时代特征。

一、新中国成立之初的全国高等教育招考

新中国成立之初，尤其是1950年的全国高校招生实行各大行政区联合或统一招考，于时而言，统考无疑属于新生事物，是科举废止后的头一次。为此党和国家领导人高度重视，教育部全面部署和落实高等教育招考事宜。浙江所在的华东区基本一次招足，华北、东北基本情况类似。有了1950年招考的成功经验，1951年和1952年的高等教育招考在统考的道路上显得更为从容不迫，更具制度性示范意义。

（一）全国统一考试招生的基本框架

1950年，中央人民政府教育部首次开展高等教育招生工作。在有计划、有组织的领导下，高等学校招生由各大行政区"分别在适当地点定期实行全部或局部高等学校联合或统一招生。如统一招生有困难时，各大行政区教育部得斟酌情形，在符合本规定之基本精神范围

[①] 何其芳：《我们最伟大的节日》，《何其芳诗全编》，杭州：浙江文艺出版社，1995年，第212—213页。

内，允许各校自行招生"。[①]

1951年，在首次招生工作经验的基础上，教育部提出："为进一步改正各校自行招生所产生的混乱状态，减少人力、物力及时间上的浪费，各大行政区教育部（文教部）可根据该地区的具体情况，分别在适当地点，争取实行全部或局部高等学校统一或联合招生。"并统一规定了考试时间："此项招生应于7月15日至17日举行考试，发榜日期不得迟于8月10日。如统一或联合招生有困难时，得斟酌情形，允许各校单独招生。"

1952年起，全国高等学校除个别学校经教育部批准者外，一律参加"统一招生"，实行"统一计划"："凡以高中毕业学生或相当于以上程度的青年作为招生对象的大学、独立学院、专科学校、专修班、训练班，其招生名额均包括于全国高等学校招生计划之中。"[②]由此标志着全国高等教育统一招生与计划招生制度的建立。

在管理体制上，中央成立全国高等学校招生委员会。各大行政区教育部组织大行政区的招生委员会，由该区高等学校（或主要的高等学校）教务长（或教务主任）及有关部门代表组成。招生委员会设专门机构，负责办理本区高等学校招生及与外区招生委员会联系事宜。

1952年，全国高等学校招生委员会在全国设78个考区[③]。

自此，普通高等学校招考逐渐从大行政区范围内的招生（统一招生、联合招生和单独招生）过渡到全国统一招生，奠定了全国统一考试招生的基本框架。

（二）考试科目设置

1950年，教育部在《关于高等学校一九五〇年度暑期招考新生的规定》中规定：国文、外国语、政治常识、数学、中外历史、中外地理、物理、化学为各系科共同必考科目（外国语允许免试）。各校得根据系科之性质，分别加试各该系科之主要科目（如文学院外文系得加试外国语，医学院、农学院各系得加试生物学，余类推）。1951年，在考试科目上增加了"凡符

---

① 教育部：《关于高等学校一九五〇年度暑期招考新生的规定》，杨学为编：《高考文献（上）》，北京：高等教育出版社，2003年，第4页。

② 教育部：《关于一九五二年暑期全国高等学校招生计划及其实施问题的指示》《关于全国高等学校一九五二年暑期招考新生的规定》，杨学为编：《高考文献（上）》，北京：高等教育出版社，2003年，第7页、第11页。

③ 本报讯：《全国高等学校招生委员会决定全国设七十八个考区》，《人民日报》1952年7月16日，第1版。七十八个考区是华北区：（十个）北京、天津、保定、唐山、昌黎、涿县、太原、运城、张家口、归绥。东北区：（十个）沈阳、长春、哈尔滨、大连、齐齐哈尔、锦州、牡丹江、通化、延吉、佳木斯；华东区：（二十四个）上海、南京、青岛、济南、徐州、泰安、福州、漳州、南平、芜湖、蚌埠、合肥、安庆、扬州、南通、淮阴、盐城、泰州、金华、温州、杭州、宁波、无锡、苏州；中南区：（二十二个）武汉、襄阳、沙市、长沙、衡阳、常德、零陵、南昌、上饶、赣州、吉安、开封、南阳、洛阳、广州、海口、汕头、梅县、桂林、柳州、南宁、梧州；西南区：（九个）重庆、万县、南充、成都、泸州、青木关、雅安、贵阳、昆明。西北区：（三个）西安、兰州、迪化。

合规定条件的，可申请免考外国语"。①

1952 年，考试科目为政治常识、国文、外国文、中外史地、数学、物理、化学、生物。录取时，对八科成绩分三类按不同比例计分：文法财经各系，"政治常识、国文、外国文、中外史地"四科占总分的 60%，"数学、物理、化学、生物"四科占总分的 40%；理工农医各系，各科计分比例相反；音体美各系，以上两部分科目各占 30%，术科成绩占 40%。②

（三）报考条件和录取政策

1950 年，教育部《关于高等学校一九五〇年暑期招考新生的规定》对青年学生的报考条件作出明确规定："凡志愿为人民服务、身体健康，具备下列条件之一者，均可报名投考：（1）曾在公私立高级中学毕业，有毕业证书或升学证明书者；（2）曾在后期师范学校毕业，有毕业证书及毕业后服务满二年之证件者；（3）曾在公私立高级职业学校或中等技术学校毕业，有毕业证书及毕业后服务满二年之证件者；（4）凡具有高级中学毕业的同等学力，有下列证明之一者：县以上人民政府或市人民政府教育行政机关证明；县以上工会或解放军团以上政治机关之证明。"

教育部 1950 年的《关于高等学校一九五〇年暑期招考新生的规定》还对招生录取时的照顾政策予以明确。如有三年以上工龄的产业工人、参加工作三年以上的革命干部及革命军人、兄弟民族学生、华侨学生得从宽录取。1951 年，增加了"非工农家庭出身，本人又非工农成分的干部，参加革命五年以上者亦可从宽录取"。③

报考条件要求"志愿为人民服务、身体健康"，体现了对学生本人思想政治素质和身体素质的要求；未对考生的出身等方面提出限制条件，则充分体现了新中国高等教育大门向全体人民群众开放的先进教育理念、教育政策。录取时对"革命干部及革命军人、兄弟民族学生、华侨学生""从宽录取"的规定，则是奠定了高校招生照顾政策的基础。

（四）研究生招生

新中国成立后的研究生招生发端于 1950 年。教育部《关于高等学校一九五〇年度暑期招考新生的规定》在对本科学生招考工作进行布置的同时，也对研究生招生工作提出要求："研究生之招考尤应注意与国家建设之密切联系，严格选择思想进步、学业优良，有研究能力及培养前途的青年。"当时研究生的招生体系与培养方法尚未完善，仍处于初创阶段。这一

① 本报讯：《中央人民政府教育部发布关于高等学校1951年暑期招考新生的规定》，《人民日报》1951年5月9日，第1版。
② 杨学为、于信凤主编：《中国考试通史（卷五）》，北京：首都师范大学出版社，2004年，第42页。
③ 杨学为编：《高考文献（上）》，北京：高等教育出版社，2003年，第3-4页。

时期，高等学校助教、毕业生以及少数在职干部是主要的招生对象，绝大部分学习时间是在2—3年内，只学习一二门课程。

1951年，教育部与科学院联合发出《1951年暑期招收研究实习员、研究生办法》（以下简称《办法》），规定中国科学院所属各研究机构招收研究实习员、教育部所属高等学校研究部招收研究生，以培养科学研究人才和高等学校的师资。《办法》的实施，标志着新中国高等学校统一计划招收研究生制度的诞生，并且采用"申请、推荐、审查"的程序进行录取。[①]

1952年，参加招收研究生的学校有北京大学、清华大学、中国人民大学、浙江大学、南京大学、北京农业大学、燕京大学、南开大学、北洋大学、金陵大学、同济大学、湖南大学、中山大学、东吴大学、武汉大学等15所大学，包括许多跟随苏联专家学习1—2门课程的高等学校助教、毕业生以及其他进修生在内，招收的研究生达到1273名。

（五）归国华侨的招考

1951年，教育部专门颁布《关于照顾归国华侨学生入学的暂行办法》，提出各大行政区高等学校招生委员会应在广州设立考区，在规定录取标准时适当照顾华侨学生，录取后在课业上给予必要的帮助。

二、新中国高等教育招考在浙江的建立与发展

随着1949年5月杭州的解放，1949年7月，获得新生的浙江高等教育招生考试工作正式展开。

浙江医学院率先发出招生信息。其招生简章显示，1949年的报名日期为7月23日至26日，考试日期为7月29日至31日。报名地点为杭州性存路本院。[②]

1949年8月4日的《浙江日报》发布了浙江大学的招生信息："国立浙江大学招考一年级新生及转学生，并代国立中央大学、中正医学院招生。招生地点：杭州为该校本部、南京为中央大学、上海则参加上海市国立大专统一招生；报名日期：杭市自本月十五日起，至十七日止，南京与中央大学同，上海与上海市国立大专招生同（通信报名不收）；考试日期，杭州自本月二十一日至二十二日，南京与中央大学同；上海与上海市国立大专统一招生同；转学生：该校各院系酌收二、三年级转学生，并参加新生入学考试，录取到校后，再参加编级试验；

---

① 中央教育科学研究所编：《中华人民共和国教育大事记（1949—1982）》，北京：教育科学出版社，1984年，第41页。
② 浙江医学院：《浙江医学院一九四九年度招生简章》，档案号YD-1951-DQ-0029，浙江大学档案馆藏。浙江医学院前身为浙江医学专门学校，1947年后亦称浙江省立医学院，1952年与浙江大学医学院合并为浙江医学院。

代中央大学及中正医学院招生限杭州区，报名及考试日期与本大学同"。①

新中国成立后，在中央人民政府教育部和华东区招考部门的领导下，浙江省的高等教育招考工作有序开展起来。

（一）组织管理体制

1950年，华东军政委员会教育部组织成立了"公立专科以上学校一九五〇年度暑期统一招生委员会"，华东区上海、南京、杭州及镇江等地十一个公立专科以上学校参加，浙江大学、同济大学、南京大学、交通大学、复旦大学等五所学校的教务长为招生委员会常务委员。招生委员会于1950年6月17、18日举行第一次会议，会议决定在上海、南京、杭州三地设立考区，南京考区在镇江也设立报名处。各地的报名日期为7月15—17日，考试日期为7月24—25日。② 配合此次招生，7月6日的《浙江日报》介绍了华东区国立各大学院系，其中浙江大学的院系有文学院、理学院、工业院、农业院、医学院。③

1951年5月，华东军政委员会教育部根据中央人民政府教育部公布的《高等学校一九五一年暑期招考新生》的规定，规划并执行华东区高等学校本年度统一招生事宜，正式成立"华东区高等学校一九五一年统一招生委员会"，浙江大学等十七所学校的教务长（教务主任）为常务委员，浙江大学苏步青为招生委员会副主席，兼任杭州办事处主任。该年度考试地区分设上海、南京、杭州、福州四处。为照顾学生报名便利，上海区报名地点分设在上海、无锡、南通三处；南京区分设南京、镇江两处。该年度浙江大学、浙江医学院和之江大学三所浙江的学校参加华东区统一招生。④

1951年，华东区高等学校招生工作和东北区高等学校招生工作有相互协调、互招学生的内容。东北区高等学校统一招生委员会也在华东地区设办事处，在浙江设立了杭州办事处。杭州办事处同时承担华东区和东北区招生委员会交办的任务。⑤ 该年度华北区高等学校也委托华东区代为招生。⑥

1952年，浙江成立高等学校统一招生工作委员会，负责办理浙江省高等学校的招生工作。在宁波、温州、金华三个考区分别设立办事处，杭州区招生事宜直接由浙江高等学校统一招生工作委员会统筹办理。⑦ 这是浙江省第一次成立高等学校统一招生工作委员会，就浙江

① 本报讯：《国立浙江大学招考新生转学生》，《浙江日报》1949年8月4日，第1版。
② 本报讯：《华东区十一所高等学校，今年暑假统一招生》，《人民日报》1950年6月22日，第3版。
③ 本报讯：《华东区的国立各大学院系》，《浙江日报》1950年7月6日，第4版。
④ 本报讯：《华东成立统一招生委员会》，《浙江日报》1951年6月3日，第3版。
⑤ 本报讯：《杭区高等学校招生办事处已成立》，《浙江日报》1951年6月27日，第3版。
⑥ 本报讯：《全国高等学校招生延期》，《浙江日报》1951年7月3日，第3版。
⑦ 本报讯：《浙江高等学校统一招生工作委员会成立》，《浙江日报》1952年7月26日，第3版。

省的高等教育招考制度而言，具有重要意义。

（二）考试报名

1950 年 7 月 8 日，《浙江日报》以"杭区招生在浙大办理"为题，转发了华东区招生委员会就报考资格、报考日期和方式等所作的有关规定："投考资格除一般高中毕业生及后期师范学校、高级职业学校或中等技术学校毕业后服务二年以上者外，凡具有高级中学毕业的同等学力，经县、市以上人民政府或教育行政机关或工会及解放军团以上政治机关证明，或修满高中二年持有自修一年以上的证件者，都可报名投考。""考生投考志愿可填写系科志愿二个、学校志愿五个，录取志愿系科学校，将按成绩等第为标准。""报名日期定七月十五、十六、十七日，笔试日期定七月廿四日、廿五日。体格检查及笔试及格名单八月十日公布。东北各大学所有录取新生学杂、体育、讲义、实验等费一律免收，并由学校供给住宿。凡是家境清寒学习成绩优良者，在报到时，可持区、县、市政府教育行政机关证件，或原来学校学生会临时证件，申请东北人民政府规定的高等学校人民助学金。外国语专门学校全部按供给制待遇。录取学生按指定日期、地点，集体前往东北者，车船费统由学校负担，并酌量补助伙食费。"

7 月 13 日，《浙江日报》又以答浙大附中学生询问升学投考问题的形式，明确了英语免试的相关政策："申请免试外国语，已转奉中央教育部指示：'凡未学英语的学生，可以请求免试，但须持有县级以上的教育行政机关之证明。'惟本省高中英语一向规定为必修科，毕业生投考专科以上学校，不得申请免试外国语。"[①]

浙江医学院 1950 年的招生简章中，考试科目与 1949 年相同，即甲，体格检查；乙，笔试：政治常识、中外史地、国文、英文、数学、物理、化学、生物；丙，口试；但是增加了"从宽录取"的内容："凡具有下列条件者之一者，考试及成绩虽稍差，得从宽录取：（一）有三年以上工龄的产业工人；（二）参加工作三年以上的革命干部及革命军人；（三）兄弟民族学生；（四）华侨学生。"这是根据教育部《关于高等学校一九五〇年度暑期招考新生的规定》的要求增加的内容。[②]

（三）体检工作

在全国和华东区招考部门的指导下，浙江高校招考考生体格检查工作顺利进行。杭州考区办事处规定报考学生须于报名前在就近地区将体格检查完毕（包括透视记录），取具贴有本

---

① 本报讯：《升学投考申请免试外国语问题》，《浙江日报》1950 年 7 月 13 日，第 4 版。
② 浙江医学院：《浙江省立医学院一九五〇年度招生简章》，1950 年，档案号 YD-1951-DQ-0029，浙江大学档案馆藏。

人照片并加盖医院公章的体格检查合格证明书报名。

1952年8月28日，浙江省文教厅等单位召开专题会议，讨论有关杭州区考生的体格检查工作，提出：（1）动员考生有组织地进行体格检查；（2）估计可能参加考试的人数，根据各医院的技术及人力条件，预作名额分配，由各医院分工包干；（3）排定日期与次序；[①] 此外，"凡报考体育、音乐、戏剧、美术、工艺等学科的考生，因加试科目关系，一律集中在杭州考区办理。又考生必须在报名前到各考区招生办事处指定的医院进行体格检查，凭检查合格证明书始可报名"[②]。

（四）招生情况

在国家各项建设事业蓬勃发展时期，需要大量有较高政治觉悟和专门技术的爱国青年参加祖国建设工作。浙江省应届高中毕业生学习热情高涨，积极参加高等教育招考。1952年，浙江省应届高中毕业生参加高等教育招生考试的有1951人，占考生总人数的72%以上。宁波考区应届高中毕业学生，为实现百分之百升入高等学校的愿景，在考试前普遍地将温课计划订入了爱国公约。各地高中毕业生还认真进行了端正升学态度，自觉批判不愿读师范、看不起专修科等错误认识的讨论。[③] 其中宁波地区应届高中毕业生暑期学习班224名学员还写信给省人民政府文教厅，表示："我们的改造还只是开始，我们决不因此而自满。我们要继续加强政治时事学习，努力改造自己，积极温习功课，锻炼身体，随时准备服从祖国的统一分配，保证百分之百地升入高等学校，坚决完成祖国交给我们的新的学习任务。"[④] 1952年的浙江高等教育招考工作与时代同频，有着鲜明的时代烙印。

（五）保障政策

高校招考工作的平稳运行，与中央人民政府教育部和各大行政区教育部及时推出服务考生的相关政策密不可分。据《浙江日报》报道，为指导考生升学，华东、东北高等学校1951年度统一招生委员会和升学指导委员会在杭州考区聘任孟宪承、谈家桢、李寿恒、蔡邦华、王季午、张文昌、卢怀道、李恩良、徐仁美等著名科学家为委员，受聘委员积极"配合杭州区考生服务团进行有关考生升学的指导事宜"。[⑤]

此外，浙江省1952年还特别组织实施"给予确实有困难的录取新生以路费补助"事宜。

---

① 本报讯：《八月一日起开始体格检查》，《浙江日报》1952年8月1日，第3版。
② 本报讯：《浙江高等学校统一招生工作委员会成立》，《浙江日报》1952年7月26日，第3版。
③ 本报讯：《本省有二千多学生参加考试》，《浙江日报》1952年8月19日，第3版。
④ 本报讯：《高等学校统一招生今天开始报名》，《浙江日报》1952年8月8日，第3版。
⑤ 本报讯：《杭区高等学校招生办事处已成立》，《浙江日报》1951年6月27日，第3版。

省文教厅在 10 月 12 日的《浙江日报》刊发《省文教厅规定解决办法》，明确："为使爱国青年都能按照国家需要来完成升学任务，保证国家培养人才计划的完成"，给予确实有困难的录取新生以路费补助，具体办法为：（1）新生赴校路费以自备为原则，但对个别确系经济困难学生，确实无力负担路费的一部或全部者，可以取具证明，申请补助；（2）全国各高等学校，有的已开学，有的即将开学，为争取早日到校上课，个别确系经济困难的学生，可先自筹路费，取具区以上人民政府或区以上团工委之证明信，证明：①家庭生活情况（收入及负担）；②自己能负担赴校路费多少。并取得路费开支单据，到录取学校后，交由学校审查，补助其路费之一部分或全部；（3）个别经济确实困难的同学，不可能自己先筹划的，则可凭各地文教部门或青年团工委之介绍信、学校录取通知单，并取具前项规定的证明信，到省文教厅申请补助；个别由家到杭州之路费也确实有困难的，各地文教部门可设法协助垫借，到杭州领取补助费后归还。[①]

（六）研究生招生

在国家层面推出研究生教育政策雏形之时，浙江大学有幸成为其中的试点高校之一。早在 1950 年 8 月，浙江大学经教育部批准，即在数学、物理、化学、生物、地理和化学工程等 6 个研究所招收研究生。1951 年，根据教育部、中国科学院发布的《1951 年暑期招收研究实习员、研究生办法》规定，浙江大学被列为有权招收研究生的 14 所部属高校之一，当年暑期，浙江大学采用申请、推荐、审查的办法面向全国招收研究生。[②]研究生招考规定："此次招生以高等学校本届毕业生及历届毕业学生尚未参加工作者为主要对象。研究生及研究实习员的条件是：思想进步，历史清楚，身体健康，学业优良，并有一定的研究能力与培养前途。凡合于以上条件者，由本人申请，系科主任推荐，学校毕业生分配委员会保送，经招收委员会审查合格后录取。"[③]同时，为了不妨碍毕业生的统一分配工作，对申请截止时间也做了明确规定。

（七）浙江大学的招生

新中国成立前，浙江高等教育招考在浙江大学的引领下，实现了有序运行。1949 年 7 月，浙江大学开展高等教育招生工作，并在《浙江日报》刊登《浙江大学招生情形》专文，对浙江大学招考事宜和相关规定作了澄清和说明："一、本校今夏照常招生，名额约近一千名；二、

---

① 本报讯：《省文教厅规定解决办法》，《浙江日报》1952年10月12日，第2版。
② 潘云鹤主编：《六年的跨越》，杭州：浙江大学出版社，2006年，第19页。
③ 本报讯：《中央教育部与科学院决定招收研究生与研究实习员》，《浙江日报》1951年6月14日，第1版。

考生可以同等学力应考；三、考试科目除旧公民废除外，其余大致仍旧，关于新政治常识，应当注意一些；四、因本校下年度院系组织尚未全部定夺，故招生简章未能确定，一俟确定后，当立即登报；五、俄文科不拟办理，但俄文课程可以开班。"① 为适应国民经济恢复与发展的需要，浙江大学逐步转变办学定位，开始转向直接为经济建设服务。1949 年 8 月增设畜牧兽医学系，当年招收新生 25 人。②

值得注意的是，面对时代新局，浙江大学在招生与录取办法上，坚持原则性与灵活性相结合。首先，在招生办法上，"由于诸种条件的限制，不容许我们在上海设一专区招考新生。但已和上海高教处洽妥参加该处主办的上海大专统一考试。有愿投考本校的同学，可先登记（借交大办理）。录取后分配到本校来"。对考试舞弊行为进行制度约束，如"为防范流弊，不论本校和其他大学的准考证，均不能作为投考的证件"。③ 其次，在录取办法上，"本校在这次录取新生的会议上，已经估计到有些学生会和其他大学录取重复，不定全部来校报到，因此已经把录取标准降低，名额也照最大的收容量加多了约百分之二十。本校这次录取新生，在通告上虽未列备取生名义，实际上凡有备取之资格者，已全部取录"④。

（八）其他高校的招生

1949—1950 年，在浙江进行招生考试的除了浙江大学、浙江医学院，还有华东军政大学也在浙设立招生办事处，并且"该校招生委员会，已决定派一批工作人员来杭招生，现正积极筹备中。闻招生办事处，拟设在河坊街省立杭州初级中学内，并决定于本月十八日至二十四日为报名期间"⑤。1951 年，为满足中等教育事业发展的需要，浙江省人民政府决定由省文教厅和浙江大学联合创办浙江师范专科学校。浙江师专于 1951 年春筹建，当年暑期招生，分设数学、物理、化学、生物、历史、地理 6 个专修科，学制 2 年，首届招生 240 人。⑥

新中国成立之初，浙江高等教育招考与时代同行。1949 年，既是共和国的开国之年，也是浙江高等教育招考的起点之年。正像 1949 年 7 月 29 日，《浙江日报》刊登的《杭市军管会命令公布浙大校委及主管人员》一文所表达的："（一）希望新校务会成立后，广泛采纳大家意见，同心协力建立人民的新浙大；（二）希望新校务会成立后建立起完整的科学的工作制度；（三）发扬自我批评与互相批评的精神，互相检查互相督促"。⑦ 从此，伴随着新中国发展

① 本报讯：《浙江大学招生情形》，《浙江日报》1949 年 7 月 25 日，第 4 版。
② 浙江大学校史编写组：《浙江大学简史》第二卷，杭州：浙江大学出版社，1996 年，第 306 页。
③ 本报讯：《招生问题答读者》，《浙江日报》1949 年 8 月 19 日，第 4 版。
④ 本报讯：《浙大招生会》，《浙江日报》1949 年 9 月 30 日，第 5 版。
⑤ 本报讯：《华东军政大学在杭设招生处》，《浙江日报》1950 年 2 月 13 日，第 3 版。
⑥ 杭州大学校史编写组编：《杭州大学校史》（1989 内刊本），第 39 页，浙江大学档案馆藏。
⑦ 本报讯：《杭市军管会命令公布浙大校委及主管人员》，《浙江日报》1949 年 7 月 29 日，第 1 版。

的步伐，浙江高等教育招考工作支撑浙江高等教育的航船驶入了新民主主义和社会主义建设的主航道。

三、新中国成立之初浙江其他类型教育的招考

1951年，周恩来总理在一次会议上指出："人才缺乏，已成为我们各项建设中的一个最困难的问题，不论在经济建设，国防建设，还是在巩固政权方面，我们都需要人才。""我们必须从各方面来大力培养建设人才。"[①] 同样，浙江广大领导干部和群众渴望知识，渴望接受教育的呼声也很高。在国家建设急需人才和群众需求的力量作用下，以干校和中等教育为指向的其他类型教育招考样态应运而生。对浙江教育招考走向多元，产生了重要的影响。

（一）应运而生：干校招考在浙江

新中国成立前夕，浙江就已经出现干部学校。中国人民解放军第三野战军设立军政干部学校，招生办事处分别设在杭州、苏州、无锡、镇江等地。为了加强浙江招生工作，特在杭州设立第二招生委员会暨杭州办事处及各地办事处报名处。

报考条件：凡投考者须具备品行端正，身体健康，愿为人民服务者；具有初中以上或同等程度者；年龄在18岁以上28岁以下者；不分性别，男女兼收。规定凡具备以上条件者都可径向杭州办事处或各地报名处缴验学历证件，或一定机关证明介绍文件进行报名，并填写本人履历书。考试科目分国文、数学、社会科学、常识、自然科学、口试、体格检查等。录取后先进入预科，时间为6个月，期满后，进入本科分科进行专门教育，时间为1年半。预科课程为：政治常识、中国现代革命运动简史、解放区建设及各种政策、青年修养、人民解放军建军原则及奋斗简史。

浙江干校的发展得到包括浙江大学在内的高等院校的支持。从1950年初到1951年底，浙江大学受林垦部和浙江省政府各厅局的委托，代办或合办各类专修科、培训班，其中水文检测干部培训班招生41名、浙江省干部升学补习班招生670名。[②]

1. 工业干校

1950年，浙江省政府工矿厅"以原有之杭州高工、宁波高工及温州高工三校为基础，筹设浙江工业干部学校。杭州市大陆高测亦同时并入，并以杭州高工原址为校址"。[③] 为了适应国家建设事业对各方面岗位人才培养的需要，更好地贯彻新民主主义教育方针，浙江工业干

---

① 周恩来：《重视成人教育，培养建设人才》，《周恩来教育文选》，北京：教育科学出版社，1984年，第35页。
② 浙江大学校史编写组：《浙江大学简史》第二卷，杭州：浙江大学出版社，1996年，第306页。
③ 本报讯：《工矿厅筹设浙工干校》，《浙江日报》1950年3月10日，第3版。

部学校适时成立工人部，并于1951年末开始招收产业工人，使其通过学习科学知识与技术，成为新中国建设事业的重要技术骨干。[①]

2. 军事干校

新中国成立之初，国家所面临的国际环境复杂而严峻。面对挑战，在教育领域，诸多的军事干校不断涌现。中央人民政府教育部发出"关于胜利完成各种军事干部学校招生计划的指示"，要求各级人民政府教育部门、各学校"（一）迅速会同有关方面成立军事干部学校招生委员会；并指定所属各校'军事干部学校学生保送委员会'委员人选，具体规定所属各省、市各学校招生名额及日期。（二）各学校应向同学进行普遍深入的宣传教育工作，必要时得占用上课时间。使全体同学正确认识当前的政治形势，美帝国主义的侵略野心……发扬中国青年学生参加革命武装斗争的光荣传统和爱国主义的精神，提高同学的政治觉悟，在自愿的基础上踊跃报名，掀起青年学生爱国主义的新高潮，争取迅速完成任务。（三）同学报名后，由各校保送委员会按规定的条件进行认真的检查，提出保送的名单，交学校行政负责人，并对不能参加的同学进行必要的说明。（四）学校行政方面，应按保送委员会提出的名单，办理同学离校手续，发给修业证明书，今年寒假毕业者，可免试发毕业证明书；帮助同学解决离校前生活上的困难，组织热烈的欢送与慰劳，并派负责干部陪送同学到省、市招生委员会"。[②]从上述文件要求来看，军事干部学校的招考有其独特性，其招生方式是"保送"，其教育目的在于保家卫国，具有面对外敌临时招考的特征。

从浙江情形来看，1950年末，浙江成立省军事干部学校，建立浙江省军事干部学校招生委员会，负责主持招生及其他有关工作。招生委员会下设秘书处、组织部、宣传教育委员会、体格检查部、优慰部等机构。根据省情和学情，制定了《军事干校杭市招生委员会关于十二月二十五日中央军委会总政治部通告军医、后勤、通讯、公安、外文、俄文等学校报名补充办法》，规定："凡各校学生未经参加第一次报名及经初步体格检查不合格而志愿在第二次报名参加军医、后勤、通讯、公安、外文、俄文等学校者，可于本月二十九日统一在各该校保委会进行报名。"[③]

与此同时，绍兴专区、杭州等军事干部学校招考机构也相继成立，直接领导推动所属专区各县市招生工作的进行，浙江干校招生一时间甚为踊跃。

---

① 本报讯：《省府工业厅与文教厅为适应国家建设需要在浙江工业干校设工人部招生》，《浙江日报》1952年1月4日，第3版。
② 本报讯：《中央人民政府教育部指示，争取迅速完成军事干校招生计划，提高学生政治觉悟，掀起爱国主义新高潮》，《人民日报》1950年12月9日，第1版。
③ 本报讯：《杭招生委员会发出报名补充办法》，《浙江日报》1950年12月29日，第3版。

为了规范军事干校的招考，1951年，浙江省成立"军事干部学校浙江省招生委员会"。中国教育工会浙江省筹委会为保证实现"政务院关于各种军事干部学校招收学生的决定"，特发出通知，号召浙江各地教育工作者，鼓励爱国青年学生，踊跃参加各军事干部学校，"务使在全省范围内再一次掀起轰轰烈烈的青年学生参加各军事干部学校的运动"①，并提出具体的干校招生办法②。

军事干校招考热度持续升温，华东美术学院、重辉商专、省女中、正则中学等校举行盛大欢送参加干校的同学，并于1951年成立浙江省欢送军干校学生筹备委员会。③同年，浙江金华成立了军事干部学校浙江省招生委员会金华办事处。④

针对未能录取干校的情况，浙江干校招考并作出相应调整和安排，如若未被录取，仍可以继续投考军医、后勤、通信等学校。据《浙江日报》报道，一些"没有批准的同学，表示决不灰心，以后要加强锻炼体魄。并有很多同学到校务委员会报名投考军医等学校，坚决服从组织分配，响应祖国再一次号召"。⑤

3. 其他类型干部学校

在军事干校招考在浙江如火如荼发展之际，文化补习、提升性质的干校也崭露头角。例如浙江省工农干部文化补习学校，该校由之前附属于浙江干校（华东革大浙江分校）的工农文化班改设而成，招生对象多数为参加革命3年以上的工农干部，其中不乏参加过长征的红军老干部。经校方考试，按文化程度高低编级。⑥其他如财经干部学校也是人们报考的重点咨询对象，如"没有学业证件及服务证件者，是否能报名？大学、中学、小学是否分别考试，将来是否分别学习？"⑦等问题以公告的形式公诸报端，方便人们了解相关政策信息。1949年，进行了"杭市青年干部学校招生考试"，"投考学员1226人中，共录取942名，参加报名的学校单位，计有大、中学校45个，保送的小学教员100余名"。⑧

（二）因时而兴：中等教育招考等在浙江的发展

新中国成立后，浙江省的中等学校教育与招生工作沐浴时代的阳光，焕发新的生机。

---

① 本报讯：《鼓励学生参加军干校》，《浙江日报》1951年7月2日，第3版。
② 本报讯：《招收失业失学青年办法》，《浙江日报》1951年7月5日，第3版。
③ 本报讯：《全省有两万多人报名》，《浙江日报》1951年7月10日，第1版。
④ 本报讯：《在金华设办事处》，《浙江日报》1951年7月8日，第1版。
⑤ 本报讯：《坚决继续报名其他干校》，《浙江日报》1951年1月4日，第3版。
⑥ 本报讯：《介绍省工农干部文化补习学校》，《浙江日报》1951年5月8日，第3版。
⑦ 本报讯：《财经干部学校答复投考者询问》，《浙江日报》1949年6月22日，第4版。
⑧ 本报讯：《青干校今日开学》，《浙江日报》1949年6月30日，第1版。

1. 新中国成立初期的中等学校招考

1949 年 5 月 3 日，杭州解放。6 月 5 日的《浙江日报》报道了杭州市新闻学校的招生信息：

杭州市新闻学校，今日起开始招生，预定名额二百名，并定于本月二十日招生截止。按本市解放以来，许多青年知识分子及工人，曾要求做一个人民新闻工作从业员，为人民事业服务。该校有鉴于此，乃于今日开始招生，大体在六月下旬或七月上旬即可正式开课。①

随后省立湖州中学、湖州师范学校合并建立湖州中学，成立学校招生委员会，筹划招生工作。湖州高级蚕丝职业学校决定于 8 月 25 日分湖州、无锡、杭州三处，招考高中、初中秋季学期一年级新生和高二、高三插班生。②

新中国成立初期的中等学校包括公私立中学、师范学校和技术学校。1950 年 9 月的省市媒体报道了"招生人数激增、技术学校受到人们重视"的热火景象：

杭市各公私立中等学校遵照教厅规定，自八月二十日起，先后开始办理一九五○年度第一学期招生，至九月六日止，已告全部结束。各校报考学生极为踊跃，据初步统计，杭市三十六个公私立中等学校（另有省立杭州医院附属护士班及私立广济护校、仁爱护校、慧光女职、盐务中学等五校秋季不招生，未计入），考生人数总计一万九千余人，较之过去两学期，人数大大增加。

考生人数激增成普遍现象，技术学校已受到人们重视。这次考生人数的激增，不是表现在个别学校里，而是一般学校的较普遍现象。在几个省立的普通中学，如杭高、杭初、杭女中、浙大附中等校，考生都在一千人以上。私立学校中办理较有成绩者，平均每校有五百余人投考，一般的私立学校，平均每校也有二百至三百人投考。另一点与过去大不相同的，就是技术学校考生的激增。过去的职业学校，常被人认为是贫寒学生的栖枝所，有钱的或有"办法"的学生，总是设法进普通中学；但现在不同了，在配合国家建设需要和"学用一致"的口号下，许多青年学生都愿意投向技术学校，以便很快掌握科学技术，早日把青年的最大精力与热忱，献给祖国的建设事业。如浙江工业干部学校，这次考生有二千零六十五人；其他如省立高医、高商、蚕校等技术学校，考生人数平均都超过录取名额四倍；暑期新设的省立杭州农校，也有近五百学生投考。③

1950 年，浙江省教育厅根据农业类中等技术学校毕业生不足、农业技术人才匮乏的情况，加强了农业类中等技术学校的建设，在"原有之省立金华农校、台州农校、处州农校外，并决定在杭州、嘉兴、宁波、温州、衢州五地先行创设农校各一所，依照各区不同自然条件

---

① 本报讯：《杭市新闻学校今日开始招生》，《浙江日报》1949 年 6 月 5 日，第 1 版。
② 王镜明：《湖中湖师合并》，《浙江日报》1949 年 8 月 14 日，第 2 版。
　 本报讯：《湖州高级蚕丝职业学校即招新生》，《浙江日报》1949 年 8 月 19 日，第 2 版。
③ 本报讯：《杭州市各中等学校本期考生踊跃，求学人数普遍增加，教厅正设法解决未录取学生的学习问题》，《浙江日报》1950 年 9 月 9 日，第 3 版。

设科,并作重点发展。"如金华农校设农艺、畜牧、兽医、森林三科,以水稻杂粮及猪牛繁殖为重点;台州农校设农艺、森林、园艺三科,以水稻、柑橘为重点;处州农校设森林、农艺二科,以杂粮及森林推广为重点;处州农校校址暂定在杭县村口,设农艺、畜牧兽医、园艺、森林及桐茶特科等,以设科完整、普遍发展为其特点;宁波农校设在奉化溪口前武岭农校原址,设园艺、农艺、森林一科,以农产加工及水稻为重点;衢州农校暂定在衢县汪村,设农艺、园艺二科;嘉兴农校暂设于嘉兴南堰,设科以农艺为主;温州农校在单独设立条件未成熟前,暂由温州市私立瓯海中学代办,设农艺、森林、园艺三科。""现各校均已分别扩展或筹备,本期均将扩大招生,预定名额各校共计一千名。据初步了解,各校报名人数均极踊跃,一反以前农业职业学校考生寥寥的情况,说明了解放以来随着社会风气的改变,人民认识提高,劳动生产与科学技术已受到应有的重视。"[1]

1951年,浙江中等教育招考迎来大发展。1951年3月,教育部召开全国中等教育会议,确定了全国中等教育的发展方针。同年5月,浙江省人民政府文教厅结合"浙江地区中等学校学生数量已感不足,师范学校、技术学校学生不够供应业务部门发展的需要,高级中学学生不够供应高等学校发展的需要,初级中学学生已不够供应师范、技术学校和普通高中发展的需要",发布《关于浙江省中等学校一九五一年暑期招生工作的决定》(以下简称《决定》),制定了多项鼓励初级中学学生报考的措施:一是动员发动,要求各地各级教育行政部门及学校行政、学生会、青年团、工会必须做好学生升学指导工作,及时向学生介绍各类学校的情况,向家长及学生作升学的动员教育,大力争取高级小学及普通中学毕业的学生入学深造,对过去因故停学在家的学生,亦应想尽一切办法争取复学,以满足高等学校和中等学校招生的需要;二是在考试招生的同时,对师范学校和农业技术学校试行部分保送选拔的方式:"各地应在专署文教科的主持下,进行选拔保送工作,保送学生进入本省的师范学校及农业技术学校(临安专区保送入杭州师范、湖州师范、严州师范、杭州农校,绍兴专署保送入杭州农校)和本省即将创办的师范专修科";三是拉长招生周期,规定各地招生日期,一般的可在七月二十日左右举行,七月底以前结束,按实际情况如有必要,可在下学期开学以前继续进行招生;四是招生办法灵活多样,在学校较多的城市,可以采取统一招生的办法;一般地区分散的学校,不必进行统一招生;为便利考生的投考,各地学校得视具体情况进行分区招生。《决定》也对招生入学考试的命题提出了要求,明确入学考试的主要目的是了解投考学生有无进入投考班级学习的准备条件,因此在试题内容上要根据当前高小和初中的课程和毕业生的一

---

① 本报讯:《全省增设五个农业学校》,《浙江日报》1950年8月31日,第3版。

般水平，着重在各科基本常识的考查，避免生僻空泛或过于高深的试题。①

1952 年，由于"全国初级中学毕业生较少，而高级中学、技术学校、师范学校招生又需要保持一定数字，为保证各类中等学校招生计划的实现"，教育部在七月发布关于全国高级中学、技术学校、师范学校统一招生的指示，要求必须由各大行政区统一计划布置，以省（市）为单位进行统一招生工作。② 浙江省人民政府文教厅随即发出关于本省中等学校秋季招生工作的指示，对 1952 年的招生工作进行部署。

为了完成招生任务，1952 年浙江省的中等学校招生工作从三个方面加大力度：一是全省统一考试时间，同时强调各地采取统一招生方式，以发挥统筹协调的作用："公、私立中学新生，仍采取招考的方式，学校较多而集中的城市，应采取统一招生的方式；学校较分散的地区，可采取分区联合招生的方式，以便利学生投考。""全省各县、市公私立中等学校决定同时举行，第一次定八月二十日，尽可能争取一次招足，如不可能，可在九月一日补招一次。"二是扩大保送选拔范围，加大保送选拔力度，以吸引更多的学生报名："各级师范学校、师范速成班、各类技术学校以及工农中学的招生，全部采用保送的办法，专署（市）、县文教科及学校应在党委领导下，会同青年团、工会、农会等有关单位组织专门机构，按照省分配的名额、条件，认真地进行保送，按期保证完成任务。"③ 三是继续加大宣传动员的力度。7 月 15 日《浙江日报》的报道从一个侧面反映了当时的工作情况：

天台县苍宝乡单在解放后小学毕业而没有升学的青年，全乡就有五十人，其中除二十人确因担任家庭主要生产劳动而不能升学外，其余可以争取继续升学的三十人中只有四五个打算升学。有些青年对升学存在着"怕缴不起学费""怕考不取"等顾虑；有些家长也有"子女读书去，家中无人替手"等各种顾虑。

天台苍宝乡小学的三个教师在了解了以上情况后，就进行了多次家庭访问，深入动员，宣传为祖国争取升学的意义，之后就有十人表示愿意继续升学。后来，又召开了中学生代表及失学青年联席会议，向他们进行前途教育，以及传达省文教厅关于中等学校秋季招生工作的指示。在会上特别指出教育向工农开门的方针，中学生代表并向失学青年介绍了在校学习的情形。同时，苍宝乡小学教师又培养失学青年相互动员。接着，该校教师又召开了一次会议，进行了宣传、组织工作，现决定报名投考的失学青年已增加到二十人了。④

① 浙江省政府文教厅：《关于本省中等学校一九五一年暑期招生工作的决定》，《浙江日报》1951年5月22日，第3版。
② 教育部：《关于全国高级中学、技术学校、师范学校统一招生的指示》，《浙江日报》1952年7月12日，第3版。
③ 本报讯：《省文教厅布置中等学校秋季招生工作》，《浙江日报》1952年7月15日，第3版。
④ 徐益均、许世香、陈忠立：《天台苍宝乡小学教师动员青年二十人升学》，《浙江日报》1952年8月23日，第3版。

2. 特殊类型的中等教育考试与招生

工农速成中学。根据《中国人民政治协商会议共同纲领》第四十七条之规定：要加强劳动者的业余教育和在职干部教育，以应革命工作和国家建设工作的广泛需要。"教育向工农开门"，是党和国家在教育政策上的一项重要举措。在国家财经状况尚未根本好转的情况下，尚不具备举办一般的工农中等教育事业的条件，因此首先举办的是工农干部的中等教育事业。由于工农速成中学性质的特殊性，其招生方式亦显示其特殊性，"招生采取选送与考取结合的办法，即由原机关及工农干部文化补习学校按分配的名额选送，经本校考试合格后，始正式录取入学"。报考条件亦有针对性，如"成分与年限问题——本校本期招收学生，规定须出身工农家庭或本人是工农成分，参加革命工作三年以上的优秀干部。……年龄及体格问题——入学年龄须在十八岁以上卅五岁以下。……文化水平问题——因为要在三年或四年内完成中等教育的任务，若无小学毕业程度的文化水平，接受起来是会有困难的；特别是国文程度，是学习一切学科的基础和工具，更是文化水平条件中的主要部分。其次算术也是很重要的"。[1]

杭州仙林职工业余学校。1952年，杭州仙林职工业余学校经筹办建立。该校以在职的产业工人为招生对象，采取保送与考试相结合的办法，即各厂招生报名的工作由各厂工会掌握，经工会审查后，再保送该校应试。学校在录取时，一面根据测验（只考语文、算术二科）的成绩，一面又照顾干部与积极分子，并照顾各单位人数的比例。[2]

失学青年中学同等学力考试。在浙江中等教育招考的发展过程中，衍生出专门为解决具有中等文化知识水平的失学青年而开展的教育招考。1952年，浙江省人民政府文教厅"决定在全省各地举行一次失学青年中学同等学力考试"。办法公布后，迅即得到全省各地失学青年的热烈拥护，纷纷报名应试，"仅杭州市一处，截至七月二十二日止，报名的即达一千余人。"[3]

为保证失学青年中学同等学力考试的顺利进行，对报考条件作了清晰而明确的规定。如："其一、失学半年的学生，不得报名参加考试，可以回校复学，亦可持原校休学证明书及成绩单投考与自己程度相衔接的其他学校；其二、报名投考者以居住本省并已取得本省户籍持有户籍证明书的失学青年为限。外地失学青年，其家长在本省工作，须迁居本省，希望进本省学校学习者，经县级以上机关正式文件证明，亦得报考；其三、报考学生的年龄限制，经研究后酌予放宽，超过规定年龄的失学青年，可以进入其他不拘年龄的学校学习，如补习

① 本报讯：《关于浙江工农速成中学问答》，《浙江日报》1951年8月12日，第3版。
② 本报讯：《介绍杭州市仙林桥职工业余中学》，《浙江日报》1952年4月16日，第3版。
③ 本报讯：《解答关于失学青年中学同等学力考试问题》，《浙江日报》1952年7月25日，第3版。

学校、业余学校等等；其四、各级学校教师或在政府机关、公营企业机构服务之在职青年均不得报考，个别经组织同意可以升学者，须取得机关证明文件方可报考；其五、私营企业职工在不影响生产的原则下，可以报考；其六、中学、师范、技术学校的在学学生一律不得报考；其七、已登记的补习学校学生，经学校同意取得证明者，可以报考；未登记的补习学校学生不受限制，可以报考。"①

特殊政策面向。1952 年，浙江中等教育招考出现了有别于其他教育招考的内容。其一是"为逐步实施秋季始业制度，公立普通中学首先停招春季新生；但为了适应目前经济建设的迫切需要，迅速培养发展初等教育所必需的师资，并适当照顾私立中学的维持与巩固起见，所有技术学校、师范学校及普通私立中学本年度春季仍招新生"。其二是"为贯彻新学制的革命精神，根据'城乡兼顾'的原则，决定在各县距离中学较远地区具有六个学级以上的完全小学内附设初中班或专业训练班，吸收市镇和乡村的小学毕业而目前尚无条件入城市中学求学的青年入学"。其三是"为培养更多的师资以适应发展初等教育的迫切需要，决定扩大师范学校与初级师范学校的招生班数；各省立农业技术学校一律招收五年制学生，招生对象确定为小学毕业程度曾从事生产劳动二年以上的农民子弟。同时为满足师范学校和农业技术学校招生的需要，决定采用选拔保送的办法"。其四是"为贯彻'教育为工农服务'的方针，各级各类学校新生插班生的报考资格，除一般的仍按照前颁《浙江省中等学校学籍处理暂行办法》规定办理外，关于同等学力的报考，作补充规定如下：（1）革命干部，烈、军属之子女，具有高级小学毕业的同等学力或初中一下年级以上之相当程度，经区以上人民政府或人民解放军团以上政治机关证明者，得投考初级中学、初级技术学校和初级师范学校新生或插班生；（2）革命军人、革命干部、工农青年及烈、军属之子女，具有初中毕业同等学力或高中一下年级以上相当程度，经人民解放军团以上政治机关或县以上行政机关、工会、农会证明者，得投考高级中学、技术学校、师范学校新生或插班生。各校在招生时，对烈、军属及工农之子女应尽先录取"②。

（三）其他各类教育招考

冬学运动。1949 年新中国成立后，浙江省人民政府颁布关于冬学的指示，在全省各地兴起冬学运动的热潮，冬学成为城乡咸宜的业余成人教育形式："自省人民政府颁布冬学指示后，瑞安、萧山、杭县、松阳、新登、缙云等地普遍开展冬学，广大农民在政治上翻身后，

---

① 本报讯：《解答关于失学青年中学同等学力考试问题》，《浙江日报》1952年7月25日，第3版。
② 本报讯：《关于本年度春季招生工作决定》，《浙江日报》1952年1月16日，第3版。

继求文化上的翻身。瑞安除于一月四日成立县冬学委员会外，并在各区村也普遍成立，广泛推动，计划在一个月中吸收工人一千人、农民二万人参加学习。"[1]

夜校。1949年12月，教育部在《关于中国人民大学实施计划的决议》中，要求中国人民大学开办夜大学。次年，中国人民大学夜大学正式招生。1950年初，浙江金华成立女工夜校，"于一月二十七日开学，招收其美、浙东平民、建生三纺织厂女工四十五人。来校学习的女工们每天工作平均在十小时，最近又在连夜挤出时间来赶制劳军鞋；所以她们都带了劳军鞋来校一边做，一边学习，情绪非常好"。[2]1956年1月，浙江省首届人民代表大会第三次会议上，曾有代表提出开办夜大学的建议。

广播学校。1952年，浙江中苏友好协会和浙江人民广播电台决定将原来联合举办的俄语广播讲座扩大为俄语广播学校，并定于1953年1月3日正式开学。俄语广播学校分设初级、中级两班，修业期限各为九个月。凡具有收听广播条件、决心坚持学习的人，都可报名参加学习。报名登记办法分集体报名（以机关、部队、学校等为单位）和个别报名两种。[3]

综上，这是新中国成立之初浙江教育招考工作的诸多面向。不论是干校招考、中等教育招考，还是冬学运动、夜校和广播学校呈现出的是浙江教育招考丰富的内涵。历史地去看，在浙江各类教育的发展过程中，曾经出现过如此多的具有突出连续性的"因子"。它既是浙江教育招考"因时而生"的时代创造所使然，也为以后浙江教育招考工作的发展提供前提和实践基础。

---

① 姜谢风芳等：《瑞安等地广泛开展冬学》，《浙江日报》1950年1月31日，第2版。
② 本报讯：《杭中城区冬学委员会积极推进冬学工作》，《浙江日报》1950年1月31日，第3版。
③ 本报讯：《举办俄语广播学校》，《浙江日报》1952年12月23日，第3版。

考试招生在浙江的探索与实践
（1953—1965年）

新民主主义社会阶段的浙江教育招考，与生机盎然的社会转型——向社会主义过渡的时代环境相一致。在1953年至1956年的转型期，浙江高等教育招考积累了诸多宝贵经验，在实践中形成的多个面向，也逐渐成形化和制度化。随着以三大改造为标识的社会主义改造运动的成功实践，浙江教育事业也完成了从新民主主义向社会主义的过渡，相应的教育招考也在满足和适应人民群众日益增长的物质和精神文化需求的过程中，得到了长足进步与发展。

一、探索与演进：高等教育招考的浙江实践

在这个时期，浙江高等教育招考在制度化的基础上不断发展。从时间脉络上来看，1953—1957年，属于浙江高等教育招考的快速发展期，是在平稳过渡之后的快速发展，具有明显的时代风貌。而从1958年至1965年，受到当时社会风潮的影响，浙江高等教育招考呈现出跃进和调整的时代特征，表现出时代与高等教育招考紧密联系与影响的相关性。

（一）组织管理体制

新中国成立后，高校招生的运行机制和组织管理体制迭经变更。就华东区而言，从1950年至1952年，历经"公立专科以上学校一九五〇年度暑期统一招生委员会""华东区高等学校一九五一年度统一招生委员会"，1952年华东区曾短暂地在设有考区的省份成立招生工作委员会。1953年7月7日，由华东高教局、华东教育局等有关部门及交通大学、南京大学、浙江大学、山东大学等校代表组成的华东区高等学校招生工作委员会成立，陈望道任主任[①]。在招生委员会下，华东各省市和有关考区分别成立招生工作委员会分会。

1953年7月17日，"华东区高等学校招生工作委员会浙江分会"在杭州成立，由浙江大学、浙江医学院、浙江师范学院、浙江农学院、中央美术学院华东分院等五所高等学校及浙

---

① 本报讯：《华东区高等学校招生工作委员会成立》，《浙江日报》1953年7月12日，第3版。

江省人民政府教育厅、卫生厅、青年团浙江省委员会、浙江省学生联合会等代表组成，浙江大学教务长李寿恒任主任，浙江医学院教务长王仲侨任副主任。根据实际工作的需要，分会下设升学指导、健康检查、秘书、考务、试题、监试、阅卷、总务、成绩核算统计、考生服务等组。为了做好选送优秀小学教师及师范学校优秀毕业生进入高等师范学校的工作，分会下还设立"选送优秀小学教师及师范毕业生入高等师范学校学习工作组"，由浙江师范学院具体负责。①

1954年5月31日，浙江省人民政府文教委召开浙江省高等学校招生工作会议，成立"华东高等学校招生工作委员会浙江分会"，省人民政府文教委副主任刘丹任分会主任，洪式闾、俞仲武任副主任。根据工作需要，分会设立"办公室及健康检查、监试、阅卷等委员会，师范学院、艺术学院两个招生工作组，以及宣传教育、考务、人事三个组等工作机构"。②

1955年6月17日，浙江省教育厅邀集浙江大学、浙江师范学院、浙江医学院、浙江农学院和省民政厅、省卫生厅、省人民委员会人事局、青年团浙江省委等单位的负责人，举行本省高等学校招生工作会议，成立"浙江省高等学校招生工作委员会"，省教育厅厅长俞子夷任主任，刘丹、陈立、王仲侨、丁振麟任副主任。省招生工作委员会下设办公室，领导各项具体工作，李寿恒任办公室主任。办公室设在杭州大学路浙江大学分部内。③

浙江省高等学校招生工作委员会的成立，改变了以往由华东区高等学校招生工作委员会主持招考工作的历史，标志着浙江省拥有了独立的高等教育招考机构。自此，浙江高等教育招考工作，在浙江省高等学校招生工作委员会主持下展开进行。

（二）报名、考区设置

1953年，为便利考生报考，经华东区高等学校招生工作委员会同意后决定在杭州、温州、宁波三考区的基础上，在浙江增设金华、台州两个考区。杭州考区的报考事宜直接由分会统筹办理，宁波、温州、金华、台州四个考区分别成立招生办事处，由分会派工作组会同各考区所在地的有关部门具体办理报考工作。

1954年，根据各考区的实际情况对招考报名时间作了安排，"杭州、宁波、温州、金华定于六月六日至十五日报名。杭州区在浙江大学，宁波、温州区暂在各该市市府教育局，金华区在专署文教科。台州区定于六月十一日至二十日报名，地点暂在回浦中学"。④

① 本报讯：《华东高等学校招生工作委员会浙江分会已经在杭州市成立即将开始办公》，《浙江日报》1953年7月22日，第3版。
② 本报讯：《华东高等学校招生工作委员会浙江分会已正式成立》，《浙江日报》1954年6月3日，第1版。
③ 本报讯：《浙江省高等学校招生工作委员会成立》，《浙江日报》1955年6月19日，第1版。
④ 本报讯：《华东高等学校招生工作委员会浙江分会已正式成立》，《浙江日报》1954年6月3日，第1版。

1955 年，将浙江原本 5 个考区（杭州、温州、宁波、金华、台州），调整为 4 个考区①，分别是"杭州、温州、宁波、金华四个考区"。

1956 年浙江高等教育招考最大的变化仍是考区的调整。是年浙江省第一届人民代表大会第三次会议代表提案建议增设临海考区②，经省教育厅报请华东高等学校招生委员会同意，设立临海考区。如此浙江高等教育招考由 4 个考区变更为 5 个考区③。该年度，在报名程序中出现了"集体报考"和"个别报考"④ 相结合的办法，以便利考生。同时提出"报考高等学校的机关在职干部、在职的中级专业干部、小学教师、中等专业学校今年的毕业生，到考区的往返路费和录取后到学校的路费，由原工作单位或者所在的学校发给；健康检查的费用，可以在公费医疗经费中报销"⑤。

（三）考试科目的设置

考试科目设置是高等学校考试招生体系的核心内容。考试科目由国家高等教育部统一拟定，各大区和省、自治区、直辖市遵照执行。从 1953 年到 1965 年，高等学校招生考试科目的设置经历了从"不分类"到"分两类""分三类"再回归"分两类"的演变。

1953 年的考试科目为：政治常识、本国语文、中外史地、外国语文（俄语或英语）、数学、

---

① 四大考区之布局为杭州考区：包括杭州、嘉兴、湖州、绍兴等市及杭县、嘉兴、平湖、嘉善、海宁、海盐、桐乡、崇德、德清、武康、吴兴、长兴、安吉、孝丰、余杭、临安、于潜、昌化、富阳、新登、桐庐、分水、萧山、诸暨、绍兴、浦江等县；宁波考区：包括宁波市和嵊泗、余姚、慈溪、镇海、鄞县、定海、岱山、普陀、奉化、宁海、新昌、嵊县、上虞、象山、天台、临海、三门等县及庵东盐区；温州考区：包括温州市和黄岩、温岭、乐清、永嘉、青田、瑞安、平阳、文成、泰顺、丽水、仙居、云和、龙泉、景宁、庆元、松阳、玉环、洞头等县及海门区、矾矿区；金华考区：包括金华市及金华、兰溪、东阳、义乌、寿昌、遂安、淳安、宣平、建德、汤溪、龙游、衢县、常山、开化、江山、遂昌、缙云、磐安、永康、武义等县。
② 本报讯：《省人民代表大会第三次会议提案已处理完毕》，《浙江日报》1956 年 5 月 25 日，第 1 版。
③ 五个考区为杭州考区：包括杭州、嘉兴、湖州、绍兴等市及杭县、嘉兴、平湖、嘉善、海宁、海盐、桐乡、崇德、德清、武康、吴兴、长兴、安吉、孝丰、余杭、临安、于潜、昌化、富阳、新登、桐庐、分水、萧山、诸暨、绍兴、浦江等县；宁波考区：包括宁波市和嵊泗、余姚、慈溪、镇海、鄞县、定海、岱山、普陀、奉化、宁海、新昌、嵊县、上虞、象山等县及庵东盐区；温州考区：包括温州市和乐清、永嘉、青田、瑞安、平阳、文成、泰顺、丽水、云和、龙泉、景宁、庆元、松阳、玉环、洞头等县；金华考区：包括金华市及金华、兰溪、东阳、义乌、寿昌、遂安、淳安、宣平、建德、汤溪、龙游、衢县、常山、开化、江山、遂昌、缙云、磐安、永康、武义等县；临海考区：包括临海、天台、三门、黄岩、温岭、仙居等县。
④ "集体报考"手续：1. 由原毕业学校（或有关单位）造具考生名册，备函派员于 6 月 17 日上午八时至有关考区办事处开会并领取申请报考书等表册，分发考生自行填写（学校及有关单位应协助指导填写）；2. 填好的申请报考书、准考证（均贴好大一寸同一底片的正面免冠半身相片）及有关各件（通知书信封须贴邮票四分），仍由学校（或有关单位）汇集进行审查，并在申请报考书的"原毕业学校或原工作单位对考生升学的意见"栏内签具意见并加盖公章，连同毕业证明书（限本届高中、速中、师范毕业生）或报考介绍信（其他各类考生）健康检查记录表，于报名期限内派人送交各该考区办事处；3. 各该考区办事处经审查后，尽早核发准考证，并收报名费每人五角。
　　"个别报考"手续：1. 凭报考介绍信及健康检查记录表，向各该考区办事处领取申请报考书等表册自行填写；2. 填妥后（贴好相片、邮票，均同上）连同报考介绍信，健康检查记录表，于报名日期内亲自送交原考区办事处；3. 经审查合格者，发给准考证，并收报名费五角；4. 请领申请报考书等件，原则上应由本人办理，必要时可请人代领，但填写申请报考书等件及领取准考证必须由本人亲自办理。
⑤ 浙江省招委：《关于考生申请报考的几项规定》，《浙江日报》1956 年 5 月 22 日，第 3 版。

物理、化学、生物。在录取时，招生机构根据系科类别，规定不同录取标准，以适应各类系科和专业的不同要求。投考音乐、美术、戏剧、体育等系科的学生，除考试上述科目外，还要加试专业科目。工农速成中学、中等专业学校毕业生及产业工人、革命干部、小学教师除志愿报考外国语系科外，可免考外国语。①

1954年，为适应各系科专业对考生学业成绩的不同要求，考试科目分作两大类：（1）理科、工科、卫生科、农林科等类专业考试科目为：本国语文、政治常识、数学、物理、化学、生物、外国语；（2）文史科、政法科、财经科、体育科、艺术科等类专业考试科目为：本国语文、政治常识、历史、地理、外国语。②

1955年起，为进一步适应高等学校各类专业对于考生学科水平的不同要求，考试科目分为三类：（1）工科、理科（包括师范的理科）各类专业，农林科的农业生产机械化、森林采伐及运输机械化、木材机械加工、水利土壤改良等专业的考试科目：本国语文、政治常识、数学、物理、化学；（2）医科、农林科各类专业，生物科学（包括师范的生物系）各专业，心理、体育等专业的考试科目：本国语文、政治常识、达尔文主义基础、化学、物理；（3）文、史、政法（包括师范的文、史、政治、教育各类专业）、财经各科各类专业的考试科目：本国语文、政治常识、历史、地理。③1956年起，第一类的地理科学专业加试地理；第二类中林科的造林、城市及居民区绿化、森林经营等专业加试数学，体育专业加试体育术科；第三类中财经类专业加试数学，外语类专业加试外语，哲学专业加试数学，高师院校音乐类、图画类专业加试专业科目。④1957年教育部招生规定特别注明：第一类中含高师的地理系科和综合大学的自然地理专业；第三类含经济地理专业。1958年起，三类均增设外国语科目。⑤1960年起，第三类不考地理科目。⑥

1964年起，高考科目设置又回归分两类：（1）理工医农类：考试本国语文、政治常识、数学、物理、化学、外国语；（2）文史类：考试本国语文、政治常识、历史、外国语。报考哲学、财经各专业的考生，要加试数学，成绩不计入总分，只作为参考；报考外国语专业的考生，有重点地试行外国语口试，但不计分。⑦

---

① 本报讯：《全国高等学校今年暑期仍统一招生》，《浙江日报》1953年7月8日，第1版。
② 本报讯：《全国高等学校一九五四年暑期统一招生简章（华东区）》，《浙江日报》1954年5月31日，第2版。
③ 本报讯：《全国高等学校今年暑期招考新生的规定》，《浙江日报》1955年6月9日，第3版。
④ 杨学为编：《高考文献（上）》，北京：高等教育出版社，2003年，第184页。
⑤ 杨学为编：《高考文献（上）》，北京：高等教育出版社，2003年，第271、327页。
⑥ 杨学为编：《高考文献（上）》，北京：高等教育出版社，2003年，第372页。
⑦ 本报讯：《浙江省高等学校招生委员会一九六四年招考新生简章》，《浙江日报》1964年6月16日，第3版。

（四）体检工作

1953 年，为了配合全国高等学校统一招生工作，杭州市特别成立"一九五三年高中毕业生健康检查委员会"，负责进行本届高中毕业学生和提前毕业学生的健康检查工作。以杭州为例，参加健康体检的考生必须"携带最近一寸半身脱帽照片一张（贴在健康检查记录表上），及有关学历证明文件或机关、工会等单位同意报考的介绍函件（上述证件须贴本人照片并盖有公章），前往本市大学路浙江大学内华东高等学校招生工作委员会浙江分会办理健康检查登记手续（各医院照一般收费）"。[①]

（五）招生人数

据统计，1953 年，浙江各考区"报名的人数共计三千六百八十三人，比去年增加了九百七十九人，应届高中毕业生中除因体质较差暂时不能升学或其他原因未报考者外，参加此次考试的有二千四百九十八人"。[②]

1954 年，浙江参加"高等学校统一招生考试的共有五千二百三十三人，其中有本年高中毕业生二千五百二十七人，工农速成中学毕业生十八人，中等师范学校优秀毕业生九百二十八人，在职干部八百零一人，社会知识青年九百五十九人"。[③]

1955 年，"参加考试的共有七千五百余人，比去年考生人数增加百分之四十以上。其中有应届高中毕业生和工农速成中学毕业生，有复员转业军人和在职干部，有选送的中等技术学校、中等师范学校应届毕业生，和专业在职干部，有选送的在职小学教师，也有社会知识青年"。[④]

1956 年全省报考人数剧增。"到 7 月 10 日为止，浙江省高等学校招生工作委员会已经在杭州、温州、金华、宁波和临海五个考区发出了一万七千一百八十三张准考证……在今年的考生中，除高中毕业生七千六百余名以外，小学教师和在职干部占将近三分之一。同时还有一部分停学待业的社会青年、中等师范学校毕业生、复员军人、公私合营企业职工、归国华侨和工商界青年也报考高等学校"[⑤]，就杭州考区而言，其中"所属 30 个县市有 7073 名考生，其中报考理工科各专业（包括师范理科）的有 3128 人；报考医农科各专业（包括师范的生物、

---

① 本报讯：《投考高等学校的非本届高中毕业生八月一日起开始办理健康检查登记手续》，《浙江日报》1953年7月26日，第3版。
② 本报讯：《各地考生正在积极准备迎接入学考试》，《浙江日报》1953年8月20日，第3版。
③ 本报讯：《数万高等学校、中等技术学校考生正顺利地、有秩序地参加考试》，《浙江日报》1954年7月17日，第3版。
④ 本报讯：《本省七千余名考生参加高等学校招生考试》，《浙江日报》1955年7月17日，第3版。
⑤ 本报讯：《本省有一万七千多人报考高等学校》，《浙江日报》1956年7月13日，第1版。

体育专业）的有 1004 人；报考文史各专业（包括师范的文、史、政治、教育等专业）的有 2941 人"[①]。

1957 年，在新成立的浙江省高等学校招生工作委员会[②]指导下，浙江"六所高等学校共将招收新生二千八百六十五人，其中浙江大学招收名额达一千二百三十人。浙江农学院招二百七十名，浙江医学院招二百四十名，浙江师范学院和杭州师范专科学校共招一千一百名"[③]。

1957 年，单独进行招生工作的中央美术学院华东分院，在浙江招生 25 名。北京大学、清华大学、哈尔滨工业大学、交通大学、北京农业大学、北京师范大学、北京医学院、北京外国语学院、中国人民大学、大连海运学院等校参加浙江统一招生。[④]其中，中国人民大学、北京外国语学院单独面向杭州地区进行招生。对于单独招生事宜，浙江省高等学校招生工作委员会特别做了重点说明，规定"为了照顾考生及本会工作的方便，考生除因报考单独院校（如人民大学、高等艺术院校，须取得各该院校的证明），不及赶回所在地区报考统一招生者外，各类考生均须在当地考区办事处申请报考，不能越区"[⑤]。

（六）志愿填报

1953 年，在学生填报志愿问题上，浙江省教育厅为端正当时高中毕业生的升学思想，帮助毕业同学正确地确定升学志愿，以避免学生不顾个人条件或单凭兴趣涌向少数系科报考，省教育厅曾举办应届高中毕业生专场报告会，就如何科学合理地确定升学志愿等问题，由厅主要领导亲自讲解。报告会社会反响积极，"同学们能慎重地根据国家的需要和自己的条件确定升学志愿"[⑥]。

1954 年，在志愿填报的问题上，采用的方式是"国家招生任务的需要和层层照顾考生志愿"的原则，如"'第一科别志愿''第二科别志愿'及'第三科别志愿'中所称之'科别'，均系指理科、工科、农林科、卫生科、文史科、政法科、财经科、艺术科及体育科而言；师范的文史、理、艺术及体育等科分别属于上述有关科。各科别志愿不得重复填写，如第一科别

① 本报讯：《高等学校入学考试今天开始了》，《杭州日报》1956年7月15日，第1版。
② 本报讯：《省高等学校招生工作委员会成立》，《杭州日报》1957年5月18日，第2版。浙江省高等学校招生委员会主任委员俞子夷，副主任委员陈立、李寿恒、王仲侨、萧辅、肖文。
③ 本报讯：《今年将招新生二千八百余名》，《浙江日报》1957年5月22日，第1版。
④ 本报讯：《北京外国语学院在杭招生》，《浙江日报》1957年5月28日，第3版。
　 本报讯：《人民大学在杭州招生》，《杭州日报》1957年5月14日，第2版。
　 本报讯：《大连海运学院今年参加浙江统一招生》，《浙江日报》1957年6月4日，第4版。
⑤ 本报讯：《浙江省高等学校招生工作委员会关于考生申请报考的几项规定》，《浙江日报》1957年5月28日，第3版。
⑥ 本报讯：《各地考生正在积极准备迎接入学考试》，《浙江日报》1953年8月20日，第3版。

志愿填写理科的系科专业类，则第二、第三科别志愿不得再填理科内的各系科专业类；如第一科别志愿填写理科的系科专业类，第二科别志愿填写工科的系科专业类，则'第三科别志愿'不得再选填理科或工科，而只能选填农林或卫生科……为了尽可能照顾考生的'科别'志愿，在第一及第二科别志愿栏内，均征求各考生关于分配专业类及学校的意见，务希各考生慎重表示自己的意见，如愿意接受分配，则将'不愿意'划去；如不愿意接受分配，则将'愿意'划去"。①

1956年开始，人们对于大学及其专业的选择有了更多的可能性。如"浙江农学院新设农业生产机械化和土壤及农业化学两个专业，并将原茶业专修科转为茶叶专业，自今年暑假起开始招生"②，如"将增设化学生产的操纵及检验仪器专业。该专业修业期限为5年。今年暑假开始招收新生"③，再如增设"河川结构、土壤改良以及化学生产的操纵及检验仪器专业"④等。

1957年，浙江省高等学校招生工作委员会，针对是年招考工作，特别做了"注意事项"的说明："本年考试科目分为三大类，考生选填专业（或系科）志愿时，应该根据国家的社会主义建设的全面需要，结合自己的具体条件和爱好，实事求是地填写。专业（或系科）只能在同一大类中选择，不得跨类。在选填志愿上，本年是一个专业一个学校，可填十二个专业十二个学校，但同一专业（或系科）也可选填几个学校，也可同一学校，选填同类的几个专业（或系科）。志愿愿填多少就填多少，但为了能有较多的录取机会，应该尽可能地多填一些"，又如提醒考生："按全国招生规定第六条，凡报考有加试科目专业（或系科）者，不论为第几志愿及哪类考生，均须参加加试科目的考试。但报考体育院校或系科的考生，如持有劳卫制二级及格证书（证章不能作证明）并经呈验者，可作为体育术科及格，予以免试"，再如，增加温馨提示语："考试以后，通知书将由上海发出，故信封必须写明省、县（市）名，以免无法投递。"⑤

这些招考注意事项部分来自专业招考的解读，部分来自招考的工作细节。这些"注意事项"的出现，一方面说明浙江高等教育招考面向考生服务意识的增强，同时也从一个侧面反映了浙江高等教育招考工作逐步走向精细化、专业化。

---

① 本报讯：《高等学校考生怎样填写"报考志愿"表》，《浙江日报》1954年6月19日，第3版。
② 本报讯：《浙江农学院新设三个专业》，《杭州日报》1956年6月1日，第2版。
③ 本报讯：《浙大电机系将增设一个专业》，《浙江日报》1956年6月6日，第2版。
④ 本报讯：《浙江大学土木系将招收水利专业学生》，《浙江日报》1956年8月11日，第3版。
⑤ 本报讯：《浙江省高等学校招生工作委员会关于考生申请报考的几项规定》，《浙江日报》1957年5月28日，第3版。

（七）录取工作

为了保障录取学生能够顺利地、按时地报到入学，1953年，华东区高等学校招生工作委员会浙江分会采取多种措施保障录取后续工作。其中，采取的办法之一是集体报到。如"（一）北京医学院、北京对外贸易专科学校、天津医学院、北京地质学院、河北师范学院、中国矿业学院以及东北区各校录取学生，七日上午九时前登记截止，八日晨出发。（二）北京大学、天津大学、北京铁道学院、山西医学院、北京钢铁学院以及东北区各校录取学生，九日上午九时前登记截止，十日晨出发。（三）上海各校录取学生，七日上午九时登记截止，八日出发。（四）北京师范大学、天津师范学院，北京政法学院，北京农业机械化学院录取学生，十五日登记一天，十七日出发。（五）北京石油学院、北京航空学院、中央体育学院、中央民族学院、南开大学录取学生，二十四日登记一天，二十五日出发"[①]。

尽管1956年高等教育招考人员增多，录取名额比上年有所增加。但由于招生比例的限制，仍存在有一部分考生未被录取的情况。对此，浙江省高等学校招生工作委员会及时出台措施，要求"未被录取的小学教师和在职干部要回原岗位继续安心工作。未被录取的应届高中毕业生和社会青年，国家一定会妥善安排补习或参加工作，希望他们继续努力，争取明年再参加考试"[②]。

（八）保障措施

鉴于实际存在的考生家庭困难问题，有关部门及时予以救助。规定"应届高中毕业生（包括提前毕业的春三班学生）中经济确属困难者，得向原毕业学校领取路费补助申请表，填妥后交由原校审查，由学校汇集后派学生代表或用函送寄华东区高等学校招生工作委员会浙江分会审核，并核定款项，由代表领回或汇寄，以便组织录取在同一学校、同一地区的学生，集体报到入学。如时间紧促或路程较远的地区，则由各学生亲带经学校审查后的申请表直接到华东区高等学校招生工作委员会浙江分会核发……规定由出发地点到录取学校之车船费补助，不得超过实际需要的硬席火车费、统舱轮船费、汽车费范围。凡乘坐卧铺及途中零星开支的交通费用均不补助。途中伙食费，每人每天不超过五千元"[③]。1953年，困难同学路费补助的办公地点，即设在杭州市解放路树范中学内。正是华东高等学校招生工作委员会浙江分会的努力，确保了1953年浙江高等教育招考工作的顺利完成。

---

① 本报讯：《坚决服从国家分配愉快入学》，《浙江日报》1953年10月7日，第3版。
② 本报讯：《高等学校录取新生今天揭晓》，《浙江日报》1956年8月10日，第3版。
③ 本报讯：《华东高等学校招生委员会浙江分会组成工作小组指导并协助本届高等学校新生顺利入学》，《浙江日报》1953年9月26日，第3版。

1954 年，随着招考人数的增加和调整，对于困难考生路费补助也有所调整和改变，体现出具体问题具体分析的实践性特点。如规定"个别学生因经济困难、确实无法负担赴校路费者，得申请补助路费之一部分或全部。烈属子女、工农青年、灾区学生、华侨学生、少数民族地区家庭经济困难的学生及调往外区（指大行政区）入学的学生，将予优先照顾。路程较近、交通方便者，不予补助。……凡申请路费补助而经核准者，一般不发现金，以代购集体车船票为原则"[①]。

1955 年，"浙江省高等学校招生工作委员会特在杭州市建国中路杭州第二中学内设立服务站。凡入学新生路过杭州，可向该站接洽，以解决膳宿及代购车票问题"[②]。再如"为便于个别经济确实困难无力筹措赴校路费的学生办理申请路费补助，浙江省高等学校招生工作委员会已成立工作组，专门负责办理有关事宜。办公地点在杭州第二中学内"[③]。这些体贴入微的照顾规定，体现了高校招生工作严肃性和人性化的交融，展示了浙江高等教育招考的真实一面。

（九）政审工作

政审是高校招生工作的重要组成部分。1955 年 7 月，浙江省招生委员会针对某些地方出现的"区人民政府在介绍社会知识青年报考时，仅仅证明考生的文化程度（有的连文化程度也未弄清楚），而对考生的政治面目、历史情况、家庭及社会关系情况、思想品质等问题均无书面证明材料，或者仅有点滴的材料；不少机关和转业建设委员会在介绍在职干部或转业军人前往各招生办事处报考时，也未同时附送干部材料特别是政治历史材料，或即使附有上项材料，有的过于简单，有的则没有明确的结论或意见，致使审查者无所适从；至于应届毕业生，虽然材料比较完整，但一般都缺乏社会调查"[④]的情况，提出了具体的政审要求："凡已介绍考生报考，但未出具政治历史的证明材料，或出具材料过于简单、有重大遗漏及没有明确结论和意见者，应由原介绍单位迅速组织力量，进行调查了解，尽可能弄清问题，提出审查的结论或意见，务必于七月十七日以前将材料送达所报考地区的招生办事处；十七日以后到二十二日以前，则将材料直接送到杭州市浙江省高等学校招生工作委员会。高中应届毕业生中如发现有重大遗漏、过分粗糙简略或原来根本没有政治审查材料的，应同样抓紧时间进行了解，情况严重的，应在公安、文教部门的领导下进行一次全面复查，于上述时间内将材

---

① 本报讯：《华东高等学校招生委员会浙江分会办理高等学校新生申请路费补助工作》，《浙江日报》1954年8月16日，第1版。
② 本报讯：《浙江省高等学校招生工作委员会在杭设立录取新生入学服务站》，《浙江日报》1955年8月20日，第3版。
③ 本报讯：《办理录取新生申请补助路费事宜》，《浙江日报》1955年8月18日，第3版。
④ 本报讯：《有关单位必须切实负责审查报考高等学校新生的政治质量》，《浙江日报》1955年7月10日，第3版。

料送达所报考地区的招生办事处或浙江省高等学校招生工作委员会。对于每一个报考的学生，为了对自己的政治负责，并便于招生工作委员会对自己的政治情况进行审查，避免报考中因证件不全而引起的麻烦，应主动向原介绍单位要求出具政治历史的证明材料，并把自己一切政治历史和社会关系问题在报名时忠实地填写清楚。"①

1955 年 8 月，又对做好政审工作进行强调："今年高等学校录取新生，规定必须具备的条件是：政治上可靠、身体能够坚持学习、学业上能够跟得上班。就是说，必须政治、健康条件和学科考试成绩三者都合格的考生才能被录取；如果仅仅学科考试成绩够录取标准，而政治或健康条件不合格，是不能被录取的。"②

（十）招考新风

1955 年，浙江教育招考出现了新的面向，即加大了师范教育招考和农业专业招考。为了提高高等师范学校录取新生的质量，并给予小学教师以深造机会，省教育厅决定选送一批优秀小学教师和在有关师范学校选送一批应届毕业生报考高等师范学校，其具体条件如下。"凡小学教师选送报考者的条件是：（一）历史清楚，政治上要求进步，工作积极负责，有为人民教育事业服务的决心；（二）有高中或师范学校毕业的文化程度（同等学力者应按高等学校招生规定），任教满三年，工作有成绩；（三）身体健康能坚持学习，年在三十二岁以下。凡应届师范毕业生选送报考者的条件是：（一）政治历史清楚，思想进步；（二）品德和学习成绩优良，有培养前途；（三）身体健康，年在二十五足岁以下。"③

同此，为了加强对在职农业专业干部的培养，省农业厅协调干部报考高等农业院校，其条件是："（一）政治历史清楚，思想进步，并具有一定工作经验和业务知识；（二）具备相当高中的文化水平，自愿升学；（三）体格健全；（四）年龄在三十岁以下的男女青年干部"④。

从师范专业和农业专业招考的两则案例，不难发现浙江高等教育招考服务于经济建设和社会发展的职能。这也是浙江教育招考不断前行、不断发展的动力。

综上，在 1953 年至 1957 年之间，浙江高等教育招考有了快速平稳发展。这种快速平稳发展，不仅仅体现在浙江高等教育招考制度化日渐成熟，也表现在对经济建设和社会发展需求的及时适应上。这个时期的经验与实践，为浙江高等教育招考后续发展，提供了重要的参考模式和发展基础。

---

① 本报讯：《有关单位必须切实负责审查报考高等学校新生的政治质量》，《浙江日报》1955年7月10日，第3版。
② 本报讯：《关于高等学校录取新生的一些问题》，《浙江日报》1955年8月18日，第3版。
③ 本报讯：《要求选送一批人员报考高等师范学校》，《浙江日报》1955年6月5日，第1版。
④ 本报讯：《省农业厅抽调干部报考高等农业院校》，《浙江日报》1955年6月30日，第3版。

二、跃进与调整：浙江高等教育招考的波动

受当时全国经济社会发展大环境的影响，浙江高等教育招考从 1958 年起呈现出"大跃进"的倾向。而从 1962 年开始则进入调整周期。跃进和调整主要体现在招生规模上，此外也体现在数量和质量关系的处理上，其他如报考条件、考试科目等基本保持稳定。

（一）"跃进"的基本情况

在省市高等学校招生委员会的规划中，要求浙江省在 1958 年"招生名额达一万名左右。除原有浙大、浙师、浙农、浙医、中央美术学院华东分院、杭州师专、温州师专、宁波师专八所高等学校外，还有本年新办的杭州大学、浙江林学院、浙江水产学院以及师专、农专、医专等二十九所"。[①]1958 年，在浙江高等教育招考的历史过程中无疑是"跃进"的一年，不管是招生人数，还是学校数量，乃至考点设置都反映出当时人们精神和物质上的"跃进"状态。

7 月 6 日的《浙江日报》报道全省有 35 所高校联合招生：

今年暑期，本省有三十五所高等学校决定参加省联合招生。由于社会主义建设事业的需要，这三十五所高等学校今年的招生人数，将超过去年本省六所高等学校招生人数的两倍以上。

本省原有的高等学校下学期起都增加了新的系科、专业。浙江大学新设了矿冶系和内燃机汽车和拖拉机制造、锅炉汽轮机制造及热能动力装置、水力机械、农业机械制造、农田水利工程、钢铁冶金等十七个专业；浙江医学院新设了卫生学系；浙江农学院新设了农业生产机械化、畜牧、种子专门化等三个专业；浙江美术学院新设了工艺美术系；浙江师范学院等校也都增加了新的招生任务。

不少新建的高等学校也参加了省联合招生。杭州大学是本省今年首创的一所新型综合性大学。今年设有中文、历史、新闻、生物等七个系，共招生五百余名。浙江电力专科学校是在原杭州水力发电学校的基础上开办的，今年设有水电站建筑、建筑机械与装备、发电厂网及其系统三个专业。浙江化工专科学校今年设有化工机械安装与修理、化学工程、硅酸盐工艺三个专业。浙江机械专科学校，今年设有动力机械制造、通用机械制造、电机和电器制造三个专业。新建的衢县化工专科学校、衢县工业专科学校、嘉兴工业专科学校、金华土木专科学校、温州工业专科学校、台州工业专科学校等，也都设有机械、电机工业、化工冶炼、土木工程等不同专业。浙江纺织专科学校目前暂设制丝、丝织两个专业。

今年本省高等师范教育有了很大的发展。各专区、市都新建了师范学院或师范专科学校。

---

① 本报讯：《本省高校今年招万名新生》，《浙江日报》1958 年 6 月 14 日，第 3 版。

在医药方面，新办的温州医学院、杭州医专、绍兴医专、金华医专等高等学校，设有医疗、公共卫生等不同系科。在农业方面，新办的嘉兴农专、建德农专、鄞县农专、金华农专等校，设有农学、农业栽培、畜牧等专业。在渔业方面，舟山水产学院目前设有海洋渔捞、水产加工、水产养殖三系。在林业方面，新建的天目林学院、仙霞林学院设置了林学、森林采伐、林产化工等系。①

统观 1959 年、1960 年、1961 年的高等教育招考，基本上延续了 1958 年"跃进"的风格。1959 年浙江省高等学校招生委员会成立，并在此招生委员会的领导下展开高等教育招考工作，在各级党委领导下，贯彻按学校情况分别保证招生质量的原则，在保证政治质量的前提下，结合考生学业、健康条件，选择质量较好的考生录取入学，完成招生计划。1960 年，则是根据"多快好省"地发展教育事业的方针，积极挖掘潜力，千方百计地扩大生源，保证重点，争取超额完成招生任务。

1961 年的高等学校招生工作，强调必须在各级党委和人民政府的领导下，保证新生的政治、学业、健康质量，努力完成招生任务。当时参加浙江省统一招考的学校增加到 69 所，具体分布为：北京地区有清华大学、北京大学、中国科学技术大学、北京师范大学等 20 所；上海地区有交通大学（上海部分）、同济大学、复旦大学、华东师范大学等 6 所；江苏地区有华东水利学院、南京航空学院等 4 所；吉林地区有吉林大学、吉林工业大学等 3 所；河北地区有天津大学、南开大学等 3 所；黑龙江地区有哈尔滨工业大学等 2 所；辽宁地区有大连海运学院；陕西地区有交通大学（西安部分）、西北工业大学等 3 所；湖南地区有中南矿冶学院等 2 所；湖北地区有武汉水利电力学院、武汉测绘学院 2 所；江西地区有抚州地质专科学校、江西医学院 2 所；军事院校有军事工程学院、通信工程学院、第四军医大学 3 所；本省有 18 所，为：浙江大学、浙江机械专科学校、浙江电力专科学校、浙江化工专科学校、杭州大学、杭州师范学院、浙江医学院、浙江农学院、杭州师范专科学校、浙江纺织专科学校、浙江中医学院、天目林学院、湖州师范专科学校、宁波师范学院、温州师范学院、温州医学院、建德师范专科学校、舟山水产学院。②

（二）"调整、巩固、充实、提高"

从 1962 年开始到 1965 年，浙江高等教育招考配合党和国家政策的调整，进入"调整、巩固、充实、提高"的新阶段。一方面在招生计划上进行压缩；一方面强调要保证新生的质量。

---

① 本报讯：《全省35所高校联合招生》，《浙江日报》1958年7月6日，第3版。
② 本报讯：《哪些高等院校参加统一招生？》，《浙江日报》1959年7月6日，第3版。

在招生计划安排方面，1962年6月，国家计委、教育部发布《关于一九六二年各级学校招生计划和执行招生计划时应注意问题的通知》，提出："高等学校和普通高中总的招生任务有很大压缩，要求各部门和各地区在安排分校招生计划时，切实注意贯彻办少些、办好些的精神，分别学校的不同情况，有计划地压缩学校规模，从而使学校的教学和生活条件得到改善。"[①]

浙江省严格遵循国家计委和教育部的要求，减少了招生计划的安排。这在浙江大学从1955年到1964年的招生人数变化上可以得到印证，如表1-2-1所示。

表1-2-1　浙江大学1955—1964年招生人数变化表

年份	招生数	年份	招生数
1955年	1040	1960年	1451
1956年	1634	1961年	1575
1957年	1221	1962年	1202
1958年	2730	1963年	1281
1959年	2040	1964年	1340

材料来源：浙江大学校史编写组：《浙江大学简史》（第一、二卷），杭州：浙江大学出版社，1996年，第488页。

在新生质量上，浙江省1962年招考新生简章根据教育部年度招生文件，强调："教育事业进一步贯彻执行以调整为中心的调整、巩固、充实、提高方针的要求，必须在各级党和人民委员会的领导下，切实保证新生质量，认真按照统一规定的标准，选择政治上、学业上优秀，健康条件合格的学生入学"。[②]

需要说明的是，1965年高等教育的调整方向，也体现在强调高等教育招考与生产实践相结合上。如浙江师范学院从杭州搬到金华县农村上课，实行半农（工）半读。浙江师范学院"由国家统一招生录取的二百多名学生，大多数是贫农下中农子女，他们从一年级就开始实行半农（工）半读。这个学校原有班级的学生，采取逐步向半农（工）半读过渡的办法，适当增加劳动时间，并将增加到半农半读、半工半读中等学校实习时间"。[③]

三、启航与示范：浙江研究生教育招考的勃兴

对于浙江高等教育招考来说，研究生招考是重要的题中之义。研究生招考，在浙江并非陌生事物，浙江大学早在1929年就开始招收研究生。新中国的成立给浙江的研究生教育带来

---

① 杨学为编：《高考文献（上）》，北京：高等教育出版社，2003年，第431页。
② 本报讯：《1962年招考新生简章》，《浙江日报》1962年7月6日，第3版。
③ 本报讯：《浙江师范学院搬到农村实行半农（工）半读》，《浙江日报》1965年10月5日，第1版。

了新生。从20世纪50年代到60年代，在教育部、高等教育部的统筹下，浙江的研究生招考获得了长足的发展，从浙江大学的一枝独秀到一众学校的百花齐放，从学校个别招考到全国统一招考，浙江研究生招考迎来了蓬勃生长的青春期。

（一）20世纪50年代的研究生招考

浙江大学无疑是浙江研究生招考工作的第一方阵。作为近代历史上有"东方剑桥"之誉的著名学府，在20世纪40年代就开始招收研究生，新中国成立后经教育部批准从1950年起招收研究生，1951年纳入新中国招收研究生的14所高校序列。

除浙江大学外，浙江师范学院、浙江农学院从1953年开始招收研究生；中央美院华东分院从1954年开始招收研究生。①

1956年下半年《浙江日报》《杭州日报》先后报道浙江农学院、浙江医学院和浙江大学招考副博士研究生的消息。其中：浙江农学院招收副博士研究生12名，招生专业为农作物选种、植物病理、农业昆虫、蔬菜栽培、果树栽培、养蚕学专业；浙江医学院的招生专业为人体解剖学、药理学、内科学、外科学、眼科学等；浙江大学招收6名，招生专业为远距离输电、电机原理及设计、煤炭化学、化工原理、燃料工学（高压反应）、房屋结构等。②1957年1月的《杭州日报》跟踪报道浙江医学院的录取情况，当时报考浙江医学院"副博士研究生符合报考条件的有二十三人，经过该院考试委员会审查、考试，录取了人体解剖学、药理学、内科学、外科学等六名"③。

对1956年招收副博士研究生，高等教育部制定了《1956年中华人民共和国高等学校招收副博士研究生的暂行办法》，内容如下。（1）报考条件：年龄在40岁以下，具有以下三项条件之一者。①高等学校本科毕业并有两年以上科学技术工作、教育工作或其他与科学有关的实际工作经验，其中报考医学临床各专业的必须有三年以上工作经验；②本科毕业，未具备两年工作经验，但学习成绩优异（临床医学各专业不适用）；③非本科毕业，有三年（临床医学专业五年）以上工作经验，经证明具有本科毕业水平和具有研究能力。（2）学制：暂定四年（医科临床暂定为三年）。（3）考试科目：专业学科一般考一至三门，最多四门；政治理论

① 吴世明主编：《浙江研究生教育》，杭州：杭州大学出版社，1992年，第84页。

潘云鹤主编：《六年的跨越》，杭州：浙江大学出版社，2006年版，第19页。

浙江师范学院是后来杭州大学的前身之一；浙江农学院是后来浙江农业大学的前身；中央美院华东分院是后来浙江美术学院的前身。

② 本报讯：《浙农招收副博士研究生》，《杭州日报》1956年7月24日，第1版。

本报讯：《浙江医学院招考副博士研究生》，《杭州日报》1956年8月1日，第1版。

本报讯：《浙大招副博士研究生》，《浙江日报》1956年11月28日，第4版。

③ 本报讯：《副博士研究生入学》，《杭州日报》1957年1月9日，第3版。

科目由学校根据专业性质从中国革命史、哲学（辩证唯物主义和历史唯物主义）和政治经济学中确定；外语，在俄语、英语、德语、法语中选考。（4）考试办法：由招生学校自主命题和组织考试；考生直接向学校报名，每人限报一个专业，如果所报专业有两所以上学校，可以填写两个志愿学校，第一志愿学校未录取的，可以转交第二志愿学校考虑。①

1957年10月的《杭州日报》登载了浙江大学和浙江农学院招考四年制研究生的消息："浙江大学和浙江农学院已根据高等教育部的指示，开始招考四年制研究生。本学期，浙江大学决定招考研究生的有电机制造、燃料化工、建筑机构、理论物理等四个专业，研究生共五名；浙江农学院招考的有作物栽培、作物选种、蔬菜栽培、植物病理、昆虫学、家蚕遗传选种、蚕体解剖及生理、土壤化学、农业化学等九个专业，研究生共十一名。现在，两校都已成立研究生招生委员会，报名至十月三十一日截止，考试日期在十一月二十一日到二十五日，考试科目分政治理论、外文及专业等三方面，课程各有不同。"②

（二）20世纪60年代的研究生招考

进入20世纪60年代，研究生招生出现了新的气象。首先是研究生招生范围扩大。新华社1962年12月18日消息："一九六三年全国各高等学校和研究机构招考研究生的范围将适当扩大，各招生单位将提前在今年十二月二十日到十二月二十七日办理报名手续，统一的考试将在明年二月十五日到二月十七日期间进行。根据已经批准的计划，全国将有一百多个高等学校和研究机构招收一千六百多名研究生，招生的专业包括文、理、工、农、医等各类学科。"③浙江省响应国家的号召，积极发动生源：

本省开始办理1963年全国研究生招生工作。凡是1963年高等学校本科毕业生和具有高等学校本科毕业程度，又有两年以上工作经验的在职人员，思想进步、业务优秀、身体健康、年龄在三十五岁以下，都可以申请报考。本省凡自愿报考的应届毕业生，可向所在学校提出申请。在职人员自愿报考的，必须于12月27日前通过本单位组织介绍至省教育厅或附近的高等学校，领取报考登记表，经所在单位同意后向招生单位申请报考。④

到1965年，浙江研究生招考的学校已经扩展到"浙江大学、杭州大学、浙江农业大学、浙江医科大学（以上在杭州市）、温州医学院（温州市）、舟山水产学院（普陀县）、天目林学

---

① 教育部：《1956年中华人民共和国高等学校招收副博士研究生的暂行办法》，1956年，档案号J165-006-131-021，浙江省档案馆藏。教育部文件对"副博士研究生"的名称作了说明："本办法中的'副博士'名称是暂用名，如果和以后颁布的中华人民共和国研究生条例名称不一致时，按中华人民共和国研究生条例的规定办理。""副博士"借用了苏联的学位名称，但根据教育部文件对报考条件的规定，当时中国的"副博士"相当于后来的硕士。

② 本报讯：《浙大、浙农两校招考研究生》，《杭州日报》1957年10月4日，第2版。

③ 本报讯：《明年全国招考研究生范围适当扩大并提前报考》，《浙江日报》1962年12月19日，第1版。

④ 本报讯：《本省开始办理全国研究生招生工作》，《浙江日报》1962年12月23日，第1版。

院（临安县）等七校"。[1]

其次是全国统一制订招生计划，统一规定考试时间，公共课实行全国统考。根据中央教育部《关于1964年招收研究生工作的规定》，1964年全国统一规定的考试时间为2月19日至2月21日。政治理论课、外国语（俄语、英语）、语文（考作文一篇）实行全国统一命题。其中语文的考试成绩不计入总成绩，仅供录取时参考。基础课（包括工科的基础技术课）和专业课，一般为二至三门，具体科目由招生单位根据专业性质确定。基础课和专业课由招生单位自行命题，但须参考教育部制定的《关于1964年研究生基础课和专业课入学考试的命题和评卷工作的几点意见》。考试方式一律采用笔试，某些专业确有必要，可以在笔试基础上增加口试或其他考试方式。1964年政治理论课、外语和语文的评卷工作，可以由招生单位负责，也可以由省、自治区、直辖市高教（教育）厅（局）统一组织举行；基础课和专业课的评卷工作由招生单位负责。[2]

浙江大学1964年的研究生招生专业和考试科目设置见表1-2-2。

表1-2-2　浙江大学1964年的研究生招生专业和考试科目设置

专业	统考科目	基础课与专业课
冶金炉	政治理论 外国语 语文 （作文， 录取 参考）	高等数学 物理化学 铸造用炉
铸造合金		物理化学 金属学及热处理 铸造合金及熔炼
化工机械		高等数学 化工机械及设备
燃烧学		高等数学 传热学 流体力学
工程热力学		高等数学 工程热力学 工程流体力学
电机		电工基础 电机学
化学工程学		高等数学 物理化学 化工原理
化工自动化		高等数学 自动调节
钢筋混凝土结构		高等数学 结构力学 钢筋混凝土结构学
土力学与地基基础		高等数学 材料力学 土力学与地基基础
微分方程		数学分析 复变函数论 数学物理方程
理论物理		量子力学 原子核物理
有机化学		无机化学及物理化学 有机化学
物理化学		高等数学 物理化学

材料来源：《浙江大学1964年研究生招生工作计划》，档案号J031-015-087-144，浙江省档案馆藏。

然后是研究生招生管理工作更趋规范。教育部制定了一系列规范性文件，包括总的研究

---

[1] 本报讯：《我省即将办理招生工作》，《浙江日报》1964年10月23日，第3版。
[2] 教育部：《关于1964年招收研究生工作的规定（初稿）》（会议讨论材料），1963年，档案号J039-016-117-053，浙江省档案馆藏。

生招生规定、招生简章和考试组织注意事项①，各招生单位则制定了实施细则。如浙江大学根据教育部的要求，成立了研究生招生委员会，由刘丹任主任，制订了《浙江大学1964年研究生招生工作计划》，对报考动员、命题、组织学生备考、考试实施、评卷和录取等各个环节都进行了周密的安排。其中命题工作的要求包括：各科目建立命题小组，负责研究命题要求、范围和具体内容，并分工出题，题目必须经过试做。同时聘请学术水平较高的教师组成审题小组，进行反复认真审阅，以保证命题的正确性。②此外，在研究生招生工作结束后，各招生单位还认真进行工作总结，上报教育部。如杭州大学在工作总结中详细汇报了组织动员、审查考生、基础课专业课命题、考试实施、阅卷和录取等工作的开展情况，并对改进研究生招生工作提出了意见、建议。③

需要指出的是，1964年招收研究生过程中，已经有了委托考试和调剂录取的措施。根据教育部规定，凡招生单位均应在本单位（或本单位指定的本地其他地点）自设考场，接受本地报考本单位考生进行考试。此外，教育部在全国若干城市指定当地一所或几所高等学校，设置集中考场，接受当地或附近地区报考外地招生单位的考生进行考试。为此教育部专门下发《关于组织研究生入学考试工作的的若干注意事项》，对承担集中设置考场任务的招生单位的组织工作提出明确的要求。杭州大学承担了1964年集中设置考场的任务，在工作总结中专门就委托考试单位和代考（代为组织考试）单位的协作问题提出改进的建议。浙江农业大学也承担了浙江地区报考外省农林医药院校的考点设置工作。④此外，1964年存在调剂录取的情况。杭州大学的工作总结中介绍了该校在调剂录取环节审查原报考兰州大学的一个考生的材料的情况。⑤

研究生招生管理工作更趋规范的一个重要标志是：形成了教育部、省教育厅和招生单位、集中考场设置单位协调配合的工作机制。教育部领导全国研究生招生工作，省教育厅负责组织协调本省招生单位的计划编制和考试招生实施工作。如教育部《关于制订1965年招收研究生计划的通知》的发文主送单位是"各有关中央业务部门，各省、自治区、直辖市高教（教育）厅（局），中国科学院，中国科学院哲学社会科学部，全国重点高等学校"，省属学校的研究生招生工作主要通过省、自治区、直辖市高教（教育）厅（局）组织实施。浙江省教育厅《布

① 教育部：《1964年招收研究生简章》（会议讨论材料），1963年，档案号J039-016-117-057，浙江省档案馆藏。
　　教育部：《关于组织研究生入学考试工作的若干注意事项》（会议讨论材料），1963年，档案号J039-015-087-115，浙江省档案馆藏。
② 《浙江大学1964年研究生招生工作计划》，1963年10月11日，档案号J039-015-087-144，浙江省档案馆藏。
③ 《杭州大学1964年招考研究生工作总结》，1964年，档案号J039-015-087-134，浙江省档案馆藏。
④ 《浙江农业大学1964年度研究生招生工作总结》，1964年7月16日，档案号J116-018-164-046，浙江省档案馆藏。
⑤ 《杭州大学1964年招考研究生工作总结》，1964年，档案号J039-015-087-134，浙江省档案馆藏。

置拟订 1964 年招收研究生计划和 1963—1972 年培养研究生规划》，就面向浙江大学、浙江农业大学、杭州大学、浙江医科大学和浙江美术学院下发。[①]

1966 年 6 月，高等教育部下发文件，暂停 1966 年、1967 年研究招生。[②]

四、历史同期声：浙江教育招考面面观

正如在前文中所说，浙江在新中国成立初期已经建立较为全面的高等教育招考体系，干校招考、中等教育招考、夜大学、广播学校都已经在浙江教育招考体系中展示了其身影和力量。在 1953 年至 1965 年间的社会主义建设时期，在高等学校招考顺利实施的同时，中等学校招考以丰富多彩的招生主体和招考方式与高等学校招考平分秋色，夜大学、函授招考、业余高等学校招考也异彩纷呈，这让浙江高等教育招考体系及其制度建设更趋完善，为未来发展提供了更多的可能性和发展空间。

（一）中等教育招考：浙江教育招考的重要方阵

在国家的教育体系中，中等教育处在承上启下的重要位置。新中国成立伊始，国家对中等教育招考就予以高度重视。

1. 中等教育招生主体的类别

新中国成立初，浙江省文教厅把当时浙江省的中等教育划分为"中学教育""师范教育""职业教育"三大类。中学教育又分为省立中学、县市立中学和私立中学三类，均含高中、初中。师范教育分为省立师范学校、县立师范学校及简易师范学校。职业教育分为省立职业学校、县市立职业学校和私立职业学校。

1951 年，中央人民政府政务院以总理令的方式颁发《关于改革学制的决定》，把实施中等教育的各种中等学校，划分为中学、工农速成中学、业余中学和中等专业学校。其中，中等专业学校包括技术学校（工业、农业、交通、运输等）、师范学校、医药及其他中等专业学校（贸易、银行、合作、艺术等）三类，"中等专业学校"和"技术学校""师范学校"之间是包含的关系。在教育部、高等教育部和省文教厅、教育厅的年度文件中，有的年份采用"技术学校"，不用"专业学校"，将"技术学校"和"中学""师范学校"并提；有的年份采用"专业

---

① 教育部：《关于制订1965年招收研究生计划的通知》，1964年4月9日，档案号J165-015-134-002，浙江省档案馆藏。
　　浙江省教育厅：《布置拟订1964年招收研究生计划和1963—1972年培养研究生规划》，1963年5月18日，档案号J039-015-139-1，浙江省档案馆藏。
② 教育部：《关于暂停1966年、1967年研究生招生工作的通知》，1966年6月27日，档案号J039-018-023-159，浙江省档案馆藏。

学校", 不用"技术学校", 将"专业学校"和"中学""师范学校"并提, 作为招生的主体。

1958 年, 随着职业中学和农业中学的大量涌现, 中等学校的招生主体增加了职业中学和农业中学。

2. 中等教育招考的管理体制和基本办法

1952 年教育部在关于全国高级中学、技术学校、师范学校统一招生的指示中提出由各大行政区统一计划布置、以省（市）为单位进行统一招生工作的要求后, 1953 年重申将根据1952 年统一招生工作的经验, 仍由各大行政区统一计划, 以省、市为单位统一布置进行, 其中初级中等学校原则上由省、市统一布置进行。并要求各省、市成立中等学校招生委员会领导招生工作。[①]

1954 年, 华东区教育局、高等教育局联合印发《关于一九五四年中等学校招生工作的几项补充意见》, 要求: 省市组织中等学校招生委员会, 负责领导本省、市中等学校全部招生工作; 由省统一命题并统一规定评卷标准; 录取新生时, 除文化知识应合格外, 还应重视其健康状况和品德情况; 录取时对烈士子女、少数民族考生和华侨学生予以照顾。[②] 根据华东区教育局、高等教育局的要求, 浙江省人民政府教育厅发布的《关于浙江省中等学校一九五四年暑期招考新生的规定》明确了"统一领导、分区报考、统一日期、分批招生、分校与联合招生适当结合"的办法, 奠定了浙江省中等学校招生的基本格局。[③]

1955 年, 由于中等技术学校改称中等专业学校, 由国家高等教育部分管, 所以该年度的中等学校招生工作在国家层面分别由国家高等教育部和教育部进行部署。国家高等教育部于5 月印发《关于一九五五年中等专业学校招生工作的通知》, 首先明确: "中等专业学校担负着培养中级专业干部的任务。"然后提出: "为了保证录取合格的新生入学, 更好地照顾考生志愿, 今后中等专业学校招生工作, 确定采取由学校自行单独招生的办法（同一地区或同性质的中等专业学校亦可组织联合招生）。鉴于今后初级中学毕业学生数已大大超过高级中学、师范学校与中等专业学校招生人数, 因此, 已有可能使中等专业学校采取自行单独招生的办法。但由于政府对各地高级中学、师范学校的招生和对初级中学毕业生从事劳动生产教育工作有统一的布置, 中等专业学校招生考试地区与考试时间, 应按照当地中等学校招生委员会的统一布置来确定。"高等教育部还随文公布了《中等专业学校招生办法》, 对报考条件、考试科

---

① 本报讯: 《全国各类中等学校将在七月下旬开始招生》, 《浙江日报》1953年7月23日, 第3版。
② 华东区教育局、高等教育局: 《关于一九五四年中等学校招生工作的几项补充意见》, 1954年6月18日, 档案号J039-006-163-073, 浙江省档案馆藏。
③ 本报讯: 《本省中等学校暑期招生办法》, 《浙江日报》1954年7月8日, 第3版。

目、考试范围、报考手续、健康检查、报考志愿、录取标准等作出了全面细致的规定。[①] 6月，教育部也印发《关于中学和师范学校招生的规定》[②]，对中学和师范学校的招生工作进行部署。

根据国家高等教育部与教育部的文件精神，浙江省教育厅于7月印发《关于中等学校一九五五年招收新生的规定》，明确：1955年仍采取"统一领导、分区报考，统一日期、分批招生，统一命题、分校阅卷录取"的办法。1955年6月21日，浙江省中等学校招生委员会成立。"招生委员会由省教育厅、卫生厅、农业厅、林业厅、工业厅、商业厅、省人民委员会人事局、劳动局、青年团浙江省委、中国教育工会浙江省筹备委员会、杭州市教育局等单位和杭州航务学校、杭州水力发电工程学校、杭州化学工程学校等专业学校负责同志组成，省教育厅厅长俞子夷担任主任委员"。[③] 中等教育招生委员会的成立，促进和提高了浙江中等教育招考的规范化程度。

1955年省教育厅对中等教育招考的考区进行了细致划分。规定"（1）高小毕业生以报考本县、市初中为原则，某些县与市毗连，应作适当流通。个别市（如金华市）学校设置比较集中，考生来源较少，可经专署招生委员会研究，分配名额，指定附近县内中学代招。（2）初中毕业生升高中，按目前行政区划分考区，在本区内自行报考。（3）杭县、萧山、新登、富阳四县划入杭州市考区，宁波市与宁波区、舟山区，温州市与温州区，建德区与金华区均可适当流通。同时为了照顾交通及学校设置情况，于潜、昌化两县仍在嘉兴区报考，松阳、宣平两县可到温州区报考，仙居县可到宁波区报考"。注意考点学校设置的平衡性。例如，卫生类、农林类专业学校设置考区划分基本上与高中相同。"昌化、于潜、临安、余杭四县至杭州市报考专业学校。工业类、财经类专业学校分别在杭州市、宁波市、温州市、嘉兴市、金华市、建德县设考点。杭州卫生学校在建德设考点。金华农校在温州市、嘉兴农校在杭州市设考点。丽水林校在衢县、龙泉设考点。其他卫生类、农业类学校因专业设置与地区关系，可进行委托招生，并可在规定考区内酌情分设招生站"。[④]

1956年，浙江省教育厅印发《关于中等学校1956年暑期招考新生的规定》，提出"采取统一领导、统一日期、统一命题、分区招考，高级中等学校以专区、直属市为单位统一招生，初级中学以县市为单位联合招生或由各学校单独进行"。并对"统一领导"的内涵进行阐释：

① 高等教育部：《关于一九五五年中等专业学校招生工作的通知》，1955年5月17日，档案号J116-009-149-002，浙江省档案馆藏。
② 本报讯：《教育部发出关于中学和师范学校招生的规定》，《浙江日报》1955年6月16日，第3版。
③ 本报讯：《浙江省中等学校招生委员会成立》，《浙江日报》1955年6月23日，第1版。
④ 浙江省教育厅：《关于中等学校一九五五年招收新生的规定》，《浙江日报》1955年7月1日，第4版。

"省统一计划，专署、市、县组织领导，各校调配干部负责进行"。[①]

1957 年，浙江省成立"中学、师范招生委员会"，俞子夷任主任，省教育厅专门就中学、师范学校的招生制订规定，发通知部署，标志着中学、师范的招生和中等专业学校的招生分开实施。1963 年 6 月，浙江省人民委员会专门就中等专业学校的招生计划下发通知。[②]

1958 年对管理体制的阐述是："中等学校招生，由各县、市自行成立考区进行招生工作；毗邻的市、县之间将进行协作，相互支援，共同促进。各县、市内学校在当地县、市党委统一领导下，将采取单独招生或联合招生。"

3.报考条件

报考条件包括原有学历和年龄的要求。原有学历的要求包括报考高中、师范学校和中等技术学校的要具有初中毕业学历；报考初中的要具有小学毕业学历。1953 年针对同等学力报考的提问作出细致的回答，体现了认真的工作态度。[③]

1953 年浙江省对年龄的要求为：普通中学初中为 12—16 足岁，普通中学高中为 15—18 足岁；师范学校为 15—30 足岁；中等技术学校为 15—25 足岁（其中农业类、卫生类技术学校规定为 16—25 足岁）。[④]

1955 年，对中等教育报考的年龄要求有了较为人性化的规定："普通中学：初中以十二足岁至十六足岁；高中以十五足岁至十九足岁为准。本年高小、初中毕业生超过或不及均不在此限。非本年毕业生初中酌情放宽至十七足岁，高中酌情放宽至二十足岁。对工农子女、工农青年、烈士子女、部队复员转建人员、少数民族及归国华侨学生、机关干部入学年龄还可适当放宽，但初中不得超过十九足岁，高中不得超过二十二足岁。师范学校：初师规定为十二足岁至二十五足岁；普师、幼儿师范规定为十五足岁至三十足岁。专业学校：规定为十五足岁至二十五足岁。对工农干部、产业工人、少数民族与归国华侨学生、部队复员转业建设人员及革命残废军人学校毕业生，可放宽至三十足岁"。[⑤]

1956 年把高中年龄调整为 15—20 足岁。1957 年把初中的报考年龄调整为 13—16 足岁，高中年龄调整为 16—20 足岁，师范年龄调整为 15—25 足岁。

---

① 浙江省教育厅：《关于颁发中等学校招生规定的公函》，1956年6月22日，档案号J039-008-227-042，浙江省档案馆藏。
② 浙江省人民委员会：《关于下达一九六三年度中等专业学校招生计划的通知》，1963年6月29日，档案号J039-015-127-001，浙江省档案馆藏。
③ 本报讯：《教育厅对以"同等学力"资格报考中学等问题的答复》，《浙江日报》1953年8月4日，第3版。
④ 本报讯：《认真做好各类中等学校的招生工作》，《浙江日报》1953年7月26日，第3版。
⑤ 浙江省教育厅：《关于中等学校一九五五年招收新生的规定》，《浙江日报》1955年7月日，第4版。

4. 考试科目设置

以 1954 年到 1959 年 6 年的考试科目设置为例，政治、语文、数学（算术）的出现频率最高，其中语文、数学为各次考试均设置的科目，物理和化学为若干年度高中、专业学校和师范学校的考试科目，如表 1-2-3 所示。

表1-2-3　考试科目设置

年份	招生主体	考试科目
1954年	高中、师范	政治常识、语文、数学、理化、动植物、史地
	技术学校	政治常识、语文、数学、理化
	初中	语文、算术、常识
1955年	专业学校	中国革命常识、中国语文、数学
	师范、高中	政治常识、语文、数学
	初中、初师	语文、算术
1956年	高中、师范	语文、数学、政治常识
	技术学校	语文、数学、政治常识
	初中、民族初师	语文、算术
1957年	高中、普师、幼师	语文、数学
	初中、民族初师	语文、算术
1958年	高中、专业学校	政治、语文、数学、理化、农业生产知识
	初中	政治、语文、算术、农业生产知识
1959年	高中	政治、语文、数学、物理、化学
	初中	政治、语文、算术

5. 考试录取批次设置

1953 年 7 月，浙江省人民政府教育厅发布《关于中等学校招生工作的指示》。指示中规定：本年度全省中等学校招生一律采取学生按个人志愿自行选择学校报考的办法。全省中等学校将分两次举行招生考试：各类技术学校、师范学校及公立普通中学一律于八月十二日同时举行招生考试；全省私立中学一律于八月二十二日同时举行招生考试。私立中学招生如一次不能招足，可于八月底前举行第二次招生。[①]

1954 年，全省的中等学校分三批招考：第一批为技术学校、师范学校，第二批为高中，第三批为初中。

1955 年分两批招生：第一批为专业学校、师范学校，第二批为高中、初中、初师（初级师范）。

1956 年高级中等学校在考区内实行统一招生，录取学校不分批，学生可于报名时就本考

---

① 本报讯：《认真做好各类中等学校的招生工作》，《浙江日报》1953年7月26日，第3版。

区内招生的各类学校中选填三类不同性质的学校为志愿（如：一、高级中学；二、中等专业学校；三、师范学校）。每类学校中又可选填二至三个志愿学校（报考各专业学校的学生应填投考专业名称）。初级中学比较集中的市（县），同一地区的初中举行联合招生，分校录取。

6. 招生规模

中等学校全省招生规模的确定，主要取决于经济建设和社会发展的需要，同时也受制于教育资源的供给。耐人寻味的是，招生规模确定后也会影响对招生方式的选择。招生规模大，甚至多于当年常规目标生源所在毕业人数，就会考虑加大统一协调的力度，采用统一招生模式，加大宣传动员，同时采用免试保送选拔的方式。

1954 年，全省高中层次学校（含技术学校、师范学校和普通高中）和中央部门学校共招收 1.55 万新生，与生源群体比，占当年度全省 3.88 万初中毕业生的 40.18%；全省初中学校招收 4.95 万新生，占当年度 12.2 万小学毕业生总数的 40.55%。[①] 与高中自身当年毕业生比，当年高中招生数比高中毕业人数多了 242%，初中招生数比初中毕业人数多了 14%。"为了保证今年招生任务在党和人民政府的领导下有组织、有计划地胜利完成，今年的招生工作决定采取统一领导、分区报考、统一日期、分批招生、分校与联合招生适当结合的办法。这个办法将便利于学生投考，并将有效地使各类中等学校能够录取合格的、足数的学生。"[②]

1956 年，由于教育事业的迅速发展，招生数量超过了应届毕业的学生人数，省 1956 年中等学校招生委员会第一次会议着重讨论了如何扩大招生来源，以及根据国家计划招收足量、合格的新生等问题："今年中等学校的招生工作由省统一计划，专区、市和县组织领导，各校调配干部负责进行；同时，原则上仍实行分区报考的办法。""教育厅关于招生的规定中还确定了免试保送优秀毕业生的制度。"[③]

1957 年，全国范围内控制中等学校招生规模。考生家长纷纷通过媒体了解原因。教育部发出关于指导中小学毕业生正确对待升学和就业问题的通知[④]，省教育厅负责人也通过答记者问予以解答："今年全省高中招生一万二千名，比高中应届毕业生增加百分之三十四点六，初中招生五万五千余名，比初中应届毕业生增加百分之三十点七，初小招生四十一万名，比初小应届毕业生增加百分之五十九。这说明今年的中、小学生人数仍然是增长的。但由于文教建设事业发展的速度不能超越过经济建设事业发展的速度，目前国家还无法完全满足人民群

---

① 浙江省政府教育厅：《关于本省中等学校一九五四年招生工作初步总结》，1955年1月18日，档案号J039-006-163-024，浙江省档案馆藏。
② 本报讯：《认真做好各类中等学校的招生工作》，《浙江日报》1953年7月26日，第3版。
③ 本报讯：《讨论招收足量、合格的新生问题》，《浙江日报》1956年6月9日，第1版。
④ 本报讯：《正确对待升学和就业问题》，《浙江日报》1957年3月4日，第1版。

众子弟升学的需要。因此，今后学校教育的发展，应鼓励社会团体和私人办学或采取民办公助的办法办学，以解决更多的少年儿童的就学问题。"①

（二）新样态：社会主义建设时期浙江中等教育招考面向

浙江在新民主主义与社会主义建设时期的中等教育招考，其发展模型总体是在"追求质量"和"扩大数量"之间来回摆动。作为中等教育招考多面向的则是工农速成中学等其他中等教育招考新样态的蓬勃发展。

1. 工农速成中学

工农速成中学是新中国成立之初国家教育的重点领域，也是国家教育的重点任务。浙江的角色和任务，是积极承担和协助国家完成工农速成中学的建设。工农速成中学，顾名思义，即培养优秀的工农干部和产业工人，旨在使速成中学成为全面发展的各种高级专门人才的预备学校。因此，速成中学不同于一般的职工业余学校。参加工农速成中学学习者，必须是有一定时期的革命工作和产业劳动经历的工农干部和优秀产业工人，入学后施以中等程度的文化科学基本知识的教育。不仅要在三年内完成普通中学（初中和高中）的基本课程，而且学生在毕业后，还要确保升入高等学校继续深造。

工农速成中学实行有针对性的分类教学计划。"分类教学计划分三类：第一类预备升入高等学校文史、政法、财经等科；第二类预备升入高等学校工科、理科；第三类预备升入高等学校医科、农科及生物等科。所学的科目计有语文、数学、物理、化学、生物、地理、历史、中国革命知识、体育等。各类教学计划科目大致相同，所学的重点不同"。②

关于考生批准选送的问题，有关部门确定产业工人由省委工业部会同省工业厅、省建筑工程局及省工会联合会等有关单位负责；国家机关工作人员由省委组织部和省人事厅负责；农业劳动模范由省委农村工作部负责；卫生工作人员由省卫生厅负责；工农速成初等学校应届毕业生和优秀小学教师由省教育厅负责。各有关部门应迅速召开适当会议，及早地将本部门选送学员任务布置到所属基层单位，切实加以贯彻。

凡符合报考条件志愿入工农速成中学学习者，可向基层厂矿、机关、学校等单位领导申请选送；各基层单位领导必须从国家长远利益出发，负责动员并按规定条件批准选送报考。为便于考生报考，省教育厅应在各个专署所在地和厂矿较集中的城市设立考区。产业工人录取后，在学习时期按原工资的百分之七十五发给人民助学金；其他成分学员入新办的浙江省

---

① 本报讯：《省教育厅负责同志就中小学毕业生升学和就业问题答记者问》，《浙江日报》1957年7月17日，第2版。
② 本报讯：《关于工农速成中学几个问题的解答》，《浙江日报》1954年7月12日，第2版。

工农速成中学，一律按调训干部待遇供给。[①]

当时"准予参加新生入学考试的产业工人、工农干部、现役革命军人、在职优秀小学教师和农业劳动模范等共有一千八百多人，考试后第一批录取新生六百五十七名"[②]，"第一批录取的六百五十七名新生中，有共产党员三百零七名，青年团员三百十六名，党、团员共占总数的百分之九十四以上；其余的新生也大多是生产、工作岗位上的优秀人物。由于不少单位积极选送劳动模范报考，在第一批录取的新生中，就有全国纺织工业劳动模范、嘉兴市中丝一厂的陈杏妹和嘉兴绢纺厂的冯惠珍，义乌县的农业劳动模范黄洵银等。杭州市工业劳动模范有通用机器厂的李来林、民生药厂的顾宝康、杭州印刷厂的李仙根、新华书店的郑鸿儒。在复员建设军人中录取的有原中国人民解放军某部师战斗模范金启沅。还有曾参加中国人民志愿军、在上甘岭战役中立过二等功、荣获朝鲜民主主义人民共和国军功章的王大公，以及立过三等功、四等功的李华英。受到团省委通报表扬的模范团员、富阳县青年农民华海泉也已录取"[③]。当然"杭州市纺织工业劳动模范、浙江麻纺织厂女工金荷花，宁波市纺织工业劳动模范、万信第一纱厂女工桂夏美，宁波专区纺织工业劳动模范、绍兴市新建布厂女工王智乐等都被录取"[④]。对于录取学员来说，不仅有浙江省各行各业的劳模和先进分子，还有很多一线领导干部，如"中共浙江省委党校附设干部速成初级中学……共录取新生二百二十名，其中一百零七人为中共浙江省委党校文化班毕业生，一百十三人是本省各地区委书记、区长以上干部"[⑤]。当时，录取的工农速成学校学员，"因杭州的新校舍正在兴建中，这学期暂在临安开学。目前该校正积极进行各项准备工作。该校招生中录取的新生将于本月底去临安报到入学"[⑥]。

浙江工农速成中学最初共有两所。其一是在 1953 年建立的浙江大学附设工农速成中学。"浙江大学附设工农速成中学现有七个班级，二六五个学员。其中除一年级有一个班实行第一类（文法科）教学计划外，另外六个班都实行第二类（理工科）教学计划。这次招收的新生，共为九个班、三六〇名。新生入学后，将全部实行第二类教学计划，以数学、物理、化学为重点，要求在三年内达到高中毕业水平，为顺利地升入工业大学学习打下良好的基础。"[⑦] 其二是在 1954 年增设的浙江省工农速成中学，招收新生五百名。原浙江大学附设工农速成中学也将招收新生五百名。总共浙江将可以有一千名优秀的产业工人和工农干部进入工农速成中学

---

① 本报讯：《今年工农速成中学招生办法》，《浙江日报》1954年7月5日，第1版。
② 本报讯：《大批英雄模范人物即将入学》，《浙江日报》1954年8月15日，第3版。
③ 本报讯：《大批英雄模范人物即将入学》，《浙江日报》1954年8月15日，第3版。
④ 本报讯：《首批新生三百余人已报到入学》，《浙江日报》1954年8月28日，第3版。
⑤ 本报讯：《完成第一学期招生工作》，《浙江日报》1954年10月27日，第3版。
⑥ 本报讯：《首批新生三百余人已报到入学》，《浙江日报》1954年8月28日，第3版。
⑦ 本报讯：《培养工农出身的新型知识分子，做好选送工农速成中学学生的工作》，《浙江日报》1953年8月27日，第3版。

学习，其"毕业后分别升入农、医、文、法等大专学校学习"。"浙江省工农速成中学的新校舍将建筑在杭州市未来的文化区，一座可容一千五百名学生的四层教学大楼和宿舍等，即将动工兴建，预定今年底完工。在新校舍未完工前，将借用临时校舍如期开学。浙江大学附设工农速成中学将自今年下半年起全部移入浙江大学校内上课"①。

2. 技工学校

浙江中等教育的样态除了工农速成中学之外，还有技工学校。如半山机械厂技工学校，全校师生用自己的双手在短时间内建成了可容纳千人的校舍，为国家节约投资万余元。②技工学校是专门为解决技术问题而兴办，其特色和优势是能够直接为国家工业建设和农村机械化服务。如建德杨村桥公社电工机械技术学校便是一个绝佳的案例。建德杨村桥公社电工机械技术学校"有专职教师一人，学生三十一人（都是工农子弟）……他们创造了木制轧碎机，将玉米秆轧碎做饴糖；为了提高秋收工效，师生们又将三部打稻机连成一条线，用机器带动，效力高、又省力，博得全县工具改革现场会代表的好评，称之为'打稻王'"③。再如萧山技工学校制造了一批打稻机，支援夏收夏种，他们"提前二天完成了五百部打稻机上的所有螺丝配件，使打稻机保质保量地胜利完成任务"④。还如浙江水电技术学校、电力技工学校、水电技工学校联合举办了电力排灌干部、电力排灌技工、农村小型水电站等三个训练班，为农村培养电气技术骨干。⑤当然，更多的技工学校则是集中在城市。如杭州棉纺织厂为了14个摇纱织布女工培养成为车工，"邀请了杭州技工学校在厂实习的学生给她们上课"⑥。杭州制氧机厂为培训学徒和技术工人"开办了技工学校，每天二小时学习理论，六小时参加实际生产。现在，经常有二百多工人在轮番学习"⑦。绍兴钢铁厂成功培养3800余名冶炼技术工人，也是因为"开办了工人技术训练班和技工学校"⑧。杭州市重工业技工学校由杭州通用机器厂、杭州工具厂、杭州缝纫机厂、鹿山电工器材厂等七个工厂联合举办，学生"做工读书密切结合，边学边用，到工厂参加劳动时，带了学校里学的理论去联系实际。回学校读书时，又带了生产中的问题来找答案，学到的知识比较扎实"⑨。此外，浙江群众艺术学校作为"技工学校"的另类形式，一经创办便受到多方肯定与赞扬。该校由浙江省人民政府文化事业管理局在杭州创

---

① 本报讯：《今年工农速成中学招生办法》，《浙江日报》1954年7月5日，第1版。
② 本报讯：《节约国家资金万余元》，《杭州日报》1959年5月27日，第2版。
③ 本报讯：《杨村桥公社电机学校办得好》，《浙江日报》1960年1月4日，第3版。
④ 本报讯：《萧山技工学校制造打稻机》，《杭州日报》1960年7月18日，第3版。
⑤ 本报讯：《为农村培养电气技工》，《浙江日报》1961年12月15日，第3版。
⑥ 吴达夫：《培养了一批女车工》，《杭州日报》1956年3月15日，第2版。
⑦ 本报讯：《制氧机厂今年培训技工学徒二千七百名》，《杭州日报》1958年12月30日，第2版。
⑧ 本报讯：《绍钢自力更生培训技术工人》，《浙江日报》1959年2月15日，第2版。
⑨ 本报讯：《又读书又劳动，教学和生产相结合》，《杭州日报》1965年1月27日，第2版。

办成立，"招收第一期学员共六十名，但因系初办，故未普遍地公开招生，仅集中在宁波专区的鄞县、慈溪、余姚、绍兴、新昌、嵊县等六县招收，以便在结业后便于检查教学的效果，来改进与提高今后的教学。现在，该校已于九月十四日正式开学，全部学员均已在杭州洪春桥该校集中学习"①。

3. 广播学校

广播学校亦是浙江中等教育招考的新样态。早在1958年，杭州市临平区已经有业余农业技术广播学校，并已正式上课，每周一次。"这所学校的课程是针对当前生产中存在的主要问题，由浅入深地讲解农业科学技术知识，做到理论结合实际，推动当前生产。"②这是设置广播学校的初衷，而随着时间的推移，广播学校的功能也有所变化。1962年，由浙江省教育厅、共青团浙江省委、浙江省妇联和浙江人民广播电台联合举办的浙江省广播学校开始招生，其主要任务是"认真贯彻执行党的教育为无产阶级政治服务、教育与生产劳动相结合的方针，通过广播工具，组织高小毕业生和具有同等学力的社会青少年参加学习，并指导他们进行自学，帮助他们继续提高思想政治水平和文化科学基础知识，为今后参加生产劳动或继续升学准备条件"③。

该校具有正式的学制："暂定初中三年制，一年级开设语文、代数、政治三门课程。"教学形式与普通学校不同，除政治课采取面授方法外，语文、代数通过电台播送教师讲课。学生按街道或居民区组织小组收听学习。教学辅导由学校统一领导进行，各学习小组都有辅导老师，集体解答疑问、提示要点、布置作业，并根据条件组织各种有益的文娱体育活动。它不受校舍限制，设备简单，费用节省，可以容纳数量较多的学生，适当满足青少年的学习要求和国家建设的需要。试办以来证明，这所学校通过"空中教学"，对帮助学生提高思想觉悟和文化知识水平起了良好作用。据四个重点小组期终学业成绩统计，语文、代数六十分以上的占总人数的百分之八十以上，最高成绩达九十九分。全校有十五名学生被评为优秀生。学生的思想品德也有较显著的提高，特别是讲授了"雷锋日记"后，出现不少好人好事，有的自觉响应党的号召，奔赴农业第一线。家长普遍表示满意。广播学校决定在1963年扩大招生，除杭州市区外，余杭、萧山、绍兴、嘉兴、吴兴等县城镇十六岁以下的高小毕业生及具有同等程度的社会青少年均可报名。④

从上述可知，浙江的中等教育招考适逢时代浪潮，迎来了一个快速发展的时期。在浙江

---

① 本报讯：《省文化局创办浙江群众艺术学校》，《浙江日报》1953年9月15日，第3版。
② 本报讯：《临平区办广播学校》，《杭州日报》1958年7月10日，第1版。
③ 本报讯：《浙江省广播学校今天开学》，《浙江日报》1962年12月8日，第3版。
④ 本报讯：《省广播学校试办一年取得成绩今年决定扩大招收新生》，《杭州日报》1963年8月25日，第2版。

中等教育招考的过程中不仅继承了原有的工农速成中学、技工学校、广播学校等，而且还新增了业余进修学校、文化补习学校等新的中等教育招考样态，这一方面说明浙江中等教育招考样态的多样，另一方面也说明浙江中等教育招考的发展正在走向深入，正在为满足日益增长的更多的求知求职群体而服务。

（三）环节补充：业余教育和函授教育

事实上，浙江教育招考的样态，除去前文提及的高等教育招考、中等教育招考之外，业余教育招生和函授教育招生亦是十分活跃。

1. 职工业余教育的蓬勃开展

业余高等教育招考立足的基础之一，是职工知识文化水平的提高。据1955年统计，全省有百分之二十的职工（将近十万人）参加了文化学习，专职和兼职教师共有五千余人，并且已初步形成了正规的业余教育系统；几年来已扫除文盲约五万人，职工通过业余学习达到高小毕业程度的有一万余人，达到初中毕业程度的有三百余人。[1]

2. 业余夜大学、夜校

如果说，在全国范围内，中国人民大学根据教育部要求，开办夜大学，并于1950年正式招生，是全国高校举办夜大学的开端，那么，在浙江，1956年浙江大学为了更好地满足地方工、矿、企业部门干部进修提高的需要，率先开办了业余夜大学，则是高校在浙江举办夜大学的滥觞。《杭州日报》报道，"业余夜大学今年设置'机械制造工艺'和'发电厂电力网及电力系统'两个本科专业。招收在杭市的有关工矿企业机关专业干部（其所任工作与所设两个专业有密切关系者），及中等技术学校有关专业教师共150名"。[2]基于业余夜大学之"大学"定义的认识，浙江大学录取学员采取考试的方式，且学员主要是来自工厂工人和技术员，如"杭州通用机器厂、杭州电气公司、华丰造纸厂、浙江麻纺织厂、杭州棉纺织厂等厂的部分工人、技术员，高兴地收到了浙江大学主办的业余夜大学新生录取通知书"。浙江大学附设夜大学，自一九五六年暑期开办以来，杭州市一百多个厂矿企业有三百多名职工参加学习，在学习过程中切实能够帮助学员。如"机制四年级学员、杭州制氧机厂热处理车间沈良等，过去不了解铸铁化学热处理后零件容易生锈的原因。学习了化学，知道热处理中氯化盐对铸铁针孔有侵蚀影响，后来改进处理方法，解决了生锈问题"。[3]浙江大学夜校部第一批学生二十一

---

① 本报讯：《积极开展职工业余教育工作》，《浙江日报》1956年2月29日，第1版。
② 本报讯：《浙大开办业余夜大学》，《杭州日报》1956年6月8日，第2版。
③ 本报讯：《浙大附设夜大学培养工人大学生》，《浙江日报》1959年12月9日，第3版。

人正式毕业之后，"他们利用业余时间，学完了相当于全日制大学本科四年制同类型的主要课程，接着，又以半年到一年的时间进行了毕业设计。几年以来，他们不论风雨寒暑，坚持按时到校上课，其中有三分之二以上的人学习成绩达到优良和良好。由于他们学习目的明确，边学边用，既搞好了业余学习，又做好了生产和工作"①。

杭州工业学校夜校部也是浙江夜校的成员之一，其招考对象主要是"杭州通用机器厂、杭州震旦铁工厂、杭州纺织机械修配厂、杭州机械制造厂、杭州机床厂、杭州自来水厂、杭州第一发电厂、杭州油墨厂、杭州印刷厂、杭州丝绸印染厂、杭州汽车修配厂、杭州木材加工厂、杭州市公交公司、浙江省交通机械制配厂"②的工人。

在当时的环境下，夜大学、夜校之风一时有如梨花竞开。出现了多种组合形式的夜大学、夜校。如浙江电力技工学校与上城区委合办业余电力夜校，夜校设置电气专业的中技、技工和训练班等五个班级，其招考要求是"初中毕业以上文化程度的青壮年职工参加中技班学习，学制为三年；高小毕业或相当于初中程度的参加技工班学习，学制为二年；高小以下程度的编入训练班，学制为半年"③。"嘉兴、吴兴、衢县、建德四个县已办起四所师范专科学校、一所农业专科学校和一所夜大学"④，"嘉兴市、湖州市、海宁县还举办了三所夜大学"⑤。还如浙江省人民委员会机关学校和杭州市干部业余文化补习学校分别创办业余大学，"业余大学开设中文系、数学、物理、化学、英语、俄语等专科，以及政治讲习班（九月份开讲），参加学习的机关干部约有一千人，定下周开学，利用晚上业余时间上课……杭州市干部业余文化补习学校也办了一所设有中文、英语、政法、财经等四科的业余夜大学，招收二百名市级机关干部入学"⑥。

3. 职工业余大学

1958年，杭州市涌现出近40所业余高等学校。"这些业余高等学校中，由工厂企业举办、以招收本单位本系统的职工为主的各种工业大学和专科学校约占一半；另外有由各城区区委和省市级机关学校分别举办的、以吸收机关干部和中小学教师为主的综合性大学，也有由文教卫生单位举办的文艺、新闻、医药、师范等专业性大学和专科学校。目前已经开学的有杭州第一棉纺织厂办的业余纺织专科学校和上城区委、下城区委办的两所业余大学。浙江麻纺织厂筹办的业余大学，市教育局筹办的业余师范大学，省人民委员会机关学校和杭州市

---

① 本报讯：《浙江大学夜校部首批学生毕业》，《浙江日报》1963年3月21日，第3版。
② 本报讯：《十四个厂基本扫除文盲》，《杭州日报》1958年4月4日，第2版。
③ 本报讯：《上城区业余电力夜校开学》，《杭州日报》1960年3月2日，第2版。
④ 本报讯：《本省教育事业全面跃进》，《浙江日报》1958年6月10日，第1版。
⑤ 本报讯：《嘉兴区高举文化革命红旗》，《浙江日报》1958年6月20日，第1版。
⑥ 本报讯：《省人委机关学校和市干部文化补习学校分别创办业余大学》，《杭州日报》1958年7月4日，第1版。

干部业余文化补习学校分别筹办的业余大学，杭州市文化局筹办的业余艺术大学（分设戏剧、音乐、舞蹈、美术等学院），杭州市委宣传部、文教部、工业部、文化局等单位联合筹办的职工业余文艺专科学校，杭州日报筹办的业余新闻专科学校，市科学技术普及协会筹办的农业函授大学等都已开始招生"。[①]与此同时，拱墅区创办了业余大学、业余师范学校、业余文艺学校各一所。开设政治、中文、外文、机械、化工、财经、教育等系科。临平区也办起了一所综合性业余大学，开设工业、农业、教育、医学四个系。

时针指向1960年，浙江省职工业余教育呈现出快速发展的景象。"据（1960年）2月上旬的不完全统计，宁波、温州、永康、平湖等十七个市、县的青壮年职工入学率已达90%，成千上万的职工摆脱文盲状态……不少人进入业余中等专业学校和业余大学学习。在许多市、县和厂矿企业中，已经形成了从小学到大学的一套完整的业余教育体系，其中杭州市已经办起了业余大学26所（班），入学人数达二千多人"。[②]当时职工业余大学"设有金属切削、铸造工艺、钣焊工艺、产品设计、电力网、机电、造纸、物理、化学、哲学、中文、医学等各种专业。学制一般是二年到三年。在办学中，各厂矿企业都贯彻了勤俭办学原则，充分利用工厂现有设备，饭厅、会场当课堂，车间工场、工厂化验室作实验室，做到少花钱和不花钱。在师资问题上，也采取'能者为师、就地解决'和'边教、边学、边提高'的办法来解决。不少单位党委书记、工程技术人员和具有丰富生产经验的老工人都担任或兼任了教师"。[③]

4. 业余进修学校、文化补习学校

在1956年，杭州市中小学教师业余进修学校，曾经"扩大招生名额，准备吸收550名在职中小学教师，分别参加中教、小教部学习……通过业余进修，该校将培养不到师专、中师或初师毕业程度的在职中小学教师分别达到师专、中师或初师毕业的水平"。[④]

到1957年，杭州市青年文化补习学校在"现有基础上尽可能扩大招生名额。在上城、中城、下城、江干、拱墅、西湖六个区设立补习班，并广泛组织自学小组，解决暂时不能升学、就业的高小、初中毕业生的学习温课问题。在劳动就业方面，提倡社会就业，要求家长尽量设法自行解决；建议农业社尽量吸收不能升学的社员子弟参加生产"。[⑤]

---

① 本报讯：《杭州大办业余高等学校》，《浙江日报》1958年7月10日，第3版。
② 本报讯：《适应技术革命需要大办职工业余教育》，《浙江日报》1960年3月9日，第3版。
③ 本报讯：《本市开办职工业余大学二十六所》，《杭州日报》1960年3月12日，第1版。
④ 本报讯：《秋季招收550名教师参加学习》，《杭州日报》1956年7月27日，第2版。
⑤ 本报讯：《（市中小学毕业生指导委员会）说明升学、自学和参加劳动问题》，《杭州日报》1957年3月10日，第1版。

5. 函授教育

师范类函授教育。函授教育也是浙江高等教育招生的重要面向。其最开始的功能乃是为了解决小学教师的业余进修问题。1955年，浙江"萧山、平湖、湖州、慈溪、临海、温州、丽水、衢县、金华、建德等十所师范学校都设有函授部。各师范学校函授部现在正根据省教育厅的指示，在各校附近地区的三十多个县有重点地进行招生，凡是农村中实际文化程度相当于高小毕业或初中肄业，能够自学，因年龄或家庭经济负担离职轮训有困难的小学教师，可经过各县文教科选送报考，由师范学校函授部录取入学"①。

1956年，杭州师范大学增设函授部，"拟招收杭县、萧山、余杭等三县文化水平相当于初师毕业程度的小学教师六百名，预定在9月底以前做好招生工作，争取在10月初开学"②，至10月，"五百二十八名函授生参加开学式"③。浙江师范学院也在1956年设立函授部，招收本省未在师范专科毕业而具有高中或中等师范学校毕业程度的在职中学教师入学，"函授专修班的教学形式，以自学为主，并辅以寒、暑假集中面授和定期辅导与通讯解答疑难等"④。华东师范大学函授部也于1956年在杭州设立了教学辅导站，这是非浙江高校在杭州首次设立的函授类学校，采取的方式，"每月派教师来杭一次，辅导本市及绍兴、萧山、杭县等地函授生的学习，和口头回答学生提出的问题……本市参加华东师大函授部学习的有一百多人，他们大都是尚未达到师范学院本科毕业水平的在职中学教师。他们利用业余时间，系统地学习自己所选的专业课程"⑤。

1958年，浙江函授教育招考随时代而跃进。当其时，浙江师范大学函授部，除原有的中文、数学两个函授班外，决定增设历史、教育、生物三个函授专业，招生人数由原来的200余人，猛增至2000余人。招生对象除普通中学教师外，还吸收中等专业学校、业余中学、民办中学、农业中学、军事系统中学文化教师、中学校长教导主任和县市教育行政部门的干部。同时开设预备班，"预计招收文、理科学员各100名"⑥。

农学类函授教育。浙江函授教育的内容在1957年有所突破，在原来教师进修的范畴之外，增加了农学的内容。浙江农学院附设有农业函授大学，"农业函授大学暂设一个农学专业，招收杭州地区（包括杭州、杭县和萧山三个县市）新生四十名。修业年限为五年，课程和正规高等农业学校农学专业课程大致相同。教学形式以自学为主，假期中将集中面授，平

---

① 本报讯：《采取各种措施提高在职小学教师文化水平》，《浙江日报》1955年9月23日，第3版。
② 本报讯：《杭州师范设立函授部今年招收学生六百人》，《浙江日报》1956年9月14日，第3版。
③ 本报讯：《杭州新设函授部开学》，《杭州日报》1956年10月28日，第2版。
④ 本报讯：《浙江师范学院将设函授部》，《浙江日报》1956年10月25日，第4版。
⑤ 本报讯：《华东师大函授部在杭成立教学辅导站》，《杭州日报》1956年10月23日，第3版。
⑥ 本报讯：《浙师函授班扩大了》，《浙江日报》1958年4月29日，第3版。

时学校则派一部分教学人员进行辅导"①。在 1957 年，浙江农学院函授部招生新生 36 名，他们主要来自浙江省省级农业部门、农业院校、农场、农业科学研究机关的技术人员、教学人员、科学研究人员和行政干部等，"按照函授教学计划，函授生每学年有一定时间的面授机会"②。

浙江农业大学函授部也在为农业战线培养新型的劳动者而不懈努力。据《杭州日报》报道，自"一九六一年起函授部还开设了'养蚕学''土壤肥料学''植物保护学''养猪及猪病防治学''茶树栽培学'等一年制单科，已有四十六名函授生先后结业……函授生丁君毅是临安县农业局副局长，去年在横溪公社作选种试点，充分运用'选种学'的知识，和群众一起搞晚稻选种，建立了种子试验田，使公社实现了良种化"③。正是农业大学函授部不断努力，让农大函授部在原来的基础上新增了农学、植物保护两个专业，"各招六十名。招生对象是嘉兴、绍兴专区和杭州地区的高中（中等农校）毕业的农业干部和参加农业生产的高中毕业生，学习年限为三年"④。

与时并起的还有杭州市科学技术普及协会创办的农业函授大学。函授大学课程初步确定为土壤肥料、农业气象、作物栽培、植物保护、水稻、春花、棉麻、畜牧、蚕桑、茶叶、果蔬等十一门，修业期限暂定为二年半。"招收对象为本市从事农业工作的各级干部、社干部、下放干部、农村知识青年、老农等"⑤。与此同时，浙江大学也设立了函授部。"函授部设机械制造、电机工程二个专业，共有学生二百多人"⑥。

职工类函授教育。自 1960 年后，浙江函授教育又发生了变化，增加了"职工"的面向，即开展职工函授大专学校教育。杭州市邮电局举办的职工函授大专学校是其中的典型代表。"结合生产、统一安排、因材施教、灵活多样是这所学校函授教育的原则。此原则深受学员好评，而且也能很好地适应学员之特点，培养诸多优秀学员。如电讯中专班二年级学员李文俊，通过系统的物理学习，最近和全组同志共同努力革新成功电缆充气自动化设备，不仅提高了电缆充气质量，而且大大节省了劳动力。长途电话所职工徐竹木参加电报电话大专班学习后，也和其他职工一起试制成功了长途电话遥控设备"⑦。

1960 年以后，浙大函授部在持续发力下，成为浙江函授教育的佼佼者。浙大 1962 年停

---

① 本报讯：《浙农附设农业函授大学春季起开始招生》，《杭州日报》1957年1月9日，第3版。
② 本报讯：《浙江农学院函授部开学》，《浙江日报》1957年2月7日，第4版。
③ 本报讯：《浙江农大面向农村举办函授教育》，《杭州日报》1964年10月28日，第1版。
④ 本报讯：《浙江农业大学招收函授新生》，《杭州日报》1965年3月22日，第2版。
⑤ 本报讯：《农业函授大学开始招生》，《杭州日报》1958年7月4日，第1版。
⑥ 本报讯：《浙大业余大学第一批学生毕业》，《杭州日报》1962年8月3日，第1版。
⑦ 本报讯：《市邮电局职工函授教育成绩显著》，《杭州日报》1960年2月13日，第3版。

办夜大学，便集中力量办理函授部。"函授部设置机械制造工艺及其设备、工业企业电气化自动化、化学工程三个专业，参加学习的函授生有四百五十多人……他们绝大多数是工矿企业的工人和技术人员"①，这些学员中的不少人成为像技术能手毕志桢②一样的建设浙江的中坚力量，如"杭州九豫丝织厂鲁子良……他在学习期间，应用电机电器等知识，为四台马达安装新的起动设备，设计新的线路，为国家节约资财二万多元……函授毕业生陈宝华等的毕业设计台钻新产品，具有外形美观、重量减轻、安全装置加强等优点，已为厂内采用制造，并参加了广州出口产品交易会展出。本届工企专业毕业生、萧山电机厂吴永根，结合该厂生产任务进行了水轮发电机的毕业设计，经审查，质量良好"③。

浙江的函授教育招考始终是适应时代的发展而作为，不论是最开始的为解决教师进修的切实问题，还是函授教育招考的大跃进，或者是浙大函授部、农大函授部为浙江教育招考发展所作之贡献，其初衷都是为了让浙江教育招考更贴近社会。综上而言，浙江教育招考的中等教育、高等业余高校面授或函授教育等，都是浙江高等教育招考的不同面向，这些样态和形式的创造，既是时代、社会的需要，又濡染于时代、社会风貌，正是因为它们的存在，浙江的高等教育招考有了更多的时代内涵。

① 本报讯：《浙大函授部为工矿企业培养技术人才》，《杭州日报》1964年10月28日，第1版。
② 本报讯：《学以致用，革新技术》，《杭州日报》1964年12月11日，第2版。
③ 本报讯：《浙大函授部为工矿企业培养技术人才》，《杭州日报》1964年10月28日，第1版。

第
三
章

停考与推荐：曲折发展年代的浙江考试招生
（1966—1976年）

1966—1976 年的浙江高等教育招考呈现出时代的特征。关于这个时期，中国共产党十一届六中全会通过的《关于建国以来党的若干历史问题的决议》，已经有十分准确、清晰的分析和结论。1966 年，高等学校本专科、研究生均停止招生。1970 年 6 月 27 日，中共中央下发《关于北京大学、清华大学招生（试点）的请示报告的批示》，要求"各地在安排招生工作时，可结合本地区的具体情况办理"。同年 9 月，浙江省革委会根据中央文件精神，出台了《关于大专院校进行招生（试点）的通知》，浙江省高校在经历了连续 4 年的停招之后，根据"自愿报名、群众推荐、领导批准、学校复审"的录取原则，开始逐步恢复招生。中等专业学校也加入了恢复招生的行列。从而，不分本专科之别的"工农兵学员""七二一大学"等，成为那个年代教育发展的重要景象。

一、"工农兵学员"：时代风潮中的浙江教育招考

"工农兵学员"，是曲折发展岁月的产物，是一个时代的缩影。

1970 年，浙江省属 6 所高校均开始招收工农兵学员。招生对象为"身体健康，具有二年以上实践经验、年龄在二十五岁以下，有相当于初中以上文化程度的工人、贫下中农、解放军战士、青年干部和上山下乡及回乡的知识青年。同时还招收一些政治觉悟较高、实践经验较丰富的工人、贫下中农和干部入学，不受年龄和文化程度限制"，招生计划为 2500 多名。[①]

1974 年，浙江省大中专学校招生工作全面展开，招生主体除了省内外高等学校，还有中等专业学校和技工学校。招考方式"坚持自愿报名，群众推荐，领导批准，学校复审的招生办法。必须认真贯彻执行党的群众路线，充分发动群众，广泛宣传招生工作的意义、方针、政策，把招生的条件、办法和名额原原本本地交给群众，由群众对报名者在三大革命运动中

---

① 本报讯：《我省六所大学开始招收新学员》，《浙江日报》1970年9月21日，第1版。

的政治表现、实践经验、文化程度和健康状况进行全面评议"。① 其中群众推荐是关键，"推荐上大学"成为当时的流行语。《杭州日报》报道了杭州市郊区红卫公社的做法："红卫公社党委在招生工作中，切实抓好群众评议这一重要环节，推荐优秀的青年上大学……他们在深入宣传招生工作的意义、方针、政策的基础上，把招生条件、办法原原本本地交给群众，依靠广大贫下中农和干部，对报名青年在三大革命运动中的政治表现、实践经验、文化程度和健康状况，进行全面的评议。报名青年联系自己在农村三大革命运动中的实践体会，写了书面小结，或口头向所在生产队汇报了自己接受贫下中农再教育的情况。各生产队专门召开了由贫下中农、知识青年、贫管组、队委会、操作组长等各方面代表参加的会议，进行认真的实事求是的评议，并把初评结果向群众公布。然后，大队党支部、革委会召开各生产队代表座谈会，确定推荐名单，张榜公布，上报公社。"② 这种高等教育招考方式，与高考体制下的高等教育招考迥然有别。

按照新学制，学员在完成学业和实践要求的前提下予以毕业。浙江医科大学和杭州大学首届工农兵学员，经过两年半的学习，共有 838 名学员毕业，其中浙江医科大学 611 名，杭州大学 227 名。这些学员都是经过推荐，从工厂、农村、部队选拔入学。③ 浙江大学首批 443 名工农兵学员顺利毕业。这些学员在毕业前，普遍进行了一次综合实践（毕业设计）。其中 14 个专业的学员设计了 64 个项目，而这 64 个项目中的 63 个项目是结合生产实际进行的，许多设计具有一定水平。④ 从上述材料，不难看出工农兵学员在浙江的培养情形。按照规定，工农兵学员毕业后，一般返回原单位、原地区工作，特殊需要的由国家统一分配。

二、大学多型：动荡岁月浙江高等教育招考的另一面向

当历史的航船遇到涡旋缓缓启动前行之时，总会在某些特定时段呈现出具有鲜明时代烙印的景象。

1968 年 7 月 22 日，《人民日报》发表毛泽东主席"七二一"指示，提出"教育要革命""走上海机床厂从工人中培养技术人员的道路"。1968 年 9 月，上海机床厂为贯彻"七二一指示"，首先创办了"七二一工人大学"。遵照毛泽东主席关于"走上海机床厂从工人中培养技术人员的道路"的指示精神，浙江杭州制氧机厂党委于 1970 年 6 月创办了一所"七二一工人大学"。这所大学共有 36 名学员，学员的平均工龄为 13 年，平均年龄为 34 岁，大部分是初

---

① 本报讯：《我省今年大中专学校招生工作全面展开》，《浙江日报》1974年7月15日，第1版。
② 本报讯：《红卫公社认真推荐优秀青年上大学》，《杭州日报》1974年9月1日，第1版。
③ 本报讯：《浙江医科大学杭州大学首届工农兵学员胜利毕业》，《浙江日报》1973年6月27日，第1版。
④ 本报讯：《喜看工农兵学员茁壮成长》，《浙江日报》1974年1月17日，第3版。

中文化程度。根据工厂的生产实际，工人大学设置了制氧机设备和压缩机、膨胀机的设计制造两个专业，除了共同的毛泽东思想课、劳动课、学军课以外，还开设了数学、力学、制图、工程热力学、压缩机、膨胀机、制氧机原理及设备、制造工艺、外语等课程。

"七二一工人大学"的创办，具有鲜明的时代印记。作为一种新的人才培养方式，就当时人们的认识而言，其一，工厂办大学，有利于建立一支工人阶级的技术队伍，促进生产和科学技术的发展。"工人学员在实践基础上经过比较系统的理论教学，又在理论指导下再实践的几个阶段已经收到了良好效果。在设计和制造大型制氧机会战中，工人学员用学到的技术理论，提出了氮水预冷器的先进设计，改进了氮水预冷器的塔板结构，做到工艺先进，操作方便，受到工人群众、技术人员的称赞"。其二，工厂办大学，有利于厂校挂钩，实现教学、科研、生产三结合。"为了协助办好工人大学，浙江大学选派了八名教师，到制氧机厂一边参加劳动，一边教好基础课。浙大化机专业革命师生到厂里来，也受到工人大学的支持和配合，在较短时间内编出了《金属材料及热处理》《压缩机结构》等新教材"。其三，工厂办大学，有利于建立一支三结合的教师队伍。"厂党委从工人和技术人员中共选拔了四名专职教师、二十余名兼职教师，浙江大学选派了八名基础课教师，形成了一支工人、技术人员和原有教师'三结合'的教师队伍。教师和工人学员一起参加三大革命实践，开展互教互学活动，促进了思想革命化"。[1]

在"七二一大学"模式的影响下，1975年还出现了辽宁朝阳农学院经验，后被概括为"三来三去"的招生方式。即"社来社去，厂来厂去，哪来哪去"。影响之下，浙江省进一步改革招生分配制度，在1975年浙江农业大学林学、茶叶两系试行招收"社来社去""场来场去"学生的基础上，决定1976年在普通高等学校、中等专业学校和技工学校的招生分配工作中，实行"三来三去"。提出高等教育招生"要无产阶级政治挂帅，走上海机床厂从工人中培养技术人员的道路。要从有实践经验的工人农民中间选拔学生，到学校学几年以后，又回到生产实践中去。""培养同工人、农民划等号的普通劳动者"。认为"选拔学生必须坚持无产阶级政治挂帅，把学员政治表现、阶级斗争、路线斗争和继续革命的觉悟放在首位，德、智、体全面衡量"。"招生仍然采取自愿报名，群众推荐，领导批准，学校复审的办法。各地要充分发动群众，认真做好评议推荐工作"。[2]

---

① 本报讯：《培养工人阶级技术队伍的新型学校》，《杭州日报》1972年2月27日，第3版。
② 本报讯：《改革招生分配制度实行"三来三去"》，《浙江日报》1976年10月8日，第1版。

三、评价转向：以"三结合"为导向的高等教育招考

以毛泽东"七二一指示"为契机，恢复招生作为"教育革命"的重要成果，在20世纪70年代被提到议事日程。与原来选拔方式相比有所不同，一是这次恢复是在停止全国统一高考背景下的恢复，采取的是"群众推荐、领导批准、学校复审"的推荐方式；二是以往招考范围主要是高中应届或往届毕业生或具有同等学历的人员，这次则是相当于初中毕业以上的实际文化程度的参加生产劳动的人员，高中应届毕业生不能直接升学。招考评价目标转为注重教育与生产劳动相结合，教育与工农相结合，以及教育与阶级斗争相结合的"三结合"导向。

（一）招生方针与要求

选拔工作要求"坚持自愿报名，群众推荐，领导批准，学校复审的招生办法。必须认真贯彻执行党的群众路线，充分发动群众，广泛宣传招生工作的意义、方针、政策，把招生的条件、办法和名额原原本本地交给群众，由群众对报名者在三大革命运动中的政治表现、实践经验、文化程度和健康状况进行全面评议。预选名单和录取名单都要向群众公布，并认真听取他们的意见，切实做到依靠广大的工农兵群众选拔学生"。

考查方式以文化考查为主，"主要是了解分析问题和解决问题的能力。其方法可根据各地的具体情况和专业的不同要求，采用调查访问、座谈讨论等多种形式进行试验。要切实注意有利于促进教育革命，有利于促进知识青年走同工农相结合的道路。坚决反对智育第一，反对用对付敌人的办法考学生"。[①]

"推荐"是当时最为重要的高等教育招生方法。如"有推荐任务的公社、厂矿等单位，凡符合条件的工农兵青年都可向所在生产队、班组、科室报名。报名者都要经本单位（生产队、班组、科室）的群众评议推荐，再经大队或车间召开代表会议讨论，报公社或厂矿党委审查，并将研究结果向群众公布。县（市）党委确定预选名单，报地（市）党委审批，并经学校复审。学生入学三个月内，发现有不符合招生条件和手续的，经学校所在省、自治区、直辖市同意后，退回原选送单位。为了切实贯彻执行毛主席关于'又红又专'的指示，在群众推荐、政审合格的基础上，对推荐对象进行文化考查和体格检查。文化考查的目的，主要是了解推荐对象掌握基础知识的状况和分析、解决问题的能力。推荐对象的体格检查，按照统一的体检标准，由县（市）医院或相当于县级医院负责进行"。[②]

① 本报讯：《我省今年大中专学校招生工作全面展开》，《浙江日报》1974年7月15日，第1版。
② 本报讯：《我省今年大中专学校招生工作全面展开》，《浙江日报》1974年7月15日，第1版。

（二）报名条件

1973 年，浙江省高等学校和中等专业学校的报名条件为："高等学校和中等专业学校招生，坚持选拔具有两年以上实践经验的优秀工农兵入学。要求入学学生热爱共产党，努力学习马克思列宁主义、毛泽东思想，有一定的阶级斗争、路线斗争觉悟，坚持走社会主义道路，积极参加集体生产劳动，遵守革命纪律，能联系群众，决心为革命而学习。入高等学校的学生，目前应保证具有相当于初中毕业以上的实际文化程度；入中等专业学校的学生，要求具有初中毕业的文化程度。年龄二十岁左右，入高等学校的学生一般不超过二十五岁，入中等专业学校的学生一般不超过二十三岁（师范学校不超过二十五岁），未婚。身体健康，能够坚持学习。必须全面掌握德、智、体几方面的条件，保证学生质量"。①

（三）录取政策

当时在浙江招生的北京大学、清华大学等一批省外高等学校和浙江大学、杭州大学、浙江农业大学、浙江医科大学、浙江美术学院、浙江师范学院、浙江化工学院、温州医学院等省内高校，在招生工作中注意突出强调："必须全面贯彻执行党的阶级路线，要注意成分，但不唯成分论，重在政治表现。在保证工农及其子女有享受教育的优先权的前提下，注意适当招收确实表现好的剥削阶级家庭出身的子女和可以教育好的子女。"注重"选拔学生要无产阶级政治挂帅，德、智、体全面衡量。把政治表现、路线觉悟放在首位。入学学生应历史清楚，热爱中国共产党和毛主席，努力学习马克思主义、列宁主义、毛泽东思想，有一定的阶级斗争、路线斗争觉悟，坚持走社会主义道路，积极参加集体生产劳动，遵守革命纪律，能联系群众，决心为革命而学习。要充分重视实践经验，坚持选拔具有两年以上实践经验的优秀工农兵入学。要注意选拔批林批孔的积极分子。文科要特别注意从有实践经验的工农兵中选拔搞革命大批判的积极分子入学"。②

不难看出，动荡时代的高等教育招生考试完全不同于"文化考试为主"这一传统选拔范式。从"七二一大学"，以及"三来三去"的招考路径来看，与高等教育招考的一般方式差异明显。时代在酝酿着一种既满足国家建设需要，反映人民群众根本利益，又符合青年学生成长成才规律的评价选拔模式。

---

① 本报讯：《我省高等学校和中等专业学校招生工作开始》，《浙江日报》1973年6月28日，第1版。
② 本报讯：《我省今年大中专学校招生工作全面展开》，《浙江日报》1974年7月15日，第1版。

1949 年

中国人民解放军第三野战军军政干部学校在杭州设立第二招生委员会暨杭州办事处及各地办事处报名处。[①] 华东军政大学在杭州招生。

杭州市青年干部学校招生考试，报考学员 1226 人，共录取 942 名。

6 月，杭州市军管会接管国立浙江大学。8 月，浙江大学招考一年级新生及转学生。

1950 年

杭州市中城区开展冬学运动。浙江省立金华人民文化馆、团地委及职工会三机构合办女工夜校一所。[②]

浙江省工矿厅筹设浙江工业干部学校。

华东区杭州等地 11 个公立专科以上学校决定统一招生。选举浙江大学等五校教务长为常务委员。

浙江省文教厅决定在杭州、嘉兴、宁波、温州、衢州五地先行创设农校各一所。在宁波、金华五地各建医事技术学校。

浙江省人民政府组成浙江省军事干部学校招生委员会，负责招生工作。

1951 年

筹建浙江师范专科学校，当年暑期招生，分设数学、物理、化学、生物、历史、地理 6 个专修科，学制 2 年，首届招生 240 人。

浙江省工农干部文化补习学校成立。

浙江省文教厅开展浙江省中等学校一九五一年暑期招生工作。

---

① 本报讯：《三野军政干校来杭招生》，《浙江日报》1949年6月2日，第1版。
② 风：《杭中城区冬学委会积极推进冬学工作》，《浙江日报》1950年1月31日，第3版。

浙江在"华东区高等学校一九五一年统一招生委员会"的统一安排下，执行华东区高等学校统一招生。

中央人民政府教育部和中国科学院决定在浙江大学招收研究生。

军事干部学校浙江省招生委员会成立。

浙江省人民政府在杭市创办工农速成中学，创立浙江工业干部学校设立工人部。

1952 年

浙江省人民政府文教厅开展本省中等学校一九五二年春季招生工作。

杭州市人民政府文教局在仙林桥小学辅导区内筹办职工业余中学。

浙江省人民政府文教厅举行失学青年中学同等学力考试。[①]

浙江高等学校统一招生工作委员会正式成立，负责办理浙江区高等学校的招生工作。

浙江成立俄语广播学校，并定于一九五三年正式开学。

1953 年

杭州市成立了"一九五三年高中毕业生健康检查委员会"，负责进行本届高中毕业学生和提前毕业学生的健康检查工作。

华东区高等学校招生工作委员会浙江省分会，在杭州市成立。

浙江大学附设工农速成中学。[②]

浙江省人民政府文化事业管理局在杭州创办浙江群众艺术学校。

1954 年

浙江省人民政府文化教育委员会成立华东高等学校招生工作委员会浙江分会，由省文化教育委员会副主任刘丹担任主任委员。

浙江省政府、教育厅等有关单位成立工农速成中学招生工作办公室。

华东高等学校招生委员会浙江分会在杭州、金华、台州、温州、宁波 5 个考区办理社会青年及在职干部申请登记报名手续。[③]

---

① 浙江省人民政府文教厅：《公告》，《浙江日报》1952年7月8日，第4版。
② 黄剑芳：《工农速成中学的任务》，《浙江日报》1953年8月27日，第3版。
③ 陆景模：《登记报名人数达五千三百余人》，《浙江日报》1954年6月28日，第2版。

浙江省政府、省教育厅等单位在杭州市选定浙江第一丝织厂、浙江丝织第二合营厂、庆成丝厂、广生布厂、群利绸厂等 5 个工厂举行工农速成中学招生考试。

中共浙江省委党校附设干部速成初级中学共录取新生 220 名，其中 107 人为中共浙江省委党校文化班毕业生，113 人是本省各地区委书记、区长以上干部。

1955 年

浙江省教育厅选送优秀小学教师和应届师范毕业生报考高等师范学校。

浙江省高等学校招生工作委员会成立，办公室设在杭州大学路浙江大学分部内。

浙江省中等学校招生委员会成立，并举行了第一次委员会议。

浙江省教育厅试行保送高小和初中毕业生免试升入初、高级中学和师范学校的办法。

浙江省高等学校招生工作委员会所属杭州、金华、宁波、温州 4 个考区，举行高等学校招生考试。参加考试的共有 7500 余人。

浙江省高等学校招生工作委员会成立工作组，专责处理学生申请路费补助事宜，办公地点在杭州第二中学内。

浙江省教育厅组织文化程度不到初级师范毕业水平的小学教师参加轮训、函授或教师业余进修学校，进行有组织的文化学习。

1956 年

浙江省设定杭州、宁波、温州、金华、临海 5 个考区。

浙江省 1956 年中等学校招生委员会成立。[1]

浙江大学开办业余夜大学。

浙江大学选拔出 12 名留学研究生[2]。

浙江省高等学校招生工作委员会在杭州、温州、金华、宁波和临海五个考区发出了 17183 张准考证。

浙江农学院招收农作物选种等 6 个专业副博士研究生共 12 名。擅长于这些专业的 8 位教授，分别担任副博士研究生的导师。

---

[1] 浙江省教育厅：《研究今年中等学校招生工作》，《浙江日报》1956年6月3日，第1版。
[2] 本报讯：《浙大选拔出留学研究生》，《杭州日报》1956年7月19日，第2版。

杭州市中小学教师业余进修学校招收 550 名在职中小学教师，分别参加中教、小教部学习。

浙江医学院招收人体解剖学等学科副博士研究生 13 名。擅长于这些学科的十几位教授，分别担任副博士研究生的指导导师。

浙江大学业余夜大学成立。

华东师范大学函授部在杭州成立教学辅导站，每月派教师来杭一次，辅导本市及绍兴、萧山、杭县等地函授生的学习。

浙江师范学院设立函授部，招收本省未在师范专科毕业而具有高中或中等师范学校毕业程度的在职中学教师入学。

浙江大学招收远距离输电、电机原理及设计、煤炭化学、化工原理、燃料工学（高压反应）、房屋结构等 6 个专业研究生 6 名，6 位教授担任导师。

1957 年

浙江农学院录取五名副博士研究生。[①]

浙江医学院录取六名副博士研究生。

浙江农学院附设农业函授大学。

浙江大学招生 1230 人，浙江农学院招生 270 人，浙江医学院招生 240 人，浙江师范学院等高师院校招生 1100 人。[②]

浙江省高等学校招生工作委员会成立，在杭州市庆春街原浙江大学校舍办公。[③]

北京外国语学院在杭州单独招生。该院设有英、德、法、西班牙、罗马尼亚语 5 个专业，修业年限为 5 年。

大连海运学院参加浙江统一招生。

浙江省中学、师范招生委员会成立。[④]

浙江大学和浙江农学院招考四年制研究生。

---

① 尘：《录取五名副博士研究生》，《杭州日报》1957年1月4日，第2版。
② 本报讯：《今年招收新生二千八百余人》，《杭州日报》1957年5月8日，第1版。
③ 本报讯：《浙江高等学校招生工作委员会成立》，《浙江日报》1957年5月18日，第1版。
④ 本报讯：《本省中学、师范招生委员会成立》，《浙江日报》1957年7月9日，第4版。

1958 年

浙江师范学院函授教育"大跃进"。增设历史、教育、生物 3 个函授专业，招生人数由原来的 200 余人增加到 2000 余人。

浙江师范学院开办了工农学生预备班。①

浙江省、（杭州）市高等学校招生委员会成立，并在浙江大学开始办公。

浙江省高等学校在省内联合招生，同时为外省、外地区少数学校在本省招考一部分新生。

浙江省人民委员会机关学校和杭州市干部业余文化补习学校分别创办了业余大学。

浙江师范学院和新建的杭州大学合并，定名为杭州大学。

杭州市临平区成立干部业余农业技术广播学校。

1959 年

半山机械厂技工学校师生建成千人的校舍，共为国家节约投资万余元。

浙江省 1959 年高等学校招生委员会和中等学校招生委员会成立。②

浙江大学附设夜大学。

1960 年

杭州市邮电局举办职工函授大专学校。

杭州师范学校开办函授部。③

浙江电力技工学校与上城区委合办业余电力夜校。

杭州电业系统从职工中挑选和培训了一批兼职教师，促进了业余教育的巩固和提高。④

杭州市劳动局技工学校全体教职员工及学员，积极支援钢铁生产。⑤

1961 年

浙江水电技术学校、电力技工学校、水电技工学校联合举办了电力排灌干部、电力排灌技工、农村小型水电站等 3 个训练班，为农村培养电气技术骨干。

---

① 本报讯：《浙师开办工农学生预备班》，《杭州日报》1958年5月7日，第1版。
② 本报讯：《省高校招生委员会成立》，《杭州日报》1959年6月14日，第2版。
③ 王天成：《杭师函授部积极培训乡村教师》，《杭州日报》1960年2月13日，第3版。
④ 白帆：《杭电系统配备双套兼职教师》，《浙江日报》1960年5月31日，第3版。
⑤ 宣平：《技工学校为"半钢"加工钻模》，《杭州日报》1960年9月14日，第3版。

1962 年

浙江大学业余大学部第一批学生，经过 5 年多的业余刻苦学习，已经完成了规定的学习课程，顺利地通过了毕业设计和毕业设计答辩。

浙江大学、杭州大学、浙江农业大学招收研究生。

由浙江省教育厅、共青团浙江省委、浙江省妇联和浙江人民广播电台联合举办的浙江省广播学校开学。

浙江省办理 1963 年全国研究生招生工作。

1963 年

浙江大学夜校部第一批学生 21 人，正式毕业。

浙江省高等学校招生委员会杭州市分会在解放街市教师业余进修学院内办理集体报名手续。

浙江省广播学校决定扩大招收新生。

1964 年

浙江省高等学校招生委员会杭州市分会暨杭州市中等学校招生委员会成立。[①]

浙江省高等学校招生委员会杭州市分会公布杭州考点 6 个考场和考生名单。[②]

浙江省教育厅办理招收研究生的报名手续。

浙江农业大学函授部设有"农学""植物保护""畜牧兽医" 3 个专修科，学生近 200 名，学习期限为 3 年。

1965 年

由杭州通用机器厂、杭州工具厂、杭州缝纫机厂、鹿山电工器材厂等 7 个工厂联合举办，试行半工半读的杭州市重工业技工学校成立。

浙江农业大学招收 1965 年函授新生。这次招收函授新生的有农学、植物保护两个专业，各招 60 名。

浙江师范学院本学期开始从杭州搬到金华县农村上课，实行半农（工）半读。

---

① 本报讯：《省高等学校招生委员会杭州市分会成立》，《杭州日报》1964年6月6日，第2版。
② 吕：《公布杭州考场》，《浙江日报》1964年7月11日，第3版。

1966 年

浙江省响应中共中央、国务院决定，改革高等学校招生考试办法。

1970 年

杭州市五七干校举行第二期干部轮训班。[①]

1972 年

杭州制氧机厂创办"七·二一"工人大学。

1973 年

浙江省教育局在杭州市人民大会堂举行首届工农兵学员毕业典礼。[②]

浙江省温州医学院首届 113 名工农兵学员顺利毕业。[③]

浙江医科大学首届工农兵学员和杭州大学首届二批工农兵学员，总计 838 名学员顺利毕业。

浙江省高等学校招生工作开始，中等专业学校的招生工作也同时进行。

浙江化工学院首届 151 名工农兵学员顺利毕业。[④]

浙江省六所高等院校和 35 所中等专业学校、技工学校陆续开学。[⑤]

1974 年

浙江省第一所教育和培养工人新干部和工人理论骨干的新型学校——浙江工人政治学校开学。[⑥]

高等教育招生工作仍在继续。北京大学、清华大学、浙江大学、杭州大学、浙江农业大学、浙江医科大学、浙江美术学院、浙江师范学院、浙江化工学院、温州医学院继续招生。

---

① 市五七干校革委会报道组：《市五七干校第二期干部轮训班开学》，《杭州日报》1970年9月17日，第4版。
② 本报讯：《杭大、农大首届工农兵学员胜利毕业》，《杭州日报》1973年3月11日，第1版。
③ 本报讯：《温州医学院首届工农兵学员毕业》，《浙江日报》1973年6月27日，第1版。
④ 本报讯：《浙江化工学院首届工农兵学员毕业》，《浙江日报》1973年8月15日，第1版。
⑤ 本报讯：《八千余名工农兵新学员入学》，《浙江日报》1973年9月26日，第1版。
⑥ 本报讯：《浙江工人政治学校隆重开学》，《浙江日报》1974年6月8日，第1版。

1975 年

中共杭州市委五七干校第一期干部轮训班开学。[①]

1976 年

浙江省普通高等学校、中等专业学校和技工学校的招生分配工作，实行"三来三去"。

---

① 本报讯：《市委五七干校第一期轮训班开学》，《杭州日报》1975年4月24日，第1版。

第二篇

恢复高考和改革开放后的普通高校、中专考试招生（1977—2021年）

引　言

2021 年是恢复高考制度的第 45 个年头。在 45 年的历程中，高考招生制度的演进和改革呈现为四大主题。

一是应时适需，遵循高考招生的外部关系规律。高考招生既是为高校选拔新生，也是为国家选拔建设人才，适应和满足经济与社会发展对人才的需要是高考招生的首要任务。1983 年全国高校招生会议把改革作为核心主题，第一要义就是招生计划的改革。定向招生、委托培养、自费生、招生并轨等改革先后登上历史舞台。招生并轨一揽子解决了高等教育的多渠道投入问题，为 1998 年开始的高等学校持续大扩招奠定了经费投入和教育理念上的基础。

二是科学评价，遵循考试测量和人才评价规律。高考招生是基于评价的选拔，考试是主要的评价手段，但评价不限于考试。实现科学评价，是完善高考招生制度改革的主旋律。指向科学评价的改革举措有五：一是实行标准化考试，控制测量误差，提升考试的信度、效度；二是启动高考内容改革，实现能力立意和素养引领；三是在统考为主的框架内，努力探索德智体全面考核；四是在统考招生主渠道外，开辟保送生等多元综合的评价选拔模式；五是用高中会考、高中学考来评价中学教学质量，在此基础上高考更好地体现高校的要求。浙江与上海一起在全国率先实行高中会考制度，高中会考为高考"3+2""3+X"改革奠定了基础。

三是育人为本，遵循教育教学和成长成才规律。高考招生的基本功能是选拔，但是由于高考招生对中学教育教学有强大的指挥棒作用，在中学出现了片面追求升学率和应试教育的倾向并且愈演愈烈的背景下，1999 年高考招生被赋予有助于"中小学实施素质教育"的重任。进入 21 世纪，国家启动高中课改，与高中课改呼应对接的高考改革形成了色彩斑斓的改革图景。而浙江 2009 年实施的"新课改高考方案"则强力推出了"分类考试""综合评价""多次机会"等多项突破性举措。2012 年党的十八大提出"把立德树人作为教育的根本任务"，新一轮高考综合改革以立德树人为核心主旨，展开了内涵丰富、链条长、力度大的改革。浙江与上海一起承担先行先试的任务，为高考综合改革在全国的全面推开奠定了基础。

四是公平选拔，遵循社会公共资源分配规律。高考招生在本质上是对高等教育资源的分配，公平公正既是高考改革必须坚守的主线，也是驱动高考改革的动力。浙江根据教育部的总体要求，全方位推进高考招生的起点公平、机会均等、程序规范、信息公开，全面推行国家教育考试环境综合整治，顶格实施招生阳光工程，在全国较早实行平行志愿，率先取消点招，一步到位为外省籍务工人员随迁子女就地参加高考提供平等待遇，认真做好农村专项计划招生，着力打造人民满意的高考招生。

恢复高考
（1977—1978年）

我国的高校招生，于1952年起实行全国统一考试制度，即高考。1966年起停止高考招生。1972年恢复招生，但以推荐为主取代了考试为主。1977年恢复高考统一考试，择优录取，实行省级命题。1978年起恢复并健全全国统一考试时间、统一命题，省级组织考试评卷和录取的高考招生制度。

一、1977年：冬天里的春闱

1977年10月12日，国务院批转教育部《关于一九七七年高等学校招生工作的意见》，明确提出："为了保证招收新生的质量，在各级党委领导下，贯彻群众路线，根据德、智、体全面衡量、择优录取的原则，实行自愿报名，统一考试，地市初选，学校录取，省、市、自治区批准的办法。"①10月20日，新华社发布通稿，公布恢复高考的消息。10月21日，《人民日报》头版头条刊登了《高等学校招生进行重大改革》的报道（见图2-1-1）。以1977年恢复高考为标志，我国高校招生制度的新纪元正式拉开帷幕。

图2-1-1　1977年10月21日人民日报头版头条消息

根据全国部署，浙江在全省恢复高考前，先在桐乡县进行了试点。

---

① 杨学为编：《高考文献（下）》，北京：高等教育出版社，2003年，第71页。

（一）桐乡试点

桐乡是位于杭嘉湖平原的一个县，行政上属于嘉兴地区，地理上与省会杭州邻近。从1977年9月底10月初开始，历时两个月，在这片盛产粮食和蚕桑的平原土地上，进行了一次意义重大的高考改革试验。

宣传发动。县里建立了招生委员会和办公室，公社和镇建立招生领导小组，基层党支部也有专人负责。县里确定桐乡二中、虎啸公社、崇福镇三个单位为摸底发动试点单位。10月2日县里组织招生工作学习培训会，10日召开全县招生工作会议。在此期间运用有线广播、黑板报、墙报、幻灯等各种宣传工具，向广大干部群众进行宣传。县镇街头张贴了恢复高考的宣传标语。各公社、镇召开干部会、群众会、家长会及符合招生条件的青年会、应届高中毕业生会，宣传县招生会议精神，组织自愿报名。桐乡县虎啸公社的总结材料这么记述：

10月2日，参加县招生工作学习的同志回来后，立即向党委作了汇报，党委正副书记和在家的委员全部参加，会上统一了认识。

公社成立招生领导小组，由一名副书记、一名委员和教师代表、知识青年代表等组成，大队成立招生小组，切实加强对这次招生工作的领导。3日，召开各大队正副书记会议，党委书记李自洲同志亲自作了宣传发动，党委分管委员田松清同志反复宣讲招生工作提纲。当天县委朱书记来我社检查工作，也在会上对今年高校招生工作作了指示。

公社招生领导小组成员分片到队，帮助大队传达贯彻好县招生工作会议的精神，指导招生工作。[①]

梧桐镇一个居民干部已是60多岁的老太太了，她挨家挨户访问动员。[②]

通过宣传发动，符合条件的青年纷纷行动起来，考生杨翛45年后这么回忆：

10月5日，北横街"三八"饭店东侧的朝西墙上，贴出了高校招生考试公告。公布了报名方法、考试日期和招生院校的名单。为何不在媒体公布呢？原来桐乡县被定为高考试点县，招生工作提前开始了，初试日期就定在10月17日。天哪！仅有十多天复习时间了。于是下班后我抓紧复习，最后三天干脆请假复习。[③]

乡镇初试。县招生办公室公布了复习提纲，并在10月17日以公社、镇为单位进行一次文化初试。文化初试的科目为语文、数学，高校、中专分别出卷。初试命题由县里组织，考试后县招办分5个片集中组织阅卷评分。在初试的基础上提出参加县统一文化考试人员名单。10月24日县招生办公室召开由公社、镇党委分管副书记或委员、城镇中学支部书记等参加

① 桐乡县虎啸公社：《虎啸公社在今年高校招生试点工作中如何做好宣传发动和文化初试》，1977年，短期第4卷第7条，桐乡市教育局综合档案室藏。
② 桐乡县教育局：《桐乡县招生试点工作情况汇报》，1977年，桐乡市教育局档案室藏。
③ 杨翛：《忆当年高考》，2021年12月3日，浙江省教育考试院档案室藏。

的第二次全县招生工作会议，确定参加县统一文化考试人员名单，并分发准考证。

全县统考。11月1日至2日进行全县统一文化考试。文化考试科目为：高等学校理科和中专、技校考政治、语文、数学、理化，文科考政治、语文、数学、史地，报考外语专业的加试外语。由省拟题，分高校和中专两种试卷，每人按填写志愿参加考试。由县招生委员会划区设立考场，进行统一考试。考后试卷密封送嘉兴地区招生委员会，由地区招生委员会组织评卷。

录取。评卷结束后，根据考试成绩确定参加政审、体检的名单。经政审、体检后产生了274名可以初选的名单，其中大学91名、中专技校183名。在省招生委员会的领导下，组织招生院校和地区招办人员对初选名单及全部材料进行认真审查，参照本人志愿，德智体全面衡量，择优确定录取名单，由省招生委员会批准并签发入学通知书。考生入学时间为1978年春季。该年省内外高校首次录取桐乡考生60名，后经全省扩招增加录取17名，共录取桐乡考生77名。①

桐乡的高考试点工作是由浙江省高等学校招生委员会确定，在桐乡县委领导下组织实施的。试点工作取得圆满成功，"试点证明，今年高等学校招生制度的重大改革""深受广大工农兵群众的欢迎和拥护。"②试点工作总结的经验在随后的全省全面实施过程中发挥重要作用。

（二）全省全面实施

在桐乡试点的中后期，省里的宣传发动工作也开始进行。10月21日，《浙江日报》在头版头条发表新华社电讯《全国高校招生会议提出今年招生意见》，并转发《人民日报》社论《搞好大学招生是全国人民的希望》。

前期准备。11月5日至8日，举行了全省教育工作会议，省委第一书记作总结报告。参加这次会议的有各地、市、县委分管教育工作的副书记或常委、教育局的负责同志。会议传达了全国高校招生工作会议精神，部署了1977年浙江省的高等学校、中等专业学校和技工学校的招生工作。会议对抓好高校、中专和技校的招生工作提出要求：

中央已经决定，从今年起改革招生制度，这是提高教育质量，争取早出人才的一项重大措施。应该坚持党的教育方针，德智体全面衡量，择优录取。要重视文化考核，又要重视实践经验。

---

① 浙江省招办：《七七年高校招生录取人数》，1978年2月24日，档案号J039-028-660-001，浙江省档案馆藏。《钱江晚报》2017年9月10日第12版刊载。
　桐乡县招办：《县招委会、招办关于招生工作的通知、总结、简报》，1977年，桐乡市教育局档案室藏。
　《桐乡高考的恢复情况》，全国优秀教师、桐乡市第三中学校长顾树华回忆录。
② 本报讯：《桐乡县高校招生试点工作做出成绩》，《浙江日报》1977年11月11日，第1版。

今年招生工作时间紧，任务重，涉及各行各业，关系到千家万户，是一件大事。各级党委一定要加强对招生工作的领导，要大张旗鼓地宣传国务院关于招生工作的各项规定，切实做好政治思想工作。

要统一组织各方面的力量，把招生工作搞好，把优秀的人才选拔出来，坚决制止走后门等不正之风。[1]

11月9日，省革命委员会批转《省高等学校招生委员会关于一九七七年高等学校、中等专业学校、技工学校招生工作的实施意见》。[2]当日，《浙江日报》公布了《浙江省一九七七年高等学校、中等专业学校、技工学校招生简章》、《一九七七年在我省招生的各高等学校及专业》（共105所高校）、《一九七七年中央部委、省属中专招生学校和专业（包括地、市中专为全省代培的专业）》（共45所学校）、《一九七七年中央部委、省属技工招生学校》（共17所学校）等信息。

报名。浙江省1977年《招生工作的实施意见》明确："今年扩大了招生对象的范围，凡符合国务院文件规定的招生对象，均可向自己所在的单位申请报名。""国务院文件"指的是国务院批转的教育部《关于一九七七年高等学校招生工作的意见》，该文件对招生对象条件的表述是："凡是工人、农民、上山下乡和回乡知识青年、复员军人、干部和应届高中毕业生，年龄20岁左右，不超过25周岁，未婚；对实践经验比较丰富并钻研有成绩或确有专长的，年龄可放宽到30岁，婚否不限（要注意招收1966、1967两届高中毕业生）；符合下列条件者，均可申请报名：（1）政治历史清楚，拥护中国共产党，热爱社会主义，热爱劳动，遵守革命纪律，决心为革命学习；（2）具有高中毕业或相当于高中毕业的文化水平（在校的高中学生，成绩特别优良，可自己申请，由学校介绍，参加报考）；（3）身体健康。"[3]

全省各地报名时间不一，早的从11月13日开始，15日结束，最晚的到29日结束。最终全省有370339人报名，其中报考高校的225106人，报考中专的145233人。[4]

地市县文化初试。浙江省《招生工作的实施意见》明确："公社、厂矿、机关、学校等基层单位"要"对报考对象的政治表现、文化水平、身体健康等方面进行审核。对文化水平的审核，可在县（区）或地（市）统一组织下，由基层单位进行。""对文化水平的审核"指的是初试。

---

① 铁瑛：《全党动员 书记动手 把教育搞上去》，《浙江日报》1977年11月8日，第2版。
② 浙江省革委会：《批转〈省高等学校招生委员会关于一九七七年高等学校、中等专业学校、技工学校招生工作的实施意见〉》，1977年11月9日，档案号J084-1977-Y-001-041，浙江省教育考试院档案室藏。
③ 国务院：《批转教育部〈关于一九七七年高等学校招生工作的意见〉》，杨学为编：《高考文献（下）》，北京：高等教育出版社，2003年，第70—71页。
④ 浙江省招办：《浙江省一九七七年高校、中专技校招生工作总结》（讨论稿），1978年5月24日，档案号J039-028-641-023，浙江省档案馆藏。

在具体实施过程中，各地（市）根据各自实际情况分别采取地（市）或县（区）范围内统一考试的方式。杭州、宁波、金华、台州、舟山等地以地（市）为单位组织初试，嘉兴、绍兴、温州、丽水等地以县（区）为单位组织初试。各地的文化考试科目全省统一确定为语文、数学两门。考试时间由各地自定，大部分县市在 11 月 20 日和 11 月 27 日之间。

考前复习。初试时间紧、考生多，考生普遍采用单个自学的形式。

初试前农村青年复习情形：

白天要干农活，只有晚上有时间复习，可村中供电严重不足，十天有八九天会停电，蜡烛也无处可买，我只好用小药瓶和棉线自制了一盏油灯。可煤油凭票也买不着，我就跟拖拉机手要来些柴油，每晚点柴油灯来复习。柴油杂质多，灯芯上一会儿就会结出黄豆大的灯花，不剪掉火头就不亮甚至还会熄灭。每半小时我就得剪一次灯花。含杂质的柴油燃烧时冒出的黑烟，时常把我的鼻孔边熏出黑斑。村民们知道了，笑着说我肯定能考上，因为灯花和烟斑都是吉祥之兆。[1]

城市工人复习情形：

那些日子，我的复习时间是按小时安排的。九点一刻的工间操休息，我就去食堂买好馒头，这样，中午不仅省了排队买饭的时间，还可乘办公室无人，或念念有词背诵，或在财务科的大铁柜上用粉笔演算数学题。爸爸妈妈也全力以赴支持我。爸爸用复写纸描出各种空白地图。我上班一有空，便抽出一张偷偷摸摸默写山川河流、地名物产等。妈妈每天用小磨磨豆浆，给我补充营养。复习时眼睛实在困得睁不开了，就定好闹钟，睡觉。两小时后闹醒，洗把冷水脸，继续看书。睡眠效果极佳，复习效率也高。[2]

经过初试，全省考生大为精简。复试阶段各地普遍为考生组织集体复习：

我顺利过了初试，公社领导很高兴，觉得我为公社干部撑了面子。此时离复试的时间已经很近了，为了帮助本县考生考出好成绩，县里做出一个决定，在全县最好的临安中学组织大规模的集中复习。我所在公社党委的王书记接到县里的通知后，立即提议由我带队，把全公社上线考生全部组织起来，统一到临安中学去复习 10 天并参加高考。本来正愁着没有时间复习的我，一听正中下怀，满口应允。这样，我在复试前就有了名正言顺的 10 天宝贵的复习时间，更难得的是，我还可以参加正规的高考复习班。[3]

全省文化统考。在省招办组织命题、印卷后，12 月 15—16 日（17 日加试科目），全省文

① 何悦敏：《那油灯、那狗》，祝毅主编：《120个回望：纪念高考恢复40周年》，杭州：浙江人民出版社，2018年，第329页。
② 张也频：《你是两个中的一个》，祝毅主编：《120个回望：纪念高考恢复40周年》，杭州：浙江人民出版社，2018年，第327页。
③ 费君清：《幸好有了十天的复习》，祝毅主编：《120个回望：纪念高考恢复40周年》，杭州：浙江人民出版社，2018年，第360页。

化统考在各县（区）近6000个考场如期举行。参加考试的共有18.5万考生，其中参加高校考试的7.5万人，参加中专、技校考试的11万人。他们当中有工人、农民、上山下乡和回乡知识青年、复员军人、干部，也有应届高中毕业生和成绩特别优良的在校高中学生，还有民办教师、赤脚医生和少数民族学生等。[①] 考试科目分文科、理科两类设置。理科考政治、语文、数学、理化，文科考政治、语文、数学、史地，各科考试时间均为100分钟。具体考试科目（含加试科目）和日期见表2-1-1。

表2-1-1　1977年浙江高考科目和考试日期

日期	上午8：30—10：30		下午1：30—3：30
12月15日	语文		理化或史地
12月16日	数学		政治
12月17日	8：00—9：30　　　10：00—11：30 加试：农业知识　　加试：医药卫生		加试：英语

说明：报考外语专业的须加试外语，其中英语加试日期为12月17日下午；有2年以上农村劳动实践经验的报考农、医专业的，须加试农业生产基础知识或医药卫生知识。[②]

12月15日语文科率先开考，作文题为《路》。大部分考生都首先想到了鲁迅的名言"地上本没有路，走的人多了，也便成了路。"有的由此起笔，有的由此立意：

　　具体考了什么，现在都想不起来了，只记得作文题目是《路》。我由鲁迅的名言入笔，想象家乡芦苇荡边的一条路，有战争年代的血色回忆，有新中国的建设见闻，铺垫了相应的故事和细节，当然最后是我们对红色之路、传承之路的感悟。[③]

有的通过家乡的路的变化反映农村经济与社会发展的变化：

　　离开家乡两年了。

　　今天我回家探亲。当火车徐徐驶进诸暨车站时，我迫不及待地把头探出车窗外。粉碎了"四人帮"，祖国到处日新月异，家乡啊，你会有怎样的变化呢？

　　下了火车，走进汽车站，我一看汽车时刻表，几乎不相信自己眼睛了！怎么？我家所在的村庄，作为一个车站点赫然地列在时刻表上了。啊，汽车路竟通到我们村了，这么快呀，真出我意外。我停立在时刻表前，内心一阵阵激动，脑海里不觉思潮涌卷，想起了关于家乡的路的往事。[④]

---

① 本报讯：《我省高校、中专和技校招生文化统一考试即将举行》，《浙江日报》1977年12月14日，第4版。
② 据1977年在浙江省招办全程参加招生工作的浙江大学吴永志教授按照工作笔记整理的实录。
③ 劳剑晨：《少年忆，最忆是高考》，祝毅主编：《120个回望：纪念高考恢复40周年》，杭州：浙江人民出版社，2018年，第357页。
④ 徐启华：《路》，《浙江日报》1978年4月18日，第3版。徐启华录取在北京大学中文系。

有的在看到"路"时想到了在农村插队时春耕雨天踩过的脚印：

大伯说到这里，我心中一震。是啊，我走在舒适的柏油马路上的时候，看不清自己的脚印，不知道创业的艰难。现在我走在这雨后泥泞的田埂上，尽管脚印是歪歪斜斜的，可我到底在自己前进的道路上留下了清晰而扎实的脚印啊！

我至今忘不了，那天我是以无比自信的心情踏着房东大伯那粗大扎实的脚印回到村里的。[①]

录取工作。1977 年 12 月 25—28 日，教育部在北京举行了招生录取前的工作会，会议交流了全国高考情况，明确了录取新生的政策问题。浙江省招委副主任等参加了会议。会议结束返回杭州后，于 1977 年 12 月 30 日至 1978 年 1 月 2 日，在杭州举行两次专题会议，传达教育部会议精神，汇总全省各地的考试成绩，讨论研究了浙江省的录取工作，会议结束后形成了《关于一九七七年高校、中专、技校招生确定参加政审和体检名额的规定》。在录取工作前夕，浙江省委召开全省电话会议，部署相关工作。

从 1978 年 1 月底到 2 月下旬（含农历春节期间），浙江省招办在杭州钱塘江畔的屏风山疗养院组织录取工作。1978 年 2 月 23 日，录取工作结束。[②]2 月 24 日后，全省 5346 名学子陆续收到盼望已久的录取通知书。[③]

全省各县（市）录取人数见表 2-1-2。

表2-1-2　全省各县（市）录取人数

地区	人数	地区	人数	地区	人数	地区	人数
杭州地区	1657	德清县	27	嵊泗县	11	龙泉县	12
上城区	318	平湖县	31	岱山县	21	温州地区	391
下城区	219	嘉善县	32	金华地区	636	温州市	142
西湖区	243	绍兴地区	433	江山县	18	平阳县	69
江干区	115	诸暨县	104	常山县	15	泰顺县	9
拱墅区	103	绍兴县	154	开化县	18	文成县	18
萧山县	171	新昌县	63	衢县	60	瑞安县	29
桐庐县	57	上虞县	39	金华县	129	乐清县	86
富阳县	76	嵊县	73	东阳县	66	永嘉县	34
余杭县	131	宁波地区	1045	浦江县	33	洞头县	4
淳安县	30	宁波市	389	义乌县	131	台州地区	370

① 孙嘉萍：《路》，《浙江教育》1978年第4期。孙嘉萍录取在杭州大学中文系。
② 据1977年在浙江省招办全程参加招生工作的浙江大学吴永志教授按照工作笔记整理的实录。
③ 浙江省招办：《七七年高校招生录取人数》，1978年2月24日，档案号J039-028-660-001，浙江省档案馆藏。《钱江晚报》2017年9月10日第12版刊载。

续表

地区	人数	地区	人数	地区	人数	地区	人数
建德县	76	镇海县	145	兰溪县	61	临海县	119
临安县	118	象山县	48	永康县	92	天台县	29
嘉兴地区	461	慈溪县	144	武义县	13	黄岩县	86
吴兴县	92	余姚县	103	丽水地区	177	仙居县	20
嘉兴县	77	奉化县	57	丽水县	50	三门县	13
长兴县	44	鄞县	80	青田县	6	玉环县	19
海宁县	45	宁海县	79	缙云县	42	温岭县	84
海盐县	26	舟山地区	176	云和县	18		
安吉县	27	定海县	94	庆元县	9		
桐乡县	60	普陀县	50	遂昌县	40		

（三）扩招

1978年3月中旬，教育部根据五届全国人大会议精神举行电话会议，部署挖掘现有高校潜力，积极扩大招生名额。会议明确：这次扩大招生，不再重新报名和考试，而是从1977年已经参加考试、初选合格的考生中择优选拔。其中，高校试行招收走读生是扩大招生人数的一个好办法。[1]电话会议结束后，教育部、国家计委联合发出通知部署扩招工作。浙江省委对这项工作十分重视，连续三次召开各高等学校负责人和各地区教育局局长、招生办公室负责人会议，研究确定增加招生的名额。在省委的重视下，有关高校充分发掘潜力，浙江大学在试招走读生的同时，教职员工积极动员自己已被录取的子女走读，让学校可以多增加一些招生名额。浙江农业大学在1977年按计划招收了480名新生的基础上，克服困难扩大招生145名。浙江师范学院在各地区分校设师资专修科，招收新生1600名。师资专修科学制为三年，在校期间和毕业后待遇与大学的专修科相同，毕业后由国家统一分配。为了全面完成招生计划，经省招生委员会研究，浙江师范学院的一些分校从报考理科的考生中，挑选一部分转录文科专业学习。[2]经各相关院校努力挖潜，浙江省共扩招高校新生2362人。4月5日各相关院校发出扩招新生入学通知书。[3]1977年高考招生浙江合计招收新生7708人，录取率3.42%。[4]

---

① 本报讯：《挖掘高等教育潜力　积极扩大招生人数》，《浙江日报》1978年3月20日，第4版。
② 本报讯：《我省高校积极扩大招生名额试招走读生》，《浙江日报》1978年3月21日，第3版。
③ 本报讯：《我省高校扩大招生和试招走读生录取工作结束》，《浙江日报》1978年4月6日，第4版。
④ 浙江省招办：《浙江省一九七七年高校、中专技校招生工作总结》，1978年5月24日，档案号J039-028-641-023，浙江省档案馆藏。1977年省内外高校共录取浙江考生7708人，此外本省农医师范院校还录取了61名由基层保送、不经考试的农业战线、教育战线和卫生战线的优秀模范人物，录取了64名少数民族考生。录取率系根据初试报名人数计算。

二、1978 年：全国统考的恢复

1978 年 6 月，国务院批转教育部《关于一九七八年高等学校招生工作的意见》，开启 1978 年度的高考招生工作。在 1977 年恢复以文化统考作为选拔新生主要依据的高校招生制度基础上，从 1978 年开始，恢复了全国统一考试时间、统一命题的基本框架，考试、评卷和录取工作仍由各省、自治区、直辖市组织实施。在考试科目上，由 1977 年的"史地""理化"合卷改为分开考试，由"报考外语专业的加试外语"改为把"外语"设为文、理两类的共同考试科目，外语考试成绩暂不计入总分，作为录取的参考，没有学过的可以免试。在报考对象上，一方面延续 1977 年规定，允许"26 至 30 周岁的高中毕业生和具有高中毕业文化水平的优秀青年，以及一九六六、六七届高中毕业生，仍可报考"，另一方面强调"主要招收 20 岁左右的青年，一般不超过 25 周岁"。[①]

为了指导各类考生复习应考，教育部组织编写了《一九七八年全国高等学校招生考试复习大纲》，涵盖政治、语文、数学、物理、化学、历史、地理、外语八个科目。发给各省、自治区、直辖市教育部门，在当地印刷发行，作为报考青年复习功课的参考。[②]1978 年 5 月中旬至 7 月上旬，浙江省教育局、省知识青年上山下乡办公室、省人民广播电台、省电视台联合举办"高考复习广播、电视讲座"。讲座按照教育部下发的复习大纲进行复习指导。省教育局、省知识青年上山下乡办公室联合发出通知，要求各地知青、教育部门、学校，本着劳动、复习两不误的原则，积极支持和帮助工厂、社队、机关单位组织考生收看、收听好广播、电视讲座，并要求各地给应考的上山下乡知识青年和青年工人提供便利条件和收看、收听广播，进行复习的时间。[③]6 月 2 日，省招办通过《浙江日报》发布了《一九七八年中等专业学校招生考试复习大纲》。

5 月 31 日—6 月 5 日，浙江省 1978 年高等院校、中等专业学校招生工作会议在诸暨县召开。参加会议的有各地、市、县教育局和招办负责同志，省级局、办科教处负责同志，以及各高等学校、中等专业学校负责同志等，共 270 多人。省委常委、省招委主任到会讲话。省委宣传部负责同志传达了全国教育工作会议精神。省教育局主要负责同志传达了全国高校招生工作会议精神。[④]

1978 年，浙江取消了地市县初试环节。7 月 20—22 日，全国统一的高等学校招生考试顺

---

① 杨学为编：《高考文献（下）》，北京：高等教育出版社，2003 年，第 104 页。

② 本报讯：《今年高校招生实行全国统一考试》，《浙江日报》1978 年 4 月 6 日，第 4 版。

③ 本报讯：《省、市教育局、省知青办、省电台、电视台联合举办高考复习广播电视讲座》，《浙江日报》1978 年 5 月 13 日，第 4 版。

④ 本报讯：《以新时期总任务为统帅搞好招生工作》，《浙江日报》1978 年 6 月 11 日，第 1 版。

利举行。浙江省有 24.3 万多名青年在全省 8000 多个考场参加统考。[1] 这里有首次参加高考的学子，也有上年高考失利后再次踏进高考考场的青年。知青尚建在 45 年后回忆了她第二次参加高考的情景：

1978 年 7 月 20 日，我第二次走进高考的考场。考场在县城中学。

七月的天气很闷热。教室没有电扇，窗户大开着。考试中途突然暴雨，那雨水像是从窗外被泼进来的。我们坐在窗边的考生都本能地护住了考卷，衣服湿了又有什么关系呢！而考卷上的每个字都是我们向大学进军的宣言，必须清晰完整。我这里说宣言，是因为当时对自己能考上大学已有了信心。

…………

我终于要上大学了。我父亲和姐姐搭乘教育局的卡车来接我。很多人来村口送别。房东大娘抹着眼泪说："我为你高兴啊，但我舍不得你走。"

大队长的女儿拿了一包葵花籽肉塞给我，不说话扭头就走。她母亲在边上对我喊："她昨天晚上剥了很久呢。"

我在卡车上向他们挥手，心里突然难过了。这个每天都渴望离开的地方，此刻却恋恋不舍。卡车很快加速了，村口的人越来越小，我看见他们还在挥手。[2]

从 1977 年恢复以统一文化考试成绩作为录取主要依据，到 1978 年恢复全国统一命题、统一考试，标志着全日制高等学校统一考试招生制度的全面恢复。统一高考制度的恢复，改变了千千万万青年学子的人生道路。

---

[1] 本报讯：《高校招生文化考试胜利结束》，《浙江日报》1978年7月23日，第1版。
[2] 尚建：《一个知青的高考——一个年级与一个时代的故事》，《钱江晚报》新媒体端2022年6月8日载。

考试招生基本格局的形成和调整
（1979—2021年）

1977年恢复高考招生，1978年恢复全国统考，搭建了改革开放后我国高校招生的基本框架。从1979年起，在方针政策体系、考核选拔机制与运行管理体制相呼应的普通高校招生格局基本成型的同时，为适应经济社会发展的需要，具体的方针政策、考试科目、考核方式等应时而动、与时俱进。

随着我国教育体系中成人高校、成人中专教育形式的出现，高等学校、中等专业学校的名称经历了从"高等学校""全日制高等学校""中等专业学校"到"普通高等学校""普通中等专业学校"的演变。与普通高校管理体制基本稳定相对比，普通中等专业学校的管理体制则迭经变更。

一、方针政策体系

（一）普通高校招生的指导思想和基本原则

1977年恢复高考后，1987年《普通高等学校招生暂行条例》出台前，教育部每年都会印发（有些年度为国务院批转）关于招生工作的总文件。这些总文件，在1985年及以前由教育部关于招生工作的"报告""请示"和教育部制订经国务院批准的年度高等学校招生工作的《规定》（1979年前称为《招生工作意见》）组成，1986年则由新设立的国家教委直接印发当年度招生工作《规定》。1987年国家教委颁发《普通高等学校招生暂行条例》后，成为持续指导全国高校招生工作的规范性文件，不再每年出台招生工作总文件，但在招生工作的政策需要调整、启动一项新的改革举措或对招生工作的某一方面进行重点部署时，仍然会印发一个指导年度招生工作的总文件。2000年以后教育部又恢复了每年印发《普通高等学校招生工作规定》的做法。

在教育部（国家教委）制订的年度招生工作总文件里，都包含对招生工作应遵循的基本原则的表述，可概括为"三项原则"、三个"有利于（有助于）"。

"三项原则"。"三项原则"中的"德智体全面考核，择优录取"原则从恢复高考后就明文确立，当年的表述为"德智体全面衡量、择优录取"，1978 年起把"衡量"改为"考核"。"三项原则"完整使用始于 1994 年，这一年国家教委《关于进一步改革普通高等学校招生和毕业生就业制度的试点意见》提出："坚持德智体全面考核、择优录取，以文化考试为主要入学考核形式，以及公平竞争、公正选拔这三项原则。"① 此后长期沿用。

三个"有利于（有助于）"。三个"有利于（有助于）"的提法始于 1981 年，这年国务院批转的教育部《关于一九八一年全国高等学校招生工作会议的报告》提出："招生制度和办法的改革应有利于选拔人才，有利于促进中学教育，有利于安定团结，并注意节约。"② 总体上看，三个"有利于（有助于）"的对象涉及高校、中学（中小学）、学生、国家、社会等多个利益相关主体，1983 年教育部关于招生工作的报告阐述的是四个"有利于"："高考招生制度的改革要有利于高校选拔和培养人才；有利于促进中、小学教育的发展与提高；有利于社会的安定团结，促进社会主义精神文明的建设；有利于学生毕业后输送到各条战线、各个地区，在国家现代化建设中发挥作用。"③ 相比较而言，"三项原则"比较稳定，"三个有利于（有助于）"则与时俱进、处于动态变化中，但都对招生工作发挥着强有力的指导和引领作用。

从 1977 年起，浙江省每年都印发关于高等学校、中等专业学校（1984 年及以后改称普通高等学校、普通中等专业学校）的《招生工作实施意见》。《招生工作实施意见》每年都对招生工作的基本原则进行表述，从 1977 年至 1993 年表述为"德智体全面考核（衡量）、择优录取原则"，从 1994 年起扩展为"德智体全面考核，以文化考试为主，公平竞争、择优录取的原则"。从 2002 年起将"公平竞争、公正选拔、公开透明"居于首位，同时在"德智体美全面考核"后增加"综合评价"。对教育部文件中动态变化的"三个有利于（有助于）"原则，则渗透在文件的具体内容中。

（二）普通高校招生的主要政策

高校招生的政策内涵丰富、类型多样，主要有报考条件（高考准入）政策和照顾奖励（含高考加分）政策。这些政策都由教育部（国家教委）独立或会同有关部门制订，省招委贯彻

---

① 杨学为编：《高考文献（下）》，北京：高等教育出版社，2003年，第524页。
② 杨学为编：《高考文献（下）》，北京：高等教育出版社，2003年，第135页。
③ 杨学为编：《高考文献（下）》，北京：高等教育出版社，2003年，第169页。

落实，同时结合本省实际对教育部的某些原则规定予以具体细化。[①]

1. 报考条件

报考条件政策也可以称为高考准入政策。高校招生一方面是为高等学校招收新生，一方面是为国家建设选拔后备干部和建设人才，同时是对有限的高等学校教育资源或有限的优质高等学校教育资源的分配。谁有资格报名参加高考，表面上是招生政策中的一项具体规定，实际上与党和国家的大政方针、发展战略密切相关，也与教育终身化、教育大众化、教育公平等教育理念密切相关。

1977 年恢复高考后浙江省的第一个规范性文件《省高等学校招生委员会关于一九七七年高等学校、中等专业学校、技工学校招生工作的实施意见》，对报考条件的表述是："今年扩大了招生对象的范围，凡符合国务院文件规定的招生对象，均可向自己所在的单位申请报名。""国务院文件"指的是国务院批转教育部《关于一九七七年高等学校招生工作的意见》，该文件鉴于"文革"十年中断统一高考造成了国家建设人才的奇缺，而被"文革"耽误的一代人恰恰是潜在的建设人才，因此作为临时措施，放宽了年龄的限制，并要求"注意招收 1966、1967 两届高中毕业生"。1978 年教育部经国务院批转的招生工作意见延续放宽政策："高等学校主要招收 20 岁左右的青年，一般不超过 25 周岁。26 至 30 周岁的高中毕业生和具有高中毕业文化水平的优秀青年，以及一九六六、六七届高中毕业生，仍可报考。"浙江省的实施意见明确表述按教育部的意见执行。

从 1979 年起，浙江省根据教育部当年招生工作文件，取消了"对实践经验比较丰富并钻研有成绩或确有专长的，年龄可放宽到 30 岁，婚否不限（要注意招收 1966、1967 两届高中毕业生）"的临时放宽性规定，回归正常轨道，从考前学历、年龄、婚否等多个方面对考生报考条件作出明确的规定，既有正面的准入条件，也有反面的"不能报名"的限制。从 1979 年到 2021 年，总体上呈现"逐步增加限制条件——逐步减少限制条件——大幅减少限制条件"的走向。对报考条件的限定主要是以下几个方面：

有高中毕业或相当于高中毕业的文化水平。1979 年浙江省对学历的要求是"具有高中毕业或相当于高中毕业文化水平"。1980 年把"文化水平"调整为"文化程度"。1981 年表述为"须具有高中毕业文化程度或同等学历"，首次出现"同等学历"的名称，意为同等学习经历。1983 年把"同等学历"改为"同等学力"，意为同等学习能力，此后持续沿用。

---

① 本部分对高考招生政策的阐述，依据的材料来源主要为：杨学为编：《高考文献（下）》，北京：高等教育出版社，2003 年；浙江省教育考试院档案室收藏的浙江省招委、教育厅等历年文件；教育部官网相关文件。因文件材料众多，不一一标注。

年龄和婚否。在 1979 年及以后、2000 年及以前，基本上要求"年龄不超过二十五周岁，未婚"，优秀青年适当放宽，特殊贡献人员不限。1979 年浙江省《招生工作实施意见》规定："年龄一般不超过二十五周岁""学习成绩优秀的青年，经单位证明，可放宽到二十八周岁。报考外语院校或专业的，一般不得超过二十三周岁。报考体育专业的一般不超过二十二周岁。均限未婚，身体健康。"1983 年起，规定"报考相应专业的具有三年以上实践经验的省级以上劳动模范、先进工作者、新长征突击手等优秀青年，年龄可放宽到二十八周岁，婚否不限"。1987 年起增加了"具有特殊贡献者，年龄、婚否均不限"的条目。2001 年根据教育部文件的精神取消了年龄与婚否的限制。

各类学校在校生和毕业生是否允许报考。在 1979 年及以后，逐步出台限制中学、成人高校、普通高校在校生，中职学校应届毕业生和各类高校毕业生报考的规定；从 2000 年起，保留各类高等学校、各类高级中等教育学校在校生不得报名的规定，取消其他限制性规定。

一是限制中专、技校在校生和应届毕业生报考。教育部 1978 年对此的规定是："中等专业学校和技工学校的在校学生、应届毕业生不能报考，参加工作满两年以上的可以报考对口院校或专业。"浙江按照教育部规定执行。1979 年浙江省对这一条进行明确表述："中等专业学校和技工学校的毕业生、在校生以及无正当理由退学的学生不能报考。在这些学校毕业后工作满两年的，可以报考对口院校或专业。"1980 年进一步把"毕业生"表述为"应届毕业生"。这条限制持续保持至 1999 年。2000 年浙江招生文件根据教育部文件的精神允许"应届中等职业教育（中等专业学校、技工学校、职业高中）的毕业生，可报考高等职业教育"，取消了必须工作满两年的要求；2001 年进一步放宽至可以报考各类普通高校，但是仍然保留了中职学校在校生不能报考的限制规定。

二是限制中学在校生报考。1977 年因为国家建设急需人才，浙江的《招生工作的实施意见》根据教育部文件规定这样表述："在校的高中生成绩特别优良已达到高中毕业水平的，由自己申请，经学校介绍报名。"1978 年继续实施这一临时性政策："在校高中学生，个别学习成绩特别优秀，确实能够跳级升大学的，经本人申请、学校审查、县（区）招生委员会批准，可以报考。"从 1979 年起教育部文件删掉了对这一政策的表述，浙江招生文件则明确表述为"今年在校高中学生不予报考"，从 1980 年起浙江文件持续把"中学在校学生"列入"下列人员不能报考"的范围内。1985 年起，浙江招生文件与教育部文件同步把"中学在校学生"调整为"中学（报考少年班除外）在校学生"，特别表明报考部分高校少年班等的中学在校生不受此限。

三是限制高等学校在校生报考。对高等学校在校生的限制，从成人高校起步，再逐步扩大到普通高校。1979 年浙江招生文件规定"电视大学（仅限在职职工）、共产主义劳动大学、七·二一工人大学、五·七大学等脱产和半脱产学制在二年以上的在校学生"不能报考；1983 年对在校学生的限制扩大到"高等学校"（指普通高等学校）；1985 年用"由国家承认学历的各类成人高等学校"指代以前列举的各类成人高校；1987 年起把"普通高等学校"与"成人高等学校"合并为"由国家承认学历的各类高等学校"。限制高校在校学生报考普通高校，之所以逐渐从成人高校在校学生扩大到含普通高校的各类高等学校的在校学生，是因为在实践中，首先是成人高校在校学生有这个愿望，然后普通高校的在校生也产生了继续参加高考以考取更满意的学校和专业的愿望。

四是对成人高校、普通高校的毕业生，从限制报考，调整为允许报考。1983 年浙江《招生工作实施意见》将"脱产和半脱产学制两年以上的广播电视大学（仅限在职职工）、职工高等学校、职业高等学校、农民高等学校"的毕业生和在校学生并列，纳入"不能报考"的范围；1984 年又把"普通高等学校毕业生"纳入"不能报考"的范围；1987 年把普通高校和成人高校在校生和毕业生整合为"由国家承认学历的各类高等学校的在校学生和毕业生"一并纳入"不能报考"的范围。2000 年，解除了对毕业生的限制，各类高校毕业生均可报考普通高校。

五是上一年度已经录取无故不报到的学生能否报名。教育部《关于一九七八年高等学校招生工作的意见》中明确规定："1978 年已被高等学校录取而拒不服从分配的，下一年不准报考。"这里的"分配"指录取学校和专业的分配。根据这一规定，浙江省 1979 年的《招生工作实施意见》明确："上一年已被高等学校录取不服从分配的，不能报考。"从 1984 年开始，"不服从分配"调整为"不报到"。此项规定在浙江一直延续到 2000 年，从 2001 年起取消。

2. 照顾和奖励政策

高考招生的照顾奖励政策包括照顾政策和奖励政策，均在每年的《招生工作实施意见》里明确。

（1）照顾政策。

高考招生的照顾政策根据照顾的对象可分为三类，一是基于考生身份的照顾政策，比如对少数民族考生的照顾、对华侨或华侨子女考生的照顾；二是基于地区困难情况的照顾政策，比如对农村、山区、边远地区的照顾；三是基于行业艰苦（工作环境艰苦）情况的照顾政策，比如对农林、水利、矿业、石油、地质等行业的照顾。在具体实施时三类照顾政策最终都落实到考生身上，但照顾的依据各不相同，只有第一类是基于考生身份的。这类基于考生身份的照顾政策后来演变为高考身份类加分。

基于考生身份的照顾政策。1977年的文件这样表述基于考生身份的照顾政策:"要贯彻党的阶级路线和政策,在德、智、体诸条件相同或相近的情况下,要优先录取工人和贫下中农子女。"此外,还提出"要注意招收女学生"。

1979年起照顾对象逐渐聚焦到少数民族、华侨和台湾省籍考生。这一年的文件明确要切实贯彻执行国务院批转的教育部文件精神,其中包含了对边疆地区少数民族考生的录取分数线和分数段可适当放宽以及注意录取台湾青年、港澳青年和归国华侨青年。1980年浙江文件对基于考生身份的照顾政策作了明确的阐述:"要注意录取少数民族考生。对丽水、金华、温州等少数民族聚居地的少数民族考生,录取分数线可适当放宽。对散居的少数民族考生,在与汉族考生同等条件下优先录取。对归国华侨青年、归侨子女和台湾省籍青年,在与其他考生同等条件下,优先录取。"这一政策持续实施至1982年。

1983年的文件将对少数民族的照顾政策由"录取分数线可适当放宽"调整为"可适当降低分数";同时将"归侨青年、归侨子女"的表述规范为"归侨青年、华侨子女、归侨子女",这就是后来流行的简称"三侨"的由来,对"三侨一台"的照顾政策调整为"统考成绩达到规定分数线的,可以照顾录取"。

1985年把对"三侨一台"的照顾政策调整为"总分达到最低控制分数线的,可由学校照顾录取"。照顾力度进一步加大。

从1985年到2000年,照顾对象先后增加了"退出现役的义务兵""烈士子女、配偶""优秀留学回国人员子女";从1985年到1988年,照顾政策的力度,从"同等条件下优先录取""可适当降低分数择优录取"到"总分低于同批学校录取控制线10分以内可提供档案",持续加大,1989年又把"同批录取学校控制分数线"调整为"学校调档控制分数线",使照顾政策更合理。1995年起又把对照顾措施的表述调整为"可享受10分照顾,择优录取",客观上为此后从照顾政策向高考身份类加分政策的转型作了一个铺垫。照顾政策情况见表2-2-1。

表2-2-1 照顾政策情况

照顾对象		照顾措施	实施年份
少数民族考生	聚居地	录取分数线可适当放宽	1980年起
		适当降分择优录取	1983年起
	散居	同等条件下优先录取	1980年起
	少数民族考生	同批学校控制线下10分以内可投档	1988年
		学校调档控制线下10分以内可投档	1989年起
		可享受10分照顾,择优录取	1995年起

照顾对象	照顾措施	实施年份
三侨一台考生	同等条件下优先录取	1980年起
	成绩达到规定分数线可照顾录取	1983年起
	最低控制线下10分以内，二、三批可审查录取	1984年
	总分达到最低控制线可照顾录取	1985年起
	适当降分择优录取	1987年
	同批学校控制线下10分以内可投档	1988年
	学校调档控制线下10分以内可投档	1989年起
	可享受10分照顾，择优录取	1995年起
退出现役义务兵	同等条件下优先录取	1985年起
	烈士子女、配偶适当降分择优录取	1987年
	同批学校控制线下10分以内可投档	1988年
	学校调档控制线下10分以内可投档	1989年起
	可享受10分照顾，择优录取	1995年起
优秀留学回国人员子女	可享受10分照顾，择优录取	2000年起

基于地区的照顾政策。浙江省1977年文件明确：面向本省的高等学校录取新生时，对中等教育事业基础较差的边远山区、海岛、少数民族地区，在择优录取的前提下，给予适当照顾。1980年规定：面向本省的高等学校和面向地区的中等专业学校，对没有考生进入最低录取分数线的县，可以低于最低录取分数线，择优照顾录取若干名。1982年进一步明确：面向本省和本地区的高等学校、中等专业学校，对教育基础比较薄弱的山区、海岛县，都要适当降低分数线，择优照顾录取。

对一些院校和专业对口招收特定人群予以照顾鼓励。浙江省1977年文件规定：医学院校、师范院校、农业院校要注意录取表现好的赤脚医生、民办教师和农业科技积极分子。医、农、师范、农机各专业，对有丰富实践经验并钻研有成绩的农村赤脚医生、民办教师、农业科技积极分子，由省另行下达部分初选指标，择优录取。1982年提出：国家不包分配工作的职业学校和农业中学的毕业生，报考对口院校和专业的，在与其他考生同等条件下，优先录取。1983年进一步加大力度：农业（含林、渔）中学、农村职业中学毕业生以及农、林、渔业技术人员报考本省对口的高等学校，可适当降低分数要求，择优录取。此政策从1983年至1994年持续实施。

对国家建设急需人才而工作环境比较艰苦或者工作量与收入反差较大的行业所对应的院校和专业，予以多方面的照顾和鼓励。这些专业国家急需人才，但生源严重不足。最为突出的是两类院校和专业，一类是"农林水地矿油"等工作环境艰苦专业；一类是在一段时间内因为工作量与收入反差较大而生源不足的师范类专业。1981年浙江招生文件提出：报考师范、农林、煤炭、石油、地质等院校的考生不足计划招生人数时，录取分数可适当放宽。1982年浙江招生文件明确：凡第一志愿报考农业、林业、水利、地质、矿业、石油以及交通部所属院校的海洋运输类各专业的考生，统考成绩达到最低控制分数线以上的，原则上可将这些考生的档案材料全部提供给学校审查，择优录取。此政策从1982年起持续实施。对师范院校、专业的照顾扶持政策持续时间长，并且采取多种措施，形成了连环拳。1981年在将师范和农林、煤炭等一起列入"录取分数可适当放宽"的专业的同时，将浙江师范学院列为第一批录取院校。1985年又出台"对报考师范院校有音乐、美术特长的考生（县级以上竞赛获奖者），可适当降低分数要求，由学校审查录取"的鼓励政策，并持续实施。1986年则出台"对第一志愿报考师范院校、考分在最低控制分数线以上的考生档案，实行一次性投档（不受分数段限制），由学校审查录取"的政策。1990年在此基础上进一步加大力度，允许对第一志愿报考本省高等师范院校（含职教师资班）的考生，从全省统一的最低控制分数线以下提上10分划定分数线。1996年对这一政策的表述是：第一志愿第一专业报考本省院校师范类专业的考生，加10分提供档案。

（2）奖励政策。

高考的奖励政策，有广义、狭义两种理解。广义的奖励政策包括保送（含推荐免试）和录取时给予优秀学生以优惠两类，狭义的奖励政策特指录取时给予优秀学生以优惠。保送最早可以溯源到1958年对优秀高中毕业生的保送，试行一年即中止。恢复高考后最早的推荐免试是1979年对学科竞赛优胜者试行的推荐免试入学。在高考招生中持续地实施保送政策始于1984年。

狭义的奖励政策出现于恢复高考后，始于1980年。浙江省1980年文件提出：对应届高中毕业生和应届初中毕业生[1]中连续两年被评为三好学生的学生以及工作积极、表现突出的学生干部，在与其他考生同等条件下，优先录取。

此后奖励的对象陆续增加：1981年增加体育文娱骨干以及达到国家体育锻炼标准的学生，1982年增加获地区以上表彰的三好学生和优秀学生干部，参加地区级以上体育竞赛获单项前五名或集体前三名的主力队员，1984年增加省级以上科技发明创造奖获得者，1985年增加单学科竞赛优胜者，1987年增加有特殊贡献的考生和荣立二等功以上的退役军人，1989年增加省级以上政府、党委和中央部委授予的劳模、先进生产者，1990年增加因思想政治品德方面有突出事迹受到省级以上党委、政府表彰的英雄模范人物和市地级党委、政府授予称号的劳

---

[1] 应届高中毕业生报考高等学校，应届初中毕业生报考中专学校。

模、先进生产者；1996 年起增加艺术特长奖励，包括声乐、器乐、舞蹈、美术、书法等项目会演、竞赛的优胜者和浙江省学生艺术特长水平测试 A 级证书获得者。这些奖励对象可以概括为综合表现突出者、体育竞赛优胜者、智育表现突出者、德育表现突出者、艺术特长生等五类。

奖励的措施也有多个层次，计有：同等条件下优先录取，分数线上提上一个分数段投档，分数线上提上 10 分投档，上某一批次线后不受比例限制投档，分数线下一定分数范围（如 5 分、10 分、20 分、50 分）内可以投档。其中最大的奖励幅度为 1986 年对参加重大国际比赛以及由国家举办的全国性比赛获前六名，或获得运动健将、一级运动员称号的考生的奖励，可以在最低控制分数线下 50 分以内提供档案审查录取；1989 年享受这一奖励政策的对象增加了"荣立二等功以上的退役军人"和"省级以上政府、党委和中央部委授予的劳模、先进生产者"；1990 年又增加了"因思想政治品德方面有突出事迹受到省级以上党委、政府表彰的英雄模范人物"。

二、考核评价与录取选拔体系

（一）文化统考、政审、体检相结合，以文化统考为主的考核评价体系

高校招生是基于考核和评价的选拔行为。1952 年实行全国统一考试招生后，我国高校招生即确立了以统考为主要考核形式，文化统考、政审、体检相结合的考核评价制度。1955 年至 1958 年间，教育部曾就高校招生是采用全国统一考试招生还是学校单独招生或联合招生组织过讨论，最终确定了全国统一考试招生的模式。"文革"期间先停止招生，后又用推荐取代考试招生。1977 年恢复了考试招生制度，由于时间仓促，采用省级统一命题考试，1978 年恢复了全国统一命题、统一考试时间的制度。在 2004 年试行分省命题以前，这一基本制度一直没有改变。分省命题只在部分省市试行。

恢复高考后，浙江省招委即根据教育部的统一部署确立了"德智体全面考核（衡量）、择优录取"的原则。对"德"的考核，主要通过政治审查、思想政治品德考核来实现。1982 年及以前称为"政治审查"（多数年份简称"政审"），1983 年改称"政治思想品德考察"，1984 年调整为"政治思想品德考核"，1990 年起调整为"思想政治品德考核"。1989 年起，浙江试行"定性与定量相结合"的思想政治品德考核办法。在 2009 年对应届生采用综合素质评价涵盖思想政治品德考核以前，一直实施"定性与定量相结合"的思想政治品德考核办法。对"体"的考核，主要通过体检来实现。体格检查，多数年份简称"体检"，从 1984 年起表述为"身体健康

情况（状况）检查"。在2009年对应届生采用涵盖"运动与健康"内容的综合素质评价以后，身体健康状况检查仍然作为对考生进行"德智体全面考核"的重要组成部分。

（二）稳中有变的高考科目设置

考试科目设置是文化统考的前提。浙江每年都按教育部文件明确的高考科目设置公布实施。从1977年到2000年，高考科目稳中有变。稳：分文理两类设置，语文、数学、外语为共同科；变：外语从首年加试、次年列入考试科目而不计入总分，到逐步增加比例计入总分；生物从1981年起列为考试科目，逐步增加分值；此外，1995年、2000年、2009年、2017年起先后实行"3+2""3+X""分三类"和"3+3"科目设置模式。

表2-2-2　1977—2021年高考科目设置情况

年份	科类与科目
1977年	文科：政治、语文、数学、史地 理科：政治、语文、数学、理化
1978年	文科：　政治、语文、数学、历史、地理、外语 理工科：政治、语文、数学、物理、化学、外语
1979年起	文史类：　　政治、语文、数学、历史、地理、外语 理工农医类：政治、语文、数学、物理、化学、外语
1981年起	文史类：　　政治、语文、数学、历史、地理、外语 理工农医类：政治、语文、数学、物理、化学、生物、外语
1995年起	实行"3+2"高考科目设置改革： 文科类（含艺术类）：语文、数学、外语、政治、历史 理科类（含体育类）：语文、数学、外语、物理、化学
2000年起	实行"3+综合"高考科目设置： 文科类（含艺术类）：语文、数学、外语、综合（文） 理科类（含体育类）：语文、数学、外语、综合（理）
2009年起	实行分三类的考试科目设置： 第一类：语文、数学、外语、综合（文/理）、自选模块 第二类：语文、数学、外语、综合（文/理） 第三类：语文、数学、外语、技术
2017年起	"3"（语文、数学、外语）+"3"（政治、历史、地理、物理、化学、生物、技术，7选3）

说明：（1）1982年及以前，除生物外，各科满分均为100分；1983年起，语文、数学满分120分；1995年起，各科满分150分；2000年起，语文、数学、外语满分150分，综合科目满分260分（2001年后为300分）。

（2）外语，1978年起设外语，不计入总分，作为录取时参考，1979年报考重点院校的，按10%计入总分；1980年本科按30%计入总分，专科作为参考分；1981年本科按50%计入总分；1982年本科按70%计入总分，专科按30%计入总分；1983年本科全部计入总分，专科按50%计入总分；1986年专科按70%计入总分；1988年全部计入总分。2000年起，外语含听力测试，占20%，计入总分。2005年起外语不含听力测试。2009年起外语含听力测试。

（3）生物：1981年起理科考生物，满分100分按30%计入总分，1982年满分50分；1986年至1994年满分70分。

（三）横向分类、纵向分批相结合的录取框架

1977 年恢复高考后，浙江省即按照教育部设定的统一框架，在分文理两类设置考试科目的基础上，在横向层面，按文理两大类（在两大类框架里含艺术、体育小类）安排招生计划，填报志愿，划定分数线，投档录取；在纵向层面，则分批进行招生选拔。

考试结束，经评卷产生考试分数后，就进入考生填报志愿、考试机构向招生院校投档、院校审核录取的过程。

1977 年恢复高考时，教育部《关于一九七七年高等学校招生工作的意见》对录取办法的表述是：在省、市、自治区招生委员会领导下，组织招生院校对地（市）上报的初选名单及全部材料进行认真审查，参考本人志愿，德、智、体全面衡量，择优确定录取名单。因为时间安排紧，对志愿的设计和投档录取的程序没有做细化的安排，也没有对招生录取院校区分录取批次。对志愿填写的表述是：符合招生条件者按学校和学科类别填写二至三个报考志愿。浙江省的《招生工作的实施意见》没有对志愿填报要求进行阐述，但在具体实施时，也是允许考生填报三个志愿，并可书面表达"是否愿意录取到中专学校"。

从 1978 年高考招生开始，教育部对考生志愿填报的时间、志愿的数量和构成、高校录取的批次、投档录取的程序等，都进行了研究设计。一是明确了"从高分到低分，参照考生所填志愿顺序，分段择优录取"的原则，二是对招生录取院校根据重点与一般院校分批填报志愿和投档录取。从 1978 年至 1983 年，均实行按学校"分批"填报志愿和按学生成绩"分段"投档相结合的录取模式，先按学校分批，在每一批内部再按学生成绩分段投档。1978 年考生填报志愿时分别按重点院校和其他院校两栏填写，每栏可填 5 个学校，每校可填 2 个系科（专业），这就开了分批填报志愿、分批分段投档录取的先河。1984 年起，教育部扩大高等学校对学生"德智体全面考核择优录取"的选择权利，扩大投档比例，在保留"分批"的同时取消了"分段"。

浙江省根据教育部年度招生工作文件的要求，在本省年度《招生工作实施意见》里予以贯彻落实，其中对教育部有刚性要求的规定不折不扣遵照执行，对教育部只作原则性要求的则根据本省当年度实际情况作出具体安排。

从 1977 年至 2021 年，浙江省高校招生录取批次的设置见表 2-2-3。

表2-2-3 浙江省1977—2021年录取批次设置情况

年份	批次	年份	批次
1977年	不分批,实际操作时按三段录取	1978年	志愿设"重点院校"和"其他院校"两栏,相当于两批
1979年起	设两批:全国重点院校、重点军事院校等第一批录取,其他院校第二批录取	1984年起	设"一、二、三"三批
1990年	设五批:提前单独录取,第一、二、三批,自费生录取	1991年起	设五批:提前单独录取,第一、二、三、四批
1993年	设七批:提前单独录取、第一、二、三、四批、省内院校委托培养生录取和自费生录取	1994年	设六批:提前录取、第一、二、三批和委培自费本科批(第四批)委培自费专科批(第五批)
1995年	设七批:提前批、第一、二、三、四、五、六批	1996年	设八批:提前批,第一至七批
1997年起	设六批:提前批,第一至五批	1999年	设五批:提前批,第一至四批
2000年起	设六批:提前批,第一至五批	2007年起	设五批:提前批,第一至四批
2009年起	设三批:第一至三批,原提前批安排到各批提前录取	2017年起	取消学校录取批次,按考生成绩分段投档录取,2017年至2020年分三段,2021年起分两段

三、艺术、体育、军事、公安、飞行院校招生

在普通类别的高等学校和专业采用文化统考为主的考核形式的同时,一些特殊类型的院校、专业,如体育、艺术类院校、专业则根据教育部统一部署,采用文化考试和专业考试相结合的办法。

(一)浙江《招生工作实施意见》对特殊类型招生的强调

1979年以后,浙江省招委的年度《招生工作实施意见》先后对艺术、体育、军事、公安、飞行院校的招生工作予以强调。

最先强调的是艺术、体育院校。1979年提出:"艺术、体育院校或专业,按文化部、国家体委制订的办法,提前单独招生。"1980年关于体育院校招生的安排进一步具体化:"体育院校或专业的招生,根据教育部、国家体委文件规定精神,今年我省由省招办、省体委、杭州大学、浙江师范学院、杭州师范学院等院校派出人员组成体育专业招生组,由省招办、省体委、杭大的人员担任正副组长,具体负责招生工作。"

其次是军事院校。1983年文件单列"军事、体育、艺术院校招生"专节,明确"军事院校招生按教育部、总政治部《关于1983年军事院校从地方招收高中毕业生的通知》办理"。

接着是公安院校。1986年把公安院校招生与军事、体育、艺术院校招生并列,公安院校

招生"提前填报志愿，提前录取"。

　　随后是飞行员招生。1988年又把飞行员招生列入文件的"军事、飞行、公安、体育、艺术院校招生"专节："飞行学院招生，指标下达到部分市地"。"民航飞行专科学校招生，按国家教委、民航局的有关规定办理"。

（二）特殊类型招生的考核标准和内容

　　艺术院校、专业招生。文化部、教育部《关于一九八二年全国艺术院校招生工作的通知》提出：艺术院校实行提前单独招生。考试科目为：政治、语文（包括文艺常识）、外语和专业课，试题由招生院校拟定。[①]1989年、1994年，文化部、国家教委先后印发了《高等艺术院校（系科）招生工作暂行规定》和补充意见[②]。浙江省招委据此制订的《浙江省一九九四年高等艺术院校（系科专业）招生工作实施办法》对艺术院校、专业招生考试办法进行了详尽的规定：艺术院校、系科、专业的招生考试分专业考试和文化考试两次进行。省高师美术专业实行全省考试，考试科目为素描、色彩、速写三门；省高师音乐专业实行全省统一考试，考试科目为声乐、器乐、视唱练耳三门；其他院校的考试科目由招生院校确定，一般应在四门左右；文化考试科目根据兼报的情况分别与文史类、理工类专业考试科目相同。录取时在专业考试和文化考试分别达到分数线的情况下，一般按专业考试成绩从高分到低分并注意相关科目成绩，择优录取，专业考试的分数线由学校根据各专业的特点确定，文化考试的最低控制分数线，一般不低于全省文史类或理工类最低控制分数线的60%。[③]1996年浙江改进了省内学校（包括省属和部委属学校）录取办法，把文化考试成绩和专业考试成绩以一定比例合成综合总分[④]进行录取。

　　体育院校、专业招生。根据国家体委、教育部《关于一九八一年高等学校体育专业招生工作的通知》，体育院校、专业的招生考试包括体育考试和文化考试两部分，由省级招委自行确定体育考试和文化考试的最低录取分数线。[⑤]对上线考生，首先录取文化、体育成绩都优秀的，其次录取文化考试分数高、体育合格和体育分数高、文化上线的考生。体育考试的内容，1980年规定为一般身体素质测验和专项技术测验各占50%，1981年调整为60%∶40%。考试科目为：100米跑、纵跳、男子引体向上（女子俯卧撑）和专项技术。1983年国家体委、教育

---

①　杨学为编：《高考文献（下）》，北京：高等教育出版社，2003年，第149页。

②　杨学为编：《高考文献（下）》，北京：高等教育出版社，2003年，第400-404，521-522页。

③　浙江省招办：《浙江省一九九四年高等艺术院校（系科专业）招生工作实施办法》，1994年3月，档案号J084-1994-Y-006-001，浙江省教育考试院档案室藏。

④　综合总分=文化考试成绩总分（不含数学分）÷6×20%+专业成绩×80%。

⑤　杨学为编：《高考文献（下）》，北京：高等教育出版社，2003年，第144页。

部适当调整了考试科目和计分比例，同时对录取工作进行强调，要求文化考试分数线不得低于本地区理工农医类录取分数线的 60%，体育考试分数线不得低于 60 分。[①] 浙江省招办印发的《浙江省一九九七年普通高等院校体育专业招生工作实施办法》规定：体育专业的招生考试分体育考试和文化考试两次进行，体育考试合格后才能报名参加文化考试。体育考试含身体素质和专项技术两部分，前者为 100 米跑、立定跳远、原地推铅球、800 米跑，后者由考生在田径、篮球、排球、体操、足球、武术、乒乓球、游泳、举重、艺术体操等 10 个项目中选择一项。身体素质占 60%，专项技术占 40%。考生在体育考试成绩达到全省合格线后，报名参加普通高考理工科的文化考试。体育专业录取新生的体育、文化控制分数线，按招生计划数的 1∶1.2 比例，由省招办划定。[②] 1998 年，体育本科招生采用体育术科分与文化分折合的综合总分，按本科招生计划数的 1∶1.2 比例划出全省统一的本科线进行录取。

军事院校招生。军事院校从恢复高考起即开始招生。教育部 1978 年的《招生工作意见》这样表述录取批次："全国重点院校、部分军事院校、北京语言学院、北京广播学院第一批录取。"[③] 1987 年 3 月，国家教委、总政治部印发《关于一九八七年军事院校从地方招收高中毕业生的通知》，提出："军事院校招生实行提前单独录取的办法。凡第一志愿报考军事院校的考生，成绩在当地最低控制分数线以上的，各省、自治区、直辖市招生委员会办公室应将他们的全部档案材料（不按分数段的顺序），提供给军事院校。"军事院校招生的考试科目（按文理分类）与其他普通高校完全相同，填报志愿和投档录取也纳入普通高校招生录取体制。除了提前录取外，军事院校招生与普通高校的区别，主要是在体检标准、体检和面试的组织管理体制上。体检标准采取军事院校招收学员的体格检查标准，组织管理体制涉及省军区、地方招委（招办）和军事院校招生小组。组织管理体制的设定和变化可分为三个阶段：（1）第一阶段（1989 年及以前），体检以省招办组织为主。1987 年的文件规定："复检应尽量在就近的军队医院，省军区要协助地方和军事院校招生小组做好工作。"1989 年的文件进一步明确："体格检查工作，由各省、自治区、直辖市招生委员会办公室一次性组织实施，军事院校招生组录取时一般不再进行复检。"[④]（2）第二阶段（1990—1997 年），复检由省军区负责，录取前要面试。面试也由省军区会同招生院校组织实施。（3）第三阶段（1998 年及以后），省军区会同省级招委组织协调军校招生工作。1998 年 6 月，教育部、总政治部印发《省军区系统组织协

---

① 杨学为编：《高考文献（下）》，北京：高等教育出版社，2003年，第165页。

② 浙江省招办：《浙江省一九九七年普通高等院校体育专业招生工作实施办法》，1997年3月14日，档案号J084-1997-Y-003-005，浙江省教育考试院档案室藏。

③ 杨学为编：《高考文献（下）》，北京：高等教育出版社，2003年，第106页。

④ 杨学为编：《高考文献（下）》，北京：高等教育出版社，2003年，第412页。

调军队院校招收普通中学应届毕业生工作实施办法》，明确：考生的面试和体格复检工作由省军区和省级招办共同组织，并相对固定实施的时间、地点。省军区和省招办协调军队院校招生人员组成若干面试小组，对考生进行综合测评，合格者发给体格检查表。体格复检由省军区组织。①

2018年6月15日，浙江省教育考试院和省军区战备建设局联合组织召开了军队院校招生军地联席工作会议，共谋创新做好军校招生工作。军委训练管理局、各军种机关、军队院校、浙江省各设区市考试招生机构、高级中学代表出席会议。6月16日至17日，省教育考试院组织的招生咨询活动，设军校专区，沟通考生和军校的信息交流。②

飞行学员招生。1988年开始，浙江省作为全国11个试点省份之一，将空军招收飞行学员的工作纳入普通高校统一招生的轨道。考生报名经学校审定推荐后，由空军招飞组进行政治、身体、文化和心理品质等方面的检测审查，再参加高考理工科考试。考生可同时兼报其他普通高校。此外，中国民航飞行学院招收飞行学生，也纳入普通高校统一招生轨道。报名学生经中学审核推荐，由民航各航空公司的招飞办公室组织体检。在体检的同时进行心理测试。体检合格后由招飞办公室组织政审。体检政审合格的考生参加高考理工科类考试。对上线考生由省招办组织投档录取。

2017年8月，中国人民解放军东部战区致信浙江省人民政府，对浙江省重视空军招收飞行员工作，与军队密切合作取得显著成绩，表示感谢。自1987年空军自主招飞以来，浙江省累计输送1524名飞行学员，其中2017年输送36名，含女飞行员4名③。

四、管理体制与运行机制

（一）宏观管理体制

新中国成立以后，我国高校招生的运行机制和组织管理体制迭经变更，至1959年基本定型。从1959年至1962年，教育部年度招生工作文件对高校招生管理体制的表述为"统一领导与分散办理相结合的方式""统一与分散相结合的招生办法""采取统一领导与分省、市、自治区办理的全国统一招生的方式"④。具体可以表述为：中央人民政府统一领导，教育部主管，

---

① 杨学为编：《高考文献（下）》，北京：高等教育出版社，2003年，第621页。
② 浙江省教育考试院办公室：《首次召开军校招生军地联席工作会》，浙江省教育厅编纂：《浙江教育年鉴2019》。杭州：浙江教育出版社，2020年，第210页。
③ 浙江省教育考试院办公室：《军校和空军招飞工作再获新成绩》，浙江省教育厅编纂：《浙江教育年鉴2018》，杭州：浙江教育出版社，2019年，第150页。
④ 杨学为编：《高考文献（下）》，北京：高等教育出版社，2003年，第343-428页。

全国统一制订考试招生政策、统一编制招生计划、统一命题（或授权省级自主命题）、统一考试时间，省级政府组织实施报名、考试、评卷、成绩统计、健康检查、政治审查（后改名为政治思想品德考核）、录取等工作。市县政府教育与考试部门参与组织考试、健康检查、政治审查等工作，各高校参与录取等工作。

1977年恢复高考，由于时间仓促，实行"地市初选，学校录取，省、市、自治区批准""由省、市、自治区拟题，县（区）统一组织考试"[①]的办法，1978年起恢复为1959年即定型的管理体制。1987年国家教委颁发《普通高等学校招生暂行条例》，明确"国家教育委员会主管全国普通高等学校招生工作"，同时明确"省（自治区、直辖市）、市（地）、县人民政府分别成立普通高等学校招生委员会，各级招生委员会在本级人民政府和上一级招生委员会的双重领导下负责本地区招生工作。"《暂行条例》对国家教委（后调整为教育部）、省（自治区、直辖市）招生委员会（以下简称招委）和招生院校的职责进行了明确的界定：

第五条 国家教委主管全国普通高等学校招生工作，其职责是：（1）制订有关招生工作的规章；（2）编制全国普通高等学校招生计划；综合平衡并下达中央部门所属高等学校招生来源计划；（3）组织全国普通高等学校招生统一考试；（4）指导、检查各省、自治区、直辖市普通高等学校招生工作；（5）组织开展招生、考试的科学研究，领导招生、考试的改革试验，培训有关人员，并进行宣传工作；（6）保护考生和招生工作人员的正当权益，组织或督促有关部门调查处理招生工作中发生的重大问题。

第六条 省（自治区、直辖市）、市（地）、县人民政府分别成立普通高等学校招生委员会，各级招生委员会在本级人民政府和上一级招生委员会的双重领导下负责本地区招生工作。

第七条 省、自治区、直辖市普通高等学校招生委员会的职责：（1）执行国家教委有关普通高等学校招生工作的规章，并结合本地区实际制订必要的补充规定；（2）执行国家下达的招生计划；（3）组织本地区考生报名、政治思想品德考核、身体健康状况检查、考试、录取工作；（4）开展招生、考试的科学研究工作和宣传工作；（5）保护考生和招生工作人员的正当权益，调查处理本地区招生工作中发生的重大问题。

第八条 普通高等学校应设招生办公室，在学校（院）的领导下进行工作。其职责是：（1）执行国家教委（教育部）有关招生工作的规章及有关省、自治区、直辖市招生委员会的补充规定；（2）根据国家核准的年度招生计划及来源计划，录取新生；（3）对录取的新生进行复查；（4）支持地方招生委员会的工作。[②]

在实际工作中，浙江省在各地（市）、县（区）也建立招委领导相应工作。省、地（市）、

---

① 杨学为编：《高考文献（下）》，北京：高等教育出版社，2003年，第71页。
② 国家教委：《普通高等学校招生暂行条例》，杨学为编：《高考文献（下）》，北京：高等教育出版社，2003年，第279页。

县（区）招委下设招生办公室（以下简称招办）开展具体工作。省、地（市）、县（区）招办既作为同级招委的日常办事机构，又作为同级教育局（教委）的职能部门。

（二）具体工作环节及其运行机制

报名。 报名是考生加入考试招生系统的入口。从1979年起，浙江省考试招生系统中对报名程序的设计安排总体稳定。1979年招生文件对报名程序的表述是："报考青年，向所在学校、公社（街道）、企业事业等单位报名，填好报名卡，报名卡由单位统一向县（区）招生办公室领取，经学校、公社（街道）、企业、事业单位审核，签具是否符合报考条件的意见（在职职工须经所在单位批准），集中报县（区）招生委员会批准，发给准考证，参加考试。省、地（市）所属厂矿企业、机关、学校等单位的青年，均在所在县（区）报考。因公集体长期在我省或外省工作的职工或职工子女，报考大学的可就地报名参加考试。考试后由省招生办公室，将试卷寄往户口所在省、市、自治区招生办公室，进行评卷、政审、体检和录取。"1999年对报名程序的表述是："报考青年可向所在学校或厂矿、机关、企事业单位、乡（镇）政府、街道委员会申请，经审查符合条件的，报县招生办公室审核批准报名，并发给准考证。""外省考生要求在我省借考或本省考生要求在外省借考，须经户口所在省招生办公室同意（户口所在省与借考省高考科目必须相同），考试后由借考的县招生办公室将试卷密封，连同思想政治品德考核、体检材料和其他档案材料，及时寄往借考生户口所在省（市、自治区）招生办公室。""国家与集体企事业单位的职工、干部经所在单位批准方能报考。"相隔20年的文件对报考程序的表述如出一辙。

命题、印卷、考试、评卷。 1977年高校招生复试环节实行全省统一考试，由省级招考机构组织命题，县（区）组织考试，地（市）组织评卷。1978年起恢复全国统一命题，在2004年试行分省命题以前，高考试题均由教育部职能部门命制。印卷、考试、评卷则由省级招考机构组织实施。1979年浙江省《招生工作实施意见》对印卷、考试实施与评卷工作明确了职责分工：高校、中专、技校试卷均由省统一印发，由县（区）组织考试。每县（区）设若干考点和考场。各考点组成临时领导小组。考场按文、理两科分设。各考场设二至三名监考人员及必要的服务人员。文件要求监考人员必须政治可靠，作风正派，工作认真负责，由县（区）统一抽调和训练。要求商业、交通、卫生和公安等有关部门积极支持和配合，从政治上、组织上、物质上保证统一考试的顺利进行。文件明确高考评卷由省统一组织，抽调高等学校教师和高中教师参加。要求加强对评卷工作的领导，建立评卷委员会，并分科建立评卷领导小组，主持评卷工作。要求各评卷点所在学校负责做好保密保卫工作和评卷教师的生活服务工作。强调评卷要严格按照统一评分标准，认真负责，不漏题错分。要及时正确地做好成绩登记和统计工作。文件明确：各县、市招生办公室要向考生公布考试成绩（不要张榜公布），并在公布考试成绩十天内，帮助有些对评卷有疑问并申请查阅的考生查阅试卷。要切实做好没有考好的考生的思想工作。

1980年浙江省《招生工作实施意见》强调：为便于统一管理，考场的设置，要相对集中，尽可能以县或区为单位设考点。要帮助解决路程较远的考生的食宿问题。1981年进一步明确高考考场设到县。

至此高校招生工作中命题、印卷、考试、评卷的组织体制基本定型，并长期保持稳定，即：高考试卷由教育部职能部门命制，省级考试招生机构统一印发，由县级考试招生机构组织考试，考场设到县。评卷由省级考试招生机构组织，在高等学校设评卷点。省招委要求商业、交通、卫生和公安等有关部门积极支持和配合考试工作。

政审。1979年浙江省《招生工作实施意见》对政审的表述为："政审是一项严肃的工作，直接关系到新生的质量，关系到为四个现代化培养合格人才的问题。考生所在的学校、公社、厂矿、企业、机关、部队等基层党组织要切实按照《关于高等学校招生政治审查工作的意见》搞好考生的政审工作。要坚决贯彻执行党的主要看本人政治表现的政策，认真地、实事求是地对考生的政治态度、思想觉悟和道德品质作出全面的鉴定。省、地、县（区）招生委员会要建立政审领导班子，选派有一定政策水平、作风正派的党员干部，做好对考生政审材料的调查审核、结论和复查工作。如发现政审失实，必须坚决纠正。"至1983年，浙江省招生工作文件与教育部文件同步把"政审"名称调整为"政治思想品德考查"。第二年又把"考查"调整为"考核"。

体检。1979年浙江省《招生工作实施意见》对体检工作的表述是："体格检查，要严格按照《高等学校招生健康检查标准及执行细则》，由县（区）招生委员会和卫生局指定县级医院，统一组织进行。地（市）要建立体检中心小组，负责对疑难问题的处理和复查。"这一文件明确了体检工作由县级招委和卫生局共同负责，地（市）要建立体检中心小组。1983年浙江省招委、教育厅《关于改革招生制度 做好一九八三年招生工作的意见》增加了"各县市应成立体检组，设立体检站"的要求。1995年起，《招生工作实施意见》在保持县设立体检站、市（地）成立体检中心组的要求的同时，增加了省"成立中心体检组，负责对疑难问题的处理和复查"的要求。

录取。1979年浙江省《招生工作实施意见》对录取工作的表述是："高等学校录取工作，由省招生委员会统一领导和组织。"从1979年到2000年，均采用现场录取方式，省内外高校录取工作人员到浙江省考试招生机构确定的录取场所，实施投档录取工作。2001年起，试行网上录取，详见第八篇第三章。

五、中等专业学校的考试招生

1977年恢复高考时，由于中等专业学校毕业生和高等学校毕业生一样属于国家干部编制，因此浙江省招委把中等专业学校招生与高等学校招生纳入《招生工作实施意见》一并布置。其中从1977年至1979年，技工学校招生也与高等学校、中等专业学校一起发文布置，1980年起浙江省招委的招生工作文件里不再纳入技工学校招生的内容。

（一）中等专业学校考试招生的基本情况

中等专业学校包括招收高中毕业生的中等专业学校（以下简称高中中专）和招收初中毕业生的中等专业学校（以下简称初中中专）。1983年及以前，浙江省《招生工作实施意见》在文件的标题里统称"中等专业学校"，"中等专业学校"包括高中中专、初中中专；1984年及以后，因为出现了"职工中专（后改为成人中专）"的概念，省招委文件把对应于"职工中专（成人中专）"的全日制中专称为"普通中等专业学校"。

从1977年至1991年，浙江省把高等学校和中等专业学校合并制订《招生工作实施意见》，1992年起，把两者分开制订《招生工作实施意见》；1995年及以后，由于高中中专与高等学校实行"一条龙"招生，把高中中专和高等学校合并制订《招生工作实施意见》，为初中中专单独制订《招生工作实施意见》。

与高校一样，中专的考试招生过程也由报名、命题、考试、评卷、政审、体检、录取等环节构成。其中报名、考试、政审、体检的管理主体和流程与高校基本一致，总体上比较稳定。而在考试科目设置、报名能否兼报和命题、评卷、录取三个环节的组织实施和管理体制上随着时间的推移有比较大的变化。

与高校招生一样，中专招生也形成完整的政策体系，包括报考条件政策和照顾奖励政策。就报考条件而言，1977年恢复高考首年，中专的报考对象是具有2年以上实践经验、具有初中毕业文化程度、年龄不超过23周岁的青年。1979年取消了2年以上实践经验的要求，应届、历届初、高中毕业生均可报考。招收初中毕业生，年龄为15～18周岁；招收高中毕业生的，年龄不超过22周岁。就照顾奖励政策而言，也有基于考生身份（少数民族、"三侨一台"等）的照顾政策，也有对于艰苦行业、欠发达地区的照顾政策，也有对德智体诸方面表现突出者的奖励政策，也经历了从原则性的照顾奖励政策向量化的加分政策的演变。此外，从20

世纪 80 年代开始，也适应国家经济与社会发展的需要，启动定向招生、委托培养和自费生招生改革。从 20 世纪 90 年代中期开始，高中中专与普通高校基本同步启动招生并轨改革，初中中专于 1997 年试行招生并轨，1998 年起全面实行招生并轨，取消委托培养、自费生两项调节性计划。

（二）高中中专考试招生运行机制和管理体制的变化

在报名、考试、政审、体检的管理主体和流程总体上比较稳定的同时，高中中专在其他方面则经历了变化：首先是考试科目设置的变化，其次是高中中专和高校招生是相对分开还是"一条龙"组织实施的变化，其三是评卷和录取由省级组织还是地市组织的变化。综合这些变化，浙江省高中中专考试招生的发展大体上可以分为以下四个阶段：

第一阶段（1977—1984 年）：考试科目不分文理，全省统一命题，统一考试时间，市地具体组织考务和评卷录取工作。高中中专考试科目不分文理，设"政治、语文、数学、物理、化学" 5 科（其中 1983 年物理、化学合卷）；高中中专与高校，高中中专与初中中专，均分开报考，不得兼报；[①] 高中中专由省招办统一命题、印制分发试卷，全省统一考试时间，县级招办具体实施考务工作，地（市）招办组织评卷和录取。

第二阶段（1985—1992 年）：分文理设置考试科目。保持各类中专的评卷、录取仍由地（市）组织的体制不变，高中中专由不分文理设置科目调整为分文理两类设置考试科目，文科考"政治、语文、数学、历史、地理"，理科考"政治、语文、数学、物理、化学"，与高考采用同一试卷，全省统一考试时间。其中 1985 年普通高校与高中中专尝试"一条龙"报考，兼备普通高校与高中中专报考条件者可兼报，故高中中专评卷由地（市）招办组织调整为省招办统一组织，1986 年起不能兼报，评卷仍由地（市）组织。

第三阶段（1993—1994 年）：全省集中录取。在保持前两个阶段基本组织管理体制不变的同时，对中央部委、外省和省属（1994 年起调整为"省、市属"）普通中专实行全省集中录取：由省统一确定录取时间、批次和录取场所；地（市）招委、招办确定最低录取分数线，组织考生档案，委派工作人员在全省集中的录取场所组织档案调配，审批新生名单；省招办在录取工作中进行政策协调和生源计划调剂管理，加盖中专录取专用章。

第四阶段（1995—1999 年）：与高校招生"一条龙"考试、录取，全省统一组织。1995 年起，由于高考科目在高中会考基础上实行改革，实行"3+2"科目，文科考"政治、语文、

---

① 1977年恢复高考首年，高校和高中中专的志愿总体上分开填报，但是高校考生在填报志愿时可以表达"是否愿意录取到中专"，对表达"愿意"的考生，如果高校不录取，可以调剂到中专录取。如桐乡县就有5名高校考生录取到中专。见桐乡县当年工作总结，存桐乡县教育局档案室。

数学、历史、地理",理科考"政治、语文、数学、物理、化学",高中中专与高校的科目完全相同,允许考生兼报,采用同样的试卷,考试和评卷一并组织,并由省招办实行"一条龙"录取。

2000年起,由于高中中专大量升格为高等职业技术学院纳入普通高校招生体制,余下少量高中中专的考试招生也与初中中专一起由各市地负责,逐步纳入各市地中等学校考试招生体系。作为全省统一组织的高中中专考试招生由此划下了句号。

(三)初中中专考试招生运行机制和管理体制的变化

初中中专的变化主要表现在:考试科目和命题、考试、录取的管理体制。

第一阶段(1979—1984年):全省统一命题考试,地(市)评卷录取。初中中专考试科目与高中中专考试科目相同(试题不同),不分文理,设"政治、语文、数学、物理、化学"5科;初中中专与高校、高中中专分开报考,不得兼报;由省招办统一命题、印制分发试卷,全省统一考试时间,县级招办具体实施考务工作,地(市)招办组织评卷和录取。其中1983年初中中专由地(市)组织命题考试,与高中升学考试结合进行。

第二阶段(1985—1988年):地(市)组织命题考试和评卷录取,与高中升学考试结合。保持各类中专的录取仍由地(市)组织的体制不变;初中中专不实行全省统考,与各地高中升学考试结合进行,考试科目统一规定为"政治、语文、数学、物理、化学"(1987年起是否增考其他科目由市地自定);初中中专的命题由省招办组织调整为地(市)组织。

第三阶段(1989—1992年):恢复全省命题考试,评卷录取仍由地(市)组织。在保持第二阶段考试科目和基本组织管理体制不变的同时,初中中专命题由地(市)招办组织调整回省招办统一组织。

第四阶段(1993—1996年):全省集中录取。在考试科目上,1993年调整为"语文、数学、自然科学、社会"四科(涉外专业加试外语),1994年起为"语文、数学、社会、自然科学、体育、英语(非涉外专业是否考由市地定)"六科。组织管理体制上,在保持第三阶段基本组织管理体制不变(宁波市初中中专自行命题,杭州市区1996年起自行命题)的同时,对中央部委、外省和省属(1994年起扩大至"省、市属",1997年起扩大至"县属")普通中专实行全省集中录取。

第五阶段(1997年及以后):逐步由地(市)负责考试招生。1997年起,初中中专的命题、考试由地(市)组织实施,录取仍然实行全省集中录取。1999年起,初中中专招生的全部工作均由各地(市)组织实施,逐步纳入各地(市)中等学校考试招生体系。

第三章

适应经济社会发展需要的招生计划改革
（1983—2021年）

1983 年在我国普通高校考试招生史上具有重要意义，这一年有两件事对普通高校考试招生制度的演进产生重要影响：一是 1 月教育部在昆明召开高校招生工作会议，"着重讨论高考招生制度的改革问题"[①]，由此揭开了定向招生、委托培养等适应经济与社会发展需要的招生计划改革和贯彻"德智体全面考核，择优录取"原则系列改革举措的序幕；二是教育部在 8 月印发《关于进一步提高普通高中教育质量的几点意见》，提出"毕业考试要和升学考试分开进行，有条件的地方可按基本教材命题，实行初高中毕业会考"，[②]浙江当年即率先在全省重点中学实行高中毕业会考，并于 1988 年扩大到全省所有高中，同时承担教育部关于高中会考基础上高考科目设置改革方案的研究任务。上海于 1985 年进行会考与高考整体改革的试验。浙江和上海的这一改革举措掀开了高校考试招生史上的又一幅壮丽画卷。

适应经济社会发展需要的普通高校、中专招生改革，既包括为农村基层培养"下得去、留得住"人才的定向招生，也包括为企业培养急需人才的委托培养，1985 年中共中央《关于教育体制改革的决定》提出"还可以在国家计划外招收少数自费生"后，进一步形成"国家计划招生（含定向招生与非定向招生）""用人单位委托招生""招收自费生"等三种计划并存的局面。

一、定向招生打开人才通向农村的路子

教育部 1983 年高校招生工作会议提出："要打开人才通向农村的路子。"在招生方面，除了加强农村工作重要性和毕业生"要到祖国最需要的地方去"的宣传、教育外，还要把招生来源地区和毕业生分配去向适当结合起来，实行定向招生、定向分配的办法。会议决定：从当年开始，中央部门所属农、林、医、师院校实行部分定向招生；省、市、自治区所属农、林、

---

① 杨学为编：《高考文献（下）》，北京：高等教育出版社，2003年，第168页。
② 杨学为编：《高考文献（下）》，北京：高等教育出版社，2003年，第180页。

医、师院校实行大部分定向招生；其他大学为农村培养的学生，也可根据需要与可能，实行部分定向招生。为了做到定向招生、定向分配，必要时可以适当降低分数要求，择优录取。除农村外，有些毕业生"分不去，留不住"的行业和地区，也可采取上述办法培养人才。当年 3 月 12 日，教育部印发经国务院批准的《关于一九八三年全国高等学校招生工作会议的报告》，同时印发了《一九八三年全日制高等学校招考新生的规定》，就高考招生制度的改革进行部署。①

3 月 22—27 日，浙江省招委、省教育厅召开全省高校、中专招生工作会议，就改革高校招生制度、做好招生工作进行研究讨论。4 月 13 日，省招委、教育厅印发了经省人民政府批准的《关于改革招生制度，做好一九八三年招生工作的意见》。②《意见》对高校本专科和中专的相关专业都提出了实行定向招生的要求：（1）本科。本省的农、医、师范本科院校的招生要面向农村，林学和水产院校招生要面向山区、渔区，实行大部分定向招生、定向分配。（2）专科。师专（含杭师院）面向本地区的系科、专业，原则上在本地区内招生，按地区划定录取分数线，就地招生、就地分配。为了保证新生质量，考分过低的地区（市）师专，仍需要招收一些其他地区（市）考分较高，又志愿到教育基础比较薄弱的地、县学习和工作的考生，比例最多不超过百分之三十。农、林、渔业中学、农村职业中学毕业生以及农、林、渔业技术人员报考本省面向农村、专业对口的高校，可适当降低分数线，择优录取，其中报考二年制专科学校的，除特殊专业外，可以免试外语。（3）中专。农、医、师中专学校的招生，试行 70% ～ 80% 的指标分配到县，20% ～ 30% 的指标在地区（市）范围内择优录取的办法。财贸、政法等中等专业学校招生，试行 50% ～ 60% 的指标到县，40% ～ 50% 的指标在地区（市）范围内择优录取的办法。农、林中专，试行在计划内由公社以上单位推荐具有一年以上实践经验的农村青年报考，年龄可放宽到二十五周岁，适当降低分数要求，择优录取，实行社来社去，户来户去，毕业后不包分配。其他科类有条件的中专也可以试行。

经过全省招生系统和有关部门的共同努力，当年农（含林、水）、医、师三类院校定向招生初战告捷：三类院校的招生总数里，农村和一般城镇（含县级市）的考生占 90% 以上，其中浙江农业大学、浙江林学院、浙江医科大学、浙江中医学院、温州医学院、浙江师范学院的占比分别为 97%、99%、87%、94%、90%、98%。各地师专贯彻了面向本地区就地招生、就地培养的办法，温州、丽水、舟山三地三所师范专科院校根据《实施意见》的规定主要招收本地区

---

① 杨学为编：《高考文献（下）》，北京：高等教育出版社，2003年，第168-171页。
② 浙江省招委、教育厅：《关于改革招生制度，做好一九八三年招生工作的意见》，1983年4月13日，档案号J084-1983-Y-001-003，浙江省教育考试院档案室。

考生，也招收了一定数量分数较高、毕业后愿意到定向的农村、山区、海岛工作的考生。[①]

1984年7月，省政府主要领导在省人大会议上所作的《政府工作报告》里阐述了定向招生对发展经济的作用：

打通人才通向农村和集体企业的道路，逐步改变目前实行的招生和毕业生分配办法。山区、海岛地域辽阔、资源丰富，但是经济、文化比较落后，历年来考取大中专学校的人数很少，而外地分配去的科技人员又不容易留住，根本出路在于培养当地的人才。因此，从现在开始，首先在农、林、工、医、师等通用专业，扩大这些地区定向招生、定向分配的比例。[②]

1984年浙江省根据教育部年度招生工作文件的规定，进一步加大了定向招生的力度，要求本省的农、林、医、师院校（和杭州大学的部分专业）都要面向广大农村招生，并要有20%的指标，在全省20多个教育基础比较薄弱的山区、海岛县实行定向招生。农林、师范、卫生、供销类中专学校和工交、财贸、政法类中专学校分别要有70%左右的指标和50%～60%的指标分配到县实行定向招生。为完成定向招生计划，使定向招生落到实处，当年在考生报考登记表中增设了《定向招生志愿书》一栏，由愿意报考定向招生的考生填写，考生及家长分别签名。学校录取时，如果在最低控制分数线以上不能完成定向招生计划，高校本科可降低10分到20分，专科和中专可降低10分到50分，再择优录取部分考生。如仍不能完成计划，可在其他地方有定向招生志愿的考生中择优录取，毕业后分配到定向县工作。

1985年后进一步扩大定向招生范围。一是在专业和对应行业上。1985年扩大到矿业、地质、石油学校，允许他们规定适当比例面向矿区、基地、油田、野外地质队定向招生、定向分配。1987年进一步扩大到部分工科专业，浙江农村技术师范专科学校和非师范院校举办的职教师资班原则上实行定向招生、定向分配。1988年，本省司法警察学校加入定向招生改革。二是在师范院校的就地招生、就地分配比重上。1985年明确本省师范专科院校（含杭州、宁波、温州师范学院）面向本地区的系科、专业就地招生的不低于70%，1986年、1987年这一比例提高到不低于80%。三是对师范院校和中专学校实行招生指标到县招生。在师范院校方面，1988年面向市地招生的师范院校，招生指标大部分分配到县实行定向招生、定向分配。1989年，非师范学校举办的职教师资班和师范专科的招生指标原则上分配到地市或县招生。在中专学校方面，1985年本省招收高中毕业生的供销、工交、财贸、政法等中专学校将60%左右指标分配到县实行定向招生，招收初中毕业生的中专学校将招生指标逐级下达到市地、县实行定向招生。1988年本省中专学校的招生指标全部分配到县招生。1989年中等师范学校

---

① 浙江省招办：《1983年高校录取新生工作情况汇报稿》，1983年9月，档案号J084-1983-005-003，浙江省教育考试院档案室。
② 薛驹：《政府工作报告》，《浙江日报》1984年7月5日，第1版。

安排少量的招生指标面向边远的贫困乡定向招生。

1991 年国家教委鉴于定向招生政策实施过程中出现了一些不规范、影响公平的情况，强调："要根据地方基础教育水平和定向地区客观需要编制定向招生计划，防止和克服片面追求升学比例和简单替代毕业生分配的倾向。"[①]1992 年浙江省文件据此指出："定向招生计划的分配，要在调查研究的基础上，根据艰苦的行业和贫困地区的实际，合理安排，要防止和克服片面追求升学比例和强调照顾的倾向。"1997 年浙江省文件进一步强调："要严格按照国家教委《普通高等学校定向招生、定向就业暂行规定》规定的定向范围、比例和录取标准做好定向招生工作。在制定定向招生来源计划时，严禁利用定向招生向学生收取或变相转嫁规定标准以外的其他费用。省招办在接受定向招生计划时应加强审核工作。"1998 年再次强调："未经公布的计划（指定向招生计划）不得安排招生。未经批准，各校不得自行招生。"与 20 世纪 80 年代定向招生计划逐步增加形成鲜明对照的是，20 世纪 90 年代定向招生的计划数逐步减少。

二、委托培养打开培养与用人单位直接联系的渠道

如果说，"定向招生、定向分配"改革是在全部由国家出资的国家任务招生计划内，为了解决农村基层和工作环境比较艰苦的地区和单位人才"下不去、留不住"的问题而采取的改革措施，那么"委托培养"（也称"委托代培"）招生改革就是在国家任务招生计划外，为了解决一些全民所有制中小单位、集体所有制单位和乡镇企业分配不到高校、中专毕业生的问题，允许他们自己出资培养急需人才的改革措施。

教育部 1983 年全国高校招生工作会议明确提出："要打开培养单位和用人单位直接联系的渠道，采取合同制委托培养人才的办法"，"作为国家计划的补充"。会后教育部报经国务院批准的《报告》从四个方面阐述委托培养招生改革的意义：一是可以有目的地培养更多的对路的人才；二是可以挖掘学校的潜力；三是可以为教育事业增加财源；四是可以加强学校与用人单位的联系，有利于提高教育质量。[②]

（一）为乡镇企业、集体所有制企业委托培养

1983 年 10 月、1985 年 7 月，《浙江日报》先后两次报道了位于浙江上虞的同一家乡镇企业的消息。前一则消息以"招收十名考生送大学中专培训"为题，叙述的是上虞风机厂为了培

---

① 杨学为编：《高考文献（下）》，北京：高等教育出版社，2003年，第465页。
② 杨学为编：《高考文献（下）》，北京：高等教育出版社，2003年，第170页。

养企业的技术人才，在1983年高考落榜生中招收分数较高的考生进厂，送到上海交通大学、浙江大学和宁波机械工业学校培训半年到三年，结业回厂后将分配他们到重要的技术岗位上工作。后一则消息以"上虞风机厂委托上海交通大学办大专班"为题，叙述的是该厂1985年委托上海交通大学开办了一个大专班，从当年参加高考的上虞考生中，择优录取进学校对口培养，学成毕业后回企业工作。[1] 同样是企业委托高校培养人才，两年前招的是落榜考生，学成后只获得结业证书；两年后招的是上线考生，学成后获得毕业证书。一方面反映了民营企业在改革开放的大潮中求才若渴，另一方面则反映了国家和省政府对民营企业发展的扶持。

这样的扶持在省、市、县三级政府形成高度共识。1984年7月举行的省人大会议上，《政府工作报告》对委托培养的意义进行了阐述，并对省内学校提出了明确的要求：

目前，集体企业、乡镇企业技术力量缺少也是一个突出的矛盾。为了解决这一问题，萧山县举办了全省第一所为乡镇企业培养人才的专业学校。杭州市、鄞县、余姚等地，由用人单位提出要求，提供培训经费，由市县统一与大学签订委托代培合同，毕业后分配到这些单位工作，谁出钱、谁用人。再一种办法是，根据集体企业和乡镇企业的要求，把一部分大中专毕业生直接分配到那里去，由企业支付一定的教育经费。这些毕业生的组织关系可以放在县主管局，并允许企业给予较优厚的待遇。这些做法，要逐步加以推广。每个学校在完成国家招生计划的前提下，应当挖掘潜力，积极承担代培工作。收取的培训费留给学校作为发展基金。[2]

浙江为乡镇企业委托培养招生始于1983年，这一年浙江大学附属杭州工业专科学校接受富阳县的委托，招收委托培养学生15人。培养专业为机械制造、化工与工民建等。[3] 从1984年起，接受乡镇企业委托培养的学校逐步增加。1984年浙江农业大学的乡镇电气化、乡镇企业机械专业，浙江工学院的工民建、机械设计制造专业，浙江丝绸工学院的纺织机械、丝织专修科专业，接受省乡镇企业局委托，为乡镇企业培养急需人才，招生240人。两年后的7月8日，这三所院校首届乡镇企业委托培养学生中的224名如期毕业，获得大专证书。省乡镇企业局专门为他们举行了庆祝会。省委副书记代表省委、省政府向他们表示祝贺，认为由企业出资，由大专院校代培大学生，为乡镇企业培养和造就大批科技人才找到了新路子。[4]

1985年，浙江大学、杭州商学院也加入接受委托培养学校的行列。也就在这一年，浙江省上虞风机厂委托上海交通大学开办了一个流体机械及其系统专业的大专班，实现了从计划

---

① 汤纪根：《招收十名考生送大学中专培训》，《浙江日报》1983年10月7日，第2版。
　　顾增光、张令凯：《上虞风机厂委托上海交通大学办大专班》，《浙江日报》1985年7月23日，第2版。
② 薛驹：《政府工作报告》，《浙江日报》1984年7月5日，第1版。
③ 浙江省招办：《杭州工专录取新生名册》，1983年，浙江省教育考试院档案室藏。
④ 胡冠平：《我省首届乡镇企业代培大学生毕业》，《浙江日报》1986年7月9日，第1版。

外到计划内、从无学历到有学历的提升。

（二）省际协作代培和省内委托培养的多种形式

浙江省在开展委托培养招生改革的初期实践中形成了多种形式，计有：省际协作代培；省内地市之间协作代培；本省省级有关部门委托本省院校代培；本省地市、工厂、企业直接委托省内外高校代培；省内高校为乡镇企业和贫困县代培，录取的考生不转户粮关系，毕业后回县、乡镇企业工作。有的学校和委托单位之间试行了由学校派教师，委托单位出校舍及负责学生管理工作，初步形成了联合办学的形式。

从1983年到1984年，委托培养改革受到考生、学校和委托单位的普遍欢迎，发展迅速。委托省内外高校培养招生数，1984年比1983年增加1145人，达1370人；参加委托培养招生的省内院校，1983年为浙江医科大学、浙江农业大学、浙江大学附属杭州工业专科学校和五所师范院校，1984年增加到19所；浙江省为外省代培的专业，从1983年的19个增加到1984年的35个，外省为浙江省代培的专业由40个增加到90个。[①]1985年，委托培养规模进一步扩大至1968人。

（三）教育部对委托培养的重视和规范管理政策的及时出台

由于委托培养是在国家投入主渠道外开辟委托单位出钱培养人才的筹资渠道，是全新的事物，所以教育部（国家教委）对规范管理特别重视，继1984年6月教育部会同国家计委、财政部联合颁发《高等学校接受委托培养学生的试行办法》以后，1986年国家教委又颁发《普通高等学校接受委托培养学生管理工作暂行规定》对委托培养招生予以规范。首先明确了"普通高等学校委托培养的学生与按国家计划招收的学生相比，仅是培养费用的来源与毕业生输送方式的不同"。其次根据委托培养委托主体的区别划分了委托培养的两种类型：一类是省、自治区、直辖市党政机关，中央、国务院部门，全民所有制企事业单位委托培养；一类是农场、牧场、生产建设兵团、林区、林场、矿区、基地、油田、野外地质队、水电施工单位和国防科技工业三线地区所属企事业单位，城乡集体所有制企事业单位，个体户，以及山区、边远地区、少数民族聚居地区的委托培养。其三是对上述这两种类型在生源范围是否可以缩小、是否可以降分等问题上明确了政策：第一种类型不得缩小招生范围，不得降低录取标准；第二种类型可以划定招生范围，同时明确预备生源，参照同批定向招生的录取标准（即生源

---

① 浙江省招办：《浙江省一九八四年招生工作总结》，1984年11月，档案号J084-1984-Y-009-001，浙江省教育考试院档案室藏。

不足时可适当降分）。[1]

（四）浙江省的规范管理实践

在国家教委《普通高等学校接受委托培养学生管理工作暂行规定》的基础上，浙江省招委1986年结合本省的实际作了补充规定。明确了委托培养招生计划、合同的审批程序；明确各级各类单位委托培养学生的招生范围，对招生范围较小的要求必须明确预备生源（不小于县的范围）；在考生填报志愿前，由省招办向考生公布招生计划、范围和委托单位、第几批录取等信息。此外，对考生志愿表中委托培养志愿栏作了技术上的改进，以加强委托培养招生计划、合同的严肃性和时间的统一性，使省招办可以及时准确地掌握计划情况和委托单位、院校的要求，避免因确定招生范围过狭而造成生源不足的情况。在具体实施录取过程中坚持以下原则：根据考生志愿录取，在规定的招生范围内生源不足时，从预备生源中录取，仍不足时面向全体未录取考生征求志愿录取；分数线以上有生源或征求志愿可以解决的，不降分录取，委托单位子女在与其他考生同等条件下由学校审查录取。1986年，委托培养招生计划完成率由上年的85%上升到99%，降分录取人数比上年明显减少。

三、自费生试水高等教育经费多渠道筹措机制

1985年5月，中共中央颁布《关于教育体制改革的决定》。《决定》提出：要改革大学招生的计划制度和毕业生分配制度，改变高等学校全部按国家计划统一招生，毕业生全部由国家包下来分配的办法，实行"国家计划招生""用人单位委托招生"和"在国家计划外招收少数自费生"等三种办法。自费生应缴纳一定数额的培养费，毕业后可以由学校推荐就业，也可以自谋职业。不论哪类学生，都必须经过国家考试合格，由学校录取。[2]教育部1986年3月印发的《一九八六年普通高等学校招生规定》指出："招收自费生，录取分数不应低于考生所在的省、自治区、直辖市最低控制线；特殊情况，经省、自治区、直辖市普通高等学校招生委员会批准，可适当降低。"[3]

招收自费生在浙江的开端。1985年，浙江首次试行招收自费生。杭州大学、浙江师范大学、浙江医科大学杭州分校、杭州电子工业学院等四所高校招收了自费学生48人，其中文科22人，理科16人，体育类10人。采取了与委托代培相似的形式和办法，由学校与考生签订

---

[1] 杨学为编：《高考文献（下）》，北京：高等教育出版社，2003年，第238页。

[2] 中共中央：《关于教育体制改革的决定》，杨学为编：《高考文献（下）》，北京：高等教育出版社，2003年，第232-233页。

[3] 杨学为编：《高考文献（下）》，北京：高等教育出版社，2003年，第245页。

合同，考生承担培养费及学费、书费、生活费、医疗费。每名学生的收费标准在 1000～1500 元之间，适当降低分数予以录取，毕业后不包分配。[①]

初步研究并实施自费生招生规范。1986 年浙江省《招生工作实施意见》把自费生与定向、委托培养一起并列设"定向、委托培养招生和自费生"专条，指出："高等学校招收自费生，可参照委托培养的有关规定办理。录取名单须报省招生办公室审查、批准后，方能录取。自费生必须向学校缴纳培养费（参照委托培养收费标准），毕业后自谋职业。"这一年自费生招生数量从上年的 48 人增加到 68 人。招生学校增加了温州大学，该校试招了 12 名个体专业户自费生。为确保扩大试点成功，浙江采取了周密的工作措施：一是加强计划上的宏观控制；二是面向社会，公开招生；三是将自费生录取安排在国家计划、委托培养计划之后；四是坚持德智体全面考核，从高分到低分择优录取原则，降分幅度参照定向招生；五是做好配套政策保障，主要是解决户粮（户口粮食供应）问题。省政府有关部门制订政策，规定自费生与委托培养的学生一样，在校期间可以转户粮关系，毕业后户粮关系转回原地，这一措施旨在解决学生的后顾之忧。系列措施保证了自费生招生的良好开端。[②]

国家教委出台规范性文件。1987 国家教委颁发的《普通高等学校招生暂行条例》第七章明确：普通高校招生分为国家任务、用人单位委托培养、自费生三种计划形式。1989 年 5 月，国家教委印发《一九八九年普通高等学校试行招收自费生意见》，对加强自费生招生的规范管理提出了一揽子意见：一是不得在国家核定的招生计划总额之外，擅自增加自费生招生数，自费生来源计划原则上在院校所在省、自治区、直辖市范围内安排；二是必须坚持面向社会公开招生的原则，坚持择优录取的原则，自费生报名线最低不得低于同批国家任务招生调档控制线 20 分，不上线的没有填报自费生志愿的资格，线上录取不足，要减少招生计划；三是由各地招办统一组织自费生报名工作；四是自费生录取工作一般应在同批学校国家任务招生之后进行，也可以在同一学校国家任务招生后进行；五是各省、自治区、直辖市应妥善解决自费生的户口、粮油和副食供应、副食补贴等问题。[③]这一年高校在浙江招收自费生 1133 人，中专学校招收自费生 1355 人（高中中专 779 人，初中中专 576 人），其中面向全省招生的中专学校招收自费生工作与高校招收自费生工作一样，由省级考试招生机构统一组织举行。[④]

---

① 浙江省招办：《浙江省一九八五年招生工作总结》，1985年10月，档案号J084-1985-Y-006-001，浙江省教育考试院档案室藏。

② 浙江省招办：《浙江省一九八六年招生工作总结》，1986年10月，档案号J084-1986-Y-013-001，浙江省教育考试院档案室藏。

③ 杨学为编：《高考文献（下）》，北京：高等教育出版社，2003年，第413页。

④ 浙江省招办：《一九八九年普通高校、中专招生工作总结》，1990年2月，档案号J084-1989-C-021-002，浙江省教育考试院档案室藏。

　　试行招收不纳入分配渠道的自费生。1992 年 1 月邓小平南方谈话发表后，浙江省经济建设步伐加快，要求培养更多急需的专业技术人员。从这年开始，浙江试行招收不纳入分配渠道的自费生。当年采用公开招生政策和计划，根据考生志愿，从高分到低分择优录取的原则，首次由中央部委所属高校和本省高校招收不迁户粮、不占指标、毕业时不纳入分配渠道的自费生 1483 人。①

　　自费生和委托培养招生两种调节性计划调剂使用，一并推进发展和加强规范管理。从 1993 年到 1994 年，自费生和委托培养招生发展和管理进入一个新阶段。表现为三个方面：一是把自费生和委托培养招生两种调节性计划打通安排，调剂使用。1993 年提交全省普通高校中专招生工作会议的材料《深化招生改革，提高管理水平——我省普通高校、中专 1993 年招生改革的几个问题》，把"委托培养和自费生计划"并提，并且强调"调节性计划中的委托代培计划与自费生计划可以进行调剂"。1993 年实际录取结果，省内外高校委托培养录取 8466 人，计划完成率 86%；自费生录取 5926 人，计划完成率 122.6%；两者合计 14392 人，占该年度浙江省招生录取总数 36542 人的 39%，委托培养、自费生招生总数和占总招生计划的比例均创历史新高。② 二是为委托培养和自费生单独设置录取批次。三是妥善解决自费生户粮关系。1994 年 7 月，《浙江日报》发表题为"我省高校中专自费生户粮迁移有新规定"的报道，报道说："省教委、省公安厅、省粮食局等六个部门日前就高校中专自费生户粮迁移问题联合提出意见，并经省政府同意，付诸实施"。"从 1994 年秋季招生开始，凡列入省统一下达招生计划、参加全省统一招生考试、达到省划定录取分数线，并经省高校招生办公室审核批准录取的高校、中专自费生（包括 1994 年即将毕业的现所有在校自费生），在校学习期间，均可将户粮关系迁移到学校所在地，由学校负责建立集体户粮关系"。"自费生毕业后，被城镇企事业单位和乡镇企业（不包括私营企业）录用的，可将户粮关系迁往工作单位所在地落户。当地公安、粮食部门凭县以上人事部门录用（聘用）证明或劳动部门招工证明办理落户手续"。③ 这一政策的出台彻底解决了考生报考自费生计划的后顾之忧，为后续国家任务计划和调节性计划招生"并轨"改革的实施，奠定了坚实的基础。

---

① 浙江省招办：《浙江省1992年普通高校招生工作总结》，1992年12月，档案号J084-1992-C-019-001，浙江省教育考试院档案室藏。

② 浙江省招办：《浙江省1993年普通高校招生工作总结》，1993年12月，档案号J084-1993-Y-022-001，浙江省教育考试院档案室藏。

③ 胡秉辰：《我省高校中专自费生户粮迁移有新规定》，《浙江日报》1994年7月4日，第3版。

四、招生"并轨"改革协调公平与效益关系

招生"并轨"改革，指的是将国家任务计划与调节性计划（含用人单位委托培养、自费生）并存的招生计划双轨制合并为国家投入为主、学生自己交一部分费用为辅的单一招生计划形式。

（一）招生并轨改革的背景

考试招生作为教育的组成部分，其重大改革往往是由教育的重要改革决定的，而教育作为经济和社会发展体系的重要组成部分，其改革往往与经济发展程度和经济体制改革密切相关。1994 年教育部启动招生并轨改革，既有教育体制改革的直接背景，又有经济发展与经济体制改革的深刻背景。

1. 党的十四大确立了社会主义市场经济体制和多种经济成分长期共同发展的战略路径

1992 年 10 月召开的党的十四大确立了建立社会主义市场经济体制的总方针，明确要使市场在社会主义国家宏观调控下对资源配置起基础性作用。同时明确，在所有制结构上，要以公有制包括全民所有制和集体所有制经济为主体，个体经济、私营经济、外资经济为补充，多种经济成分长期共同发展。这一重要思想反映在教育发展战略上，就是十四大报告所提出的"各级政府要增加教育投入。鼓励多渠道、多形式社会集资办学和民间办学，改变国家包办教育的做法"。这一思想为高等教育作为非义务教育向学生收一部分费用、学生毕业后参与劳动力市场竞争的改革奠定了思想基础。

2.《中国教育改革与发展纲要》明确了"改革学生上大学由国家包下来的做法，逐步实行收费制度"的战略决策

如果说 1985 年中共中央《关于教育体制改革的决定》提出"改革大学招生的计划制度和毕业生分配制度。改变高等学校全部按国家计划统一招生，毕业生全部由国家包下来分配的办法"，直接促成了"国家计划招生""用人单位委托招生"和"国家计划外招收少数自费生"三种计划形式并存的格局，那么八年后，1993 年 2 月中共中央、国务院发布的《中国教育改革与发展纲要》（以下简称《纲要》）提出"改革高等学校的招生和毕业生就业制度"则直接吹响了招生并轨改革的号角。

《纲要》首先重申："改变全部按国家统一计划招生的体制，实行国家任务计划和调节性计划相结合。在现阶段，国家仍要提出指导性的宏观调控的招生总量目标，并通过国家任务计

划重点保证：国家重点建设项目、国防建设、文化教育、基础学科、边远地区和某些艰苦行业所需要的专门人才。在保证完成国家任务计划的前提下，逐步扩大招收委托培养和自费生的比重，这部分调节性计划由学校及其主管部门根据社会需求和办学条件确定。"正是这一战略方针的重申，才引领了1993—1994年委托培养招生、自费生招生的繁荣发展。

《纲要》在此基础上作出了深化改革的决策：

改革学生上大学由国家包下来的做法，逐步实行收费制度。高等教育是非义务教育，学生上大学原则上均应缴费。设立贷学金，对家庭经济有困难的学生提供帮助；国家、企事业单位、社会团体和学校均可设立奖学金，对品学兼优的学生和报考国家重点保证的、特殊的、条件艰苦的专业的学生给予奖励。

改革高等学校毕业生"统包统分"和"包当干部"的就业制度，实行少数毕业生由国家安排就业，多数由学生"自主择业"的就业制度。近期内，国家任务计划招收的学生，原则上仍由国家负责在一定范围内安排就业，实行学校与用人单位"供需见面"，落实毕业生就业方案，并逐步推行毕业生与用人单位"双向选择"的办法；委托和定向培养的学生按合同就业；自费生自主择业。随着社会主义市场经济体制的建立和劳动人事制度的改革，除对师范学科和某些艰苦行业、边远地区的毕业生，实行在一定范围内定向就业外，大部分毕业生实行在国家方针政策指导下，通过人才劳务市场，采取"自主择业"的就业办法。与此相配套，建立人才需求信息、就业咨询指导、职业介绍等社会中介组织，为毕业生就业提供服务。[①]

3. 国家任务计划和调节性计划并存的双轨制出现了一些影响公平的新情况新问题

委托培养和自费生都是调节性计划，它们与国家任务计划的并存形成了双轨制。委托培养和自费生改革开拓了高等教育的融资渠道，为高等学校的发展，也为乡镇企业、集体所有制企业的发展作出了较大的贡献，但是在实践过程中也产生了新情况新问题。就委托培养而言，主要是一部分委托单位的动机发生异化。就自费生而言，主要的问题是在解决自费生的户粮关系上，存在省际、市地际不平衡的情况，某些地区解决落实得不够到位，影响了学生的学习。此外，无论是通过委托培养还是自费生途径入学的学生，由于和国家任务招生途径入学的学生，在经费来源、录取分数线、入学后的待遇保证和毕业后的就业方向等方面都存在不一致、不平衡，从而在社会公平、教育公平上面临理论困境和现实隐患。这也是呼唤招生并轨改革的重要因素。

[①] 中共中央、国务院：《中国教育改革和发展纲要（节录）》，1992年2月13日，杨学为编：《高考文献（下）》，北京：高等教育出版社，2003年，第510-511页。

（二）浙江实施招生"并轨"改革的过程

《中国教育改革和发展纲要》颁发后，国家教委于 1994 年 4 月发布《关于进一步改革普通高等学校招生和毕业生就业制度的试点意见》，要求各地"从招生开始，通过建立收费制度，改变学生上大学由国家包下来、毕业时国家包安排职业的做法。同时，建立相应的奖学金、贷学金制度，鼓励学生努力学习，引导学生毕业后参与劳动力市场的竞争，国家不再以行政分配而是以方针政策指导、奖学金制度和社会就业需求信息来引导毕业生自主择业。"同时明确：招生"录取时，对同一学校只划定一个最低控制分数线。不再按国家任务和调节性两种计划分别划定分数线"。①

1994 年 5 月 8 日，浙江日报以头版位置发表题为"三十余所高校在我省试行'并轨'招生"的报道："经国家教委批准，今年在我省招生的 400 余所普通高校中，北京大学、复旦大学、清华大学、浙江大学等 30 余所国家教委等部委属高校将改革招生办法，率先试行'并轨'招生，计划总数为 2000 余名，约占部委属高校在我省招生数的 25%。"② 这标志着，浙江高考招生翻开了全新的篇章。从教育部吹响号角到各省应声而动，新中国高考招生制度从最初的清一色国家包办代替，经由委托培养、自费生改革试点，进入了国家投入为主，受教育者自己也以交一部分费用的形式共同投入的全新阶段。

1995 年浙江有 110 所省内外高校进行并轨招生，共安排 10101 名并轨计划，占这些院校在浙江招生计划的 56%。其中有 10 所省属本科院校的部分本科专业加入试点，安排并轨计划 5757 名。并轨招生扩大试点取得成功，表现在两个方面：一是由于事先宣传充分，招生过程周密安排，社会反响平静，考生家长和社会没有因为要缴费而产生抵触情绪，省属院校并轨录取的新生没有一个因不愿缴费而无法入学；二是并轨改革有利于提高新生的第一志愿录取率和新生结构的优化。例如浙江工业大学，1995 年并轨改革后第一志愿报考率为 90%，比 1994 年改革前高 15 个百分点。新生之间的成绩差距缩小，该校 1995 年录取最高分与最低分的差距为 23 分，比 1994 年的差距缩小 15 分。至 1996 年，省内本科院校和专业全部并轨招生，省属高师、农、林、水、公安的专科专业并轨招生，市（地）属高师专科鼓励并轨招生。三年试点的平稳实施在社会上形成了缴费上大学的观念。1997 年浙江省全部普通高等学校全面实行并轨招生。这一年高中中专还有少量委托培养计划。这一年初中中专也开始试行并轨，招生计划分为并轨、国家任务、委托培养和自费生计划。③1998 年起，委托培养、自费生招

---

① 杨学为编：《高考文献（下）》，北京：高等教育出版社，2003年，第524页。
② 鲍夏超、马瑛瑛：《三十余所高校在我省试行'并轨'招生》，《浙江日报》1994年5月8日，第1版。
③ 浙江省招委、教委：《关于印发浙江省1997年普通高等学校、普通中专学校招生工作实施意见的通知》，1997年4月28日，档案号J084-1997-Y-002-009，浙江省教育考试院档案室藏。

生在浙江降下帷幕。

在我国高校招生制度的演进历程中，招生并轨改革具有划时代的意义。它改变了学生上大学由国家包下来的做法，建立了在高等教育阶段国家与受教育者个人共同出资的投入机制，从而为下一阶段高等教育的大发展和大众化、普及化，在经费投入上奠定了坚实的基础。

五、定向就业招生在新背景下焕发新生机

1983 年开始的定向招生、定向就业在为农村、山区、海岛、基层单位和工作环境艰苦行业培养下得去、留得住的人才方面，发挥了很大的作用，但在实践中也出现了一些不规范、影响公平公正的行为。为此教育部从 1991 年开始就在招生工作文件中强调要规范定向招生。从 20 世纪 90 年代后期到进入 21 世纪以后，三个方面的因素造成定向招生发展的低谷：一是教育部持续维持对定向招生的规范管理态势；二是随着高校毕业生就业制度改革和招生并轨改革的推进，定向招生学生毕业后的就业安排成为一个复杂的问题；三是高校大扩招带来高等教育毕业生的大幅度增加，既在一定程度上满足了农村基层对人才的需求，也拓宽了农村考生接受高等教育的通道，定向招生的必要性和吸引力有所减弱。与全国其他省份一样，浙江省的定向招生计划也逐步减少。

进入 21 世纪后，随着社会主义新农村建设的推进，农村经济与社会发展对人才有了新需求，定向招生、定向就业在调节人才区域布局上的特殊作用再次被充分认识，利用定向招生定向就业为农村基层培养人才逐渐形成共识。

1. 定向培养农村社区医生

2005 年 10 月，党的十六届五中全会把"生产发展、生活宽裕、乡风文明、村容整洁、管理民主"作为建设社会主义新农村的要求。2008 年 10 月党的十七届三中全会通过的《中共中央关于推进农村改革发展若干重大问题的决定》提出："促进农村医疗卫生事业发展"，"加强农村卫生人才队伍建设，定向免费培养培训农村卫生人才"。"定向免费培养培训农村卫生人才"成为中央全会的决策。2008 年 12 月中共浙江省委《关于认真贯彻党的十七届三中全会精神加快推进农村改革发展的实施意见》[①] 将定向免费培养培训农村卫生人才作为促进农村医疗卫生事业发展的重要举措。

2009 年 4 月，浙江省卫生厅、教育厅、人事厅、财政厅联合印发《关于开展定向培养农

---

① 中共浙江省委：《关于认真贯彻党的十七届三中全会精神加快推进农村改革发展的实施意见》，2008年12月10日，http://mzt.zj.gov.cn/art/2008/12/10/art_1632799_31363337.html。

村社区医生试点工作的通知》[①]，开启了面向农村基层定向培养社区医生的试点。由浙江医学高等专科学校、湖州师范学院医学院和金华职业技术学院医学院作为试点院校。

试点的运作程序是：先由卫生系统提出需求，与试点招生院校签订委托定向培养协议，招生院校报省教育厅审核后列入年度招生计划。考生参加全省统一高考，并与当地卫生局签订定向就业协议。省教育考试院组织招生院校按照高考招生规则投档录取。学生毕业后按照定向就业协议，由各地卫生局统一调配到农村社区卫生服务机构工作，服务期不少于5年。

2010年在上一年3所院校基础上增加宁波大学，面向全省培养专科层次临床医学专业社区医生，此外增加温州医学院仁济学院面向温州地区培养本科层次临床医学专业社区医生。专科层次招生计划800名，本科层次招生计划30名。

2. 定向培养基层农技人员

在定向培养农村社区医生成功开局的基础上，定向培养基层农技人员的举措也随后出台。2012年6月，浙江省农业厅、教育厅、人社厅、财政厅联合印发《关于开展定向培养基层农技人员试点工作的通知》[②]，由浙江农林大学担任试点院校，面向全省招收农学、植物保护、食品质量与安全、动物医学等4个专业的本科学生。《通知》明确：定向培养基层农技人员工作实行招生与乡镇农技推广机构公开招聘工作人员并轨进行。定向培养生按期毕业后，应当回入学前户籍所在县（市、区）乡镇农技推广机构工作。具体工作单位采取竞争择优办法，由农业部门商乡镇农技推广机构主管部门、人力社保部门确定，由乡镇农技推广机构与定向培养生签订事业单位人员聘用合同，合同期限为5年。合同期满，要严格实施聘期考核。定向培养生在乡镇从事农技推广工作的期限不得少于5年。2012年，录取定向培养生133人。

3. 定向培养农村学校教师

2012年，为农村基层定向培养人才又进一步扩展到农村教师。杭州师范大学为丽水市的松阳县、遂昌县的农村学校定向培养小学教育全科教师共30名；杭州科技职业技术学院为杭州市的萧山区、余杭区、桐庐县、淳安县、建德市、富阳市、临安市定向培养农村幼儿园教师188名。

从2013年到2021年，定向培养基层卫生人员、农技人员和农村学校教师的招生情况见表2-3-1。

---

① 浙江省卫生厅、教育厅、人事厅、财政厅：《关于开展定向培养农村社区医生试点工作的通知》，2009年4月15日，档案号J165-2009-30-KJ-176，浙江省卫计委档案室藏。
② 浙江省农业厅、教育厅、人力社保厅、财政厅：《关于开展定向培养基层农技人员试点工作的通知》，2012年6月6日，http://rlsbt.zj.gov.cn/art/2012/6/6/art_1389528_14361078.html。

表2-3-1 2013—2021年定向培养基层卫生人员、农技人员和农村学校教师的招生情况

单位：人

年份	基层卫生人员	农技人员	农村学校教师
2013年	1569	135	229
2014年	1445	108	273
2015年	1256	75	244
2016年	1406	68	367
2017年	1322	71	460
2018年	1479	79	484
2019年	1427	86	598
2020年	1829	92	736
2021年	1693	110	793

科学选才的探索与实践
（1983—2021年）

　　1983年教育部召开的全国全日制高等学校招生工作会议提出"高考招生制度的改革"，此后在我国高考招生制度演进的过程中，逐步形成了两条并行的改革路径：一是适应经济社会发展需要的高考招生计划改革，二是贯彻"德智体全面考核"原则的考核评价制度改革。1994年教育部把公平公正作为高校招生的一条基本原则，围绕着招生环境的净化和考试纪律的整肃又形成了一条路径。进入21世纪后，学术界在高校招生考核评价制度改革和公平体系建设实践的基础上，逐渐形成了科学选才和公平选才的概念。

　　与公平选才相呼应，科学选才强调的是高校招生要遵循教育教学规律，遵循人才成长规律，要符合经济建设和社会发展对人才的要求，符合"德智体全面发展"的教育方针，要采取与高校的培养目标、专业要求和学生的类型特征相适应的评价选拔方式，让适合的学生到适合的高校、专业学习深造。其核心内涵是"贯彻德、智、体全面考核，择优录取的原则，把优秀的青年选拔上来"[①]。在不同的时期，科学选才表现为不同的政策和工作重点，概括起来大体上有三个方面：一是作为以考试为主要评价方式的选拔活动，如何合理设置考试科目，如何实现考试的标准化和命题的科学化，提升考试的质量；二是按照全面发展的教育方针，如何在统一考试招生的框架内，科学考核和评价学生的德智体各方面素质；三是在统一考试为主要评价选拔模式的同时，如何根据高校的不同培养目标和学生的不同类型，开辟多元评价选拔的通道，搭建人才成长的立交桥。

　　在教育部的顶层设计和统一部署下，浙江省坚持"德智体全面考核择优录取"的原则，围绕着科学选才展开了全方位的改革实践。

---

① 国务院：《批转教育部关于一九七九年高等学校招生工作会议的报告》，杨学为编：《高考文献（下）》，北京：高等教育出版社，2003年，第112页。

一、在投档录取体制上逐步扩大高校的选择余地

1983 年全国全日制高等学校招生工作会议后，教育部报经国务院批准的《关于一九八三年全国全日制高等学校招生工作会议的报告》指出："要进一步贯彻好德智体全面考核、择优录取的原则。这几年统一高考招生工作是按此原则进行的，但由于目前录取的方法是按分数排队，按分数段录取，高等学校选择余地很小，加上中学提供的高中毕业生德智体的资料较少，这就影响德智体全面择优，容易对中小学和社会上产生偏重智育、忽视德育和体育的不良影响。"① 针对当时高校招生制度中存在的这一问题，教育部从在投档录取体制上扩大高校的选择余地着手进行改革。

投档录取体制的内涵包括：在投档录取时，如何处理分数和志愿的关系，是优先考虑分数，还是优先考虑志愿；如何规定招生管理机构和录取学校的职责。在我国的招生体制内，投档录取体制是由教育部原则规定的。在平行志愿投档录取体制出现以前，我国高校招生的投档录取体制经历了从"分段录取""根据志愿按比例投档"到"单独录取""学校负责招办监督"的演进。在某一个具体年份，则表现为多种录取办法和体制并存于不同批次的情形。

（一）分段录取（段段清）

1978 年浙江省招委根据教育部年度招生工作文件制定的《招生工作实施意见》明确："德智体全面考核，从高分到低分，参照考生所填志愿顺序，分段择优录取。"1979 年对执行"分段录取"的体制提出了更为细致明确的要求："录取时，应按考生所填志愿顺序，从高分到低分，分段把考生材料交学校审查录取，不能扣压。各录取学校应抓紧进行，不要积压材料，影响录取工作的进程。要防止那种宁要录取低分数的第一志愿考生，而不愿录取高分数的二、三志愿考生的倾向。"② 可见 1978 年录取中出现了重视志愿轻视分数的倾向，1979 年予以纠正。但一种倾向掩盖了另一种倾向，1979 年又出现了过于重视学生文化课考试总分而忽视了学校的考核选择余地的倾向。1980 年浙江的文件又根据教育部的要求强调："注意相关科目成绩"，"在一个分数段内要给学校一定的选择余地"。

（二）根据考生志愿，按比例投档

1981 年，教育部在经国务院批转的关于当年度招生工作的报告中更明确地指出："现行的录取办法给高等学校的选择余地太小，影响德智体全面考核、择优录取原则的贯彻，加上一

---

① 杨学为编：《高考文献（下）》，北京：高等教育出版社，2003年，第170-171页。
② 浙江省革委会：《批转〈省高等学校招生委员会关于浙江省一九七九年高等学校、中等专业学校、技工学校招生工作的实施意见〉》，1979年5月17日，档案号J084-1979-Y-001-001，浙江省教育考试院档案室藏。

次统考决定取舍，没有同中学的全面考核相结合，影响选拔学生的质量，也不利于中学生的全面发展。"报告要求"录取时，各省、市、自治区招生部门要给学校一定的选择余地，允许学校在一个分数段内德智体全面考核、择优录取。"①

正是基于上述考虑，从 1984 年起，教育部在录取体制的安排上逐步扩大招生院校的选择余地，以利于"德智体全面考核，择优录取"原则的贯彻。教育部 1984 年文件这么表述录取办法："第一批录取学校实行'根据考生志愿，按比例投档'的录取方法：在政治思想品德考核和身体健康状况检查合格、统考成绩达到第一批录取学校控制分数线的考生中，根据志愿，从高分到低分，按多于学校计划招生数的 20% 提供档案，学校应德智体全面考核，注意相关科目的成绩，择优录取"。"第二批录取的学校仍实行'分段录取'的方法"。②

这一年浙江分三批录取，第一批录取学校采用"根据志愿按比例投档"的办法，第二、三批实行"分段录取"办法。

"分段录取"和"根据考生志愿，按比例投档"两者的区别是：假设某一批录取分数线为 476 分，如果实行"分段录取"体制，则需对 476 分及以上考生按 10 分或 5 分一段分为若干段，如 476—485 分、486—495 分……然后从高分段到低分段逐段投档，在同一个分数段内，先把考生投档到第一志愿学校（专业）录取，如第一志愿录取足额，则投档到第二志愿学校（专业），该分数段（如 486—495 分）内的考生全部投档录取完毕，才能降一个分数段（如 476—485 分），再按志愿顺序投档，直至所有学校（专业）录取完毕，所以又叫作"段段清"。在"段段清"体制内，分数是分段的依据，志愿只在同一个分数段内发挥作用，因此分数的作用大于志愿。如果实行"根据志愿按比例投档"体制，则在这一批分数线（476 分）以上，不再分段，先按志愿顺序，根据第一志愿学校（专业）的招生计划数和投档比例（120%）将第一志愿考生投档，如第一志愿考生录取足额，则不再投送第二志愿考生（即使未录取的第二志愿考生分数高于已录取的第一志愿考生也不再投档），如第一志愿考生录取不足额，再投送第二志愿考生。在"根据志愿按比例投档"体制里，在批次分数线以上，志愿的作用大于分数。

（三）"单独录取"和"学校负责、招办监督"

按教育部年度文件规定，1985 年第一批录取的学校试行在统考基础上"单独录取"的体制：在第一批录取学校控制分数线以上，调阅考生档案数由学校决定；录取与否由学校决定；遗留问题由学校负责处理；省、自治区、直辖市招生委员会办公室实行必要的监督。第二批

---

① 杨学为编：《高考文献（下）》，北京：高等教育出版社，2003 年，第135–136页。
② 杨学为编：《高考文献（下）》，北京：高等教育出版社，2003 年，第197–198页。

录取的学校仍实行"根据志愿，按比例投档"的录取方法。[①]1986年教育部文件把"单独录取"的名称调整为"学校负责，招办监督"，内涵与1985年的"单独录取"完全一样。

浙江省1985年分三批录取，第一批实行"单独录取"，第二批实行"根据志愿，按比例投档"，第三批实行"分段录取"的办法。1986年第一批实行"学校负责，招办监督"，第二、第三批均实行"根据志愿，按比例投档"。至1993年，浙江省对各批录取学校均实行"学校负责，招办监督"的录取体制。

"学校负责，招办监督（单独录取）"与"根据考生志愿，按比例投档"体制的区别是：在批次控制分数线以上，调阅考生档案数不受比例（比如120%）限制，完全由招生院校自主确定。尽管"学校负责，招办监督"体制给了学校充分的自主权，但是在实际操作中，招生学校为了避免录取过程中的干扰，普遍不愿意突破120%的投档比例。鉴此，浙江省1999年《招生工作实施意见》在总体上坚持"学校负责，招办监督"录取体制的框架内，加入了"按学校招生计划的120%提供档案"的内容。

二、在统考招生的基本框架内探索德智体全面考核

恢复高考后，我国普通高校招生就确立了"德智体全面考核（衡量），择优录取"的基本原则。在实践中，智的考核通过文化科目笔试量化为百分数，体的考核主要是体检，是依据体检标准进行的达标性考核，而德的考核基本上是定性的考核，具有很大的主观性、不确定性、难把握性。久而久之，高校招生甄别筛选的主要依据就是文化科目笔试成绩，德的考核在甄别和筛选上的作用微乎其微。同时，在智的考核上，单一笔试考核的办法长于理论知识的考核而弱于将理论知识应用于实践能力的考核，长于结果的考核而弱于过程的考核。凡此种种，都对中学的教育教学产生负面导向。鉴于此，从恢复高考后出现了片面追求升学率的苗头后，教育部即着手抓全面发展教育方针在学校教育教学中的落实，同时在高校招生的考核评价环节，也采取多方面措施以实现对学生的全面考核。浙江省教育和考试招生部门也以此为重要的工作抓细抓实，并且结合本省实际进行主动探索。

（一）建立高中阶段档案

从1981年开始，浙江省根据教育部统一要求，对高中新生建立学生档案制度。从1983年起，要求应届高中毕业生报考高等学校，必须具有高中阶段的档案。并要求真实、准确、可靠。考生所在中学要如实地把学生各个学期的操行评语、期末考试成绩，是否学生干部和

---

① 杨学为编：《高考文献（下）》，北京：高等教育出版社，2003年，第227页。

三好学生，有何特殊表现、爱好、特长、社会活动能力，受过何种奖励或处分等计入档案。要把学生健康状况和既往病史，是否达到国家体育锻炼标准等情况计入健康记录卡，归入学生档案。高等学校录取新生，不仅要看考生的统考成绩、政治思想品德考查、体检材料，而且要参看中学平时各科成绩（包括体育成绩）、政治思想表现以及身体健康状况。1988年起，又要求应届高中毕业生具有参加社会实践活动的鉴定意见。

建立学生档案制度，并通过《毕业登记表》把学生德智体三方面的材料提供给学校，供学校录取时参考，这与调整投档录取体制并逐步扩大学校的选择余地，实质上是相互紧密联系的，也可以说是同一项改革的两个方面。通过调整投档录取体制，扩大学校的选择余地，其目的是贯彻落实全面发展的教育方针，弥补单一文化笔试的局限性，让学校对学生德智体的表现进行全面的考核。而建立学生档案，全面记录学生德智体三方面的表现，就使得招生学校在对已投档考生进行考核时有了客观事实材料的依据。两方面改革举措的配合，对中学全面贯彻党和国家的教育方针，促进学生全面发展，形成了引领和助推作用。

（二）试行"推荐与考试相结合"招生办法

1984年3月，教育部在普通高等学校年度招生工作文件中明确提出：各省、市、自治区高教、教育厅（局）可以选择全面贯彻党的教育方针、办学思想端正的个别中学试行考试和推荐结合的办法，推荐少数德智体一贯优秀的应届高中毕业生，参加统考，凡总分达到第一批或最低控制分数线者，第一批或第二批录取时，即可提供档案，由学校审查录取。[①]

当年，浙江省即在17所重点中学试行推荐与考试相结合的办法。省招委和教育厅的工作文件规定，推荐对象必须是应届高中毕业生中评上校级三好学生的优秀分子、优秀的学生干部，学习成绩突出，同时德、体优良的学生。文件要求坚持德智体全面衡量，择优推荐；要从思想品德表现，整个高中阶段学习情况，智能发展的实际水平，平时爱好、志趣和专长，健康状况等五方面逐项进行审核、推荐。[②]实施结果，17所中学推荐了485人，476人被录取。1985年省招委和教育厅把参加试点的学校扩大到91所，每个县一所重点中学参加。这些推荐生，凡总分达到第一批或最低控制分数线的，在第一、第二或第三批学校录取时即提供档案，由学校审查录取，该年度高校共录取推荐生646人。

省招委和教育厅的通知中阐述采取这一举措的意义是为了更好地贯彻党的德智体全面发展的教育方针，使大学选才与中学育才进一步衔接起来。两年的试点实践总体上受到中学的

---

① 杨学为编：《高考文献（下）》，北京：高等教育出版社，2003年，第197页。
② 沈焦声：《我省今年高校招生局部试行考试与推荐相结合办法》，《浙江日报》1984年4月27日，第3版。

欢迎，认为此举有利于优秀人才的选拔培养，有利于促进中学教育，鼓励中学生全面发展，有利于弥补"一次考试决定取舍"的缺陷。但是也出现了一些问题：一是推荐生志愿相对集中于少数名牌重点大学和热门专业，志愿到边远地区学校和艰苦专业的为数甚少；二是有的招生学校更欢迎高分考生不重视对推荐生的录取；三是中学教学质量不平衡，所推荐学生质量差别较大，个别中学推良不推优。考虑到1985年已经启动了招收保送生的试点，省招委和教育厅1986年中止了面向重点中学学生的这一试点。

1988年浙江省招委决定在1986年一所院校、1987年两所院校试点的基础上，采用"推荐与考试相结合"办法招收农职业中学优秀毕业生的办法。参加试点的招生院校为浙江农业大学、浙江林学院和浙江农村技术师范专科学校，三所院校采用这一方法共招收150人。

（三）探索改进思想政治品德考核办法

为加强高校招生对学生德育的考核，1988年浙江省教委和招委组织有关专家，建立《中学生思想政治品德考核办法研究》课题，进行科研攻关，拟订了《浙江省高中学生思想政治品德考核办法改革方案》（试行稿）。1989年4月，浙江省教委和招委联合印发《关于进行高中学生思想政治品德考核办法改革试点工作的通知》[①]，在省内20余所中学进行试点，试点取得成功，又从1990年起，推广到全省103所普通高中，被考核的学生数达72300余人。试行方案改名为《浙江省高级中学学生思想政治品德考核暂行办法（试行）》。[②]

改革方案确定了三条原则：一是实事求是、一切从实际出发的原则。强调要克服过去思想政治品德考核方面某些脱离实际、要求过高过急、不切合青少年特点的缺乏实际效果的弊端。在考核项目、内容设计上区分了广泛性和先进性，以"把全体学生培养为具有社会公德、文明行为习惯和遵纪守法的好公民"为目标，不用提倡性、仅少数人能实现的目标要求大多数人。改革方案根据《德育大纲》提出的"德育目标"和《中学生守则》《中学生行为规范》的相关规定，确定了"思想政治状况""道德品质与行为习惯""心理素质""奖惩情况与突出事例"四个部分的20个（1990年精简为16个）考核指标，包括爱国主义、集体主义、民主法制、社会实践、生产劳动、道德品质、文明礼貌以及必要的心理素质等内容。要求在考核过程中坚持评定内容、标准等基本要求，又应从学生实际出发，用全面、发展的观点评价考评对象，实事求是地分析其优缺点，防止片面性，克服为片面追求升学率而在考核中文过饰非、

---

① 浙江省教委、招委：《关于进行高中学生思想政治品德考核办法改革试点工作的通知》，1989年4月16日，档案号J084-1989-Y-006-002，浙江省教育考试院档案室藏。
② 浙江省招办：《一九九零年普通高校、中专招生工作总结》，1990年11月，档案号0001-J084-1990-Y-003-001，浙江省教育考试院档案室藏。

弄虚作假或以学科考分代替思想政治品德等倾向。二是定性与定量相结合的原则。方案根据考核内容中各方面质的不同，将思想政治状况与行为习惯加以区分，将日常表现与突出事例加以区分，在各部分定性分析的基础上，采用优、良、及格、不及格四个等级加以考评，兼顾质与量的把握。三是民主评定、领导和群众结合、加强学生自我评价和教育的原则。方案认为中学生不仅是教育和考核的对象，更是培养、提高思想道德素质的主体，《方案》采取了学生自评、班级考评和班主任考评相结合的三级考评方法，注意提高学生自我评价、自我教育和自我调节的能力，使考核工作较好地发挥教育和激励作用，同时进一步发扬民主，提高考核的客观性、准确性，增强实际效果。

该课题研究成果获中国高教学会科研优秀论文奖一等奖。[①]改革方案从1996年起在全省全面推开实施。在2009年浙江新课改高考方案用综合素质评价取代思想政治品德考核以前，持续使用。

（四）在公安警察类院校招生中探索综合评价

1993年3月，浙江省招委和公安厅联合发文，实行公安院校招生办法改革。按改革办法，新生录取不仅仅按高考分数，而是实行高考成绩和专项智能、体能测试成绩相结合的综合计分办法。其中高考成绩占80%，专项智能、体能测试占20%。智能测试包括人像辨识和心理智力测试两项，体能测试包括耐力、速度、力量三项[②]。实行此项改革的背景和初衷是：随着改革开放步子的加快和社会主义市场经济的发展，公安工作面临的任务日益繁重，对公安队伍的素质要求也越来越高。现代人民警察必须具有坚定的政治方向、健康的体魄、敏捷的反应能力和良好的心理素质。而以往一些考生虽然报考公安院校时高分录取，但由于缺乏公安必备的素质，工作中很不适应。由省招委、公安厅联合作出的这一改革措施，正是从提高公安干警素质、适应现代社会需要而考虑的。4月16日的《浙江日报》报道了改革的消息。[③]此项改革由浙江公安专科学校承担先行试点任务。1995年起，取消智能测试，按高考成绩占80%和体能测试成绩占20%的综合计分成绩录取。[④]

在我国高校招生考核评价体系的演进中，最早把不同的考核评价要素量化合成总分进行录取的是艺术体育类招生，艺术体育类把考生的文化统考成绩和艺术体育的专业考试（体育

---

① 梁璜辉等：《改进高校招生思想政治品德考核初探》，浙江省招办：《招生考试研究》，杭州：浙江教育出版社，1991年，第1—7页。

② 浙江省公安厅、招委：《关于印发〈浙江公安专科学校1993年招生办法改革意见〉的通知》，1993年3月9日，档案号J084-1993-Y-003-003，浙江省教育考试院档案室藏。

③ 周丹：《我省公安院校招生率先改革》，《浙江日报》1993年4月16日，第3版。

④ 本报讯：《我省公安警察大中专学校实行"一条龙"招生》，《浙江日报》1995年3月18日，第4版。

也叫术科考试）成绩按一定比例合成总分进行录取。在非艺术体育类专业中，最早采用把不同的评价要素量化合成总分进行录取的，就是公安警察类院校招生。它开启了非艺术体育类普通高校采用量化合成办法实行综合评价的先河。在2016年浙江警察学院全部招生计划加入浙江"三位一体"改革试点前，此项改革举措持续实施。

三、考试的标准化和考试内容改革

高校招生是在考核评价的基础上进行选拔的系统工程。考试作为评价的主要手段，其本身的标准化和科学化对确保选拔的质量至关重要。从1989年开始，国家教委启动高考标准化试验，在推进标准化的过程中，也进行了高考内容的改革。

（一）高考标准化

1989年6月，国家教委颁发《普通高等学校招生全国统一考试标准化实施规划》，首先明确了考试标准化的目的和意义："普通高等学校招生全国考试，要在继承我国宝贵遗产的基础上，借鉴国外成功经验，逐步实现标准化。这是一项重要改革，应以教育测量学、教育统计学为指导，利用计算机等手段，严格控制考试误差。使考试更科学、更准确地测量考生的知识和能力水平，为高等学校择优录取服务，为改进教学提供信息，为教育决策提供依据。"

其次具体规划了分两步实现标准化的进程：第一步（1989—1991年），根据教学大纲对考核内容进行梳理，确定知识与能力层次要求、试题的难度以及各种类型题目的比例；改进命题办法，完善试题质量评价方法，保证试题水平的相对稳定；选择题用机器评卷，改进主观题（含不能用机器评卷的客观题）评卷办法，严格控制评分误差。第二步（1992—1995年）各学科建立初步可以使用的试题库，全国及各省、自治区、直辖市建立常模、转换标准分。①

浙江省招办从1988年起试行英语标准化考试。为保证试点成功，编印《标准化考试》宣传小册子面向全省教育系统进行宣传解读，举办各级招生部门、教研室、中学相关人员参加的讲习班，培训骨干；制作了《浙江省英语标准化适应考试考务工作实施意见》，举行了全省规模的英语科目标准化适应性考试，并辅之以机器阅卷。②在首战告捷的基础上，1989年对政治、物理、化学、历史、地理均实行分卷考试、机器阅卷。③1990年12月，浙江省招办的研究项目《高考阅卷数据处理系统》获国家教委考试中心设立的标准化考试创新奖。

---

① 杨学为编：《高考文献（下）》，北京：高等教育出版社，2003年，第418—420页。
② 关光秀：《3月13日全省组织英语标准化适应性考试》，《浙江日报》1988年2月24日，第3版。
③ 浙江省招办：《浙江省一九八九年普通高校、中专招生工作总结》，1990年2月，档案号J084-1989-C-021-002，浙江省教育考试院档案室藏。

（二）高考内容改革

在推进高考标准化改革的过程中，教育部考试中心通过高考考试大纲、考试说明编制和命题的改进完善，实行高考内容的改革。高考命题的指导思想经历了知识立意到能力立意的转变。[1]

浙江省于 2004 年承担高考分省命题任务。在组织命题的过程中，一方面按标准化考试的要求，设计严密的命题工作程序，妥善处理考试的信度、效度、难度和区分度的关系，严格控制考试误差；另一方面按照教育部的统一部署，组织专家认真研究各科目的考试目标和考试内容，研究如何有效实现对能力的考查。[2]

四、高中会考基础上高考科目设置和评价方式改革探索

根据教育部的部署，浙江省于 1983 年在全国率先试行全省重点高级中学毕业会考。1988年 5 月，浙江省人民政府批准了省教委关于考试改革的请示："试行普通高中会考制度，对克服片面追求升学率，全面提高教育质量，是一项好措施。"决定在全省全面实施普通高中证书会考制度。同年 11 月，浙江省教委向国家教委呈递《关于考试制度改革试行情况的报告》，国家教委于 12 月复函浙江省教委，原则同意浙江实行普通高中合格证书会考和高考制度改革的试行方案。

（一）开展高中会考基础上高考改革课题研究

浙江省招办会同杭州大学组成课题组，就高中会考基础上高考科目设置改革进行专题研究。研究形成的《高考科目设置改革方案》明确提出："改一次考试——高考为两次考试——高中会考和高考，将原来混合在高考上的两种职能——评价和选拔分开，由高中会考承担衡量高中学生学习水平、评价高中教学质量的职能；由高考承担为高校选拔新生的职能。高中会考体现了对中学教育的基本要求，为中学教育提供了一个合乎实际的评价指标，有利于扭转中学教育一切围着高考转的局面，高中会考要求学生通过中学阶段所设全部科目的考试，有利于克服中学教育的偏科现象，保证中学生知识结构的完整性。在此基础上，高考可以减少科目，突出相关科目，从而有利于中学生在全面发展的基础上学有所长，有利于高等学校根据自己的专业特性录取到适合本专业培养的人才。这是高考科目设置改革的出发点和指导

---

[1] 于涵：《高考制度恢复40年考试内容改革述评》，《中国考试》2017年第3期。
[2] 葛为民、李金波：《高考能力考查的设计与评估研究》，《教育理论与实践》2012年第17期。
孙恒：《高考试题能力考查的预估方法》，《教育科学》2009年第6期。

思想。"①

在这个时期，上海市于1985年在全市中学范围内实施高中会考，并进行高考科目设置改革。

经过对浙江、上海高中会考试点实践的总结，国家教委于1989年7月印发《关于试行普通高中毕业会考制度的意见》和《关于改革普通高等学校招生考试科目设置及录取新生办法的意见》，对两省市的试点实践予以充分肯定：

上海、浙江试行普通高中毕业会考制度，并在此基础上改革普通高等学校招生考试及录取办法，有利于普通高中全面贯彻教育方针、提高教育质量，有利于普通高等学校选拔优秀新生。

国家教委将深入调查研究，及时总结经验，组织干部培训，力争三年内在全国试行普通高中会考制度，于1994年开始实行新的普通高等学校招生考试及录取办法。②

（二）实行"3+2"与"3+X"高考科目设置方案

在上海、浙江探索的基础上，国家教委通过多种方式对高中会考基础上的高考改革特别是高考科目设置改革进行研究和试验。先是于1991—1992年在海南、湖南、云南进行"三南方案"的试验，后又经反复讨论与征求意见，在1992年12月确定实施"3+2"方案。1999年2月，教育部印发《关于进一步深化普通高等学校招生考试制度改革的意见》③，把"高考科目设置改革"作为深化改革的第一项内容，要求"用三年左右的时间推行'3+X'科目设置方案"。当年，广东省先行先试"3+X"方案。

经国家教委批准，浙江于1995年实行在高中会考基础上的"3+2"考试改革方案，考试科目分文、理两大类设置，文科考语文、数学、外语、政治和历史；理科考语文、数学、外语、物理和化学。各科满分均为150分，文理两类考试满分均为750分。2000年，浙江又加入"3+X"科目设置试点省份。"3"为语文、数学、外语，为每个考生必考科目，数学分文理卷；"X"为高等学校根据本校的培养目标和专业特点，从物理、化学、生物、政治、历史、地理六个科目或综合科目中自行确定一门或几门考试科目。经反复研究讨论，并征询招生院校意见，浙江对"X"科目按文理两类选用"文科综合"和"理科综合"，"文科综合"含政治、历史、地理；"理科综合"含物理、化学、生物。各高校根据自身设置的专业自主确定两类综合中的一类，原则上文科类专业选择"文科综合"，理科类专业选择"理科综合"。考生根据自己所欲

---

① 浙江省高考科目设置改革研究组：《〈浙江省高考科目设置改革方案〉研究报告》，浙江省招办、浙江省高校招生研究会编：《招生考试研究》，杭州：浙江教育出版社，1991年，第37页。
② 杨学为编：《高考文献（下）》，北京：高等教育出版社，2003年，第422页。
③ 杨学为编：《高考文献（下）》，北京：高等教育出版社，2003年，第627页。

选报的高等学校专业，参加相应科目的考试。[①]

（三）师范专科探索高中会考基础上的评价方式改革

浙江于 1988 年在全省推开高中会考制度。实行高中会考制度的目的是引导学生认真学习高中阶段教学计划规定的各门学科，有利于克服偏科现象，在此基础上高校招生就可以体现学校的专业特性，通过科目设置和评价方式的改革招收到适合培养的新生。浙江从两个方面展开探索，一是根据国家教委的要求建立课题研究高考科目设置的改革方案，二是在师范专科招生的评价方式上进行探索。

1989 年先由绍兴师范专科学校进行"在高中会考基础上进行面试、择优录取"的试点探索。1990 年，扩大到 9 所师范院校。考核成绩由文化课成绩和面试成绩按比例合成，其中面试成绩占 20%。文化课考核办法视应届、往届高中毕业生而有所不同：应届高中毕业生以高中会考成绩为依据，往届毕业生须参加由各市地县招办组织、招生院校负责命题的高师提前单独招生文化统考。[②]1992 年此项探索扩大到全省面向市地招生的全部师范专科学校。

师范专科招生的这一试点取得的成效主要是：面试有利于考核学生的教师潜质，学生的专业思想比较巩固。遇到的问题是：学生的文化素质难以把握。鉴于此，1995 年把探索的办法调整为"单独报名填报志愿、参加统考、单独划线、提前录取"，并把师范本科专业的招生也纳入改革。此举明显改善了浙江师范大学等学校生源的文化素质，但是院校之间的生源分布很不平衡，此外国家任务计划生源的充足与委托培养计划生源的严重不足，造成了较大的成绩落差。[③]由于 1996 年浙江招生改革的重点是国家任务计划招生和调节性计划的并轨，而并轨即将对高校招生的计划、生源等带来深刻的影响，因此 1996 年中止了师范院校在会考基础上提前单独招生的试点。

五、在统考主渠道外开辟综合评价、多元选拔的路径

在把统一考试作为主要评价选拔模式的同时，根据高校的不同培养目标和学生的不同类型，开辟多元评价选拔的路径，搭建人才成长的立交桥，形成了高校招生探索科学选才的清晰脉络。

[①] 叶宏、陈晓云、鲍夏超：《高考"3+X"模式研究》，杭州：浙江科学技术出版社，2006年，第4—6页。

[②] 浙江省教委：《关于我省高师专科专业一九九〇年实行提前招生的通知》，1990年2月14日，档案号J084-1990-Y-002-006，浙江省教育考试院档案室藏。
浙江省招委、教委：《一九九〇年浙江省师范专科在会考基础上提前单独招生试行办法》，1990年3月7日，档案号J084-1990-Y-002-003，浙江省教育考试院档案室藏。

[③] 浙江省招办：《浙江省1995年普通高校招生工作总结》，1995年12月，档案号J084-1995-Y-009-003，浙江省教育考试院档案室藏。

（一）高校招收中学保送生

1. 教育部关于保送生的政策

保送入学早在 1958 年即开始试行。最早的保送入学对象主要是基于政治条件，限于工人、农民等具有特定身份的人群，后来扩展到政治条件和学业成绩均优秀的高中毕业生，把学业成绩优秀作为保送的重要条件。这一年对优秀的高中毕业生试行保送是新中国成立以来首秀，试行中出现了一些问题，教育部随即叫停。[①]

面向高中应届毕业生的保送形成持续实施的制度，始于 1984 年。经国务院批准的教育部《关于一九八四年全国普通高等学校招生会议的报告》提出："为鼓励青年献身于农业、煤炭、教育等对现代化建设有重要意义的专业，今年，拟在四川、山东、北京确定个别高等学校与中学进行试点，保送有志献身于上述事业、德智体一贯优秀的应届高中毕业生到有关的高等学校学习。"[②] 在试点的基础上，鉴于"效果很好"，教育部在 1985 年把试点范围扩大到 40 所左右全国重点高校及每省一所师范院校。先是在 4 月，由教育部学生司发出《关于普通高等学校试招保送生工作的通知》，在全国范围试行。年底教育部又发出《关于做好普通高等学校试招中学保送生工作的通知》，进一步推进改革同时予以规范。教育部在《通知》里指出高校招收中学保送生"是高等学校招生制度的一项重要改革"，阐述了改革的目的是"使高等学校更好地选拔德智体一贯优秀的拔尖人才；鼓励中学全面贯彻党的教育方针，引导学生德智体全面发展，注意对能力的培养"，针对试点中出现的问题明确要求"加强领导，杜绝不正之风"，并就保送生工作的程序、比例、具体办法作了明确规定。[③]

2. 浙江的实践

浙江省招委和教育厅于 1985 年 4 月迅即转发教育部学生司的通知，部署由教育部统一确定的高校在浙江省中学招收保送生的工作，又在当月印发《关于在部分高校和中师试行招收少量保送生的意见》，对本省院校试招保送生进行布置。至 7 月中旬基本结束。教育部统一确定的 21 所全国重点院校（含浙江大学）在浙江省 43 所普通中学共招收保送生 261 名。省招委和教育厅确定的浙江师范大学、杭州大学作为本省试点院校，招收了普通中学保送生 91 名。此外，还试行了从部分中等专业学校（含中等师范学校）和农村职业中学招收少量优秀生进本省对口高校和专业学习（中专、中师保送生名额控制在本系统学校应届毕业生总数的

---

① 杨学为：编：《高考文献（下）》，北京：高等教育出版社，2003年，第339–342页。
② 杨学为：编：《高考文献（下）》，北京：高等教育出版社，2003年，第193页。
③ 杨学为：编：《高考文献（下）》，北京：高等教育出版社，2003年，第233–234页。

1% ～ 2%)。^①

1985 年底教育部《关于做好普通高等学校试招中学保送生工作的通知》下发后，省招委认真贯彻落实，1986 年通过下达生源计划对保送生招收工作予以规范。这一年 24 所中央部委属院校（含浙江大学）在浙江招收 110 人，其中外交部和北京外国语学院、上海外国语学院、广州外国语学院在杭州外国语学校招收保送生 25 人（含少数语种 10 人）。省属院校中，浙江师范学院招收保送生 53 人，浙江美术学院师范美术专科招收保送生 8 人，浙江农村技术师范专科学校面向办学思想端正、教学质量较好的农职业中学招收保送生 31 人。此外，福建师范大学等院校的音乐、美术专业接受浙江省委托代培招收保送生 6 人。^②

1992 年 4 月，浙江省招委和教委印发《关于做好 1992 年普通高校招收保送生工作的通知》，《通知》对招收保送生的高校、保送生生源学校范围、保送生的比例进行了明确的规定：招收保送生的高校主要是国家教委确定的中央部委所属试点高校和本省高师院校，其中部委属高校的保送生生源范围限于全省 91 所重点中学，本省高师院校的生源范围限于教育实习中学和中等师范学校；中学、中等师范学校选送保送生的比例分别控制在当年应届毕业生总数的 5%、2% 以内，本省高师院校招收保送生的比例控制在本科招生总数的 15%、专科招生总数的 10% 以内。^③1992 年省内外高校在浙江招收保送生总数达到 447 人，1993 年为 551 人。

1996 年 3 月，省招委印发《1996 年浙江省普通高校招收保送生工作意见》，对中央部委属高校招收保送生的生源范围确定为全省 92 所重点中学，对保送生的会考成绩提出不低于 5A4B 的要求。^④1998 年印发《浙江省高师院校招收保送生工作办法》，明确其生源范围为省内各重点中学、综合中学、特色中学、高师预科班、中等师范学校和高师教学实习中学。

从 1996 年到 2000 年，省内外高校在浙江省招收保送生数量稳定在 500 ～ 820 人之间。见表 2-4-1。

---

① 浙江省招办：《浙江省一九八五年普通高校招收保送生工作总结》，1985年8月，档案号J084-1985-Y-006-004，浙江省教育考试院档案室藏。
② 浙江省招办：《浙江省一九八六年普通高校试招保送生工作总结》，1986年7月，档案号J084-1986-Y-013-002，浙江省教育考试院档案室藏。
③ 浙江省招委、教委：《关于做好1992年普通高校招收保送生工作的通知》，1992年4月1日，档案号J084-1992-Y-002-002，浙江省教育考试院档案室藏。
④ 浙江省招委：《1996年浙江省普通高校招收保送生工作意见》，1996年3月18日，档案号J084-1996-Y-001-008，浙江省教育考试院档案室藏。

表2-4-1 1996—2000年省内外高校在浙江招收保送生情况

单位：人

年份	高师保送	其他保送	小计
1996年	448	368	816
1997年	393	317	710
1998年	301	217	518
1999年	208	319	527
2000年	320	300	620

说明：数据来自省招办历年招生工作总结和统计年鉴。

（二）自主招生

2003年，教育部办公厅印发《关于做好高等学校自主选拔录取改革试点工作的通知》，在全国范围内启动高等学校自主选拔录取（一般称自主招生）改革试点。[1]北京大学、清华大学、中国人民大学、复旦大学、上海交通大学、浙江大学等22所高水平本科院校参加试点。当年浙江大学在全国范围采用自主招生的办法招收60名新生，其中浙江1人。该文科考生由于文化科统考分数579分已经超过浙江大学文科投档线，因此无需享受自主招生的降分政策。[2]当年浙江6所省内高校也开展了自主选拔录取的试点，第二年即中止。[3]

自主招生工作由教育部统一部署，不编制分省计划。对考生的综合评价由试点学校负责，省级考试招生机构主要负责考生参加统一高考的报名、统一高考的组织实施、考生志愿填报和投档，以及试点学校录取名单的公示。教育部办公厅的文件要求试点学校和有关省（自治区、直辖市）招办根据创新人才选拔和专业培养需要，积极探索以统一考试录取为主，与多元化考试评价和多样化选拔录取相结合，学校自主选拔录取、自我约束，政府宏观指导、服务，社会有效监督的选拔优秀创新人才的新机制。

从2015年到2019年，省内外高水平大学通过自主招生录取浙江生源学生分别为447人、337人、468人、446、219人。[4]2020年1月，教育部决定不再组织实施高等学校自主招生，自主招生退出我国高校招生序列。

（三）强基计划招生

2020年1月，教育部印发《关于在部分高校开展基础学科招生改革试点工作的意见》，推

---

[1] 何东昌主编：《中华人民共和国重要教育文献（2003—2008）》，北京：新世界出版社，2010年，第47页。
[2] 张东素：《自主招生门槛高》，《浙江日报》2003年7月16日，第6版。
[3] 张东素、沈招：《关注今年高考新变化》，《浙江日报》2004年3月4日，第6版。
[4] 数据由浙江省教育考试院职能部门提供。

出"强基计划"。①

强基计划主要选拔培养有志于服务国家重大战略需求且综合素质优秀或基础学科拔尖的学生。聚焦高端芯片与软件、智能科技、新材料、先进制造和国家安全等关键领域以及国家人才紧缺的人文社会科学领域，由有关高校结合自身办学特色，合理安排招生专业。突出基础学科的支撑引领作用，重点在数学、物理、化学、生物及历史、哲学、古文字学等相关专业招生。

强基计划旨在探索对学生进行全面、综合评价，转变简单以考试成绩评价学生的做法，引导中学更加重视学生成长过程，更加重视培养学生综合素质。符合高校报考条件的考生在高考前申请参加强基计划招生。高校依据考生的高考成绩，按在各省（区、市）强基计划招生名额的一定倍数确定参加高校考核的考生名单。考生参加统一高考和高校考核后，高校将考生高考成绩、高校综合考核结果及综合素质评价情况等按比例合成考生综合成绩（其中高考成绩所占比例不得低于 85%），根据考生所填志愿，按综合成绩由高到低顺序录取。

从 2020 年到 2021 年，全国有 36 所院校参加强基计划试点。两年内试点院校在浙江共招收优秀学生 706 人，其中 2020 年 289 人，2021 年 417 人。

六、彰显职业教育特色的高职招生综合改革

随着高等教育大发展，高等教育体系里增加了高等职业技术（以下简称高职）教育这一类型。1993 年浙江省开始在杭钢职工大学试办高职教育。1994 年，浙江工业大学试办高职教育，招收高职学生 60 人，同年一些成人高校与普通中专举办的普通高职班招收 400 人。1996 年浙江省按照国家教委提出的"三改一补"（三改：职业大学、成人高校和高等专科学校改革；一补：在国家重点中专举办高职班作为补充）方针积极发展高职教育。1997 年扩大高职教育的招生规模，全省共招生 3096 人。②

1998 年，金华职业技术学院经教育部批准正式成立，成为浙江省第一所独立设置的高职学院。该校当年招收高职学生 1500 人。这一年全省招收高职新生 4548 人。1999 年，根据教育部、国家计委《试行按新的管理模式和运行机制举办高等职业技术教育的实施意见》的精神，浙江省教委、计经委拟订了《关于浙江省试办高等职业技术教育的实施意见》，并由浙江省政

① 教育部：《关于在部分高校开展基础学科招生改革试点工作的意见》，2020年1月14日，http://www.moe.gov.cn/src-site/A15/moe_776/s3258/202001/t20200115_415589.html.
② 张彬主编：《浙江教育史》，杭州：浙江教育出版社，2006年，第939页。关于"三改一补"，1999年1月国务院批转教育部的《面向21世纪教育振兴行动计划》的表述为："对现有高等专科学校、职业大学和独立设置的成人高校进行改革、改组和改制，并选择部分符合条件的中专改办（简称'三改一补'），发展高等职业教育。"

府办公厅转发。2000年浙江省教育厅又下发《关于加强我省高等职业技术教育的若干意见》。浙江省的高等职业技术学院迎来井喷式发展。2000年有4所高职院校，2001年迅速增加到8所。至2002年，在全省60所高等学校、15.25万人招生数中，高职院校为29所、招生数4.83万人；2014年在全省108所高校、招生总数28.43万人中，高职院校达48所、13.15万人。[①]

从1999年起，高职招生的模式就在动态改革完善之中。2010年省招委、教育厅下发《关于做好高等职业教育招生综合改革工作的通知》，把高职招生的改革举措进行梳理集成，命名为高职招生综合改革。[②]

（一）高职招生的主渠道：统考统招和单考单招

根据1999年省政府办公厅转发省教委、计经委的《关于浙江省试办高等职业技术教育的实施意见》，浙江省高等职业教育招生主要采用两种形式：一是招收普通高中毕业生，纳入普通高校统一考试招生渠道，即"统考统招"；二是招收中等职业教育毕业生，实行单独报名、单独考试、单独划线、单独录取，即"单考单招"。[③] "单考单招"指的是与普通高校统一考试招生分开单独进行命题、考试等工作，并非指每所招生院校自行命题、考试。

"单考单招"的考试包括文化课考试与职业技能考核，职业技能考核充分体现高等职业教育特点，实行分类考试，1999年设15大类，2000年增加到18大类，2001年增加到20大类，2005年起调整为17大类并保持长期稳定；文化课设语文、数学、外语三科，实行全省统一考试。职业技能考核除了理论知识考核，还普遍采用把技能证书折算为技能成绩，个别专业门类如学前教育还尝试过操作实践考核的办法。

"单考单招"的招生主体除了高职院校还有个别本科院校的应用型本科专业。2015年在原来只有个别本科院校招收中职学生基础上，扩大了应用型本科招生规模，26所本科院校应用型本科专业通过"单考单招"渠道录取中职毕业生2984名。2016年又扩大到31所本科院校，招收新生3748名。[④]

（二）高职自主招生的两种模式

2007年，浙江金融职业学院和宁波职业技术学院两所国家级示范性高职院校开展自主招

---

① 浙江省教育厅编：《浙江省教育事业统计资料》，2000—2002年、2014年，浙江省教育厅档案室藏。

② 浙江省招委、教育厅：《关于做好高等职业教育招生综合改革工作的通知》，浙江省教育考试院编：《浙江省教育考试文件选编2010年》，第34—47页。

③ 浙江省政府办公厅：《转发省教委、省计经委〈关于浙江省试办高等职业技术教育的实施意见〉的通知》，1999年，档案号J039-049-012-109，浙江省教育厅档案室藏。

④ 浙江省教育考试院：《2015年工作总结及2016年工作思路》，2015年10月，浙江省教育考试院档案室藏。
浙江省教育考试院：《2016年工作总结、2017年工作思路》，2016年10月，浙江省教育考试院档案室藏。

生改革试点，其专科层次的部分招生计划由高校自主进行入学测试、自主确定入学标准、自主实施招生录取。自主招生计划列入试点院校当年招生计划，并控制在其计划总数的 5% 以内。考生可以不参加高考，经招生院校综合考核后升学。[①] 此外还有浙江体育职业技术学院、浙江艺术职业学院、绍兴文理学院三所特色类职业院校也采用自主招生的模式。2008 年增加金华职业技术学院、浙江机电职业技术学院和温州职业技术学院三所国家级示范性高职院校为试点院校。8 所院校共下达自主招生计划 1340 名。[②]

2009 年，省招委、教育厅印发《浙江省高等职业技术院校自主招生试点暂行规定》，形成高职自主招生的两种模式：一是"单独考试、单独录取"的模式，二是"校考与高考结合"模式。"单独考试、单独录取"模式实行单独报名、单独考试、高考前单独录取，录取考生不再参加高考；"校考与高考结合"模式实行单独报名、学校考核、参加高考、提前录取。高职自主招生改革的试点院校对象是国家、省级示范性高职院校或其他设有特殊专业的院校。这一年省内 22 所高职院校加入自主招生试点，总计划 2954 名，其中单独考试单独录取模式 9 所，录取新生 2162 名；校考与高考结合模式 13 所，共确定入选考生 896 名。[③]

（三）职业技能"理论知识+实践操作"考试的先行探索

2010 年省教育考试院在组织科学发展观讨论过程中，提出了实行职业技能考试的设想。经一年多的研究设计和论证，从 2012 年起，在高职汽车专业先行试点，实行"一考多用"。试行职业技能考试，旨在体现职业教育重应用、重操作的本质特征，有利于引导中职学校纠正重理论知识、轻实践技能的偏向。

汽车专业技能水平证书考试包括专业基础理论笔试和操作技能考试。满分 300 分，其中基础理论考试满分 150 分，采用纸笔考试形式，主要考查汽车专业各工种共同的知识理论基础；操作技能考试满分 150 分，主要考查学生实际操作技能。基础理论考试和操作技能考试分别举行。考试成绩达到标准者颁给汽车专业技能水平证书；对报考高职单考单招汽车专业的考生，技能证书考试成绩与"语文、数学、外语"3 门文化课的成绩合并形成总分。

2013 年 6 月 4 日，《中国教育报》6 版头条《"知识 + 技能"探索高职分类考试招生》报道了浙江高职招生"增加了专业相关理论知识或专业技能考试的分值权重"。[④]

---

① 薛平、张冬素：《我省两所高职部分专业自主招生》，《浙江日报》2007年3月21日，第5版。
② 浙江教育考试院：《2008年工作总结与2009年工作思路》，2008年10月，浙江省教育考试院档案室藏。
③ 浙江省教育考试院：《2009年总结与2010年工作安排》，2009年10月，浙江省教育考试院档案室藏。"校考与高考结合模式"中招生院校经过学校测试确定"入选考生"，然后将高考成绩和学校测试成绩合成后按综合成绩录取。
④ 本报讯：《"知识+技能"探索高职分类考试招生》，《中国教育报》2013年6月4日，第6版。

（四）中职和高职（含应用型本科）纵向贯通升学立交通道的开辟

2001年浙江省人民政府颁发《关于加快中等职业教育发展的意见》，明确提出："坚持中等职业教育主要为社会培养高素质劳动者和中初级专门人才的同时，要努力拓宽中职毕业生接受高等职业教育的途径。'十五'期间，全省面向中职毕业生的高职对口招生数占高职招生总数的比例提高到60%以上。"[①]

中职学生升入高职（含应用型本科），除了"统考统招""单考单招"外，还通过改革开辟了多条通道。

首先是发轫于世纪之交的"3+2"和"五年一贯制"，合称"五年制职业教育"，贯通中职和高职教育联系。[②] 按照最初的设想："五年一贯制"职业教育主要由中专升格的高职学校承担，学生5年学习均安排在校本部，不得校外办学；"3+2"职业教育主要由各市属高职学校和国家级、省级重点中等职业学校共同承担，前3年在中职学校，后2年在高职学校。[③] 但在试行实践中，两种模式在教学管理职责上逐渐靠近。最主要的区别有两条：一是"五年一贯制"更强调课程设置的"通盘考虑、一以贯之"；二是"3+2"在由中职转入高职时升学率大体在80%，"五年一贯制"则较少淘汰。鉴于两种办学模式在人才培养方式、招录方式上渐趋统一，省教育厅在2019年按照"初中起点、五年培养、中高职融通"的原则，将两者统一整合为"中高职一体化五年制职业教育培养模式"。[④]

其次是优秀中职学生免试推荐入学。从2000年开始，部分高职院校试行从应届中职毕业生中推荐优秀生免试升入高职学习。[⑤]

其三是四年制高职教育，贯通高职与应用型本科教育联系。2015年在浙江机电职业技术学院、浙江金融职业学院、浙江经济职业技术学院、温州职业技术学院、金华职业技术学院等5所院校先行试点，分别对接浙江科技学院、中国计量学院、浙江工商大学、温州大学、浙江理工大学的应用本科专业。该试点"依托高职优质资源，联合本科举办，发放本科文凭，高职院校办学"，旨在探索发展本科层次职业教育的新路径。招生面向中职学生，纳入单独考试招

---

① 浙江省人民政府：《关于加快中等职业教育发展的意见》，2001年6月7日，https://www.edu.cn/zhong_guo_jiao_yu/zheng_ce_gs_gui/shengji_zhce_fagui/zhejiang_zhce_fagui/200603/t20060323_169063.shtml。

② 浙江省教育厅：《关于在重点职业高中进行"3+2"五年一贯制职业教育试点的通知》，1999年，档案号J039-049-184-127，浙江省教育厅档案室藏。

③ 浙江省教育厅、浙江省发展计划委员会：《关于做好五年制职业教育试点工作的通知》，2012年3月9日，档案号J039-051-138-135，浙江省教育厅档案室藏。

④ 浙江省教育厅：《关于深入推进中高职一体化五年制职业教育工作的指导意见》，2019年6月20日，http://jyt.zj.gov.cn/art/2019/6/20/art_1532983_34761616.html。

⑤ 浙江省招办：《浙江省2000年普通高校招生工作总结》，2000年10月，档案号J084-2000-Y-014-001，浙江省教育考试院档案室藏。

生渠道。^①2016 年又扩大到 10 所高职院校，本科院校增加了浙江农林大学和宁波工程学院。

其四是"中本一体化"，贯通中职教育和应用型本科教育的联系。2019 年由浙江师范大学、浙江海洋大学等 7 所本科院校和杭州市中策职业学校等 15 所中职学校对接，进行中职与本科高校应用型本科专业一体化培养试点。7 年教学由中职 3 年与本科 4 年构成。中职阶段招生纳入各市统一中考，由试点中职学校面向全省招生，招生计划经省教育厅统筹，由学校所在地与生源所在地教育行政部门协商确定。3 年后参加中职升学"文化素质＋职业技能"全省统一考试，上线后升入本科。^②

七、"专升本"与"2+2"构架在校学生成长立交桥

如果说"3+2""五年一贯制"等模式主要是在职业教育范畴内为中职学生搭建接受高等职业教育的脚手架，那么，普通高校"专升本"和"2+2"则是在更广的范围内构建人才成长立交桥。

1."专升本"：从校内到校外

浙江财经学院、浙江海洋学院和浙江广播电视专科学校拔得普通高校"专升本"的头筹。浙江省教育厅于 2000 年 3 月同意三校的申请。^③浙江财经学院和浙江海洋学院试行校内"专升本"，本校的专科学生成绩优秀的可以申请升入相同或相近的本科专业学习；浙江广播电视专科学校则试行跨校对口"专升本"，该校优秀学生可以申请进入北京广播学院本科专业学习。对优秀学生的认定除了软条件外还有硬杠子。2000 年 5 月宁波大学、杭州商学院等 5 所院校也获得了校内"专升本"的资格，台州师范专科学校则为学生开辟了与温州师范学院对口"专升本"的通道。

2001 年是"专升本"改革中的一个转折点，这一年 3 月浙江省教育厅同意浙江大学、浙江工业大学、宁波大学、浙江大学城市学院四所院校的申请。^④与此前改革不同的主要有两点：一是这四所院校的视野由校内转向校外，由点对点转为点对面，面向全省普通高校开放；二是在具有大学英语三级和计算机等级考试合格证书硬条件的基础上，实施专门的"专升本"

---

① 浙江省教育厅：《关于开展四年制高等职业教育人才培养试点工作的通知》，2015 年 4 月 2 日，档案号 J039-WS-2015-Y-GJ-0004，浙江省教育厅档案室藏。

② 浙江省教育厅：《关于开展中职与应用型本科一体化培养试点工作的通知》，2018 年 5 月 9 日，档案号 J039-WS-2018-D30-ZC-0007，浙江省教育厅档案室藏。

③ 浙江省教委：《关于同意开展选拔优秀专科生进入本科学习试点工作的批复》，2000 年 3 月 13 日，档案号 J039-050-152-001，浙江省教育厅档案室藏。

浙江省教委：《关于同意浙江广播电视高等专科学校选拔优秀学生进入北京广播学院学习的批复》，2000 年 3 月 13 日，档案号 J039-050-152-010，浙江省教育厅档案室藏。

④ 浙江省教育厅：《关于开展选拔优秀高职高专毕业生进入本科学习试点工作的通知》，2001 年 3 月 22 日，档案号 J039-051-138-147，浙江省教育厅档案室藏。

选拔考试，考试科目为基础课和专业课，由招生院校组织考试。"专升本"从校内走向校外、由点及面后，生发出旺盛的生命力。2004年有10所本科院校共安排了1500名招生计划。①

2010年起"专升本"考试招生的组织管理职能由省教育厅高教处转移到省教育考试院，实行"统考＋校考"模式，考试科目仍为基础课和综合课两门，其中基础课中的"高等数学""大学语文与写作""管理学"和杭州电子科技大学的软件工程、网络工程专业的两门课程均实行联考，由省教育考试院组织统一命题考试，其他课程由招生院校单独命题考试。②2012年起"专升本"的招生办法实行"以专科学业成绩良好为前提，统一考试，平行志愿，分类选拔，择优录取"，启动两项改革：一是设立报考门槛，高职高专阶段学业成绩居本校本专业前50%者才能报考；二是实行"考试分文理、录取按类别"和平行志愿，把招生院校的专业分为八个类别，对应文理两个大类，其中文科大类含文史类、法学类、教育类、艺术类，理科大类含理工类、经管类、农学类、医学类。按文理两个大类设置考试科目，文科考大学语文、英语，理科考高等数学、英语。③这一年27所本科院校通过"专升本"录取4477人。④2014年起取消了"高职高专阶段学业成绩居本校本专业前50%者才能报考"的门槛。2020年试行"高职与本科院校联合开展专升本教育"招生。联合培养专业招生纳入合作本科院校"专升本"招生计划，面向全省所有高职院校对应专业的学生招生，学生两年均在联合培养的高职院校就读，实行"高职本科联合培养、高职院校就读、本科院校文凭发放"。⑤当年13所本科院校、17所高职院校共招收联合培养新生1685人。2021年省内普通高校"专升本"考试报名52651人，录取29364人。

2."2+2"：选拔优秀本科生进入部分高校重点专业学习

普通高校"专升本"搭建了高职高专学生通向本科的桥梁，有力地促进了高职学校学习氛围的营造，也启示了破解"一考定终身"难题的一种路径。比"专升本"稍晚，另一种版本的人才培养立交桥方案付诸实施，这就是"2+2"。"2+2"的头口水由浙江工业大学、杭州电子工业学院获得。2003年经浙江省教育厅同意，这两所高校向省内其他高校选拔二年级优秀本科生进入软件学院学习。试点成功后，2004年增加宁波大学、杭州商学院、浙江工程学院3所

---

① 浙江省教育厅：《关于公布2004年选拔优秀高职高专毕业生进入本科学习计划的通知》，2004年1月5日，档案号J039-054-168-001，浙江省教育厅档案室藏。

② 浙江省教育考试院：《关于做好2010年选拔优秀高职高专毕业生进入本科学习工作的通知》，浙江省教育考试院编：《浙江省教育考试文件选编》，2010年，第131页。

③ 浙江省教育考试院：《关于印发〈浙江省2012年选拔优秀高职高专毕业生进入本科学习工作实施细则〉的通知》，浙江省教育考试院编：《浙江省教育考试文件选编》，2011年，第221页。

④ 浙江省教育考试院：《2012年工作总结与2013年主要工作安排》，2012年10月，浙江省教育考试院档案室藏。

⑤ 浙江省教育厅办公室：《关于做好高职与本科院校联合开展专升本教育试点工作的通知》，2020年4月16日，档案号J039-WS-2020-D30-ZC-0095，浙江省教育厅档案室藏。

院校，专业扩大到法学、金融学、计算机科学与技术、信息管理与信息系统、服装设计、机械设计制造及自动化。5 所院校共安排了 355 名招生计划。选拔考试由招生学校组织实施。[①]

2010 年起"2+2"考试招生的管理职能由省教育厅高教处转移到省教育考试院。考试科目为基础课和综合课两门。基础课中的"高等数学"实行联考，由省教育考试院组织统一命题、考试，其他课程由招生院校组织命题考试。2010 年浙江工业大学、浙江理工大学等 5 所院校共安排 520 名招生计划。[②]2014 年"2+2"考试招生终止。

八、2009 年《浙江新课改高考方案》的突破性探索

1997 年 9 月，党的十五大确定"实施科教兴国战略和可持续发展战略"，要求"充分估量未来科学技术特别是高技术发展对综合国力、社会经济结构和人民生活的巨大影响，把加速科技进步放在经济社会发展的关键地位，使经济建设真正转到依靠科技进步和提高劳动者素质的轨道上来。"1999 年 6 月，中共中央、国务院颁发《关于深化教育改革全面推进素质教育的决定》，明确提出："实施素质教育，就是全面贯彻党的教育方针，以提高国民素质为根本宗旨，以培养学生的创新精神和实践能力为重点，造就'有理想、有道德、有文化、有纪律'的、德智体美等全面发展的社会主义事业建设者和接班人。"[③]这一决定把"全面推进素质教育"作为贯彻落实"德智体全面发展"教育方针的重要抓手，作为我国各级各类教育的核心目标和基本方略。

在人类迈入 21 世纪的前夕，党中央、国务院号召全面推进素质教育，既是因为放眼"当今世界，科学技术突飞猛进，知识经济已见端倪，国力竞争日趋激烈"的国际大环境，清醒地认识到教育"在综合国力的形成中处于基础地位，国力的强弱越来越取决于劳动者的素质，取决于各类人才的质量和数量"的重要性，也是有鉴于"我们的教育观念、教育体制、教育结构、人才培养模式、教育内容和教学方法相对滞后，影响了青少年的全面发展，不能适应提高国民素质的需要"的客观现实。

《关于深化教育改革全面推进素质教育的决定》的颁发为我国教育教学和考试评价改革确立了明确的目标和方针，有力地推进了两个方面的改革。

教育教学改革方面。2001 年 5 月，国务院发布《关于基础教育改革和发展的决定》，教育

---

① 浙江省教育厅：《关于选拔优秀本科生转入我省部分高校重点专业学习工作的通知》，2004 年 4 月 2 日，档案号 J039-054-168-014，浙江省教育厅档案室藏。
② 浙江省教育考试院：《关于做好 2010 年选拔优秀二年级本科生进入部分重点专业学习工作的通知》，浙江省教育考试院编：《浙江省教育考试文件选编》，2010 年，第 151 页。
③ 何东昌主编：《中华人民共和国重要教育文献（1998—2002）》，海口：海南出版社，2003 年，第 287 页。

部随即印发《基础教育课程改革纲要（试行）》，启动基础教育课程改革。包括义务教育阶段课程改革和高中新课程改革。高中新课改的内涵非常丰富，包括从原来的"两基"（基础知识、基本技能）发展为"知识与技能、过程与方法、情感态度与价值观"相结合的三维目标，包括强调培养学生的探究、实践能力，实行国家、地方、学校三级课程管理等等。高中新课改聚焦学习的内容、方式和过程，围绕着促进学生成长，从突出"选择性"（学习的选择性，以选课走班为标志）、"综合性"（培养目标的综合、课程的综合和评价的综合）和"过程性"（关注学生的成长过程）三个方面发力，从而使这一轮课程和教学改革更具有革命性。

考试评价方面。无论是《关于深化教育改革全面推进素质教育的决定》，还是《关于基础教育改革和发展的决定》和《基础教育课程改革纲要（试行）》，都对高考改革寄予厚望，提出了系统全面的改革要求。高考改革在把"有助于中学实施素质教育"作为高考招生的基本原则的前提下，把评价模式的改革作为重点，从三个方面进行探索：一是探索"多次机会"，改变"一次考试定终身"的状况；二是探索"多种选择""双向选择"，努力扩大学生的选择机会；三是探索"综合评价"。在推进高中课程改革的过程中，新课改试验省份都根据国务院和教育部的要求，研究制订配套的高考改革方案。

2006年浙江启动高中新课改后，即着手研究配套的高考改革方案。2008年4月浙江省人民政府办公厅公布《浙江新课改高考方案》，2009年全面实施，从多个方面呼应高中课改，并在全国率先推出多项突破性创新举措。①

（一）在高考招生领域率先提出"分类测试"的概念并付诸实施

2008年4月公布的《浙江新课改高考方案》提出：

实行在全科会考基础上的分类测试、分批选拔、综合评价、全面考核、择优录取的选拔模式。逐步建立学业水平测试、综合素质评价和统一选拔考试三位一体的多元化的招生考试评价体系。

2010年7月，《国家中长期教育改革与发展规划纲要》发布，提出：

按照有利于科学选拔人才、促进学生健康发展、维护社会公平的原则，探索招生与考试相对分离的办法，政府宏观管理，专业机构组织实施，学校依法自主招生，学生多次选择，逐步形成分类考试、综合评价、多元录取的考试招生制度。②

《浙江新课改高考方案》的"分类测试"与《国家中长期教育改革与发展规划纲要》的"分

---

① 浙江省人民政府办公厅：《关于印发浙江省新课改高考方案的通知》，2012年7月15日，http://www.zj.gov.cn/art/2012/7/15/art_1229019365_62354.html。

② 国家中长期教育改革和发展规划纲要工作小组办公室：《国家中长期教育改革和发展规划纲要（2010—2020年）》，2010年7月29日，http://www.gov.cn/jrzg/2010-07/29/content_1667143.htm。

类考试"高度吻合。

在提出"分类测试"理念的同时,《浙江新课改高考方案》还通过分类设置考试科目落到实处。设三类考试科目:一类对应高水平大学,重点测试综合运用知识解决问题的能力;二类对应一般本科院校,重点测试获得通用型知识的能力;三类对应高职高专,侧重测试实用技能。科目设置同中有异:"3(语数外)"为三类共同科目,"3(语数外)+X(文综/理综)"为一、二两类的共同科目,此外一类增加"自选模块",三类考"技术"。

三类科目设置异中有同,允许所有学生自由兼报,相同科目同时考试,采用共同的试卷,既体现不同类型学校的不同要求,又实现从一类到二类、三类的自由流转,所以实施以后平稳有序。据 2009 年首次新课改高考报考情况统计,在全省 31.99 万考生中,单独报考一类科目组合的考生占 0.33%,单独填报第三类科目组合的考生占 16.91%,第一、第二两类兼报的考生占 17.54%,第二、第三两类兼报的考生占 37.32%,三类均兼报的考生占 27.90%。考生量力而考,其中单独选报第三类科目组合的考生不必考文理综合和自选模块,减轻了考生学习压力和课业负担。①

(二)多方面扩大学生的选择权

根据国务院、教育部关于探索"多种选择""双向选择"、努力扩大学生的选择机会的要求,《浙江新课改高考方案》从四个方面给学生提供选择:一是设三类考试科目,由学生自主选择;二是"自选模块"实行"18 模块选 6",由考生在阅读试题后自主选答;三是英语听力等三项考试提供两次选择机会;四是平行志愿增加学生选择第一志愿学校的机会。

(三)"三项考试"在高考招生领域首次实现每位考生可以面向一次录取利用两次考试机会

1999 年教育部在《关于进一步深化普通高等学校招生考试制度改革的意见》里明确提出"积极探索一年两次考试的方案"的设想,次年起若干省市试点"春季高考"。春季高考与夏季高考联袂形成"一年两次考试",是对多次机会的积极尝试,其实质是"提供两次录取机会,两次考试分别对应两次录取"。

作为《浙江新课改高考方案》的有机组成部分,浙江在 2008 年、2009 年面向同一届考生,在英语听力、通用技术和信息技术三项考试上提供两次机会,成功地尝试了"两次考试对应一次录取",并持续实施至 2016 年。

---

① 浙江省教育考试院:《2009 年总结与 2010 年工作安排》,2009 年 10 月,浙江省教育考试院档案室藏。

为一次录取提供两次考试机会，实现了三方面的功效：一是两次考试有利于提升测试的准确性；二是有利于减轻考生的心理压力；三是前一次考试的答题情况可以为后续的学习和参加考试发挥诊断和反馈功能。

从以上三个方面同时迈出探索创新的步伐，《浙江新课改高考方案》于2008年推出后，即为多家媒体所关注。《光明日报》在2009年10月21日第2版头条位置以"浙江高考改革亮点多好评多"为题予以报道："浙江的新高考方案在公布时就被媒体高调地冠以'个性化高考'。其最大的特点就是考试科目由过去的'统一'走向'分类'。"①

2009年12月，《浙江省新课改高考方案研究》获浙江省教育科学研究优秀成果奖一等奖。

九、"三位一体"招生开启综合评价招生新模式

2001年5月，国务院《关于基础教育改革和发展的决定》提出要"加强对学生能力和素质的考查，改革高等学校招生考试内容，探索多次机会、双向选择、综合评价的考试、选拔方式，推进高等学校招生考试和选拔制度改革"。这是"综合评价"作为高校招生的改革方向在政府文件中首次提出。其目的是要改变现行统考统招模式以文化课笔试考核成绩为最主要甚至唯一依据的单一要素评价局面。

作为高考改革的目标，广义理解的综合评价招生指的是采用多种评价方式，依据多种评价要素，对学生的知识、技能、能力等智力素质和思想品德、意志毅力、兴趣特长、协作精神、社会实践能力等非智力心理素质以及身体健康状况、体能素质等综合素质进行全面而有个性的评价，在此基础上进行选拔的制度和行为。综合评价在高考招生中如何体现？有两条可供选择的路径：一是在统考统招模式中逐步发挥中学综合素质评价结果的作用；二是在统考统招同时，开辟多元的评价和选拔模式实行综合评价。高等学校自主招生改革在扩大学校自主权的同时，也是对综合评价的尝试。但鉴于社会对多元评价选拔模式如何保证规范和公平心存担忧，教育部严格控制自主招生的规模，试点学校基本上是高水平大学，自主招生的招生数控制在学校招生计划总数的5%以内。随着高考招生改革的深化，一种全新的适应面更广的综合评价模式呼之欲出。

1. 浙江"三位一体"招生改革的启动和发展过程

2008年颁发的《浙江省新课改高考方案》提出要"逐步建立学业水平测试、综合素质评价和统一选拔考试三位一体的多元化的招生考试评价体系。"2011年初，浙江省教育考试院经深

---

① 王东、周峰：《浙江高考改革亮点多、好评多》，《光明日报》2009年10月21日，第2版。

入研究，提出了进行狭义理解的"三位一体"综合评价招生改革试点的初步方案。经邀请省内外专家论证，最终形成了实施方案。

2011 年 2 月，浙江省教育厅印发《关于同意浙江工业大学、杭州师范大学尝试深化完善"三位一体"综合评价招生制度的批复》，在浙江工业大学、杭州师范大学两所学校正式启动试点。[①] 两校当年招生吸引 2400 余人报考，录取 260 人，初战告捷。从第二年起，逐步扩大试点学校范围和招生计划数。2014 年试点院校首次扩展至 985 高校，浙江大学、上海交通大学、中国科学技术大学等 3 所高校加入。2011—2014 年的试点情况见表 2-4-2。

表2-4-2　2011—2014年浙江三位一体综合评价招生试点情况

年份	招生学校数			报名人次	录取人数
	总数	省属	部委属		
2011年	2	2		2428	260
2012年	17	17		10603	1419
2013年	22	22		18110	1885
2014年	37	34	3	29987	3187

说明：考生可同时报考多所院校，故为报名人次。2011年一位考生只报考一所院校，共2428人报考。

2. "三位一体"招生的内涵

"三位一体"的"三位"指的是：（1）高中会考（后改名为高中学业水平考试，以下简称高中学考）成绩；（2）统一高考成绩；（3）综合素质评价结果。其中综合素质评价包含中学综合素质评价和招生院校综合素质测试两个方面。"三位一体"综合评价招生的内涵是：改单一的文化科统一高考评价为多元的综合评价，把学生的高中学考成绩和中学阶段综合表现、招生院校综合测评成绩（其中包含中学综合素质评价），与统一高考成绩一起纳入高考招生评价体系，按比例量化合成综合成绩，按综合成绩从高分到低分录取。

统一高考成绩在综合成绩中所占权重：普通类专业实行"三位一体"综合评价时，统一高考成绩在综合成绩中的权重原则上不低于 50%，特殊类专业如美术、音乐等专业经批准可以突破这一限制。对经专家评审，在某一方面具有突出特殊才能的学生，经批准也可突破统一高考成绩的限制。2020 年，把统一高考成绩的权重下限提升为 60%。高中学考成绩发挥两方面作用：（1）很多试点学校把对高中学考成绩等级的要求作为报考的前提条件，如浙江工业

[①]　浙江省教育厅：《关于同意浙江工业大学、杭州师范大学尝试深化完善"三位一体"综合评价招生制度的批复》，浙江省教育考试院编：《浙江省教育考试文件选编》，2011年，第33-43页。

大学第一年试点的要求是：所有科目均为 A 等，或者 6 门 A 等并在学科竞赛或艺术体育比赛中获得规定级别的奖项；（2）以一定权重计入总分。此外，有的学校如浙江师范大学 2016 年试点时还把高中学考成绩作为初步筛选确定参加综合测试资格的依据之一。

中学综合素质评价的作用随着试点的推进逐步提升：（1）所有试点学校从一开始试点就把中学综合素质评价合格作为学生参加招生院校综合测试的前提条件；（2）大部分学校在初审学生申报材料、确定参加综合测试资格阶段会把学生中学阶段表现和中学综合素质评价结果作为重要参考；有的学校进一步把学生中学阶段综合表现量化作为初审的依据，同时融入高校综合测评。

3."三位一体"综合评价招生的突破和社会反响 [1]

"三位一体"综合评价招生是一项突破性的改革举措，启动试点以来显示出了多方面的成效：（1）为学有所长或综合素质全面的学生搭建了充分展示的平台，开辟了脱颖而出的通道；（2）为招生院校提供了自主招生以外的综合评价选拔新生新途径；（3）有效地扩大了高校的招生自主权，扩大了高校二级学院、系科专业参与招生的自主权，激发了专家学者参与招生环节工作的积极性和主动意识；（4）把高中学考与中学综合素质评价纳入高考评价体系，在恢复高考以来的高校招生历史上首次实现了全要素评价，对中学把综合素质评价落到实处、推进素质教育发挥了良好的导向和推动作用，并有利于高校和中学紧密合作，推进人才培养模式的改革；（5）通过量化的手段，保证了国家统一考试在高校招生评价中的主体地位，保证了高中学考成绩和中学综合素质评价结果在高校招生评价中的作用。

"三位一体"综合评价招生初战告捷。2011 年试点推出不久，就得到教育部主要领导的肯定。中央和省级媒体纷纷进行报道。2012 年 4 月 7 日，《中国教育报》以头版头条位置报道浙江的改革试点。[2] 2012 年 6 月 10 日，中央电视台《新闻联播》以《高考改革：新的考试招生制度正在形成》为题，详细报道了浙江"三位一体"招生改革工作。《浙江日报》2015 年 4 月 28 日发表对浙江工业大学、杭州师范大学首届试点学生的跟踪报道，用"学术潜力令人惊喜""自我管理意识明确"和"素质发展更加全面"进行评价。2016 年 8 月 21 日，《人民日报》以《百名浙江娃，"三位一体"跃清华》为题报道了清华大学、北京大学加入浙江省的"三位一体"招生改革试点的情况，清华大学招办主任认为："整体来看，'三位一体'综合评价招生顺应了考试招生制度改革的方向和目标，在打破高考'一考定终身'之余，保障了高校的选才自主权。"[3]

① 葛为民等：《新课程改革下：高考内容、形式改革的研究》，北京：高等教育出版社，2014年，第151—168页。
② 梁杰、朱振岳：《浙江试行"三位一体"高招改革》，《中国教育报》2012年4月7日，第1版。
③ 赵婀娜、刘明瑶、马延婧：《百名浙江娃，"三位一体"跃清华》，《人民日报》2016年08月26日，第11版。

公平选才的探索与实践
（1994—2021年）

自1994年起，国家教委把"公平竞争、公正选拔"和"德智体全面考核，择优录取""以文化考试为主要入学考核形式"一起并列作为高校招生的三项原则。2002年，"公平竞争、公正选拔"成为第一原则。2003年，教育部年度招生规定把高考招生的基本原则定型为"高等学校招生工作应贯彻公平竞争、公正选拔，德智体美等方面全面考核、综合评价、择优录取的原则"。公平选才和科学选才成为高考招生制度改革、完善、演进的两条主线。

高考招生的公平包括起点公平（含权利公平、机会均等）、过程公平（含标准公平、程序公平、信息公开）、结果公平和补偿性公平。高考招生在报考条件上的开放体现了权利公平和起点公平；扩大受教育机会，使更多的考生升入高校，实现了从教育机会竞争公平到教育机会真实享受公平的飞跃；命题、评卷坚持统一衡量标准，健全完善质量保证体系，规范和清理高考加分政策，体现了标准公平；整肃考风考纪，启动国家教育考试综合环境治理，实施阳光工程，推进信息公开，规范管理定向招生和特殊类招生，体现了过程公平、程序公平；实行平行志愿，在录取过程中既通过客观程序运作排除信息不对称等影响公平的主观因素，又把考生的成绩作为硬指标克服运气因素对录取结果的影响，使录取结果与考试成绩更匹配，体现了程序公平和结果公平；对农村考生实施专项计划，体现了补偿性公平，同时体现了对起点公平"起点"的完整理解。

一、高校扩招在满足人才需求的同时扩大受教育机会

从1999年至2021年，高校招生在全国范围内经历了两次幅度较大的扩招。

（一）1999—2008年持续扩招

1998年12月，教育部制订的《面向21世纪教育振兴行动计划》列入党的十五大会议材料。《行动计划》明确要求："为使更多的高中毕业生有接受高等教育的机会，根据各地的需求

和经费投入及师资条件的可能，在采用新的机制和模式的前提下，2000年高等教育本专科在校生总数将达到660万人"。"高等教育入学率由1997年的9.1%（新口径），提高到2000年的11%左右"。①《行动计划》吹响了高等教育大发展的号角。

根据教育部的统一部署，浙江的高等教育也驶入了大发展的快车道。从1998年到2008年，高考报考人数从125390人增长到364730人，增长191%，录取人数从47649人增长到269745人，增长了466%，录取率从38%增长到74%，接近翻番；从1998年到2021年，录取率提高了57个百分点。表2-5-1是从1977年到2021年的报考和录取人数。

表2-5-1　1977—2021年浙江普通高考报考和录取人数

时间	报名人数	录取人数	录取率（%）	时间	报名人数	录取人数	录取率（%）
1977年	225106	7708	3.42%	2000年	151111	95657	63.30%
1978年	243455	10596	4.35%	2001年	179068	123442	68.94%
1979年	101902	11434	11.22%	2002年	205951	152182	73.89%
1980年	81693	11072	13.55%	2003年	229057	176142	76.90%
1981年	74809	11142	14.89%	2004年	255155	195352	76.56%
1982年	72520	11888	16.39%	2005年	314052	222481	70.84%
1983年	58418	13264	22.71%	2006年	352711	245954	69.73%
1984年	58036	14200	24.47%	2007年	359313	257461	71.65%
1985年	89625	19501	21.76%	2008年	364730	269745	73.96%
1986年	74065	20640	27.87%	2009年	324148	267271	82.45%
1987年	69000	22824	33.08%	2010年	301637	255206	84.61%
1988年	72699	22808	31.37%	2011年	299912	252298	84.12%
1989年	69885	20474	29.30%	2012年	315913	263279	83.34%
1990年	61665	21213	34.40%	2013年	313083	262307	83.78%
1991年	69850	20907	29.93%	2014年	308622	256393	83.08%
1992年	64449	24483	38.00%	2015年	279964	247350	88.35%
1993年	63800	36512	57.23%	2016年	268551	239448	89.16%
1994年	63163	40155	63.57%	2017年	250174	231416	92.50%
1995年	88221	40002	45.34%	2018年	260759	246398	94.50%
1996年	97748	41223	42.17%	2019年	264342	253509	95.90%
1997年	110504	44472	40.24%	2020年	268105	254158	94.80%
1998年	125390	47649	38.00%	2021年	269988	257496	95.37%
1999年	131336	64698	49.26%				

---

① 教育部：《面向21世纪教育振兴行动计划》，1998年12月24日，http://www.hangzhou.gov.cn/art/2019/7/11/art_1662715_4937.html。

说明：（1）1977至1986年、1988年、1992年、1995至1997年数据来源自省招办《统计汇编》；1987、1989、1990、1991、1993、1994年数据来源自省招办《招生工作总结》；1998至2020年数据来源自省招办、省教育考试院《统计年鉴》。（2）1977年录取数据含扩招数据，1977年实行初试、复试两次筛选，表中报名人数为初试报名人数。（3）录取人数中不含高职单考单招和单独考试招生人数，2018—2021年录取人数中不含高职扩招人数。

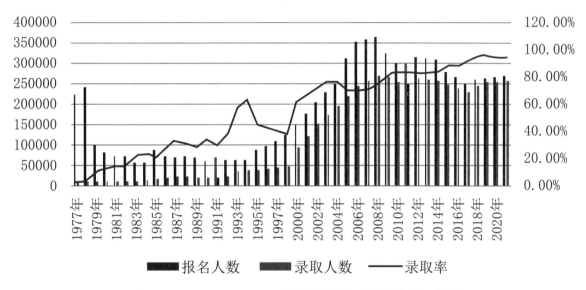

图 2-5-1　1977—2021 年浙江普通高考报考和录取人数

高校大扩招，有多方面的原因。当时的教育部办公厅负责人从"宏观社会需求""解决经济困境""走出'应试教育'怪圈"三个方面阐述原因，其中"宏观社会需求"主要指知识经济和科教兴国战略下对人才的需求。[①] 而教育部《面向 21 世纪教育振兴行动计划》"为使更多的高中毕业生有接受高等教育的机会"则指明了高校大扩招的深层目的。高校大扩招使高考的起点公平、教育机会均等有了全新的含义。在高等学校教育机会稀缺的时期，高考的起点公平、教育机会均等更多地体现在教育资源竞争机会的均等、公平，而高校大扩招大幅度增加了高等学校教育资源，使得高考的起点公平、教育机会均等，从教育资源竞争机会的公平，进入了有更多的人实际进入高等学校教育过程、实际享用高等教育资源的新阶段，同时也标志着高考的竞争由稀缺资源竞争进入了稀缺优质资源竞争的新阶段。

（二）2019—2021年高职扩招

2019 年 3 月 5 日，提交十三届全国人大二次会议审议的《政府工作报告》提出："加快发展现代职业教育，既有利于缓解当前就业压力，也是解决高技能人才短缺的战略之举。改革完善高职院校考试招生办法，鼓励更多应届高中毕业生和退役军人、下岗职工、农民工等报

---

① 康宁：《论教育决策与制度创新——以1999年高校扩招政策为案例的研究》，《高等教育研究》，2000年第2期。

考，今年大规模扩招 100 万人。"①

2019 年 8 月，根据教育部等六部门制订的高职扩招实施方案，浙江省教育厅等部门制订发布了《浙江省高职扩招专项工作实施方案》。教育部门户网站和《中国高职高专网》全文转载浙江实施方案。②《实施方案》要求多措并举做好扩招工作：一是在年度招生计划安排时考虑高职扩招的因素；二是针对退役军人、下岗失业人员、农民工、新型职业农民等群体单列计划；三是做好扩招补报名工作。经多方努力，从 2019 年至 2021 年，浙江省高职扩招近 9 万学生。③

二、放宽报考准入条件，保障公民平等受教育权利

根据教育部的统一部署，浙江省招委于 2000 年取消了对各类中等专业学校和技工学校应届毕业生报考普通高校的限制，2001 年取消了对成人高校、普通高校等各类高校毕业生报考的限制，同时取消了对上一年被普通高校、中专录取而未报到者报考的限制。

2001 年取消了"未婚；年龄不超过二十五周岁"的限制。当年 5 月 20 日《浙江日报》以"花甲大学生崔盐生昨日报名再考大学"为题报道了高龄考生崔盐生在其父亲、著名教育家崔东伯生前担任校长的杭州高级中学考点参加高考的消息。崔盐生 1961 年毕业于华东师范大学中文系后，先在上海一所学校任教，后改行做技术工作。为了跟上知识日新月异更新的步伐，他再次走进考场。老崔报考的志愿是浙江大学新闻专业。④虽然最终因成绩没有上最低控制线未能再次踏入高校大门，但仍然激励着"活到老、学到老"的后继者。2003 年 8 月 21 日，《浙江日报》以"海宁'爷爷'考生还能上大学"为题报道了又一位考生海宁市邹伟敏的事迹。⑤时年 62 岁的邹伟敏在高考中以 317 分的成绩超过了理科最低组档分数线，成为自 2001 年取消高考年龄限制后，浙江省首位上线的爷爷级考生。由于老人向往上海的高校，因此放弃了本来有可能被正式录取的省内第五批院校，填报了上海医疗器械高等专科学校，由于成绩不够该校投档线，该校同意以进修生身份吸收邹伟敏入学。2008 年，67 岁高龄的邹伟敏再次参加高考，最终以 399 分被嘉兴南洋职业技术学院报关与国际货运专业录取，2012 年他又通过普通高校专升本考试，录取到嘉兴学院环境工程专业就读，并于 2014 年顺利毕业。

报考条件的放宽，一方面得益于高校大扩招带来的高等教育资源的大幅增加，一方面满

---

① 李克强：《政府工作报告》，2019年3月5日，http://www.gov.cn/zhuanti/2019qglh/2019lhzfgzbg/index.htm。
② 浙江省教育厅：《浙江省高职扩招专项工作实施方案》，2021年9月15日，http://www.moe.gov.cn/jyb_xwfb/xw_zt/moe_357/jyzt_2019n/2019_zt19/difang/zhejiang/201909/t20190906_398140.html。
③ 浙江省教育厅职能部门提供数据。
④ 俞亦：《花甲大学生崔盐生昨日报名再考大学》，《浙江日报》2001年5月20日，第2版。
⑤ 张冬素、蒋连根：《海宁"爷爷"考生还能上大学》，《浙江日报》2003年8月21日，第6版。

足了建设终身教育体系和学习型社会的需要。

三、严格的考试招生管理营造公平竞争的环境

1977 年恢复高考伊始，浙江的《招生工作的实施意见》就对做好考试、评卷、政审、体检和录取等各个环节的工作提出严格的要求，明确阐述了招生工作的纪律和对违纪行为的处罚规定："要发扬党的优良传统和作风，坚决抵制和纠正不正之风。对群众揭发'走后门'和考生有不符合招生条件的问题，一定要及时调查了解，情况属实的，坚决不予录取，已入学的要退回原单位。对'走后门'的人要进行批评教育，情节恶劣的及招生工作人员中营私舞弊的，应予必要的纪律处分。"①

1982 年的《招生工作实施意见》设专节强调"坚决制止招生中的舞弊行为"，把对考试过程中的舞弊行为的防范和处理也作为重要内容："各级领导必须高度重视和加强对考试工作的领导，要亲自巡视考场，加强对考试的监督检查工作，坚决抵制和反对那些打着为群众谋利益的旗号单纯追求升学率，纵容考场舞弊的行为。各地对发生的考试舞弊事件，必须认真查处，追究责任，并视情节轻重给予处分，直至依法惩办。对主、监考人员监守自盗，营私舞弊者，应从严处理。考生舞弊者，应取消其考试资格，下一年度也不准报考；已入学者，取消入学资格。对扰乱考场秩序，威胁监考人员人身安全的，应由公安部门以破坏社会治安论处，参与这类事件的考生三年内不准报考，招生工作人员（包括院校录取人员）和参加政审、体检的干部、医生，都要坚持原则，不得以任何形式营私舞弊。对于政审、体检、录取中的舞弊行为，同样按照上述精神处理。"②

在制定了严明的考试招生工作纪律后，浙江省考试招生系统注重抓落实，把制度建设、考前教育、上岗前培训和对犯规舞弊事件的严肃查处结合起来，环环紧扣、无缝连接，净化考试招生环境。

2001 年，浙江省招委启动"高考质量年"活动，在全省范围内对高考工作实行全面质量管理。内容包括：招生考试管理工作全过程实行岗位责任制，省、市、县三级招委层层签订高考考试质量管理责任书，县招委与考点也签订责任书。各地成立质量年工作领导小组，全面负责质量年工作。各级领导在考前认真检查考点和考场，但在考试实施过程中不进考场，"还考生一个良好的考试环境"。7 月 3 日，省政府召开关于加强考试管理、严肃考风考纪的全

---

① 浙江省革委会：《批转〈省高等学校招生委员会关于一九七七年高等学校、中等专业学校、技工学校招生工作的实施意见〉》，1977年11月9日，档案号J084-1977-Y-001-041，浙江省教育考试院档案室藏。

② 浙江省招委：《关于印发〈浙江省一九八二年高等学校中等专业学校招生工作实施意见〉的通知》，1982年4月30日，档案号J084-1982-Y-001-005，浙江省教育考试院档案室藏。

省电视电话会议，部署高考管理工作，并决定在高考期间，首次向全省各县派出巡视员进行蹲点式巡察，以及时发现并解决问题。[①]

从 2004 年起，浙江省政府先后建立"浙江省高考环境综合治理领导小组""省高考环境综合整治联席会议""省普通高校招生考试工作联席会议"等机制，发挥政府抓总和部门协调的统筹联动作用，狠抓考风考纪建设，为考生公平竞争营造良好的环境。详见本书第八篇第一章。

四、阳光工程让考试招生全程公开透明

2005 年 3 月，教育部印发《关于高等学校招生工作实施阳光工程的通知》，提出要"把切实维护广大考生的合法权益作为招生工作的出发点和落脚点，以公平公正为核心、制度建设为基础、信息公开为重点、严格管理为根本、优质服务为依托、有效监督为保障，逐步建立和完善与我国社会发展相适应的更加公开透明的高校招生工作体系"。[②] 阳光工程顾名思义把信息公开作为重点，教育部的《通知》要求做到"招生政策""高校招生资格及有关考生资格""招生计划""录取信息""考生咨询及申诉渠道""重大违规事件及处理结果"六个公开。但"阳光工程"不限于信息公开，还包括制度建设、管理监督等等融为一体的系列措施。

5 月 10 日，教育部在中国高等教育学生信息网上开通"阳光高考"信息平台，并通过这一平台公布全国各高校分省分专业招生来源计划、招生政策、具有招生资格院校名单及各类考生资格名单。[③]

浙江省根据教育部的部署立即启动普通高校招生阳光工程。采取多种措施全面公开信息，增加招生录取透明度。当年的教育部官网在报道"各地各高校积极实施高考招生'阳光工程'"时，对浙江等省份"全面实施高考'一把手'工程，省教育厅厅长亲自抓招生工作"，对浙江大学等高校"成立由校党委、行政领导及有关部门负责人组成的招生工作领导小组，对全校的招生工作实施全面领导和指导"予以充分肯定。[④]

2006 年 6 月 4 日，浙江省教育厅和省教育考试院主办的"阳光高考"信息平台正式上线。全省考生都可通过平台免费查询高考分数和录取结果，了解相关招生政策和高校招生信息。6 月 9 日至 28 日，开展了首次"高考直通车"网上咨询活动，全省参与普通高考录取的 80 余所

---

① 本报讯：《我省开展"高考质量年"活动》，《浙江日报》2001年6月28日，第10版。
② 教育部：《关于高等学校招生工作实施阳光工程的通知》2005年3月4日，http://www.moe.gov.cn/srcsite/A15/moe_776/s3258/200503/t20050304_79899.html。
③ 本报讯：《教育部建立"阳光高考"信息平台》，《浙江日报》2005年5月11日，第6版。
④ 教育部：《各地各高校积极实施高考招生"阳光工程"》，2005年3月4日，http://www.moe.gov.cn/jyb_xwfb/gzdt_gzdt/moe_1485/tnull_11499.html。

高校分成 5 类，按 5 个时间段进行集中在线咨询，为考生填报志愿及信息查询提供实时服务。[①]

公开才能公平，阳光工程成为浙江省确保高考招生信息公开、过程公平的有效手段。其内涵日趋丰富，其载体也更加多样。在信息公开的内涵上，从信息公开扩展到政策制订倾听民意、政策形成广而告之、政策实施公开透明。省教育考试院严格执行教育部"六公开"规定，做到全部、全面公开——从招生政策、招生章程到考试科目、考试大纲，从招生计划到考试、录取等工作日程，从各批录取分数线到各校投档分数线、名次号，从各批每轮投档后的缺额计划到线上未录取考生的分段统计，全部向社会公开；及时、全程公开——从报名、考试到填报志愿、录取，招生工作全过程中形成的信息，都第一时间向社会公布，让阳光工程贯穿考试招生全过程。在信息公开的渠道和载体上，把全省范围的巡回宣传解读和常态化的接受考生咨询、释疑解惑相结合，把网络、电视、广播等立体媒介和报纸、宣传册等平面媒体相结合，把新闻发布会和广场宣传相结合。省教育考试院配备专职人员在办事大厅常年负责咨询工作，录取期间，网络、电话、现场三路并举随时接待来访来电来函咨询，确保100% 答复。2007 年平行志愿改革、2008 年新课改高考方案、2014 年高考综合改革方案推出后，省教育厅和省教育考试院组织巡回宣讲团，在全省十一个设区市做全覆盖宣讲，编印数十万份宣传册免费发放。

2007 年 3 月 1 日，浙江省委教育工委、省教育厅主要负责人在全国普通高校招生工作电视电话会议上，以"全面实施阳光工程，促进招生公开公平"为题作大会发言。2012 年，浙江省教育厅出台《浙江省教育系统"阳光工程"实施方案》，"阳光招生"作为其中的重要内容。

取消"点招"成为阳光招生的点睛之笔。2007 年，浙江省招委、教育厅以取消浙江大学教职工子女在报考本校时的入学优惠为突破口，彻底取消了省内高校"点招"。明确规定：省内所有招生计划一律通过高校招生计划管理系统平台编制和执行，对省内高校一律不留机动指标，对省外院校招生计划一律从教育部计划管理系统流转，绝不受理任何网外招生计划。

2012 年 6 月，教育部在《关于做好 2012 年全国普通高等学校招生录取工作的通知》中严肃指出："严禁省级招办在政策之外降低标准向有关高等学校指名投放考生档案；严禁省级招办对已录取考生违规变更录取学校；严禁高等学校利用调整计划等降低标准指名录取考生。"[②] 2013 年 4 月教育部在《关于做好 2013 年普通高校招生工作的通知》中再次重申："严肃招生纪律，各省级人民政府及高校招生委员会不得出台涉及'点招'录取及收费办法，严禁各省级高

---

① 张冬素：《我省开通"阳光高考"信息平台》，《浙江日报》2006年6月4日，第3版。
② 教育部：《关于做好2012年全国普通高等学校招生录取工作的通知》，2012年6月27日，https://gaokao.chsi.com.cn/gkxx/zc/moe/201206/20120627/332544451.html。

校招生办公室对'点招'考生违规投档。"① "点招"即"指名录取",尽管其成因里有学校为了自身更好发展和解除教职工后顾之忧的考虑,但有违公平原则。这一年5月,教育部再次专门下发文件,开展以整治"点招"为重点的专项治理活动。年底,中央教育新闻采访团围绕教育公平的主题到浙江省采访,了解到早在2007年,浙江就取消了省内学校"点招"。新华网、人民网、央广网、《中国青年报》等中央媒体纷纷报道肯定。②

五、平行志愿提升招生录取的程序公平和结果公平

平行志愿是高考招生体系中志愿填报和投档录取诸多模式中的一种。与它相对的是传统志愿,有的省份称为顺序志愿、梯度志愿。在我国高考招生系统内,最早系统地实施平行志愿的是2002年的湖南。③ 浙江于2007年系统地实施平行志愿,但早在1984年,浙江省招委就在招生文件中根据教育部文件阐述的内涵,率先提出了"平行的参考志愿"的概念。

1. 最早提出"平行的参考志愿"概念并在官方媒体阐述内涵和意义

教育部《一九八四年普通高等学校招生规定》在第二条"填报志愿"中提出:"报考第一批录取的学校,可按顺序填二个学校志愿,再填三个参考志愿(不按顺序投档)。"浙江省《一九八四年普通高等学校、普通中等专业学校招生工作实施意见》第五条"填报志愿"中用"平行的三个参考志愿"来表述教育部文件"三个参考志愿(不按顺序投档)"的内涵:"报考重点大学和规定第一批录取的学校,可按顺序填两个学校志愿,再填平行的三个参考志愿。"④ 教育部《一九八五年普通高等学校招生规定》在相应位置表述为:"每个考生可按顺序填两个学校志愿。三个平行的参考志愿。"⑤ 也采用了"平行的参考志愿"的概念。这一概念在教育部的后续文件里多次使用。

2000年,浙江试行"一个第一志愿、五个参考志愿"的志愿体制。这一年的8月9日,浙江日报刊登《科学投档保护高分考生》的报道,详细阐述了浙江"采取志愿优先与分数优先相结合的办法"以保护高分考生的做法。⑥ 报道充分揭示了平行志愿和传统志愿(顺序志愿)

① 教育部:《关于做好2013年普通高校招生工作的通知》,2013年4月,http://www.moe.gov.cn/srcsite/A15/moe_776/s3258/201304/t20130424_151607.html。
② 李剑平:《浙江教改经验:勇于向既得利益群体开刀》,《中国青年报》2013年12月19日,第3版。
　余靖静:《取消高考"点招"浙江实践能走多远?》,2013年12月20日,https://zixun.7139.com/8/21/177847.html。
　胡印斌:《评论:不容特权败坏高招公平》,2013年12月20日,http://edu.people.com.cn/n/2013/1220/c1053-23903449.html。
③ 白艳艳:《我国高考志愿填报方式研究》,南开大学硕士学位论文,2009年,第20页。
④ 浙江省招委:《关于印发〈浙江省一九八四年普通高等学校、普通中等专业学校招生工作实施意见〉的通知》,1984年4月21日,档案号J084-1984-Y-001-003,浙江省教育考试院档案室藏。
⑤ 杨学为编:《高考文献(下)》,北京:高等教育出版社,2003年,第225页。
⑥ 马瑛瑛:《科学投档保护高分考生》,《浙江日报》2000年8月9日,第10版。

的实质性差异，特别强调"对一个学校来说，5个参考志愿是平行的"，并且从体现"高校招生录取工作的公平、公正"的高度来阐述平行志愿的意义。

平行志愿在全国推开后，学术界根据各省推进力度的不同分为"大平行"（又称"完全的平行志愿"）、"小平行"（又称"混合志愿"），"大平行"指第一志愿和其他志愿均为平行志愿，"小平行"指第一志愿为传统志愿（顺序志愿），其他志愿为平行志愿。因此，浙江2000年试行的"第一志愿按顺序，后5个作为平行的参考志愿"就是"小平行（或混合志愿）"。与"大平行"不一样，"小平行"中最重要的第一志愿仍然是传统志愿。

2. 积极全面实施平行志愿

浙江从2007年起试行"大平行（完全的平行志愿）"。试点范围为普通高校文理科第一至四批。其中，本科各批（一至三批）的平行志愿中均包含A、B、C三所院校，高职高专（第四批）的平行志愿中包含A、B、C、D、E五所院校。每所院校均设6个专业志愿及专业服从调剂志愿。[1] 与此同时，艺术、体育类院校、专业和高职单考单招仍实行传统志愿。2008年起把平行志愿扩大到艺术（专业省统考批次）、体育类院校、专业和高职单考单招。各批次的提前录取学校和艺术的专业校考批次仍实行传统志愿。

2009年起浙江实行新课改高考方案，文理科主要的录取批次定型为3批，均实行平行志愿，把考生可以填报的本科院校平行志愿院校数量从3所增加为5所，面向高职高专的第3批平行志愿院校数量仍为5所；各批次均有提前录取学校，仍实行传统志愿。艺术为3批，体育为2批，艺术第一批为专业校考，仍实行传统志愿，艺术的其他批次和体育的各批次均实行平行志愿。这一安排从2009年到2016年均保持不变。从志愿填报的时间看，浙江安排在高考后、分数线公布后填报，使考生能更多地掌握信息，知己知彼，准确选择。

平行志愿的实施有三方面的作用：首先它排除了志愿集聚过程中偶然因素（运气因素）对录取结果的决定性影响，有效减少了高分落榜现象，使录取结果与考试成绩更匹配；其次它有利于降低志愿填报过程中考生之间信息不对称对录取结果的影响，提升了高考招生的程序公平与结果公平；其三，它把考生所填的志愿都提升为第一志愿[2]，使每个考生的第一志愿数从传统志愿的一个增加为多个（浙江为5个），有效拓宽了学生的选择空间，消除了学生因担心落榜不敢填报心仪之校的"选择之痛"。

浙江等省实施平行志愿的成功加快了平行志愿在全国推广使用的进程。2008年2月中央

---

[1] 余靖静：《浙江省调整高校招生政策将实行"平行志愿"模式》，2007年3月30日，http://www.gov.cn/jrzg/2007-03/30/content_567137.htm。
[2] 在平行志愿体制里，招生院校接收的考生档案，不管该考生是否以第一志愿填报，系统都默认为第一志愿。

电视台"新闻60分"以"增加录取机会 今年高考推行平行志愿"为题予以报道，报道说："目前，中国已有湖南、江苏、浙江等省份在高考招生录取中采用平行志愿。今年，上海、北京两市也将推行平行志愿。教育部有关人士表示，今年高考将推广平行志愿。"报道援引了浙江省教育考试院科研宣传处长关于平行志愿增加考生选择机会的阐述。数十家媒体也以"今年高考推广平行志愿录取方式"等为题纷纷报道。①

六、外省籍随迁子女就地高考政策诠释高考公平新内涵

改革开放带来了城乡之间、区域之间人口的广泛流动，出现了很多新居民，特别是东部沿海发达地区，常住户口中非户籍人口比重很大。这些新居民为流入地的经济与社会发展作出了很大的贡献，有的夫妻两人一起到流入地工作，迫切希望其子女能在父母工作地接受教育。在国务院的统一部署下，很多省份都出台了外来务工人员随迁子女在父母工作地接受义务教育和高中教育的政策。而就地参加高考则因为省际高考录取率的不平衡成为一个难题，成为很多外来务工人员心头的痛。在2012年的全国"两会"上，这成为一个热门话题。3月3日，列席全国政协十一届五次会议的教育部部长接受媒体采访时说，异地高考改革方案将很快出台，现在已进入"最后冲刺阶段"。②

2012年8月，国务院办公厅转发教育部等部门《关于做好进城务工人员随迁子女接受义务教育后在当地参加升学考试工作意见的通知》，《通知》明确了做好随迁子女升学考试工作的主要原则，要求统筹考虑进城务工人员随迁子女升学考试需求和人口流入地教育资源承载能力等现实可能，因地制宜制定随迁子女升学考试具体政策。③

浙江省教育厅第一时间响应，立即开展深入调研并迅速形成实施方案。在就方案广泛征求意见的过程中，浙江省本地居民对外来务工人员参与浙江经济建设的贡献充分肯定，对他们的子女不能在父母工作地参加高考的困难感同身受。征求意见后的一次讨论会上，省教育厅厅长说：国务院有要求，经过调研又证明顺应民意的事，早一年实施就早一年让人民受益。当年12月，浙江省人民政府办公厅转发省教育厅、发改委、公安厅、人力社保厅等四部门《关于做好外省籍进城务工人员随迁子女接受义务教育后在我省参加升学考试工作的实施意

① 教育部：《增加录取机会 今年高考推行"平行志愿"》，2008年2月15日，http://news.cctv.com/china/20080215/101624.shtml。
　教育部：《今年高考将推广"平行志愿"录取方式》，2008年2月15日，https://www.cctv.com/program/dysj/20080215/103028.shtml.
② 袁贵仁：《异地高考改革方案进入"最后冲刺阶段"》，2012年3月3日，https://www.chinanews.com.cn/edu/2012/03-03/3715973.shtml。
③ 国务院办公厅转发教育部等部门：《关于做好进城务工人员随迁子女接受义务教育后在当地参加升学考试工作意见的通知》，2012年8月30日，http://www.gov.cn/zwgk/2012-08/31/content_2214566.htm。

见》，明确提出：

通过我省初中毕业生学业水平考试（中考）或符合我省流入地初中升高中条件，进入我省高中阶段学校学习，并具有完整的我省高中阶段连续学习经历和学籍的随迁子女，同时符合我省高考报名的其他条件的，从2013年起可在我省报名参加高考。随迁子女参加高校招生录取与我省户籍学生享受同等政策。[①]

方案率先公布后在网上收获"大气、简洁"的众多好评。2012年12月29日，《光明日报》以"浙江'就地高考'政策出台"为题予以报道。[②]2013年1月4日中国新闻网发表报道《浙江江苏等12省市随迁子女今年可就地参加高考》。2013年5月26日，国务院新闻办公室发表《2013年中国人权事业的进展》白皮书，把"30个省（区、市）向社会公布了进城务工人员随迁子女在当地参加高考的实施方案，12个省市开始解决随迁子女在当地参加高考问题"作为我国人权事业的重要进展。

当年，浙江省随迁子女报考人数共984人，占全国12省市同类考生22.4%，为全国最高。这一年，最终有650位随迁子女在浙江考上大学。2016年8月20日，《浙江日报》在报道"我省全面推进义务教育均衡发展"时通报了当年在浙江省接受教育的进城务工人员随迁子女情况：接受义务教育的随迁子女143.9万人，占全省义务教育段在校生总数的28%，其中118.2万为外省务工人员随迁子女；5600余名外省籍随迁子女在我省参加异地高考，4699人被高校录取。[③]

从2013年到2021年，外省籍随迁子女在浙江报考与录取情况见表2-5-2。

表2-5-2 外省籍随迁子女在浙江报考与录取情况

年份	报考人数	录取人数
2013年	984	650
2014年	3437	2707
2015年	5622	4699
2016年	9874	5907
2017年	14829	12463
2018年	18427	16479
2019年	23173	21631

① 浙江省人民政府办公厅：《转发省教育厅等4部门〈关于做好外省籍进城务工人员随迁子女接受义务教育后在我省参加升学考试工作实施意见的通知〉》，2012年12月28日，浙政办发〔2012〕160号，浙江省教育厅档案室藏。
② 朱海洋、潘剑凯：《浙江"就地高考"政策出台，享受与本省籍考生同等待遇》，《光明日报》2012年12月29日，第4版。
③ 陈仰东：《我省全面推进义务教育均衡发展》，《浙江日报》2016年8月20日，第3版。

续表

年份	报考人数	录取人数
2020年	27215	25158
2021年	31478	29324

说明：（1）数据由浙江省教育考试院职能部门提供；（2）人数包括普通高考与高职单独考试招生的考生。

七、规范高考加分和保送生招生，确保标准公平

高考加分的目的是在统一高考招生的基本框架内，克服唯分数录取的弊端，体现"德智体全面考核，择优录取"原则；保送生则是在统一高考招生外，把中学作为评价主体，体现"德智体全面考核，择优录取"。两者都发挥了积极成效，也面临如何确保标准公平和程序公平的问题。

（一）调整规范高考加分

高考加分政策是高考招生照顾奖励政策的组成部分。高考招生照顾奖励政策经历了从单一的照顾类政策到照顾类奖励类政策兼有、从"优先录取""照顾录取"的原则性把握到"降分录取""加分录取"的量化把握的演变过程。"降分"和"加分"是对同一个事物不同角度的理解。不改变考生文化科总分（俗称"裸分"）的分值，在录取投档时按事先公布的规定在某一院校投档线或某一录取批次最低控制分数线上下降多少分值，叫作"降分"；将考生按事先公布的规则获得的照顾或奖励分值直接加到文化科总分上形成新的总分，按新的总分去与学校投档分数线或批次最低录取控制分数线比较衡量，决定能否投档，叫作"加分"。"加分""降分"与照顾奖励政策性质的对应关系有一个演变过程。教育部2001年招生文件在阐述照顾和奖励政策时使用了"适当增加分数投档"和"适当降低分数投档"两个术语，"适当增加分数投档"的项目是三好学生、优秀学生干部、思想政治品德方面有突出事迹者、科技发明创造奖获得者或单学科竞赛者，其他的项目适用"适当降低分数投档"。2001年起把体育比赛优胜者从"适当降低分数投档"调整到"适当增加分数投档"。这样"适当增加分数投档"对应的项目大体上是因考生的杰出表现而给予奖励的项目；"适当降低分数投档"对应的大体上是基于考生身份的照顾类项目。浙江省从1995年开始对奖励类项目和照顾类项目均采用"享受X（10、20、50）分的照顾"的表述，2001年起对所有量化照顾或奖励的项目均采用"加X分投档"的术语，不区分"加分""降分"。其他省份也有类似做法，逐步形成了"高考加分"的概念。

2010年教育部、国家民委、公安部、国家体育总局和中国科学技术协会五部门印发《关

于调整部分高考加分项目和进一步加强管理工作的通知》，正式使用"高考加分"这一术语。这里的"高考加分"既包括"增加分数投档"，也包括"降低分数投档"，换言之既包括"加分"也包括"降分"。

1. 调整规范高考加分的动因

从恢复高考制度到 20 世纪末，高考加分项目和类型逐步增多，分值总体上逐步加大。奖励类加分项目的出现，丰富了照顾奖励政策的内涵。无论是对三好学生、优秀学生干部还是学科竞赛和体育艺术比赛的获奖者予以加分，都是对全面发展教育和素质教育思想的体现，对促进中学的全面发展教育、素质教育起到了良好的作用。但在实践中也出现了一些问题。主要是:(1)指导思想上发生蜕变:相当部分学校和学生参加学科竞赛、体育艺术比赛的目的就是为了加分;(2)有的比赛参与面不广，水平不高，组织不规范，如"三模三电"的有些分区赛只是少数几个省的部分学校参加，没有达到全国比赛的水平，但获奖者可以据此评国家二级运动员，享受 20 分的高考加分;(3)有的比赛项目如"三模三电"中的航模、车模比赛，要配备先进设备、请教练指导，需要不菲的投入，大量的家庭无力投入或不想投入，因此产生了不公平因素;(4)有些集体项目包括科技比赛和体育比赛的集体项目，出现了有的学生坐板凳搭车获奖的情况，严重影响教育公平。在实行平行志愿以后，高考加分更是引起了社会的关注。一些媒体反映的某些地方某些比赛的不规范甚至舞弊现象更是引起社会要求规范乃至取消高考加分特别是体育加分的强烈呼声。

2. 浙江省调整规范高考加分的过程

浙江省对高考加分政策的调整规范，经历了以下几个阶段。

逐步调整加分政策，减少加分项目。2001 年浙江省取消对市级以上表彰的三好学生"同等条件下优先录取"的奖励政策，代之以省级优秀学生和省级三好学生，其中省级优秀学生获"加 20 分投档"的奖励，省级三好学生获"加 10 分投档"的奖励。2002 年起，将原来"可加 50 分投档"的奖励政策全部调整为"可加 20 分投档"和"降低 10 分投档"。2003 年，浙江省取消对艺术特长学生、省级三好学生和市级优秀学生干部的加分。2008 年浙江停止评审"省级优秀学生"，相应取消了"省级优秀学生"加分项目。

加强对高考加分的规范管理、专项治理。一是建立"三级审查、两级公示"制度。2007 年12 月，浙江省教育考试院印发《关于做好普通高校招生政策加分工作的通知》，建立高考加分"三级审查、两级公示"制度，其中应届毕业的加分考生名单由所在学校与省教育考试院公示，往届毕业的加分考生名单由报名点所在地的招生考试机构与省教育考试院公示。[①]二是对体育加分实行统一认定和测试。2007年省教育考试院会同省级有关主管部门复审加分考生资格，组织对二级运动员进行测试认定。2009年，省教育厅办公室印发《关于进一步规范普通高校招生体育项目加分认定和测试工作的通知》，明确了对申请体育加分考生进行测试与认定的范围。[②]2010年1月省教育厅、省体育局联合印发的《关于进一步规范管理"三模三电"和定向比赛高考加分项目的通知》又进一步明确了认定和测试的责任部门，其中认定工作由省教育考试院为主会同省体育局组织实施，测试工作由省体育局为主会同省教育考试院组织实施。[③]三是建立部门审核负责制。体育加分考生资格审核由体育管理部门负责，少数民族加分考生资格审核由民族宗教事务管理部门负责，"三侨一台"加分考生资格审核分别由侨务、台务管理部门负责，学科与科技竞赛类加分考生资格审核由科协负责，退役军人和烈士子女加分考生资格审核由民政部门负责。省级相关主管部门负责相应资格终审，省教育考试院负责集中公示。2010年1月，浙江省教育厅和体育局联合发文，对社会呼声最强烈的"三模三电"和定向比赛高考加分进行专项治理，实行力度空前的"限项目、限赛事、限名次、降分值"综合性规范措施，大幅减少有加分资格的比赛项目和赛事，提高名次要求，分值由20分降为10分。

与全国同步对高考奖励类加分项目进行全面调整规范。2010年11月，教育部等五部门发出《关于调整部分高考加分项目和进一步加强管理工作的通知》，在全国范围内规范清理高考加分项目。同年12月，浙江省招委、教育厅、民宗委、公安厅、体育局和省科协等6部门联合下发《关于调整高考加分政策的通知》，对高考加分进行全面的调整规范：一是严控项目，提高门槛，体育和学科竞赛项目大瘦身，体育类高考加分项目限定在田径、篮球、足球、排球、乒乓球、武术、游泳、羽毛球八个项目，赛事限定在30个最权威的赛事范围内；学科奥林匹克竞赛获奖者的加分资格仅限全国决赛一、二、三等奖的获奖者，省赛区获奖者不再具备加分资格；全国青少年科技创新大赛（含全国青少年生物和环境科学实践活动）、"明天小小科学家"奖励活动和全国中小学电脑制作活动集体项目获奖者的加分资格仅限第一作者；二是

---

① 浙江省教育考试院：《关于做好普通高校招生政策加分工作的通知》，2007年12月21日，档案号J084-WS-2007-Y-ZZ-0176，浙江省教育考试院档案室藏。
　　张冬素、薛平：《高考加分考生要向社会公示》，《浙江日报》2007年4月20日，第2版。
② 浙江省教育厅办公室：《关于进一步规范普通高校招生体育项目加分认定和测试工作的通知》，2009年1月6日，档案号J084-WS-2009-Y-ZZ-0032，浙江省教育考试院档案室藏。
③ 浙江省教育厅、省体育局：《关于进一步规范管理"三模三电"和定向比赛高考加分项目的通知》，浙江省教育考试院编：《浙江省教育考试文件选编》，2010年，第83—86页。

降低分值，所有奖励类项目获得者的加分值均由 20 分降为 10 分。[①]

高考综合改革后进一步调整规范高考加分，取消所有奖励类加分。 2014 年高考综合改革开始后，教育部等五部委联合下发《关于进一步减少和规范高考加分项目和分值的意见》，对高考加分进行力度空前的调整规范。2015 年 3 月，浙江省招委等 6 部门联合下发《关于贯彻国家高考加分政策的意见》，贯彻落实教育部等五部委文件的要求：从 2015 年起，取消所有体育类加分项目、中学生学科奥林匹克竞赛加分项目、科技类竞赛加分项目、思想政治品德有突出事迹加分项目、高职单考单招的职业技能竞赛加分项目；保留烈士子女和在服役期间荣立二等功（含）以上或被大军区（含）以上单位授予荣誉称号的退役军人的加分项目，分值仍为 20 分；保留归侨、华侨子女、归侨子女、台湾省籍考生和自主就业退役士兵考生的加分项目，加分值由 10 分调整为 5 分；对景宁畲族自治县考生的加分政策，调整为对景宁畲族自治县、民族乡（镇）、民族村的少数民族考生予以 5 分的加分值，对户籍在景宁畲族自治县，且在当地完整完成高中阶段教育的非少数民族考生，加分值为 3 分，只适用于本省所属高校在本省招生；对少数民族自治县、民族乡（镇）、民族村以外的少数民族考生保留加分政策到 2016 年，加分值为 5 分，只适用于本省所属高校在本省招生，2017 年起取消加分。[②]

对高考身份类加分政策再次进行调整规范。 2021 年 8 月，省教育厅、省委统战部、省民宗委、省公安厅、省台办五部门联合下发《浙江省进一步深化高考加分改革实施方案》，对高考加分政策进行更彻底的调整规范。除保留烈士子女、在服役期间荣立二等功以上或被战区（原大军区）以上单位授予荣誉称号的退役军人、归侨、华侨子女、归侨子女、台湾省籍（含台湾户籍）考生和自主就业退役士兵考生外，2027 年以前逐步取消其他高考加分项目。[③]

（二）规范保送生招生

对高校招收中学保送生的改革，教育部在推进的过程中十分重视规范管理，浙江省则严格执行教育部的政策规定和指导性文件。

一是在保送条件上逐步增强刚性要求。 1985 年国家教委印发的《关于一九八六年普通高等学校试招中学保送生的意见》规定的条件是两条中符合其中一条：①德智体一贯优秀；②德、体较好，智力超常，学习成绩优异，有较强的创造能力。此外对师范院校保送生增加

① 浙江省招委等六部门：《关于调整高考加分政策的通知》，浙江省教育考试院编：《浙江省教育考试文件选编》，2010 年，第 87—93 页。
② 浙江省招委等六部门：《关于贯彻国家高考加分政策的意见》，浙江省教育考试院编：《浙江省教育考试文件选编》，2015 年，第 427—429 页。
③ 浙江省教育厅等：《浙江省进一步深化高考加分改革实施方案》，2021 年 8 月 27 日，http://jyt.zj.gov.cn/art/2021/8/27/art_1229106823_2332547.html。

"志愿献身教育事业，并具备从事教师工作素质"的要求。①1988年教育部印发的《普通高等学校招收保送生的暂行规定》对招收保送生的要求进行了细化，增加了可具体操作的硬条件：①应优先考虑三好学生或优秀学生干部；②德智体全面发展，各科成绩优良，并参加国际中学生学科奥林匹克竞赛集训。1998年教育部学生司关于招收保送生工作的《通知》对保送生的条件要求是："中学推荐的保送生，必须是本校德智体全面发展的应届高中毕业生，或是德、体和各科成绩优良并获全国中学生学科奥林匹克竞赛省赛区一等奖的优秀应届高中毕业生。"进一步增加操作性。2001年开始，保送生条件全部为刚性要求，删除了弹性要求。主要是两类学生：①省级优秀学生；②全国中学生学科奥林匹克竞赛省赛区一等奖和获得全国决赛一、二、三等奖的应届高中毕业生。2010年起进一步严格控制保送条件。

二是在考核评价办法上建立高校和中学相互配合的考核评价机制。1985年教育部制订的《意见》对保送生的实施办法做了如下规定："保送生人选，由中学决定。在考生自愿、班主任和任课教师推荐的基础上，由中学根据长期考核确定。""是否录取，由大学决定。""大学在中学确定保送名单后，可依据中学的考核结果，也可再进行必要的考核（如单独考试或面试等）以决定是否录取。"在保送生政策实施初期，高校基本上依据中学的考核结果。1998、1999年是转折点，1998年教育部在上海、河北、湖北、黑龙江、四川五省市试行保送生必须参加由教育部职能部门命题的综合能力测试的办法，1999年开始在全国全面实施。

三是两次对保送生招生进行大瘦身。第一次是2001年。教育部下发《关于2001年普通高等学校招收保送生工作的通知》，指出："普通高等学校招收保送生是对全国统一高考制度的完善和补充，对中学实施素质教育起到了一定的积极作用。但近年来，保送生的招生工作也受到了不正之风的严重干扰，出现了弄虚作假、拉关系、走后门、徇私舞弊，甚至违法乱纪的现象，造成了很坏的社会影响。为了规范保送生招生工作，杜绝不正之风的干扰，2001年普通高校招收保送生工作将按照'压缩规模、严格标准、严格管理'的精神进行。""2001年普通高校招收保送生总规模不超过5000人。"②这一年省内外高校在浙江招收保送生总数从2000年的620人锐减至158人。第二次是2010年。教育部、国家民委、公安部、国家体育总局和中国科协联合发文对高考加分政策进行调整，其中取消了学科奥林匹克竞赛省赛区一等奖、科技比赛等奖项获得者的保送资格，只保留了"获得全国中学生奥林匹克竞赛决赛一等奖并被中国科学技术协会遴选为参加国际（数学、物理、化学、生物学、信息学）奥林匹克

---

① 杨学为编：《高考文献（下）》，北京：高等教育出版社，2003年，第234页。
② 教育部：《关于2001年普通高等学校招收保送生工作的通知》，2001年，http://www.moe.gov.cn/jyb_xxgk/gk_gbgg/moe_0/moe_7/moe_12/tnull_5934.html。

竞赛国家队集训的学生"的保送资格，[①] 从此保送生成为一种袖珍型的招生选拔模式。

2018 年至 2021 年省内外高校在浙江招收保送生情况见表 2-5-3。

表2-5-3　省内外高校在浙江招收保送生情况

单位：人

年份	国家集训队保送	外语学校保送	其他保送	小计
2018年	29	94		123
2019年	26	96		122
2020年	36	102		138
2021年	31	92	公安英烈2	125

说明：数据由浙江省教育考试院职能部门提供。

八、实施农村专项计划，推进城乡公平和区域公平

2012 年 4 月，教育部印发《关于实施面向贫困地区定向招生专项计划的通知》[②]，确定从 2012 年起，组织实施面向贫困地区定向招生专项计划（简称专项计划），即在普通高校招生计划中专门安排适量招生计划，面向集中连片特殊困难地区（即贫困地区）生源，实行定向招生，引导和鼓励学生毕业后回到贫困地区就业创业和服务。这是农村专项计划的开端。2013 年 5 月，教育部印发《关于 2013 年扩大实施农村贫困地区定向招生专项计划的通知》。[③] 从 2014 年到 2019 年，教育部每年印发相关文件部署此项工作。

（一）农村专项计划的三个层面

从 2015 年起，教育部把农村专项计划区分为国家专项计划、高校专项计划、地方专项计划三个层面，2016 年后进一步定型：国家专项计划定向招收贫困地区学生，招生学校为中央部门高校和各省（区、市）所属重点高校，实施区域为集中连片特殊困难县、国家级扶贫开发重点县以及新疆南疆四地州。高校专项计划主要招收边远、贫困、民族等地区县（含县级市）以下高中勤奋好学、成绩优良的农村学生，招生学校为教育部直属高校和其他自主招生试点高校，具体实施区域由有关省（区、市）确定。地方专项计划定向招收各省（区、市）实施区域的农村学生，招生学校为各省（区、市）所属重点高校，具体实施区域、报考条件

---

① 教育部、国家民委、公安部、国家体育总局、中国科协：《关于调整部分高考加分项目和进一步加强管理工作的通知》，2020年12月13日，https://gaokao.chsi.com.cn/gkxx/ss/201012/20101213/149734454.html。

② 教育部等：《关于实施面向贫困地区定向招生专项计划的通知》，2012年4月23日，https://wenku.baidu.com/view/e237447b27284b73f2425021.html。

③ 教育部：《关于2013年扩大实施农村贫困地区定向招生专项计划的通知》，2013年5月30日，http://www.moe.gov.cn/srcsite/A15/moe_776/s3258/201305/t20130530_152897.html。

由各省（区、市）根据本地实际情况确定。

（二）浙江实施农村学生专项计划情况

浙江的农村学生专项计划包括地方专项和高校专项。

1. 地方专项

2014年浙江积极实施面向欠发达县定向招生，推进区域公平和服务地方经济发展，其实质就是地方专项计划。首次由浙江工业大学、浙江师范大学、宁波大学等16所省属高校面向12个重点欠发达县定向招生，共录取288人，有效扩大了重点欠发达县考生接受优质高等教育的机会。2015年，扩大实施面向欠发达县定向招生，并正式确定为"地方专项计划"，录取388名。2016年，地方专项扩大到29个县，录取548人。29个县（市、区）为：淳安县、永嘉县、文成县、平阳县、泰顺县、苍南县、武义县、磐安县、衢江区、柯城区、龙游县、江山市、常山县、开化县、天台县、仙居县、三门县、莲都区、龙泉市、青田县、云和县、庆元县、缙云县、遂昌县、松阳县、景宁县、嵊泗县、岱山县、洞头县。

2. 高校专项

2015年，在往年全国个别高校使用农村专项计划在浙江招收农村学生的基础上，系统实施农村学生高校专项计划。面向淳安县等29个县（市、区）的农村学生招收新生181人，2016年增加到214人。

2014年至2021年省内外高校通过农村专项计划在浙江招收学生情况见表2-5-4。

表2-5-4　省内外高校通过农村专项计划在浙江招收学生情况

单位：人

年份	高校专项	地方专项	小计
2014年		288	
2015年	181	388	569
2016年	214	548	762
2017年	313	522	835
2018年	263	513	776
2019年	342	504	846
2020年	381	490	871
2021年	427	607	1034

说明：数据由浙江省教育考试院职能部门提供。

新时代高考综合改革的先行先试 （2012—2021年）

2014 年 9 月 4 日，国务院发布《关于深化考试招生制度改革的实施意见》，当月 19 日，浙江省人民政府发布《浙江省深化高校考试招生制度综合改革试点方案》，[①] 同日上海市人民政府发布《上海市深化高等学校考试招生综合改革实施方案》，新一轮高考综合改革（亦称新高考改革）率先在浙沪启动。

一、高考综合改革的背景

任何改革都有其社会背景，新高考改革的启动既是对中共中央全面深化改革战略决策的贯彻落实，也是对高中课程改革深化的呼应对接，也是一直"在路上"的高考招生制度自身改革完善合乎逻辑的发展和升华。

（一）高考综合改革是对中央全面深化改革决策的贯彻落实

2012 年 11 月 8 日，中国共产党第十八次全国代表大会报告强调："要坚持教育优先发展，全面贯彻党的教育方针，坚持教育为社会主义现代化建设服务、为人民服务，把立德树人作为教育的根本任务，培养德智体美全面发展的社会主义建设者和接班人"。[②] "立德树人"成为我国教育的根本任务。

2013 年 11 月 12 日，中国共产党第十八届中央委员会第三次全体会议通过了《中共中央关于全面深化改革若干重大问题的决定》。《决定》第 42 条明确提出：

深化教育领域综合改革。全面贯彻党的教育方针，坚持立德树人，加强社会主义核心价值体系教育，完善中华优秀传统文化教育，形成爱学习、爱劳动、爱祖国活动的有效形式和

---

① 浙江省人民政府：《关于印发浙江省深化高校考试招生制度综合改革试点方案的通知》，2014年9月9日签发，9月19日通过新闻发布会公布，http://jyt.zj.gov.cn/art/2014/9/19/art_1532974_27485645.html。
② 胡锦涛：《在中国共产党第十八次全国代表大会上的报告》，2012年11月8日，http://cpc.people.com.cn/n/2012/1118/c64094-1961215.html。

长效机制，增强学生社会责任感、创新精神、实践能力。

大力促进教育公平。深化考试招生制度改革，探索招生和考试相对分离、学生考试多次选择、学校依法自主招生、专业机构组织实施、政府宏观管理、社会参与监督的运行机制，从根本上解决一考定终身的弊端。推行初高中学业水平考试和综合素质评价。加快推进职业院校分类招考或注册入学。逐步推行普通高校基于统一高考和高中学业水平考试成绩的综合评价多元录取机制。探索全国统考减少科目、不分文理科、外语等科目社会化考试一年多考。①

根据中共中央的战略决策，教育部深入部分省市调研，形成深化考试招生制度改革的框架思路。2013年11月，教育部有关领导率队到杭州，主持调研座谈会，上海、浙江、江苏等省市教育行政部门负责人与会，浙江省教育厅厅长汇报了浙江在2011年围绕深化高中课改进行调研时同步形成的配套的高考改革思路，又就中央决策背景下深化高考招生改革提出了意见建议。

这一次调研，对浙江和上海一起成为先行试点省市具有重要的意义。

（二）高考综合改革是对高中课程改革深化的呼应对接

如果说，2007年起全国各省市陆续开展的基于高中课改的高考改革是对高中课改启动的呼应配套，那么这一轮新高考改革则是对高中课程改革深化的呼应对接。

2009年11月，教育部在南京召开全国基础教育课程改革经验交流会，交流各地课改的典型经验，研讨课改存在的问题。2010年6月，教育部《关于深化基础教育课程改革，进一步推进素质教育的意见》下发，《意见》指出："课程改革进入到总结经验、完善制度、突破难点、深入推进的新阶段"，"必须高度重视，采取有力措施，坚定不移地推动课程改革向纵深发展。"②2010年10月，国务院批准浙江等省市普通高中课程改革试点正式列入国家教育体制改革试点。

教育部《关于深化基础教育课程改革，进一步推进素质教育的意见》要求："深入推进高校招生考试制度改革，逐步把高中学生综合素质评价和学业水平考试的结果作为高校招生录取的重要依据。"浙江省在调研形成深化高中课改方案的过程中，把深化高考改革也作为配套的改革举措，一并调查研究，这为2014年承担新高考改革先行试点作了思想上的准备。

---

① 中共中央：《关于全面深化改革若干重大问题的决定》，2013年11月15日，http://www.gov.cn/jrzg/2013-11/15/content_2528179.htm。

② 教育部：《关于深化基础教育课程改革 进一步推进素质教育的意见》，2010年4月27日，http://www.moe.gov.cn/srcsite/A26/s7054/201006/t20100601_92800.html。

（三）高考综合改革是高考改革自身合乎逻辑的延伸和升华

恢复高考以后，高校招生制度在文化统考为主的基本框架内一直处于动态的演进完善过程中。1983 年起，教育部从两个方面启动改革：一是适应经济社会发展对人才的需要，启动定向招生、委托培养招生、自费生等招生计划方面的改革，通过改革形成了多渠道筹措教育经费的局面，满足了农村基层、中小企业、乡镇企业、艰苦行业对人才的急需，又从维护教育和考试公平出发，启动招生并轨改革，奠定了国家和个人共同进行教育投入的基本格局；二是围绕贯彻"德智体全面考核，择优录取"原则，启动了高中会考基础上的高考科目设置改革，同时推出完善投档录取体制、保送生、推荐与考试结合、自主招生等一系列改革。进入21 世纪后，又沿着科学选才和公平选才两条主线，实施基于新课改的高考改革、平行志愿、阳光招生、随迁子女就地升学、农村专项计划等多项改革。总体上看，高考招生制度的演进呈现由外部而内部、从政治经济外部驱动到教育文化内部驱动、由单一到多样、从分数单维评价到素质综合评价的走向。这些改革，有的指向如何使评价更科学、更符合"德智体全面考核，择优录取"的基本原则，有的指向如何使选拔更公平，更符合"公平竞争、公正选拔"的基本原则。有的如招生并轨改革、阳光招生等在长时期内奠定了高考招生制度的基础，有的如委托培养、自费生在一个时期内取得了成效但随着后续改革举措的出台而退出历史舞台，有的如局部打破文理分科、部分科目多次考试机会还处于少数省份的探索阶段，有的如高考加分、自主招生则受到公平效益范畴的制约。

总体上看，这些改革举措或多或少、或长期或短期发挥了积极作用，并为后续的深化改革奠定了政策和实践基础。但是高考招生中长期形成的一些老大难问题还没有得到根本性的解决。正如国务院《关于深化考试招生制度改革的实施意见》指出的：

改革开放 30 多年来，我国考试招生制度不断改进完善，初步形成了相对完整的考试招生体系，为学生成长、国家选才、社会公平作出了历史性贡献，对提高教育质量、提升国民素质、促进社会纵向流动、服务国家现代化建设发挥了不可替代的重要作用。这一制度总体上符合国情，权威性、公平性社会认可，但也存在一些社会反映强烈的问题，主要是唯分数论影响学生全面发展，一考定终身使学生学习负担过重，区域、城乡入学机会存在差距。中小学择校现象较为突出，加分造假、违规招生现象时有发生。[1]

唯分数论、一考定终身等这些老大难问题，一方面严重影响了高校选拔新生的质量，一方面对中学应试教育倾向的形成具有强烈的指挥棒作用。从长远看，这些顽瘴痼疾严重影响

---

[1] 国务院：《关于深化考试招生制度改革的实施意见》，2014年9月4日，http://www.gov.cn/zhengce/content/2014-09/04/content_9065.htm。

了一代代青年人和全民族的素质。在世界风云变幻、科技和综合国力竞争日趋激烈、国民素质的提升和创新人才的培养越来越重要的大环境下，高校考试招生制度作为高等教育的入口，作为中学教育的导向，在国民素质的提升和创新人才的选拔和培育上负有不可推卸的责任，而中共中央《关于全面深化改革若干重大问题的决定》的颁布则为考试招生制度改革定了基调。正是在这样的有利时机下，新高考改革站在以往改革奠定的基础上，毅然担负起时代赋予的重任，从招生计划、考试科目、评价方式、录取办法等多个方面一起发力，全链条联动，全方位推进，旨在从根本上解决这些老大难问题，为中华民族复兴选拔培养高素质人才和合格的建设者。而为改革探路、为改革先行先试的任务，历史性地落在浙江省和上海市的肩上。

二、浙江承担先行试点任务的实践基础和有利条件①

浙江成为高考综合改革的先行试点省市，有多方面的因素，其中在高中课改、高中学业水平考试（简称高中学考）和高考招生改革方面的扎实基础和创新探索，为高考综合改革奠定了良好基础，是关键性的因素。

在高中课改方面，浙江2006年启动高中新课改。2012年起，又按照"调结构""减总量""优方法"的思路实施深化高中课改。深化高中课改的重心是加强选修课建设，同时实行学分制、走班制和弹性学时制等制度。这与高考综合改革扩大学生选择权利的思路完全一致。

在高中学考方面，浙江从20世纪80年代起持续实施高中会考制度，没有间断。2013年起又在高中会考基础上实施高中学考制度，由考试招生机构按照高考要求组织管理。考试安排在标准化考点、考场举行，实行全省统一命题、统一施考、统一阅卷、统一评定成绩；全科开考，一年两考；成绩报告采用等级制。这为学考成绩纳入高考招生评价体系提供了制度支撑。

在高考招生改革方面，2008年公布的《浙江省新课改高考方案》实行分类考试，考生可自主选择考试类别；第一类科目实行文理打通、"18选6"；部分科目实行平时考，考生每科可参加2次考试，并自主选用考试成绩；2011年起推出的"三位一体"招生已成功探索综合评价；此外浙江实行平行志愿、职业技能考试、高职提前招生均已有多年实践经验，这些都为高考综合改革取消文理分科、扩大选择、多次机会、综合评价、平行到专业、高职分类考试招生等，奠定了坚实的实践基础。

---

① 浙江省教育考试院：《浙江省深化高校考试招生制度综合改革试点方案解读》，2014年9月，浙江省教育考试院编印。
　王琳瑛：《钱报记者专访省教育厅厅长，刘希平揭密：为何试点是浙江》，《钱江晚报》2014年9月20日第4版。

三、改革试点方案的形成、出台

2011 年就深化普通高中课程改革进行调研时，浙江省同步对新一轮高考招生制度改革进行谋划。2013 年底教育部初步确定浙江与上海先行新高考改革试点后，在省政府的统一领导下，浙江省教育厅、教育考试院正式开启改革方案制订工作。

（一）调研和听取意见

横向联动。高考招生涉及高等教育、基础教育、职业教育，同时与省内经济与社会发展多部门有紧密联系。因此在方案酝酿制订的全过程中，在省政府的统一领导下，省教育厅厅长抓总，省教育考试院牵头，基础教育处、高等教育处、职业与成人教育处、教研室、教科院等部门共同参与开展调研工作。同时与省委宣传部、省发展和改革委员会、人事、财政等部门保持动态联系。

上下贯通。方案的制订，以中共中央《关于全面深化改革若干重大问题的决定》和教育部关于高考招生改革的总体思路和框架为依据，并在制订过程中多次以书面或汇报会形式向教育部主要领导、分管领导和职能司局负责人汇报。在制订过程中，组织市、县教育局及相关职能部门深入调研、讨论。

广泛听取意见。在方案制订过程中，广泛听取高等学校、普通高中和职业高中校长、教师、学生和家长的意见；听取省人大、政协相关部门的意见；征询有关教育和考试研究专家、法制部门的意见。

（二）形成方案和报批

改革试点方案经过反复论证调研、反复听取意见、反复修改完善，经教育部审核后，与上海市改革试点方案一起作为全国总改革方案的附件，报经国务院、中央全面深化改革领导小组审核同意。

2014 年 8 月 29 日，中共中央政治局召开会议，审议通过了《关于深化考试招生制度改革的实施意见》。习近平总书记主持会议。

会议指出，考试招生制度是国家基本教育制度，是人才培养的枢纽环节，关系到国家发展大计，关系每一个家庭的切身利益，关系亿万青少年学生前途命运。改革开放以来，我国教育考试招生制度不断改进，为学生成长、国家选才、社会公平作出了重要贡献。深化考试招生制度改革，要全面贯彻党的教育方针，坚持立德树人，适应经济社会发展对多样化高素质人才的需要，认真总结经验，突出问题导向，回应社会关切，进一步促进教育公平、提高选拔水平，培养德智体美全面发展社会主义建设者和接班人。要通过深化改革，形成分类考试、综合评价、多元录取的考试招生模式，健全促进公平、科学选才、监督有力的体制机制，构建衔接沟通各级各类教育、认可多种学习成果的终身学习"立交桥"。

要改革考试形式和内容，完善高中学业水平考试，规范高中学生综合素质评价，加快推进高职院校分类考试，深化高考考试内容改革。要改革招生录取机制，减少和规范考试加分，完善和规范自主招生，完善高校招生选拔机制，改进录取方式，拓宽社会成员终身学习通道。

要统筹规划，试点先行，分步实施，有序推进。①

（三）发布和宣讲

发布前后的培训和宣讲。在方案正式发布前，省教育厅召集全省各市县（市、区）教育局负责人、教育考试机构负责人、省内高校负责人等进行专题培训，增进认识，统一思想，以便及早开展相关工作准备。2014年9月19日方案公布后，省教育厅组织两个宣讲组，由省教育考试院牵头，一周内分赴11个设区市，面向市、县教育局干部，中学校长、年级主任、班主任，高校负责人和部分市、县政府分管领导，对改革方案进行全面的宣讲和解读。同时，省教育考试院编印解读手册50余万份，分发给各级教育行政部门、考试招生机构、高校和中学，给高一新生人手一册，并在省教育考试院网站向全国高校和全省考生提供解读手册下载。

专题解读和讨论。9月29日省教育厅在义乌举办"浙江省适应高考改革普通高中教学安排研讨会"进行讨论交流；随后，各地教育局和高中学校逐级组织相关培训和讨论会进行交流探讨；省教育厅教研部门分片举行"深化课程改革统筹安排高中教学培训会议"，从教学安排上进行细致的探讨；省教育考试院深入高校，促进高校研究选考科目，并于11月18日、27日利用省内本科、高职院校招生宣传协调会的机会，面向全省所有高校招生负责人进行政策解读和指导。

在线咨询答疑。与此同时，利用互联网进行线上答疑释惑。方案公布后的第3天晚上，组织专家利用省教育厅官方微博，就社会集中关注的政策问题进行在线答疑，省教育厅和省教育考试院主要负责人到现场与网民互动。在线答疑持续近3个小时，有约64万网友连线参与，不少网站还加以连续转播。

面向省外宣传解读。深度做好面向省外高校的宣传解读工作。2014年10月中旬和下旬，省教育考试院先后邀请全国所有985高校和20余所211高校招生负责人来杭，专题介绍改革方案。2014年12月中旬和2015年1月中旬，又先后5次在北京、山东、黑龙江等地，向教

---

① 新华社：《中共中央政治局召开会议审议〈关于深化考试招生制度改革的实施意见〉》，《中国教育报》2014年8月30日，第1版。

育行政部门和考试招生机构负责人，省外高校和中学负责人，宣传介绍方案。

四、改革试点的主要内容

高校招生包括前期准备、评价和录取三个阶段，其中前期准备包括招生政策的制订和招生计划的编制。此次新高考改革是恢复高考以来内容最丰富、链条最长、力度最大的改革，涉及高校招生的三个阶段。三个阶段的改革都在教育部领导下推进，招生政策（如对高考加分政策的规范和清理）和招生计划（如农村专项计划）方面的改革举措，由教育部直接组织实施，试点省市的改革重点在评价和录取两个阶段，其中评价改革是新高考改革的重点和难点。

（一）把立德树人、促进学生健康成长作为高考招生的首要目标

2010 年颁布的《国家中长期教育改革与发展规划纲要》在官方文件中首次把"促进学生健康发展"和"科学选拔人才、维护社会公平"并列作为高考招生的"三个有利于"原则。2012 年十八届三中全会通过的《中共中央关于全面深化改革若干重大问题的决定》强调要"全面贯彻党的教育方针，坚持立德树人"。2014 年印发的《国务院关于深化考试招生制度改革的实施意见》在重申"全面贯彻党的教育方针，坚持立德树人"的同时，把"有利于促进学生健康发展"居于"三个有利于"原则之首。

《浙江省深化高校考试招生制度综合改革试点方案》一方面将"全面贯彻党的教育方针，适应经济社会发展对多样化高素质人才的需要，从有利于促进学生健康发展、科学选拔各类人才和维护社会公平出发，实施高校考试招生制度综合改革，构建更加公平公正、科学高效和灵活多样的高校考试招生制度"作为改革的指导思想，一方面又将"把促进学生健康成长和全面而有个性的发展作为改革的着力点"作为工作原则之一。在此前提下，通过设置选考科目、拓宽升学通道、解除学生填报志愿的选择之痛、增加考试机会、实行综合评价、深化高考内容改革等多方面措施，促进学生的健康成长。

（二）取消文理分类，把高中学考纳入高校招生评价体系

2009 年 2 月，教育部曾在网上就取消文理分科问题征求意见建议。2014 年，浙江省根据《国务院关于深化考试招生制度改革的实施意见》"不分文理科"的要求，总结 2004 年《新课改高考方案》第一类"自选模块"打通文理的实践经验，彻底取消文理分科。要求学生参加全部科目的高中学考，引导学生全面发展，克服文理偏科弊端。

与此同时，又根据国务院"增强高考与高中学习的关联度"的要求，通过两条途径把高中学考纳入高校招生评价体系，一是将高中学考的选考科目纳入高校招生科目设置，形成"3+3"科目设置；二是在"三位一体"招生评价体系里，把高中学考成绩作为"三位"中的一"位"。

（三）多方面扩大学生选择空间，促进学生在全面发展基础上的个性化发展

浙江从四方面扩大学生的选择权：一是设四种选拔模式供考生自主选择；二是从2009版《新课改高考方案》第一类科目"自选模块"的"18选6"，扩大到选考科目的"7选3"；三是提供两次机会的科目扩大到英语全科和全部选考科目，学生可自主决定是否利用第二次机会；四是平行志愿从5个学校志愿扩大到80个专业志愿，进一步增加了学生选择第一志愿的机会。同时，启用等级赋分计分方式，解决选考机制下不同科目的难度等值难题。通过改革促进学生选择能力、生涯规划能力的养成。

（四）开辟学生升学的多条通道，形成高校招生分类考试新的格局，同时把"高职院校分类考试"落到实处

浙江2009年版《新课改高考方案》在高考招生领域率先提出了"分类测试"，2010年《国家中长期教育改革与发展规划纲要》提出"分类考试"。无论是"分类测试"还是"分类考试"，都是广义理解的概念，指的是根据招生学校、考生群体的不同类型和不同的考试目标，分门别类地进行考试、评价。

2014年浙江把分类考试的要求进一步落到实处。

1. 形成高校招生分类考试新的格局

2009年浙江分三类设置考试科目，三类对应三个录取批次，一定程度上具有纵向层次分类的意味。2014年浙江取消录取批次，设"统一高考招生""高职提前招生""单独考试招生""三位一体招生"四条升学通道，完全体现了横向并列分类的意蕴，形成了分类考试的新格局。

2. 把"高职院校分类考试"落到实处

2014年9月国务院发布的《关于深化考试招生制度改革的实施意见》将分类考试概念聚焦于高职院校，提出"加快推进高职院校分类考试"的要求。浙江在四条通道中设"高职提前招生""单独考试招生"两条通道，贯彻国务院的这一要求。

（1）高职提前招生实行"文化素质＋职业技能"评价和"一档多投"。

高职提前招生是原高职自主招生选拔模式的升级。作为浙江新高考改革的重要组成部分，高职提前招生在两个方面深化改革。

一是以"文化素质＋职业技能"为评价内容，顺利进行了高职分类考试招生。浙江省根据《国务院关于深化考试招生改革的实施意见》"高职院校考试招生与普通高校相对分开，实行'文化素质＋职业技能'评价方式"的要求，面向普通高中学生和中职学生，采用两种模式实行综合评价。面向普通高中学生，以高中学考成绩为前提，由高职院校对学生的职业素养进行测试；面向中职学生，以全省统一组织的职业技能考试成绩为前提，由高职院校对学生的文化素养进行测试。考生均免于参加统一高考招生。

二是在全国率先成功实施了高职招生"一档多投"。高职提前招生实行"考生自愿报考、院校综合测评、一档多投、双向互动选择"。考生可同时报考多所院校，被多个院校拟录取，最终选择一所录取院校。2014年进行了前期模拟运行。2015年15所高职院校首先试水，2.5万名学生报考，其中报考2所院校以上的超过42%，报考5所院校的有573人；最终被2所以上院校专业拟录取的有344人，其中1名考生同时被4个院校专业拟录取。

通过试点，有效扩大了考生的选择权，实现了从选报、选考到选录的前后呼应，选择机会更加丰富。2016年高职提前招生在全省全面推开实施。

（2）单独考试招生以职业技能考试为抓手彰显职业教育特色。

单独考试招生是原"高职单考单招"选拔模式的升级。相对于原"高职单考单招"，单独考试招生既有共同的内涵，又在原有的基础上有了新的探索。最重要的是把原来的"专业理论考试"转型为"职业技能考试"。

2014年12月，在汽车专业成功试点的基础上，浙江省职业技能考试扩展到机械、建筑、烹饪、旅游、服装、电子电工、外贸、艺术和其他九个大类。2014年有2.08万名中职学生参加考试，2015年又扩展到15大类，4.52万人报名参加考试。2016年覆盖全部17大类，52413人参加考试。

职业技能考试包含理论笔试和操作考核两部分，它把对职业技能的考核从教室里的纸笔考试转化为车间里的实际操作考核，使高职招生对考生"文化素质＋职业技能"的考核评价真正落到实处。

（五）增加提供多次机会的科目，在提升测试准确性的同时，减轻学生的心理负担，并发挥考试的诊断反馈功能

浙江2008年在英语听力等三项考试中提供多次机会，取得成功。在此基础上，2014年根据国务院《关于深化考试招生改革的实施意见》"外语科目提供两次机会""创造条件为有需要的学生提供同一科目（指高中学考科目）参加两次考试的机会"的要求，对外语和高中学考科目（包括选考科目）均提供两次考试机会，每位考生可自主确定是否利用第二次机会。

此外，从2015年10月首次高中学考及选考科目考试起，为每位考生提供成绩诊断报告，发挥考试对教学的诊断和反馈功能。

（六）"三位一体"综合评价招生和高考内容改革互相呼应，全面评价学生并引导学生增进核心素养和综合素质

根据中共中央《关于全面深化改革若干重大问题的决定》"坚持立德树人，加强社会主义核心价值体系教育""增强学生社会责任感、创新精神、实践能力""逐步推行普通高校基于统一高考和高中学业水平考试成绩的综合评价多元录取机制"的精神，按照教育部的统一部署，浙江从三个层面评价学生并引导学生综合素质、核心素养的养成。

1. 完善中学综合素质评价体系，发挥综合素质评价结果在统一高考招生中的作用

2015年4月，浙江省教育厅印发《关于完善浙江省普通高中学生成长记录与综合素质评价的意见》，对2006年建立的综合素质评价体系进行更新和健全。

综合素质评价内容包括品德表现、学业水平、运动健康、艺术素养和创新实践。综合素质评价的程序体现客观、民主和公开的原则。在采用写实方法客观记述的基础上，对每位学生进行民主评议。评议采用学生互评和教师评议相结合的办法，其中学生互评权重不低于70%。学生互评结果、教师评议结果和综合评价结果均须在学校公示栏和校园网上公示。在此基础上，高中学校为每位学生建立综合素质档案。录取期间，通过录取投档系统将每位考生的综合素质主要信息提供给招生学校参考。

2. 扩大"三位一体"综合评价招生试点范围

《浙江省深化高校考试招生制度综合改革试点方案》把"'三位一体'综合评价招生"与"统一高考招生""高职提前招生""单独考试招生"并列，作为深化高校考试招生制度综合改革的基本内容。对它的表述是："高校依据考生统一高考、高中学考和综合素质评价成绩按比例合成综合成绩，择优录取。"从2015年到2016年，"三位一体"综合评价招生有了新发展：

一是部属和省外高水平大学增加，在 2014 年浙江大学、上海交通大学和中国科学技术大学 3 所院校的基础上，2015 年增加了复旦大学、中国科学院大学、香港中文大学（深圳校区），2016 年增加北京大学、清华大学。二是中学综合素质评价的作用增强。浙江师范大学、浙江理工大学在初审环节把中学阶段综合表现专家评分和学业水平测试（高中会考）折算成绩以 3：7 的比例合成书面材料评审成绩，以此确定获得综合素质测试资格的考生名单。

2015—2021 年"三位一体"招生的情况见表 2-6-1。

表2-6-1　2015—2021年"三位一体"招生情况

年份	招生学校数			报考人次数	录取人数
	总数	省属	部委属		
2015年	52	46	6	68614	5158
2016年	54	46	8	118609	7692
2017年	51	43	8	95908	7757
2018年	59	50	9	183566	10539
2019年	58	49	9	263274	10357
2020年	53	47	6	349975	10086
2021年	50	44	6	326521	10306

"三位一体"综合评价招生呼应高中课改深化，把高中学考成绩、中学综合素质评价结果等纳入高考招生评价体系，把社会主义核心价值观、爱国主义、文化自信、社会责任感等核心价值和创新能力、探究能力等关键能力作为重要考核内容，实现从"选分"到"选人"的转变。

3. 在统一高考招生命题中深化考试内容改革，注重价值引领、文化熏陶和能力培养

浙江从 2004 年起承担语文、数学、外语三科分省命题任务，2009 年起承担全部科目的分省命题任务[①]。2014 年启动高考综合改革试点后，在高考命题中系统地贯彻"一点四面"的要求[②]，发挥高考的育人功能。试题坚持立德树人为价值引领，重点考查社会主义核心价值观，指引学生培养正确的世界观、人生观和价值观；考查依法治国理念，引导学生树立宪法意识和法治观；考查中华优秀传统文化，引导学生提高人文素养、传承民族精神，树立民族自信心和自豪感；考查创新能力，提升学考选考对创新教育与人才培养工作的积极作用。

以 2017 年 4 月高中学考与选考科目的命题为例，如表 2-6-2 所示。

---

① 2016年起，外语由教育部考试中心命题。

② "一点四面"指以立德树人为重点，加强社会主义核心价值观、依法治国、中国优秀传统文化和创新能力等四个方面的考查。

表2-6-2　2017年4月浙江高中学考与选考科目试题体现"立德树人"情况

内　容	科目	题号
评选文明家庭，倡导文明风尚	政治	26
考核民法典编纂理念，强化法治意识	政治	16、17
传统知识分子忧国忧民情怀	语文	6
二十四节气列入联合国非物质文化遗产，爱国主义	语文	6
中国古代科技典籍的比较，科技文化源远流长	历史	3
通过虫子的飞行和爬行，考查实验的理解和思辨能力	物理	16
以生态工程为背景，引导学生增强环保意识	生物	32
用计数的思想设计编写排名次的程序，考查知识迁移能力	技术	17

（七）取消学校录取批次，实行以专业为单位的平行志愿，解除学生志愿填报"院校和专业不能兼顾"的选择之痛，扩大学生和学校的双向选择。

根据国务院《关于深化考试招生制度改革的实施意见》"创造条件逐步取消高校招生录取批次"的要求，浙江一步到位取消了学校的录取批次，保留了按学生成绩分段的录取体制。2017年按学生成绩总分从高分到低分，分三段填报志愿和投档录取，三段的分段比例分别为20%、60%（累计）、90%（累计）。每一段组织一次填报志愿和投档录取，每位考生每次可以填报不超过80个志愿。

2017年8月，高考综合改革实施后首次录取结束，录取收获"四高一低一无"，"四高"指的是志愿填报率高、志愿投档率高、志愿满足率高、考生的选考科目与高校设置的专业要求匹配度高，"一低"指的是退档率显著降低，"一无"指的是无专业计划调整。

五、改革试点的有序推进

改革试点方案公布，并在全省范围进行宣传解读和培训后，浙江省教育厅、考试院从考试招生、中学应对、高校应对三个方面全方位推进试点工作。

（一）考试招生方面

一是及时制订并出台高考改革试点的配套方案。2014年11月，浙江省教育厅印发《浙江省普通高中学业水平考试实施办法》和《浙江省普通高校招生选考科目考试实施办法》，对教师、学生和家长非常关心的学考和选考如何选、如何考、如何划分等第、如何赋分等事项作出了明确规定。2016 年 1 月，浙江省教育考试院印发《浙江省高职提前招生试点管理暂行办法》，从试点高校的确定、学生报名、学校综合测评、录取等方面予以规范。

二是及时汇总、审核、公布各招生高校选考科目范围要求。在教育部的统一部署和全力支持下，经过与省内外高校反复沟通联系，对数以万计的专业信息进行仔细比对，2015 年 2 月即向社会公布了 2017 年拟在浙江招生高校的选考科目范围，共涉及 1368 所院校、2.37 万余个专业。

三是适时进行模拟考试和模拟录取。浙江 2014 年的试点方案把同一科目的选考和学考结合在一起进行考试，对命题专家、教师和学生而言都是全新的测试方式，"7 选 3"和平行到专业的志愿填报和投档录取模式也是考生、家长和教师首次面对。在编印并无偿发放指导手册、编制漫画和逐级全覆盖培训的基础上，还进行了模拟演练。省教育考试院于 2015 年首次学考选考前，按实际考试的要求组织命题，对全省所有拟报考考生进行适应性模拟测试。2017 年初和新高考录取前，又分两次对全体考生进行适应性模拟填报志愿和投档录取。省内外高校积极配合，保证了学生在正式填报志愿前对新高考录取方式有了直观的感受和体验。

（二）中学应对方面

省级层面多措并举，全面部署。 首先是出台指导性文件。2014 年 9 月 19 日，改革方案公布当天，省教育厅印发《关于适当调整〈浙江省普通高中学科教学指导意见〉的通知》和《关于适应高考招生改革变化统筹安排普通高中课程教学的指导意见》两个文件。9 月 28 日，又修订公布《普通高中学科教学指导意见》，对高中学校适应高考招生改革、科学合理安排课程教学做出全面具体的安排，并建立普通高中学校和职业高中学校学生相互转学制度。其次是组织中学围绕考改和课改的互动关系进行专题讨论研究。省教育厅基教和教研部门建立专项调研课题，深入中学进行调研讨论，并于 2015 年 3 月在浙江师范大学举行全省普通高中校长适应高考招生改革研修班，对一些工作难点与着力点进行具体细致的探讨。其三是对高中学校严格按教育教学规律组织教学进行强调。2015 年 9 月省教育厅印发《进一步做好普通高中学校统筹安排教学工作的意见》，要求严格按教育教学规律推进课改和教改，杜绝集中时间赶进度搞"学考会战"等现象。

学校层面因地制宜，主动应对。 各学校在认真学习领会新高考有关文件的基础上，从课程和教学计划安排、学生选科和生涯规划指导、综合素质评价方法完善、学校办学特色凝炼等多个方面研究对策。

在课程建设方面：浙江大学附属中学抓住新高考和深化高中课改的契机，着力进行育人视域下的创新教育顶层设计，从教师、课程、空间等多方面入手，着力构建创新教育育人体系。建设了具有"求是创新"文化特点的科技创新课程群，并依托选修课的"五大学院"（自然科学学院、国学人文学院、体育健康学院、艺术智造学院、国际经济学院）实行学院制管理，促进了学生个性化发展。浙江师范大学附属中学顺应新高考的选考要求，实施"全科全员分层分类选课走班教学"，形成"专业分类、水平分层、学科分项"选课走班模式，逐步构建形成"三园一导"育人体系：由行政班（精神的家园）、教学班（学习的学园）、自治共同体（成长的乐园）构成的"三园"，与导师团队组成的"一导"，协同聚力，实现"三全育人"。杭州源清中学从经世之德、经世之才、经世之能出发，分设修身、致知、用世3个维度，构建了"三维九类、三层百门"的课程体系，供学生选择的选修课程达421门；并形成了商业类、信息类、创意类等为"培养追求智慧生活的经世之才"的特色课程群，其中有市级以上影响力的课程23门。

在综合素质评价方面：桐乡市高级中学秉持"教育要致远生命旅程"的办学理念，以培养学生成为责任担当者、成功学习者、自信的生命个体为目标，有机融合品德表现、运动健康、艺术素养、创新实践四个维度，全面提升学生的综合素质。景宁中学设立"学生成长记录与综合素质评价"工作领导小组，由校长任组长。下设监察小组、执行小组（分学业水平组、品德表现组、运动健康组、艺术素养组和创新实践组等五个小组），把综合素质评价工作落到实处。

在生涯规划教育方面：丽水中学建立全员深度卷入的生涯规划教育体系，创设融生涯课程、生涯渗透、生涯资源、生涯中心、生涯载体、生涯基地、生涯社团、生涯邮局、生涯学术于一体的"全息模式"，把学生培养成"愿自选、能自选、会自选"的有选择力的主体。衢州市第二中学开设生涯规划指导选修课、必修课并评选精品课，编写出版校本教材，举办生涯设计比赛、小报比赛，组织生涯规划人物访谈和故事分享会，让学科教师、班主任和家长都成为生涯规划的当事人。景宁中学建设面积为800平米的生涯中心，包含生涯规划教室、活动室、咨询室、探索室和体验室等功能区。[①]

（三）高校应对方面

2014年9月新高考启动后，在省教育厅、省教育考试院组织全覆盖宣讲培训的基础上，各高校认真研究确定分专业的选考科目范围，2015年2月即在浙江省教育考试院官网上公布。

---

① 以上素材来自国家社科基金2018年教育学课题"浙江新高考深化完善方案跟踪与评估研究"（BHA180146）调研报告。

2016年8月，浙江省教育厅举办全省高校落实高考招生制度综合改革试点工作会议，围绕高校如何做好新高考相关工作，并借新高考改革的契机推进高校专业建设和人才培养模式改革进行专项部署。各高校以新高考改革为契机，强化专业建设，深化教学改革等问题。①

一是借新高考改革的契机，强化专业建设。所有高校都认识到重视专业建设是适应高考综合改革需要的最迫切任务，投入了大量精力进行专业市场调研，探索建立招生专业动态调控与预警机制，积极培育专业的核心竞争力。温州医科大学聚焦学科优势，优化专业结构，调整专业规模，从2013年到2016年间，停招停办了海洋科学、计算机技术、环境科学等11个专业，新增基础医学、儿科学、精神医学等紧缺医学专业。中国计量大学立足学校办学定位、传统优势和大质检事业发展需要，强化在标准化、计量、质量管理、检验检疫等领域的特色专业建设，积极推进工程教育专业认证工作。浙江科技学院建立校内各专业招生动态调控机制，主要评价指标包含专业省内排位情况、各专业热度、报到率、转专业率、教学满意度、毕业一年后就业率、就业服务满意度、就业专业相关度、毕业生月收入、考研率。湖州师范学院做精师范类专业，做特水产养殖学和护理学专业，做强国家特色专业和省优势、新兴特色专业，形成"新建专业高起点、优势专业成示范、特色专业筑品牌、传统专业重提升"的专业分类建设体系。浙江机电职业技术学院提出要优化专业结构，服务智能制造，突出技术教育，深化产教融合，打造综合实力居于省内领先、国内前列的优势与特色专业（群）。浙江工商职业技术学院进一步完善"工商并重""二三产融合"的专业格局，提高专业与产业融合度。浙江工业职业技术学院引入《悉尼协议》专业认证：在"数控技术""机电一体化技术"和"建筑工程技术"等骨干专业中引入《悉尼协议》标准，服务"一带一路"倡议，建立教学质量反馈监控机制、毕业生短期和中期跟踪反馈机制、第三方参与的社会评价机制。

二是深化教学改革。多数高校都围绕高考改革的新要求，及时修订人才培养方案，积极探索分层分类教学。如浙江工业大学按类修订专业培养方案，推进前期宽口径按类培养、后期多样化专业教育模式，并针对高考选考科目造成知识结构不同的情况，在2017级培养计划中增加预科课程。浙江工商大学以新高考改革为契机，构建"商以载道、通专融合"通识教育和"分层分类、工商融合"专业教育相结合的课程体系，实施弹性学分制，开展分层分类培养。浙江中医药大学实施"两平台一提升"计划，通专并重，搭建通识课程平台和专业基础平台，明确专业核心课程，加强实践教学，提升专业能力。

三是创新招生宣传。许多高校推出了加强与中学教育的衔接沟通、更有针对性地做好招

---

① 浙江省教育考试院：《高考综合改革对我省高等学校教育的影响和应对建议》，刘希平主编：《新时代、新理念、新实践：浙江省教育厅机关2014—2016年度优秀调研报告集》，杭州：浙江教育出版社，2019年，第82—86页。

生宣传的应对策略。如浙江大学推出"校园开放日""教授说专业"等公益活动，出版《教授带你逛专业》，请资深教授面向高中生讲解专业。浙江工业大学组织实施"四个一百"招生宣传工程：建设百所重点中学优质生源基地、选聘百名专业教授专家、组建百支招生宣传队伍、开展百场招生宣传活动。杭州电子科技大学重点建设省内外 50 所优质生源基地，发挥优质生源基地的作用，建立和健全优质生源基地建设考评办法。浙江经贸职业技术学院转变工作思路，探索创新宣传形式，实现从"行政招生"向"教授招生"、从"学校为主"向"校院结合"、从"单一招生咨询"向"多元生涯咨询"的转变。凝炼特色，搭建平台，生涯导入，提升招生宣传实效。浙江旅游职业学院通过策划"大师名师谈专业"活动、开展"我眼中的专业"微电影大赛、尝试开展专业代言人宣传模式。

六、改革试点的媒体报道和第三方评估

浙江从 2014 年与上海一起承担新高考改革全国试点任务起，就受到媒体的高度关注。2014 年 9 月 20 日—21 日，《人民日报》发表题为"高考不再'一考定终身'"的报道，新华网则发表评论《以高考改革促进人的全面发展》，《光明日报》聚焦"浙江高考改革：贯彻选择性教育理念"，中国新闻网则关注"浙江新高考'专业导向'将倒逼学生进行职业生涯规划"。[①]

从 2017 年至 2020 年，浙江省在自行组织跟踪调研评估的同时，先后委托北京大学、北京师范大学组成专家组进行第三方调研评估。

（一）北京大学的第三方评估

2017 年 6 月中旬至 7 月中旬，北京大学接受委托，组成由文东茅教授负责的评估团队，分四个调研小组，通过集体座谈、个别访谈、问卷调查、现场观察等方式对浙江省高考改革进行了调研，调研涉及几十所高中、几十所在浙招生高校以及省市教育行政部门，深度访谈人员超过 100 人。回收学生、家长和教师问卷 40383 份。

调研形成的评估报告从四个方面对浙江高考综合改革成效予以肯定：第一个方面是"落实国家政策精神，顺利完成了首轮高考综合改革。"报告指出：

浙江高考综合改革是一项"牵一发而动全身"的庞大的系统性改革，是有史以来最复杂的一场高考改革，随着首批学生录取工作的顺利完成，"首轮高考改革平稳落地"，这就是对

---

① 姜泓冰、江南：《高考不再"一考定终身"》，《人民日报》2014年9月20日，第4版。

仇逸、吴振东：《以高考改革促进人的全面发展》，2014年9月30日，https://www.docin.com/p-925389211.html。

王东、严红枫：《"浙江高考改革：贯彻选择性教育理念"》，《光明日报》2014年9月21日，第4版。

施佳秀、董佳丽、邵晓鹏：《"浙江新高考'专业导向'将倒逼学生进行职业生涯规划"》，2014年9月21日，http://edu.people.com.cn/n/2014/0921/c1053-25702209.html。

改革的充分肯定，足以说明浙江取得了一项了不起的成就，其中凝聚着浙江人民的智慧、勇气和巨大的努力。即使改革中还可能存在各种问题和不足，但这种前期探索的任何经验和教训都弥足珍贵，是浙江进一步完善改革方案以及全国其他省市全面推进高考综合改革的宝贵财富。

第二个方面是"突出选择教育特色，切实扩大了学生选学选考权利。"报告指出：

浙江高考综合改革突出体现了选择性教育的理念，从多个方面切实扩大了学生的选择权。

尽管对扩大学生选择性的程度仍然有不同的看法，但多次考试是改革的方向，学会选择也是中学教育的重要培养目标之一，浙江在这方面的改革尝试和相关努力功不可没。

第三个方面是"努力克服各种困难，率先实现了全省高中走班教学"。报告指出：

打破文理分科，实行考试科目由学生自主选择的模式，是为了帮助学生扬长避短，增强学生学习兴趣，促进学生个性和特长发展。

浙江的各位校长和教师克服了困难，探索出了全科走班、部分走班、分层走班、分类走班等各种走班模式，在有限时间、有限投入的情况下，在全省范围内顺利实现了从固定班级教学向走班教学的转变。这不能不说是一次教育史上的壮举。

浙江的前期探索可望为全国其他省市提供宝贵的经验。

第四个方面是"探索综合评价和多元选拔，全面推动了各类高校综合改革"。报告指出：

为落实"分类考试、综合评价、多元录取"精神，浙江在综合评价和多元选拔方面也进行了有益的探索。

这些考试招生方式的改革，不仅给了考生多种升学路径选择，避免了以往"高校＋专业"模式下大量考生不得不"服从专业调剂"等现象，还有力地推动了高校招生改革、专业建设，促进了高校之间以及高校内部各专业之间的合作与竞争。受招生改革的影响，浙江大多数高校以及部分全国高校都已经在"大类招生""自主招生""通识教育""打造特色"等方面进行了积极的改革。随着改革的推进，高校对招生工作研究、重视程度都大大加强，由招生撬动的高校教育、教学改革可望进一步推进和深化。[①]

（二）北京师范大学的第三方评估

2018年12月—2019年1月，北京师范大学接受委托，组成由钟秉林教授领衔、近20人参加的调研评估团队，对浙江新高考改革进行评估调研。调研采用现场走访、座谈讨论和问卷调查方式。共回收问卷88921份，有效样本71843份。与此同时还查阅了有关文件和媒体资料。在此基础上形成评估报告。

① 北京大学项目组：《浙江高考综合改革第三方评估报告》，2018年4月，浙江省教育考试院档案室藏。

评估报告从三个方面肯定了浙江新高考改革试点实践:(1)坚持学生为本,增加学生选择性。评估报告认为浙江新高考方案坚持以学生为中心的改革方向,致力于打破"一考定终身"弊端,缓解"唯分数论"弊端;尊重学生选择,促进学生个性发展,强化生涯规划意识,提高学生的选择能力;实施分类考试,拓展学生多元录取渠道,增加学生高等教育入学机会。(2)改革招录方式,促进高校科学选才。评估报告认为两轮录取平稳落地,全省范围内高考录取结果比较理想,新高考录取学生的获得感高,高校对招生录取模式改革的获得感高;"三位一体"招生在一定程度上淡化了完全以分数为标准的招生录取标准,探索多元选拔人才,通过"三位一体"招生方式入学的学生比普招学生拥有更稳定的职业性向;实施统一高考招生、自主招生、"三位一体"招生、高职院校提前招生和单独考试招生、应用型高校面向中职院校招生等多种考试与招生模式,实现多元选拔、多渠道录取,拓展学生录取渠道。(3)完善制度机制,确保社会公平公正。浙江省高考改革着力完善规则,促进社会公平公正。一是完善考试监管机制,推动阳光高考制度建设,促进社会公平。二是落实面向农村地区的专项计划,保障农村孩子上大学的机会,推动义务教育阶段均衡发展,促进教育公平。三是充分尊重学生的选择性,扩大学生的选择权,体现了教育过程的公平。四是改革招生录取方式,实行平行志愿到专业,促进高校公平发展与竞争。五是广泛征求、吸纳社会意见和建议,扩大了公众参与公共事务的范围,家长对高考改革的关注度高、参与度强,在一定程度上促进了社会公平与正义。[①]

北京师范大学评估组对71843份问卷的统计结果显示,高校学生、高中学生、高中学生家长、高校教师、高中教师对浙江省高考综合改革总体成效的认可率分别是81.7%、79.9%、68.6%、60.7%、55.7%,高校学生满意度最高(见图2-6-1)。

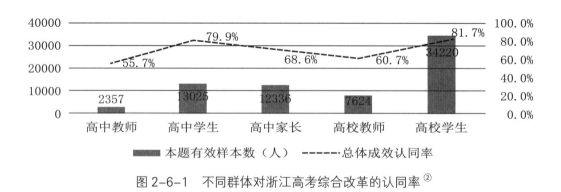

图2-6-1 不同群体对浙江高考综合改革的认同率[②]

---

① 北京师范大学第三方评估项目组:《浙江省高考综合改革实施效果评估报告》,2019年1月31日,浙江省教育考试院档案室藏。

② 调查量表采用利克特(Likert)6点计分方式,即"完全不认同""基本不认同""有点不认同""有点认同""基本认同""完全认同",分别评定为1—6分,分值越高,表明被访者对该表述的认同度越高。项目组将选择"有点认同""基本认同""完全认同"三个选项的被试人数占总被试人数的比例记为"认同率"。

（三）北京师范大学的深度分析

2019 年 12 月—2020 年 1 月，北京师范大学评估团队再次赴浙江进行实地调研，并聚焦 2017—2019 年入学的新高考录取学生进行问卷调查，回收有效问卷 312650 份。结合前一次评估调研的结果，对浙江新高考改革试点实践进行全面深入分析，形成了基本结论。

研究报告认为：（1）浙江方案与中央、国务院要求保持高度一致，体现改革方向。一是体现了对《中共中央关于全面深化改革若干重大问题的决定》和《国务院关于深化考试招生制度改革的实施意见》的贯彻落实；二是与《深化新时代教育评价改革总体方案》的精神高度吻合。（2）为国选才、立德树人的改革目标基本实现。一是尊重学生选择权，促进学生健康全面发展；二是提升高校生源质量，实现科学选拔各类人才；三是优化教育治理体系，维护社会公平公正。（3）主要利益相关者对改革方案认可度高、改革成效满意度高。对高考改革的总体满意度中，高校学生认可度最高。高校学生对具体改革举措的认可度中，对"平行志愿到专业（专业类）"认可度最高，达 95%，对"高校实施'三位一体'招生方式""实行'7选 3'科目选择方式""实行'3+3'科目组合""取消学校录取批次"的认可度都在 90% 以上。（4）浙江方案为第二、第三批高考综合改革省份带来了显著的示范效应。浙江省实施平行志愿到专业（专业类）的投档录取方式，增加了学生与高校的双向选择机会，避免了传统的志愿投档方式学生被调剂的风险，也增加了高校院系的招生自主权。浙江通过"三位一体"综合评价招生探索了多元录取模式，为高校人才选拔提供了经验借鉴。此外，浙江省率先出台高校选考科目指引。[①]

（四）《中国教育报》对高考综合改革实践的盘点和对浙江先行试点经验的报道

新高考改革 2014 年从浙江、上海先行试点起步，2017 年北京、天津、山东、海南加入试点，2018 年增加河北、辽宁、江苏、福建、湖北、湖南、广东、重庆八省份，2021 年进一步扩大了黑龙江、甘肃、吉林、安徽、江西、贵州、广西七省份。

2021 年 9 月 14 日，《中国教育报》发表报道《新高考带来哪些新变化：高考综合改革七周年回眸》，通过"学生新变化：追求全面多元个性化发展""高中新要求：创新教学模式和生涯教育""大学新挑战：注重专业特色与内涵建设"三个视角，对新高考改革七年的实践进行盘点。[②]

此前的 2021 年 4 月 9 日，《中国教育报》发表题为"为学生成长提供更多选择：新高考改

---

① 北京师范大学第三方评估项目组：《浙江高考综合改革实施效果评价报告》，2020 年 12 月，浙江省教育考试院档案室藏。

② 高众：《新高考带来哪些新变化——高考综合改革七周年回眸》，《中国教育报》2021 年 9 月 14 日，第 1 版。

革的浙江经验"的报道，从"改考试、改录取、改课程、改专业"四个方面诠释了新高考的内容，从"坚持统考为主、多元并举，人人皆可成长成才、脱颖而出的通道；实行综合评价、过程评价，积极探索建立科学的高考评价制度；坚持以生为本，增加选择机会，显著扩大考生的选择权；实行专业平行志愿，直接投档到专业（类），做到学校与专业选择的'双精准'"四个方面凝炼浙江特色；从"始终把安全稳定作为最重要的底线；始终把公平公正作为首位的价值取向；始终把系统观念作为谋划改革的重要方法；始终把数字赋能作为完善新高考的重要手段"四个方面总结了浙江推进新高考的措施；从"考生选择满足度达到最佳水平；人民群众满意度不断提高；带动学校特色化发展和学生个性化成长"三个方面展现了浙江实施新高考的主要成效。[①]

七、改革试点遇到的新情况新问题与深化完善

无论是浙江省教育厅、省教育考试院组织的自我跟踪评估，还是北京大学、北京师范大学的第三方评估，都既充分肯定改革试点取得的初步成效，也实事求是地分析试点实践中遇到的新情况新问题，并提出改进完善的对策建议，为试点方案的深化完善提供了依据。

（一）改革试点遇到的新情况新问题

改革试点中遇到的新情况新问题主要有：一是学考选考均提供两次机会和可以跨年级选考的叠加，在增加学生选择权的同时，也增加了学校排课的复杂性、教师教学的工作量，新高考改革在与高中课改深化形成合力、促进中学修课走班的过程中，伴随着相当数量教师对选课走班带来的教学秩序重建的不适应；二是一些地区存在学科教师结构性缺编和潮汐现象，部分中学的教室和教学设备不足；三是部分高校在确定选考科目范围和部分学生在选择考试科目时的功利化造成了物理等科目选考人数的下滑，难以满足国家建设的需要，一些中学仍按照原有应试教育的模式组织管理教学，存在抢赶教学进度、压缩学习课时等现象；四是以原始分计入总分的外语科目成绩两年有效存在因命题难以等值而影响公平的可能性；五是唯分数、唯升学率的教育评价观念和评价标准根深蒂固，很多地方仍用一段率、"北清率"评价教育、考核学校。

（二）省委、省政府为新高考改革把舵定向

2018年岁末，浙江省人民政府成立浙江省高考综合改革领导小组。在委托北京师范大学

---

① 蒋亦丰：《为学生成长提供更多选择：新高考改革的浙江经验》，《中国教育报》2021年4月9日，第6版。
孙恒：《新高考改革的浙江探索与浙江经验》，《中小学校长》2021年第6期。

进行第三方评估的同时，由省教育厅组成三个调研小组，在全省范围内就新高考改革试点实践进行广泛深入的调研和自我评估。并结合第三方评估结果，形成总的调研报告。省委、省政府多次开会专题研究高考综合改革工作。

2019年全省教育大会举行，省委主要领导在大会上代表省委明确了高考改革"坚持改革不动摇、完善改革不停步"的总方针。[①]

2019年4月9日，省政府主要领导专题调研高考综合改革，并在省教育考试院主持召开座谈会，认真听取教育部门负责人及大中学校校长、教师、家长、学生代表对深化高考综合改革的意见建议。[②]

（三）对改革试点方案的深化完善

在自我跟踪、总结评估和第三方评估的基础上，在教育部的指导下，浙江省于2017年、2020年两次对新高考改革试点方案予以进一步深化完善。

1. 2017年的深化完善

2017年11月，浙江省人民政府印发《关于进一步深化高考综合改革试点的若干意见》[③]，对2014年发布的试点方案进行深化完善。深化完善的内容主要有：（1）学考与选考分离，实行分卷考试。考试时间由每年的4月、10月调整为1月、6月。（2）建立选考科目引导和保障机制。一是在2017年11月出台《浙江省普通高校本科专业选考科目要求设置指引》，引导高校根据专业对学生知识结构的内在要求设置选考科目范围，总体上增加对物理等科目的要求，引导学生选考物理；二是建立选考科目保障机制，规定当选考科目某次考试赋分人数少于保障人数时，以保障数量为基数进行等级赋分。保障数量按国家相关学科人才培养需求确定。针对当时学生选考科目的实际，率先建立物理科目保障机制，其他科目出现类似情况的，参照建立相关保障机制。

2. 2020年的深化完善

2020年6月，浙江省人民政府印发《关于进一步做好高考综合改革试点工作的通知》[④]，对高考改革试点方案再次深化完善。

① 王国锋、余勤、谢晔：《全面贯彻党的教育方针，率先高水平实现教育现代化》，《浙江日报》2019年3月23日，第1版。
② 余勤：《积极稳妥深化高考综合改革试点》，《浙江日报》2019年4月10日，第1版。
③ 浙江省人民政府：《关于进一步深化高考综合改革试点的若干意见》，2017年11月28日，http://www.zj.gov.cn/art/2017/11/28/art_1229017138_64634.html。
④ 浙江省人民政府：《关于进一步做好高考综合改革试点工作的通知》，2020年6月19日，http://www.zj.gov.cn/art/2020/6/19/art_1229017138_650132.html。

　　《通知》明确了进一步深化完善高考改革试点方案的具体措施：高中学考按年级定时定科统一安排；外语和选考科目成绩从2年有效改为当年有效；选考科目等级赋分的分差由3分改为1分；录取分段由三段改为两段；语文、数学从2023年起和先期采用教育部考试中心命题试卷的外语一样，也使用全国统一命题试卷；职业技能操作考试作为合格性考试，由省统一标准、市县组织。

　　《通知》指出：5年多来，我省从有利于促进学生健康发展、科学选拔各类人才和维护社会公平出发，全面推进高考综合改革试点，初步构建了更加公平公正、科学高效和丰富多样的高考招生制度，顺利完成三轮高考招生录取，取得了阶段性成果。当前，我省高考综合改革在系统性和协同性、条件保障和能力建设等方面还有待进一步加强。对此，要坚持深化改革，努力实现积极推进和稳妥推进相统一、问题导向和效果导向相统一、促进公平和提升效率相统一。坚持立德树人，坚持协同推进，加强组织保障，进一步强化高校招生端的牵引作用、中学端的推动作用、社会端的助力作用，凝聚学生、家长、教师和社会的思想共识，为高考综合改革营造良好的环境和氛围。

　　《通知》强调要进一步强化组织领导和条件保障：一是加强组织领导，二是凝聚思想共识，三是强化条件保障。

　　省政府《关于进一步做好高考综合改革试点工作的通知》的印发，坚定了全省教育系统持续推进高考招生改革的信心。浙江省教育考试院于当年11月组织跟踪调研，其中面向高中（含中职）教师、学生和高校招办人员的问卷调查，回收有效问卷15.5万份。调查显示受访对象对省政府文件的意义和具体调整举措的作用予以充分肯定。在学生选科方面，经过高校对选考科目范围的调整优化、中学对学生选科的悉心指导，叠加物理保障机制的作用发挥，物理选考人数明显回流。在教学秩序方面，由于高中学考定时定课、选考科目集中在高三年级安排等措施的落实，由于各级教育行政部门对遵循教育教学规律的强调，抢赶教学进度、压缩学习课时等现象已得到扭转，考改与课改良性互动、教育与考试事业协调发展的局面正在形成。高考综合改革的列车已经驶入了平稳有序的车道。

1977 年

10 月 12 日，国务院批转教育部《关于一九七七年高等学校招生工作的意见》，明确提出："要坚持自愿报名，认真进行文化考试，择优录取，快出人才。"

10 月 17 日，浙江桐乡县高考试点进行文化初试。文化初试的科目为语文、数学，高校中专分别出卷。

10 月 20 日，新华社发布恢复高考的通稿。

10 月 21 日，《人民日报》刊发恢复高考的消息，并发表社论《搞好大学招生是全国人民的希望》，强调："为了保证招生质量，必须坚持德、智、体全面衡量，择优录取的原则。文化考试，是考查学生政治理论、文化水平的重要方法之一，是择优录取的主要依据之一，一定要抓好。"《浙江日报》刊发恢复高考的消息，并转载《人民日报》社论。

11 月 1—2 日，桐乡县高考试点举行全县文化统考。文化考试科目为：高等学校理科和中专、技校考政治、语文、数学、理化；文科考政治、语文、数学、史地，报考外语专业的加试外语。

11 月 5—8 日，举行全省教育工作会议，会议部署了高校招生工作。

11 月 9 日，浙江省革命委员会批转《省高等学校招生委员会关于一九七七年高等学校、中等专业学校、技工学校招生工作的实施意见》。《浙江日报》公布了《浙江省一九七七年高等学校、中等专业学校、技工学校招生简章》《一九七七年在我省招生的各高等学校及专业》《一九七七年中央部委、省属中专招生学校和专业》《一九七七年中央部委、省属技工招生学校》等信息。

11 月下旬，全省以地市或县为单位进行文化初试。杭州、宁波、金华、台州、舟山等地以地区为单位组织初试，嘉兴、绍兴、温州、丽水等地以县（区）为单位组织初试。各地的文化考试科目全省统一确定为语文、数学两门。

12 月 15—16 日，全省文化统考。考试科目分文科、理科两类设置。理科考生考政治、语文、数学、理化，文科考生考政治、语文、数学、史地，理化、史地均合卷。

1978 年

1月底—2月23日，举行1977年首次高考招生的录取工作，高校共录取新生5346人。

3月中旬—4月初，通过高校试行招收走读生等办法，扩大招生2362人，1977年恢复高考合计招收新生7708人。

7月7日，国务院批转国务院侨办、教育部《关于接受华侨、港澳学生回国和到内地升学的意见》，明确：在广州成立华侨学生接待站，负责华侨、港澳学生的接待、报考等工作。北京、上海、天津市由华侨旅行社负责相关工作。

7月20—22日，举行1978年全国统一高考。此次考试取消地市县初试环节，恢复全国统一命题、统一考试时间。考试科目增加外语，不计入总分，供录取时参考。从1979年起外语科目逐步以一定比例计入总分，至1983年、1988年，本科、专科先后全部计入总分。

7月25—27日，举行全省中专（含高中中专和初中中专）统一考试。

1978年高校招生录取，实行"分段录取"体制：德智体全面考核，从高分到低分，参照考生所填志愿顺序，分段择优录取。共录取10596人。

1979 年

5月21日，浙江省革命委员会印发《关于成立浙江省高等学校招生委员会的通知》，经省委批准，成立省高等学校招生委员会，由薛驹、商景才、肖文、李春田等26人组成。薛驹任省招委主任，商景才、肖文、李春田任副主任。下设办公室，李春田兼办公室主任。

是年起至2002年，高考日期基本固定为7月7—9日。其间1983年调整为7月15—17日，1984年起又固定为7月7—9日。2000年起浙江实行"3+X"科目组合，招生文件对考试时间的表述仍为7月7—9日，2002年起表述改为7月7—8日。教育部文件从2001年起表述为7月7—10日。

是年起至1982年，中专（含高中中专和初中中专）考试日期固定为7月12—14日。

1980 年

浙江省招委《招生工作实施意见》提出：要注意录取少数民族考生。对丽水、金华、温州等少数民族聚居地的少数民族学生，录取分数线可适当放宽。对散居的少数民族考生，在与汉族考生同等条件下优先录取。对归国华侨青年、归侨子女和台湾省籍青年，在与其他考生同等条件下，优先录取。此后陆续增加照顾对象和照顾力度，并逐步发展为高考照顾类加分政策。

浙江省招委《招生工作实施意见》提出：对应届高中毕业生中连续两年被评为三好学生的学生以及工作积极、表现突出的学生干部，在与其他考生同等条件下，优先录取。此后陆续增加奖励对象并加大奖励力度，并逐步发展为高考奖励类加分政策。

1981 年

2 月 23 日，教育部、国务院侨办发文：高校招收华侨及港澳地区、台湾省考生实行单独命题、考试、录取。报名和考试地点为广东省广州市、福建省厦门市集美镇、辽宁省丹东市、香港、澳门。华侨及港澳地区、台湾省青年除报考暨南大学和华侨大学外，也可报考其他高等学校。

是年起理科考生物，满分 100 分按 30% 计入总分，次年起满分 50 分；1986 年起满分 70 分。

1983 年

1 月 16—26 日，教育部在昆明召开全日制高校招生工作会议，着重讨论高考招生制度的改革问题。会后，教育部印发《关于一九八三年全国全日制高等学校招生工作会议的报告》，提出了"要打开人才通向农村的路子""实行定向招生、定向分配的办法"；提出了"要打开培养单位和用人单位直接联系的渠道，采取合同制委托培养人才的办法"；提出了"要进一步贯彻德智体全面考核、择优录取的原则"。

4 月 13 日，浙江省招委、省教育厅印发《关于改革招生制度 做好一九八三年招生工作的意见》。当年，高校、中专的相关专业首次实行定向招生。

是年起，应届高中毕业生报考高等学校，必须具有高中阶段档案。

9 月，浙江大学附属杭州工业专科学校接受富阳县委托，招收委托培养学生 15 人。开浙江省高等学校接受地方政府委托为乡镇基层培养人才的先河。

是年，高中中专与高考日期相同，为 7 月 15—17 日（其中含周六、周日）；初中中专不实行全省统考，由各地（市）自主确定考试日期，与各地高中升学考试结合进行。

1984 年

第一批录取学校实行"根据志愿，按比例投档"的录取体制：在政治思想品德考核和身体健康状况检查合格、统考成绩达到第一批录取学校控制分数线的考生中，根据志愿，从高分到低分，按多于学校计划招生数的 20% 提供档案，学校德智体全面考核，注意相关科目的成绩，择优录取。

当年的《招生工作实施意见》提出"平行的参考志愿"概念："报考重点大学和规定第一批录取的学校，可按顺序填两个学校志愿，再填平行的三个参考志愿。"

在 17 所重点中学试行"推荐 + 考试"招生办法。

是年起至 1999 年，高中中专与高考的考试日期固定为 7 月 7—9 日。是年，初中中专恢复全省统一考试，日期为 7 月 12—14 日。

1985 年

第一批录取学校实行"单独录取"办法：在第一批录取学校控制分数线以上，调阅考生档案数由学校决定；录取与否由学校决定；遗留问题由学校负责处理；省、自治区、直辖市招生委员会办公室实行必要的监督。

教育部统一确定的 21 所全国重点院校（含浙江大学）在浙江省 43 所普通中学共招收保送生 261 名；省招委和省教育厅确定的浙江师范大学、杭州大学作为本省试点院校，招收普通中学保送生 91 名。此举拉开高校在浙江招收保送生序幕。

杭州大学、浙江师范大学、浙江医科大学杭州分校和杭州电子工业学院四所高校招收自费生 48 人，此为浙江省自费生招生首秀。

是年起，浙江省招委根据教育部文件精神，把"中学在校学生"不能报考的规定调整为"中学（报考少年班除外）在校学生"不能报考。中国科技大学少年班在浙江招生。

是年起至 1988 年，初中中专不实行全省统考，与高中升学考试结合。

1986 年

第一批录取学校实行"学校负责、招办监督"录取体制，其内涵与"单独录取"相同。

中国内地高考首次在香港开设考场，香港有 639 名高中毕业生报考内地大学。在香港招生考试的工作由国家教委委托香港考试局代理。

浙江省广播电视大学试办普通专科班。

1987 年

4 月 9 日，国家教委印发《关于部分普通高等学校试行招收高水平运动员工作的通知》，部署相关工作。

1988 年

浙江省在英语科目实行标准化考试；1991 年起各科均实行主观题（包括不能用机器阅读的客观题）、客观题分卷考试。

1989 年

4 月，浙江省教委和省招委联合印发《关于进行高中学生思想政治品德考核办法改革试点工作的通知》，按定性与定量相结合的原则改进思想政治品德考核，在省内 20 余所中学进行试点，试点取得成功。改革方案从 1990 年起扩大至 103 所普通高中实施，从 1996 年起在全省全面推开实施。

是年在绍兴师范专科学校进行"在高中会考基础上进行面试、择优录取"的试点探索。1992 年此项探索扩大到全省面向市地招生的全部师范专科学校。1996 年终止。

是年起至 1996 年，初中中专恢复全省统考，考试日期均安排在 6 月（其中一天为周日）。

1993 年

公安大专院校招生在全国率先实行新的改革措施：新生录取实行高考成绩和专项智能、体能测试成绩相结合的综合计分办法。其中高考成绩占 80%，专项智能、体能测试占 20%。智能测试包括人像辨识和心理智力测试两项，体能测试包括耐力、速度、力量三项。1995 年起，取消智能测试，按高考成绩占 80% 和体能测试成绩占 20% 的综合计分成绩录取。

是年起，中专（部委属、外省和省属①）全省集中录取。

1994 年

北京大学、清华大学、复旦大学、浙江大学等 30 余所部委属高校率先在浙江试行"并轨"招生。

1995 年

是年起，实行"3+2"高考科目设置改革：文科类（含艺术类）考语文、数学、外语、政

---

① 1994年扩大为"省、市属"，1997年初中中专扩大至"县属"。

治、历史；理科类（含体育类）考语文、数学、外语、物理、化学。

是年起，高中中专与高校招生"一条龙"考试、录取。

1997 年

省内外高校全部实行"并轨"招生。

是年起，初中中专由各市地组织命题考试。录取仍在全省统一场所。

1999 年

是年普通高校在浙江录取人数 64698 人，首次超过 5 万人。

省政府办公厅转发省教委、省计经委的《关于浙江省试办高等职业技术教育的实施意见》，明确高等职业教育招生主要采用两种形式：一是招收普通高中毕业生，纳入普通高校统一考试招生渠道，即"统考统招"；二是招收中等职业教育毕业生，实行单独报名、单独考试、单独划线、单独录取，即"单考单招"。

7 月，浙江省教委印发《关于在重点职业高中进行"3+2"五年一贯制职业教育试点的通知》，启动"3+2"招生试点。试点的前三年为中等职业教育阶段教学，属职业中专性质，后两年为高等职业教育阶段教学。

是年起，初中中专招生的全部工作均由各市地组织实施，逐步纳入各市地中等学校考试招生体系。

2000 年

是年起，实行"3+综合"高考科目设置：文科类（含艺术类）考语文、数学、外语、综合（文科综合含政史地内容）；理科类（含体育类）考语文、数学、外语、综合（理科综合含物化生内容）。

是年起，浙江省招委根据教育部的统一部署，取消了对成人高校、普通高校等各类高校毕业生报考的限制，取消了对上一年被普通高校、中专录取而未报到者报考的限制，取消对各类中等专业学校和技工学校毕业生毕业后工作满两年才能报考的限制，允许毕业当年就可报考高等职业教育学校，2001 年起允许报考各类普通高校。

部分高职院校试行从应届中职毕业生中推荐优秀生免试升入高职学习。

是年起，由于高中中专大量升格为高等职业技术学院纳入普通高校招生体制，余下少量高中中专的考试招生也与初中中专一起由各市地负责，逐步纳入各市地中等学校考试招生体系。

在浙江财经学院、浙江海洋学院和浙江广播电视专科学校首次进行普通高校"专升本"试点，其中浙江财经学院、浙江海洋学院为校内专升本，浙江广播电视专科学校对口北京广播学院专升本。

2001 年

是年起，高考报名条件取消了"未婚；年龄不超过二十五周岁"的限制。

普通高校在浙江录取人数 123442 人，首次超过 10 万人。

3 月，浙江省教育厅、浙江省发展计划委员会印发《关于做好五年制职业教育试点工作的通知》，明确：五年制职业教育包括"3+2"职业教育和"五年一贯制"职业教育。

3 月，浙江省教育厅同意浙江大学、浙江工业大学、宁波大学、浙江大学城市学院四所院校加入"专升本"试点，面向全省普通高校开放。

是年起，澳门大学、澳门理工学院、旅游学院、澳门科技大学四所澳门高校经国务院港澳办、教育部、公安部和澳门特别行政区的批准，在浙江等 14 个内地省市招生。

2003 年

是年起，高考日期提前，固定为 6 月 7—8 日。教育部文件表述为 6 月 7—10 日。从 2006 年起，浙江招生文件对考试日期的表述调整为"考试于 6 月 7 日开始"。

2 月，教育部办公厅印发《关于做好高等学校自主选拔录取改革试点工作的通知》。当年浙江大学在全国范围采用自主招生的办法招收 60 名新生，其中浙江 1 人。当年浙江 6 所省内高校也开展了自主选拔录取的试点，次年中止。

经浙江省教育厅同意，浙江工业大学、杭州电子工业学院向省内其他高校选拔二年级优秀本科生进入软件学院学习。次年宁波大学、杭州商学院、浙江工程学院加入试点。

经教育部和国务院港澳事务办公室批准，香港大学、香港中文大学等 8 所香港公立大学面向浙江在内的内地六省市应届高中毕业生招收自费本科生。在浙江省录取 50 多名学生。2005 年香港中文大学、香港城市大学参照内地高校的招生方式，列入第一批录取。

2004 年

承担普通高考分省自主命题任务，顺利完成语文、数学、外语三科试题命制工作。

2005 年

年度招生工作文件明确:"有条件的市、县招办可以接受非本地户口的本省籍考生报名。报考公安、军事等有政审要求院校(专业)的考生,必须到户口所在地报名。",开启了省内跨地区报考的先例。

50 余所省外独立学院获准首次在浙江省招生。

普通高校在浙江录取人数 222481 人,首次超过 20 万人。

启动实施普通高校招生"阳光工程":完善招生制度,狠抓薄弱环节,全面公开信息,进一步增加招生录取全程的透明度,使整个高考在"阳光"下透明操作。

2006 年

经省编委 2005 年 11 月批复,2006 年 3 月建立浙江省教育考试院,作为省高招委、省自考委的常设办事机构,同时作为省教育厅直属的副厅级行政职能类事业单位,履行原省招办、省自考办职责。其主要职责为:贯彻执行国家教育考试和招生工作法律法规、方针政策,拟定并组织实施本省教育考试、招生工作的具体措施和办法;组织实施高校招生录取工作,指导协调各地、各高校招生工作;组织实施本省高等学校招生考试、高等(中等)教育自学考试、普通(综合)高中会考、相关社会考试等教育类考试。

2007 年

在本年度招生中试行完全的平行志愿(大平行志愿)。试点范围为普通高校文理科第一至四批,艺术、体育类院校、专业和高职单考单招仍实行传统志愿。次年起把平行志愿扩大到艺术(专业省统考批次)、体育类院校、专业和高职单考单招,各批次的提前录取学校和艺术的专业校考批次仍实行传统志愿。2009 年起文理科各批次均实行平行志愿,各批次提前录取学校和艺术的专业校考批次仍实行传统志愿。

浙江金融职业学院和宁波职业技术学院两所国家级示范性高职院校开展自主招生改革试点,部分招生计划由学校依法自主进行入学测试、自主确定入学标准、自主实施招生录取。考生可以不参加高考,由招生院校综合考核后入学。次年增加金华职业技术学院、浙江机电职业技术学院和温州职业技术学院三所国家级示范性高职院校为试点院校。

12 月,浙江省教育考试院印发《关于做好普通高校招生政策加分工作的通知》,建立高考加分"三级审查(包括测试与认定)两级公示"制度。

2008 年

4 月，浙江省政府办公厅公布《浙江新课改高考方案》，启动基于高中新课改的高考改革。《方案》明确："实行在全科会考基础上的分类测试、分批选拔、综合评价、全面考核、择优录取的选拔模式。逐步建立学业水平测试、综合素质评价和统一选拔考试三位一体的多元化的招生考试评价体系。"在高考招生领域首次提出"分类测试"的概念，并分三类设置考试科目：一类为"3（语数外）+X（文综 / 理综）+ 自选模块"；二类"3+X（文综 / 理综）"，三类为"3+技术"。

是年起，浙江省对外语、英语听力、信息技术和通用技术（简称"三项考试"）每年提供两次考试机会，每位考生都可以（自主决定）利用两次考试机会。"三项考试"由浙江省自主命题。

是年起浙江停止评审"省级优秀学生"，相应取消了"省级优秀学生"加分项目。

2009 年

是年起，浙江按《新课改高考方案》考试录取。按 6 月 7—9 日安排考试日程。语文、数学、外语、文综（含政史地内容）、理综（含物化生内容）均由浙江自主命题。

4 月，浙江省卫生厅、教育厅、人事厅、财政厅联合印发《关于开展定向培养农村社区医生试点工作的通知》，开启了面向农村基层定向培养社区医生的试点。2012 年增加定向培养基层农技人员和农村教师的试点。

10 月 21 日，《光明日报》以 2 版头条位置发表《浙江高考改革亮点多好评多》。

12 月，《浙江省新课改高考方案研究》获浙江省教育科学研究优秀成果奖一等奖。

2010 年

1 月，浙江省教育厅和体育局联合发文，对"三模三电"和定向比赛高考加分，实行"限项目、限赛事、限名次、降分值"综合性规范措施。

11 月，教育部、国家民委、公安部、国家体育总局和中国科协联合发文对高考加分政策进行调整，其中取消了学科奥林匹克竞赛省赛区一等奖、科技比赛等奖项获得者的保送资格，只保留了"获得全国中学生奥林匹克竞赛决赛一等奖并被中国科学技术协会遴选为参加国际（数学、物理、化学、生物学、信息学）奥林匹克竞赛国家队集训的学生"的保送资格。

12 月，浙江省招委、教育厅、民宗委、公安厅、体育局和省科协等 6 部门根据教育部等五部门文件精神，联合下发《关于调整高考加分政策的通知》，对高考加分进行全面的调整规范。

2011 年

2月24日，浙江省教育厅印发《关于同意浙江工业大学、杭州师范大学尝试深化完善"三位一体"综合评价招生制度的批复》，在浙江工业大学、杭州师范大学两所学校启动"三位一体"综合评价招生试点，将高中学业水平考试、综合素质评价（含中学综合素质评价和高校综合测试）纳入高校招生评价体系。次年起中国美术学院等15所省内高校加入试点。2014年浙江大学、上海交通大学、中国科学技术大学等3所高校加入试点。2015年复旦大学、中国科学院大学和香港中文大学深圳校区加入试点。2016年北京大学、清华大学加入试点。省内试点学校达46所。

2012 年

1月，浙江省教育考试院发文，在高职汽车专业率先试行"理论知识＋实践操作"职业技能考试。汽车专业职业技能考试包括专业基础理论笔试和操作技能考试。满分300分，其中基础理论考试满分150分，采用纸笔考试形式；操作技能考试满分150分。考试成绩达到标准者颁给汽车专业技能水平证书；对报考高职单考单招汽车专业的考生，技能证书考试成绩与"语文、数学、外语"3门文化课的成绩合并形成总分。

4月7日，《中国教育报》以头版头条位置发表报道《浙江试行"三位一体"高招改革》。

6月10日，中央电视台《新闻联播》以《高考改革：新的考试招生制度正在形成》为题，详细报道了浙江"三位一体"招生改革工作。

6月12日，浙江省教育厅印发《关于深化普通高中课程改革的通知》。在调研论证深化高中课改方案的过程中，同步研制论证相配套的高考改革方案。

12月28日，省政府转发省教育厅、发改委、公安厅、人力社保厅等四部门《关于做好外省籍进城务工人员随迁子女接受义务教育后在我省参加升学考试工作的实施意见》。

2013 年

浙江省考试招生机构和有关部门积极做好外省籍进城务工人员随迁子女在浙江参加高考招生的工作，报考人数共984人，占全国12省市同类考生22.4%，为全国最高。650位外省籍进城务工人员随迁子女在浙江经录取升入高校学习。

2014 年

2014 年浙江实施面向欠发达县定向招生，首次由浙江工业大学、浙江师范大学、宁波大学等 16 所省属高校面向 12 个重点欠发达县定向招生，共录取 288 人。其实质即为农村专项计划。次年起，扩大实施面向欠发达县定向招生，并正式确定为"地方专项计划"，录取 388 名，同时在往年全国个别高校使用农村专项计划在浙江招收农村学生的基础上，系统实施农村学生高校专项计划，面向淳安县等 29 个县（市、区）的农村学生招收新生 181 人。

9 月，国务院发布《关于深化考试招生制度改革的实施意见》，决定"启动高考改革试点"，并明确："2014 年上海市、浙江省分别出台高考综合改革试点方案，从 2014 年秋季新入学的高中一年级学生开始实施。"

9 月 9 日，浙江省政府签发《浙江省深化高校考试招生制度综合改革试点方案》，9 月 19 日与上海市政府同步公布，启动高考综合改革试点。按照改革方案，实行"3+3"考试科目组合，前一个"3"为统一高考科目语文、数学、外语，每年 6 月与全国统一高考同步考试；后一个"3"为选考科目，共 7 门，每年在 4 月、10 月提供两次机会，由学生从 7 门中任选 3 门。外语也提供两次机会，一次为 6 月，一次为 10 月。外语和选考科目考生每科可参加 2 次考试，考试成绩 2 年有效。选考科目与高中学考安排在同一日期，同一科目实行同卷考试，简称"学考选考"。选考科目在高中学考"必考题"基础上增加"加试题"，考试时间在同科目高中学考基础上各加长 30 分钟。

统一高考科目语文、数学和选考科目政治、历史、地理、物理、化学、生物、技术等实行自主命题，统一高考科目外语由教育部考试中心命题。

2015 年

3 月，浙江省招委等 6 部门根据教育部等五部委文件精神，联合下发《关于贯彻国家高考加分政策的意见》，贯彻落实教育部等五部委文件的要求，取消全部体育类加分项目、中学生学科奥林匹克竞赛加分项目、科技类竞赛加分项目、思想政治品德有突出事迹加分项目、高职单考单招的职业技能竞赛加分项目。

在高考招生领域率先成功实施高职招生"一档多投"。考生可同时报考多所院校，被多个院校拟录取，最终选择一所录取院校。15 所高职院校参加试点。

在浙江机电职业技术学院、浙江金融职业学院、浙江经济职业技术学院、温州职业技术学院、金华职业技术学院等 5 所院校试行"四年制高职教育招生"。该试点"依托高职优质资源，联合本科举办，发放本科文凭，高职院校办学"。

10月30日—11月1日，浙江新高考首次学考选考开考。全省24.9万考生参加考试。

考试后，省教育考试院面向全部考生推出59万余份成绩诊断报告。报告内容包括试题得分、学科知识、学科能力、考核目标四个方面。反映学生个体在全体学生中的相对水平。截至2021年7月，面向17次学考选考（含学考选考合并举行和分开举行）的全体学生，共推出2754.9万份成绩诊断报告。

2017 年

6月7—8日，浙江新高考首次统考科目（语文数学外语）考试。普高25.02万人，高职单独考试4.07万人，合计29.09万人报考。实行高考综合改革后首次录取工作顺利实施。

首次取消学校录取批次，按考生成绩分三段填报志愿、投档录取；首次实行以专业（或专业类）为单位的平行志愿，每位考生每次可填不超过80个志愿。录取结果呈现"四高一低一无"。四高：志愿填报率高、志愿投档率高、志愿满足率高、考生的选考科目与高校设置的专业要求匹配度高；一低：退档率显著降低，"不服从专业调剂而退档"不复存在；一无：无专业计划调整。

11月，浙江省政府印发《关于进一步深化高考综合改革试点的若干意见》，对2014年发布的试点方案进行深化完善：（1）学考与选考分离，实行分卷考试；（2）建立选考科目引导和保障机制。

2019 年

启动"中本一体化"（中职与应用型本科一体化培养）试点，由浙江师范大学、浙江海洋大学等7所本科院校和杭州市中策职业学校等15所中职学校对接。7年教学由中职3年与本科4年构成。中职阶段招生纳入各市统一中考，由试点中职学校面向全省招生。3年后参加中职升学"文化素质＋职业技能"全省统一考试，上线后升入本科。

根据国家部署，高职院校在浙江省扩招近3万人。从2019年至2021年连续扩招。

2020 年

1月，教育部印发《在部分高校开展基础学科招生改革试点工作的意见》，推出"强基计划"。省内外试点学校在浙江通过强基计划招收289人。

6月，浙江省人民政府发布《关于进一步做好高考综合改革试点工作的通知》，对浙江高考改革试点方案再次深化完善。

启动高职与本科院校联合开展专升本教育试点工作，13所本科院校和17所高职院校面向全省高职院校招收新生1685名。

2021年

2月，省教育厅印发《关于进一步做好学考选考工作的通知》，明确各选考科目按物理科目相同的基数实施保障机制。

8月，浙江省教育厅、省委统战部、省民宗委、省公安厅、省台办五部门根据国家有关部门关于高考加分的指导意见，联合下发《浙江省进一步深化高考加分改革实施方案》，对高考加分政策进行进一步的调整规范。

第三篇

成人高校、中专考试招生

（1977—2021年）

引　言

　　成人高校考试招生是成人高等学校教育的起点，是我国教育考试招生制度的重要组成部分，分高中起点升本科、高中起点升专科和专科起点升本科三个层次。1977 年恢复高考以来，浙江省成人高校考试招生经由学校单独招生、省内统考招生，到 1986 年与全国同步实施成人高校统一考试招生，呈现规范发展的态势。此后，为了顺应经济建设和社会发展需要，逐步放宽报考条件，实行"三生"改革、计划管理体制改革、考试科目改革等，浙江省成人高校招生进入快速发展的轨道。进入 21 世纪后，经受住了人数下降的考验，报名人数和录取人数由稳中有升到大幅增加，体现了浙江省成人高校考试招生发展的强劲活力，为建设高等教育强省做出了重要贡献。

　　浙江省成人中等专业教育始于 20 世纪 80 年代，在普遍开展成人岗位技术培训同时，逐渐开始实施了系统、正规的成人中等专业教育。1983 年 6 月，浙江省职工中专首次举行全省统一考试；1986 年，职工中专考试与全国成人高校统一考试同期举行，纳入统一考试招生管理模式。此后，成人中专考试招生逐步精简考试科目，并对高中毕业生实行免试入学政策。1998 年，取消全省最低录取分数线；2000 年后，随着补课式学历任务的完成和基础教育高中段普及化程度的发展，成人中专结束了全省统考统招的教育考试形式，改由各市（地）自行安排计划和招生。

成人高校、中专考试招生的恢复与发展（1977—1999年）

1977年恢复高考奏响了改革开放的序曲，随着1978年党的十一届三中全会的胜利召开，党和国家的工作重心从"以阶级斗争为纲"转向"以经济建设为中心"。提升干部管理素质，培养国家急需的工业、农业、财经和各行业的业务骨干，成为全社会的紧迫任务。鉴于尚处恢复阶段的普通高校还无法快速输送大量的高校毕业生，因此依托现有教育资源大力发展成人教育，尤其是成人高等教育，成为经济建设和教育发展的必然选择。这一时期的改革和经济发展对人才的迫切需求，以及弥补高等教育断层、人才缺失的"补课式"要求，共同促进了浙江成人高等教育的发展。

一、成人高校考试招生的恢复与初步发展

1977年至1985年是成人高校考试招生的恢复期，也是在恢复基础上的发展期。在"文革"期间停止招生的部分学校和部分办学形式恢复招生的基础上，新增了招生学校、办学形式，并实行了省级统考招生。

（一）成人高校招生主体的基本框架逐步形成

1978年改革开放之初，浙江省高等教育基础比较薄弱，除少量的普通高校和"七二一"大学外，没有其他独立设置的成人高校。与全国相比，浙江成人高等教育资源匮乏，发展基础薄弱，招生规模有限。这一时期，浙江省通过依托普通高校资源恢复成人高等教育和新建独立设置的成人高等学校两条途径，建成浙江省成人高校招生主体框架。

1. 依托普通高校开展成人高等教育

1977年，浙江省只有11所普通高校，到1983年，全省普通高校发展到24所。[1] 这些高

---

[1] 浙江省教育厅编：《浙江省教育事业统计资料》，1983年，浙江省教育厅档案室藏。
浙江省教育厅编：《浙江省教育事业统计资料》，1977年，浙江省教育厅档案室藏。

校的恢复和建立，不但扩大了浙江省普通高等教育的招生吸纳力，也带动了浙江省成人高等教育的恢复和发展。

举办干部专修科。 1980年，浙江大学、浙江化工学院等5所院校经省委组织部批准举办干部专修科，培训年轻的基层领导干部，招收年龄在35周岁以下、具有5年以上专业工龄、高中毕业文化程度的优秀在职干部入学。[①]

1981年9月，浙江省委作出《关于抓紧选拔培养优秀青年干部的决定》，进一步将依托大专院校培训干部工作制度化。[②]1983年至1984年，杭州大学、浙江师范学院等8所普通高等学校经批准也开始举办干部专修科。[③]1985年，干部专修又增加了浙江丝绸工学院等5所院校。至此，全省经批准举办干部专修科的高等学校达到18所，设置有工科、农科、林科、文科、财经、政治、师范、艺术等8个学科类别47个专业。学习形式为脱产，学制为2年，少数为2.5年或3年。[④]1986年后，干部专修科纳入全国成人高校统一招生。

举办教师专修科。 1978年，浙江省教育局在东阳县召开全省中小学师资培训工作座谈会，对做好中小学在职教师培训，发展师范教育等问题进行了讨论。会后，浙江省陆续建立师资培训机构，新建普通高等师范院校，开始了专门针对中小学教师的成人高等教育培养。[⑤]

1982年，恢复重建的嘉兴师范专科学校和新建的杭州师范学院等院校开始对具有高中或中专毕业文化程度，有3年以上教学实践经历的在职公办教师举办教师专修科，招生工作采取单独命题、单独考试评卷、单独划体检线、单独录取的办法。[⑥]

1984年，浙江师范学院、杭州师范学院等8所高师院校举办的教师专修科首次参加省招办统一组织的各类成人高校（广播电视大学除外）的招生考试，招收具有5年以上教龄的在职在编公办教师。[⑦]

恢复高等学校夜大学与函授招生。 为适应"四化"建设对人才的需要，浙江部分高等学校首先恢复举办夜大学和函授招生，为各行各业培养专业骨干人才。

夜大学以在职人员为招生对象，实行对口培养，考生需向所在单位申请，经领导批准，纳入该单位的职工培训计划后报考高校。1978年，浙江医科大学恢复举办夜大学。1979年，

① 《浙江省教育志》编纂委员会编：《浙江省教育志》，杭州：浙江大学出版社，2004年11月，第713页。
② 邵祖德、张彬：《浙江教育简志》，杭州：浙江人民出版社，1988年，第509页。
③ 《浙江省教育志》编纂委员会编：《浙江省教育志》，杭州：浙江大学出版社，2004年11月，第713页。
④ 《浙江省教育志》编纂委员会编：《浙江省教育志》，杭州：浙江大学出版社，2004年11月，第713—714页。
⑤ 应永祥、王宪平：《历史与跨越 浙江成人高等教育60年》，杭州：浙江大学出版社，2009年，第54—55页。
⑥ 浙江省招办：《浙江省一九八二年招生工作总结》，1982年11月9日，档案号J084-1982-Y-006-001，浙江省教育考试院档案室藏。
⑦ 浙江省教育厅：《浙江省一九八四年高等师范院校、教育学院中等学校教师专修科招生工作意见》，1984年4月5日，档案号J084-1984-Y-005-017，浙江省教育考试院档案室藏。

杭州大学工会恢复举办职工业余大学。1980年，遵照教育部《关于大力发展高等学校函授教育和夜大学的意见》，夜大学招生纳入高等教育事业计划。是年，浙江大学和温州师范专科学校分别举办夜大学。1981年和1982年，根据教育部提出"夜大学的工作应在提高质量的基础上稳步发展……一般不增设新点"的意见，招生数和在校生数均略有减少。①

1983年，经省人民政府批准，杭州大学职工业余大学调整为杭州大学夜大学。1984年，教育部提出应在一些高等学校教学力量尚有余力的老专业内，有计划地安排夜大学的教学任务，尽量多办专科，多办社会上急需的专业。是年，浙江工学院、浙江丝绸工学院亦开始招收夜大学专科学生。此后，举办夜大学的高等学校逐年增多，1985年，浙江省夜大学招生院校增至8所：杭州大学、浙江大学、杭州电子工学院、浙江工学院、丝绸工学院、浙江医科大学、宁波师范学院、温州师范学院。1986年新增浙江中医学院，总共有9所高等学校举办夜大学。②

高等学校函授教育是高等教育的重要组成部分，也是成人高等教育的重要形式。1979年，温州、嘉兴、丽水3所师范专科学校恢复举办3年制的专科函授教育，招收在职中学教师。1984年，举办高等函授教育的普通高等学校增至9所。1985年又增至11所（其中5所为高师院校）。③

1986年，国家教委在全国高等函授教育工作会议上强调对高等函授教育事业加强扶植，促进发展。浙江省总共有12所普通高等学校举办本专科函授教育，此后举办高等函授教育的普通高等学校又有增加。④

2. 新建独立设置的成人高校

重建厂校高等教育——职工大学。据了解，1977年，浙江省以厂校⑤为基础建立的227所"七二一"大学中，只有31所在教学要求上接近普通高等学校。1979年，根据省教育局关于办好"七二一"大学的意见，各部门和厂矿企业对所属的"七二一"大学加强领导，并进行认真的整顿。经过初步整顿，全省共有40所"七二一"大学通过验收。1980年，经省人民政府批准，将其中基本具备办学条件的学校改办为职工大学或职工业余大学。⑥

1979年，在整顿的同时，重新发展职工大学和职工业余大学。省总工会于当年7月首先恢复宁波职工业余大学，同时在杭州、温州2市各新办1所工人业余大学，省科协亦于同年

①　《浙江省教育志》编纂委员会编：《浙江省教育志》，杭州：浙江大学出版社，2004年11月，第703页。
②　《浙江省教育志》编纂委员会编：《浙江省教育志》，杭州：浙江大学出版社，2004年11月，第703页。
③　《浙江省教育志》编纂委员会编：《浙江省教育志》，杭州：浙江大学出版社，2004年11月，第716-718页。
④　《浙江省教育志》编纂委员会编：《浙江省教育志》，杭州：浙江大学出版社，2004年11月，第716-718页。
⑤　厂校，指的是工厂办的学校。
⑥　《浙江省教育志》编纂委员会编：《浙江省教育志》，杭州：浙江大学出版社，2004年11月，第705页。

在杭州、温州2市各创办1所业余科技大学。1981年，全省共有职工大学和职工业余大学48所，其中经省或国务院有关部（委）批准，教育部同意备案的42所。①

1982年，浙江省高教局按教育部《关于职工大学和职工业余大学建校审批工作及毕业生学历等若干问题的意见》，对省属42所职工大学和职工业余大学进行复查。省人民政府根据复查结论，对衢州化工厂职工大学、浙江省地质局职工大学、杭州市业余科技大学等12所学校予以保留。对部分规模小、专业设置重复、布局不够合理、教学质量不高的学校，采取并校、停办、暂停招生、改办中专等办法进行调整。经复查调整后的18所省属职工大学及部委属的浙江省电力职工大学、水电部第十二工程局职工大学经教育部批复同意备案。1983年至1986年，又有绍兴职工大学、浙江省级机关职工业余大学等8校经批准备案。1986年，全省经批准备案的职工大学和职工业余大学共28所。②

成立开放型成人高校——浙江省广播电视大学。 1978年，教育部和中央广播事业局决定筹办全国广播电视大学，同年浙江省召开了广播电视大学工作会议，商讨筹办浙江广播电视大学的工作。1979年，经省革命委员会批准建立浙江广播电视大学，招收具有高中毕业文化程度（或同等学力）的在职职工、干部、教师、人民解放军指战员以及其他知识青年。③1979—1985年，在杭州市、宁波市，以及嘉兴、温州、绍兴、舟山、台州、丽水、金华和衢州等8个地区，相继建立了浙江省广播电视大学分校，初步形成了布局完整的全省广播电视大学网络体系。

新建培训在职教师的教育学院（教师进修学院）。 1978年，浙江教育学院恢复建立。与此相应，各地市教师进修学院也逐步恢复或新建。这些院校在完成在职教师的教材教法等业务培训的同时，开始有计划地对在职中学教师进行学历补偿教育，以提高初高中教师学历水平，提高师资队伍的素质。1984年后，部分市地教师进修学院转为教育学院。④

新建服务于地方人才培养的管理干部学院。 管理干部学院以大专学历教育为主，为行业、系统培养中、高级管理干部，是对在职管理干部高中后教育的一种新模式。招收对象为具有高中毕业文化程度、具有5年以上工龄，且年龄在40周岁以下的在职干部。

1985年，经省人民政府批准，在原浙江省经济干部培训中心的基础上，建立浙江省经济管理干部学院。10月，在原省农业干部学校的基础上，建立浙江省农村经济管理干部学院，12月，经教育部批准，在原浙江省银行干部学校的基础上，建立中国工商银行杭州金融管理

① 《浙江省教育志》编纂委员会编：《浙江省教育志》，杭州：浙江大学出版社，2004年11月，第707页。
② 《浙江省教育志》编纂委员会编：《浙江省教育志》，杭州：浙江大学出版社，2004年11月，第707页。
③ 《浙江省教育志》编纂委员会编：《浙江省教育志》，杭州：浙江大学出版社，2004年11月，第721页。
④ 《浙江省教育志》编纂委员会编：《浙江省教育志》，杭州：浙江大学出版社，2004年11月，第652页。

干部学院，1986 年，上述 3 所管理干部学院开始招收成人高校学历教育新生。[①]

截至 1986 年，浙江省具有成人高校招生资格的学校包含普通高校举办的干部专修科、教师专修科、函授、夜大学和职工大学、职工业余大学、广播电视大学、教育学院（教师进修学院）、管理干部学院，初步形成了成人高校多种形式办学的基本框架，为浙江成人高等教育的发展打下了基础。

（二）多种形式的成人高校入学考试

1977—1985 年，浙江省各类成人高校进入招生恢复期，招生的院校主要为普通高校举办的干部专修科、教师专修科、函授、夜大学，独立设置的成人高校有浙江省广播电视大学，还有在"文革"期间建立的"七二一"大学基础上重新发展的职工大学和职工业余大学，以及各部委在浙江招生的院校。学员主要来自单位在职职工，实行脱产、半脱产和业余学习的形式，学习结业以后，仍在原单位。成人高校主要有高校自行组织、部委单独组织和省级组织统考等形式。

1. 分散多头的招生样态

1980 年前后，浙江省成人高校招生大多由用人单位委托高校自行组织招生。脱产和半脱产学习的招生入学一般由用人单位和招生院校协商决定，业余类的招生方式由高校主管部门决定，教育部和省级教育部门没有下达统一的招生计划和管理要求。1978 年后，浙江省职工大学和职工业余大学、夜大学、函授等招生形式陆续出现，部分普通高校及省委党校在 1980 年开始举办干部专修科。[②]

随着成人高校招生学校和招生数量的扩大，成人高校招生在恢复期也逐渐出现了依托分校或政府部门上下贯通小规模统一组织的考试招生方式。1980 年至 1985 年，浙江广播电视大学参加了中央广播电视大学组织的全国统一考试、录取。1981 年，因受当时频道数目限制，中央电视台无法安排时间播送 3 个年级电大课程，全国电大 1981 年没有招收新生，改为由各省电大对报考学生实行单独命题考试和录取。1985 年，入学考试试题由中央广播电视大学命制，浙江省电大负责发布招生简章、提供招生考试试卷、确定最低录取分数线；各市（地）电大分校负责组织报名、考试、评卷、录取等工作。[③]

教师专修科在成人高校招生恢复初期依托市县政府教育部门组织招生考试。1982 年，浙江省招委等发文，组织全省教育系统公办教师参加高师在职教师专修科招生入学考试。招收

① 《浙江省教育志》编纂委员会编：《浙江省教育志》，杭州：浙江大学出版社，2004年11月，第715页。
② 《浙江省教育志》编纂委员会编：《浙江省教育志》，杭州：浙江大学出版社，2004年11月，第713页。
③ 浙江开放大学供稿。

对象为未达到高等师范专科毕业学历，教学上有困难的在职公办教师。招生院校为杭州师范学院、嘉兴师范专科学校等 7 所高等师范院校。报名、考试由各市地县教育部门组织，录取工作由省招办统一组织。共录取新生 384 人。[①]

中央各部委分别按系统组织各自的成人高校考试招生。1985 年前，除个别部委和外省院校参加浙江省组织的成人高校招生考试外，大部分部委均自行组织本部门隶属成人高校的招生工作，一些招生数量比较大的部委也会安排统一考试方式进行招生，但不同部委的招生计划、考试时间、考试科目各不相同，不同部委院校不能兼报志愿，各系统独立招生，自成体系。

2.分步实施省内统考招生

随着工作的深入，浙江省也开启了对成人高校统一考试招生模式的探索。

省内成人高校统一考试模式逐步形成。1982 年，浙江省首次对部分普通高校举办的成人高校招生实行统一考试，浙江省招办负责浙江大学、杭州大学举办的函授、夜大学等业余类的成人高校招生，单独组织统一命题、印卷、评卷、划最低录取分数线等工作，学校负责报名和考试工作。[②]

1983 年，职工大学和职工业余大学的招生开始纳入省统考。教育部下达《职工大学、职工业余大学考试试行办法》的通知，首次提出对职工大学、职工业余大学进行全省统一考试的要求。考试科目为理工科：政治，语文、数学、物理、化学，文科：政治、语文、历史、地理。全省统一命题和评分标准，考试时间为七月十五日至十七日。[③]

1984 年，为了进一步办好各类成人高校，保证新生质量，教育部和财政部联合印发了《关于成人高等学校一九八四年由省、市、自治区统一招生考试的通知》，要求各省在原有各类成人高校招生的基础上，统一规定招生考试范围和办法、考试科目和命题原则以及录取办法，由各省、自治区、直辖市统一组织各类成人高校招生。[④]按照教育部文件要求，浙江省对纳入教育部备案的干部专修科、教师专修科、职工大学和职工业余大学、函授及夜大学实行全省统一考试招生，由省招办牵头进行统一计划、考试、录取管理。1985 年。参加全省统一

---

① 浙江省招委、省高等教育局、省教育厅：《浙江省一九八二年高等师范院校招收中学公办教师的意见》，1982年4月12日，档案号J084-1982-Y-001-015，浙江省教育考试院档案室藏。

② 浙江省招办：《浙江省一九八二年招生工作总结》，1982年11月9日，档案号J084-1982-Y-006-001，浙江省教育考试院档案室藏。

③ 浙江省教育厅：《浙江省一九八三年高等学校夜大学、职工大学、职工业余大学招生工作意见》，1983年5月4日，档案号J084-1982-Y-004-010，浙江省教育考试院档案室藏。

④ 成人高等学校招生考试内容和方式改革课题组：《成人高等学校招生考试内容和方式改革调研报告》，2004年8月，北京教育考试院。

考试招生的学校由 1984 年的 56 所（部）增加到 100 余所，报考人数由 1.86 万余人增加到 2.21 万余人，录取人数由 0.41 万余人增加到 0.99 万余人。[1]

考试招生工作逐步形成规范。实行省成人高校统考后，浙江省抽调了部分有长期教学经验的中学、大学教师组成命题小组，根据成人的特点，减少记忆性题目，侧重基本知识，注重理解和应用，不出偏题、怪题。较好地考查了考生的知识面，衡量了考生的学习程度。

考试设点一律集中在县城，按不同类别和科类分别编排了考场。对考点工作人员组织了专门的培训。

1984 年，成人高校的考试科目为：干部专修科、教师专修科、职工大学考 5 门，其中理工农医类考政治、语文、数学、物理和化学，文史类考政治、语文、数学、历史和地理；职工业余大学、夜大学和函授专修科考 4 门，其中理工农医类考语文、数学、物理和化学，文史类考政治、语文、历史和地理，外语类考语文、外语、历史和地理；[2] 1985 年不再区分学校类别，统一设理工农医类（含体育）和文史类（含财经、政法、外语、艺术）两类，各考 5 科，与 1984 年的干部专修科、教师专修科、职工大学的考试科目相同。[3] 1984 年考试日期与普通高校统考相同，为 7 月 7—9 日；1985 年考试日期与普通高校统考时间分开，为 7 月 12—14 日。

1985 年，浙江省成人高校考试招生组织工作形成规范。省招办负责命题、印卷、评卷、划定全省最低控制分数线，并审核录取名单。各地市招办负责报名和组织考试。办学的主管部门负责审核考生的报考条件。对招生范围无严格规定且面向社会招生的学校，允许考生兼报考试科目相同、内容相近的两个学校专业的志愿，这一改革扩大了考生选择专业的余地，调节了招生学校的生源，使上线考生因志愿限制难以入学的现象有了改善。在录取过程中，对符合条件的受市地级以上表彰的先进人物，教育文化基础比较薄弱的边远地区的考生、华侨和少数民族的考生做了适当的照顾，同时对生源不足等录取问题做了妥善安排。1985 年是 1977 年以来成人高校报考人数最多的一年 [4]，各项工作运行良好，为 1986 年成人高校招生实行全国统一考试打下了较好的工作基础。

---

① 浙江省招办：《一九八四年浙江省成人高等学校统一招生考试总结》，1984 年 10 月 23 日，档案号 J084-1984-Y-009-004，浙江省教育考试院档案室藏。
　　浙江省招办：《一九八五年浙江省成人高等学校统一招生考试总结》，1985 年 10 月 30 日，档案号 J084-1985-Y-006-006，浙江省教育考试院档案室藏。
② 浙江省招办：《一九八四年浙江省成人高等学校统一招生考试总结》，1984 年 10 月 23 日，档案号 J084-1984-Y-009-004，浙江省教育考试院档案室藏。
③ 浙江省招办：《一九八五年浙江省成人高等学校统一招生考试总结》，1985 年 10 月 30 日，档案号 J084-1985-Y-006-006，浙江省教育考试院档案室藏。
④ 浙江省招办：《一九八五年浙江省成人高等学校统一招生考试总结》，1985 年 10 月 30 日，档案号 J084-1985-Y-006-006，浙江省教育考试院档案室藏。

二、成人高校考试招生的规范与快速发展

伴随着改革开放的深入推进，我国成人高等教育进入一个快速发展的新阶段，为经济建设和社会进步做出了重要的贡献。

（一）建立成人高校全国统一考试招生制度

1986年，国家建立成人高校全国统一考试招生制度，以下简称成人高校统考招生制度。

1. 成人高校统考招生制度出台的背景

我国成人教育事业在1981—1985年"六五"计划期间有了很大发展，发展速度一度超过普通高等教育，在总体形势向好的同时，办学规模扩张过快也带来了诸多问题，主要表现为以下两个方面：（1）成人高校招生规模增长过快，缺乏统筹规划。1985年，成人高校招生人数和在校学生规模均已超过普通高等学校。[①] 为了适当限制成人高校招生数量，合理控制教育规模，必须对成人高校招生计划进行统一规划和管理。（2）成人高校考试招生存在一定程度的混乱。一是在考试时间上，一年有多次考试，从四月到十月，时间跨度长达半年，造成了考生全年各处奔波应考。二是由于分散招生，入学考试命题标准不一，录取标准悬殊。三是各部委、各高校、各省分头组织招生考试和录取，造成"考"出多门，无法形成统一的考试规范和考风考纪，也浪费了人力、物力、财力。少数地区和部门因多头办学、重复建校，存在互相争抢生源的情况。至此，各部委、各省（市）对成人高校考试招生进行改革的要求非常强烈。

2. 国家建立成人高校统考招生制度

1986年2月5日，国家教委和财政部联合印发了《一九八六年各类成人高等学校招生规定》，对全国成人高校统一招生的招生单位与招生计划、招生对象、报考条件、命题范围、考试科目与日期、录取工作和招生经费、组织领导及各项具体工作的实施都做了详细的规定。[②]各类成人高校招生模式由区域统一考试招生转变为全国统一考试招生。全国各类成人高校统一考试招生制度的建立，是成人高校招生考试发展史上的里程碑。它克服了成人高校招生恢复初期产生的诸多问题，使成人高校招生走向规范化、制度化、标准化。按国务院有关规定，经省、自治区、直辖市、计划单列市人民政府或国务院有关部委批准，并报经原教育部或国

---

① 尹凤合：《在一九八六年各类成人高等学校全国统一招生工作招生会议上的发言（一九八五年十二月十七日）》，中华人民共和国国家教育委员会高教三司编：《全国成人高等学校招生工作文件资料选编（1986—1989）上册》，辽出临图字第98号，1989年，第217—218页。

② 国家教委、财政部：《一九八六年各类成人高等学校招生规定》，1986年2月5日，档案号J084-1986-Y-007-001，浙江省教育厅档案室藏。

家教育委员会审定备案的广播电视大学、职工高等学校、农民高等学校、管理干部学院、教育学院（教师进修学院）、独立设置的函授学院和普通高等学校举办的干部专修科、函授部、夜大学，学制为脱产学习两年以上、业余学习 3 年以上，培养大学专科和本科毕业生的各类成人高校，都要参加全国统一考试招生。凡未经国家教委审定、备案或未列入国家招生计划的学校不得参加全国统一招生，强化了国家对成人高校招生资格审批和计划调控功能，从而有效地遏制了社会上乱办学、乱发文凭等混乱现象。国家教委通过统一制定考试大纲、统一命题、统一考试、统一评分标准和审定各省、自治区、直辖市招生录取最低分数线，有效地控制了各类成人高校的招生质量标准，为推动成人高校提高办学质量创造了基本条件，使成人高校招生走上了良性发展的轨道。

3. 浙江省首次开展全国统考招生情况

1986 年，根据国家教委的部署，浙江省教委、省招委联合制定了《浙江省一九八六年成人高等学校、职工中等专业学校招生工作实施意见》，开始了首次成人高校全国统一招生考试工作。浙江省共有 293 所成人高校（含部属院校）参加了全国统一招生。全省计划招生 2.39 万余人，报考人数为 2.58 万余人，总共录取了 1.35 万余人。[①]

各类成人高校的报名工作由省招办统一部署，各市（地）、县招办，含浙大、杭大、省职工政治大学等 3 个点负责组织报名工作。全省报名时间为三月二十七日至四月二日，考试日期为五月十日、十一日。

1986 年成人高校招生考试由国家教育委员会统一命题。浙江省与安徽、江西 3 省联合印卷，各市、县招办按照《考务工作细则》的要求组织考试。各级领导和招生部门在成人高校考试期间亲临考场督促和指导，考场纪律、考试风气、考试秩序较好。统考结束后，由省统一组织评卷、结分、登分、统计。

6 月份分两批集中进行录取，第一批是中央各部委所属院校、本省干部专修科、教师专修科和管理干部学院，第二批为本省的其他各类成人高校。当年高校录取分数线经国家教委审定为 270 分，除了遵循《一九八六年各类成人高等学校招生规定》的录取要求外，还对教育基础较薄弱的山区、海岛考生进行适当照顾录取。对因学校（专业）招生数的限制而无法录取的上线考生，通过脱产—半脱产—业余，面授—函授—广播电视大学的定向流动等方法，及时调剂到第二志愿的学校（专业）以备审查录取，共录取了 600 多名合格的调剂考生。对成绩合格但因专业上线人数不足无法开班的考生给予保留一年入学资格。

---

① 浙江省招办：《浙江省一九八六年成人高校招生工作总结》，1986年12月10日，档案号J084-1986-Y-008-001，浙江省教育考试院档案室藏。

（二）成人高校招生的规范与发展

1986 年浙江省与全国同步实施成人高校统一考试招生后，形成了规范的政策框架和录取程序，在计划上大力支持，实行"三生"改革，促进了成人高校招生的规范发展。

1. 报考条件的设立 [①]

统考初期，成人高校教育基本处于"文革"后的补课式发展，在招生中延续计划体制中由单位对工农业务骨干指定送培的管理模式，招收对象主要为在职干部、优秀工人及部分教师，因此当时对成人高校招生对象的年龄和工龄的限制较为严格。

学历的要求。1986 年，报考各类成人高等学校的考生必须具有高中毕业文化程度或同等学力。其中普通高等学校和教育学院举办的大专起点的教师本科班要求具有大专毕业文化程度或同等学力。[②]

年龄和工龄的要求。1986 年，报考各类成人高等学校脱产、半脱产学习的考生，年龄要求在 40 岁以下。报考管理干部学院、普通高校干部专修科脱产与半脱产班需有 5 年以上工龄；报考教师专修科、教育学院以及大专起点教师本科班的各类中等学校在职在编公办教师需有 3 年以上工龄，其中少数教育行政干部需有 5 年以上工龄；报考职工大学、广播电视大学脱产和半脱产班需有 2 年以上工龄；报考业余学习的考生不限年龄和工龄。[③]1988 年，针对乡镇企业管理干部及技术人员短缺的问题，浙江省为了加快乡镇企业人才培养，管理干部学院、干部专修科对乡镇企业干部工龄要求由 5 年放宽到 3 年。

政治思想和体检的要求。1986 年，政治思想品德考核与报名同时进行，由考生所在单位党组织或人事部门负责。学校需组织脱产和半脱产的考生进行体检，体检标准参照普通高校、中专招生体检标准执行。1989 年，放宽了体检要求，只对脱产学习的考生进行体检。

2. 考试科目的设置

成人高校全国统一考试初期，考试科目基本上参照普通高考的科目设置，仅在难度上有所降低。1986 年，成人高校统考科目 5 门，其中理工农医类考政治、语文、数学（理工类）、物理、化学 5 科，文史类考政治、语文、数学（文史类）、历史、地理 5 科，各科满分均为 100 分。本科各专业须考公共外语，考分按 50% 计入总分。外语专业（含外贸、外经）本、专科

---

① 浙江省教委、招委：《浙江省一九八六年成人高等学校、职工中等专业学校招生工作实施意见》，1986年2月16日，档案号J084-1986-Y-007-003，浙江省教育考试院档案室藏。

② 浙江省招委、教委：《浙江省一九八八年成人高等学校、中等专业学校招生工作实施意见》，1988年3月1日，档案号J084-1988-Y-011-003，浙江省教育考试院档案室藏。

③ 浙江省招委、教委：《浙江省一九八九年成人高等学校、中等专业学校招生工作实施意见》，1989年1月，档案号J084-1989-Y-015-008，浙江省教育考试院档案室藏。

均须加试专业外语，由国家教育委员会统一命题，考试成绩不计入总分，单定录取标准。

1986—1989年，这一阶段普通高等学校和教育学院举办的大专起点教师本科班（专升本）没有实行统考，国家教委规定了考试科目，由招生学校自行组织命题和考试。考试科目共5门，普通中学教师本科班的两门公共课为政治理论课和教育理论课，其他教师本科班的公共课为政治理论课、公共外语课，3门专业课根据专业设置。[①]

3. 招生计划

在计划管理上实行相对宽松的策略，采取各种办法，全面支持成人高校办学，促进经济建设发展。

对未列入计划的成人高校采取挂靠方式招生。1986年，浙江省体育职工专科学校、金华职工专科学校、东海业余专科学校、之江艺术高等专科学校等4校未获国家教育委员会备案资格，经征得国家教委有关部门同意，分别挂靠浙江省级机关职工大学、绍兴市职工大学、宁波市职工业余大学、钱江业余学校大专班。[②]

招生计划为国家重点建设项目和地方建设服务。1987年，为满足浙江省及华东电网发展需要，纾解国家重点建设项目北仑港电厂专业人员培养方面存在的困难，浙江放开职工大学一般接纳行业内在职人员报考的限制，特批浙江省电力职工大学发电厂及变电站专业和发电厂热能动力装置专业，面向社会招收120人[③]。同年，基于持续改善浙江省教育行政部门和普通中学管理干部的素质，提高管理水平的需要，浙江省教委继续在杭州大学教育系举办教育管理干部专修科，面向全省招生40名。[④]

面向全国招生，支持兄弟省市人才培养。1987年，杭州大学、浙江农业大学、浙江工学院举办的干部专修科和杭州市纺织局职工大学、杭州机械局职工大学等5所职工大学跨省招生，开启浙江省成人高校面向全国进行招生的探索。[⑤]

1986年成人高校统一招生开始后，各部委所属学校招生计划存在多次下达、重复下达、

① 国家教委、财政部：《一九八六年各类成人高等学校招生规定》，1986年2月5日，档案号J084-1986-Y-007-001，浙江省教育厅档案室藏。
② 浙江省教委：《关于浙江省体育职工专科学校等四校一九八六年实行挂靠招生的通知》，1986年2月22日，档案号J039-036-246-134，浙江省教育厅档案室藏。
③ 浙江省电力工业局：《关于请求批准浙江省电力职工大学1987年起社会招生的报告》，1987年6月23日，档案号J039-036-319-173，浙江省教育厅档案室藏。
④ 浙江省教委：《关于一九八七年教育管理干部专修科招生的通知》，1987年3月14日，档案号J039-037-141-001，浙江省教育厅档案室藏。
⑤ 浙江省教委：《浙江省一九八七年成人高校、成人中专跨省、市招生来源计划》，1987年12月29日，档案号J039-037-445-035，浙江省教育厅档案室藏。

下达时间不一等情况，使得高中起点本专科计划完成率仅为56.55%[①]。1987年招生计划由国家教委统一下达，避免了上述问题。但还存在诸如不同学校、同一专业同在一地招生，有的招生计划过大与社会实际需要脱节等情况。至1989年及以后数年，浙江省绝大部分成人高校面临生源普遍不足，报名人数、上线人数、录取人数持续下降等问题。[②] 凡此，皆预示着职工大学、职工业余大学、管理干部学院的学历教育已到了调整的拐点期。

4. 录取程序和政策

1986—1989年，浙江省成人高校录取工作贯彻按需培养，专业对口，学以致用，德、智、体全面衡量，由高分到低分择优录取的原则。省招委在切实保证新生入学质量的前提下，结合实际情况制定省最低控制分数线并报国家教委审定后，提出具体的录取工作意见。

这一阶段，浙江省划定的各类考生的最低控制分数线相对稳定，艺术类和体育类的专科最低控制分数线分别按文理科分数线的60%计算，本科按70%计算，史论、编导专业统考总分按90%计算。[③]

与此同时，形成适合成人特点的加分照顾政策，对于符合照顾条件的考生给予降分照顾录取或同等条件下优先录取。

1986年，浙江省对1980年以来，市、地级以上人民政府（党委）授予的劳动模范、先进生产（工作）者、模范（先进）教师，市、地级以上科技发明奖获得者，军队内荣立三等功以上者，烈士子女，归侨、归侨子女、华侨子女、台湾籍考生，少数民族聚居地区的少数民族考生，教育基础较薄弱的山区、海岛的考生，个别特殊行业的考生，适当降低分数要求，照顾录取。对报考对口专业具有5年以上专业工龄的生产业务骨干，曾赴前线作战的复员、转业人员，退出现役的义务兵及散居在汉族地区的少数民族考生，在与其他考生同等条件下，优先录取。[④]1987年，扩大适当降低分数照顾录取的考生，对模范（优秀）党员，省级以上工、青、妇组织授予的"五一劳动奖章""新长征突击手""三八红旗手"称号获得者，人民解放军、武警部队、公安警察荣立三等功以上者，烈士配偶，短线专业的考生适当降低分数，照

---

① 浙江省招办：《浙江省一九八六年成人高校招生工作总结》，1986年12月10日，档案号J084-1986-Y-008-001，浙江省教育考试院档案室藏。

② 浙江省招办：《浙江省一九八八年成人高校招生工作总结》，1988年12月15日，档案号J084-1988-Y-015-002，浙江省教育考试院档案室藏。

   浙江省招办：《浙江省一九八九年成人高校、中专招生工作总结》，1989年12月5日，档案号J084-1989-C-021-003，浙江省教育考试院档案室藏。

③ 浙江省招委：《浙江省一九八七年成人高等学校、中等专业学校招生工作实施意见》，1987年2月26日，档案号J084-1987-Y-007-004，浙江省教育考试院档案室藏。

④ 浙江省教委、招委：《浙江省一九八六年成人高等学校、职工中等专业学校招生工作实施意见》，1986年2月16日，档案号J084-1986-Y-007-003，浙江省教育考试院档案室藏。

顾录取。^① 根据国家教委规定，结合省内实际情况对符合条件的考生录取时照顾 20 分。[2]1988
年，对国务院各部委及省厅各系统授予的各类荣誉称号获得者照顾 20 分录取。[3]

5. 实行"三生"改革

1988 年，浙江省首批加入国家教委"三生"改革试点—— 试招"往届生""预科生""资格生"，以"往届生"招生促进浙江省乡镇企业发展，以"资格生"和"预科生"招生解决一线生产骨干的工学矛盾。"三生"改革给文化水平偏低，单位又急需培养的符合照顾条件的先进模范人物、生产业务骨干及少数民族聚居地区的少数民族考生提供了更多的入学深造机会。

试招"往届生"。"往届生"招生指的是：在集体所有制企业、乡镇企业工作一年以上，有一定实践经验，表现较好，近 3 年参加过普通高校招生考试，成绩达到报名分数线的往届高中毕业生，经所在单位推荐，招生部门审核，可由成人高校专科录取进对口专业学习。1988年，"往届生"的报名分数线 5 科（政治、语文、数学、物理和化学或地理和历史）考试成绩合计 275 分，报考外语院校、专业的，外语单科为 60 分。当年全省 50 个县（市）共报名 403人，录取了 304 人。其中录取脱产的 68 人，业余的 236 人。在未录取的近 100 人中，除了一部分考生不符合报考条件，大部分是参加了全国成人高校统考已上线录取的考生。[4]

试招"预科生"。"预科生"招生指的是：省教委委托有关成人高校举办预科班，对参加成人高校招生统一考试没有录取的人员中，单位急需培养的模范（先进）人物、具有 5 年以上工龄的生产业务骨干和少数民族聚居地的少数民族青年，经单位推荐，适当降分录取。在预科班补习高中文化一年，经举办预科班的学校考试合格，按考生所报志愿直接升入成人高校对口专业学习。预科班招生数纳入下一年的招生计划。1988 年全省共有 56 名考生进入预科班学习，经一年学习，有 53 名考生考试合格，在 1989 年录取进入有关高校学习。[5]

试招"资格生"。"资格生"招生指的是：对参加成人高校招生统一考试，其成绩达到全省录取最低控制分数线，但由于某种客观原因而未能入学的考生，由省招办凭当年成人高校统一招生考生登记表等其原始档案发给成绩证明。在以后两年内可免于文化考试入学。"资

① 浙江省招委：《浙江省一九八七年成人高等学校、中等专业学校招生工作实施意见》，1987年2月26日，档案号J084-1987-Y-007-004，浙江省教育考试院档案室藏。
② 浙江省招办：《一九八七年浙江省各类成人高校、中专招生录取工作的意见》，档案号J084-1987-Y-007-008，浙江省教育考试院档案室藏。
③ 浙江省招办：《一九八八年浙江省各类成人高校、中专招生录取工作的意见》，1988年6月21日，档案号J084-1988-Y-011-004，浙江省教育考试院档案室藏。
④ 浙江省招办：《浙江省一九八八年成人高校招生工作总结》，1988年12月15日，档案号J084-1988-Y-015-002，浙江省教育考试院档案室藏。
⑤ 浙江省招办：《浙江省一九八九年成人高校、中专招生工作总结》，1989年12月5日，档案号J084-1989-C-021-003，浙江省教育考试院档案室藏。

格生"是否需要入学及入学时间由所在单位根据培训计划和本人表现进行推荐，由学校录取。1988年成人高校实行"资格生"制度，对达到录取最低控制分数线而由于各种原因未录取入学的500余人发了资格证书。1989年经单位同意重新报名的有262人，其中录取入学的有205人。1989年，浙江省暂停"资格生"和"预科生"制度，继续实行"往届生"制度。全省"往届生"报名人数有970余人，其中录取了740余人。①

（三）成人高校考试招生的治理整顿

成人高校统考招生以来，在发展过程中也出现了一些问题，包括办学指导思想不够端正，办学规模过大，投入不足，某些地方存在乱办班、乱收费、乱发文凭等现象②。1990年3月，全国人大七届三次会议的《政府工作报告》明确提出："要以整顿成人高等学历为重点，提高成人教育水平。"同年4月，国家教委召开"全国普通高校成人教育工作会议"，研究和部署治理整顿工作。③

浙江省响应国家教委号召，采取了多项措施对成人高校进行治理整顿，促进成人教育事业健康发展。

1. 管理招生计划

1991年，根据国家教委要求，浙江省属成人高校招生计划按1990年实际招生数的80%左右安排，坚持以业余教育为主，压缩脱产、半脱产的招生数。对不符合国家教委办学要求的"红牌"高校停招，"黄"牌学校控制招生。停止广播电视大学普通专科班招生。师范类专科起点本科班招生除原批准的浙江教育学院、浙江师范大学举办的函授外，不再扩大试点范围。优化计划结构，严格控制长线专业的招生，对办学方向不明、不适应成人高校办学特点的专业和近几年普通高校毕业生分配很困难的专业少安排或不安排招生计划，增加社会急需的应用型专业的招生。各类成人高校只招收在职职工，暂停招收社会青年和应届高中毕业生。④1992年，恢复电大普通班招生，以全脱产的形式优先招收师范类专业及社会急需短线

① 浙江省招办：《浙江省一九八九年成人高校、中专招生工作总结》，1989年12月5日，档案号J084-1989-C-021-003，浙江省教育考试院档案室藏。
"三生"改革政策从1988年开始实行，到2002年停止执行。
② 国家教委：《关于一九九〇年各类成人高校招生录取工作有关事项的通知》，1990年7月11日，档案号J039-040-216-016，浙江省教育厅档案室藏。
③ 国家教委：《关于一九九〇年各类成人高校招生录取工作有关事项的通知》，1990年7月11日，档案号J039-040-216-016，浙江省教育厅档案室藏。
④ 浙江省教委：《关于编报一九九一年成人高等教育招生计划的通知》，1990年11月10日，档案号J039-040-310-035，浙江省教育厅档案室藏。
浙江省招委、教委：《浙江省一九九一年成人高等学校、中等专业学校招生工作实施意见》，1991年1月，档案号J084-1991-Y-011-004，浙江省教育考试院档案室藏。

专业 1000 人；暂停招收"往届生"。[①]

2. 实行专升本省统考

1992 年及以前，浙江省大专起点本科班以师范类为主，其中招生规模最大的为浙江师范大学、浙江教育学院、华东师范大学。1992 年，浙江省对师范类本科招生试行省统考，统一命题、考试，使大专起点本科班招生逐步规范。其他专升本的招生工作仍由各招生院校组织。[②]

3. 规范录取政策

照顾录取更加规范，加分政策由之前的适当降分变为明确的分数要求。1990 年，照顾录取考生有：（1）报考短线专业的考生，乡镇企业职工和建制镇（含建制镇）以下的农村中学教师；（2）烈士子女、配偶，归侨、归侨子女、华侨子女、台湾籍考生，少数民族考生，教育基础较薄弱的山区、海岛的考生，特殊行业的考生；（3）市、地级以上人民政府、党委和国务院各部委及省厅（局）系统授予的劳动模范、先进生产（工作）者、模范（先进）教师、科技进步（成果）奖获得者、模范（优秀）党员，省级以上工、青、妇组织授予的"五一劳动奖章""新长征突击手""三八红旗手"称号获得者，人民解放军、武警部队、公安警察荣立三等功以上者；（4）报考对口专业具有 5 年以上专业工龄（教龄）的生产业务骨干（教师），曾赴前线作战的复员、转业军人，退出现役的义务兵。

1990 年对第（1）类考生可在分数线以下 10 分以内照顾录取，对第（2）类和第（3）类考生可在分数线以下 20 分以内照顾录取，对第（4）类考生在与其他考生同等条件下同一分数段中可优先录取。[③]

1991 年取消了对第（1）类考生的照顾录取，对第（2）类考生由降 20 分录取改为分数线以下 10 分以内照顾录取。[④]

（四）成人高校招生的快速发展

1993—1999 年，浙江成人高校招生改革计划管理体制，增加学校的主动权和自主权，更好地进行了生源的合理分配。随着成人高校的生源大幅增长，出现了成人高校发展挤占普通

[①] 浙江省教委：《关于编制1992年我省成人高等教育招生计划的通知》，档案号J039-041-319-034，浙江省教育厅档案室藏。

[②] 浙江省招办：《浙江省一九九二年成人高校、中专招生工作总结》，1992年10月23日，档案号J084-1992-C-019-005，浙江省教育考试院档案室藏。

[③] 浙江省招委、教委：《浙江省一九九〇年成人高等学校、中等专业学校招生工作实施意见》，1990年2月，档案号J084-1990-Y-010-005，浙江省教育考试院档案室藏。

[④] 浙江省招委、教委：《浙江省一九九一年成人高等学校、中等专业学校招生工作实施意见》，1991年1月，档案号J084-1991-Y-011-004，浙江省教育考试院档案室藏。

高校办学资源的问题，促使成人高等学历教育招生计划管理从调节性计划管理再次向指令性计划管理转变。同时在报考条件上逐步完全放开，实行"3+2"考试科目改革、第二专业专科招生，规范考试种类，放宽照顾政策，以保证成人高校教育稳定、持续、健康发展。

1. 取消年龄和工龄要求 [1]

随着国家经济体制改革的不断深入，成人高校的生源也发生了变化，即由计划经济模式下的国家计划指派的相对稳定的生源供给，逐渐转变为市场经济条件下的在职人员自主报考的成人生源。面对这一转变，1993 年，国家教委决定把普通高等学校举办的"干部专修科"改为"成人脱产班"，普通高校、教育学院举办的"教师专修科"变为"教师班"，并取消了对各类成人高校考生的年龄限制。管理干部学院对在职人员的工龄要求从 5 年降为 2 年，职工大学、职工业余大学和广播电视大学的脱产班开始招收乡镇企业在职职工，工龄要求从 2 年降为 1 年。1994 年，普通高校举办的成人脱产班和管理干部学院招收具有 2 年以上工龄的在职人员，对乡镇企业职工只要求 1 年以上工龄。1995 年，工龄要求进一步降低，对报考成人高校脱产学习（不含教师类脱产班）的考生只要求 1 年以上的工龄。到 1998 年基本取消了对脱产学习考生的工龄要求，只对报考教师脱产班的各类中小学校在职教师和教育行政干部分别要求 3 年和 5 年以上工龄。1999 年，各类成人高校招生取消了全部工龄限制和其他方面的考核与体检要求。

高中起点本专科成人高校报考条件限制放宽以后，出现了低龄化考生报考的问题。为此，1997 年至 1999 年，浙江省教委、招委根据国家教委年度招生文件的要求，规定以同等学力报考各类成人高校的考生，年龄要求限制在 20 周岁以上。

2. 报名人数和录取人数快速增长

这一阶段，浙江省成人高校报名人数和录取人数连年增长。1994 年成人高校报名人数比上一年增加了 2.09 万余人，增长了 56.33%，之后每年增长 1 万人左右，不断刷新成人高校报名人数的历史最高水平。1998 年，浙江省成人高校报名人数突破 10 万人。1999 年，浙江省成人高校录取人数为 5.67 万余人，比 1993 年的 1.82 万余人增长了 210.74%。[2]

1993 年至 1999 年浙江省成人高校报名人数、录取人数如表 3-1-1 所示。

---

[1] 这一部分依据1993年—1999年省教委、省招委颁发的年度成人高校、成人中专学校招生工作实施意见，为节约篇幅，不一一标注。

[2] 资料来源：1994—1999年《浙江教育考试统计年鉴》，浙江省招办编。

表3-1-1　浙江省成人高校报名人数、录取人数（1993—1999年）

单位：人

年份	报名总人数	录取总数	高中起点本专科录取数	专升本录取数
1993年	37118	18237	14866	3371
1994年	58025	33645	30661	2984
1995年	69099	27795	24803	2992
1996年	81314	35777	30191	5586
1997年	90075	36853	29067	7786
1998年	104004	41026	32492	8534
1999年	104146	56670	40085	16585

说明：资料来源于1994—1999年《浙江教育考试统计年鉴》，浙江省招办编。

3. 高中起点专科实行"3+2"考试科目改革

这一时期，在坚持统考的同时，逐渐重视成人教育特点，开始兼顾测试学生的专业知识和技能。

1993年，浙江省高中起点专科首次试点"3+2"考试科目改革。"3"是指3门基础课，"2"是指2门专业课考试。报考成人高职考生除统考政治、语文、数学3门文化课外，再加试两门专业课。浙江省参加了国家教委、卫生部的医科类专业、司法部劳改劳教专业的"3+2"考试科目改革试点工作。1996年，浙江省省属院校举办的"高职班"开始试点实行"3+2"考试形式。试点专业的考试科目设置，由于适合专业需求考核特点，受到了试点委托部委和成人考生的欢迎，也为成人高等教育与高职教育的结合创造了条件。

4. 第二专业专科招生

1993年，浙江省首次试点"第二专科"招生，在部委属院校和浙江省普通高校内试招了部分学生。招生对象为在职、从业的国民教育大专以上学历的毕业生，同时需具有第二专业相应科类的高中文化基础。"第二专科"的考生由各市（地）县招办负责报名，学校组织测试，经省招办审批录取。当年报名人数为2995人，录取新生2528人。录取新生中本科以上学历占5.2%、专科文凭占94.80%。[①]

---

① 浙江省招办：《一九九三年浙江省成人高校、中专招生工作总结》，1993年11月9日，档案号J084-1993-Y-022-007，浙江省教育考试院档案室藏。

从2004年起，成人高校招生不再免试招收第二专业专科学历教育学生，报考的考生须参加成人高校招生全国统一入学考试。

5. 加大规范发展力度

专升本实行全国统考。1993 年，国家教委对大专起点的本科班实行全国统一考试，各科由国家教委会同有关部委联合命题、制卷，省招办负责组织考生报名、考试、评卷、录取等工作。国家教委文件把专升本分为教师类与非教师类两类。教师类专升本的考试科目为 1 门公共课、3 门专业课。除术科外的各科的试题均由国家教委统一命制。非教师类专升本考试科目共 5 门，其中 2 门公共课试题由国家教委统一命制，3 门专业课由省招办或招生学校命题。①

规范考试科目。为了满足经济对专业的特色需求，成人高校考试科目改革不断增加专业科目设置，考试种类和数量越来越多。1993 年，成人高校考试招生考试科目总数达到 121 门，给招生考试的组织和管理加大了难度和工作量。浙江省对急剧增加的专升本专业课考试科目进行瘦身，合并和减少专业课考试科目数量。1994 年，针对往年非师范类专业多、考试科目多、出卷部门多、考试组织工作难等问题，非师范类专升本的考试科目由 5 门减少为 4 门，专升本试卷种类总数从 1993 年的 106 门降至 60 门。②

招生计划管理。1993 年，国家改革计划管理体制，不再用控制计划的办法来控制招生规模，而是采取招生计划自下而上、上下结合的方式，通过审定最低录取分数线来保证新生的质量和总规模，从而在一定程度上缓解了生源计划的矛盾。这一年，浙江除专升本计划严格刚性管理外，其余各类招生计划以录取分数线和计划建议数相结合的方式确定，此举符合成人高校生源起伏变化的特点，有效缓解了录取计划的紧张状况。③

1994 年至 1995 年，浙江省在计划管理上，有两个方面的改革举措：一是大力度压缩脱产班计划，支持业余学习招生计划。二是根据国家教委控制规模的精神，浙江成人高校高中起点本专科学历教育招生计划，不再分专业下达，而是根据办学条件、师资等情况核定学校年

---

① 国家教委：《关于印发一九九三年全国各类成人高等学校招生有关规定的通知》，1992年12月28日，档案号J084-1993-Y-019-001，浙江省教育考试院档案室藏。
  浙江省招办：《一九九三年浙江省成人高校、中专招生工作总结》，1993年11月9日，档案号J084-1993-Y-022-007，浙江省教育考试院档案室藏。
② 浙江省招办：《一九九四年浙江省成人高校、中专招生工作总结》，1994年1月31日，档案号J084-1994-Y-010-002，浙江省教育考试院档案室藏。
  浙江省教委、招委：《浙江省一九九四年各类成人高等学校、中等专业学校招生工作实施意见》，档案号J039-044-350-097，浙江省教育厅档案室藏。
③ 浙江省招委、教委：《浙江省一九九三年成人高等学校、中等专业学校招生工作实施意见》，1993年3月，档案号J084-1993-Y-019-007，浙江省教育考试院档案室藏。
  浙江省招办：《一九九三年浙江省成人高校、中专招生工作总结》，1993年11月9日，档案号J084-1993-Y-022-007，浙江省教育考试院档案室藏。

度最大招生容量。①

1996—1999 年，浙江省成人高校招生报名总人数持续攀升。浙江省继续加强计划宏观调控，对普通高校举办的成人脱产班招生计划适当压缩，坚持以函授、夜大学办学为主，扩大成人高校业余招生比例。录取时，各校招生计划视生源情况可经省教委批准后作适当调整。1997 年起，为积极贯彻《教师法》，提高浙江省教师学历合格率，较大幅度地提高了师范专业招生计划，积极发展成人高等职业教育，扩大成人高职班的招生规模。

促进学校规范办学。1996 年起，为继续深化办学体制改革，促进增加投入，引进师资，改善办学条件，国家公布了"红""黄"牌成人高校。浙江省对有关成人高校及主管部门采取切实措施，对上线考生不足 15 人的专业不招生、不开班，其上线考生转由其他专业或学校录取，或转为"资格生"保留下一年度入学资格。保持正常的办学秩序，未经批准或备案的校外教学点、函授站等，一律不得随意办班，严格禁止各高校计划外乱招生、乱办班。②

三、满足多方面人才需求的成人中专招生

浙江省成人中等专业教育始于 20 世纪 80 年代，在普遍开展成人岗位技术培训同时，逐渐开始实施了系统、正规的成人中等专业教育。成人中等专业学校最初简称为职工中专，后简称成人中专。

2000 年后，随着补课式学历任务的完成和基础教育高中段普及化程度的提升，成人中专结束了全省统考统招的教育考试形式，改由各市（地）自行安排计划和招生。

（一）成人中专考试招生历史概况

新中国成立后，浙江省职工中等专业教育在进行职工业余教育文化补习的同时，也开设了职工技术班，到 1965 年，共有初级技术班学员 1.11 万人，中级技术班学员 0.43 万人。③

改革开放后，各地职工中等专业技术教育得到重新恢复与发展。1980 年，浙江省计有职工中等专业（技术）学校 416 所，多属业余学习性质，仅有 9 所学校办有脱产、半脱产学习

① 国家教委：《一九九四年全国各类成人高等学校招生工作有关事项的通知》，1993年12月17日，档案号J084-1993-Y-019-002，浙江省教育考试院档案室藏。

浙江省教委：《关于下达一九九四年成人高等学历教育招生计划的通知》，1994年1月20日，档案号J039-044-293-001，浙江省教育厅档案室藏。

浙江省招办：《一九九四年浙江省成人高校、中专招生工作总结》，1994年1月31日，档案号J084-1994-Y-010-002，浙江省教育考试院档案室藏。

② 浙江省招委：《关于下达1996年成人高等教育招生计划的通知》，1996年1月20日，档案号J039-046-317-018，浙江省教育厅档案室藏。

③ 《浙江通志》编纂委员会编：《浙江通志·第76卷·教育志2》，杭州：浙江人民出版社，2019年，第902页。

班。[①]1982年9月，国务院批转教育部《关于举办职工中等专业学校的试行办法》，首次明确了职工中专的办学审批要求、招生对象和新生入学考试规定。1983年5月，浙江省人民政府批转省教育厅根据教育部有关文件拟定的《关于举办职工中等专业学校的补充意见》，对职工中等专业学校的培养任务、办学形式、招生对象、招生办法、专业设置、修业年限、师资配备、管理体制、审批权限等问题，分别作出具体规定。全省经批准的学校增至48所，在校生0.80万人。[②]

1983年6月，浙江省教育厅公布了《浙江省职工中等专业学校（班）一九八三年招生工作意见》，当年8月9日至10日，职工中专首次举行全省统一考试。对录取分数线以上的考生，从高分到低分，德智体全面考核，择优录取。体检要求由各主管部门决定。

1985年，职工中专招生考试移交省招办统一组织。2000年，浙江省成人中专招生不再由省举行统一招生考试，改由各市（地）教育行政部门按学校隶属关系组织招生考试工作。

1983年至1999年17年间，浙江省成人中专统考报名人数共计29.01万人，录取新生共计20.32万人。[③]

（二）成人中专统一考试招生制度

成人中专统一考试招生制度是随着全国成人高校统一考试招生制度的建立，参照其招生计划、考试管理等一系列规章制度形成和建立的，从1986年起，所有考试招生政策和规定，随同当年成人高校招生的同一文件下达。

1986年，职工中专招生考试纳入浙江省统一招生考试管理范畴后，随即建立了成人中专招生考试工作计划、考试、录取统一管理的工作制度。《浙江省一九八七年成人高等学校、中等专业学校招生工作实施意见》明确规定：凡经省教委和国务院有关部委审批，并报国家教委备案的各类成人中专都参加全省统一招生。各类成人高校（市、地管学校由市、地教育部门负责）、中专将招生计划报省教委或国务院有关教育司（局）审核汇总，分别报经国家教委和省教委正式纳入国家和省成人教育招生计划后，方可招生。成人中专全省统考（经国家教委批准的由部、委组织统一考试的部、委所属学校除外），命题范围不超出《浙江省成人中专招生考试复习大纲》。录取工作在省招委的统一领导和组织下进行。成人中专录取名单，经各主

① 《浙江通志》编纂委员会编：《浙江通志·第76卷·教育志2》，杭州：浙江人民出版社，2019年，第902页。
② 《浙江通志》编纂委员会编：《浙江通志·第76卷·教育志2》，杭州：浙江人民出版社，2019年，第902页。
③ 浙江省教委成人教育办公室：《浙江省成人中专招生情况汇报》，1990年4月5日，档案号J039-040-217-139，浙江省教育厅档案室藏。
    浙江省招办：《1986年—1995年浙江省成人高校、中专统一招生工作十年回顾》，1995年10月10日，档案号J084-1995-Y-009-008，浙江省教育考试院档案室藏。

管厅（局）审查，报省教育委员会同意备案后，由学校发录取通知书。录取中的遗留问题，由审批录取名单的招生机构负责处理。[①]

浙江成人中专的学校管理体制多元，招生学校管理部门遍布各部委、省、市（地）行政机构及国有企事业单位等多个部门单位，统一考试招生各项规定的出台，明确了各自的工作职责，拓宽了各招生学校的生源覆盖面。

浙江省成人中专的办学形式主要为脱产、业余和函授三种形式，招生学校划分为职工中等专业学校、教师进修学校、广播电视中等专业学校、干部中等专业学校、普通中专和教育学院举办的中专函授部、普通中专举办的职工中专班等类别。

（三）成人中专统一考试招生的改革探索

成人中专是以部门单位系统为主办学的职工中等技术教育，其目的一是帮助企业和行业弥补"文革"时期技术骨干力量培养不足的问题，二是帮助产业工人提升文化程度，三是助力国家经济建设人才培养。成人中专在补课式任务完成后，其招生吸引力开始下降，1985年成人中专报名人数为23355人，1986年为13628人，1988年下降至7828人。[②]在中、高等教育快速发展和学校招生难的双重压力下，浙江的成人中专在招生改革各个方面，也做了积极主动的探索。

1. 推出多项免试政策

浙江成人中专招生适应本省乡镇企业发展的需求和经济体制改革的动态变化，持续出台多项改革措施，突出对行业骨干和先进职工的肯定，鼓励职工积极报考成人中专。

1988年，率先为浙江集体和乡镇企业发展出台成人中专"往届生"免试政策。[③]1989年出台两项免试生的政策，一是对县级系统以上授予的劳动模范、先进生产（工作）者，模范（先选）教师，科技进步（成果）奖获得者，模范（优秀）党员，"五一劳动奖章""新长征突击手""三八红旗手"称号获得者，人民解放军、武警部队、公安警察荣立三等功以上者予以免试。二是对已取得高中毕业证书的报考成人中专的考生予以免试。[④]

① 浙江省招委：《浙江省一九八七年成人高等学校、中等专业学校招生工作实施意见》，1987年2月26日，档案号J084-1987-Y-007-004，浙江省教育考试院档案室藏。

② 浙江省教委成人教育办公室：《浙江省成人中专招生情况汇报》，1990年4月5日，档案号J039-040-217-139，浙江省教育厅档案室藏。
　浙江省招办：《1986年—1995年浙江省成人高校、中专统一招生工作十年回顾》，1995年10月10日，档案号J084-1995-Y-009-008，浙江省教育考试院档案室藏。

③ 浙江省招办：《一九八八年浙江省各类成人高校、中专招生录取工作的意见》，1988年6月21日，档案号J084-1988-Y-011-004，浙江省教育考试院档案室藏。

④ 浙江省招委、教委：《浙江省一九八九年成人高等学校、中等专业学校招生工作实施意见》，1989年1月，档案号J084-1989-Y-015-008，浙江省教育考试院档案室藏。

1995 年起，根据国家教委《关于改革和发展成人中等专业教育的意见》和《关于选拔优秀成人中等专业学校毕业生进入成人高校学习的有关事项通知》精神，浙江省试行保送成人中专部分优秀应届毕业生进入成人高校（专科层次）学习，首次试点学校 3 所，招生计划 100 名，招生专业为浙江育才职工大学的建筑施工管理、浙江省供销职工学院和杭州机械职工大学的财会电算化。[①] 这项政策在激励成人中专提高自身办学质量的同时，也给成人中专发展开辟了上升通道，提高了学校招生的吸引力。

1999 年，推出对县级以上劳动局认定的下岗职工予以免试的政策。[②] 此举是根据国家"国有企业下岗职工基本生活保障和再就业工作会议"精神，为下岗职工再就业创造条件。

2. 打通普职办学通道

浙江省乡镇企业发展较快，农村缺乏大量中、初级专业技术人员。1986 年，杭州市广播电视中等专业学校经批准，在临安县试办普通班，面向农村招收应届初中毕业生。1988 年，在全省各市（地）广播电视中专推广，省教委与省财政厅共同就普通班的招生办法、专业设置、办学经费、毕业生待遇等相关问题作出规定，全省广播电视中等专业学校随即形成成人班和普通班并行体制。在招生工作中，首先由各县拟出招生计划，报省教委核准后下达。报考电视中专普通班的考生均参加各市（地）统一举行的普通中专招生入学考试，录取工作由各市（地）招生办公室负责。广播电视中专面向农村招收应届初中毕业生受到各地普遍欢迎，特别是受到乡镇政府和企业的欢迎。[③]

成人中专普通班办学形式打通了普职办学通道，提升了学校办学质量，为后续成人中专转型和发展打下了一定的基础，招收应届初中毕业生这一成人中专普通班政策，至 2021 年还在全省各市实行。

3. 多举措缓解工学矛盾 [④]

成人中专考生大多来自生产一线，平时工作压力大，报考成人中专学习时面临诸多工学矛盾。浙江省采取多种措施，包括放宽生源报考面、放宽报考条件、保留学籍、限制脱产计

---

① 浙江省教委：《关于实行保送成人中专优秀应届毕业生进入成人高校学习的实施意见》，1994年6月9日，档案号J039-045-244-036，浙江省教育厅档案室藏。

② 浙江省招委、教委：《浙江省一九九九年成人高等学校、中等专业学校招生工作实施意见》，1999年2月13日，档案号J084-1999-Y-011-002，浙江省教育考试院档案室藏。

③ 浙江省教委成人教育办公室：《浙江省成人中专招生情况汇报》，1990年4月5日，档案号J039-040-217-139，浙江省教育厅档案室藏。

④ 该部分文献依据：1. 浙江省教委成人教育办公室：《浙江省成人中专招生情况汇报》，1990年4月5日，档案号J039-040-217-139，浙江省教育厅档案室藏。2. 1986年—1993年省教委、招委年度成人高校、中专招生工作实施意见，浙江省教育考试院档案室藏；3. 浙江省教委成人教育办公室：《浙江省成人中专招生情况汇报》，1990年4月5日，档案号J039-040-217-139，浙江省教育厅档案室藏。

划数等政策以缓解工学矛盾。1985 年起，鼓励成人中专面向乡镇企业职工招生，并允许招收个体户 [⑤]。1988 年，电视中专经国家教委或省教委批准，也可招收社会青年。[⑥]1989 年，对各类成人中专放开报考政策，经批准可面向城乡社会青年招收自费生，毕业后国家不包分配，自谋职业。[⑦]

1986 年，出台保留入学资格政策。在上线人数不足开班名额时，学校可对其中考试成绩在录取线以上的考生，给予保留入学资格一年，待次年招生后入学。[①]1988 年，在保留入学资格政策基础上，出台"资格生"政策。对成绩达到成人中专的全省最低录取分数线，但由于某些原因当年不能入学、也不能保留入学资格的学生，在录取结束后，凭考生档案材料，发给考试成绩证明。在以后的两年内，招生部门承认其具备进入成人中专学习的文化知识资格（简称"资格生"）。"资格生"所在单位推荐其入学时，可免于文化课考试。[②]

1988 年，开始放宽成人中专的脱产、半脱产班的年龄和工龄限制，对报考各类成人中专的乡镇企业职工不限年龄和工龄。[③]1993 年，进一步放宽报考条件，成人中专的脱产班取消了报考的年龄要求，对在职职工的工龄要求由两年以上调整为一年以上。[④]

1991 年，在放宽脱产学习工龄限制的前提下，省教育厅计划部门主动调整政策，在计划编制上，强调要注意调整科类专业结构，严格控制长线专业的招生，适当增加社会急需的应用型专业的招生。坚持以业余教育为主，压缩脱产、半脱产的招生。

4. 降低成人学生报考难度

1989 年，在对报考成人中专的高中毕业生实行免试入学的同时，浙江省根据国家教委《关于成人中等专业学校招生工作改革的若干意见》精神，对成人中专的考试科目实行改革，将成人中专的考试科目从 5 门减少到 3 门，考试科目为：文科类（含财经、政法）考政治、语文、数学；理工科类的化工、农、林、医类专业考语文、数学、化学，其他考语文、数学、物理。各科满分为 100 分。[⑤]1998 年，再次对成人中专考试科目进行改革，从 3 门减少到 2门，考试科目为数学、语文，各科满分为 150 分。[⑥]同时不再对成人中专招生学校划定全省最低录取分数线。

成人中专全省统一考试招生于 2000 年结束，招生工作按照学校的隶属关系转为由各市（地）教育行政部门管理。

---

⑤ 浙江省教委成人教育办公室：《浙江省成人中专招生情况汇报》，1990年4月5日，档案号J039-040-217-139，浙江省教育厅档案室藏。

浙江省招委、教委：《浙江省一九八九年成人高等学校、中等专业学校招生工作实施意见》，1989年1月，档案号J084-1989-Y-015-008，浙江省教育考试院档案室藏。

⑥ 浙江省招委、教委：《浙江省一九九八年成人高等学校、中等专业学校招生工作实施意见》，1998年3月3日，档案号J084-1998-Y-010-005，浙江省教育考试院档案室藏。

新世纪成人高校考试招生的新发展
（2000—2021年）

进入 21 世纪，成人教育步入一个新的发展时期。一方面，世界范围内终身教育理念被广泛接受，促成了学习的终身化发展趋势，我国改革开放步伐的加快、经济的高速发展和职业岗位的频繁更替形成了人们的多元化学习需求，这些为成人高校提供了难得的发展机遇。另一方面，在一系列高等教育领域改革政策引领下，普通高校扩招，高等教育自学考试、网络教育、高等职业教育的发展，以及民办高等教育的兴起所产生的教育分流效应，将成人高校置于生存发展的十字路口。成人高校考试招生呈现出机遇与挑战并存的发展新特点。在不断深化改革的过程中，浙江省成人高校考试招生再次显现出蓬勃发展的新态势。

一、成人高校考试招生的改革与调整

随着我国经济和社会发展对各类人才需求的不断增加，成人高等教育已经成为国家培养各类人才和人们提升自我的重要渠道，在构建终身教育体系和建设学习型社会中也发挥着重要作用。面对新世纪的新形势，成人高校考试招生制度通过改革与调整不断适应社会需求，迸发出新的活力。

（一）逐步取消报考限制

为满足更多人接受高等教育的需求，浙江省成人高校的报考条件进一步放宽。2000 年，取消了以同等学力报考者年龄应在 20 周岁以上的限制，高中起点的本、专科专业可招收应届高中毕业生和中等职业技术学校的应届毕业生。[1]2003 年，取消了师范类专升本只招收教师和教育行政干部的招生范围要求，成人高校面向所有社会从业人员和其他人员招生。除了对报考医学类各专业的考生仍要求是取得卫生类执业资格的在职人员外，其他成人高校各类专

---

① 浙江省招委、教委：《浙江省二〇〇〇年各类成人高等学校招生工作实施意见》，2000年2月13日，档案号J084-2000-Y-004-002，浙江省教育厅档案室藏。

业的报考限制全部取消。[①] 在 21 世纪，成人高校考试招生以更加开放的姿态，增加各类社会成员接受高等教育的机会，推动成人高校的教育资源发挥出更大效益。

这一阶段浙江省成人高校报名人数呈现由上升到下降，然后逐步平稳的发展趋势。1999年到 2000 年浙江省成人高校报名人数由 10.41 万余人增加到 16.64 万余人，增幅达 59.75%。成人高校报名人数持续增加，2001 年，报名人数突破 20 万人，2002 年达到最高峰值 22.6 万余人。2003 年，浙江省成人高校报名人数首次出现下降。[②] 报名人数的减少与当年成人高考的几个变化有关：一是考试科目有较大调整，高中起点的专科增加了外语科目考试，高中起点的本科增加了综合科目考试，科目的变化使很多考生因准备不足而放弃当年报考，更使部分年龄偏大的考生知难而退；二是部分专业如医学类各专业要求考生必须是取得卫生类执业资格的人员。此外，浙江省普通高校招生的录取率逐年提高，其报考限制也越来越少，在一定程度上也分流了成人高校的考生。

2002—2004 年，浙江省成人高校报名人数从 22.6 万回落至 13.88 万；2005—2010 年报名人数整体趋于平稳，每年保持在 15 万人左右。就录取人数而言，2000 年，浙江省成人高校录取人数为 8.28 万人，录取率为 49.77%；至 2001—2010 年，每年录取人数都在 10 万人左右，录取率由 2001 年的 46.77% 提升到 2010 年的 78.25%。

（二）调整考试科目与时间

随着成人高等教育的发展，成人高考招生在考试科目设置和考试时间上都遇到了问题。在考试科目设置方面，随着招生对象日趋复杂，招生专业和考试科目逐步增加，如浙江统考科目数量最多时达到 118 门，一方面增加了命题、施考与录取工作的操作难度，另一方面影响了考生填报志愿时的学校选择面。在考试时间安排方面，从 1986 年到 2002 年，成人高考的时间一直安排在每年五月中旬，随着成人高考报考人数大量增加和低龄化，一是由于成人高考招生和普通高考招生录取的新生同时开学，出现了成人高等教育挤占普通高等教育资源的现象。二是相当数量的考生将成人高考作为普通高考前的练兵，造成了成人高校录取新生的高流失率。三是两大招生业务在上半年内交叉进行，工作负担重。[③] 鉴此，根据教育部的统一部署，浙江省在成人高考科目设置和时间设置上进行了改革。

[①] 浙江省招委、省教育厅：《关于2003年各类成人高等学校招生工作的实施意见》，2003年1月15日，档案号J039-053-389-058，浙江省教育厅档案室藏。
[②] 浙江省教育考试院（浙江省招办）编：《浙江教育考试统计年鉴》，1999—2021年，浙江省教育考试档案室藏。
[③] 姜钢：《成人高考发展二十年的回望与思考》，《中国高等教育》2006年第21期。

1. 精简考试科目 [①]

这一阶段,高中起点本科、专科(高职)、专升本的考试科目分别由6门、5门、4门减少为4门、3门、3门。成人高校考试招生试卷种类总数由1999年的118门逐步精简到2021年的16门。

(1)高中起点本科。

2003年,高中起点升本科考试科目由6门减少为4门,文科(含艺术、体育类)考语文、数学(文)、外语、历史地理综合;理科(含艺术、体育类)考语文、数学(理)、外语、物理化学综合。

(2)高中起点专科(高职)。

2000年,省属院校举办的"3+2"高职班考试,3门基础课参加全国统考,考试科目为政治、语文、数学(文或理),两门专业课由学校组织考试,考试成绩报省招办备案。

2003年,高职班公共课考试中政治科目调整为外语科目,同时对专业课考试进行精简。部委属院校举办的高职班(西医类、中医类、监狱管理类和公安类专业)专业课由2门减少为1门,省属院校举办的高职班取消了专业课考试。

2005年,高职班和高中起点专科考试科目合并,不再以"3+2"的形式举行,所有专科科类均实行统一考试科目,即语文、数学(文或理)、外语。

(3)专升本。

2000年,非师范类专升本4门考试科目中2门公共课和1门专业基础课继续实行全国统考,1门专业课考试调整为由招生院校组织,考试成绩报省招办备案。专升本考试科目数量大大减少,由1999年的68门减少为41门。

2001年,师范类专升本也参照非师范类专升本进行改革,调整为2门公共课、1门专业基础课、1门专业课。专升本公共课和专业基础课实行全国统考,专业课考试由各招生学校组织。

2003年,专升本不再分师范类与非师范类,考试科目由按生源类别设置变为按学科门类设置,共分为8类,科目由4门减少为3门,其中2门公共课为政治、外语,1门专业基础课根据考生所报考专业对照选择。

成人高校考试科目如表3-2-1所示。

[①] 本部分依据的文献为浙江省教委、招委2000年—2005年成人高校招生工作实施意见,浙江省教育考试院档案室藏。为节约篇幅,不一一标注。

表3-2-1 成人高校考试科目

类别	考试科目
高中起点本科	1. 文科、艺术（文）：语文、数学（文）、外语、历史地理。 2. 理科、艺术（理）：语文、数学（理）、外语、物理化学。
高中起点专科（高职）	1. 文科、艺术（文）、体育（文）：语文、数学（文）、外语。 2. 理科、艺术（理）、体育（理）：语文、数学（理）、外语。
专升本	1. 哲学、文学、历史学、中医学、中药学类：政治、外语、大学语文。 2. 艺术类：政治、外语、艺术概论。 3. 工学、理学类（生物科学类、地理科学类、环境科学类、心理学类除外）：政治、外语、高等数学（一）。 4. 经济学、管理学、职业教育类、生物科学类、地理科学类、环境科学类、心理学类、药学类（中药学类除外）：政治、外语、高等数学（二）。 5. 法学类：政治、外语、民法。 6. 教育学类：政治、外语、教育理论。 7. 农学类：政治、外语、生态学基础。 8. 医学类（中医学类、药学类两个一级学科除外）：政治、外语、医学综合。
备注	专升本、高起本和高起专外语考试科目分为英语、日语两个语种，考生可根据高校招生章程公布的专业要求选择一种。

说明：资料来源于浙江省招委：关于印发《2021年浙江省成人高校招生工作实施方案》的通知，2021年8月30日，https://www.zjzs.net/moban/index/8a11f1547b7cc2a7017b959890620763.html。

2. 调整考试时间

2003年，鉴于我国一些地区出现非典型肺炎疫情的特殊情况，为保护广大考生和相关工作人员的身体健康，维护社会的稳定，教育部决定，该年度成人高校招生全国统一入学考试推迟到下半年11月进行，录取的新生于2004年春季报到入学，作为2004级学生。从2004年开始，浙江与其他省份同步对成人高校考试招生时间进行调整，实行秋季考试、第二年春季入学。考试时间为每年10月份的第三个星期六、日，录取的新生于第二年春季按高等学校要求的时间入学。此后，成人高校统一招生春季入学的学生均以入学年份为入学年级，毕业年届按学制时间相应类推。①

（三）深化成人高校考试招生改革

这一阶段成人高校招生改革工作不断深化，主要体现在成人高校招生加大结构调整力度，

---

① 浙江省招委、省教育厅：《关于2003年各类成人高等学校招生工作的实施意见》，2003年1月15日，档案号J039-053-389-058，浙江省教育厅档案室藏。

本报讯：《成人高考招生调整》，《杭州日报》2004年2月12日，第3版。

教育部：《教育部办公厅关于成人高校招生调整考试时间后学生入学年级与年届问题的通知》，2004年2月27日，http://wap.moe.gov.cn/jyb_xxgk/gk_gbgg/moe_0/moe_1/moe_2/tnull_5404.html。

积极开展"双元制"招生改革。

1. 调整成人高校招生结构

为使成人高等学历教育内部结构更好地适应经济建设和社会发展的需要，浙江省成人高校调整办学主体结构和学习形式结构。

从办学主体结构来看，2000年开始，职工高校以高职教育为主，成人高校本科招生在经教育部批准的具有较高水平的本科层次高校中举办。进一步扩大职教师资专升本和成人高职班的招生规模，严格控制高中起点本科招生。[1]

调整学习形式结构，坚持成人高等教育以业余为主的学习形式。2000年，根据教育部规定，各普通高校和成人高校继续以函授、夜大等业余教育为主，对成人脱产班计划从严控制，并不断压缩。2006年起，更加严格控制普通高校成教脱产班的招生规模，普通高校成教脱产班的招生规模控制在招生总规模的8%以内。[2] 根据教育部规定，部属高校从2007年起停止招收成人脱产班，普通高等学校从2008年起停止招收成人脱产班，成人高校招收成人脱产班的规模根据行业需求合理确定，严格控制并逐步减少脱产规模。[3] 同年，浙江大学成人高等学历教育（含夜大学、函授）停止招生。此后，成人高等教育坚持以业余学习为主的办学形式。独立设置的成人高校招收成人脱产班的规模根据办学条件、行业需求从严、合理确定，严格控制出省招生和脱产班招生规模，积极发展各种形式的非学历教育特别是大学后继续教育和高层次岗位培训。

2. 开展"双元制"招生改革

2008年，为进一步推进职业教育改革，浙江省选择有关高职院校扩大校企紧密合作的"双元制"成人高等职业教育改革试点范围，为企业培养高技能紧缺人才。"双元制"成人高等职业教育是将学历教育与职业教育相结合，以学历教育、素质培养、技能提升为目标的一种形式，学校与企业共同研究制定人才培养方案，为企业"量身定做"培养人才。[4] 具有高中学历（含职高、普高、中专、技校）、中级工以上职业资格和二年以上工作经验的企业在职人员可填报"双元制"专业志愿。2011年，"双元制"成人高职具有中级工职业资格的考生加20分，具有高级工及以上职业资格的加30分。录取时如上线考生生源不足，可以在专科（高职）最

① 浙江省教委：《关于编报2000年成人高等学历教育招生计划的通知》，1999年12月16日，档案号J039-049-318-103，浙江省教育厅档案室藏。
② 浙江省教育厅：《关于下达2006年成人高等学历教育分校招生计划的通知》，2006年7月17日，档案号J084-WS·2006-Y-ZZ-0080，浙江省教育考试院档案室藏。
③ 浙江省招委、省教育厅：《关于印发2008年浙江省成人高校招生工作实施办法的通知》，2008年7月24日，档案号J084-2008-Y-ZZ-0072，浙江省教育考试院档案室藏。
④ 周洪波：《我省成人高职教育试水"双元制"》，《浙江日报》2008年1月22日，第16版。

低控制分数线以下 20 分内从高分到低分录取。

（四）完善照顾奖励政策①

科学选才和公平选才是贯穿成人高校考试招生制度演变的两条主线，录取阶段的照顾奖励政策是科学性和公平性的集中体现。浙江考试系统根据教育部的顶层设计，一方面，加大对劳动模范、先进工作者、优秀运动员和大学生村官等的奖励力度，通过"德智体"全面衡量引导学生"德智体"全面发展；另一方面，加大对农民考生、艰苦行业等的照顾力度，以推进城乡、区域等的公平。

1. 对荣誉称号获得者加大照顾奖励力度

2000 年，对地、市级以上（含地、市级）人民政府，国务院各部委及各省、自治区、直辖市厅、局系统授予的劳动模范、先进生产（工作）者及科技进步（成果）奖获得者，获得省、自治区、直辖市工、青、妇等组织授予"五一劳动奖章""新长征突击手""三八红旗手"称号者，人民解放军、武警部队、人民警察荣立三等功以上者的照顾分数提高到 50 分（专升本科班考生为 30 分）。2002 年起，"全国先进工作者"称号和"全国五一劳动奖章"获得者可免试进入各类成人高校学习。

2. 对优秀运动员加大照顾奖励力度

优秀运动员免试入学要求放宽。2000 年，奥运会、世界杯赛和世界锦标赛的奥运会项目前八名获得者，非奥运会项目前六名获得者；亚运会、亚洲杯赛和亚洲锦标赛的奥运会项目前六名获得者、非奥运会项目前三名获得者，全运会、全国锦标赛和全国冠军赛的奥运会项目前三名获得者、非奥运会项目冠军获得者可经审核后免试入学。对运动健将和武术项目武英级运动员称号获得者录取时照顾 50 分（专升本科班考生为 30 分），一级运动员称号获得者录取时照顾 30 分（专升本科班考生为 20 分）。

2003 年，高中起点本专科和专升本的照顾分值统一，除了对运动健将和武术项目武英级运动员称号获得者录取时照顾 50 分，一级运动员称号获得者照顾 30 分，其他符合照顾条件的考生均照顾 20 分。

3. 对大学生村官等的奖励政策

2009 年，参加"选聘高校毕业生到村任职""三支一扶"（支教、支农、支医和扶贫）"大

---

① 本部分依据的文献，除了单独标注的，其他为浙江省教育厅、招委2000年—2021年成人高校招生工作实施意见，浙江省教育考试院档案室藏。为节约篇幅，不一一标注。

学生志愿服务西部计划""农村义务教育阶段学校教师特设岗位计划"等项目服务期满并考核合格，可申请免试就读省内的成人高校专升本。

4. 对军人考生的照顾政策

2004年，自谋职业的城镇退役士兵，凭省级民政部门颁发的《自谋职业证》可在考试成绩的基础上增加10分投档。2009年，应征入伍服义务兵役退役的普通高职（专科）毕业生可申请免试就读省内的成人高校专升本。

2021年，退役军人（自主就业退役士兵、自主择业军转干部、复员干部），凭身份证、退役证（义务兵/士官退出现役证、军官转业证书、军官复员证书）及符合相应报考条件的学历证书，可申请免试就读浙江省的成人高校专升本。

5. 对农民考生的照顾政策

2001年，浙江省义乌市出台《关于加强成人业余高等学历进修工作的意见》规定，城镇待业青年、农民参加各类成人高校业余学历进修，在第一次取得国家承认的大专学历时，其学费、考务费由政府报销一半。[①]

2005年，浙江省在全省211个欠发达乡镇组织实施"扶千名人才、促千村发展"计划，面向欠发达乡镇农村青年农民开展成人学历教育，由政府出钱送他们上大学。当年首次计划招生101人，招生对象是省重点扶持的211个欠发达乡镇中从事农林业生产的贫困农民的子女，须高中毕业，年龄在25周岁以下。考生入学后，所需的学费、学杂费和教材资料费等由省扶贫经费全额资助。[②]2006年，93位农民跨进浙江林学院校门，成为浙江省首批农民大学生。[③]

6. 对大龄考生、各行业工作人员的照顾奖励政策

2000年，对年满25周岁以上的人员录取时照顾30分（专升本科班考生为20分）。

2001年，对农、林、地质、水利、矿业、测绘、监所、远洋运输社会福利等艰苦行业，以及师范、理工类有关专业考生可适当降分录取，降分的最大幅度为高中起点本专科降30分，专升本降20分。

2001—2002年，对取得省级行政部门或市级人民政府验印的《专业证书》且年龄在35周岁以上的机关企事业单位在职人员，报考成人高校高中起点专科专业，录取时可照顾50分。对持学校介绍信和学校所隶属的市级主管单位人事部门同意报考成人高校非师范类（含教师类）专升本专业的中等职业技术学校（中专、技校、职高）在职教师，录取时可照顾60分。

---

① 本报讯：《义乌掏钱鼓励农民上大学》，《杭州日报》2001年6月4日，第4版。
② 张冬素、杨志刚：《省政府出钱送欠发达乡镇青年农民上大学》，《浙江日报》2005年9月5日，第2版。
③ 黄曙林：《我省首批93位农民成为大学生》，《浙江日报》2006年2月24日，第8版。

2003 年，对国防科技工业三线企业单位获得企业表彰的先进生产（工作）者录取时照顾 20 分。

二、成人高校考试招生改革的深化与创新

2012 年党的十八大报告要求必须坚持人民主体地位，努力办好人民满意的教育。在教育部的统一部署下，浙江考试招生系统进一步深化成人高校考试招生改革。一是着力完善 2011 年启动的成人高等教育招生计划编制改革试点，努力解决社会需求多样性、考生群体不确定性等供需矛盾；二是通过农民工学历与能力提升行动计划等促进城乡融合与教育机会平等。

（一）开展报名与计划编制办法改革

招生计划的安排体现了国家对教育资源的总体安排，它既要考虑国家经济建设、社会发展对人才的需求，又要考虑高等学校的专业设置和教育资源供给能力。

全国统一考试初期，国家通过指令性计划严格控制招生规模，之后随着生源的变化情况调整为调节性计划，后又调整回指令性计划。2011 年，浙江省根据教育部统一部署，开展报名与计划编制办法改革试点，实行按大类报名，根据报名情况编制成人高校招生计划。生源计划编制工作分为两个阶段。第一阶段：招生院校根据学校专业设置编制确定年度招生专业目录，经省教育厅审核后按大类分学校公布。第二阶段：在学生报名后，省教育厅会同招生院校编制分专业的招生计划。[①] 对考生而言，则形成了三个全新的阶段，《浙江日报》对此进行了报道：

为更好地解决人才培养质量问题和供需结构矛盾，今年我省首次开展成考报名与计划编制办法改革试点，在 8 月份先按大类报名，再根据报名情况编制成人高校招生计划。也就是说，"招多少"要在大类报名结束后再明确并统一公布。

与此相配套，今年成考填报志愿时间有调整，在 10 月 25 日至 30 日进行。

第一阶段：按大类先网上报名；

第二阶段：10 月中旬进行统考；

第三阶段：填报院校志愿。[②]

成人高校招生编制办法的改革，在坚持成人高校招生计划要适应国家经济与社会发展需要、适应高校教育教学资源供给能力的基础上，把招生对象——考生的需求也作为重要的考

---

① 浙江省招委、省教育厅：《关于印发2011 年浙江省成人高校招生工作实施意见的通知》，2011年8月12日，档案号 J084-2011-Y-ZZ-0027，浙江省教育考试院档案室藏。

② 本报讯：《成人高校报考改革：首次实行考后填志愿》，《浙江日报》2011年8月25日，第21版。

量因素，体现了对学生作为教育主体地位的尊重，体现了以学生为本的理念。此项改革较好地解决了社会需求多样性、考生群体不确定性条件下成人高校招生计划编制如何更好地为经济与社会发展服务的问题，受到学校与考生的欢迎。

这一阶段，计划完成情况良好，大部分年度计划完成率都在100%。

（二）继续调整招生结构

2011年开始，成人高校考虑办学条件，结合从业人员的特点，合理安排分专业计划，努力扩大经济建设和社会发展急需专业的招生规模。2012年，高中起点本科计划原则上不超过学校本科计划的15%。2018年，加大了结构调整力度，鼓励本科高校以本科层次招生为主，适当控制专科层次招生，支持高职高专院校、成人高校专科层次招生。加强对省重点建设高校本科和专科计划规模的控制，次年开始对省重点建设高校专升本计划进行"双控"，即在继续控制计划供给比例的同时对总计划数进行控制。①

（三）积极开展家政服务相关专业招生

为适应社会新需求，2013年，浙江省鼓励各校积极扩大家政服务相关专业招生。2014年起，报考家政服务类专业的考生，成绩达到录取最低控制分数线的，原则上均予以录取。如在分数线上生源不足时，可适当降分投档，医学护理类专科专业最低可降至同类分数线的70%，其他专业可降至同类分数线下20分。当年安排家政服务类专业计划8269人，追加计划698人，实际录取8967人。②

家政服务类专业的招生，一方面有利于满足城市建设对家政服务专业人才的需求，一方面也为农村人员进入城市工作搭建了平台，有利于推进城乡融合。

（四）开展农民工学历与能力提升行动

2016年，教育部与全国总工会联合启动农民工学历与能力提升行动计划——"求学圆梦行动"，杭州市总工会将浙江工业大学列为首个试点的普通高等学校，通过函授和夜大学的招生计划招收优秀外来务工人员接受"专升本"层次的成人高等教育。"圆梦计划"让众多怀揣"成才梦"的外来务工人员综合素质得到提高，也改变了他们的命运。如浙江天成项目管理有限公司黄益游同学，2017年考入浙江工业大学函授"专升本"土木工程专业，通过"圆梦计

---

① 浙江省教育厅：《关于下达2018年成人高等学历教育招生计划的通知》，2018年12月11日，档案号J039-WS·2018-Y-JC-0008，浙江省教育考试院档案室藏。
② 浙江省教育考试院：《我省2014年成人高考录取工作结束》，浙江省教育考试院档案室藏。

划"，完成了二年半学习，从"靠力气吃饭"到独立进行施工组织与项目管理，完成了新时代产业工人转型。①

2017 年，浙江省发布《关于做好 2017 年面向 29 县农户子女开展成人高等学历教育招生工作的通知》，面向包括兰溪市、淳安县等 29 县（市）专项开展成人高等学历教育招生工作，农业经济管理专业（高起专）计划招生 60 名，报名的考生须志愿为社会主义新农村建设服务，年龄在 35 周岁以下，为兰溪、淳安等 29 县农户子女。省教育考试院单独划线择优录取，对参加社会工作期间表现突出及获得相关奖励和荣誉者同等条件下优先录取。考生录取入学后，所需的学费、学杂费、教材资料费等费用由省财政金额资助。②

2019 年，浙江省启动"农民工学历与能力提升行动"，从 2019 年至 2022 年，由省总工会每年投入 1000 万元，结合各级工会的资金配补，每年资助 1 万人接受大专、本科学历继续教育，使农民工自身素质和从业能力得到全面提升，尽快转型成为新时代产业工人。③

（五）成人高校呈现发展、稳定和再发展的强大韧劲

2011 年后，浙江成人高校报名人数持续保持平稳，2015—2016 年人数略有下降后，2017 年起转为高速增长的趋势，由 2016 年的 12 万余人攀升至 2021 年的 30.97 万人，其中专升本报名人数升幅尤为明显。浙江省成人高校这一阶段报名人数从平稳，起伏再到大幅增长的表现，以及招生层次的迅速大幅度提质的跃升，体现了发展的强大韧劲和实力，它源自浙江大地蓬勃不息的改革发展所带动的经济建设对各类人才的需求，源自成人个体渴望追求更高更好职前、职后教育的发展目标。

录取人数由稳中有升到大幅增加。2011 年之后，随着招生计划编制模式的改革，录取率一直保持在 80% 左右。录取人数在 2017 年后随着报考人数的增加大幅攀升，每年以近 3 万人的数量递增，2020 年录取人数突破 20 万人，2021 年达到 25.06 万人，比 2000 年增长了近 2 倍，体现了浙江省成人高校考试招生发展的强大实力，为建设高等教育强省做出了强有力的贡献。④

成人高校招生实行全国统考以来，浙江省成人高等教育已初步形成了多种形式、多种层次、多种规格的新体系。1986—2021 年，浙江省成人高校考试招生不断深化改革，为各类成人高校选拔和输送了 312.94 万余名本、专科学生，为国家的经济建设和社会发展做出了较大的贡献。

---

① 浙江工业大学供稿。
② 沈冰珂：《兰溪农户子女有机会免费上大学了》，《兰江导报》2017 年 8 月 22 日，第 A03 版。
③ 聂伟霞、王海霞、冷吉东：《每年资助万名农民工上大学》，《浙江日报》2019 年 10 月 11 日，第 1 版。
④ 资料来源：1999—2021 年《浙江教育考试统计年鉴》，浙江省教育考试院（或浙江省招办）编。

大事记

1978 年

浙江医科大学恢复举办夜大学，设置医疗专科专业，招收在职医务人员。

恢复建立浙江教育学院。

1979 年

杭州大学工会恢复举办职工业余大学。

温州、嘉兴、丽水 3 所师范专科学校恢复举办 3 年制的专科函授教育，招收在职中学教师。

经省革命委员会批准建立浙江广播电视大学。

1980 年

2 月，浙江大学、浙江化工学院等 5 所院校经批准于 1980 年起举办干部专修科。

1982 年

新建的杭州师范学院、嘉兴师范专科学校等院校开始对具有高中或中专毕业文化程度，有 3 年以上教学实践时间的在职公办教师举办教师专修科。

教育部发布《关于高等学校函授教育和夜大学招收新生工作的几个问题的初步意见》，对普通高等学校举办的函授、夜大学的招生对象、报考条件、考试科目、命题范围和录取办法等均做出了统一的规定。浙江省首次对部分普通高校举办的成人高校招生实行统一考试。

9 月，国务院将教育部《关于举办职工中等专业学校的试行办法》转发给各省、市，自治区人民政府和国务院各部委、各直属机构，首次明确了职工中专的办学审批要求、招生对象和新生入学考试规定。

1983 年

6月，浙江省教育厅公布了《浙江省职工中等专业学校（班）一九八三年招生工作意见》，当年8月9日至10日，职工中专首次举行全省统一考试。

1984 年

教育部和财政部联合印发了《关于成人高等学校一九八四年由省、市、自治区统一招生考试的通知》，要求各省在原有各类成人高校招生的基础上，统一规定招生考试范围和办法、考试科目和命题原则以及录取办法，实行分省组织各类成人高校招生统一考试工作。按照教育部文件要求，浙江省对纳入教育部备案的干部专修科、教师专修科、职工大学和职工业余大学、函授及夜大学实行全省统一考试招生。是年起，开始使用成人高等学校名称。[①]

1985 年

浙江省人民政府批准省建立浙江省经济管理干部学院、浙江省农村经济管理干部学院、中国工商银行杭州金融管理干部学院。

职工中专招生考试移交浙江省招办统一组织。

1986 年

2月5日，国家教委和财政部联合印发了《一九八六年各类成人高等学校招生规定》，对全国成人高校统一招生的招生单位与招生计划、招生对象与报考条件、命题范围、考试科目与日期、录取工作和招生经费、组织领导及各项具体工作的实施过程都做了详细的规定。各类成人高等学校开始全国统一考试招生。考试时间为5月10日、11日。[②]

根据教育部的部署，浙江省教育委员会、省招生委员会联合制定了《浙江省一九八六年成人高等学校、职工中等专业学校招生工作实施意见》，开始了首次成人高校全国统一招生考试的工作。

浙江省成人高校大专起点本科班开始招生。[③]

[①] 黄继宴：《我国成人高校招生工作发展沿革及其历史作用》，李桂清主编：《回顾与展望》，沈阳：辽宁人民出版社，1999年，第13页。

[②] 国家教委、财政部：《一九八六年各类成人高等学校招生规定》，1986年2月5日，档案号J084-1986-Y-007-001，浙江省教育厅档案室藏。

[③] 浙江省招办：《浙江省一九八六年成人高校招生工作总结》，1986年12月10日，档案号J084-1986-Y-008-001，浙江省教育考试院档案室藏。

职工中专考试与全国成人高校统一考试同期举行，纳入统一考试招生管理模式。职工中专考试的命题、制卷、印卷和评卷等工作由省招办负责，录取名单经各主管部门审查报省教育委员会同意备案后，由学校发录取通知书。

1987 年

国家教委印发《成人中等专业学校暂行条例》，开始使用成人中等专业学校名称。[①]

1988 年

开启"三生"改革——试招"预科生""资格生""往届生"。给文化水平偏低，单位又急需培养的符合上述照顾条件的先进模范人物、生产业务骨干及少数民族聚居地区的少数民族考生提供更多的入学深造机会。"三生"改革于 2002 年结束。

1989 年

在对报考成人中专的高中毕业生实行免试入学的同时，浙江省招委决定对成人中专的考试科目实行改革，从过去的 5 门减少到 3 门。

1992 年

浙江省师范类专升本由学校自行组织考试变为全省统一考试。

1993 年

国家改革计划管理体制，采取招生计划自下而上、上下结合的方式，通过审定最低录取分数线来保证新生的质量和控制总规模，招生计划由指令性计划变为调节性计划。

国家教委对大专起点的本科（专升本）班实行全国统一考试。

浙江省高中起点专科首次试点"3+2"考试科目改革。报考成人高职考生除统考政治、语文、数学 3 门文化课外，再加试 2 门专业课。

---

① 国家教委：《国家教委1987年工作要点》，http://www.moe.gov.cn/jyb_sjzl/moe_164/tnull_3450.html。

1994 年

非师范类专升本的考试科目由 5 门减少为 4 门，考 2 门公共课、1 门专业课、1 门专业基础课。

1995 年

成人高等学历教育招生计划管理再次转变为指令性计划，发挥计划导向调控作用。

1996 年

省属院校举办的"高职班"开始试点实行"3+2"考试形式。

1998 年

成人中专考试科目进行改革，从 3 门减少到 2 门，考试科目为数学、语文 2 科，各科满分 150 分。并不再对成人中专招生学校划定全省最低录取分数线。

2000 年

浙江承担教育部"成人高校招生网上录取"试点工作获得成功，教育部学生司于 10 月通报表扬。

成人中专招生不再由省举行统一招生考试，改由各市（地）教育行政部门按学校隶属关系组织招生考试工作。

省属院校举办的"3+2"高职班考试，两门专业课由学校组织考试，考试成绩报省招办备案。

非师范类专升本 4 门考试科目中 2 门公共课和 1 门专业基础课继续实行全国统考，1 门专业课考试调整为由招生院校组织，考试成绩报省招办备案。

2001 年

师范类专升本考试科目变为 2 门公共课、1 门专业基础课、1 门专业课。专升本公共课和专业基础课实行全国统考，专业课考试由各招生学校组织。

2003 年

高中起点升本科考试科目由6门减少为4门，文科（含艺术、体育类）考语文、数学（文）、外语、历史地理综合；理科（含艺术、体育类）考语文、数学（理）、外语、物理化学综合。

高职班公共课考试中政治科目调整为外语科目，同时对专业课考试进行精简。部委属院校举办的高职班（西医类、中医类、监狱管理类和公安类专业）专业课由2门减少为1门，省属院校举办的高职班取消了专业课考试。

专升本不再分师范类与非师范类，考试科目由按生源类别设置变为按学科门类设置，共分为了8类，科目由4门减少为3门，其中2门公共课为政治、外语，1门专业基础课根据考生所报考专业对照选择。

教育部决定成人高校招生全国统一入学考试推迟到下半年进行，从2004年开始，全国成人高校招生时间进行调整，实行秋季考试、第二年春季入学。考试时间为每年10月份的第3个星期六、日。

2005 年

高职班和高中起点专科考试科目合并，不再以"3+2"的形式举行，所有专科科类均实行统一考试科目，即语文、数学（文或理）、外语。

2006 年

3月，建立浙江省教育考试院，作为省招委、省自考委的常设办事机构，同时作为省教育厅直属的副厅级行政职能类事业单位。

2007 年

根据教育部规定，部属高校开始停止招收成人脱产班。

2008 年

普通高等学校开始停止招收成人脱产班。浙江大学成人高等学历教育（含夜大学、函授）停止招生。

浙江省选择有关高职院校扩大校企紧密合作的"双元制"成人高等职业教育改革试点范围，为企业培养高技能紧缺人才。

2011 年

浙江省在教育部统一安排下开展计划编制办法改革试点，结合省内实际情况，试行按大类报名，根据报名情况编制成人高校招生计划。

2018 年

加大结构调整力度，鼓励本科高校以本科层次招生为主，适当控制本科高校专科层次招生，支持高职高专院校、成人高校专科层次招生。加强对省重点建设高校本科和专科计划规模的控制。

浙江省历年成人高校招生报名人数和录取人数

单位：人

年份	报名人数	录取人数	年份	报名人数	录取人数
1986年	28319	14418	2004年	138826	102621
1987年	22489	10955	2005年	156441	110860
1988年	28106	14575	2006年	156516	110131
1989年	18228	10183	2007年	143040	111151
1990年	18197	8225	2008年	161486	107985
1991年	40387	9230	2009年	142305	109602
1992年	35898	14541	2010年	146660	114765
1993年	37118	18237	2011年	154721	125588
1994年	58025	33645	2012年	163387	129947
1995年	69099	27795	2013年	161537	137832
1996年	81314	35777	2014年	141610	121814
1997年	90075	36853	2015年	123661	105663
1998年	104004	41026	2016年	120441	100691
1999年	104146	56670	2017年	137382	115871
2000年	166369	82810	2018年	179013	150994
2001年	217151	101301	2019年	220391	187438
2002年	226007	106138	2020年	266140	217333
2003年	182847	96078	2021年	309687	250636

浙江省历年成人中专招生报名人数和录取人数

单位：人

年份	报名人数	录取人数	年份	报名人数	录取人数
1983年	13022	3514	1992年	14710	10517
1984年	17052	5995	1993年	13220	10764
1985年	23355	11264	1994年	23211	20230
1986年	13628	5250	1995年	21090	16559
1987年	7712	4713	1996年	28271	22629
1988年	7828	4760	1997年	25821	22967
1989年	12376	7000	1998年	28333	26872
1990年	6720	4732	1999年	17794	16814
1991年	15942	8655			

第四篇

恢复高考后的研究生

考试招生

（1977—2021年）

引　言

研究生教育是我国教育的重要组成部分，在培养高层次创新人才方面具有重要作用。

浙江省研究生考试招生制度发展历程可分为三个时期：一是研究生考试招生制度的恢复与健全（1977—1998 年）；二是研究生考试招生制度的改革与发展（1999—2011 年）；三是新时代研究生考试招生事业的快速发展（2012—2021 年）。

在第一阶段，从 1980 年起，浙江省实行学士、硕士、博士三级的学位制度，形成了全国统一考试、推荐免试、单独考试三种招收硕士生的选拔办法，并改革招生计划体制及其管理办法，在实践中形成了一个紧密衔接、有序开展的工作体系，为国家和社会培养了大批急需的专门人才。

在第二阶段，随着我国高等教育进入跨越式发展时期，浙江省研究生教育的规模得到了快速扩展，质量得到了快速提升。浙江省依据国家文件的精神，并结合自身实际推进初试、复试和推免生三项改革，实施研究生专项招生计划，优化博士生选拔方式，并从 2009 年起重点调整研究生结构，改变专业学位研究生以在职攻读学位为主的状况，推动全日制研究生教育逐渐从以培养学术型人才为主向以培养应用型人才为主转变。

进入新时代以来，研究生教育改革的步伐迈得更大。浙江省认真贯彻教育部、国家发改委、财政部联合下发的《关于深化研究生教育改革的意见》，扩大研究生专项招生计划，试行博士生招生"申请—考核"制，深入推进硕士专业学位研究生培养模式改革，形成学术学位和专业学位研究生教育协调发展的局面。2016 年起，按照教育部的部署，实行全日制与非全日制研究生招生并轨，将研究生培养又推向了一个新的发展阶段。

第一章

研究生考试招生制度的恢复与健全（1977—1998年）

1977年，是新中国教育史上一个值得记忆的重要年份。在这一年，中断了10年的高考制度得以恢复，随之研究生招生入学考试也渐次走入正轨。迈入科学春天的中国，迎来了一个重整教育待后生的历史新时期。

一、研究生考试招生制度的恢复

1977年10月12日，国务院批转教育部《关于一九七七年高等学校招生工作的意见》，指出："高等学校，特别是重点高等学校，凡是教师条件和科学研究基础比较好的，应从今年起，在办好普通班的同时，积极招收研究生。"[①]1978年1月，根据当时全国研究生招考面临的实际问题，教育部发布《关于高等学校一九七八年研究生招生工作安排意见》，决定"将一九七七年、一九七八年两年招收研究生的工作合并进行，一次报名，同时考试，一起入学，统称为一九七八届研究生"。[②]

经教育部批准，浙江省1978年有浙江大学、杭州大学、浙江农业大学、浙江医科大学、浙江美术学院、浙江中医学院、温州医学院等7所高等学校恢复招收研究生，当年共招收研究生322人。[③]招生办法为自愿报名、单位推荐、文化考试、择优录取。考试分为初试和复试，初试科目包括政治理论、外国语、基础课和专业课，其中基础课和专业课考试不超过三门，由招生学校自行命题、阅卷；复试要求考生到报考的招生单位进行，招生单位可着重复试专业课的相关内容。

到1979年，硕士研究生招生考试取消复试要求，初试的科目为政治理论、外国语、基

---

① 国务院批转教育部：《关于一九七七年高等学校招生工作的意见》，教育部高校学生司编：《1977—2003年全国研究生招生工作文件选编》（上册），北京：北京航空航天大学出版社，2004年，第7页。
② 教育部：《关于高等学校一九七八年研究生招生工作安排意见》，教育部高校学生司编：《1977—2003年全国研究生招生工作文件选编》（上册），北京：北京航空航天大学出版社，2004年，第14页。
③ 吴世明主编：《浙江研究生教育》，杭州：杭州大学出版社，1992年，第81页。

础课、专业基础课和专业课共5门，仍由招生单位自主命题。这一年，浙江省除1978年的7所高等学校继续招收研究生外，增加了浙江化工学院和浙江师范学院两所院校，共有98个专业、134个研究方向招收研究生，计划招生数为323名。根据德智体全面衡量、择优录取、确保质量、宁缺毋滥的原则，在招生院校初步录取的基础上，经省招委批准，当年共录取了189名研究生。其中绝大多数是在职人员，也有应届大学毕业生、在校大学生、在校进修生、下乡的知识青年，有不少是工厂的技术骨干和学校的骨干教师。[①]

1980年，教育部确定硕士研究生初试科目仍为5门，政治理论和外国语（英、俄、日）考试改为全国统一命题、统一考试。这一年，浙江省招收研究生的单位有7所。浙江丝绸工学院为新增的招收研究生单位，浙江中医学院、浙江师范学院停招，浙江美术学院未录取考生。[②]

恢复研究生招生考试，有利于培养高水平的又红又专的科学技术人才，提高全民族的科学文化水平，对实现全面建成社会主义现代化强国的宏伟战略目标具有重要作用。

二、学位制度的施行

1980年2月12日，中华人民共和国第五届全国人民代表大会常务委员会第十三次会议讨论通过了《中华人民共和国学位条例》，并于1981年1月1日起实行。《中华人民共和国学位条例》的颁布，标志着我国研究生招考工作的规范化和法治化，具有里程碑意义。

根据《中华人民共和国学位条例》，高等学校和科学研究机构的研究生，或具有研究生毕业同等学力的人员获得硕士学位的条件如下：其一，通过硕士学位的课程考试和论文答辩且成绩合格；其二，在本门学科上掌握扎实的基础理论和系统的专门知识；其三，具有从事科学研究工作或独立担负专门技术工作的能力。获得博士学位的条件如下：其一，通过博士学位的课程考试和论文答辩且成绩合格；其二，在本门学科上掌握坚实宽广的基础理论和系统深入的专门知识；其三，具有独立从事科学研究工作的能力；其四，在科学或专门技术上做出创造性的成果。经国务院授权的高等学校和科学研究机构才有资格授予硕士学位和博士学位。

根据《中华人民共和国学位条例》和国务院学位委员会《关于审定学位授予单位的原则和办法》等文件精神，浙江省于1981年召开了学位工作座谈会，并对提出申请各级学位授予单位的学科（专业）进行审核。将理工院校、综合性大学、师范院校材料报送教育部审核，农、林、水院校上报农业部审核，医学院校上报卫生部审核，浙江大学、浙江美术学院报送教育

① 郑胜信：《我省研究生招生工作胜利结束》，《浙江日报》1979年10月1日，第2版。
② 吴世明主编：《浙江研究生教育》，杭州：杭州大学出版社，1992年，第420页。

部和文化部审核。1981年11月3日，国务院批准公布了全国首批博士、硕士学位授予单位名单。浙江省首批获得博士学位授予权的单位，有浙江大学、杭州大学、浙江农业大学、浙江医科大学等4所高校；获批学科点有20个；博士研究生导师有21人。首批获得硕士学位授予权的单位，除上述4所高校以外，还有浙江美术学院、浙江中医学院、温州医学院等3所高校，共96个学科（专业）。1984年1月13日，国务院批准浙江美术学院为第二批博士学位授予单位。浙江工学院、浙江丝绸工学院、国家海洋局第二海洋研究所为第二批硕士学位授予单位。有博士学位授予权的学科（专业）增加12个，博士研究生导师增加17人。有硕士学位授予权的学校增加3所，学科（专业）增加32个。1986年7月28日，国务院批准中国舰船研究院七一五研究所、浙江医学研究院为第三批硕士学位授予单位。有权授予博士学位的学科（专业）增加23个，博士研究生的导师增加23人。有权授予硕士学位的学校增加2所，学科（专业）增加37个。[①]

根据《中华人民共和国学位条例暂行实施办法》的规定和浙江省实际情况，各有关高校分别制定了具体工作细则，确定授予学位的工作程序。浙江大学、杭州大学、浙江农业大学、浙江医科大学的具体程序是：对学位申请人进行资格审查；本校和非硕士学位授予单位的应届毕业研究生在申请学位时，申请人和申请单位提交申请材料（包括申请书、成绩单、导师评语、导师意见）和学位论文；具有同等学力者在申请学位时，提交申请书、专家推荐书、学位论文等材料，学校在接受申请后，必要时采取适当方式考核某些课程；召开学位评定委员会会议，对学位申请者进行讨论，作出是否授予硕士或博士学位的决议。决议采取无记名投票方式，经全体成员三分之二以上同意方得通过，决议需经学位评定委员会主席签字有效；在我国学习的外国留学生和从事研究或教学工作的外国学者申请硕士学位和博士学位，参照《中华人民共和国学位条例暂行实施办法》的有关规定办理。[②]

三、选拔办法的变化

根据国家教委《1996年招收攻读硕士学位研究生管理规定》，招收硕士生的选拔办法有全国统一考试、推荐免试、单独考试三种。[③] 浙江省各招生单位在对硕士研究生进行全国统一考试的基础上，相继增加推荐免试和单独考试这两种选拔办法。

---

① 吴世明主编：《浙江研究生教育》，杭州：杭州大学出版社，1992年，第114−116页。
② 吴世明主编：《浙江研究生教育》，杭州：杭州大学出版社，1992年，第117页。
③ 国家教委：《关于做好1996年招收攻读硕士学位研究生工作的通知》，教育部高校学生司编：《1977—2003年全国研究生招生工作文件选编》（下册），北京：北京航空航天大学出版社，2004年，第553页。

（一）全国统一考试

全国统一考试分为初试和复试两个阶段。

1. 初试

1977—1979年，初试科目中的政治理论、外国语、基础课和专业课（不超过5门）均由浙江省各招生单位自行组织命题和阅卷，主要由省招办安排考点，部署整个考试工作。从1980年起，教育部实行全国统一考试，各省由省招办安排考点，实施考试工作。其中政治理论和外国语（英、俄、日）考试由教育部统一命题，基础课、专业基础课和专业课（统称业务课）试题由各招生单位自行拟定。1983—1986年，部分招生单位在业务课考试中设立综合考试科目，初试科目为5～6门。此后，初试科目大体固定为政治理论（分文、理卷）、外国语和三门业务课。

2. 复试

1977—1982年，浙江省各招生单位可自行决定是否进行复试，但一般不进行复试。从1983年起，依据教育部的规定，各招生单位均对拟录取的硕士生进行复试。在每年初试结束后，教育部根据招生计划和考试情况公布对初试成绩的最低要求，各招生单位据此并结合校（院、所）情况拟定复试标准，确定复试名单，组织复试工作。由此，形成了初试和复试相结合的硕士研究生全国统一考试选拔办法。

（二）推荐免试

推荐免试（以下简称"推免"），是指推荐少数优秀应届本科毕业生免试入学。自1985年实施以来，由于符合国情，一直延续至今，成为考试选拔办法的重要补充。

1984年，教育部下发《关于做好一九八五年招收攻读硕士学位研究生工作的通知》，指出全国重点高等学校可以进行推荐少数优秀应届毕业生免试入学的试点工作。试点学校结合本校的情况制定推荐办法，严格控制推荐的比例，一般控制在应届本科毕业生总数的5%以下。各省属少数重点高等学校和由有关部委按重点学校安排的少数高等学校中某些条件较好的学科、专业，经主管部门批准，也可以进行推荐免试工作，该比例控制在3%以内。[1]

报考外校或其他招生单位的优秀生，由其所在学校出面联系，经招生单位同意后才能免试入学。通过审核后，招生单位可直接录取优秀生，也可组织以导师为主的小组对其进行考

---

[1] 教育部：《关于做好一九八五年招收攻读硕士学位研究生工作的通知》，教育部高校学生司编：《1977—2003年全国研究生招生工作文件选编》（上册），北京：北京航空航天大学出版社，2004年，第141页。

核后决定是否录取。接收推免为硕士生的总数不能超过本单位计划招生数的 30%。1985 年，浙江省共有浙江大学、杭州大学、浙江农业大学、浙江医科大学、浙江师范学院（部分专业）五所高等学校作为本科应届优秀毕业生推免入学的试点单位。推荐比例为：浙江大学控制在应届毕业生总数的 5% 以内；其余四所院校控制在应届毕业生总数的 3% 以内。各试点学校认真拟定推荐办法，做好试点工作。

由于推免工作尚处于试点阶段，1987 年浙江省未再增加试点单位，已试点的单位根据自身的情况决定是否继续进行试点，但不得擅自扩大推荐比例。这一年，浙江大学下发《推荐优秀生攻读硕士学位研究生有关规定》，规定凡是免初试的考生均需参加复试，同时对推荐对象、比例、条件、步骤等进行说明，如被推荐免初试的人数应控制在专业计划招生的 10% 以内。①

1990 年，对高等学校应届本科毕业生采用由高等学校推荐与招生单位组织考试（考核）的办法进行选拔，暂时不进行推免工作。1991 年，已试点的部分高等学校恢复推免工作，但推荐比例一般不超过本校应届本科毕业生数的 1%。极少数高校经国家教委的批准，可适当增加比例。当年，浙江省有浙江大学、浙江农业大学、浙江医科大学、浙江工学院和浙江美术学院等 5 所院校进行了推免工作，共有 85 人免试入学。②

自 1992 年以后，国家教委不再增批新的进行免试的学校。1992 年，推荐比例调整为：设有研究生院的院校推免生占本校当年应届毕业生总数的 3%；其他院校为 1%。1994 年，适当提高了推荐比例，即设有研究生院的院校推免生占本校当年应届本科毕业生总数的 5%；其他院校仍为 1%。1995—1996 年，其他院校的推荐比例由 1% 提高至 2%。1992—1994 年，浙江省有浙江大学、杭州大学、浙江农业大学、浙江医科大学、浙江美术学院等 5 所院校进行了推免工作，共计 547 人免试入学。③

从 1997 年招收硕士生开始，国家教委根据硕士生招生总规模，结合各校推免工作的情况下达推免指标。严格限制各校自行增加或转让推荐免试生名额。1998 年，国家教委对设"基地班"的学校较大幅度地增加了推荐免试生名额，鼓励被推荐的优秀生报考国家需要且生源

---

① 浙江大学：《关于在1988年研究生招生工作中继续试行推荐的通知》，1987年9月8日，档案号ZD-1987-XZ-162-3，浙江大学档案馆藏。

② 浙江省招办：《浙江省一九九一年研究生招生工作总结》，1991年7月31日，档案号J084-1991-Y-020-012，浙江省教育考试院档案室藏。

③ 浙江省招办：《浙江省1992年研究生招生工作总结》，1992年9月15日，档案号J084-1992-C-019-006，浙江省教育考试院档案室藏。
浙江省招办：《浙江省1993年研究生招生工作总结》，1993年10月8日，档案号J084-1993-Y-026-002，浙江省教育考试院档案室藏。
浙江省招办：《浙江省1994年研究生招生工作总结》，1994年11月15日，档案号J084-1994-Y-010-003，浙江省教育考试院档案室藏。

不足的学科专业。但在全国范围内不增批新的进行免试的学校。

（三）单独考试

为提高有实践经验的在职人员报考研究生的比例，少数硕士生招生单位经国家教委批准后，可对大学本科毕业后有5年以上实践经验，且取得一定工作成果的在职人员进行单独入学考试的试点。1986年，国家教委研究生司下发的《关于高等学校招收在职人员为硕士生进行单独考试试点的通知》，规定了报考条件、考试办法、审批办法等内容，明确该项考试的招生类别为计划内定向培养或计划外委托培养硕士生。由于招生单位组织单独考试工作尚无经验，1987年只在全国重点高等学校中，少数实践性强的和哲学社会科学方面的有硕士学位授予权的学科、专业进行试点。[①]

1988年，浙江大学和浙江农业大学进行单独考试的试点工作。根据国家教委的规定，凡大学本科毕业后（不含同等学力）在本专业或相近专业连续工作满5年，思想政治表现好、业务优秀，已发表过研究论文（技术报告）或已成为业务骨干，同时由所在单位和两名具有高级专业技术职务的专家推荐的在职人员，可向报考学校提出不参加全国统考，参加由招生单位组织的单独考试的申请。招生单位负责办理报名手续、审查考试资格与组织考试工作。考试主要采用笔试与面试相结合的方式。

1989年，国家教委适当放宽考生的报考条件。在其他条件不变的情况下，考生大学本科毕业后（不含同等学力）在本专业或相近专业连续工作满4年即可报考。当年，浙江大学、浙江农业大学和杭州大学开展了单独考试的工作。1990年，浙江省在报考条件中补充说明：参加全国统考的人员不能再参加为在职人员组织的单独考试。这一年，除浙江大学、浙江农业大学、杭州大学外，增加了浙江医科大学。1990年，全省共录取参加单独考试的考生144人。[②]

1991—1993年，国家教委依据历年硕士生的招生规模和实践经验，要求全国从有实践经验的优秀在职人员中招收硕士生的计划和从大学应届本科毕业生中招收硕士生的计划大体按各占50%安排。1996年，浙江省根据国家教委的相关规定，对参加单独考试的考生条件进行了调整：硕士或研究生班毕业后工作两年或两年以上，业务优秀，经本单位和两名具有高级专业技术职务的专家推荐，为本单位委托培养的考生亦可参加单独考试。[③]此外，浙江大学、

---

① 国家教委研究生司：《关于高等学校招收在职人员为硕士生进行单独考试试点的通知》，教育部高校学生司编：《1977—2003年全国研究生招生工作文件选编》（上册），北京：北京航空航天大学出版社，2004年，第247页。
② 浙江省招办：《浙江省一九九〇年研究生招生工作总结》，1990年12月5日，档案号J084-1990-Y-003-003，浙江省教育考试院档案室藏。
③ 浙江省招委、教委：《关于1996年招收攻读硕士学位研究生工作的意见》，1995年10月9日，档案号J084-1994-Y-006-004，浙江省教育考试院档案室藏。

浙江农业大学、杭州大学和浙江医科大学等院校进一步规范了考试时间、考场安排、命题工作等方面的要求。

随着硕士生招生管理办法的改革，自 1998 年起浙江省内各主管部门单独考试招生总限额数由国家教委下达，限额数不再随每年硕士生国家招生计划的增长而增加。为支持法律硕士专业学位和教育硕士专业学位的发展，国家教委对试办法律及教育两个专业学位的省内高校所在的主管部门增加了单独考试限额，其余高校在招收单考生时，则要求其向艰苦地区、艰苦行业，以及国家拟重点发展或重点保护的特殊专业工作的考生倾斜。

四、招生计划的改革

从 1984 年起，浙江省招收硕士生逐步形成了多种类型：一是国家计划培养硕士生，既有非定向培养，也有定向培养；二是委托培养硕士生；三是自筹经费硕士生。后两种属于国家计划外招生。国家计划外招生是对国家计划的补充，是招生单位挖掘潜力，为国家多培养人才，满足社会各方面对研究生需要的积极措施。

（一）国家计划定向培养硕士生

国家计划定向培养硕士生，即在招生时通过合同形式明确其毕业后的工作单位的硕士生，其学习期间的费用由国家向培养单位提供，主要为边疆地区、艰苦行业、国家急需或重点单位定向培养的硕士生。

1987 年，国家教委在 30 所委属高等学校为内蒙古、广西、云南、贵州、甘肃、宁夏、青海、新疆八省（区）进行了定向培养一部分硕士生的试点。其他少数部委也试行了定向培养的方法。这项试点深受边远八省（区）的欢迎。此次试点共招收了 327 名硕士生。[1]

1988 年，浙江省作为定向招收研究生的试点省份，从省属院校招收国家计划内硕士生303 人中安排了 68 人作为本省高等师范院校为市（地）县企事业单位定向培养的研究生，占全省计划招生数的 22.6%。经过各招生单位的共同努力，最后确定定向培养的研究生为 51人。[2]

从 1989 年起，《高等学校招收定向培养研究生暂行规定》在全国范围内实行。

凡属研究生国家招生计划服务范围的用人单位，即高等学校、以基础研究为主的科研机构、国家重点企业（由国家教委会商有关部门确定）、由财政拨款的文化、医药卫生等公益事

---

[1] 张翠芳：《国家教委为边远8省区招收计划内定向培养硕士生》，《学位与研究生教育》1988年第3期。
[2] 浙江省招办：《浙江省一九八八年研究生招生工作总结》，1989年1月，档案号J084-1988-Y-015-003，浙江省教育考试院档案室藏。

业单位、党和国家机关以及人民解放军对研究生的需求，均可要求定向培养研究生。

定向培养研究生，主要从要求定向培养的用人单位中的优秀在职人员中招收，也可根据用人单位的需要，从其他考生中招收。从大学本科应届毕业生中招收的定向培养研究生，一般应保留入学资格，先按大学本科毕业生分配办法，到要求定向培养的用人单位工作一至三年后，再入学读研究生。

用人单位推荐的为本单位定向培养的本单位在职人员考生，被录取为研究生后，其学习期间不转工资关系，享受原工资、福利待遇；其他被录取为定向培养研究生考生的待遇与脱产研究生相同，但可要求定向培养的用人单位向他们提供部分生活补贴，所需费用从单位自有资金或预算外资金中开支。

定向培养研究生一律采取合同制办法。招生的高等学校与用人单位之间、用人单位与研究生之间必须在录取前，按本规定要求，分别签订定向培养合同，并办理公证。合同未签订前，培养单位不得向定向培养研究生发出录取通知书。[①]

1989年，国家教委规定设有研究生院的高等院校的定向招生数占本单位招生计划数的40%，其他招生单位占50%。浙江省计经委、省教委要求省属院校完成50%的定向招生任务，其中杭州市区、外省不能定向。为此，省招办采取了以下措施：其一，协助浙江大学、杭州大学、浙江农业大学三所高等学校进行单独考试的工作；其二，参与组织考前复习班的工作；其三，对报考定向培养研究生的考生，报考年龄放宽至37周岁，并采取适当的优惠政策，给予优先录取。经过各方努力，全省录取定向研究生314名。[②]

（二）委托培养硕士生

委托培养硕士生，即由委托单位提供经费，毕业后由委托单位分配工作的硕士生。

浙江省于1984年开始招收委托培养硕士生，主要有以下两种形式：由委托单位推荐在职人员参加全国硕士生的统一招考；从全国统一招收的硕士生中预定。依据教育部的指示，浙江省一方面放宽年龄限制，即由用人单位推荐报考的委托培养硕士生，年龄可放宽至37周岁；另一方面严格录取标准，即坚持委托培养硕士生的录取标准与同专业硕士生的标准一致，对于委托单位推荐的和边远、文化基础比较薄弱地区预定的委托培养硕士生，其复试标准与同专业硕士生的复试标准大体相当。1984年，浙江大学首批招收湖北第二汽车制造厂委托培养研究生6名，为全国招收委托培养研究生摸索试点经验。[③]

① 国务院学位委员会办公室、教育部研究生工作办公室编：《学位与研究生教育文件选编》，北京：高等教育出版社，1999年，第923页。
② 浙江省招办：《浙江省一九八九年研究生招生工作总结》，1989年11月，档案号J084-1989-C-021-004，浙江省教育考试院档案室藏。
③ 吴世明主编：《浙江研究生教育》，杭州：杭州大学出版社，1992年，第82页。

1985 年，国家教委、国家计委和财政部联合下发《关于高等学校招收委托培养硕士生的暂行规定》，对招收委托培养硕士生的条件、录取原则、合同、费用等方面进行了规定。

根据 1983 年全国专门人才的需求，全国硕士生国家招生计划数基本能够满足高等学校、科研机构和其他事业单位的需要。在此背景下，从 1988 年起，国家委托培养硕士生的发展重心逐步转移，即从以事业单位委托为主，转向以接受企业，特别是大、中型企业的委托培养为主。[①] 浙江省根据国家教委的政策调整，鼓励高等学校与有关企业建立科学技术研究和人才培养等多方面的协作，拓宽为企业培养硕士生的途径。

（三）自筹经费硕士生

自筹经费硕士生，即在学校培养条件和指导力量具备的前提下，用导师的科研经费、学校创收的经费或集资的自有经费培养的硕士生。

从 1993 年起，有条件的高等学校可以试行招收自筹经费硕士生。学校对该类硕士生只从参加全国统考的考生中选拔，并执行与国家计划内招收硕士生统一的录取标准。毕业后，国家不负责自筹经费硕士生的分配去向，由所在学校提出就业意见并予以推荐，由学校所在省、自治区、直辖市毕业生调配部门负责派遣到相应的接收部门。拟招收自筹经费硕士生的学校按每生 1.5 万元（三年总计）标准筹足经费，招生人数不超过本校国家计划的 5%。[②]

1993 年，浙江大学、浙江农业大学、杭州电子工业学院等高校试行招收自筹经费研究生，共招收自筹经费研究生 211 名，占录取总数的 19.1%。1994 年，浙江省继续抓好招收自筹经费研究生的试点工作，重点核查自筹经费的来源渠道、资金数量、开支标准等问题，并由学校财务部门证明库存资金，避免名为自筹经费实为自费生的现象，以减轻考生的经济负担。这一政策措施扩大了浙江省研究生的招生规模，进一步加快了全省研究生教育事业的发展，深受招生单位的欢迎。[③]

1995 年以后，硕士生的招生模式基本上固定下来，招收硕士生的类别按培养经费来源不同分为国家计划定向培养、国家计划非定向培养、委托培养和自筹经费培养。

---

① 国家教委、国家计委：《关于编制一九八八年硕士生和研究生班招生计划的通知》，教育部高校学生司编：《1977—2003年全国研究生招生工作文件选编》（上册），北京：北京航空航天大学出版社，2004年，第258页。
② 国家教委：《关于做好一九九三年招收攻读硕士学位研究生工作的通知》，教育部高校学生司编：《1977—2003年全国研究生招生工作文件选编》（上册），北京：北京航空航天大学出版社，2004年，第442页。
③ 浙江省招办：《浙江省1993年研究生招生工作总结》，1993年10月8日，档案号J084-1993-Y-026-002，浙江省教育考试院档案室藏。

五、工作体系的形成

浙江省硕士研究生招考工作经过多年经验的积累，到1998年，初步形成了一个包括编制招生计划、编印招生专业目录、招考报名、体检、政治审查、命题、初试、评卷、复试和录取等环节在内的紧密衔接、有序开展的工作体系。

（一）编制招生计划

编制招生计划是研究生招生工作的第一个环节。招生计划由招生单位及其主管部门共同参与编制，国家教委（教育部）会同国家计委审批下达。

招生单位主管部门将审核同意的本部门、本地区所属招生单位编制的招生计划报国家教委（教育部）。国家教委（教育部）会同国家计委等有关部门对招生单位主管部门编报的招生计划于招生前一年年底前下达。1993年以前，下达的招生计划包含国家招生计划和委托培养招生计划；从1993年起，下达的招生计划只包含国家招生计划；随着1998年我国硕士生招生计划管理办法的改革，国家在给招生单位主管部门下达国家招生计划的同时，一并下达其招生规模（含国家招生计划、委托培养和自筹经费招生计划），各招生单位主管部门在国家下达给本部门的限额内安排确定招生单位的国家招生计划和招生规模。

国家招生计划下达后一般不调整。若需调整，由主管部门在本部门所属的招生高校之间或科研单位之间调整。招生单位也可在本单位原招生计划数内对招生学科、专业计划数进行调整。

（二）编印招生专业目录

招生专业目录是国家面向社会和考生公布招生信息的主要形式。招生专业目录的内容，主要包括招生单位、招生学科专业、研究方向、招生人数、导师信息、考试科目、招生类别等。从1989年开始，招生目录的编制不设"指导教师姓名及职称"一栏。最初的招生专业目录较为简略，随着硕士学位研究生管理规定的日益完善，招生专业目录的内容和格式逐渐统一。

（三）招考报名

1. 报考条件

报考人员的年龄一般不超过35周岁，必须是高等学校本科毕业或具有同等学力。个别已经修完本科学分或学完大学本科必修课程，成绩优异，能和应届毕业生同时毕业并取得学士学位证书者，经过学校的推荐，亦可报考。

对于高等学校应届本科毕业生报考硕士学位研究生，从 1983 年起还要求其在校期间学习成绩优良。在职人员在满足基本条件基础上，获得所在单位的批准即可报考，但从 1986 年起，在职人员报考还要求其具有两年或两年以上的实际工作经验。以同等学力身份报考的考生需由本人填写自学情况（包括课程名称、使用教材、学习方式、掌握程度、有何证明），并由所在单位书面证明其具有高等学校本科毕业程度。浙江省在实际开展研究生招生工作中，增加了对同等学力报考人员工作年限的要求：报考 1986 年硕士生的同等学力者须具有两年以上的实际工作经验；报考 1990 年硕士生的同等学力者须具有三年以上的实际工作经验；报考 1991 年硕士生的大专毕业生须具有三年以上的实际工作经验，中专毕业生须具有五年以上的实际工作经验。①

对部分特定学科、专业、人群，浙江省在报考条件上适当放宽，如 1988 年，对报考在职硕士生或由委托单位推荐报考的委托培养硕士生和报考研究生班的高校教师，年龄可放宽至 37 周岁；对报考经济、法学以及与管理有关的学科、专业的，年龄可放宽至 40 周岁。

从 1991 年起，已获得本科毕业证书的非在职人员除了符合政治和身体条件外，还须具有两年或两年以上实际工作经验。但从 1994 年起，浙江省根据国家教委的指示，适当放开报考条件：一是取消上述工作年限要求；二是放宽考生的报考年龄，延长至 40 周岁。

在考前学历的要求上，凡报名参加国家组织的全国统一招生考试的考生须是高等学校（指普通高等学校和国家承认本科学历的成人高等学校）应届本科毕业生、往届高等学校本科毕业生、大学专科毕业两年（从大专毕业到录取为硕士生入学之日）或两年以上且达到与高等学校本科毕业生同等学力。极个别只有大专以下学历，实践证明确有培养前途并达到与高等学校本科毕业生同等学力者，在取得招生单位同意后，到所在市（地）招办报名。② 从 1996 年起，进一步放开报考条件：具有国家承认的研究生学历的在职人员或已经获得硕士学位的

---

① 浙江省教委、招委：《关于做好我省一九八六年招收攻读硕士学位研究生工作的通知》，1985年11月27日，档案号 J084-1985-Y-003-003，浙江省教育考试院档案室藏。

浙江省教委、招委：《关于做好我省一九八七年招收攻读硕士学位研究生工作的意见》，1986年10月31日，档案号 J084-1986-Y-006-005，浙江省教育考试院档案室藏。

浙江省教委、招委：《关于做好我省一九八八年招收攻读硕士学位研究生工作的意见》，1987年10月31日，档案号 0001_J084-1987-Y-006-005，浙江省教育考试院档案室藏。

浙江省教委、招委：《关于做好我省一九八九年招收攻读硕士学位研究生工作的意见》，1988年11月20日，档案号 J084-1989-Y-014-004，浙江省教育考试院档案室藏。

浙江省招委、教委：《关于做好我省一九九〇年招收攻读硕士学位研究生工作的意见》，1990年1月10日，档案号 J084-1990-Y-009-005，浙江省教育考试院档案室藏。

② 浙江省招委、教委：《关于1995年招收攻读硕士学位研究生工作的意见》，1994年10月13日，档案号J084-1994-Y-004-008，浙江省教育考试院档案室藏。

在职人员可以再次报考硕士生，但仅限高等学校，且只能报考为原单位委托培养的硕士生。[①]

2. 报名手续

凡是符合报考条件的人员到各市（地）招办和有关高等学校办理报名手续。报名时间为上一年的十一月或十二月，逾期一律不办理。报名时，要求报考人员携带相应的证明材料。浙江省在招收1998年硕士生时将证明材料进一步细化为：应届本科毕业生持本校教务处推荐报考的介绍信和学生证；在职人员考生持本人所在单位人事部门同意的介绍信、学历证书、身份证；其他人员由人事档案所在单位开具证明；同等学力人员持达到高等学校本科毕业程度的证明；各类进修人员持原工作单位同意报考的证明。[②]

为方便考生报名，省招办提前将招生专业目录下发到各市（地）招办和有关高等学校，供考生在报名时查阅。填写志愿时填写一个学科（专业），允许填写同一学科（专业）相近研究方向的两个招生单位；应试外语语种按招生单位的规定选择一种。

（四）体检

1986—1988年，体检工作只由各市（地）招办负责。此后由有关高等学校与各市（地）招办共同组织实施该项工作。体检在县级以上医院进行。主检医师对每个考生都要签署合格和不合格的意见。考生体检表全部寄送报考第一志愿的招生单位。

（五）政治审查

政治审查工作贯彻"主要看本人政治表现"的政策。考生所在单位的基层党组织负责做好考生的政审工作，对考生的政治态度、思想觉悟、道德品质、遵守社会主义法制等方面作出全面的鉴定。[③]

浙江省始终重视对考生的政治审查工作。要求各招生单位研究切实可行的办法，做好对考生的政治思想和道德品质的考核工作，对因政治思想和道德品质考核不合格拟定不录取考生的有关材料上报省招办复查。

---

① 浙江省招委、教委：《关于1996年招收攻读硕士学位研究生工作的意见》，1995年10月9日，档案号J084-1995-Y-006-004，浙江省教育考试院档案室藏。

② 浙江省招委、教委：《关于做好我省1998年招收攻读硕士学位研究生工作的意见》，1997年10月13日，档案号J084-1997-Y-008-007，浙江省教育考试院档案室藏。

③ 浙江省教委、招委：《关于做好我省一九八六年招收攻读硕士学位研究生工作的意见》，1985年11月27日，档案号J084-1985-Y-003-003，浙江省教育考试院档案室藏。

（六）命题

硕士学位研究生的入学考试初试科目主要由政治理论、外国语、业务课三部分组成。

政治理论和外国语考试从 1980 年起由教育部组织统一命题。政治理论要求考生掌握中共党史、政治经济学和哲学等基本内容，了解当前国内外的重大时事政策。试题分为基本概念题和理论分析题两部分。

外国语（英、俄、日、德、法）考试在 1981—1989 年都由国家教委组织统一命题。根据高等学校本科外国语的教学大纲以及对硕士研究生第一外国语的入学水平要求进行命题。从 1990 年起，非外国语专业的外国语（英、日、俄）由国家教委组织统一命题，招收外国语专业研究生的第二外国语考试，由招生单位自行命题或选用统考命题。

业务课考试由各招生单位自行命题，主要测验考生对相应课程的基础理论、基本知识和基本技能掌握的程度，以及运用所学理论解决实际问题的能力。命题的范围一般以教育部和中央有关部门组织制定的或本校自行制定的教学大纲为准。

1985 年，国家教委提出，"同类学校，根据自愿的原则，在落实具体办法和采取必要的保密措施的情况下，相同的学科、专业可组织联合命题"。[1]1986 年，浙江省部分高校参加了联合命题：浙江大学参加了全国九所理工科重点院校的高等数学联合命题；杭州大学、浙江工学院、浙江丝绸工学院、杭州电子工业学院、浙江医科大学、温州医学院使用华东地区高等数学联合命题的试题；浙江农业大学的高等数学、有机化学、植物生理生化、动物生理生化、工程力学参加全国农业院校联合命题。[2]从 1987 年起，国家教委规定全国工学各专业和经济学中部分专业的数学试题、医学综合和中医综合考试，由国家教委组织统一命题。

（七）初试（笔试）

硕士研究生入学考试由省、市（地）招办和有关高等学校组织实施。

1981—1982 年，浙江省硕士研究生入学考试的初试科目为政治理论、外国语、基础课、专业基础课和专业课等五至六门。考试分三天完成。1983 年，浙江大学、浙江农业大学等省内四所高等学校，在中国语言文学、化学和机械制造三个学科、专业进行加试综合考试科目的试点。[3]1984 年，在总结试点经验基础上，全面推广综合考试，所有招生的学科、专业均

① 国家教委：《关于做好一九八六年招收攻读硕士学位研究生工作的通知》，教育部高校学生司编：《1977—2003年全国研究生招生工作文件选编》（上册），北京：北京航空航天大学出版社，2004年，第173页。
② 浙江省教委、招委：《关于做好我省一九八六年招收攻读硕士学位研究生工作的意见》，1985年11月27日，档案号J084-1985-Y-003-003，浙江省教育考试院档案室藏。
③ 浙江省招办：《浙江省研究生招生工作总结》，1983年8月，档案号J084-1983-Y-005-005，浙江省教育考试院档案室藏。

增设一门综合考试科目。

1985年，国家教委在《关于做好一九八六年招收攻读硕士学位研究生工作的通知》中提出合理设置入学考试科目：其一，从1986年起，硕士生政治理论入学考试办法试行改革，政治理论的考试和考核分为马克思主义基本理论和时事政策两个部分，应届毕业生和在职人员在初试前要学习党的全国代表会议文件，并将学习小结提交招生单位审核；其二，初试时业务课考试时间规定为三个单元时间（个别学科、专业可多于三个单元时间），考试内容必须覆盖大学本科主干课程五门或五门以上；其三，各招生单位可继续在业务课考试中，设立综合考试科目。[①]

（八）评卷

评卷工作按照国家教委和省招委有关规定，贯彻"严格公正，评分准确"的原则。对于由国家教委组织统一命题的相关科目，评卷工作基本由省招办统一组织，在省内部分高校设评卷点进行集体评阅。从1998年起，统考英语试卷分主、客观题两部分，主观题仍由省招办组织在高校评卷点评阅；客观题（机读答题卡）由省招办采用计算机光电阅卷。专业课评卷工作由各招生单位自行组织。

为分析评价全国硕士研究生统考科目的试题质量，国家教委考试中心从1990年起在北京、上海、浙江三省（市）对统考科目进行抽样调查统计分析的试点。浙江省连续多年组织人员集中在浙江大学研究生院进行抽样统计分析工作。

（九）复试

复试是硕士研究生招生工作的一个重要环节。1983年以前，一般不进行复试，招生单位可自行确定部分需要复试的专业。从1983年起，除个别特殊情况外，各招生学科、专业均进行复试。各招生单位结合本单位的实际，拟定参加复试的基本要求，组织实施复试工作。

少数应届本科毕业生初试成绩突出，同时学校对其在校课程学习、实验技能和政治思想等情况比较了解，确认有培养前途的，经指导教师提出，系、校（院、所）批准，可以免复试。该办法从1984年起开始实行。[②] 从1991年起，以同等学力参加复试的考生，还需笔试两门大学本科主干课程。

各招生单位在复试前，按学科、专业组织复试小组，研究确定复试内容、形式（口试、

---

① 国家教委：《关于做好一九八六年招收攻读硕士学位研究生工作的通知》，教育部高校学生司编：《1977—2003年全国研究生招生工作文件选编》（上册），北京：北京航空航天大学出版社，2004年，第172-173页。
② 教育部：《关于做好一九八四年招收攻读硕士学位研究生工作的通知》，教育部高校学生司编：《1977—2003年全国研究生招生工作文件选编》（上册），北京：北京航空航天大学出版社，2004年，第107-108页。

笔试或实践环节考核，一般以口试为主）、试题和地点。1986 年，复试的内容有所变化：凡在大学本科阶段马克思主义理论课学习成绩优良的考生，经招生单位审核后，在复试时免试马克思主义基本理论部分，但仍要进行时事政策的考核；未达到优良的考生和同等学力的考生，一律在复试时由招生单位进行考试，考试内容包括马克思主义基本理论和时事政策两个部分，考试方法可以是笔试或笔试与口试结合。[①] 参加复试考生的比例，一般按 1∶1.5 左右安排。从 1989 年起，各招生单位可根据考生考试成绩的实际情况，确定本单位参加复试考生的比例。

一些初试成绩相当高，且在本专业考生中相对成绩名列前茅的考生，由于单科成绩略低无法参加复试。破格复试是为解决这部分考生的复试资格而采取的弥补办法。破格不是降格，必须以保证质量为前提。破格复试名额，优先考虑用于国家急需但又难以完成国家招生计划的学科专业。[②] 自 1995 年起，破格复试的限额由省招办下达，招生单位在拟破格复试考生中自行确定破格复试生名单。1998 年，硕士生招生计划管理办法的改革又加大了招生单位的自主权。

（十）录取

研究生录取工作贯彻德智体全面衡量、择优录取、保证质量、宁缺毋滥的原则。根据 1986 年国家教委《关于改进和加强研究生工作的通知》，各招生单位根据考生入学考试成绩，综合考虑其平时学习成绩、毕业论文（设计）、思想政治表现、业务素质以及身体健康状况等多方面表现，自行决定是否录取。[③]

浙江省硕士生录取对特定人群的优惠政策为：1987—1988 年，对本省师范专科学校、中等专业学校的考生，实行定向招生的可适当降分录取；1989—1990 年，对报考定向招生或委托培养的考生，可适当降分给予优先录取；从 1991 年起，对报考定向招生或委托培养的考生，予以优先录取。此外，具有大学本科学历并在实际工作中有专业特长和一定科研能力的在职人员，从 1987 年起就可享受优先录取的待遇。

1. 调剂录取

从 1978 年起，各招生单位根据考生的考试情况，先在各学科、专业之间进行内部调剂，然后由省招办组织进行各招生单位之间的互相调剂。1985 年，全国按华东、华北、东北、中

---

① 国家教委：《关于做好一九八六年招收攻读硕士学位研究生工作的通知》，教育部高校学生司编：《1977—2003年全国研究生招生工作文件选编》（上册），北京：北京航空航天大学出版社，2004年，第172-173页。
② 国家教委办公厅：《关于做好一九九三年硕士生录取工作的意见》，教育部高校学生司编：《1977—2003年全国研究生招生工作文件选编》（上册），北京：北京航空航天大学出版社，2004年，第481页。
③ 国家教委：《关于改进和加强研究生工作的通知》，教育部高校学生司编：《1977—2003年全国研究生招生工作文件选编》（上册），北京：北京航空航天大学出版社，2004年，第218页。

南、西南、西北等大区划分，在每一个大区内推选一个省（自治区、直辖市）招办牵头，设立大区录取硕士生调剂中心，负责录取调剂工作。该项工作分两步进行：初试后符合第一志愿单位复试要求，但因招生单位培养力量有限而不能参加复试的考生，将其材料转至第二志愿单位，由第二志愿单位通知本人是否参加复试；复试工作结束后，各招生单位向所在地区的调剂中心传递本单位各学科、专业需要调出或调入的考生情况的信息，通过调剂中心在本大区内进行调剂录取。①1988年，浙江省作为华东地区研究生录取调剂中心，承担华东七省一市间的协调录取工作。在调剂时优先考虑边远地区、少数民族地区的招生单位和尚未完成国家计划的招生单位的需要。从1997年起，调剂录取工作主要以网上发布缺档院校信息，院校与考生进行双向选择后组织复试的形式进行。

2. 录取检查

1986年，国家教委决定按大区建立硕士生录取工作检查组（同调剂中心的划分）。检查组的具体任务是：按录取工作的各项规定，检查本大区所有招生单位全部拟录取的考生名单；对检查过程中发现的不符合录取规定的问题，大区检查组会同各省招办经过认真研究，作出处理决定。②1991年后，各大区也会集中在全国研究生录取检查会上进行互查。与此同时，大区录取检查的功能逐渐集中到教育部学生司进行管理和检查协调。从1997年起，线下的录取检查模式逐渐被网上远程管理系统所替代。

六、硕士研究生招生管理

1996年，国家教委制定了《招收攻读硕士学位研究生管理规定》，对各级管理机构及其职责作了如下规定：

（一）国家教委

国家教委主管全国硕士研究生招生工作，其职责是：（1）制定招生工作的方针、政策、规定和办法；（2）会同国家有关部门制定并下达年度招生计划；部署全国的招生工作，发布年度招生简章；（3）组织硕士生全国统一入学考试中全国统考科目的命题工作；（4）调查处理或授权有关部门调查处理招生工作中发生的重大问题；（5）组织开展招生宣传和科学研究工作。

---

① 教育部：《关于做好一九八五年招收攻读硕士学位研究生工作的通知》，教育部高校学生司编：《1977—2003年全国研究生招生工作文件选编》（上册），北京：北京航空航天大学出版社，2004年，第143页。
② 国家教委：《关于做好一九八六年硕士生和研究生班研究生录取工作的通知》，教育部高校学生司编：《1977—2003年全国研究生招生工作文件选编》（上册），北京：北京航空航天大学出版社，2004年，第207页。

（二）省、自治区、直辖市高等学校招生委员会（以下简称"省招委"）

省招委主持本地区硕士生招生工作，其职责为：（1）执行国家教委关于招生工作的方针、政策和办法，并结合本地区的实际情况制定必要的补充规定；印发年度招生简章；（2）协调并监督招生单位的招生工作；（3）审核并组织编制、印发本省、自治区、直辖市招生单位招生专业目录；（4）组织报名、体检、考试、评卷和录取工作；（5）调查处理招生工作中发生的问题，重大问题应向国家教委报告；（6）开展招生宣传、咨询和科学研究工作；（7）省招办作为招生委员会的常设机构，负责硕士生招生的具体实施工作。

（三）招生单位

招生单位负责组织实施本单位的招生工作，其主要职责为：（1）执行国家教委关于招生工作的方针、政策、规定和办法，以及上级主管部门和所在省招委的有关规定；（2）编制本单位分专业招生计划；（3）遴选硕士生指导教师；（4）编制招生专业目录；（5）审查考生的报考资格；（6）组织命题、考试、评卷和录取工作；（7）对录取的新生进行思想政治、业务和身体健康状况的复查工作；（8）开展招生宣传、咨询和科学研究工作。

（四）招生单位的主管部门

招生单位的主管部门的主要职责为：（1）制定本部门所属各招生单位的招生计划；（2）根据国家教委的有关规定和本部门的实际情况，调整所属招生单位的招生计划；（3）调查处理本部门所属招生单位招生工作中发生的问题。①

七、博士研究生考试招生的初步发展

1982 年，教育部制定了《关于招收攻读博士学位研究生的暂行规定》，对博士生的培养目标、报考条件、申请材料、考试方式等作出规定。博士生的招收主要采取公开招考的方式，考试与推荐相结合，笔试与口试相结合。笔试科目为马克思列宁主义理论课、外国语和业务课。报考条件为已获得硕士学位的在职人员、应届毕业的硕士生或具有同等学力者（年龄不超过 40 岁），并要求获得两名与本学科有关的副教授（或相当职称）以上的专家的推荐。②

1983 年，浙江省教育厅召开专题座谈会，征求招收博士生的意见，商讨如何协作招收博

---

① 国家教委：《关于印发招收攻读硕士学位研究生管理规定及其实施细则的通知》，教育部高校学生司编：《1977—2003年全国研究生招生工作文件选编》（下册），北京：北京航空航天大学出版社，2004年，第604-605页。
② 教育部：《关于招收攻读博士学位研究生的暂行规定》，教育部高校学生司编：《1977—2003年全国研究生招生工作文件选编》（上册），北京：北京航空航天大学出版社，2004年，第93-95页。

士生的有关问题。这一年，浙江大学、杭州大学、浙江农业大学3所高等学校、13个学科（专业）、15名教授，计划招收博士生21～23人。[①]1984年，浙江美术学院被批准为美术学博士学位授予单位，是国内最早具有博士学位授予权的艺术院校之一。1984—1996年，博士生的招生规模呈现平稳增长的趋势。国家教委安排的博士生全国招生计划数从1984年的2080人增长至1996年的8936人，浙江省各招生单位录取的博士生总数从1984年的52人增长至1996年的477人。[②]这一时期，浙江大学、杭州大学、浙江农业大学招收博士生的方式以公开招考、提前攻博为主，其中提前攻博主要面向专业理论基础坚实、科研能力较强、德智体全面发展、已修满两年的优秀硕士生。浙江大学在1987年发布的《浙江大学博士研究生招生工作若干规定》中，明确规定公开招考的笔试科目为外国语、专业基础课和专业课三门，对于同等学力的考生，加试自然辩证法和另外两门或两门以上的专业课，在复试环节还须加试两门以上入学考试中未考过的但又是本专业硕士必修的课程。[③]

1993年，杭州电子工业学院与浙江大学等重点高校共同培养博士生；1996年1月，作为国家教委在教育体制改革中确定的部委院校与地方高校联合办学的试点，杭州电子工业学院与杭州大学联合申报了"电路与系统"博士点；同年9月，经国务院学位委员会审核批准，杭州电子工业学院获得了联合培养博士学位授予权。

1997年，国家对博士生招生的管理办法进行了改革：国家按主管部门分招生单位下达博士生招生的国家计划和招生规模，各博士生招生单位录取博士生总数一般不得超过国家下达的招生数。截至1997年底，浙江大学、杭州大学、浙江农业大学和浙江医科大学共有博士点75个，占浙江省博士点总数的96.89%。[④]

为保证博士生的入学质量和招生工作的顺利进行，国家教委于1998年下发《关于做好1998年招收攻读博士学位研究生工作的通知》，要求各招生单位按照"德智体全面衡量、择优录取、保证质量"的原则确定录取名单，并明确了以下三种选拔方式：

博士生的选拔必须通过国家规定的考试或考核。选拔方式有公开招考、提前攻读博士学

① 浙江省招委：《关于做好招收博士学位研究生工作的通知》，1983年7月30日，档案号J084-1982-Y-004-008，浙江省教育考试院档案室藏。

② 国家教委、国家计委、人事部：《关于下达一九九六年研究生招生计划的通知》，教育部高校学生司编：《1977—2003年全国研究生招生工作文件选编》（下册），北京：北京航空航天大学出版社，2004年，第581页。

教育部：《关于下达一九八四年全国招收攻读博士学位研究生计划的通知》，教育部高校学生司编：《1977—2003年全国研究生招生工作文件选编》（上册），北京：北京航空航天大学出版社，2004年，第137页。

吴世明主编：《浙江研究生教育》，杭州：杭州大学出版社，1992年，第426页。

浙江省教育厅编：《浙江省教育事业统计资料》，1996年，浙江省教育厅档案室藏。

③ 浙江大学：《浙江大学博士研究生招生工作若干规定》，1987年9月14日，档案号ZD-1987-XZ-160-5，浙江大学档案馆藏。

④ 根据浙江大学研究生院提供的材料整理。

位（以下简称"提前攻博"）、硕士博士学位连读（以下简称"硕博连读"）三种。公开招考是指由招生单位自行命题并组织入学考试，从考生中择优选拔博士生的方式。提前攻博是指从以优秀的成绩完成了硕士课程学习、具有较强的科研能力、还未进入论文阶段或正在进行论文工作的在学硕士生中选拔博士生的方式。硕博连读是指从新入学的少数优秀硕士生中经招生单位遴选获硕博连读资格，再从其中完成规定的课程学习并通过博士生资格考核的学生中选拔博士生的方式。是否采用提前攻博或硕博连读方式选拔博士生由各招生单位自定。所有招生单位一律不得采用推荐免试方式招收博士生。[①]

1998 年，全国博士生招生总规模为 14944 人，其中国家计划为 11547 人。[②] 根据国家调整的招生规模，浙江大学、杭州大学、浙江农业大学、浙江医科大学的博士生招生计划数分别为 352 人、75 人、89 人、37 人。[③] 同年，浙江中医药大学、浙江工业大学获得了博士学位授予权。

八、研究生招生规模的扩大

1978 年后，浙江省研究生教育得以恢复。20 世纪 80 年代后期，受国家研究生招生计划数缩减、招生专业结构调整等因素影响，除浙江中医学院和浙江师范大学外，浙江大学、杭州大学、浙江农业大学、浙江医科大学、浙江美术学院、温州医学院等 10 所高校的硕士生招生规模均出现了不同程度的缩减。全省硕士生招生人数从 1985 年的 1111 人减少至 1989 年的 756 人。博士生招生规模则逐步扩大，全省博士生招生人数从 1982 年的 7 人增加至 1989 年的 93 人。

20 世纪 90 年代，全省研究生的招生规模呈现稳步增长的态势。全省硕士生招生人数从 1990 年的 765 人增加至 1998 年的 1612 人；全省博士生招生人数从 1990 年的 126 人增加至 1998 年的 533 人。全省具有硕士学位授予权单位和具有博士学位授予权单位的数量有了一定的增长。具有硕士学位授予权单位由 1981 年的 7 个增长至 1998 年的 18 个（浙江大学、杭州大学、浙江农业大学、浙江医科大学合并前）；具有博士学位授予权单位由 1981 年的 4 个增长至 1998 年的 7 个（浙江大学、杭州大学、浙江农业大学、浙江医科大学合并前）。从 1978 年到 1998 年，全省累计招收硕士生 16746 人，累计毕业人数为 12073 人；累计招收博士生

① 国家教委：《关于做好1998年招收攻读博士学位研究生工作的通知》，教育部高校学生司编：《1977—2003年全国研究生招生工作文件选编》（下册），北京：北京航空航天大学出版社，2004年，第692–695页。
② 国家教委、国家计委、人事部：《关于下达1998年研究生招生计划的通知》，教育部高校学生司编：《1977—2003年全国研究生招生工作文件选编》（下册），北京：北京航空航天大学出版社，2004年，第691页。
③ 教育部高校学生司：《关于下达一九九八年博士生招生规模调整结果的通知》，教育部高校学生司编：《1977—2003年全国研究生招生工作文件选编》（下册），北京：北京航空航天大学出版社，2004年，第738页。

3530 人，累计毕业人数为 1472 人。

1978—1998 年浙江省硕士生、博士生招收人数和毕业人数如图 4-1-1 和图 4-1-2 所示。

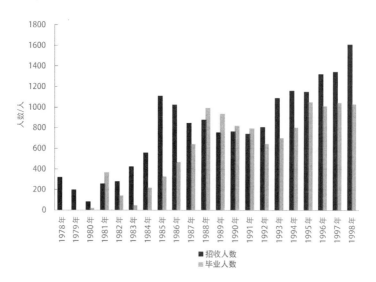

图 4-1-1　1978—1998 年浙江省硕士生招收人数和毕业人数

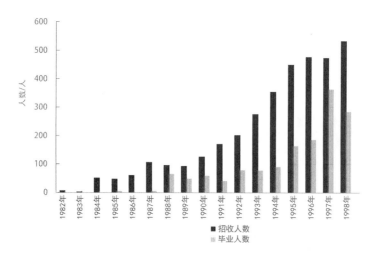

图 4-1-2　1978—1998 年浙江省博士生招收人数和毕业人数

资料来源：吴世明主编：《浙江研究生教育》，杭州：杭州大学出版社，1992年，第420、423、425、426页；
浙江省教育厅编：《浙江省教育事业统计资料》，1992—1998年，浙江省教育厅档案室藏。

研究生考试招生的改革与发展
（1999—2011年）

根据党的十六大提出的坚持教育创新、深化教育改革、提高教育质量和管理水平的要求，教育部开展了研究生招生工作改革。跟随国家改革的步伐，浙江省各招生单位围绕以下四点开展工作：一是改革初试、复试和推荐免试工作，提高研究生选拔质量；二是设置专项招生计划，向特殊行业和地区倾斜；三是积极推进专业学位研究生考试招生改革，优化人才培养类型结构；四是优化博士学位研究生选拔方式，提高招生质量。

一、推进初试、复试和推免生三项改革

随着硕士生招生规模的扩张，浙江省各招生单位依据教育部的要求，优化初试科目，强化复试考核，规范推免生工作，在招生考试的规范化、制度化方面上了一个台阶。

（一）完善初试科目与命题

1. 增加外语听说能力测试

2002年，硕士研究生入学考试中增加了外语（非外语专业）听说能力测试，旨在提高硕士生入学的外语水平，加强外语听说能力的培养。听说能力测试包含听力测试和口语测试两个部分。统考的英语、日语和俄语的听力测试由教育部考试中心命题，安排在初试中进行。其他语种的听力测试由招生单位对符合复试要求的考生在复试阶段进行。外语听力测试的分数为20分，不计入考生外语成绩；口语测试安排在复试中进行，命题和测试工作由招生单位自行组织。两项测试成绩仅供招生单位录取时参考。[1]

2003年，外语听力测试成绩一并计入考生外语初试成绩中，其分数占外语成绩总分的20%。从2005年起，外语听力测试从初试调整到复试阶段进行。听力测试可单独进行，也可

---

[1] 教育部：《关于在硕士研究生入学考试中增加外语（非外语专业）听说能力测试的通知》，教育部高校学生司编：《1977—2003年全国研究生招生工作文件选编》（下册），北京：北京航空航天大学出版社，2004年，第865页。

与口语测试相结合进行。测试的具体办法和要求由招生单位自行制定、公布和执行。

2. 调整初试科目及改革命题形式

2003年，教育部调整入学考试科目，进一步简化初试工作。硕士生招生考试的初试科目由5门改为4门，即政治理论、外国语、基础课和专业基础课。政治理论科目不再分文、理两种试卷。政治理论、外国语的满分各为100分，基础课和专业基础课的满分各为150分。各科目的考试时间和命题单位均不变。

从2007年起，部分学科门类的初试科目发生了变化。2007年，教育学、历史学和医学三个学科门类的初试科目变为三门，即政治理论、外国语和专业基础综合。专业基础综合科目满分值为300分。专业基础综合科目考试为大学本科阶段专业基础课的综合考试，考试内容为进入硕士研究生学习阶段所必备的专业基础知识、基本理论以及相应能力。[①]2008年，农学门类招生的所有学科专业（含其他学科门类中授予农学学位的学科专业）的初试科目变为四门，即政治理论、外国语、农学门类公共基础和农学学科基础综合，后两者的满分各为150分。农学门类公共基础设置了数学和化学两个科目，由招生单位或考生从中选一门。农学学科基础综合按动植物类学科群（含18个二级学科）和农学门类其他学科（含16个二级学科）分设考试科目。[②]2009年，教育部继续改革计算机科学与技术学科的初试科目和命题形式。初试科目经调整后为四门，即政治理论、外国语、数学一和计算机学科专业基础综合，后两者的满分各为150分。[③]自2010年学术型硕士研究生与专业型硕士研究生实行分类报名考试后，两者的初试科目仍大体上固定为四个单元，即政治理论、外国语、基础课（业务课一）、专业基础课（业务课二）。

在命题方式上：对上述学科门类的大部分学科专业初试的专业基础综合科目实行联合命题，由教育部考试中心负责命题的组织工作，省招办统一组织阅卷工作；其余少数学科的专业基础综合科目，招生单位可联合命题，也可自行命题。

（二）规范复试环节和管理

随着硕士生招生考试初试科目的减少，加大复试的权重、扩大学校的自主权成为硕士生招生工作改革的重点内容。招生单位根据专业培养要求，结合其他知识和能力的考核后自行

[①] 教育部：《关于2007年改革全国硕士研究生统一入学考试部分学科门类初试科目的通知》，2006年6月9日，http://www.moe.gov.cn/srcsite/A15/moe_778/s3113/200606/t20060609_79974.html。
[②] 教育部办公厅：《关于优化调整全国硕士研究生统一入学考试农学门类初试科目及内容的通知》，2007年6月1日，http://www.moe.gov.cn/srcsite/A15/moe_778/s3113/200706/t20070601_79976.html。
[③] 教育部办公厅：《关于全国硕士研究生统一入学考试计算机科学与技术学科初试科目调整及命题形式改革的通知》，2008年6月17日，http://www.moe.gov.cn/srcsite/A15/moe_778/s3113/200806/t20080617_79981.html。

确定对专业课的考核形式和内容，并进一步加强复试工作的管理。在组织复试时，可加大差额复试力度，设立研究生院的高校，原则上参加复试的考生总数为本校招生规模的120%左右。2003年，全国34所高等学校进行自定复试分数线的改革试点。① 当年浙江大学硕士生招生规模为3413人，已录取推免生585人，尚余计划2828人，上国家线人数为4529人。学校自主划定分数线后，上线人数为3829人，上线人数与招生计划之比为1.35：1。

2005年，在继续进行上述改革试点的基础上，教育部要求进一步提高复试的科学性、公正性和有效性。为此，浙江大学提高复试比例和面试权重，同时根据不同学科制定了相应的复试方法：人文社科类注重综合能力和思维能力的考核，而工学、农学、医学、理学等学科则更加注重动手能力与实验技能的考核。② 当年，浙江大学在全国34所自主确定复试分数线试点高校的会议上做了题为"采取切实的措施，努力提高复试环节的科学性、规范性与公正性"的发言。

2006年，教育部办公厅下发《关于加强硕士研究生招生复试工作的指导意见》，对复试的组织管理、方式内容、成绩使用、监督工作等方面进行了规定。③ 浙江省高校均高度重视研究生的复试及录取工作，在复试内容方面，着重突出对考生专业素质和综合素质，特别是创新精神和能力的考核，合理确定初试和复试成绩的比重；在组织管理方面，学校成立校研究生招生工作领导小组，强化对学校研究生招生工作的领导和统筹；在规章制度方面，健全复试及录取工作实施方案，对全校研究生招生工作的各个环节加大统一规范力度；在过程管理方面，如浙江工商大学研究生院成立巡查组，对所有招生学院的初试、复试现场开展巡查指导；在信息公开方面，复试及录取工作实施方案、复试名单和拟录取名单等信息于第一时间对外公示等。

2008年，浙江大学继续推进硕士研究生复试录取办法改革，继续放宽全校的复试比例，从以往的1：1.2～1.3放宽到1：1.5，个别学科放得更宽。④ 同年，教育部对初试分数线进行了分区调整，具体为：一区包括北京、天津、上海、江苏、浙江、福建、山东、河南、湖北、湖南、广东等11个省（市）；二区包括河北、山西、辽宁、吉林、黑龙江、安徽、江西、重庆、四川、陕西等10个省（市）；三区包括内蒙古、广西、海南、贵州、云南、西藏、甘

① 教育部：《关于做好2003年招收攻读硕士学位研究生工作的通知》，教育部高校学生司编：《1977—2003年全国研究生招生工作文件选编》（下册），北京：北京航空航天大学出版社，2004年，第935页。
② 潘云鹤主编：《六年的跨越——浙江大学1998—2004年研究生教育发展探索》，杭州：浙江大学出版社，2006年版，第52页。
③ 教育部办公厅：《关于加强硕士研究生招生复试工作的指导意见》，2006年3月3日，http://www.moe.gov.cn/srcsite/A15/moe_778/s3113/200603/t20060303_79971.html。
④ 根据浙江大学研究生院提供的材料整理。

肃、青海、宁夏、新疆等 10 个省（区）。在三区就业且定向或委托培养回原单位的在职考生，如报考地处一、二区的招生单位，按三区分数线予以照顾；在二区就业且定向或委托培养回原单位的在职考生，报考地处一区招生单位不享受二区分数线的照顾政策。[①]2012 年，为进一步提高复试比例、促进生源合理流动，原一区和二区共 21 个省份进行了合并，原三区不作变动。基于国家规定的考生复试基本要求，浙江省各招生单位自主确定本单位的招生录取标准，并向社会公布。

（三）完善推荐免试工作

按照教育部推荐免试工作管理办法，浙江省有关高校进一步完善推荐免试工作制度。1999—2002 年，全国范围内继续不增批新的进行推荐免试的学校。具有推荐免试权的高等学校在教育部下达给本校的推荐免试生名额内进行推荐工作。2001 年，教育部下达浙江大学、浙江工业大学、浙江师范大学和中国美术学院 2002 年推荐免试生名额分别为 555 人、21 人、39 人和 3 人。[②]与此同时，2001 年浙江大学与上海交通大学等院校协商，在全国首先开始了互相交换推荐免试生的工作。2003 年教育部开始推广交换推荐免试生这一经验，要求各高校交换不少于 30% 的推荐免试生，浙江大学又与上海交通大学、复旦大学、南京大学等 8 所高校达成互换推荐免试生的协议，保证推荐免试的有效性，提高了高层次大学的生源多样性。[③]

2003—2004 年，教育部为加强优秀生源的校际交流，控制高校接收本校推荐免试人数，鼓励推荐免试生报考外校、跨专业接收推荐免试生。规定设立研究生院的高校接收本校推荐免试生人数原则上不超过本校推荐免试生总数的 70%，其中西部高校及军工、石油、农林、矿业、地质类高校不超过 80%。2003 年，教育部下达浙江大学、浙江工业大学、浙江师范大学和中国美术学院 2004 年推荐免试生名额分别为 801 人（561 人）、68 人、68 人和 9 人（括号内为接收本校推免生限额）。[④]

2006 年，教育部印发《全国普通高等学校推荐优秀应届本科毕业生免试攻读硕士学位研

---

① 教育部：《关于做好2008年招收攻读硕士学位研究生工作的通知》，2007年9月12日，http://www.moe.gov.cn/srcsite/A15/moe_778/s3113/200709/t20070912_79978.html。

② 教育部：《关于做好2002年招收攻读硕士学位研究生工作的通知》，2001年9月12日，档案号J084-2001-Y-008-002，浙江省教育考试院档案室藏。

③ 潘云鹤主编：《六年的跨越——浙江大学1998—2004年研究生教育发展探索》，杭州：浙江大学出版社，2006年，第48页。

④ 教育部高校学生司：《关于做好2004年推荐优秀应届本科毕业生免试为硕士生工作的通知》，教育部高校学生司编：《1977—2003年全国研究生招生工作文件选编》（下册），北京：北京航空航天大学出版社，2004年版，第1051-1055页。

究生工作管理办法（试行）》，对免试生推荐标准、接收标准以及工作程序等作了明确的规定。[①]
浙江省各招生单位依据教育部文件的规定制定本单位具体实施办法。这一年，浙江中医药大学成为推荐优秀应届本科毕业生免试攻读硕士学位研究生工作单位。

2007年，教育部适度扩大了开展推免生工作高等学校的范围，提高了部分高等学校的推免生比例。宁波大学于2008年获批推荐优秀应届本科毕业生免试攻读研究生资格，当年招收推免生35人。截至2021年，该校共招收推免生1481人。浙江理工大学、温州医学院和浙江工商大学成为推荐优秀应届本科毕业生免试攻读硕士学位研究生工作单位的时间分别为2010年、2010年和2011年。

2013年，为进一步加强推免工作，充分发挥推免制度在人才选拔中综合全面、公平自主的优势，教育部发出了相关通知，要求提高推免生选拔质量，加强推免生校际交流，协调发展推免招生与统考招生，规范推免攻读直博生工作，推进信息公开等。[②] 推免生新政一出，浙江大学抓住机遇，开拓思路，提出"坚持直博规模，提升硕博连读，改善专硕生源，增加推免总数"的工作目标，全面部署推免生招生工作。2014年学校推免生招生总数增长了37%，其中来自985高校学生的比例为56.2%，来自211高校学生的比例为83.8%，极大提高了研究生的生源质量。[③]

从2014年起，教育部下达推免名额时不再区分学术学位和专业学位，不再设置留校限额。推荐高校不得限制推免生自主报考，不得对本校推免名额限制报考类型，不得自行设置留校限额或名额。[④] 同年，教育部建立了"推荐优秀应届本科毕业生免试攻读研究生信息公开暨管理服务系统"。2015年，推免生招收工作第一次全面实现网络化运作，浙江省高校推免生的报名和录取工作全部在网络系统中完成，考生在规定时间内可自主多次平行报考多个招生单位及专业。这一年，温州大学和浙江海洋学院首次接收推免生。2017年，杭州电子科技大学获批推荐优秀应届本科毕业生免试攻读研究生资格。2019年，宁波大学首次招收优秀运动员及教练员免试攻读硕士研究生，把世界举重冠军石智勇招录到学校体育运动训练学专业。

---

① 教育部：《全国普通高等学校推荐优秀应届本科毕业生免试攻读硕士学位研究生工作管理办法（试行）》，2006年7月12日，http://www.moe.gov.cn/srcsite/A15/moe_778/s3113/200607/t20060712_79975.html。
② 教育部办公厅：《关于进一步加强推荐优秀应届本科毕业生免试攻读研究生工作的通知》，2013年9月5日，http://www.moe.gov.cn/srcsite/A15/moe_778/s3261/201309/t20130905_157196.html。
③ 根据浙江大学研究生院提供的材料整理。
④ 教育部办公厅：《关于进一步完善推荐优秀应届本科毕业生免试攻读研究生工作办法的通知》，2014年8月4日，http://www.moe.gov.cn/srcsite/A15/moe_778/s3261/201408/t20140804_172730.html。

二、实行研究生专项招生计划

进入 21 世纪，研究生招生推出了一系列专项招生计划。与普通招生计划有所不同，它具有较强的目的性、专业性和针对性，往往对生源范围和考生条件作出明确的限定。专项招生计划有多个种类，它的实施在一定程度上有利于满足特定地区、特殊行业的需求。

（一）高层次人才强军计划

教育部、总政治部决定从 2002 年起实施高层次人才强军计划（以下简称"强军计划"），即在国家研究生招生计划内，由部分地方普通高校为军队定向培养一批硕士研究生。首批列入实施的培养学校为教育部、国防科工委及中国科学院直属的 27 所普通高校。招生对象为作战部队特别是应急机动作战部队和战略预备队的团级（专业技术 8 级）以下专业技术干部，以及军队综合大学和工程技术院校从事理工科教学的部分教员，以新武器装备较多的部队技术骨干为重点。[①] 作为首批实施该专项计划高校之一，浙江大学于 2002 年开始招收该专项计划硕士生，对通过资格审核的考生设置单独考试。当年浙江大学"强军计划"硕士生的招生名额为 60 人。考生录取后，采取全日制脱产学习方式，前两年在浙江大学进行专业基础理论课程学习，第三年可回部队结合新武器装备的使用、维修及课题研究进行学位论文准备。随着军队人员自身学历层次的不断提高，报考硕士生的需求有所减少，历年的"强军计划"有所调整，2021 年招生计划数减少至 20 人。2002 年至 2021 年，浙江大学共招收"强军计划"硕士生 581 人。

（二）农村高中教育硕士师资培养计划

从 2004 年起，教育部决定实施为中西部地区扶贫县培养教育硕士师资的"农村高中教育硕士师资培养计划"（以下简称"农村师资计划"）。具体内容为：选拔部分优秀应届本科毕业生，第一年到招生的扶贫县高中任教；第二年到培养学校脱产学习；第三年在任教学校岗位上边工作边学习；第四、第五年在任教学校承担教学任务。参加"农村师资计划"的学生必须履行服务期规定的义务，从本科毕业到中学任教开始，服务期为 5 年（包括在培养学校的 1 年学习时间）。[②] 省级教育行政部门将接收农村教育硕士生的扶贫县名单通知推荐学校。推荐学校公布报名方法和扶贫县名单。考生通过自愿报名，学校择优推荐，参与由培养学校组织的

---

① 教育部、总政治部：《关于实施"高层次人才强军计划"的通知》，2001年10月19日，http://www.moe.gov.cn/srcsite/A15/moe_778/s3113/201808/t20180806_344386.html。

② 教育部：《关于做好为农村高中培养教育硕士师资工作的通知》，2004年4月7日，http://www.moe.gov.cn/srcsite/A10/s7011/200404/t20040407_145951.html。

复试以获取农村教育硕士生入学资格。

从2007年起，推荐人选本科所学专业的范围限定为思想政治教育、汉语言文学、历史学、英语、数学与应用数学等专业及其他相关专业。农村教育硕士生须到指定的农村学校任教3年，第4年到培养学校注册入学，第5年完成相关的学业任务。这一年，浙江师范大学、浙江大学、浙江工业大学和中国美术学院作为推荐学校，推免生人数分别为70人、5人、5人和10人，浙江师范大学作为培养学校，培养生人数为90人。[①]2008—2009年，教育部下达的全国招生计划数分别为1463人、1247人。浙江师范大学根据教育部与浙江省教育厅的有关规定，做好农村师资教育硕士生的推荐工作，推免生人数分别为30人、20人。[②]

在总结经验的基础上，教育部决定从2010年起进一步扩大"农村学校教育硕士师资培养计划"（以下简称"硕师计划"）规模，并与"农村义务教育阶段学校教师特设岗位计划"（以下简称"特岗计划"）结合实施。录取为"硕师计划"的研究生，与地方政府教育行政部门签约聘为编制内正式教师。在县镇及以下农村学校任教3年，同时在职学习研究生课程，第4年到培养学校脱产集中学习1年，完成相关的学业任务。2010年，浙江师范大学、宁波大学、浙江大学和杭州师范大学同时成为推荐和培养学校。[③]2018—2021年，杭州师范大学招收"硕师计划"学生人数分别为13人、24人、33人、33人，浙江师范大学招收"硕师计划"学生人数分别为12人、15人、23人、23人。

（三）少数民族高层次骨干人才专项计划

自2006年起，教育部首次安排少数民族高层次骨干人才专项计划。招生对象主要是西部地区、享受西部政策待遇的民族自治地区少数民族考生以及长期从事民族工作的教师和管理人员，同时可招收10%的长期从事民族工作的汉族考生。招生考试均纳入全国硕士研究生招生统一考试和各高校博士研究生公开招考，不为该计划单独举行考试。[④]2006年全国共计划招生2500人，其中硕士生2000人，博士生500人，浙江大学作为浙江省唯一一所承担该专项计划的院校，在招生工作中坚持"自愿报考、统一考试、适当降分、单独划线"的原则，实

① 教育部办公厅：《教育部关于做好2007年"农村学校教育硕士师资培养计划"实施工作的通知》，2006年10月30日，http://www.moe.gov.cn/srcsite/A15/moe_778/s3113/200610/t20061030_79960.html。
② 教育部办公厅：《关于做好2008年"农村学校教育硕士师资培养计划"实施工作的通知》，2007年9月29日，http://www.moe.gov.cn/srcsite/A10/s7011/200709/t20070929_145950.html。
教育部、国家发改委：《关于下达2009年全国研究生招生计划的通知》，2009年3月2日，http://www.moe.gov.cn/srcsite/A15/moe_778/s3261/200903/t20090302_80009.html。
③ 教育部：《关于做好2010年"农村学校教育硕士师资培养计划"实施工作的通知》，2009年9月25日，http://www.moe.gov.cn/srcsite/A10/s7011/200909/t20090925_145946.html。
④ 教育部办公厅：《关于下达2006年"少数民族高层次骨干人才"研究生招生计划的通知》，2005年9月25日，http://www.moe.gov.cn/srcsite/A09/moe_763/200509/t20050925_77775.html。

行"定向招生、定向培养、定向就业"。2006年浙江大学博士生、硕士生的招生计划数分别为10人、20人，到2021年招生计划数分别为20人、88人。截至2021年，浙江大学共录取该专项计划硕士生874人，博士生225人。

（四）高校思想政治理论教师在职攻读马克思主义理论博士学位专项计划

从2008年起，教育部决定实施高校思想政治理论教师在职攻读马克思主义理论博士学位专项计划（以下简称"思政课教师攻读博士计划"）。招生对象为年龄不超过45周岁、从事思想政治理论教学5年以上、已获硕士学位的高校思想政治理论业务骨干教师。招生录取工作遵循"计划专用、单独划线、择优录取"的原则。2008年，全国有19所高校开展了"思政课教师攻读博士计划"工作，招生计划总数为50人，其中浙江大学2人。[①]2021年浙江大学招收该专项计划博士生3人。

（五）高校辅导员攻读思想政治教育专业博士学位专项计划

高校辅导员攻读思想政治教育专业博士学位专项计划（以下简称"辅导员攻读博士学位计划"）于2008年起开始实施。在岗一线直接从事大学生日常思想政治教育工作满3年、年龄不超过45周岁、已获硕士学位的高校专职辅导员，具有较强的工作能力，受到学校、院（系）和学生的普遍好评，经所在学校学生工作部门、人事部门推荐，所在地的省级教育工作部门审核通过，且有两名思想政治教育学科的副教授（或相当职称）以上的专家推荐均可报考。所有被录取的高校辅导员的录取类别均为定向培养，实行弹性学制，一般不超过6年。[②]浙江大学从2009年起开始实施"辅导员攻读博士学位计划"，招生计划数为3人。从2018年起，教育部决定将该专项计划调整为"高校思想政治工作骨干在职攻读博士学位"专项计划，扩展培养对象范围，增加招生单位和招生专业。招生对象放宽为从事高校思想政治工作或党务工作满3年的在编在岗高校思想政治工作和党务工作骨干。2018—2021年，浙江大学每年招收该专项计划博士生9人，培养专业为马克思主义理论、公共管理、发展与教育心理学。

（六）高等学校与科研机构联合培养研究生试点工作专项招生计划

根据2009年教育部《高等学校和科研机构开展联合培养博士研究生工作暂行办法》，进行联合培养工作的高等学校和科研机构要具备以下条件：高等学校一般限定在"985工程"

---

① 教育部办公厅：《关于做好2008年"高校思想政治理论教师在职攻读马克思主义理论博士学位"专项计划招生工作的通知》，2008年3月26日，http://www.moe.gov.cn/srcsite/A15/moe_778/s3114/200803/t20080326_79988.html。

② 教育部办公厅：《关于做好2008年招收高校辅导员在职攻读思想政治教育专业博士学位研究生工作的通知》，2008年3月28日，http://www.moe.gov.cn/srcsite/A15/moe_778/s3114/200803/t20080328_79994.html。

（西部地区可放宽至"211工程"）学校范围内；科研机构一般应为承担国家重点科研攻关任务的国家级科研机构。双方具有相同的博士学位授权点；双方具有实质性人才培养和科学研究等方面的合作基础；具有良好的基础条件和较高的研究生教育、管理水平，办学行为规范。2010年，全国14所高校与22所科研机构开展了联合培养工作，其中博士生和硕士生招生计划数分别为236人和30人。[①]2013年，浙江大学与钢铁研究总院开展了联合培养工作，按照"联合招生、合作培养、双重管理、资源（成果）共享"模式，招收了2名博士生，截至2020年累计联合培养了13名博士生。

三、开展专业学位与学术学位研究生分类考试招生

专业学位研究生是我国研究生教育的重要类型之一。2001年，国务院学位委员会和教育部召开了首次全国专业学位教育工作会议，会后下发了《关于加强和改进专业学位教育工作的若干意见》，指出"专业学位，或称职业学位，是相对于学术性学位而言的学位类型，培养适应社会特定职业或岗位的实际工作需要的应用型高层次专门人才。专业学位与相应的学术性学位处于同一层次，培养规格各有侧重"，"在高等院校人才培养工作中，具有同等重要的作用"。[②]专业硕士研究生招生考试实行两段制模式，分为初试和复试。初试包括10月的"全国联考"和1月的"全国统考"两种。前者主要面向具有一定工作年限和经验的在职人员，后者主要面向往届、应届本科毕业生和同等学力人员。[③]

从2010年起，浙江省各招生单位积极发展专业学位研究生教育，采取专业学位和学术学位硕士生分类考试招生模式，进一步优化研究生教育结构。

（一）设置各类专业硕士学位

1. 工商管理硕士[④]

我国第一个开展试点的专业学位是工商管理硕士，即MBA（Master of Business Administration）。招收MBA是为适应社会主义市场经济发展和建立现代企业制度需要培养懂经济、懂管理、懂市场、懂专业的高层次经营管理人才。1991—1994年，国务院学位办成立了协作小组，分两批批准了26所高校进行MBA的试点工作，产生了第一批MBA毕业生。这

① 教育部、国家发改委：《关于下达2010年全国研究生招生计划的通知》，2010年2月21日，http://www.moe.gov.cn/srcsite/A03/s7050/201002/t20100221_91621.html。

② 国务院学位委员会、教育部：《关于加强和改进专业学位教育工作的若干意见》，2002年1月9日，http://www.moe.gov.cn/srcsite/A22/s7065/200201/t20020109_162658.html。

③ 张亚群、车如山等：《中国研究生招生考试改革研究》，广州：广东高等教育出版社，2013年，第77页。

④ 本部分除单独标注者外，其他内容依据国家教委（教育部）的研究生招生年度文件，为节约篇幅，不一一标注。

一时期，MBA 入学考试采用部分学校统考和单考的方式。[①]

1995 年，国家教委要求试办工商管理专业的高校可进行下述两项试点：一是招收应届本科毕业生，这部分考生参加统考，报考办法和录取程序与其他专业的统考生相同，但被录取的新生必须先保留入学资格，工作 2 至 3 年后再入学。二是大专毕业后有 6 年或 6 年以上实践经验、业绩突出，为本单位定向或委托培养的在职人员考生，可以参加全国试办 MBA 高校的招生联考。试办 MBA 的学校可根据本单位的情况自行决定是否进行上述试点。此项试点工作只进行了一年。1996 年，国家教委规定不对有大专学历的考生进行全国试办工商管理专业学校的招生联考，不具备单考条件的考生须参加全国统考。

实行"MBA 联考"。 1997 年，为促进工商管理专业的招生工作在保证质量的基础上健康发展，推进管理类专业招生改革，全国招收工商管理硕士生的 26 所高校实行联考，简称"97MBA 联考"。浙江大学加入联考。MBA 的报考条件为：年龄不超过 40 周岁，具有人事档案所在单位同意报考的证明，大学本科毕业后有 3 年或 3 年以上工作经验者；大专毕业后有 5 年或 5 年以上工作经验者；有研究生毕业学历并有 2 年或 2 年以上工作经验者。参加"97MBA 联考"的时间与全国研究生统一入学考试初试的时间一致。其初试的科目为以下 5 门：政治理论、外国语、数学、管理、语文与逻辑。各科考试时间均为 3 小时，且均为笔试。除政治理论由各招生单位自行命题外，其余 4 门（外国语为英语）均由国家教委委托全国工商管理硕士教育指导委员会命题和阅卷。管理的满分为 150 分，其余 4 门满分均为 100 分，初试总分满分为 550 分。联考科目的考试大纲统一由全国工商管理硕士教育指导委员会编写并下发。

调整考试科目。 1998—2002 年，浙江大学继续以参加全国联考的方式招收 MBA。这 5 年，全国试办"MBA 联考"的高校数量分别为 56 所、55 所、56 所、54 所和 62 所。2003 年，报考 MBA 的考生须参加以下 4 门考试：政治理论、外国语、综合能力（含运用数学基本知识、数学方法分析和解决问题的能力，逻辑推理能力以及汉语运用能力）、管理。其中综合能力满分为 200 分，其他 3 门满分均为 100 分。各科考试时间均为 3 小时。除政治理论自行命题外，其他 3 门（外国语为英语）均由教育部委托全国工商管理硕士教育指导委员会命题。这一年，全国试办"MBA 联考"的高校共有 62 所。

2004 年，全国试办"MBA 联考"的高校有 89 所，其中浙江省有 3 所，为浙江大学、浙江工商大学和浙江工业大学。2005 年，报考 MBA 的考生只需参加外国语和综合能力科目考试即可。这两个科目的分值不变，均由教育部委托有关机构命题（外国语为英语）。原考试科目中的政治理论考试调整到复试中进行，由招生单位自行命题；管理科目的部分考试内容放在

[①] 杨学为、于信凤主编：《中国考试通史（卷五）》，北京：首都师范大学出版社，2004年版，第375页。

综合能力科目中，主要内容放在复试中考核。浙江大学、浙江工商大学和浙江工业大学根据全国工商管理硕士教育指导委员会制定的 MBA 招生复试方案，进一步增加复试内容、规范复试程序。2008—2010 年，宁波大学、浙江师范大学、浙江财经学院、杭州电子科技大学相继参与"MBA 联考"。浙江大学从 1999 年至 2016 年共招收 MBA 4178 人，浙江工业大学从 2007 年至 2016 年共招收 MBA 693 人，浙江财经学院于 2010 年招收 MBA 80 人，杭州电子科技大学从 2010 年至 2016 年共招收 MBA 416 人。[①]

2. 法律硕士

法律硕士是具有特定法律职业背景的职业性学位，主要培养面向立法、司法、律师、公证、审判、检察、监察及经济管理、金融、行政执法与监督等部门、行业的高层次法律专业人才与管理人才。1996 年，国务院学位委员会办公室批准了 8 所高校首批试点招收法律硕士。

从 2000 年起，试办法律硕士专业学位的高等学校实行全国联考（简称"法律硕士联考"）。根据教育部文件的意见，浙江大学在试办该专业时不招收法学专业的本、专科毕业生及应届本科毕业生，只招收符合报考条件的非法学专业的本、专科毕业生及非法学专业的应届本科毕业生。2000—2008 年，全国试办"法律硕士联考"的高校数量分别为 22 所、28 所、28 所、28 所、39 所、38 所、48 所、48 所、78 所。[②] 从 2009 年起，法学本科毕业生也可以报考法律硕士，学位名称为法律硕士（法学），非法学专业的毕业生只能报考法律硕士（非法学）学位。浙江大学从 2000 年至 2016 年共招收法律硕士 1171 人。

3. 其他专业学位硕士

除工商管理硕士、法律硕士外，我国陆续设立了教育硕士、工程硕士、临床医学硕士、农业推广硕士、兽医硕士、公共管理硕士、体育硕士、风景园林硕士等。

教育硕士设立于 1996 年，浙江师范大学于 1998 年获批为培养单位；浙江大学和杭州师范大学于 2003 年获批为培养单位。工程硕士设立于 1997 年，当年国务院学位委员会批准了包括浙江大学在内的 70 多所高校具有工程硕士学位授予权。1999—2002 年，浙江工业大学、杭州电子科技大学和浙江理工大学陆续成为工程硕士专业学位授权单位。2008 年，温州医学院新增工程硕士生物医学工程领域专业硕士点。

临床医学硕士设立于 1997 年，温州医学院于 2000 年获批临床医学专业学位硕士点。农业推广硕士设立于 1999 年，宁波大学、浙江农林大学和浙江海洋学院分别于 2005 年、

---

① 根据浙江大学、浙江工业大学、浙江财经大学、杭州电子科技大学研究生院提供的资料整理。
② 文献依据为 2000—2008 年教育部研究生招生工作通知，为节约篇幅，不一一标注。

2007 年和 2008 年成为农业推广硕士专业学位授权单位。公共管理硕士（Master of Public Administration, MPA）设立于 1999 年，浙江大学于 2001 年 10 月开始招收 MPA。浙江财经大学、浙江工业大学、浙江工商大学、浙江省委党校于 2014 年成为公共管理硕士专业学位授权单位；浙江师范大学、中国计量大学获批时间分别为 2005 年、2018 年。艺术硕士设立于 2005 年，当年中国美术学院联合中央美术学院共同向国务院学位办申请艺术专业学位硕士招生资格，经批准，艺术设计专业开始招生。

（二）大力推进专业学位研究生考试招生

1. 招收培养全日制专业学位硕士生

长期以来，我国硕士研究生教育主要培养具有独立从事科学研究或教学工作能力的教学科研人才。但随着研究生规模的不断扩大和社会需求的不断变化，硕士研究生的就业去向已更多地从教学、科研岗位转向实际工作部门，硕士研究生的类型结构有待进一步优化。此外，我国自 1991 年开展专业学位教育以来，在职人员攻读比例偏大，应届本科毕业生攻读比例偏小，难以满足应届本科毕业生提高专业水平、增强就业竞争力的需要。

为此，根据教育部"积极发展具有中国特色的专业学位教育"的文件精神，浙江省各招生单位从 2009 年起开始招收培养以应届本科毕业生为主的全日制专业学位硕士研究生，逐步实现以培养学术型人才为主向以培养应用型人才为主的转变。[①] 除工商管理硕士（MBA）、公共管理硕士（MPA）、工程硕士的项目管理方向、公共卫生硕士、体育硕士的竞赛组织方向等管理类专业和少数在当时不适宜应届毕业生就读的专业学位外，其他专业学位均面向应届毕业生招收专业学位研究生，实行全日制培养。

2009 年，在已下达研究生招生计划的基础上，全国新增 5 万全日制专业学位硕士生招生计划。浙江省增加计划 1430 人，其中浙江大学增加 580 人。浙江大学新增的招生计划主要布局在生源丰富的工程、农业、兽医、口腔、风景园林、汉语国际教育等类别。由于教育部下达计划时已是当年招生的复试录取阶段，新增的招生计划均通过从学术学位考生中调剂完成。浙江理工大学首次面向应届毕业生招收全日制专业学位硕士生，共录取 8 人；宁波大学共录取专业学位硕士生 65 人，其中 MBA 和法律硕士录取 38 人。

开展以应届本科毕业生为主的全日制硕士专业学位研究生教育，对于完善专业学位教育制度、增强专业学位研究生的培养能力、满足社会多样化需求、加快培养高层次应用型专门

---

① 教育部：《关于做好全日制硕士专业学位研究生培养工作的若干意见》，2009 年 3 月 19 日，http://www.moe.gov.cn/srcsite/A22/moe_826/200903/t20090319_82629.html。

人才，具有重要意义。[①]

2. 专业学位与学术学位硕士生分类考试、分类招生

依据教育部文件规定，浙江省各招生单位从2010年起对硕士研究生考试招生整体上采取"分列招生计划、分类报名考试、分别确定录取标准"的模式。原统考英语试题名称改为英语一，另增加一套统考英语试题（即英语二）供部分专业学位研究生招生时选用。同时，全日制专业学位研究生的招生范围进一步扩大。[②]2010年，中国计量大学在仪器仪表工程、光学工程和控制工程3个领域获得了工程硕士专业学位授予权；浙江中医药大学临床专业学位开始分列招生，当年招收83人；浙江财经大学招收MBA 80人，并获批税务、金融、保险、资产评估、会计等5个专业学位硕士点；宁波大学招收工商管理、法律、公共管理、机械工程、电子与通信工程、食品工程等专业学位硕士共121人。

2011年，根据国家二级学科硕士学位点对应调整为一级学科硕士学位点政策及相关一级学科目录的调整，浙江农林大学增设林学、生物学、农业资源与环境、农林经济管理、设计学、城乡规划学、风景园林学、建筑学、生态学等9个一级学科硕士点。温州大学新增化学、中国语言文学、计算机科学与技术、马克思主义理论、中国史、音乐与舞蹈学等6个一级学科硕士点。浙江财经大学获批理论经济学、应用经济学、法学、统计学、工商管理、公共管理等6个一级学科硕士点。温州医学院的生物学、基础医学、药学、中西医结合、生物医学工程、护理学等6个学科成为一级学科硕士点。

2012年，研究生教育结构进一步得到优化。浙江省各招生单位按照"以增量促存量"的原则，将硕士生招生计划的增量主要用于专业学位，存量部分将学术型的计划按不少于5%的比例调减，用于增加专业学位计划。同年，管理类专业学位硕士生招生实行综合能力考试的试点由4个扩大到7个专业学位；金融、应用统计等经济类专业硕士增设经济类综合能力科目，满分为150分，供试点学校选考。[③]例如，在杭州电子科技大学开设的经济类专业中，金融专业第三单位的初试科目为经济类综合能力，而应用统计和国际商务专业第三单位的初试科目选用"数学（三）"试题。

① 教育部：《关于做好全日制硕士专业学位研究生培养工作的若干意见》，2009年3月19日，http://www.moe.gov.cn/srcsite/A22/moe_826/200903/t20090319_82629.html。
② 教育部：《关于做好2010年招收攻读硕士学位研究生工作的通知》，2009年9月29日，http://www.moe.gov.cn/srcsite/A15/moe_778/s3113/200909/t20090929_79982.html。
③ 教育部：《关于做好2012年招收攻读硕士学位研究生工作的通知》，2011年8月8日，http://www.moe.gov.cn/srcsite/A15/moe_778/s3113/201108/t20110808_123647.html。

四、开展同等学力申硕考试

2016年之前，在职人员主要有两个获得硕士学位的途径：一是参加每年10月举行的全国统一联考；二是参加每年5月举行的在职人员以同等学力申请硕士学位全国统一考试（简称"同等学力申硕考试"）。后者最初出现的目的，是在现行向毕业研究生授予学位的渠道之外，向那些学术水平或专门技术水平已达到所申请学位专业的毕业研究生同等水平的人提供一种途径。

具有研究生毕业同等学力的人员，均按照1998年《国务院学位委员会关于授予具有研究生毕业同等学力人员硕士、博士学位的规定》，向有关学位授予单位申请硕士、博士学位。

浙江省各学位授予单位对申请人进行以下三个方面的认定：第一，对申请人在教学、科研、专门技术等方面的认定；第二，对申请人专业知识结构和水平的认定，包括学位授予单位组织的课程考试（通常为研究生课程进修班的结业考试）和国家组织的统一考试（即同等学力申硕考试）；第三，对学位论文水平的认定。申请人通过上述认定，经学位授予单位评定分委员会同意，报学位评定委员会批准，授予硕士学位并颁发学位证书。①

1995年，同等学力申硕考试仅包含外国语水平全国统一考试。从1999年起，同等学力申请硕士学位开始在全国范围内对外国语水平和学科综合水平进行统一考试，具体要求如下：

（一）报考条件

参加同等学力申硕考试的考生，必须已获得学士学位，并在获得学士学位后工作3年以上，且通过浙江省各学位授予单位的资格（指申请人在教学、科研、专门技术、管理等方面做出的成绩）认定。从2012年起，无学士学位但已获得硕士或博士学位者，若在教学、科研、专门技术、管理等方面做出成绩，学术水平或专门技术水平已达到所申请学科的硕士学位授予标准，也可向浙江省有关学位授予单位申请硕士学位。已获得的学士、硕士或博士学位为国（境）外学位的，其所获的国（境）外学位需经教育部留学服务中心认证。②

（二）外国语水平考试的语种和学科综合水平考试的学科范围

外国语水平考试主要有英语、俄语、法语、德语和日语。以同等学力申请硕士学位人员（以下简称"同等学力人员"）须参加外国语水平考试，且应试语种与接受其硕士学位申请的

---

① 国务院学位委员会：《关于授予具有研究生毕业同等学力人员硕士、博士学位的规定》，1998年6月18日，http://www.moe.gov.cn/s78/A22/s7065/tnull_4143.html。
② 国务院学位委员会办公室：《关于做好2012年同等学力人员申请硕士学位外国语水平和学科综合水平全国统一考试工作的通知》，2012年1月6日，http://www.moe.gov.cn/srcsite/A22/moe_826/201201/t20120106_129752.html。

学位授予单位相应学科全日制在校硕士研究生培养方案规定的语种相同。该项考试不含听力测试，由浙江省各学位授予单位自行组织。

学科综合水平考试按一级学科进行全国统考，有哲学、经济学（含理论经济学、应用经济学）、法学、政治学、社会学、教育学、心理学、中国语言文学、新闻传播学、生物学、历史学、地理学等 27 个学科。① 从 2012 年起，统考的学科从 27 个变为 33 个。在这些学科范围内的同等学力人员，除了通过浙江省各学位授予单位按研究生培养方案规定的课程考试（包括外国语）外，还需参加全国统一组织的外国语水平和相应学科的学科综合水平考试且均达到合格分数线，方能申请硕士学位论文答辩。

（三）相关考务工作的管理职责

同等学力申硕考试一般安排在每年的 5 月。两项考试安排在一天中进行，上午为外国语水平考试，下午为学科综合水平考试。从 2012 年起，两项考试的报名、考务组织和管理工作均通过"全国同等学力人员申请硕士学位管理工作信息平台"进行。考试报名信息的汇总、命题、考务及阅卷工作由教育部学位与研究生教育发展中心组织实施，② 浙江省学位与研究生教育主管部门负责组织本地区的考务工作。

截至 2022 年，浙江省接受同等学力硕士申请单位有 14 个，即浙江大学、浙江理工大学、浙江中医药大学、绍兴文理学院、中国计量大学、杭州电子科技大学、浙江海洋大学、浙江师范大学、浙江工商大学、宁波大学、浙江工业大学、温州医科大学、杭州师范大学、中国美术学院。其中，浙江大学于 1998—2004 年共授予在职人员以同等学力申请硕士学位 2696 人。③

五、改革博士研究生招生考试

进入 21 世纪，作为国家培养高层次创新人才的重要途径，博士生招生工作实行扩大数量与提高质量并重的方针。浙江省各招生单位优化选拔方式，改革考试内容，把重点放在对考生创新精神、创新能力、科研潜质和综合素质等方面的考查。

根据国家教委《关于做好 1998 年招收攻读博士学位研究生工作的通知》的有关规定，浙江大学结合本校情况于 1999 年制定了《浙江大学招收攻读博士学位研究生的规定》，明确了

① 国务院学位委员会办公室：《关于做好2010年同等学力人员申请硕士学位外国语水平和学科综合水平全国统一考试工作的通知》，2010年1月4日，http://www.moe.gov.cn/s78/A22/s7065/201005/t20100514_87828.html。
② 国务院学位委员会办公室：《关于做好2012年同等学力人员申请硕士学位外国语水平和学科综合水平全国统一考试工作的通知》，2012年1月6日，http://www.moe.gov.cn/srcsite/A22/moe_826/201201/t20120106_129752.html。
③ 潘云鹤主编：《六年的跨越——浙江大学1998—2004年研究生教育发展探索》，杭州：浙江大学出版社，2006年，第471页。

公开招考、硕博连读、提前攻博三种选拔方式。① 截至2001年，浙江省拥有博士学位授予权的招生单位有5个：浙江大学、中国美术学院、浙江中医药大学、浙江工业大学和杭州应用声学研究所。

2003年，在1998年确定的三种选拔方式基础上，教育部新增了一种选拔方式，即直接攻博。它是指特定学科和专业的优秀应届本科毕业生直接取得博士生入学资格。是否采用提前攻博、硕博连读或直接攻博的选拔方式由各招生单位自定，但仍不允许采用推荐免试方式。② 事实上，北京大学于2000年就开始在少数理科专业中试行招收直博生，浙江大学于2002年开始试行招收直博生。

2003年，杭州电子科技大学、温州医学院被教育部批准为联合培养博士学位研究生工作单位（与浙江大学联合培养）。同年，浙江中医药大学获得中药学一级学科博士学位授予权，获准设立中医学一级学科博士后科研流动站。从招收2004年博士生起，教育部取消了考生报考须征得所在单位同意的规定（委托培养或定向培养的考生除外）。2004年，浙江工商大学开始招收博士生，招生专业为企业管理专业、统计学专业（授经济学博士学位）、食品科学与工程专业。

2005—2006年，教育部要求突出质量意识，严把博士生选拔质量关。一是加强对考生申请材料的评价工作。从2005年起，由招生单位组织专家对考生提供的相关材料进行认真评估，将评估结果作为录取与否的重要依据，考生的综合素质、科研潜质和创新能力作为录取的关键性因素。二是不断加强和改进复试工作。从2005年起，参与公开招考的考生在复试环节，还需进行外国语的听力和口语测试。③ 三是控制博士生招生规模。从2006年起，直接攻博方式仅限在设研究生院的普通高校试行，生源原则上为本校优秀应届本科毕业生（跨校招生须经教育部批准），招生人数原则上不超过本校博士生招生规模的10%。④

为此，浙江大学于2006年启动了博士生招生改革。当年，机械与能源学院和农业与生物技术学院率先改革博士生复试录取办法，改变把考生初试分数作为复试资格唯一标准的模式。复试以考核研究能力为核心，扩大复试比例和选拔范围，让研究素质高、科研能力强的考生有机会参加面试，这一改革受到师生和媒体的广泛好评。中央电视台、中国新闻社、浙江日

---

① 潘云鹤主编：《六年的跨越——浙江大学1998—2004年研究生教育发展探索》，杭州：浙江大学出版社，2006年，第341页。

② 教育部：《关于做好2003年招收攻读博士学位研究生工作的通知》，教育部高校学生司编：《1977—2003年全国研究生招生工作文件选编》（下册），北京：北京航空航天大学出版社，2004年，第968页。

③ 教育部：《关于做好2005年招收攻读博士学位研究生工作的通知》，2004年11月8日，http://www.moe.gov.cn/srcsite/A15/moe_778/s3114/200411/t20041108_79991.html。

④ 教育部：《关于做好2006年招收攻读博士学位研究生工作的通知》，2005年11月11日，http://www.moe.gov.cn/srcsite/A15/moe_778/s3114/200511/t20051111_79990.html。

报、中国青年报等国内各大媒体分别以"浙大改革博士招生办法""不以分数论英雄""浙大改革博士生招生办法""浙大博士生招生制度改革 英语未到线仍有机会就读"作了特别报道。

2008 年，浙江大学创新选拔方式，试行《导师自主遴选博士生方案》。导师范围为列入当年本校博士招生目录的两院院士、长江特聘教授（讲座教授）、求是特聘教授（讲座教授）、优博论文（含提名奖）指导教师。考生除了符合基本的报考条件外，原则上是学业基础好、科研能力强、在某一领域或某些方面有特殊学术专长或重要学术成果的校外生。对校内生则只限于跨大类学科领域筛选学生。对通过自主遴选招收的博士生采用在职非脱产培养方式。此举旨在加大博士生招生改革力度，扩大导师的招生自主权，更及时准确地遴选优秀生源，同时改变学缘结构，促进学科交叉。该方案从 2022 年起不再执行，截至 2021 年浙江大学通过自主遴选共录取博士生 196 人。

2009 年，教育部下发《2010 年全国招收攻读博士学位研究生工作管理办法》，要求调整博士生招生方式。自 2010 年起，博士生招生方式调整为三种，即普通招考（公开招考）、硕博连读和直接攻博。所有招生单位均可采用普通招考和硕博连读方式，如浙江工业大学主要采用普通招考和硕博连读两种方式选拔博士生，随后逐年提高硕博连读的录取比例，于 2020年才增加直接攻博这一方式。设立研究生院的高校可采用直接攻博方式，浙江大学在博士生招生中侧重加大直博生招生比例，录取的 2011 级直博生比上年增加 21%，达到了 636 人。同时该校越来越注重研究生研究能力和对其综合素质的考核，复试成绩权重为 30% ～ 50%，并出台了免试生攻读专业学位免除学费等配套政策。

根据教育部的要求，自 2010 年起，教育博士、临床医学博士、口腔医学博士和兽医博士等四个专业学位类别可独立招生。浙江大学开始在教育博士、临床医学博士、口腔医学博士等学位类别招收专业学位博士生，2010 年招收了教育博士生 2 人、临床医学博士生 31 人、口腔医学博士生 2 人。[①]

六、研究生招生规模进一步扩大

1998 年，浙江大学、杭州大学、浙江农业大学和浙江医科大学合并成立了新的浙江大学。自此，全省研究生招生规模有了较大的飞跃：1999 年全省招收硕士生 2445 人，同比增长 51.7%；全省招收博士生 760 人，同比增长 42.6%；1999 年在校研究生数达到了 7432 人，同比增长 24.7%。

受国家政策、就业形势等多方面因素的影响，备考研究生的热度逐年攀升，浙江省研究

---

① 根据浙江大学研究生院提供的材料整理。

生的招生规模也呈逐步扩大之势。硕士生的招收人数从 1999 年的 2445 人，增长至 2011 年的 15531 人，2011 年的硕士在校生数为 43015 人，毕业人数为 11638 人；博士生的招收人数从 1999 年的 760 人，增长至 2011 年的 2034 人，2011 年的博士在校生数达 8831 人，毕业人数为 1408 人。1999—2011 年浙江省硕士生、博士生招收人数和毕业人数如图 4-2-1 和图 4-2-2 所示。

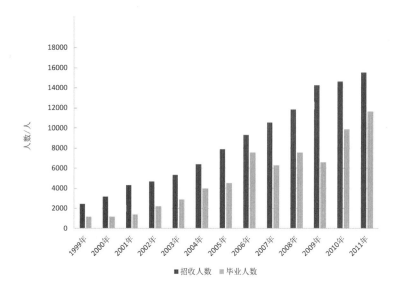

图 4-2-1　1999—2011 年浙江省硕士生招收人数和毕业人数

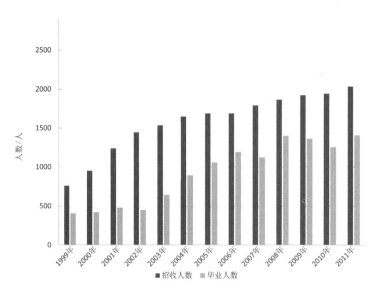

图 4-2-2　1999—2011 年浙江省博士生招收人数和毕业人数

资料来源：浙江省教育厅编：《浙江省教育事业统计资料》，1999—2011 年，浙江省教育厅档案室藏。

新时代研究生考试招生的快速发展
（2012—2021年）

改革开放以来，我国研究生教育得到了快速发展。2011年，全国在读研究生总数为164.6万人，位居世界前列，已成为研究生教育大国，基本实现了立足国内培养高层次人才的战略目标。从教育层次看，在读博士生27.1万人，占16.5%；在读硕士生137.5万人，占83.5%。从学位类型看，博士生绝大部分为学术学位；硕士生中，学术学位占75.7%，专业学位占24.3%。[1] 但从总体上看，研究生教育还不能完全适应新时代经济社会发展的多样化需求，培养质量与国际先进水平相比也还有较大差距。

党的十八大报告指出：全面实施素质教育，深化教育领域综合改革，着力提高教育质量，培养学生社会责任感、创新精神、实践能力。为全面贯彻落实党的十八大精神和《国家中长期教育改革和发展规划纲要（2010—2020年）》，浙江省各招生单位依据国家文件的要求，进一步深化研究生教育改革，促进研究生教育高质量发展。

一、研究生教育改革的深化对考试招生改革的要求

2013年，教育部、国家发改委、财政部联合下发《关于深化研究生教育改革的意见》，对深化研究生教育改革作出全面部署，其中对"改革招生选拔制度"提出了明确的要求。[2]

（一）深化研究生教育改革的总体要求

优化类型结构，建立与培养目标相适应的招生选拔制度；鼓励特色发展，构建以研究生成长成才为中心的培养机制；提升指导能力，健全以导师为第一责任人的责权机制；改革评价机制，建立以培养单位为主体的质量保证体系；扩大对外开放，实施合作共赢的发展战略；加

---

① 教育部：《关于完善研究生教育投入机制和深化研究生教育改革有关问题答记者问》，2013年3月1日，http://www.moe.gov.cn/jyb_xwfb/s271/201303/t20130301_148127.html。

② 教育部、国家发改委、财政部：《关于深化研究生教育改革的意见》，2013年4月19日，http://www.moe.gov.cn/srcsite/Azz/s7065/201304/t20130419-154118.html.

大支持力度，健全以政府投入为主的多渠道投入机制。通过改革，实现发展方式、类型结构、培养模式和评价机制的根本转变。到 2020 年，基本建成规模结构适应需要、培养模式各具特色、整体质量不断提升、拔尖创新人才不断涌现的研究生教育体系。

（二）对改革招生选拔制度的要求

1. 优化人才培养类型结构

基本稳定学术学位授予单位和学位授权学科总体规模，建立学科动态调整机制，鼓励学科交叉与融合，进一步突出学科特色和优势。积极发展硕士专业学位研究生教育，稳步发展博士专业学位研究生教育，重视发展非全日制研究生教育。

2. 深化招生计划管理改革

根据国家发展需要和高层次人才培养规律，合理确定研究生招生规模。加强和改进招生计划管理，对全日制和非全日制研究生招生计划实行统一管理，改革全日制研究生招生计划形式，取消国家计划和自筹经费"双轨制"。加强宏观管理，逐步建立研究生教育规模、结构、布局与经济社会发展相适应的动态调整机制。进一步完善计划分配办法，通过增量安排和存量调控，积极支持优势学科、基础学科、科技前沿学科和服务国家重大需求的学科发展。

3. 建立健全科学公正的招生选拔机制

以提高研究生招生选拔质量为核心，积极推进考试招生改革，建立与培养目标相适应、有利于拔尖创新人才和高层次应用型人才脱颖而出的研究生考试招生制度。优化初试，强化复试，发挥和规范导师作用，注重对考生专业基础、综合素质和创新能力的考察。

4. 完善招生选拔办法

推进学术学位与专业学位硕士研究生分类考试。完善专业学位研究生考试办法，注重选拔具有一定实践经验的优秀在职人员。建立博士研究生选拔"申请—审核"机制，发挥专家组审核作用，强化对科研创新能力和专业学术潜质的考察。建立博士研究生中期分流名额补充机制。对具有特殊才能的人才建立专门的选拔程序。加强对考试招生工作的管理和监督。强化考试安全工作。

根据教育部文件的要求，浙江省积极推进研究生考试招生制度改革。

二、深化博士研究生招生考试改革

"申请—考核"制作为我国博士生招生选拔的新机制，始于 2007 年复旦大学医学院招收博士生时采用材料申请替代普通招考的尝试。随后，该做法逐步在我国部分高校推广开来，积累了较多的实践经验。至 2013 年，教育部、国家发改委、财政部联合下发《关于深化研究生教育改革的意见》，明确提出"建立博士研究生选拔'申请—审核'机制，发挥专家组审核作用，强化对科研创新能力和专业学术潜质的考察"，[①] 这标志着我国博士招生"申请—考核"制的正式建立。[②]2016 年，教育部年度工作要点要求进一步扩大博士研究生招生"申请—考核"和"分流淘汰"机制。2017 起在教育部下发的有关博士生招生工作的通知中，均强调要推进和完善"申请—考核"制。[③]

浙江大学的探索。浙江大学于 2012 年开始试行博士生招生"申请—考核"制，生命科学学院、材料科学与工程学院和能源工程学院为首批试点学院，三个试点学院的学科特点是类型较为单一，实施过程中操作性强。学校通过总结分析三个学院近三年招录工作及录取的博士生培养情况，对"申请—考核"制进行了规范。2015 年，新增了 5 个学院及医学院的部分学科推行"申请—考核"制。到 2016 年，全面实行"申请—考核"制的学院增加到了 14 个。2018 年，学校全面推开了"申请—考核"制，制定了博士生"申请—考核"招生选拔机制工作办法（试行）。2020 年，进行《浙江大学博士研究生招生工作管理办法》修订工作，进一步完善博士生招生选拔"申请—考核"机制。

根据 2021 年《浙江大学招收攻读博士学位研究生工作管理办法（试行稿）》，"申请—考核"制主要的程序包括网上报名、递交材料、学科初审、综合考核、拟录取等环节：（1）网上报名。报考前考生须与选择报考的导师联系，咨询招生名额等相关事宜，在征得导师的建议后，再决定是否申请。（2）递交材料。需递交的材料主要包括："申请—考核"制信息登记表；学习以及学术研究的简要经历；攻读博士学位以前在高等院校各阶段的学习成绩单（提供单位盖章）；硕士学位论文全文（往届生）或论文摘要和目录（应届生）；学术论文代表作（不限是否发表）、参与课题的证明、各类获奖证书复印件；一份拟攻读博士学位的研究计划书；最高学位证书的复印件（往届生）或提交所在单位研究生院提供的在读证明（应届生）；两位教授（或相当职称）的专家推荐书；外语水平证明材料等。（3）学科初审。按单一或相近学科分组组织初审，各学科考核小组根据申请人递交的材料，对申请人的综合情况、学术水平和从事博士学习的能力及专业潜质等进行初审。初审结果及进入复试的名单在网上公布。通过初审并达到浙

---

① 教育部、国家发改委、财政部：《关于深化研究生教育改革的意见》，2013年4月19日，http://www.moe.gov.cn/srcsite/A22/s7065/201304/t20130419_154118.html。

② 张汶军、夏豪杰：《有效益的公平：我国博士招生"申请—考核"制实施状况回顾与反思》，《江苏高教》2020年第4期。

③ 教育部办公厅：《关于做好2017年招收攻读博士学位研究生工作的通知》，2017年4月5日，http://www.moe.gov.cn/srcsite/A15/moe_778/s3114/201704/t20170421_303012.html。

江大学外语要求者才有资格参加复试，复试时间和地点也在网上公布。（4）综合考核。各学科考核小组对学生的学科背景、专业素质、外语水平、思维能力、创新能力等进行综合考察。每位考生面试时间不少于30分钟。考核方式包括专业笔试、学术基础与能力考查以及外语水平考查。专业笔试的考试科目为博士生招生简章上公布的专业基础课，笔试成绩占复试总成绩的40%。学术基础与能力考查的程序为：申请者须进行汇报，内容包含个人简况、学习与学术研究经历、硕士学位论文情况、学术论文代表作、攻博研究计划书等。考核小组成员提问并各自评分，计算平均成绩，成绩占考核总成绩的40%。外语水平考查包括外语笔试与口试，旨在测试申请者的外语听说能力，成绩占考核总成绩的20%。（5）拟录取。各专业遵照宁缺毋滥、择优录取原则，确定推荐录取名单和录取导师，经学院同意后报浙江大学审批。

除浙江大学外，浙江省其余高校也纷纷改革博士生招生选拔方式。

浙江工商大学的探索。 浙江工商大学从2004年开始招收博士生，招生选拔方式主要为普通招考。随后，该校招收博士生方式渐趋多元化：2012年，新增硕博连读方式；2019年，试行"申请—考核"制；2020年，又新增直接攻博方式。2021年，博士生招生全面推进"申请—考核"制，同时将招生选拔方式调整为直接攻博、硕博连读和"申请—考核"制三种。截至2021年，浙江工商大学拥有七个一级学科博士点，共招收博士生728人。

宁波大学的探索。 宁波大学从2007年开始招收博士生，招生选拔方式主要为普通招考和硕博连读。2019年，首次在部分专业试行"申请—考核"制。2020年，开始在一级学科博士点全面试行招收直博生。截至2021年，宁波大学拥有九个一级学科博士点，共招收博士生702人。

浙江理工大学的探索。 浙江理工大学于2007年首次招收博士生9人，招生选拔方式为普通招考。2010年，开展硕博连读招生工作。2018年，在原有两种招生选拔方式的基础上，增加"申请—考核"制。2020年，博士生招生全面实行"申请—考核"制，并重新修订了《浙江理工大学硕博连读研究生选拔办法》，取消了专业学位硕士生不能硕博连读的规定。2021年，博士生的招生人数增长至73人。

杭州电子科技大学的探索。 杭州电子科技大学于2013年成为博士学位授予单位，电子科学与技术、控制科学与工程、计算机科学与技术等三个一级学科为博士学位授予学科。招生选拔方式主要为普通招考和硕博连读。2019年，新增"申请—考核"制，当年录取博士生63人，同比增长50%。2020年，新增直接攻博方式，选拔方式达到了四种。2021年，取消了普通招考方式，选拔方式为硕博连读、直接攻博和"申请—考核"制。截至2021年，杭州电子科技大学拥有九个博士点，在校博士生达到288人。

浙江师范大学的探索。浙江师范大学于 2013 年成为博士学位授予单位，教育学、中国语言文学、数学三个一级学科为博士学位授予学科。2014 年首次招收博士生 9 人。2017 年试点推行"申请—考核"制博士生招生方式。2018 年新增硕博连读招生方式。2020 年首次在优秀推免生中开展直博生招生工作。

杭州师范大学和中国计量大学的探索。杭州师范大学和中国计量大学于 2021 年成为博士学位授予单位。杭州师范大学制定了《杭州师范大学博士研究生选拔办法（试行）》，规定了直接攻博、硕博连读和"申请—考核"制三种选拔方式，并试行了"申请—考核"制，共招收博士生 18 人。中国计量大学当年以"申请—考核"制和普通招考两种方式招收博士生，在生源充足情况下全面实施"申请—考核"制。

三、全日制与非全日制研究生招生并轨

自设立"全国联考"以来，为满足社会快速发展对各类别高层次人才的需求，在职人员攻读硕士专业学位的专业类别和招生录取数量逐步增加。与此同时，工学矛盾突出、出口把关不严、缺乏有效监督管理机制等问题也日益显露。[①]

2010 年，《国家中长期教育改革和发展规划纲要（2010—2020 年）》确立了教育改革的方针，即优先发展，育人为本，改革创新，促进公平，提高质量。2012 年，党的十八大明确提出"推动高等教育内涵式发展"的新理念，即教育要以人为本，以人才培养质量为核心。正是在这一背景下，在职人员攻读硕士专业学位研究生的招考改革应运而生。[②]

2013 年，依据国务院学位委员会、教育部和国家发改委联合下发的《关于进一步加强在职人员攻读硕士专业学位和授予同等学力人员硕士、博士学位管理工作的意见》，[③]浙江省把在职人员攻读硕士专业学位和授予同等学力人员学位工作的管理纳入本单位学位与研究生教育管理体系进行统一管理。如杭州电子科技大学于当年 10 月通知，要求各学院停止自行招收在职人员攻读硕士专业学位和自行开展同等学力人员申请学位工作；明确各类在职研究生的培养过程规范及材料建档备查，对在职研究生学位论文进行自查摸底；在职研究生的招收和录取、学力水平认定等工作须在网上公示，接受社会监督。[④]

2014 年，国家启动了在职人员攻读硕士专业学位招生改革。该项改革分两步进行：第一

① 李凌、马赫：《在职硕士招考缘何并轨》，《中国教育报》2014 年 8 月 28 日，第 5 版。
② 陈涛：《在职人员攻读硕士专业学位全国联考并入全国统考刍议》，《中国考试》2016 年第 10 期。
③ 国务院学位委员会、教育部、国家发改委：《关于进一步加强在职人员攻读硕士专业学位和授予同等学力人员硕士、博士学位管理工作的意见》，2013 年 9 月 30 日，http://www.moe.gov.cn/srcsite/A22/moe_826/201310/t20131010_168306.html。
④ 根据杭州电子科技大学研究生院提供的材料整理。

阶段为过渡期,2014年、2015年国务院学位委员会办公室仍继续组织在职人员攻读硕士专业学位全国联考,独立开展在职人员攻读硕士专业学位招生工作;第二阶段,从2016年起,不再组织在职人员攻读硕士专业学位全国联考,以非全日制研究生教育形式纳入国家招生计划和全国硕士研究生统一入学考试管理。①

非全日制和全日制仅指学习方式上的差异。非全日制研究生在从事其他职业或者社会实践的同时,采取多种方式和灵活安排时间进行非脱产学习。原全国硕士研究生统一入学考试既允许在职人员报考,也存在全日制和非全日制两种学习方式,纳入后只需在录取时明确全日制或非全日制两种学习方式即可。②从2017年起,教育部会同国家发改委按全日制和非全日制两类分别编制和下达全国博士、硕士研究生招生计划。全日制和非全日制研究生考试招生依据国家统一要求,执行相同的政策和标准。浙江省各招生单位根据不同的培养要求分别制定培养方案,并在招生简章中公开注明学习方式、修业年限、收费标准和办学地点等信息。考生根据国家招生政策和培养单位招生简章,自主报考全日制或非全日制研究生。在学历学位证书管理工作方面,2017年之前在职人员攻读硕士专业学位只能获得单证,即只有学位证书,没有毕业证书;从2017年起,按照国家有关规定向非全日制研究生发给双证:符合毕业要求的发给相应的、注明学习方式的毕业证书,其学业水平达到国家规定的学位标准,可以申请授予学位证书。全日制和非全日制研究生的学历学位证书具有同等法律地位和相同效力。③

2017年是国家统筹全日制和非全日制研究生招生的第一年。当年,浙江理工大学招收非全日制硕士生69人;浙江工商大学招收非全日制硕士生347人;杭州师范大学招收非全日制硕士生152人;杭州电子科技大学招收非全日制硕士生130人;浙江师范大学招收非全日制硕士生318人,到2021年累计招收1685人;宁波大学招收非全日制硕士生445人,到2021年累计招收2370人;浙江海洋大学招收非全日制研究生48人,到2021年累计招收256人;中国计量大学招收非全日制硕士生47人;温州医科大学招收非全日制硕士生6人。教育部下达浙江大学的非全日制招生规模为1572人,按照教育部的相关文件以及非全日制各专业生源的预期,浙江大学统筹安排全日制、非全日制硕士生招生计划,平稳实施招生并轨工作。

此次对我国全日制和非全日制研究生作出明确界定,有利于各级教育行政部门和研究生

① 教育部:《2014年招收在职人员攻读硕士专业学位工作启动》,2014年6月18日,http://www.moe.gov.cn/jyb_xwfb/gzdt_gzdt/s5987/201406/t20140618_170468.html。

② 教育部办公厅:《关于统筹全日制和非全日制研究生管理工作的通知》,2016年9月14日,http://www.moe.gov.cn/srcsite/A22/moe_826/201609/t20160914_281117.html。

③ 本报讯:《全日制非全日制研究生招录将统一组织实施》,2016年9月15日,http://www.moe.gov.cn/jyb_xwfb/s5147/201609/t20160918_281295.html。

培养单位完善全日制和非全日制研究生教育的统筹管理和规范管理，促进研究生教育的健康可持续发展。[①]

四、扩大研究生专项招生计划

自 2002 年实施研究生专项招生计划以来，它在一定程度上提高了特定地区、特定人群的知识水平，为所在地区的经济和教育发展做出了一定的贡献。2012 年后，教育部继续扩大研究生专项招生计划，浙江省有关招生单位积极响应，做好相应的招生录取工作。

（一）"服务国家特殊需求人才培养项目"专项招生计划

从 2012 年起，教育部安排少数确属服务国家特殊需求，但尚无硕士学位授予权的高等院校和尚无博士学位授予权的高等院校，在一定时期（5 年）和限定的学科范围内招收培养硕士、博士生，并按项目主要支撑学科授予学位。这是学位授权制度的一项重大改革。2012 年，试点高校专业学位硕士生的招生计划总数为 1188 人，其中湖州师范学院招收培养护理硕士 15 人、浙江万里学院招收培养工程硕士 30 人、浙江传媒学院招收培养新闻与传播硕士 25 人。[②]2013 年，在继续招收培养专业学位硕士生的基础上，各试点高校开始招收培养博士生，其中浙江农林大学的林学专业和浙江财经学院的应用经济学专业均招收培养博士生 3 人。[③]从 2014 年起，杭州师范大学也开始进行博士人才培养项目专项招生计划工作，依托公共管理学科授予管理学博士学位，截至 2021 年共培养博士生 110 余人。2017 年，国务院学位委员会办公室组织专家对试点单位进行前期检查、中期考核和后期验收。截至 2018 年，上述试点高校均顺利通过项目验收评估。

（二）协同创新中心研究生专项招生计划

2012 年，教育部启动了高等学校创新能力提升计划，它是继"985 工程""211 工程"之后，国务院在高等教育系统又一项体现国家意志的重大战略举措。高等学校创新能力提升计划以协同创新中心建设为载体，协同创新中心分为面向科学前沿、面向文化传承创新、面向行业产业和面向区域发展四种类型。2013 年 4 月 11 日，14 家国家协同创新中心通过认定，

---

① 教育部：《关于统筹全日制和非全日制研究生管理有关工作答记者问》，2016年9月14日，http://www.moe.gov.cn/jyb_xwfb/s271/201609/t20160914_281149.html。
② 教育部、国家发改委：《关于下达2012年全国研究生招生计划的通知》，2012年4月28日，http://www.moe.gov.cn/srcsite/A03/s180/s3011/201204/t20120428_135908.html。
③ 教育部、国家发改委：《关于下达2013年全国研究生招生计划的通知》，2013年4月2日，http://www.moe.gov.cn/srcsite/A03/s180/s3011/201304/t20130402_150480.html。

成为首批高等学校创新能力提升计划建设体。2014 年，根据国家下达的招生计划，由浙江工业大学牵头的长三角绿色制药协同创新中心招收了 22 名博士生和 56 名硕士生。^①2015 年，浙江大学与其他高校分别合作建设了人工微结构科学与技术协同创新中心、感染性疾病诊治协同创新中心、煤炭分级转化清洁发电协同创新中心和高端制造装备协同创新中心。根据 2015 年国家下达的招生计划，浙江大学在这 4 个中心共招收 215 名博士生和 246 名硕士生。^②

（三）退役大学生士兵专项硕士研究生招生计划

2016 年起，教育部设立退役大学生士兵专项硕士研究生招生计划（以下简称"大学生士兵计划"），专门招收退役大学生士兵攻读硕士研究生。2016 年全国共安排"大学生士兵计划"5000 人，由清华大学等 398 所普通高校承担。^③浙江省各招生院校按照"自愿报名、统一招考、自主划线、择优录取"的原则，严格规范做好"大学生士兵计划"招生录取工作。截至 2021 年，浙江大学、杭州电子科技大学、浙江海洋大学总招生人数分别为 231 人、36 人、21 人。

五、硕士专业学位研究生考试招生驶入改革发展快车道

截至 2010 年，我国硕士专业学位研究生占硕士生的比例，从 2008 年的 6% 提高到了 25%，批准设置了 38 种专业学位，基本覆盖了国民经济和社会发展的主干领域。^④根据 2013 年教育部、国家发改委、财政部《关于深化研究生教育改革的意见》精神，^⑤浙江省将深入推进硕士专业学位研究生培养模式改革作为本省高校的工作方向。

与此同时，2015—2017 年，浙江省部分高校在专业学位研究生招生工作上实现了一定的突破：浙江财经大学 2015 年专业学位硕士生招生计划首次超过学术学位硕士生；2016 年，第一志愿报考杭州师范大学专业学位研究生的人数净增长率高达 39%，该年招收专业学位硕士生的人数多于学术学位硕士生，招收人数分别为 471 人、445 人；宁波大学 2017 年全日制专

---

① 教育部、国家发改委：《关于下达2014年全国研究生招生计划的通知》，2014年5月6日，http://www.moe.gov.cn/srcsite/A03/s180/s3011/201405/t20140506_169460.html。
② 教育部、国家发改委：《关于下达2015年全国研究生招生计划的通知》，2015年4月9日，http://www.moe.gov.cn/srcsite/A03/s7050/201504/t20150409_189447.html。
③ 教育部办公厅：《关于做好2016年"退役大学生士兵专项硕士研究生招生计划"招生工作的通知》，2015年9月25日，http://www.moe.gov.cn/srcsite/A15/moe_778/s3261/201509/t20150925_210859.html。
④ 本报讯：《全国专业学位研究生教育综合改革试点铺开》，2011年1月15日，http://www.moe.gov.cn/jyb_xwfb/gzdt_gzdt/moe_1485/201101/t20110117_114557.html。
⑤ 教育部、国家发改委、财政部：《关于深化研究生教育改革的意见》，2013年4月19日，http://www.moe.gov.cn/srcsite/A22/s7065/201304/t20130419_154118.html。

业学位硕士生招收人数首次超过学术学位硕士生，招收人数分别为 844 人、765 人。[①]

2018 年后，学术学位和专业学位研究生教育均得到了较大的发展。增加的一级学科硕士点主要集中在马克思主义理论、数学和机械工程等 3 个专业，其中浙江工业大学、杭州电子科技大学、中国计量大学和浙江农林大学为马克思主义理论学科的新增授权单位；中国计量大学、浙江海洋大学和宁波大学为数学、机械工程学科的新增授权单位。浙江省高校还获批了法学、化学、生物学、计算机科学与技术、食品科学与工程等 26 个一级学科硕士点。增加的硕士专业学位授权点主要集中在汉语国际教育、会计和艺术等 3 个专业，其中浙江工业大学、杭州电子科技大学、中国计量大学和宁波大学为汉语国际教育专业的新增授权单位；浙江工业大学、浙江农林大学和宁波大学为会计专业的新增授权单位；杭州电子科技大学、中国计量大学、宁波大学、浙江音乐学院和湖州师范学院为艺术专业的新增授权单位。浙江省高校还获批了应用心理、国际商务、法律、药学、旅游管理等 27 个硕士专业学位授权点。

六、研究生考试招生进入蓬勃发展时期

党的十八大以来，浙江省不断深化研究生培养机制改革，加强质量保障体系建设，推动教育质量整体提升。2012—2021 年这十年，也是研究生招生规模大发展的十年。截至 2021 年，浙江省共有 26 个具有硕士学位授予权单位，16 个具有博士学位授予权单位。硕士生的招收人数从 2012 年的 16486 人，增长至 2021 年的 42846 人，增长了近 1.6 倍；2021 年的硕士在校生数为 109000 人，毕业人数为 26760 人。博士生的招收人数从 2012 年的 2262 人，增长至 2021 年的 3565 人，增长了近 58%；2021 年的博士在校生数达 18508 人，毕业人数为 2230 人。

2012—2021 年浙江省硕士生、博士生招收人数和毕业人数如图 4-3-1 和图 4-3-2 所示。

---

① 根据浙江大学、杭州师范大学、宁波大学研究生院提供的材料整理。

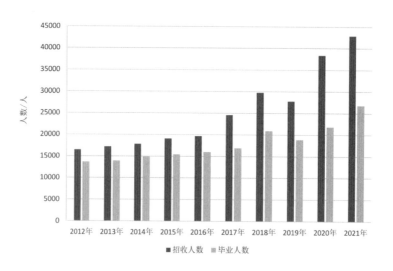

图 4-3-1　2012—2021 年浙江省硕士生招收人数和毕业人数

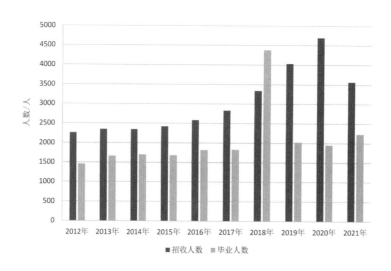

图 4-3-2　2012—2021 年浙江省博士生招收人数和毕业人数

资料来源：浙江省教育厅编：《浙江省教育事业统计资料》，2012—2020年，浙江省教育厅档案室藏；
浙江省教育考试院编：《浙江教育考试统计年鉴》，2021年，浙江省教育考试院档案室藏。

1977 年

10 月 12 日，国务院批转《教育部关于一九七七年高等学校招生工作的意见》，指出："高等学校，特别是重点高等学校，凡是教师条件和科学研究基础比较好的，应从今年起，在办好普通班的同时，积极招收研究生。"

1978 年

浙江省根据教育部《关于高等学校一九七八年研究生招生工作安排意见》，"将一九七七年、一九七八年两年招收研究生的工作合并进行，一次报名，同时考试，一起入学，统称为"一九七八届研究生"。这一年，浙江大学、杭州大学、浙江农业大学、浙江医科大学、浙江美术学院、浙江中医学院、温州医学院等 7 所高等学校恢复招收研究生，共招收研究生 322 人。招生办法为自愿报名、单位推荐、文化考试、择优录取。考试分为初试和复试，初试科目包括政治理论、外国语、基础课和专业课，其中基础课和专业课考试不超过三门，由招生学校自行命题、阅卷；复试要求考生到报考的招生单位进行，招生单位可着重复试专业课的相关内容。

1979 年

硕士研究生招生考试取消复试要求，初试的科目为政治理论、外国语、基础课、专业基础课和专业课共 5 门，仍由招生单位自主命题。浙江省除 1978 年的 7 所高等学校继续招收研究生外，增加了浙江化工学院和浙江师范学院两所院校，共有 98 个专业、134 个研究方向招收研究生，计划招生数为 323 名，当年共录取了 189 名研究生。

1980 年

教育部确定硕士研究生初试科目仍为 5 门，政治理论和外国语（英、俄、日）考试改为全国统一命题，统一考试。这一年，浙江省招收研究生的单位有 7 所。浙江丝绸工学院为新增的招收研究生单位，浙江中医学院、浙江师范学院停招，浙江美术学院未录取考生。

2月12日，全国五届人大常委会第13次会议通过了《中华人民共和国学位条例》，标志着我国研究生招考工作的规范化和法治化。

12月，《中华人民共和国学位条例》规定，国务院设立学位委员会，负责领导全国学位授予工作。经国务院批准，成立国务院学位委员会办公室，作为国务院学位委员会的办事机构。

1981 年

5月5日至11日，教育部在北京召开研究生招生工作座谈会。会议决定1981年开始招收国内攻读硕士学位研究生，并与出国预备研究生选拔工作结合进行，会议拟定了招生办法，确定了招生计划。会后，教育部发出通知，指出硕士研究生的招生对象主要是高考制度改革后入学的第一届在学本科毕业生。招生工作要坚持德智体全面衡量、择优录取、确保质量、宁缺毋滥的原则。招生工作在12月初结束。经招生单位认真考核，录取硕士生近9500名，选拔出国预备研究生1100多名。

11月3日，国务院批准我国首批博士学位授予单位151个，学科、专业点812个，指导教师1155人；批准硕士学位授予单位358个，学科、专业点3185个。浙江省首批获得博士学位授予权的单位，有浙江大学、杭州大学、浙江农业大学、浙江医科大学等4所高校；获批学科点有20个；博士研究生导师有21人。首批获得硕士学位授予权的单位，除上述4所高校以外，还有浙江美术学院、浙江中医学院、温州医学院等3所高校，共96个学科（专业）。

1982 年

7月17日，教育部制定了《关于招收攻读博士学位研究生的暂行规定》，对博士生的培养目标、报考条件、申请材料、考试方式等方面进行了说明。

1983 年

2月，浙江大学、浙江农业大学等省内4所高等学校，在中国语言文学、化学和机械制造三个学科、专业进行加试综合考试科目的试点。

9月22日，教育部规定，从1984年起，在应届本科毕业生自愿报名的基础上，考生所在学校可以向招生单位出具书面材料推荐优秀应届本科毕业生（如连续几年被评为校一级的优秀学生或优秀学生干部等）；也可以由招生单位主动向考生所在学校联系，要求推荐优秀应届本科毕业生。被推荐的优秀应届本科毕业生，经招生单位审查后，可以只参加初试，免去复试。

1984 年

浙江大学首批招收湖北第二汽车制造厂委托培养研究生 6 名，为全国招收委托培养研究生摸索试点经验。

1 月 13 日，国务院批准第二批博士和硕士学位授予单位名单。浙江美术学院为第二批博士学位授予单位；浙江工学院、浙江丝绸工学院、国家海洋局第二海洋研究所为第二批硕士学位授予单位。有博士学位授予权的学科（专业）增加 12 个，博士研究生导师增加 17 人。有硕士学位授予权的学校增加 3 所，学科（专业）增加 32 个。

2 月，在总结试点经验的基础上，教育部全面推广综合考试，所有招生的学科、专业均增加一门综合考试科目。

6 月 11 日至 28 日，应教育部邀请，美国研究生院院长代表团访华。该团由美国研究生院协会（Council of Graduate Schools in the U.S.，CGS）的 10 所大学副校长或研究生院院长组成，代表团分别在清华大学、西安交通大学、浙江大学、上海交通大学举行了报告讨论会。

11 月，教育部发出《关于硕士生提前攻读博士学位问题的通知》。政治思想好、硕士学位课成绩优秀、在科研工作中表现能力强、确有博士生培养前途的少数优秀硕士生，可以提前攻读博士学位。提前攻读博士学位的硕士生，可以参加博士生入学考试，也可以通过单独组织考试小组进行考试。各单位除保留硕士生提前攻读博士学位的名额外，还必须有部分名额公开招收博士研究生，以利于人才交流。

1985 年

全国按华东、华北、东北、中南、西南、西北等大区划分，在每一个大区内推选一个省（自治区、直辖市）招办牵头，设立大区录取硕士生调剂中心，负责录取调剂工作。

1985 年全国硕士生招生录取工作于 7 月底前结束，该年首次实行推荐优秀应届大学本科毕业生免试就读研究生的试点。试点的高校有 169 所，推荐免试的人数达 3300 多人。其中，浙江大学、杭州大学、浙江农业大学、浙江医科大学、浙江师范学院（部分专业）5 所高等学校是推荐免试的试点单位。

11 月，国家教委、国家计委、财政部颁布《关于高等学校招收委托培养硕士生的暂行规定》，就招收委托培养硕士生的条件和制定委托培养招生计划的原则，委托培养硕士生的招生录取原则，委托培养硕士生采用的合同制，以及委托培养硕士生的费用和其他有关问题作了详细规定。

1986 年

浙江省部分高校进行了联合命题的尝试。浙江大学参加了全国九所理工科重点院校的高等数学联合命题；杭州大学、浙江工学院、浙江丝绸工学院、杭州电子工业学院、浙江医科大学、温州医学院使用华东地区高等数学联合命题的试题；浙江农业大学的部分科目参加全国农业院校联合命题。

4 月，国家教委决定按大区建立硕士生录取工作检查组（同调剂中心的划分）。

7 月 28 日，国务院学位委员会召开第七次会议，审议通过了第三批博士、硕士学位授予单位及其学科、专业和博士生指导教师名单。中国舰船研究院七一五研究所、浙江医学研究院为第三批硕士学位授予单位。浙江有权授予博士学位的学科（专业）增加 23 个，博士研究生的导师增加 23 人。有权授予硕士学位的学校增加 2 所，学科（专业）增加 37 个。

11 月 20 日，国家教委研究生司下发《关于高等学校招收在职人员为硕士生进行单独考试试点的通知》，浙江大学和浙江农业大学于 1988 年开启单独考试的试点工作。

1987 年

2 月，研究生入学考试的初试科目固定为政治理论（分文、理卷）、外国语和三门业务课。

9 月，1987 年研究生录取工作全部结束，全国共招收研究生 3.5 万人，其中在职人员占 1/2。对一些被录取为研究生的应届本科毕业生，鼓励其保留入学资格，先到实践中锻炼一段时间再回校攻读硕士学位。

1988 年

国家教委确定浙江省为招收研究生如何贯彻按需招生、做好定向招生的试点省份。

浙江省作为华东地区研究生录取调剂中心，承担着华东七省一市间的协调录取工作。

5 月 31 日，国家教委、国家计委、财政部、人事部联合发出《关于进一步改革研究生招生工作的几点意见》，要求改革招生计划体制、扩大招收有实践经验的优秀在职人员等。

8 月，国家教委研究生司负责人举办新闻发布会，介绍研究生招生改革的有关情况。从

1989 年起，国家改革研究生招生计划体制，采用国家计划招生和委托培养招生两种基本形式，并将国家计划内的定向培养和国家计划外的委托培养作为今后研究生招生的重要形式，以解决重点单位、边远地区和一部分企事业单位对高层次人才的需求。

国家教委批准北京大学等 102 所高等学校向香港、澳门、台湾招收研究生。

1989 年

11 月，国家教委下发《高等学校招收定向培养研究生暂行规定》，在全国范围内实行。

1990 年

根据国家教委《关于做好一九九〇年研究生招生工作的通知》，对高等学校应届本科毕业生采用由高等学校推荐与招生单位组织考试（考核）的办法进行招生，暂时不进行推免工作。

10 月，经国务院学位委员会第九次会议审议，决定设立工商管理硕士（MBA）。

1991 年

根据国家教委《关于做好一九九一年攻读硕士学位研究生招生工作的通知》，从应届大学本科毕业生中招收硕士生，主要实行由毕业院校推荐报名，参加全国统一考试选拔的方法。经批准实施过推荐免试工作的高校恢复此项工作。

8 月，国家教委下发《关于做好一九九二年招收攻读硕士学位研究生工作的通知》，规定从 1992 年起不再批准开办研究生班。

1992 年

8 月 15 日，国家教委下发《关于做好一九九三年招收攻读硕士学位研究生工作的通知》，浙江大学、浙江农业大学、杭州电子工业学院等高校从 1993 年起试行招收自筹经费研究生。

1994 年

9 月，全国研究生考务工作会议对单独考试的考务工作进一步作出明确要求：其一，考场的组织由学校负责改为省（自治区、直辖市）招办负责，单考考生必须按规定时间到学校所在省（自治区、直辖市）招办指定的考场考试；其二，各主管部门招收单考生的总数，不得超过本部门所属有单考权招生单位招生计划总数的 15%。上述两条从 1995 年招收研究生起在全国范围内实行。

12月，国务院学位委员会办公室发出《关于在职人员以同等学力申请硕士学位外国语课程水平统一考试的通知》，决定从1995年起，非外语专业的在职人员以同等学力申请硕士学位，均需参加外国语课程水平全国统一考试。这种考试每年由地方和高等教育主管部门定期组织一次。

1996年

1月，国家教委根据研究生院评估结果和各校提出的正式建立研究生院的申请报告，批准清华大学、北京大学、南京大学、复旦大学、西安交通大学、浙江大学、哈尔滨工业大学、上海交通大学、华中理工大学、中国科学技术大学和中国人民大学正式建立研究生院。

4月，经国务院学位委员会第十四次会议审议，决定设立教育硕士。浙江师范大学于1998年获批为培养单位。

7月，国务院学位委员会下发《专业学位设置审批暂行办法》。该办法就专业学位设置的目的、申报条件和审批程序等作了明确规定。

11月，国家教委发布《关于印发招收攻读硕士学位研究生管理规定及其实施细则的通知》，以加强对硕士生招生工作的管理。

1997年

1月，全国试办工商管理专业的26所高校对招收工商管理硕士生实行联考，简称"97MBA联考"。浙江大学录取该专业考生时只从参加"97MBA联考"的考生中选拔。

4月，经国务院学位委员会第十五次会议审议，决定设立工程硕士。包括浙江大学在内的70多所高校获批工程硕士学位授予权。

9月，国务院学位委员会下发《关于调整在职人员以研究生毕业同等学力申请学位工作有关政策的通知》。所调整的有关政策内容为：在职人员申请学位工作实行逐级申请学位的政策，即申请硕士学位人员必须已获得学士学位，申请博士学位人员必须已获得硕士学位。

1998年

6月，国务院学位委员会下发《关于授予具有研究生毕业同等学力人员硕士、博士学位的规定》，决定在同等学力申硕考试中增设学科综合水平全国统一考试。从1999年起，同等学力申请硕士学位开始在全国范围内对外国语水平和学科综合水平进行统一考试。

1999 年

5 月，经国务院学位委员会第十七次会议审议，决定设立公共管理硕士（MPA）。浙江大学于 2001 年 10 月开始招收 MPA。

2000 年

9 月，教育部同意北京大学在少数理科专业中试行应届本科毕业生直接攻博的选拔方式。

2001 年

10 月，教育部将浙江大学列入首批实施"高层次人才强军计划"的高校名单。

2002 年

11 月，教育部同意浙江大学试行招收直接攻博的研究生。

2003 年

1 月，硕士生招生考试的初试科目由 5 门改为 4 门，即政治理论、外国语、基础课和专业基础课。政治理论科目不再分文、理两种试卷。政治理论、外国语的满分各为 100 分，基础课和专业基础课的满分各为 150 分。各科目的考试时间和命题单位均不变。

3 月，浙江大学进行自定复试分数线的改革试点。

8 月，教育部决定安排少数尚未获得博士或硕士学位授予权的单位在个别学科与有关学位授予单位联合培养博士或硕士学位研究生。要求各联合培养单位及有关的学位授予单位按照《关于联合培养研究生工作的暂行管理办法》，做好联合培养工作。杭州电子科技大学、温州医学院被教育部批准为联合培养博士学位研究生工作的单位（与浙江大学联合培养）。

2004 年

8 月，教育部要求改革招生单位自行命题科目，自行命题科目原则上按一级学科设置，个别专业经学校招生领导小组同意后按二级学科设置。

2005 年

9月，教育部下达浙江大学2006年"少数民族高层次骨干人才"专项计划的博士生、硕士生招生计划数。

2006 年

3月，建立浙江省教育考试院，作为省招委、省自考委的常设办事机构，同时作为省教育厅直属的副厅级行政职能类事业单位。组织实施本省高等学校招生考试（含研究生招生考试）、高等（中等）教育自学考试、普通（综合）高中会考、相关社会考试等教育类考试。

10月，教育部下达浙江师范大学、浙江大学、浙江工业大学和中国美术学院2007年农村教育硕士生的招生计划数。

2007 年

1月，教育学、历史学和医学三个学科门类的初试科目调整为三门，即政治理论、外国语和专业基础综合。

9月，教育部规定，从2008年起，初试分数线分区调整情况如下：一区包括北京、天津、上海、江苏、浙江、福建、山东、河南、湖北、湖南、广东等11个省（市）；二区包括河北、山西、辽宁、吉林、黑龙江、安徽、江西、重庆、四川、陕西等10个省（市）；三区包括内蒙古、广西、海南、贵州、云南、西藏、甘肃、青海、宁夏、新疆等10个省（区）。

2008 年

1月，农学门类招生的所有学科专业（含其他学科门类中授予农学学位的学科专业）的初试科目共4门，即政治理论、外国语、农学门类公共基础和农学学科基础综合。

3月，教育部下达浙江大学2008年"高校思想政治理论教师在职攻读马克思主义理论博士学位"专项计划的招生计划数。

2009 年

1月，计算机科学与技术学科的初试科目经调整后为四门，即政治理论、外国语、数学一和计算机学科专业基础综合。

3月，教育部下发《关于做好全日制硕士专业学位研究生培养工作的若干意见》，明确指出积极发展具有中国特色的专业学位教育，从 2009 年起开始招收培养以应届本科毕业生为主的全日制专业学位硕士研究生，逐步实现以培养学术型人才为主向以培养应用型人才为主的转变。

教育部下达浙江大学 2009 年"高校辅导员攻读思想政治教育专业博士学位"专项计划的招生计划数。

12 月，教育部下发《2010 年全国招收攻读博士学位研究生工作管理办法》，自 2010 年起，博士生招生方式调整为三种，即普通招考（公开招考）、硕博连读和直接攻博；教育博士、临床医学博士、口腔医学博士和兽医博士等四个专业学位类别可独立招生。

2010 年

10 月，教育部批准北京大学等 64 所高等学校开展研究生专业学位教育综合改革试点工作，浙江工业大学为其中一所试点院校。

2011 年

8 月，教育部规定，从 2012 年起，原一区和二区共 21 个省份进行合并，原三区不作变动。基于国家规定的考生复试基本要求，招生单位自主确定本单位的招生录取标准，并向社会公布。

2012 年

1 月，浙江大学开始试行博士生招生"申请—考核"制，生命科学学院、材料科学与工程学院和能源工程学院为首批试点学院。

4 月，教育部下达湖州师范学院、浙江万里学院、浙江传媒学院 2012 年"服务国家特殊需求人才培养项目"专项计划的招生计划数。

2013 年

3 月，教育部、国家发改委、财政部联合下发《关于深化研究生教育改革的意见》，要求改革招生选拔制度、创新人才培养模式、健全导师责权机制、改革评价监督机制、深化开放合作、强化政策和条件保障、加强组织领导等。

教育部下达浙江大学与钢铁研究总院联合培养研究生专项计划的招生计划数。

4月，14家国家协同创新中心通过认定，成为首批高等学校创新能力提升计划建设体。

2014 年

根据下达的招生计划，由浙江工业大学牵头的长三角绿色制药协同创新中心招收了22名博士生和56名硕士生。

2016 年

5月，浙江大学、温州大学、浙江理工大学、杭州师范大学、中国计量大学、宁波大学、浙江师范大学等开展"退役大学生士兵专项硕士研究生招生计划"的招生录取工作。

9月，教育部办公厅下发《关于统筹全日制和非全日制研究生管理工作的通知》，明确不再组织在职人员攻读硕士专业学位全国联考，以非全日制研究生教育形式纳入国家招生计划和全国硕士研究生统一入学考试管理。

第五篇

适应经济社会需要和教育终身化趋势的自学考试制度
（1984—2021年）

引　言

　　自学考试制度是 20 世纪 80 年代我国创造的具有鲜明中国特色的教育考试制度。它既是一项国家考试，又是个人自学、社会助学和国家考试相结合的一种教育形式。

　　浙江从 1984 年开始实施自学考试制度，至 2021 年已近 40 年，可分为三个时期：一是自学考试制度的建立与完善（1984—1992 年）；二是自学考试制度的改革与发展（1993—2000 年）；三是自学考试功能的拓展与升华（2001—2021 年）。

　　在按照教育部的顶层设计做好规定动作的同时，浙江自考系统在推进自学考试事业发展的过程中，开启了多项突破性改革举措。诸如：通过开设适农专业、建设乡镇自考工作基地等，把高等教育送到农村；以"一包（课程学习包）两网（助学机构网和网上助学答疑）"为抓手，健全自学考试学习支持体系；以中高职衔接、专本衔接、学分互认、学历与非学历考试捆绑式发展等为纽带，加强自学考试与其他教育形式的衔接沟通；出台"一视同仁、农转非农、自主择业、户口随迁"的自学考试毕业生使用和待遇政策，给自学考试的发展注入强大动力。

　　作为国家考试和教育形式的两位一体，自学考试制度从建立初期到 21 世纪 20 年代，在主体功能上实现了从学历补偿、以考促学到继续教育和衔接沟通的拓展和转变。在继续教育、终身教育体系和学习型社会建设中，自学考试发挥了桥梁、纽带的积极促进作用，并在此过程中与时俱进获得自身新的发展。

自学考试制度的建立与完善
（1984—1992年）

1984年2月，经浙江省人民政府批准，浙江省高等教育自学考试指导委员会成立；两个月后《浙江省高等教育自学考试暂行办法》发布，标志着高等教育自学考试制度在浙江正式实施。当年底，首次考试顺利举行。1986年增设了中专层次。1987年产生首届高等教育自学考试毕业生，开考首个本科专业。

从1984年到1992年，高等教育、中等专业教育自学考试在浙江形成完备的体系，报考人数从最初的2.88万人上升到1992年下半年的8.83万人，呈现蓬勃发展的势头。

一、自学考试制度在浙江的建立

1977年，我国恢复了高考制度。1978年12月，中国共产党第十一届中央委员会第三次全体会议在北京举行，作出了将工作重心转移到社会主义现代化建设上的重要决策，由此揭开了党和国家历史的新篇章。

现代化建设需要知识和人才。但是刚进入改革开放时期的我国社会，在建设人才的供给上面临两方面的窘境：一方面，由于基础薄弱和国家财力不足，普通高等教育的培养规模远远不能满足急需；另一方面，一些因种种原因未能上大学，通过自学掌握了一定专业知识的青年却报国无门，10年"文革"积压和耽误了一大批有志之士。

现实问题使得多样化的教育形式成为我国改革发展教育事业的必然选择。早在1977年，邓小平就敏锐地察觉到高等教育所面临的形势，在科学和教育工作座谈会上高屋建瓴地提出："教育还是要两条腿走路。就高等教育来说，大专院校是一条腿，各种半工半读的和业余的大学是一条腿。"[①]1978年2月，第五届全国人民代表大会第一次全体会议的《政府工作报告》提出："我们要建立适当的考核制度，业余学习的人们经过考核，证明达到高等学校毕业

---

① 邓小平：《讲话：关于科学和教育工作的几点意见》，1977年8月8日，http://www.moe.gov.cn/jyb_xwfb/xw_zt/moe_357/s3579/moe_90/tnull_1531.html。

生同等水平的，就应该在使用上同等对待。"1980年5月，中共中央书记处讨论教育工作问题时提出："为了促使青年人自学上进，应该拟定一个办法，规定凡是自学有成绩，经过考试合格者，要发给证书，照样使用；而且要认真执行，使青年人自学上进，不迷信上大学。"[①] 正是在这种情况下，中国特色的自学考试制度应运而生。

1981年，国务院下发《高等教育自学考试试行办法》，并在北京、天津、上海、辽宁等三市一省进行试点。

1984年2月，浙江省高等教育自学考试指导委员会建立，省政府分管领导担任主任。成员为省级有关部门的负责同志和高等院校的校（院）长、教授、专家。省高等教育自学考试办公室设在省教育厅内，作为省自学考试指导委员会的日常办事机构；各市（地）及主考院校也建立相应的机构，承办自学考试的有关事项。[②]

1984年4月16日，《浙江日报》受权发布《浙江省高等教育自学考试暂行办法》：

为了调动广大群众学习积极性，通过多种途径发展高等教育，加速培养和选拔专门人才，更好地适应我省社会主义现代化建设的需要，根据国务院有关规定，结合我省的具体情况，特制定《浙江省高等教育自学考试暂行办法》。

凡常住户口在本省的公民，除全日制学校和省政府批准、教育部同意备案、审定的各类成人高等学校的在校生外，不受年龄、学历限制，均可申请报考。提倡在职人员按照学用一致的原则选择考试专业。

根据国务院有关文件规定，无论在职人员经过业余自学或待业人员自学获得毕业证书者，国家都承认其学历。在职人员由所在工作单位或其上级主管部门本着用其所学、发挥所长的原则，根据工作需要，调整他们的工作；待业人员，国家不负责分配，由人事劳动部门根据需要择优录用，按其所学专业安排适当工作。工资待遇，待业人员与普通高等学校毕业生相同；在职人员工资低于普通高等学校毕业生工资标准的，按普通高等学校毕业生工资标准执行。[③]

二、个人自学：在全省掀起读书求知的热潮

"忽如一夜春风来，千树万树梨花开"。自学考试，这种开放灵活的学历教育形式，把高等教育送到了千家万户。没有年龄、学历等限制，学生在生活工作之余自主学习，就可以成为高水平大学的自考学生，就可以在知识的海洋里遨游，就可以圆大学梦。这样的学习进阶

---

① 施瑾等：《高教自学考试制度酝酿建立过程的历史回顾》，《中国高等教育》1993年第6期。
② 浙江省人民政府：《关于建立浙江省高等教育自学考试指导委员会的通知》，浙江省自考办编：《浙江省自学考试文件汇编（一）》，1984—1994年，第1页。
　　沈蕉薇：《省高等教育自学考试指导委员会建立》，《浙江日报》1984年2月17日，第1版。
③ 浙江省自考委：《浙江省高等教育自学考试暂行办法》，《浙江日报》1984年4月16日，第3版。

前景，这样的人才评价和选拔机制，让有志之士血脉偾张。它就像一粒火种，点燃了万千学子的求学热情，并逐渐形成燎原之势，向全省蔓延开去。

（一）八年生长，从2.88万人到8.83万人

1984年9月5日到15日，是浙江省自学考试首次报名的日子。这所没有围墙的大学，向莘莘学子敞开了大门。短短的11天时间，全省28846名求学者报考，总共53423科次。[①]

1984年12月2日，是浙江省高等教育自学考试第一个考试日，开考的为党政干部基础科、汉语言文学、数学、英语、统计学、商业企业管理六个专业，主考学校为杭州大学、杭州电子工业学院和杭州商学院。次年1月20日，首次考试结果揭晓：六个专业五门课程考试共进行36171科次考试，19753科次合格。[②]

1987年8月，浙江省高等教育自学考试首届毕业生出炉，1839名学子获得高等教育自学考试大专毕业证书。其中有干部、教师、工人、农民、解放军战士和待业青年，年龄最大的已58岁，最小的只有17岁。

昨天获得大专毕业证书的1839人，是自1984年首批开考以来各专业有关科目的全部合格者，其数量相当于杭州大学一届毕业生数。三年来，还颁发了19.1万张的单科合格证书。在昨天的毕业典礼上，省、市有关领导向全省总分第一、二、三名的优秀毕业生颁发了"鼓励自学成才"奖学金和荣誉证书。[③]

从1984年12月到1992年10月，浙江共举行17次自学考试，吸引了132万人次[④]报考，产生了3.18万名毕业生，如表5-1-1所示。

表5-1-1　1984—1992年浙江省自学考试报考和毕业人数

单位：人

年份	报考人数	毕业人数
1984年下半年	28846	
1985年上半年	34053	
1985年下半年	46995	
1986年上半年	51910	
1986年下半年	64553	

---

① 林人妥：《全省有二万八千八百多人报名参加高等教育自学考试》，《浙江日报》1984年10月18日，第1版。"科次"：1人考1科为1科次，考2科为2科次。

② 胡伯英：《近两万人次考试及格》，《浙江日报》1985年1月20日，第1版。
　　题目中的"人次"其实是"科次"。

③ 蔡景富：《1839自学者获得大专毕业证书》，《浙江日报》1987年8月30日，第1版。

④ 2000年及以前每年安排两次考试，2001年开始每年安排4次考试，1人参加1次考试（不管考1科还是2科）为1人次，参加2次考试为2人次。

续表

年份	报考人数	毕业人数
1987年上半年	66619	1839
1987年下半年	66443	1033
1988年上半年	68136	2705
1988年下半年	52964	1785
1989年上半年	51271	2459
1989年下半年	46076	2886
1990年上半年	62555	2079
1990年下半年	51233	1662
1991年上半年	60585	1578
1991年下半年	68463	1989
1992年上半年	85012	2424
1992年下半年	88275	1609

（二）次第花开，自考学子的缤纷求学路

开放、灵活，是自学考试的两大优势，凭借着这两大优势，自学考试推开了传统大学的围墙，跨越了面对面课堂传授的经典单一形式，从城市走向农村、走向山区、走向海岛，把知识在教育者和受教育者之间的传递延伸到社会的每个空间，汇聚起包容性最强的学习群体，从而在浙江大地上演绎了五彩缤纷的读书、求知、成才的故事。

从首次开考到1992年下半年的17次考试，自学考试报考者的职业构成和考前学历构成如表5-1-2、表5-1-3所示。

表5-1-2　1984—1992年浙江省自学考试报考者的职业构成

单位：人

年份	职业							
	干部	工人	教师	军人	农民	待业	其他	合计
1984年下半年	11238	9130	8028	230	2	150	68	28846
1985年上半年	14302	12940	2811	3157	10	233	600	34053
1985年下半年	15159	14099	5639	8399	17	1620	2062	46995
1986年上半年	15573	20764	7461	7617	18	170	307	51910
1986年下半年	19703	26911	8237	8164	21	621	896	64553
1987年上半年	23043	25716	8012	8349	28	470	1001	66619
1987年下半年	23986	25306	8330	7999	70	314	438	66443
1988年上半年	24852	25980	7570	8174	102	852	606	68136
1988年下半年	16310	21176	6992	7913	108	267	198	52964

年份	职业							
	干部	工人	教师	军人	农民	待业	其他	合计
1989年上半年	16213	20291	6871	6868	207	378	443	51271
1989年下半年	15876	17380	5919	6212	117	336	236	46076
1990年上半年	22177	25451	7622	6197	118	184	806	62555
1990年下半年	16825	19136	7074	6972	122	382	712	51223
1991年上半年	21375	24528	7051	6640	228	453	310	60585
1991年下半年	24308	26506	8727	8240	111	421	505	68824
1992年上半年	28829	32404	7117	7115	1040	2969	5538	85012
1992年下半年	30858	31694	7812	6782	925	3312	6892	88275
合计	340627	379412	121273	115034	3244	13132	21618	994340

表5-1-3　1984—1992年浙江省自学考试报考者的考前学历构成

单位：人

年份	考前学历				
	初中及以下	高中	中专	大专及以上	合计
1984年下半年	2461	20635	5192	558	28846
1985年上半年	5108	18729	8513	1703	34053
1985年下半年	7519	26317	10152	3007	46995
1986年上半年	7025	26748	15035	3101	51910
1986年下半年	8191	35672	19317	1373	64553
1987年上半年	8077	35997	20648	1897	66619
1987年下半年	7988	34163	19979	4313	66443
1988年上半年	8071	35249	20164	4652	68136
1988年下半年	7567	33164	10076	2157	52964
1989年上半年	7299	31892	9989	2091	51271
1989年下半年	5637	29886	6965	3588	46076
1990年上半年	6081	34886	18017	3571	62555
1990年下半年	7091	31774	8137	4231	51233
1991年上半年	5934	33165	17694	3792	60585
1991年下半年	8105	35461	20116	5141	68823
1992年上半年	3576	51309	22348	7779	85012
1992年下半年	3112	49642	25731	9790	88275
合计	108842	564689	258074	62744	994349

改革开放给工厂、企业的发展打开了诱人的画卷。人才是工厂、企业最宝贵的资源，但是"文革"造成了人才断层，党政机关和高校在职人员的学历普遍偏低，更遑论企业。恢复高

考后，普通高校由于受投入的限制招生规模普遍偏小。1985年以前，省内外普通高校在浙江年招生人数都在2万人以下。这样的招生规模，三年、四年后毕业的学生连党政机关、事业单位的需求都不能满足。远水解不了近渴。人才的缺乏成了困扰工厂、企业的揪心事。自学考试制度降临浙江大地，工厂、企业从中发现了就地解决工学矛盾、提升职工素质的良机，首次考试全省就有9000余工人报考，至1992年，单次报考的工人考生达3.2万人，累计报考达37.9万人，工人成了浙江自学考试报考者的第一大方阵。

绍兴弹力丝厂是我省生产涤纶弹力丝的一个重点专业厂，设备大都从国外引进，绝大多数职工具有初中以上文化水平。工厂委托学校开设中等专业程度的化纤培训班，将学员的成绩与工种、转正期等挂钩；并设立了奖学金制度，对学习优秀的工人给予适当奖励，调动了职工的学习积极性。全厂参加电大和高等学校自学考试的职工有136人，另有21人被选送到高等院校深造。①

恢复高考后大学生是天之骄子，他们毕业后的首选是省市机关和高校科研院所。地方政府和事业单位要提升干部职工的学历素养，在职培训提升是必由之路。自学考试以高水平的本科普通高校为依托，采用灵活的学习方式。因缘际会，自学考试成为地方政府和事业单位干部职工培训的优选。首次考试全省有1.1万党政干部报考，17次考试累计有34万人次报考，这里既有省会城市机关和事业单位的，也有全省各市县的。

舟山地区在开展干部教育工作中，坚持"两条腿办学"的方针。一方面狠抓地县两级党校的建设；另一方面，他们又不放松业余教育，积极创办电视大学、业余大学和高等教育自学考试辅导班，推动干部走自学成才的道路。据地专机关统计，去年他们有159名干部参加自学考试辅导班的学习，考试及格率达75%以上，其中双科及格率也在42%。②

改革开放开启了军队知识化的进程，自学考试则激发了干部战士学文化、长本领的积极性，从最初的230人到1992年的7000人，八年间增长近30倍。无论是省军区大院还是海岛上的军营，都能看到军人如饥似渴啜饮知识甘露的情景。

省教育系统把智力拥军作为军民共建两个文明的重要内容，从人力物力上大力支持省军区部队的科学文化教育和培养两用人才的工作。

由于全省教育系统的大力支持，这个部队的科学文化教育呈现了一派喜人景象。原有的二千一百六十九名高中程度以下的干部，已有一千九百零五名获得高中毕业证书，还有一大批干部参加地方高等自学考试，共获得四千二百多张单科结业证书。③

---

① 吕芸、胡晓蓓：《现代化企业需要高素质的工人》，《浙江日报》1987年12月12日，第1版。
② 陈文光、冯琛、扬永康：《舟山干部文化教育事业发展迅速》，《浙江日报》1985年7月7日，第2版。
③ 杨锡忠：《智力拥军誉满军营》，《浙江日报》1985年12月24日，第1版。

进入 20 世纪 80 年代后，这个连队（解放军舟山部队某修理连）从昔日的修理连变成了整天跟地雷打交道的工兵连。

任务变了，人员、装备也不一样了，"勤俭创业修理连"还能不能再创新业？在全连献计献策会上，干部战士竞相发言。连队党支部综合大家的意见，提出了学科学、创新业的口号。为给干部战士学习科学文化创造条件，连队买了 1000 多册科技书，开办了 8 个初、高中文化补习班，每星期两个晚上举办科技讲座。全连 42 名干部战士参加省高等教育自学考试和大中专函授、刊授学习，还有不少同志坚持自学英语、日语……科学文化知识使指战员们如虎添翼。他们接过连队老一代创业的"传家宝"，又在技术革新中大显身手了。①

师范是教育的母机。发展教育，培养人才，首先要有高素质的教师。多渠道培训教师是人才培养的基础工程。自学考试为教师在职提高提供了一种便捷的形式。从 1984 年 12 月首次考试人数的 8000 余名到 1992 年 10 月第 21 次考试人数的 7800 余名，总共 12 万人次报考，教师选择自学考试作为在职提升的形式呈现稳定的态势。

这个县（临安县）在制订全县普及九年制义务教育的规划中，预测到一九九二年，全县尚缺三百名初中教师，还有相当一部分教师在教学上有一定困难。为此，他们按照"长短结合，形式多样"的原则，采取了切实的措施。

组织教师参加函授、自学。抓好现有一百七十余人高师、中师函授学习，七十余人自学考试。把教师从公、民办的划分逐渐转变到合格与不合格的划分，以激励教师奋发向上，刻苦钻研业务。②

自学考试突破了传统学校的界限，把高等教育送到了大山上的气象站。

安吉气象站 1986 年荣获省气象局双文明单位的称号。我国首次正式出版的《中国气象年鉴》以显要位置刊发了安吉气象站工作人员的先进事迹。

安吉地处天目山北麓，气候差异显著，灾害性天气频繁出现，这给预测预报增加了难度。站内有 50 年代的大学生，也有 70 年代招收的职工，文化知识结构很不平衡。为提高业务水平，站领导把文化学习同文明台站建设紧密结合起来，腾出房间办起阅览室，大力提倡干部自学，并给予制度保证。预报组有位北京大学毕业的老同志，今年已 55 岁，可他天天书不离手。有人问他为啥快离休了还这样用功？他说："我还有好几年可干，不学就跟不上。"站领导就鼓励大家向他学习。近年来，先后有 3 人到省气象学校学习，8 个青年中有 5 个通过了自学考试。③

自学考试也把大学的梦想送到希望的田野上。1984 年 12 月首次开考时全省有两位农民报

---

① 周永章、叶余华：《再创新业》，《浙江日报》1987年7月17日，第4版。
② 许立新、姚宾谟：《临安县抓紧培训师资》，《浙江日报》1985年11月27日，第1版。
③ 吴一峰：《风云变幻 驾驭在手》，《浙江日报》1987年3月26日，第2版。

名，1985 年 10 月第三次开考时农民自考生增加到 17 人，至 1992 年 4 月，农民报考者增加到 1040 人。这是中国教育史上开天辟地的盛举。丽水的地道农民叶国平于 1985 年 10 月加入自考生大军，之后接连收获自学考试专科、本科两本毕业文凭，成为全省第一个农民自学考试本科毕业生。

"耕田园以自给，度琴书而消忧。"叶国平就这样在碧湖平原上耕耘了 20 个春秋。1982 年，父亲被平反，30 年沉冤昭雪，阳光洒进了他的家庭。叶国平的脸上有了笑影，二胡声中有了一些欢乐。他把自家的责任田侍弄得苗壮穗肥，他还承租了人家的责任田，年亩产高达 1800 斤。1984 年那一年，他向国家交售了 1 万多斤稻谷。种万斤粮，读万卷书。1985 年 8 月，叶国平走进丽水市高教自学考试办公室的大门，登记入册，成为汉语言文学专业的考生。20 年耕读造就的深厚的古典文学基础，对自然和人生的深刻体验，使他顺利地学完了汉语言文学专业的课程。他在《〈李白与杜甫〉初议》一文中对郭沫若《李白与杜甫》一书抑杜扬李倾向的驳难，赢得了杭州大学一位教师的击节赞叹。1988 年，他成为我省自学考试最早的农民专科毕业生，今年 6 月，他在杭州通过了汉语言文学专业本科段最后一门综合考试，成为我省第一位获得本科毕业文凭的农民毕业生。对叶国平来说，参加自学考试是 20 年自学生涯的延续、升华和检验，同时，也交织着一种对新生活的憧憬。在《关于丽水市农村经济再翻一番的探讨》一文中，叶国平对丽水市农村经济和发展前景作了比较全面的探讨，标志着他从原先的"耕田园以自给，度琴书而消忧"的田园牧歌式境界走向社会、走向时代的转变。该文得到丽水市委一位领导的赞赏，在丽水市自考毕业生国庆征文中获奖。①

高等教育自学考试制度的建立，为千千万万低学历的公民通过努力获得高学历开辟了宽广的途径。从表 5-1-3 可知，在 17 次考试中，高中和中专学历的自考生占 83%，初中及以下学历的占 11%。但是也有已经获得各类高等教育专科及以上学历的自考生，占 6%。他们中有的是奔着自学考试的本科专业来的，浙江从 1987 年 10 月后开考了汉语言文学等本科专业。但是在 1987 年本科专业开考前，就有已经获得专科和本科学历的自考生报考自学考试专科专业。首次考试就有 500 多人，1992 年两次考试中全省有专科、本科学历的更是超过 9700 人。他们选择自学考试，不是为了学历，而是为了拓展和更新知识，增强适应性和竞争力。杭州西湖电子集团公司职工大学副教授陶志强也汇入了自学考试应考者的人流。

陶老师 1965 年毕业于浙江师范学院数学系本科，1987 年在西湖电子集团公司职工大学评为副教授。1992 年 4 月，他走进了高教自学考试应用电子技术专业的考场，不是作为监考老师，而是作为考生。

---

① 边星灿：《在没有围墙的大学里》，《浙江自学考试》1993 年第 1 期。
　　叶国平自学考试本科毕业后，从 1997 年起先后在丽水兴丽职业学校等学校执教语文，2004 年 6 月考取高中教师资格证，后在丽水旅游学校执教至今。2004 年接受浙江电视台采访。

有人不解："正规大学的毕业生，都年过半百，都评上副教授了，还去参加自学考试，这不是自找苦吃？"陶老师淡淡一笑，他觉得自己有充足的理由要继续学习。

为了上课上得棒。陶老师主讲工程数学，工程数学是一门应用学科，是数学原理在工程技术中的应用。西湖电子集团公司职工大学的学员大多是搞电子技术的，因而学校开设的工程数学偏重于数学在电子工程、电路分析中的应用。陶老师曾经在杭州钢铁厂职工大学教过书，曾经下车间去鼓捣过一阵电机，因而在上课时能将数学原理和电机知识结合起来讲，学生反映听起来亲切。但那毕竟是一些皮毛，要像讲数学那样融会贯通，还得下功夫系统地学，自学考试就给他提供了这样的机会。

其实还有更深刻的原因，是为了使自己的应变能力、竞争能力更强。陶老师早就有一种知识陈旧、知识单一的感觉。信息时代、电子时代，知识爆炸，新学科层出不穷，凭十几年的学校教育所获得的知识受用一辈子已成为历史，不学习新知识、不掌握先进技术就要落伍。而随着改革的深化，随着市场经济体制的建立，随着劳动人事制度的改革，知识的老化、僵化，知识面的狭隘，更有被淘汰的危险，副教授也不是铁交椅。

西湖电子集团公司职工大学学员少，教师的教学工作量不足，教师也有可能精简，有的教师要兼职。陶老师现在心中有底，课时不足，可以用计算机管理、计算机软件开发来补。经过两年多的系统自学，他已经基本掌握了应用电子技术专业的几门主干课程，特别是微机原理和应用、BASIC 语言等。目前，他正在酝酿着一个科研项目。[①]

三、社会助学：助力自考学子进入没有围墙的大学

自学考试既是一种国家考试制度，也是一种开放的教育形式。自学活动固有的教育属性奠定了自学考试作为一种教育形式的基础。与学校教育相比，自学考试教育的优点是开放灵活。与学校教育相比，自学考试教育也具有缺少师生和同学之间的即时互动、教学相长效应，缺少学校文化氛围，缺少及时反馈、激励机制的弱点。正是基于对单一自学活动弱点的清醒认识，国家在设计自学考试制度的时候，把社会助学作为自学考试教育的重要组成部分。

社会助学的第一要义就是对考生的自学活动进行辅导。1984 年 4 月 16 日公布的《浙江省高等教育自学考试暂行办法》明确要求：

为四化建设培养人才，是全社会的共同责任，要充分发挥社会办学的积极性。有条件的部门、单位、群众团体，可以根据开考专业的考试计划，为考生开办各种形式的业余辅导班，帮助考生自学。办自学辅导班须向各地（市）教育行政部门申报备案。各地新华书店要积极

---

① 边星灿：《在没有围墙的大学里》，《浙江自学考试》1993年第1期。

为考生供应自学必读书和参考书。①

仅仅 17 天后的 5 月 3 日，《杭州日报》就发布了杭州市人民政府批准建立市级机关业余学校的消息，高等教育自学考试辅导是这所学校的重要内容。②5 月 15 日，省委党校开办高等教育自学考试辅导站。③5 月 22 日，中国农工民主党浙江省委员会配合青年参加自学考试举办"大学语文辅导讲座"。④5 月 22 日、6 月 8 日，杭州大学先后发布完成英语、哲学两个专业的自学考试辅导用书编印的消息。⑤6 月 8 日，省军区机关干部自修大学开学。⑥

至 1984 年 8 月底，据初步统计，仅杭州、宁波、温州三市市区，有关机关、群众团体、民主党派、党校、教育学院、大专院校和部队等三十七个单位，举办了一百多个高等教育自学考试辅导班，有近七千名机关干部、青壮年群众报名参加辅导班学习。⑦每当夕阳西下，抑或一周工作后的双休，自考学子在培训机构门前鱼贯而入，接受大学教授、培训机构助教的知识传递和释疑解惑，就成为诸多城镇的亮丽风景线。

与城市依托高校资源开展多种形式的助学辅导交相辉映，农村、山区、海岛纷纷通过自学互助小组等形式因地制宜举行辅导互助活动。舟山地区立足海岛实际，千方百计开展社会助学。在远离本岛的嵊泗、岱山岛，组织了九个自学小组，互帮互学。还通过组织分散小岛的考生收听电台辅导节目，购买主考学校的讲课录音磁带轮流到各岛巡回播放等方式帮助自考生学习。⑧

在辅导自学的同时，一些企业、单位纷纷通过奖励措施鼓励员工参加自学考试。

最近，海盐县海盐啤酒厂领导作出决定，捐资人民币一千元给县高等教育自学考试工作站作工作经费，要求工作站为考生多办好事。

海盐啤酒厂去年生产有了较大发展，但要满足人民群众日益增长的需要和适应行业内部的竞争，企业必须在技术上和管理体制上进行全面改革，而职工队伍文化技术素质差，这是改革中突出的问题。厂长周家浩、副厂长舒玉华同其他几个参加过自学考试的同志一起进行了讨论，认为只有大力进行智力开发，鼓励职工走自学成才之路，才是提高职工素质的根本出路。于是他们作出两个决定：一是向县自学考试工作站捐资一千元，作为开办自学考试辅导班和为全县考生解决一些实际困难的经费（县自学考试工作站已用这笔钱办起了二个辅导

① 本报讯：《浙江省高等教育自学考试暂行办法》，《浙江日报》1984年4月16日，第3版。
② 本报讯：《市级机关开办业余学校》，《杭州日报》1984年5月3日，第1版。
③ 本报讯：《省委党校开办高等教育自学考试辅导站》，《浙江日报》1984年5月15日，第3版。
④ 本报讯：《开办大学语文辅导讲座》，《浙江日报》1984年5月22日，第3版。
⑤ 晓萌：《杭大编印英语自学考试辅导资料》，《浙江日报》1984年5月22日，第3版。
　　哲人：《杭大编出哲学自学考试用书》，《浙江日报》1984年6月8日，第3版。
⑥ 周伟高、赵德：《省军区机关干部自修大学开学》，《浙江日报》1984年6月8日，第3版。
⑦ 林人妥：《高等教育自学考试即将开始报名》，《浙江日报》1984年8月27日，第3版。
⑧ 舟山地区自考办：《舟山分散海岛，助学自有章法》，《浙江自学考试》1986年第3期。

班）。二是拟定本厂鼓励自学的奖励办法：凡不影响生产、学杂费自理的同志，每取得高教自学考试一门课程合格证书者，奖励六十元；高中、中专课程每合格一门奖励四十元；初中课程每合格一门奖励二十五元。这一奖励办法兑现后，该厂自学者高兴地说："我们得到的不是钱，而是对自学者的支持。"[1]

省里也在政策层面给予自考生以扶持。1985 年，省高等教育自学考试指导委员会、省教育厅、省劳动人事厅联合发出通知：

凡报考高等教育自学考试的在职职工，经单位审核，参加考试的当天，给予公假待遇，不扣工资，不影响评奖。考生所在单位离考点较远的，应视考生赴考路程远近，给予足够的往返时间，并按公假处理。进行实验设计与实验考核等所需时间，由考试部门出具证明，所在单位也应参照上述规定办理。[2]

乡镇工会等社团组织也帮助落实政策。海宁县长安镇工会在党委、政府支持下，编印学习简报，向当地企业宣传宪法"鼓励自学成才"的精神和省里、县里的鼓励政策，使自学考试的费用报销、奖励规定都得到了落实。[3]

在省、市、县乡各级政府和相关部门的鼓励下，自学考试社会助学活动在全省蓬勃开展起来。据 1993 年不完全统计，自 1984 年下半年至 1992 年上半年，全省（除温州市）先后建立社会助学点 139 个，开办辅导班 5847 期（每半年为一期、一次），共有 192488 人次接受辅导。主办单位有委托开考专业的业务主管部门（包括财政厅、统计局、司法局、公安厅、物资局等）；有成人教育办公室及其所主管的成人教育中心、学校；有工会及工会举办的职工学校；有民主党派、社会团体（如省民革、省民盟、省农工党、省工商联、绍兴市"退协""文协"、椒江市民主促进会）；有普通高校（如浙江财经学院、杭州商学院、杭州电子工业学院、宁波师院、宁波高专等），有地、市、县各级考办，也有个人举办的（如绍兴市大众辅导站）。

辅导班开设专业的层次有大专，也有中专，有利用业余时间（晚上、星期天）的，也有全日制、半日制的，而以业余教学为主。有以半年为期经常性开展教学的长期班，也有在考前突击进行一段时间指导的考前班。教学形式有面授、函授，也有音像教学，而以面授为主，有定点辅导，也有巡回辅导。从办学规模看，规模大小不等。由省农工民主党主办的杭州育英业余学校，从 1984 年下半年至 1992 年上半年的八年间，共有 21110 人次参加辅导（每半年为一次）。从助学点的网络体系看，委托开考的业务主管部门十分注意助学网点的建设，财

---

[1] 胡伯英：《海盐啤酒厂捐资千元支持自学考试工作》，《浙江日报》1985年4月30日，第4版。
[2] 余海明：《参加高教自学考试可享受公假》，《浙江日报》1985年5月11日，第1版。
[3] 朱寿江：《育四化人才，绽职教新花》，《浙江自学考试》1986年第6期。

政、司法、公安、统计、物资、卫生等部门都在全省范围内，自上而下形成助学网络。[①]

四、国家考试：科学设计和严格标准铸就自学考试品牌底色

自学考试教育的特点，除了开放灵活，就是以考促学。国家考试在自学考试教育体系中处于核心和引领的地位。国家考试的标准把握和质量保证直接决定了自学考试的单科证书、专业证书和毕业证书的质量和品牌底色。

（一）自学考试的管理体制保持稳定

国务院1988年发布的《高等教育自学考试暂行条例》对自学考试的管理机构和管理体制作了明确的规定。[②]

1. 全国考委、全国考办和专业委员会

全国高等教育自学考试指导委员会（以下简称"全国考委"）由国务院教育、计划、财政、劳动人事部门的负责人，军队和有关人民团体的负责人，以及部分高等学校的校（院）长、专家、学者组成。全国考委负责全国高等教育自学考试工作，其主要职责为：根据国家的教育方针和有关政策、法规，制定高等教育自学考试的具体政策和业务规范；指导和协调各省、自治区、直辖市的高等教育自学考试工作；制定高等教育自学考试开考专业的规划，审批或委托有关省、自治区、直辖市的高等教育自学考试机构审批开考专业；制定和审定高等教育自学考试专业考试计划、课程自学考试大纲；对高等教育自学考试的有效性进行审查；组织高等教育自学考试的研究工作。

国家教育委员会设立高等教育自学考试工作管理机构（即"全国考办"或称"全国自考办"），该机构同时作为全国考委的日常办事机构。

全国教委根据工作需要设立若干专业委员会，负责拟定专业考试计划和课程自学考试大纲，组织编写和推荐适合自学的高等教育教材，对本专业考试工作进行业务指导和质量评估。

2. 省自考委、省自考办

省、自治区、直辖市高等教育自学考试委员会（以下简称"省自考委"或"省考委"）在省、自治区、直辖市人民政府领导和全国考委指导下进行工作。其主要职责为：贯彻执行高等教育自学考试的方针、政策、法规和业务规范；在全国考委关于开考专业的规划和原则的

① 石婉珍：《浙江省社会助学工作的回顾与思考》，《浙江自学考试》1993年第3期。
因材料上报时间原因未含温州市数据。
② 国务院：《高等教育自学考试暂行条例》，全国考办编：《自学考试文件选编》，北京：高等教育出版社，1989年，第8-10页。

指导下，结合本地实际拟定开考专业，指定主考学校；组织本地区开考专业的考试工作；负责本地区应考者的考籍管理，颁发单科合格证书和毕业证书；指导本地区的社会助学活动；根据国家教育委员会的委托，对已经批准建校招生的成人高等学校的教学质量，通过考试的方法进行检查。

省、自治区、直辖市教育行政部门设立高等教育自学考试工作管理机构（即"省自考办"或称"省考办"），该机构同时作为省自考委的日常办事机构。

3. 地市自考委、地市自考办

省、自治区人民政府的派出机关所辖地区（以下简称"地区"）、市、直辖市的市辖区高等教育自学考试工作委员会（以下简称"地市考委"或"地市自考委"）在地区行署或市（区）人民政府领导和省自考委的指导下进行工作，其主要职责为：负责本地区高等教育自学考试的组织工作；指导本地区的社会助学活动；负责组织本地区高等教育自学考试毕业人员的思想品德鉴定工作。[①]

4. 主考学校

主考学校由省自考委遴选专业师资力量较强的全日制普通高等学校担任，在高等教育自学考试工作上接受省自考委的领导，其职责为：参与专业考试计划和课程考试大纲的制定；参与命题和评卷；负责有关实践性学习环节的考核；在毕业证书上副署；办理省自考委交办的其他有关工作。主考学校设立高等教育自学考试办事机构，根据任务配备专职工作人员。

从自学考试制度建立时起，其组织结构和管理体制保持稳定，见图5-1-1。

（二）自学考试的学历层次和专业结构渐趋完备

自学考试不论作为一种考试制度还是教育形式，都以专业为基本单位。专业在学历层次上贯通本科、专科、中专三个层次；在学科门类上横跨文科、理科、工科等众多门类。

---

① 国务院《高等教育自学考试暂行条例》明确："地市考委的日常工作由当地教育行政部门负责。"在浙江省的实际运作中，地市教育行政部门（教育局、教育委员会）都设立了自考办作为自学考试工作管理机构，同时作为地市考委的日常办事机构。

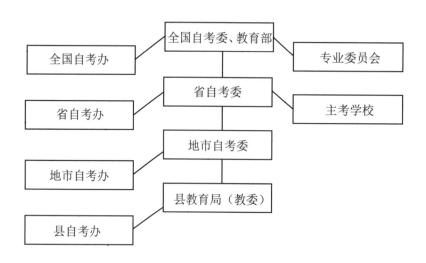

图 5-1-1　自学考试组织结构和管理体制

1. 纵贯本科、专科和中专的层次结构

浙江省 1984 年开始实施高等教育自学考试制度，最早开考的专业都是专科层次专业。1985 年试行中等专业教育自学考试，有了中专层次。1987 年开考了本科段专业。

浙江 1984 年开考的六个专科专业中的"党政干部基础科"既是专业的名称，也直接表明了其学历层次。1988 年国务院颁发的《高等教育自学考试暂行条例》第十八条规定："各专业考试计划的安排，专科（基础科）一般为三至四年，本科一般为四至五年。"[1]表明"基础科"是相当于"专科"的学历层次。

在 1992 年及以前，自学考试的本科层次分为两种类型：本科（衔接式本科）和独立本科段。

衔接式本科，在全国考委和省自考委的文件中称为"本科"，相当于将一个完整的本科教育设置为两段，即专科段（基础科段）和本科段。这两段的课程是相互衔接的，具有相同专业专科毕业学历的考生才能报考本科段。1986 年，在国家教委转发的全国考委制定的《关于开考本科段自学考试问题的几点意见》中明确规定，"各类高等学校专科毕业生应持原校毕业证书，按有关规定办理报名手续后，方可参加高等教育自学考试相同专业本科段所规定的专业考试计划的考试"[2]。浙江省于 1987 年下半年开设了汉语言文学专业的本科段。

独立本科段肇始于 1989 年全国考委和国家机电部面向全国统一开考的机电一体化专业。开考文件这么表述："机电一体化是当今世界机械工业技术和产品发展的主要趋向，是机械电

---

① 　国务院：《高等教育自学考试暂行条例》，全国考办编：《自学考试文件选编》，北京：高等教育出版社，1989 年，第 8-10 页。

② 　全国考办编：《自学考试文件选编》，北京：高等教育出版社，1989 年，第 101 页。

子部的一项重要任务。但是，目前我国高等院校相应专业的毕业生为数甚少，短期内难以满足需要，因此，通过高等教育自学考试的形式，适时地对广大的机械工程技术人员进行机电一体化技术的培训，提高其技术业务素质，是促进机械工业技术进步，解决机电系统对机电一体化专业人才急需的重要措施和有效途径，是继续教育的一种新形式。"[①]

独立本科段与衔接式本科的本科段的区别包括两个方面：（1）衔接式本科在自学考试系统内既有本科段又有专科段[②]，课程前后衔接，独立本科段开设时在自学考试内没有完全相同的专科专业；（2）衔接式本科刚开设时只限相同专业专科毕业的考生报考，独立本科段报考面比衔接式本科宽。如全国考委 1989 年公布的机电一体化专业独立本科段对报考对象的表述是："凡国家承认学历的各类高等学校机械类专业的专科以上毕业生，或在机械类专业岗位上工作多年、具有大专同等学历并取得工程师以上技术职务任职资格者（包括非机电系统的机械工程技术人员），持有关证件，可参加机电一体化工程专业（本科段）辅导学习，学员由各地机电部门负责集体报名，参加当地的高等教育机电一体化工程专业本科段自学考试。"[③] 报考面向由完全相同的单个专业（相同专业）扩大为相应专业类。

浙江省 1990 年按照全国考委的统一考试计划开考了机电一体化独立本科段专业。

2. 横跨经济学、法学、文学、理学、工学等八个大类的专业结构

从 1984 年到 1992 年八年间，浙江累计共开考 39 个专业，如表 5-1-4 所示，其中本科 5 个，专科 24 个，中专 10 个。对照普通高校本科专业目录，涉及文学、经济学、法学、理学、工学、医学等八个门类，按照《高等教育自学考试专业目录与专业基本规范》，涉及中国语言文学、外国语言文学、经济管理类、电工电子与信息类等 11 个门类。

---

① 全国考委、机械电子部：《关于开考高等教育机电一体化工程专业本科段自学考试和组织机电工程技术人员学习的通知》，全国考办编：《高等教育自学考试文件选编（1898—1992年）》，北京：经济科学出版社，1994年，第2页。
② 有的衔接式本科专业本科段和专科段同时开考，有的先开考专科段（基础科段），后开考本科段。各类高等教育形式相同专业的专科毕业生均可报考自学考试本科段。
③ 全国考委：《全国高等教育自学考试指导委员会、机械电子部关于开考高等教育机电一体化工程专业本科段自学考试和组织机电工程技术人员学习的通知》，全国考办编：《高等教育自学考试文件选编（1898—1992年）》，北京：经济科学出版社，1994年，第3页。

表5-1-4　1984—1992年浙江省专业开考情况

层次	专业	学科门类	层次	专业	学科门类
本科	汉语言文学	中国语言文学类	专科	财政	经济管理类
	英语	外国语言文学类		税收	经济管理类
	统计	经济管理类		对外贸易	经济管理类
	机电一体化工程	机械类		公安管理	公安学
	行政管理	政治学类		刑事侦察	公安学
专科	汉语言文学	中国语言文学类		护理	医药类
	英语	外国语言文学类		档案管理	历史学
	商业企业管理	经济管理类		数学	理学类
	统计学	经济管理类		价格学	经济管理类
	法律	法学	中专	统计	经济管理类
	会计	经济管理类		财会	经济管理类
	工业管理工程	机械类		护士	医药类
	海关管理	经济管理类		中师	教育学类
	行政管理	政治学类		医士	医药类
	文秘	中国语言文学类		中医士	医药类
	机械制造工艺设备	机械类		物资经济管理	经济管理类
	政治管理	政治学类		邮电管理	经济管理类
	党政干部基础科	政治学类		公安	公安学类
	应用电子技术	电工电子与信息类		工商经营	经济管理类
	中医	医药类			

说明：学科门类按照全国考办《高等教育自学考试专业目录与专业基本规范》（中国人民大学出版社1998年版）确定。

（三）考试日期的渐趋统一和专业开设运行机制的健全

1. 考试日期的渐趋统一

从全国的视野看，自学考试制度实行初期，各省的考试日期是自主安排的，差别较大。据教育部统计，1984年开考的24个省份，上半年考试安排的月份有3月、4月、5月、6月、7月，下半年考试安排的月份有9月、10月、11月、12月、次年1月。1984年11月，教育部发出《关于请各地研究调整高等教育自学考试时间的通知》，指出："目前各地考试的时间十分分散，一年中除二、八两个月外，十个月都有考试，这就很不利于组织统一活动，不利于组织地区间的协作，不利于及时做好统计工作，也不利于在较大范围甚至全国试行统一命题和考试。因此，部分省、自治区、直辖市和我们都认为应将考试时间适当集中。"[①]教育部提出了适当集中的指导性意见：上半年4月或5月，下半年10月或11月。

浙江省1984年下半年为12月。1985年根据教育部的指导意见安排为：上半年5月，下

① 教育部：《关于请各地研究调整高等教育自学考试时间的通知》，全国考办编：《自学考试文件选编》，北京：高等教育出版社，1989年，第328页。

半年 11 月。1986 年起，调整为上半年 4 月，下半年 10 月，均为当月最后的双休日。此后保持稳定，全国都安排在 4 月、10 月。

2. 从开考的区域面向上看：三种模式

自学考试制度实行初期，专业的开设基本上是由省自考委向教育部、全国考委申报，由教育部、全国考委审批。各省均按照教育部的指导思想和原则性要求独立命题，独立确定考试时间。以后随着考试日期的全国统一，全国统一命题（从公共课起步）、统一开考的条件逐步成熟。

浙江在 1988 年以前，所有专业均经教育部和全国考委审批后独立开设。1988 年，全国统一开考了行政管理、政治管理等专业，浙江也同步加入。

1988 年国务院颁发《高等教育自学考试暂行条例》，明确："高等教育自学考试开考新专业，由省自考委组织有关部门和专家进行论证，并提出申请，报全国考委审批。可以实行省际协作开考新专业。"①

1992 年 4 月，省自考委和省卫生厅联合发文，面向全省护理人员开设护理专业自学考试。该专业由华东各省（市）协作开考。从课程设置、教材编写到命题均实行区域协作。这是浙江实施自学考试制度以来第一个省际协作开考的专业。此前，华东各省（市）在汉语言文学、中医等专业上实行区域协作命题。1986 年 6 月在宁波举行的华东地区第二次协作会议上着重讨论了汉语言文学专业协作命题的问题。②

由此在专业开设体制上形成了一省独立开考、全国统一开考、省际（区域）协作开考相结合的格局；在命题运行体制上形成了省级命题、全国统一命题和省际（区域）协作命题相结合的格局。

3. 从开考的考生面向上看：两种模式

根据专业的开考对象不同，自学考试开考专业有两种情况：一种是省级自学考试机构根据本地需要和办考可能，提出专业名称和考试计划，经论证、审批（或备案）、公布后，面向社会开考；另一种是国家业务部门根据本系统的特殊需要，经一定程序委托自学考试机构面向本系统成员开考。③ 后者就是部门委托开考，主要是行业、部门为达到对本行业职工进行培训、提高素质的目的，采用自学考试的教育形式而开设的一种专业开考形式。

① 国务院：《高等教育自学考试暂行条例》，全国考办编：《自学考试文件选编》，北京：高等教育出版社，1989 年，第10页。
② 《华东地区第二次高等教育自学考协作会议在宁波举行》，《浙江自学考试》1986年第5期。
③ 杨学为、于信凤主编：《中国考试通史（卷五）》，北京：首都师范大学出版社，2004年，第237页。

1985 年，全国考委接受国家统计局的委托，在全国开考统计学专业。全国考委负责制定统计专业考试计划，编写有关课程自学考试大纲、规定自学教材、全国统一命题、协调各地考试工作，省级考委按照全国考委制定的专业考试计划、课程自学考试大纲和开考计划组织考试，国家统计局负责全国统计人员学习的辅导工作。浙江省加入这个专业的委托考试。这是浙江省的第一个部门委托开考专业。

1988 年 3 月国务院颁布《高等教育自学考试暂行条例》，对部门委托开考作了规定：国务院各部委、各直属机构和军队系统要求开考本系统所需专业的，可以委托省自考委组织办理，或由全国考委协调办理。

1988 年 5 月，全国考委接受司法部委托，开考法律专业。浙江省自考办与省司法厅联合转发全国考委、司法部《关于开考法律专业和组织司法干部律师工作人员学习的通知》，并强调："国家高等教育自学考试开考法律专业，司法部委托中华全国律师函授中心设立大专部，并拟在各地分级设立辅导机构，负责学习管理和辅导。同时还采取其他一系列针对性较强的措施，为保证学习质量和提高考试成绩创造了许多良好的条件。我们认为这是适应我国经济建设，特别是大力发展沿海地区外向型经济和依法治国的需要，加速培养合格法律人才，以及改善、提高现有司法队伍素质的重要途径，也是缓解当前工学矛盾的一种好形式。望各地高教自考办与司法部门通力协作，密切配合，把此项工作组织好。"[1] 鉴于司法系统委托开考的法律专业考试计划与浙江省高等教育自学考试原开设的法律专业第二轮考试计划相同，省自考办与省司法厅研究决定，从 1989 年上半年起，开考计划同步进行。全国统一命题，统一时间考试。主考学校仍为杭州大学。这是浙江省的第二个委托开考专业。

此后，海关总署、机械电子工业部、财政部、国家税务局、物资部、公安部、建设部、国务院电子信息系统推广应用办公室、国家科委、农业部等部门相继商请全国考委协调和组织各省自考委开考海关管理、机电一体化工程、工业工程、财政、税收、会计、公安管理、刑事侦察、建筑经济管理、计算机信息管理、计算机及其应用、农业推广等专业。浙江均与业务部门一起研究后开考。

随着业务部门委托开考专业的日渐增多，浙江省为了切实加强对这项工作的管理，于1993 年专门下发《关于部门委托开考自学考试工作的暂行规定》。不仅规定了委托开考的办理程序，而且进一步明确了省自考委、地市考办、业务部门的职责。业务部门除了负责招生、助学和教材供应工作之外，还负责组织本专业毕业生的思想品德鉴定工作，登记申办专业证

---

① 浙江省自考办、司法厅：《关于转发全国考委、司法部〈关于开考法律专业和组织司法干部律师工作人员学习的通知〉的通知》，浙江省自考办编：《浙江省自学考试文件汇编（二）》，1984—1994年，第40-41页。

书、岗位证书，汇总、整理、审核有关材料并送至当地考办。[①]

部门委托开考为业务部门的干部在职培训提供了一条新的途径，有效提升了相关系统人员的专业水平。

（四）课程结构兼顾科学性和可操作性

作为国家考试，自学考试是一种学历考试，设置了本科、专科、中专三个学历层次；是以专业为基本单位的学历考试，覆盖了多个学科类别；又是以课程为最小运行单位的国家考试，课程的组合形成了专业。

1. 以普通高校的课程设置为参照

把普通高校作为自学考试课程设置、考试标准、命题的基本参照标准，奠定了自学考试的质量基石。

自学考试在课程设置上，以普通高校为参照。以 1984 年开考的汉语言文学为例，12 门课程含公共基础课（当时称"统考课"）、专业课与专业基础课（当时称"非统考课"），均参照杭州大学汉语言文学专业的教学计划设置，见表 5-1-5。

表5-1-5　汉语言文学（专科）专业考试课程设置

类别	科目	学分
统考课	哲学	5
非统考课	当代文学	6
	现代汉语	8
	写作	7
统考课	中国党史、政治经济学（任选一门）	6
非统考课	现代文学	8
	语言学概论	3
	文学概论	8
	古代文学（一）	8
	教育学（教师报考教育学为必选）中国通史（任选一门）	3、7
	古代汉语（一）	6
	外国文学	8

说明："统考课"指的是专业之间共同的课程，考试时间统一安排；"非统考课"指的是专业之间不同的课程，考试时间不作统一安排。

---

① 浙江省自考委：《关于部门委托开考自学考试工作的暂行规定》，浙江省自考办编：《浙江省自学考试文件汇编（一）》，1984—1994年，第27—30页。

2. 强干削枝，课程综合，体现自学考试教育的特点

为了保证自学考试的质量，国家明确，自学考试以普通高等学校为参照标准。但是自学考试是一种社会化的教育形式，通过定期举行的大规模国家考试来检验学生的学业水平，国家考试每年两次，每次两天，每位考生一次至多可参加四门课程考试，并且由于自学考试的高淘汰率，一门课程考试往往需要多次考试才能合格。如果完全按照普通高校的课程表设置自学考试的课程，则学生完成一个专业的全部课程考试的时间周期将会很长。这样，自学考试在课程设置上面临着两难的问题：一方面，课程门数不能设置太多，以确保大规模、社会化考试实施的可操作性；另一方面，课程门数也不宜太少，必须保证专业教育的质量要求。

对此，浙江根据全国考委的基本原则，对自学考试课程采取了"强干削枝，课程综合"的解决办法。所谓"强干削枝"，指的是加强、保证主干课程，弱化精简次要课程；"课程综合"指的是把两门及两门以上相关课程综合，合并为一门课程。例如把"中国现代文学"和"中国当代文学"综合为"中国现当代文学"，把"线性代数"和"概率统计"综合为"高等数学（二）"，把"物理""化学""地球科学""生物"等综合为"自然科学基础"。"强干削枝，课程综合"在一定程度上达到了"执少以驭多"的效果。

（五）学分制为自学考试的开放灵活奠定理论基石

自学考试从建立伊始就采用学分制教学管理制度。

1. 全国考委作出自学考试采用学分制的决策

1981年国务院批转教育部制定的《高等教育自学考试试行办法》提供了三种"考试方法"供各省份选用。

在统一标准的前提下，各省、自治区、直辖市根据不同情况可以采取不同考试方法：（1）由主考高等学校采用学分累计制办法，按照专业教学计划要求，分学科进行考试。对考试合格者，由主考高等学校发给单科成绩证明书。学分累计达到规定的毕业要求者，由自学考试委员会发给毕业证书。（2）由主考高等学校按照各专业教学计划要求，确定考试科目，进行一次性考试。考试合格者，由自学考试委员会发给毕业证书。（3）由省、自治区、直辖市自学考试委员会按照各专业教学计划要求确定考试科目，组织统一考试。考试合格者，由自学考试委员会发给毕业证书和单科成绩证明书。[①]

三种考试方法，第一种是主考学校组织考试，省自考委发毕业证书，以单科为单位，实

[①] 国务院：《国务院批转教育部关于〈高等教育自学考试试行办法〉的报告》，全国考办编：《自学考试文件选编》，北京：高等教育出版社，1989年，第619页。

行学分累计制（后来俗称零存整取）；第二种也是主考学校组织考试，省自考委发毕业证书，但以专业为单位，实行一次性考试；第三种不设主考学校，以单科为单位，省级组织统一考试，未明确是否实行一次性考试。经过比较后最终采用的方案是：把第一种和第三种方法结合，设主考学校，省级组织统一考试，毕业证书和单科合格证书均由省自考委颁发，实行学分累计制。

1984年全国考委阐述了学分制的原理和计算方法。

高等教育自学考试采用学分制，便于考籍管理，便于自学者了解各课程在考试计划中的地位和学习所需时间的相对分量；同时，也便于对不同专业的考试计划和不同的课程在量的方面进行比较，加以平衡。

各课程的学分，其计算办法统一规定如下：参照全日制普通高等学校相应课程的授课时数，以及所需课外作业时数和课程在考试计划中的地位来确定。凡一学期每周授课一学时，并需课外作业约二学时的课程，定为1学分；也就是约需十七（或十八，即一学期按十七周或十八周计算）授课学时的内容分量为1学分。所需课外作业时数少于二学时的，学分数适当地减少。在此基础上，再视课程在考试计划中的地位，对学分数作酌量增减。

按照上述计算办法，专科（基础科）毕业总学分不少于70学分；本科总学分（不包括毕业论文、毕业设计的学分数）定为125至140学分。[①]

2. 浙江首次考试就实施学分制

浙江1984年首次开考的党政干部基础科、汉语言文学等六个专业，按照全国考委的指导思想，全部按照学分制编制课程方案和考试计划。如汉语言文学专业12门课程，每门课均参照普通高校汉语言文学专业的教学计划确定了学分数。学生参加某一课程考试获得合格成绩，即发给单科合格证书，不合格者可继续参加下一轮该门课程的考试直至获得合格成绩。全部12门课程合格，经政治思想、工作表现考核鉴定后，发给汉语言文学专科合格证书。

3. 把学分制的理念发扬光大，贯彻到多个方面

学分制的基本原理是按一定的计算标准把学习活动量化为学分，从而可以跨越时间和空间的限制，将学习者在不同时间、不同地点的学习活动进行整合。

浙江省根据全国考委的统一部署，在自学考试的制度设计上充分贯彻学分制的理念：在横向学习内容维度上，实行选考课和必考课的结合，给予学生自主选择学习内容的权利；在纵向时间维度上，拉长学习年限，不设课程考试的有效期，学生可边工作边学习，享有完全

---

① 教育部：《试行全国高等教育自学考试指导委员会〈关于各专业考试计划统一学分计算标准的意见〉的通知》，全国考办编：《自学考试文件选编》，北京：高等教育出版社，1989年，第42—43页。

自主安排学习时间的自由。

（1）选考课：给考生以选择学习内容的自主权。

1987年、1989年经全国考委审批，浙江先后开考汉语言文学和英语语言文学本科段专业。两个本科段专业的考试计划均充分体现了"必考课＋选考课"课程结构的特色。

（2）参加考试的时间：规定的开考日期里由考生自主安排。

各专业考试计划通过课程设置和开考时间安排，体现专业内部课程之间在教学内容上的逻辑联系，但在参加考试的顺序上，给予学习者充分的自主权。考生可以在自学考试课程考试安排的任何时间节点切入，可以先考公共课、基础课，也可以先考专业课，可以把学习顺序和考试顺序完全一致地安排，也可以不完全一致地安排。这样就把自学考试制度的灵活性发挥到极致，从而最大限度地照顾到自学者的实际情况和需求。

（3）"课程免考""课程顶替"：借助学分制理论解决自学考试与其他教育形式间、自学考试内部的学习成果承认问题。

由于自学考试开放灵活、质量有保障，在继续教育、终身教育理念日益深入人心的背景下，一些普通高校、成人高校、自学考试的本科、专科的毕业生乃至研究生也选择参加自学考试接受第二、三专业的教育，这就产生了学习内容的重复和对他们已经取得的学习成果的承认问题。与此同时，随着经济与社会的发展和学科知识的更新，自学考试一些专业的考试计划需要调整，有的专业因需求的变化面临停考。有的考生已经获得了部分课程的合格证书，但还不符合毕业的要求，其已经获得的课程合格成绩就面临失效的问题。此外，一些自考生产生了在自学考试内部转专业或同时参加两个专业学习考试的需求，由此产生相同相近课程的学习成果的转换问题。

针对这些问题，浙江自学考试系统根据全国考委的顶层设计，运用学分制原理，制定了合理的解决方案。

第一个解决方案是用"课程顶替"的办法解决自学考生的学习成果承认问题。1992年省自考委制定的《浙江省高等教育自学考试课程顶替规定》针对四种情况明确了顶替规定。[①]

一是专业间可互相顶替的课程（即双向顶替），这些课程的内容基本相同，学分相当。二是专业间可以单向顶替的课程（反之不行），课程之间内容基本相同，被顶替课程学分量小于顶替课程。专业之间课程互相顶替的方案解决了自考生转专业或者同时攻读两个专业的重复学习问题。三是专业考试计划调整后相关课程之间的顶替，综合考虑课程之间的内容相关性

① 浙江省自考委：《关于印发浙江省高等教育自学考试课程免考、顶替规定的通知》，浙江省自考办编：《浙江省自学考试文件汇编（一）》，1984—1994年，第65-71页。

和学分量，制定对应办法。如1984年首批开考的商业企业管理专业，经历了两次调整，1990年7月公布第三轮专业考试计划时对第三轮计划和第二轮计划之间课程的衔接提出了相应方法。[①]

第二个解决方案是用"课程免考"的办法解决各类教育形式毕业生把自学考试作为第二、三专业教育途径时遇到的已有学习成果的承认问题。1992年省自考委《浙江省自学考试课程免考规定》[②]对免考作出了明确的规定。

对其他教育形式毕业生相同内容学习成果的承认，展示了自学考试开放灵活的制度优势，为后续自学考试与其他教育形式之间的衔接沟通、构架教育立交桥奠定了基础。

（六）多种证书适应社会需求

自学考试制度刚建立时，设置单科合格证书和毕业证书两种证书。1987年浙江省自考委与省统计局联合转发全国考委、国家统计局《关于在统计学专业高等教育自学考试中试行专业证书制度的通知》，首次在自学考试制度里试行专业证书制度。[③]从而形成了单科合格证书、专业证书和毕业证书相结合的证书体系。

统计学专业证书是对统计部门或从事统计工作的在职人员，经过学习考核达到统计工作岗位所需大专层次的专业知识水平的一种证明。获得统计学专业证书者，在统计部门或统计工作岗位上，其证书可作为评定专业技术职务或管理职务、任职资格的依据。凡具有5年以上岗位工龄的在职统计人员，经本单位批准，通过统计学专业高等教育自学考试，取得7门规定课程的合格成绩，经思想品德鉴定符合要求，可发给统计学专业证书。

与统计学专业毕业证书的课程对照，专业证书的课程门数少于毕业证书（7：11），专业证书的课程是从统计学专业专科所设的课程里精简而成的，保留了核心的课程，每门课的考核标准不变。

自学考试设立专业证书，是与成人教育基本同步的。1987年，国务院批转的国家教委《关于改革和发展成人教育的决定》中提出，"成人教育要把开展岗位培训作为工作的重点"，"成人高等和中等专业学校要突破单一的培养规格，对学员实行三种证书制度。一种是达到国家对高等学校本科、专科和中等专业学校学历规格要求的毕业证书；一种是达到相应学历层次

① 浙江省自考委：《关于公布第三轮〈商业企业管理〉专业考试计划的通知》，浙江省自考办编：《浙江省自学考试文件汇编（二）》，1984—1994年，第50-51页。
② 浙江省自考委：《关于印发浙江省高等教育自学考试课程免考、顶替规定的通知》，浙江省自考办编：《浙江省自学考试文件汇编（一）》，1984—1994年，第61-64页。
③ 浙江省自考委、统计局：《转发全国考委、国家统计局〈关于在统计学专业高等教育自学考试中试行专业证书制度的通知〉的通知》，浙江省自考办编：《浙江省自学考试文件汇编（一）》，1984—1994年，第207-209页。

单科知识水平的单科及格证书；一种是达到岗位必需的专业文化知识水平，在本行业从事所学专业工作范围内适用的专业证书"。①

设立专业证书，一方面是为了加快行业部门专业人才在职提升的进度，满足经济与社会发展对提升职工业务素质的需要；另一方面考虑到在职员工的年龄等因素，通过设立多种证书满足他们多层次的需求。

继统计学专业证书后，省自考委和省物价局在1989年开考了物价专业证书。

（七）严格的考试标准和严密的组织管理保证了自学考试证书的含金量

作为高等教育国家考试，自学考试以普通高等学校为参照标准。"高等教育自学考试的专科（基础科）、本科等学历层次，与普通高等学校的学历层次水平的要求相一致。"②"课程自学考试大纲，在总体上与全日制普通高等学校相应专业的本科或专科有关课程的基本要求相一致。"③"高等教育自学考试的命题与普通高等学校相应学历层次水平和质量要求相一致。"④ 三个"相一致"清晰地表明了自学考试的高标准。

制度化管理为自学考试质量管理奠定了基石。从1984年到1992年，以省政府颁发的《浙江省高等教育自学考试暂行办法》和1988年国务院发布的《高等教育自学考试暂行条例》为基础，省自考委和省教育厅制定并在实践中不断完善自学考试各环节的规章制度和管理办法，如《浙江省高等教育自学考试监考人员须知及考场规则》《浙江省自学考试实践性考核试行办法》《浙江省自学考试命题工作管理办法》《浙江省自学考试评卷工作实施细则》《浙江省自学考试毕业生审定办法》等，形成了严密的管理体系。

主考学校的学术支撑为自学考试证书铺上了纯正的底色。"主考学校由省自考委遴选专业师资力量较强的全日制普通高等学校担任。"国务院《高等教育自学考试暂行条例》的这一规定在浙江自学考试系统里得到不折不扣的贯彻。浙江大学、杭州大学、浙江农业大学、浙江工学院等高校担任自学考试主考学校，他们的教师参与命题、评卷，有的专业还参与考试计划⑤和考试大纲的制定。雄厚的师资力量、严谨的学术作风保证了自学考试的标准质量。

---

① 北京市人民政府：《转发国务院批转的国家教委关于改革和发展成人教育的决定的通知》，北京市人民政府网，1988年1月10日，http://www.beijing.gov.cn/zhengce/zfwj/zfwj/szfwj/201905/t20190523-71494.html.
② 国务院：《高等教育自学考试暂行条例》，全国考办编：《自学考试文件选编》，北京：高等教育出版社，1989年，第7页。
③ 教育部：《转发全国高等教育自学考试指导委员会〈关于编写课程自学考试大纲的几点意见〉的通知》，全国考办编：《自学考试文件选编》，北京：高等教育出版社，1989年，第393-394页。
④ 国家教委：《高等教育自学考试命题工作规定》，全国考办编：《高等教育自学考试文件选编（1989—1992年）》，北京：经济科学出版社，1994年，第483页。
⑤ 自学考试的考试计划包括课程的设置和考试时间的安排，相当于学校的教学计划。

自学考试在学历层次水平上以普通高校为标杆，但是与全日制普通高校的学生相比，自考生在考前学历、年龄、学习氛围等方面处于劣势。社会助学一定程度上对此起到了弥补作用，但是相当数量的自考生以纯自学为学习方式，学习条件上的劣势与严格的考试组织管理相互作用，决定了自学考试课程考试的合格率持续处于低位。

也因此，自考生在学习上要获得成功，就要付出几倍于普通高校学生的努力，"八年自考"的卢纯佶是其中的典型。

1990 年 4 月，45 岁的卢纯佶在东阳市吴宁镇中考点，面对着那令人眩晕的高等数学的横杆，发起了第六次坚毅的冲击。这是他第 24 次进考场了。他的考龄与高教自学考试制度一样长，从 1984 年至此，已历经 7 个年头。小学毕业的他，因父亲——一个起义的国民党军需官的牵累，早早地放弃了学业。先天的不足，使他的自考之路布满荆棘。

"工业会计""统计学原理"这些与他的业务工作联系紧密的课，顺利地通过了；"哲学""政治经济学"的障碍，在他加倍的努力下，也克服了；"高等数学"则成了他自考路上难以驯服的拦路虎。1984 年初试身手，他只得了 2 分。从 1988 年开始，他集中精力攻这个难关。从代数到几何，他先砌好墙脚，然后在上面建立高等数学的大厦。能者为师，他拜在中学念书的女儿为师，拜在大学深造的外甥、表弟为师，拜大学毕业的同事为师。在他的书桌上，垒起了高高的笔记本、练习本，记录了他前进的历程。26 分、35 分、41 分，离横杆的距离越来越近。

1989 年 7 月，当他酝酿着第 5 次跳跃时，"7·23"洪水来了。这次百年未遇的特大洪水无情地冲毁了包括他家在内的 100 多户人家的房子。洪水下退时，别人忙于打捞被淹的财产，他却淌进 1 米多深的污泥臭水，打捞他的"生命"——书、笔记。洪水过后，邻居在洗晒衣物，他们一家老小齐动手，一页一页地把他注满心得的书撕下来翻晒。他家搬进了洪水中幸存的阴沉沉、湿漉漉的旧祠堂。在昏暗的油灯下，在嗡嗡的蚊子声中，他又进入了数学的王国。54 分！发布成绩那一天，当他拖着疲惫的脚走进家门，告诉妻子这个数字时，曾埋怨他是书呆子，是撞了南墙不回头的犟牛的妻子，再也忍不住眼泪了。第二年 4 月，在他向高等数学发起第 6 次冲击前夕，妻子特地上街为他挑了最大的桔子、最大的梨子，说是图个"吉利"（桔梨）。不知是精诚感动了上苍，还是他已到了火候，反正这一次他成功了。5 月的一天，当他从市考办李老师手中接过成绩单，那薄薄的纸片是那么的沉重，"64 分"！他的眼睛湿润了，模糊了，他一把攥住李老师的手。[1]

1991 年上半年，卢纯佶轻松地通过"经济法概论"的考试，在漫长的"八年自考"后，他终于领到了鲜红的大专毕业证书。这以后，就像积蓄已久的地下水夺地而出一样，卢纯佶的

---

[1] 边星灿：《在没有围墙的大学里》，《浙江自学考试》1993 年第 1 期。

才思喷薄而出，一发而不可收。《中国劳动科学》《中国劳动报》《农民日报》等国家级报刊上，他的名字频频出现。在1991年金华地区各县市保险会计报表和统计报表评比中，他作为东阳市社会劳动保险办公室代表，一举摘走两项评奖的桂冠。1992年8月，经过严格的评审，他被评为会计师。

五、中等专业教育自学考试的试点和发展

1983年5月，全国高等教育自学考试指导委员会第一次全体会议在北京召开，教育部部长、全国考委主任何东昌在讲话中，提出了"发展中专自学考试"的要求。[①]同月，教育部批准辽宁在沈阳市率先进行中专自学考试试点。1985年10月，浙江启动中专自学考试试点。

（一）开展中专自学考试试点

1985年10月，经省政府批准，省自考委印发《浙江省中等专业自学考试试点暂行办法》[②]，在浙江省开展中等专业教育自学考试（以下简称"中专自学考试"）试点。1986年护士、师范（中师）、财会三个专业首批开考，这是浙江中专自学考试的开端。

国家教委对中专自学考试工作予以高度重视。国家教委1985年12月印发《关于开展中等专业教育自学考试工作若干问题的通知》，明确了关于中专自学考试的一系列原则性问题。[③]1991年6月，以国家教委主任李铁映第16号令的方式发布了《中等专业教育自学考试暂行规定》，明确中专自学考试主要是地方性事业，全面阐述了中专自学考试的运行机制和管理体制。[④]

浙江据此明确了中专自学考试的管理体制。中专自学考试总体上实行与高教自学考试相同的管理体制，包括省高等教育自学考试委员会同时管理中专自学考试工作、审定开考专业、领导和组织考试工作、颁发专业合格证书和毕业证书。与高教自学考试设主考学校不同，中专自学考试设专业指导学校。专业指导学校受省自考委委托，拟定专业考试计划、课程自学考试大纲，负责实践性环节考核，参与命题、评卷等工作。与高教自学考试主考学校不同的是，专业指导学校不在毕业证书上副署。

---

① 何东昌：《在全国高等教育自学考试指导委员会第一次全体会议上的讲话》，全国考办编：《自学考试文件选编》，北京：高等教育出版社，1989年，第435页。

② 浙江省自考委：《关于印发〈浙江省中等专业自学考试试点暂行办法〉的通知》，浙江省自考办编：《浙江省自学考试文件汇编（一）》，1984—1994年，第210-214页。

③ 国家教委：《关于开展中等专业教育自学考试工作若干问题的通知》，全国考办编：《自学考试文件选编》，北京：高等教育出版社，1989年，第518-521页。

④ 国家教委：《中等专业教育自学考试暂行规定》，全国考办编：《高等教育自学考试文件选编（1989—1992年）》，北京：经济科学出版社，1994年，第654-660页。

在国家教委的有关文件下发前，护士、师范（中师）、财会三个专业先行试点。这三个专业在受省高等教育自学考试委员会领导的前提下，各业务主管厅局还成立自学考试办公室，在省自考办的指导和监督下，承担考试组织等具体工作。

（二）中专自学考试的发展

1986 年 12 月，浙江省自考委和省邮电管理局转发全国考委和邮电部《关于开考邮电管理专业和组织邮电干部参加中专自学考试工作的通知》，① 规定从 1987 年开始采用委托开考的形式开考邮电管理专业。委托开考专业的考试组织等具体工作均由省自考办负责。

1988 年，省自考委和省公安厅采用委托开考形式，面向全省在职公安民警开考公安专业。1989 年决定对公安专业自学考试实行单科合格证书、专业证书和毕业证书三种证书制度，其中单科合格证书和毕业证书由省自考委颁发，专业证书由省公安厅、省自考委联合颁发。

此后，1989 年上半年省自考委与省统计局按全国统一的考试计划采用委托开考形式开考统计专业，1989 年下半年省自考委受省物资局委托开考物资经济管理专业。

1988 年，省自考委批复省中等医学教育自考办关于开考医士和中医士的报告，从 1989 年起，按护士专业的管理模式开展医士和中医士自学考试。

1989 年 1 月，省自考委批复宁波市自考委报告，同意由宁波市自考委在宁波地区单独开展工商经营专业中专自学考试。

---

① 全国考委、邮电部：《关于开考邮电管理专业和组织邮电干部参加中专自学考试工作的通知》，全国考办编：《自学考试文件选编》，北京：高等教育出版社，1989 年，第522-531页。

第二章 自学考试制度的改革与发展（1993—2000年）

20世纪90年代是浙江省改革开放和经济发展的关键时期，也是自学考试完善发展的关键时期。按照1993年《中国教育改革和发展纲要》的要求以及全国、省教育工作会议的精神，浙江省积极探索自学考试发展的新路。一是面向基层、农村，稳步推进自学考试向县以下农村发展；二是建设学习支持体系，强化自学考试的教育功能；三是适时调整专业层次结构，满足经济和社会发展的需求；四是实现自学考试和其他教育形式的沟通与联合，扩大自学考试的服务面；五是出台自学考试毕业生就业等配套政策，为鼓励自学成才创造良好的环境。浙江省在总结过去近十年经验的基础上，不断开拓前进，改革与发展自学考试制度，使自学考试工作再上一个新的台阶。

一、开辟高等教育向农村延伸的通道

自20世纪80年代以来，自学考试发展的重点一直在城市。随着改革开放的逐步推进，农村经济社会的发展加快，农业和乡镇企业对管理和技术人员提出了更高的要求。但是当时普通高等教育的规模仍无法满足大量农村乡镇干部、职工、教师、中青年农民等提升学历层次的需求，自学考试以其自身的优势在各种社会化教育形式中脱颖而出。1991年，全国高等教育自学考试指导委员会第三届专业委员会明确提出自学考试要为农村服务的问题，进一步坚定了浙江省推进自学考试向农村延伸的信心，省与市、县、乡镇联动从基地建设、专业设置、助学服务、政策保障等多个方面付诸实践，走出了一条符合本省省情的农村自学考试发展之路。

（一）建设乡镇自学考试联络站

1986—1990年，浙江省的一些海岛、山区和平原县，依托乡镇成人文化技术学校自发地开展自学考试工作的探索。地处东海的舟山岱山县，为了方便海岛上的自考生，县自考办于

1986年在大巨岛上设立了一个报名点，委托乡镇成教干部代为接纳自考生报名，一个海岛乡镇就有40多人报名，这是乡镇自学考试联络站的萌芽。1988年，舟山市定海区考办借鉴了岱山县的经验，通过与成教中心合署办公的方式，委托乡镇成教干部承担自学考试服务工作，使自学考试在农村"安营扎寨"。随后，嘉兴市海宁县自考办专程到舟山取经，于1989年下半年在全市各乡镇设立了自学考试联络站，聘请乡镇成教干部担任自学考试工作联络员。[①]

乡镇自学考试联络服务性组织的诞生促使省自考办认真思考"自学考试怎么为农村服务"的问题。省自考办于1991年拟定了"自学考试如何面向农村"的调研方案，在认真开展调研的过程中一方面了解农业、乡镇企业的发展现状与新形势下的教育需求，另一方面总结和提炼岱山、定海和海宁等地依托成人文化技术学校在乡镇一级建立自学考试服务性机构的实践经验。

1993年，嘉兴、宁波、杭州市教委和自考委率先开展行动，下发相关文件，要求做好乡镇自学考试联络网点的建设工作。[②]

1996年迎来浙江农村自学考试发展史上的一个里程碑。4月，省自考委、教委在临安召开全省乡镇自学考试联络站工作会议，提出了"九五"期间浙江省乡镇自学考试联络站建设和农村自学考试发展的基本思路及主要措施。它意味着浙江农村自学考试从原来的"试点推广阶段"全面转入"巩固、深化和完善阶段"。[③]随后，《浙江省乡镇自学考试联络站九五规划》与《浙江省乡镇自学考试联络站暂行规定》两份文件相继出台。后者明确了"乡镇自学考试联络站"的含义，即在乡镇人民政府的领导下，依托乡镇成人文化技术学校设立的农村基层自学考试工作机构。它担负着服务与助学的双重任务：其一，联络站应动员和组织考生报名、管理和保存档案、预订和发放教辅资料等；其二，联络站应坚持因地制宜的原则开展以函授、面授、自学小组等为主要形式的辅导活动。[④]1998年，省自考委和教委联合颁发了《1998—2000年浙江省乡镇自学考试联络站工作目标与分类指导方案》，确立了"明确目标、分类指导、内涵为主、持续发展"的基本方针，在乡镇自学考试联络站建设上又迈出了重要的一步。[⑤]

---

① 葛为民、冯成火、边星灿等主编：《农村自学考试发展研究》，杭州：浙江人民出版社，2004年，第63页。
② 本报讯：《市考委、市教委通知要求建立乡镇自学考试服务站》，《杭州日报》1993年5月19日，第2版。
　周一帆：《淳安县五镇建立高教自考站》，《杭州日报》1993年7月13日，第2版。
　浙江省自考委、政委：《关于转发〈嘉兴市、宁波市教委、考委建立自学考试乡镇联络站（点）的意见〉的通知》，浙江省自考办编：《浙江省自学考试文件汇编（一）》，1984—1994年，第146-151页。
③ 葛为民、冯成火、边星灿等主编：《农村自学考试发展研究》，杭州：浙江人民出版社，2004年，第85-86页。
④ 浙江省教委：《关于印发〈浙江省乡镇自学考试联络站九五规划〉、〈浙江省乡镇自学考试联络站暂行规定〉的通知》，浙江省自考办编：《浙江省自学考试文件汇编》，1994—1996年，第238-244页。
⑤ 浙江省自考委、政委：《1998—2000年浙江省乡镇自学考试联络站工作目标与分类指导方案》，浙江省自考办编：《浙江省自学考试文件汇编》，1998年，第337-341页。

省自考委又出台了《浙江省自学考试联络站考评细则》等规定，对乡镇自学考试联络站实行分类指导及量化考评，分期分批对全省所有乡镇自学考试联络员实行"全员培训"。自此，各地纷纷建立了乡镇自学考试工作考核、检查和表彰奖励制度，充分重视联络员政策水平和业务素质的提高，逐步走上了联络站规范化、制度化管理的轨道。

为了进一步推动自学考试向农村延伸，全国自考委正式行文在浙江建立全国农村自学考试综合实验区[①]。以此为契机，浙江省在全省范围内创造性地开展农村自学考试的各项改革。在基地建设上，浙江省一方面继续巩固乡镇自学考试网点建设，截至 2000 年底，全省已建乡镇联络（工作）站近 1200 个，约占全省乡镇总数的 70%，其中嘉兴、慈溪等地还与当地广播电视大学、教师进修学校等机构联建县级助学中心和多功能高教基地；另一方面，浙江省积极创建农村自考生学习活动室，2000 年全省共建各类学习活动室 450 多个，约占乡镇自学考试联络站总数的 40%。农村自考生学习活动室创建工作的蓬勃开展，使不少地方的农村考生在一定意义上实现了"学者有其校"。[②]

2001 年 6 月 19 日至 22 日，全国考委在浙江省衢州市召开全国高等教育自学考试社会助学与宣传工作会议及自学考试面向农村工作现场会，全国考委副主任和全国考办主任出席会议并作讲话，浙江、甘肃等七省（市）在大会上介绍社会助学和宣传工作经验。全国考委还在浙江虎山集团自学考试助学中心、江山市石门镇自学考试工作站举行自学考试面向农村工作现场会，与会代表高度赞扬浙江省乡镇自学考试基地建设取得的成效。[③]

（二）开设适农专业

1992 年 12 月，基于前期的调研，浙江省自考办在杭州召开了自学考试面向农村开考的专题论证会，随后，省自考委开设了农村经济与管理和农业推广等专业。

在 1995 年至 1999 年间，省自考委在面向农村的专业开设上，从"农字号"专业拓展为适农专业（适合农村人员报考的专业），先后开考了以培养乡镇小学、幼儿园教师为主的小学教育专业和学前教育专业，以提高农村职业技术学校在职教师素质为主的六个职教独立本科，以提高农村社区医疗水平为目标的全科医学和农村社区医士专业。省自考委、教委于 1999 年联合下发《浙江省中职自考开考模式改革试点方案》，探索职教类专业自学考试新路子。其改

---

① 全国自考委：《关于浙江省农村自学考试持续发展综合试验方案的批复》，浙江省自考办编：《浙江省自学考试文件选编（1999年）》，第65-67页。
② 浙江省自考委、教育厅：《浙江省自学考试2000年工作总结》，浙江省自考办编：《浙江省自学考试文件选编》，2001年，第26-27页。
③ 张超然：《全国高等教育自学考试社会助学与宣传工作会议在我省衢州市举行——自学考试面向农村工作现场会同时举行》，《浙江自学考试》2001年第11期。

革的基本思路是：通过自设课程，给予学校一定的自主权，提高学校的办学积极性；全面推行市（地）独立开考中职，并鼓励市（地）间协作开考，在专业设置上突出应用性和职业性，体现为农村、基层服务的思想。[①] 同年，省自考委、教委下发的《浙江省农村自学考试可持续发展综合试验方案》也强调了面向农村开设的专业和课程应突出操作性、技能性，要求进一步加强专业建设。

（三）提供助学服务

在乡镇自学考试联络站建立之初，乡镇成教干部就已经协助做自学考试的工作，如供应教材、发放准考证、发布信息等。随着联络站向规范化、制度化发展，浙江省面向农村基层的助学工作的内容和形式逐渐丰富、多样。

1. 加强宣传咨询工作

从建站开始，全省范围内涌现了多形式、多媒体的宣传和咨询活动，如广播宣传、黑板报墙报宣传、座谈交流、专门上门宣传、边宣传边咨询等，拓宽了农村自考生咨询和掌握各种自学考试信息的渠道。随着1999年《浙江省农村自学考试可持续发展综合实验方案》的出台，为了使农村人员了解党和国家的方针政策，各级考办开展了系列化的印发宣传资料、提供信访咨询服务等工作。在开展报名工作时，有的联络站运用预约式报名、全程式报名、延长式报名等多种方式，耐心倾听考生的心声，加强对考生的引导。

2. 做好学习资料的组织供应工作

各个乡镇自学考试联络站在开展宣传咨询的同时，为考生提供购买教材、资料等服务，如海宁市要求联络员对考生实行"四上门"服务：宣传发动上门、报名上门、送书送资料上门、准考证合格证送上门。杭州市等地设立了教材供应的专门机构，对自学辅导资料进行集中采购供应。

3. 开展多样的助学辅导活动

各个乡镇自学考试联络站统筹各种教育资源，开展丰富多彩的助学辅导活动。如召开"考生座谈会"交流复习应考的体会、介绍自学经验、为考生鼓劲；聘请优秀自学考试毕业生上专题辅导课，帮学生答疑解惑；多个联络站牵线搭桥，引导考生结学习对子、组自学小组、定期互相辅导。有些乡镇政府为了优化农村自考环境，积极创造条件，建立考生阅览室和音

---

① 浙江省自考委、教委：《浙江省中职自考开考模式改革试点方案》，浙江省自考办编：《浙江省自学考试文件汇编》，1999年，第615–617页。

像收视（听）室，使乡镇自学考试联络站成为考生自学征途上的"加油站"和"充电站"。1996年，全国考办资助江山县在自考生学习室配置多媒体电脑以提升学习成效，产生了良好的示范效应。[①] 自此，各市地纷纷加快步伐，在联络站内配备计算机等多媒体设备和软件，探索运用音像制品及多媒体技术进行助学活动的路子。此外，省自考委、教委还积极引导社会各界力量为基层服务，在《关于进一步发展农村自学考试的若干意见》等多个文件中鼓励和支持各类普通高校、中专"送教下乡"，广泛动员农函大、农广校、农村电视中专及其他社会办学力量，为广大农村自考生提供助学辅导。

（四）健全政策保障

为解决农村需要人才而读书人不愿意留在农村的问题，浙江省高度重视通过自考的政策保障来吸引人才留在农村。

1. 农村自学考试报考率被列入省教育强县考评指标

1998年，省委办公厅、省政府办公厅印发《关于在全省开展创建教育强县活动的通知》，启动教育强县建设活动，"积极发展自学考试"纳入考评标准。[②] 在具体的衡量过程中，要求申报省教育强县的县（市）自考报考人数占当地人口总数的比例不低于5%。[③] 教育强县评比是浙江省教育事业实现"双基达标"后促进教育发展的有力措施，它对提高各地政府对自学考试的重视程度，促进自学考试在基层农村的发展起到了积极的推动作用。

2. 乡镇政府出台奖励和支持政策

如绍兴县柯桥镇对教师参加自学考试专科毕业的奖励1800元，本科或第二专科毕业的奖励2500元等。[④] 江山市大陈乡在规定乡村干部、教师、企业职工参加自学考试享受车旅费补贴、奖学金的同时，还出台了农村自学考试毕业生"五优先"政策，即优先批给宅基地、优先推荐进村"两委"任职（单位职工优先晋级）、优先安排生育指标、优先给予项目的审批、优先给予企业与山场的承包、租赁和开发等，[⑤] 有效地调动了农村自考生参与学习和考试的积极性。

---

① 王尚贵：《国家考办在江山安装多媒体电脑》，《浙江自学考试》1997年第1期。
② 浙江省教委：《关于印发〈浙江省教育强县评审认定操作标准〉的通知》，档案号J039-049-344-031，浙江省教育厅档案室藏。
③ 浙江省自考办：《浙江省自学考试1999年工作总结及2000年工作要点》，浙江省自考办编：《浙江省自学考试文件选编》，2000年，第30页。
④ 浙江省自考委：《加大改革力度 完善组织管理 加速自考发展——一九九七年全省自学考试工作总结》，浙江省自考办编：《浙江省自学考试文件汇编》，1998年，第91页。
⑤ 杜一礼：《夯实乡镇根基 壮大农村自考——浅谈乡镇自考联络建设问题》，《浙江自学考试》1999年第3期。

3. "农转非"政策的局部探索

浙江省湖州市自 1984 年实行高等教育自学考试以来，有 14 万人参加学习，获得高等教育文凭的毕业生有 2300 多名，但农村户籍报考的人数只占总人数的 1% 左右。1997 年该市有关部门提出了农村自学考试毕业生"农转非"的设想，并进行了积极的调研。1998 年，《关于湖州市高等教育自学考试农业户口毕业生"农转非"问题的通知》出台。该文件明确规定参加高等教育自学考试取得大专以上学历的本市农村户口毕业生，年龄在 35 周岁以下，经劳动人事部门批准，被乡镇企事业单位录用的，可以办理"农转非"。[①] 随后，嘉兴市也对全日制自学考试助学班学生实行"农转非"。

综上，通过开设适农专业、建立乡镇工作基地、开展助学服务和出台保障政策，浙江省在实践中开辟了高等教育通向农村的有效渠道。截至 2000 年上半年，来自县及县以下的自考生有 20 多万人，占全省自考生总数的 66%，乡镇村人员参加自学考试超 11 万人，占自考生总数的 37%，这一比例位居全国首位。对浙江省农村自学考试的成功实践，教育部和全国考委予以充分肯定和高度重视，并把浙江省的做法和经验上升为全国性举措推广实施。[②] 时任全国考委副主任曾评价"浙江省在农村自学考试工作方面走在全国的前列"。高等教育学泰斗潘懋元先生认为浙江自学考试是"高等教育通向农村的前驱"。时任教育部部长对浙江省的农村自学考试工作给予高度评价，并指出将自学考试向农村延伸作为工作重点，具有重要的战略意义。

1996 年 4 月 23 日《中国教育报》头版头条刊登《面向农村服务农业：浙江省设乡镇自考联络站的启示》。

1998 年 12 月 28 日，《光明日报》以头版头条位置发表长篇通讯《烛照农村现代化的神圣之光——浙江省自考向农村延伸纪实》，并加了编者按：

浙江省每年获得大专以上文凭的高教自考生达 1 万多人，相当于全省普通高校毕业生的 1/8，而其中 32% 是乡镇以下农村考生。浙江省高等教育自学考试向农村延伸的成功实践和有益探索，闯出了一条广大农民接受高等教育的现实之路和中国农村更快实现现代化的新路。我们希望各地学习和借鉴浙江省的经验，积极推进高教自考向农村延伸，加快培养新一代来自农村、扎根农村的知识型农民。[③]

---

① 王晓宇：《自学成才亦可"农转非"》，《浙江日报》1998 年 7 月 14 日，第 6 版。
② 候靖方：《大力发展自学考试，为适应多层次多形式教育需要开辟广阔途径》，《浙江自学考试》2000 年第 8 期。
③ 叶辉、汪大勇、潘剑凯、周峰、薛平：《烛照农村现代化的神圣之光——浙江省自考向农村延伸纪实》，《光明日报》1998 年 12 月 28 日，第 1 版。

二、建设学习支持体系

1994 年，全国自学考试社会助学工作会暨理论研讨会在辽宁兴城举行。会议提出：自学考试改革与发展的总目标是建立一种国家考试为导向和评价手段，个人自学为基础、社会助学为必要辅助条件的教育形式。浙江自考系统以此为契机，推进自学考试学习支持体系的建设。

（一）研讨自学考试的教育功能和教育规律

自学考试的双重属性意味着它不同于单纯的考试制度，在其发展历程中存在诸多理论和实践问题。为此，全国自学考试教育规律研讨会于 1995 年 6 月 6 月至 8 日在北京举行。会议讨论了自学考试教育的若干课题，普遍认为应加强对社会助学、自学考试德育、自学考试向农村发展等问题的研究。浙江省自考办主要负责人和多名同志参加会议并作大会发言，多篇论文在会上交流。[①] 通过对自学考试的教育规律探讨，此次会议明确了自学考试发展重心的转移，由考试功能转向教育功能，由检验、认定、评价功能转向激励、引导、促学功能。

（二）率先研制课程学习包

1995 年，国家教委下发《关于高等教育自学考试社会助学工作的意见》，指出应"加强对个人自学者的指导和咨询服务。根据自学辅导的特点和规律，编写适合自学的教学参考资料；利用通讯、音像、多媒体等现代化技术和手段为个人自学者提供良好的学习条件和环境，提高学习效率"。[②] 浙江省积极贯彻落实国家教委的要求，将编写自学辅导资料与加强学习媒体建设纳入自学考试社会助学工作范畴，推动自学辅导工作再上新台阶。1995 年，省自考委成立了"浙江省高等教育自学考试教材编写委员会"，加强自学考试教材和辅导资料建设。

1997 年，在前期工作的基础上，浙江省在全国率先启动了"课程学习包"工程。"课程学习包"的内容十分丰富，除考试大纲、教材、课程学习指导书外，还有其他辅导材料、作业册、自测题、音像视听材料（如录音带、录像带、软盘、光盘）等，是多种教学媒体的结合体。省教委、省自考委高度重视"课程学习包"的建设，成立"课程学习包"编委会加强领导。一年后，中国自学考试系统第一批具有中国特色的以课程为单位的学习包"建筑企业管理""国际贸易""文学概论"在浙江诞生，推动"一纲一本"向"一纲多本"转换。

---

① 郑家准：《全国自学考试教育规律研讨会在京举行》，《浙江自学考试》1995年第5期。
② 国家教委：《关于印发〈关于高等教育自学考试社会助学工作的意见〉的通知》，浙江省自考办编：《浙江省自学考试文件汇编（二）》，1994—1996年，第230页。

（三）建立国家级自学考试学习媒体建设试验区

1999 年，教育部在浙江省建立全国首个自学考试学习媒体建设实验区，研制适应自学考试教育特点的学习媒体，探索学习媒体主渠道供应新模式。浙江省从两个方面解决自考生的买书难问题。

首先，全面改革原有教学媒体管理与供应模式。2000 年，浙江省启动并实行课程首考生供应制度，即课程首考生（首次报名参加该课程考试的考生）在办理报名手续的同时预订学习媒体。与此相配套，把自学考试报名时间大幅提前，并逐步调整课程安排方式，以加快各专业考试计划课程安排的轮转速度。多措并举，使全体自考生能在考前五个月得到正版学习材料，拥有充足的学习周期。[①]

其次，加大以"课程学习包"为中心的新型教学媒体研制力度。2000 年，浙江省自考委、教委将"课程学习包"研制作为省"九五"跨"十五"重点课题，落实到各主考院校。浙江大学、杭州商学院、杭州电子工业学院、浙江中医学院等主考院校踊跃参与，有近百名教师承担了学习包的研制任务，全年完成 48 门课程学习包的研制、组配任务。[②]

（四）构建"一包两网"自学考试学习支持体系

"一包两网"指的是以课程学习包为重点的自学考试媒体建设、遍布全省的社会助学机构网络和计算机远程助学网络建设。在推进自学考试媒体建设的同时，浙江自学考试系统花大力气抓社会助学机构网络和计算机远程助学网络建设。

1. 遍布全省的社会助学机构网络

1993 年 10 月，浙江省自考委、省教育厅在象山县召开全省自学考试社会助学工作会议。会议总结了自学考试制度建立以来的社会助学工作，围绕"充实内涵、开拓基层、因地制宜、全面发展"的工作方针，对推进、加强自学考试社会助学工作进行了部署。全省各市、县考办负责人、各主考学校自学考试工作负责人、助学单位代表参加了会议。全国自考办相关工作负责人到会指导。[③]

从 1993 年到 2000 年，浙江省自学考试社会助学呈现多元发展的局面。一是与自学考试向农村延伸呼应，依托乡镇成人文化技术学校和自学互助小组开展助学活动。二是随着自考

---

① 本刊讯：《省自考办负责人就我省自学考试学习媒体供应制度改革问题答记者问》，《浙江自学考试》2000年第10期。
② 浙江省自考委、教委：《浙江省自学考试2000年工作总结》，浙江省自考办编：《浙江省自学考试文件选编》，2001年，第23-24页。
③ 《充实内涵，开拓基层、因地制宜、全面发展》，《浙江自学考试》1994年第1期。

生年轻化趋势的出现，全日制助学学校蓬勃发展。杭州三联自考学院、绍兴法律自考学院、杭州育人自考学院、浙江信息自考学院、浙江勤业自考学院等自考学院纷纷建立，加快了自学考试助学基地建设。三是高等学校积极参与自学考试全日制助学，包括主考学校在坚持"教考职责分离"的原则下参与自学考试助学。四是利用计算机网络进行答疑和助学逐渐发展起来。从而形成了省、市（地）、县（市、区）、乡镇上下贯通、遍布全省的社会助学机构网络。2000年度，全省共有登记注册的助学机构164家，接受助学辅导的自考生达到6万余人，其中在全日制自学考试助学班中就读的自考生近1.5万人，在业余助学班中就读的有4.7万余人。全日制学生为15656人，业余学生为45057人。[①]

2. 开展网上答疑

从1997年开始，浙江省就着手建设计算机远程助学网络。1998年"浙江自学考试"网站建立后，向自考生公布自学考试政策和有关信息、考试计划、命题说明、辅导文章、历年试卷等，奠定了网上课程辅导和课程答疑的基础。1999年初，全国考办正式创建"全国高等教育自学考试答疑网络"，并要求加强"答疑网络"省级站点建设。2000年，浙江省以自学考试网页建设为重点，充实了网上教学、咨询、辅导的内容，并基本实现省、市、县三级联网服务，有条件的地方还延伸到了乡镇自学考试联络（工作）站。同时省自考办启动了网上课件开发，使其成为实施自学考试远程助学的重要载体。

三、本科和中专两端拓展

为了更好地适应经济与社会发展的需要，浙江自学考试系统动态调整优化专业层次结构，一方面积极开设本科层次专业，另一方面大力发展中专自学考试，并推进中专自学考试改革。

（一）积极发展本科层次自学考试

从1993年到2000年的八年中，本科层次自学考试得到长足发展，共增设25个本科专业。

1. 用加考专科段课程的办法放宽本科的报考条件

1993年4月，浙江省自考委、财政厅根据全国考委和财政部的部署，在浙江开考会计学专业本科段。在执行全国考委制定的考试计划的同时，省自考委通过对非会计专业专科毕业生加考若干门该专业专科段核心课程的办法，把报考对象范围由原来的只限相同专业专科毕

---

① 浙江省自考办编：《浙江省高等教育自学考试统计汇编（2000年）》。

业生报考扩大为各类"国家承认学历的专科以上毕业生均可报考"。[①]1993年6月，省自考委同意省机械工业厅的要求，放宽原已开考的机电一体化报考对象范围，由"机械类"调整为"工科类"，对非机械类考生，要求加考三门机械专业的课程。[②]这一措施开了自学考试体系内通过加考专科段课程拓宽本科段报考范围的先河。

2. 调整自考生专科学历证书交验时间

1994年上半年前，报考本科的自考生在初次报名时就要交验原有专科及专科以上学历证书，从1994年下半年考试报名起，把交验时间调整为"申请毕业时"。[③]

从时间差入手，由原来的报名时交验专科毕业证书，改为本科毕业审核时交验专科毕业证书，从而形成专科学习时可介入本科专业学习的制度，为加快人才成长创造了条件。[④]

无论是专科毕业证书交验时间的调整，还是放宽本科的报考范围，都体现了运用学分制理论对自学考试制度开放、灵活优势的充分发挥，目的都是拓宽人才成长的通道。这一举措在珠海举行的全国自学考试标准工作会议的大会发言中得到阐述，客观上为四年后浙江探索中职与高职衔接沟通作了铺垫。

3. 开设高中起点本科

1999年下半年开考新闻学本科（独立本科段）专业，同时进行高中起点新闻学本科专业（一贯制本科）试点。这是浙江自学考试制度建立以来第一个高中起点本科专业。高中起点本科专业不分段，全部课程一体化设计，适合高中（含职高、中专）毕业生或具有同等学力者报考。它是适应自考生年轻化和自学考试全日制助学发展迅速的状况而采取的主动措施。

（二）以市地独立开考为重点的中专自学考试改革

1992年10月，国家教委下发《关于在部分省开展中专自学考试改革试点工作的几点意见》，决定自1992年起，在浙江、山东、辽宁、河北、湖北、广东等六省开展中专自学考试改革的试点工作。此次试点的主要内容是两个方面：一是逐步扩大地市考委在专业开考方面的权限，使地市考委能够紧密结合当地经济和产业结构的特点和实际需要提出开考专业并负责具体实施；二是积极探索自学考试与职业技术教育、成人教育结合，面向农村、基层，为

① 浙江省自考委、财政厅：《关于开考高等教育自学考试会计专业本科段及组织财会人员参加学习的通知》，浙江省自考办编：《浙江省自学考试文件汇编（二）》，1984—1994年，第174—175页。
② 浙江省自考委：《关于同意调整高教自学考试机电一体化工程本科段报名条件的复函》，浙江省自考办编：《浙江省自学考试文件汇编（二）》，1984—1994年，第102页。
③ 浙江省自考委：《关于调整自学考试本科段报考者原有学历证书交验时间的通知》，浙江省自学考试文件汇编（一）》，1984—1994年，第128页。
④ 葛为民、边新灿、高迎春：《标准工作的认识与实践》，《中国考试》1998年第3期。

乡镇企业发展服务的新路子。

1993年，省自考委同意宁波独立开考实用英语专业，衢州独立开考种植养殖专业，杭州独立开考工业与民用建筑和市场营销专业，并同意宁波、杭州通过借考的形式接纳省内其他市（地）考生报考。①

1995年，省自考委制定《关于加速发展我省中专自学考试事业的几点意见》（以下简称《几点意见》），从"增开社会急需专业""完善开考形式""开辟助学新路""发挥乡镇网点的作用"等方面提出系统的工作意见。其中"完善开考形式"提出要加强对"业务厅局独立开考"形式的管理。"业务厅局独立开考"形式指的是1986年开考的护士、师范、财会三个专业，1989年开考的医士、中医士两个专业，业务厅局成立自考办，在省自考委领导、省自考办指导和监督下，承担考试组织等工作。省自考委的《几点意见》强调：专业考试计划、课程考试大纲的终审权归省自考办，公共课的命题由省自考办统一组织。公共课的评卷，专业课的命题、评卷在省自考办指导下，由业务厅局自考机构负责实施。此外，省自考委的《几点意见》还强调要深化"市地独立开考"形式，完善"市地独立开考"的办法。②

1997年，省自考委、省教委根据国家教委《中等专业教育自学考试暂行规定》（1991年）、《中等专业教育自学考试改革与发展的意见》（1996年）的精神，拟定了《市地独立开考中等专业教育自学考试暂行规定》，明确了市地独立开考中专的运行机制和管理体制。省自考委全面管理全省、市、地独立开考中专工作，审定考试计划和考试大纲，确定专业指导学校，组织公共课和部分专业基础课的命题，颁发毕业证书；市、地自考委负责拟定考试计划和考试大纲，推荐专业指导学校，组织部分专业基础课和专业课的命题，组织考务工作，颁发单科合格证书。③

四、与其他教育形式合作拓展人才培养渠道

1987年，国家教委部署对少数未经审定备案的成人高等学校学员学历问题进行处理，采用的办法是："对少数未经国家教委审定备案的社会力量举办的成人高等学校，采取由各地自

① 浙江省自考委：《关于同意宁波市独立开考的实用英语专业中专自学考试接纳外市（地）考生的批复》，浙江省自考办编：《浙江省自学考试文件汇编（一）》，1984—1994年，第313-316页。
　　衢州市考委：《关于开考中等教育自学考试〈种植养殖〉专业的通知》，浙江省自考办编：《浙江省自学考试文件汇编（一）》，1984—1994年，第320-321页。
　　浙江省自考委：《关于同意杭州市进行独立开考中专自学考试改革试点的批复》，浙江省自考办编：《浙江省自学考试文件汇编（一）》，1984—1994年，第324页。
② 浙江省自考委：《关于加速发展我省中专自学考试事业的几点意见》，浙江省自考办编：《浙江省自学考试文件汇编》，1994—1996年，第384-386页。
③ 浙江省自考委、教委：《市（地）独立开考中等专业教育自学考试暂行规定》，浙江省自考办编：《浙江省自学考试文件汇编》，1997年，第234-240页。

学考试委员会抽考若干门主要课程的办法认定其学员的学历。"[①] 从 1987 年到 1988 年，先后对经济管理刊授联合大学、法院干部业余法律大学、中国纺织政治函授学院的学员进行了抽查考试和验收考试。其中对经济管理刊授联合大学进行抽查考试后，由各地自考委和经济管理刊授联合大学联合颁发专科毕业证书，对法院干部业余法律大学、中国纺织政治函授学院的学员进行考核验收与抽查考试后，由学校发给国家承认学历的毕业证书。浙江省自考委、省教委会同有关业务厅局进行了相应的抽查考试和考核验收。[②]

在总结前期抽查验收考试实践的基础上，1988 年国务院发布的《高等教育自学考试暂行条例》第八条第六款赋予省自考委一项职责："根据国家教育委员会的委托，对已经批准建校招生的成人高等学校的办学质量，通过考试的方法进行检查。"[③] 浙江省根据教育部的统一部署，积极探索自学考试与函授、广播电视教育等各类成人教育形式合作发展的途径，加强各种教育形式之间的优势互补、协调发展，提高自学考试教育的社会效益。

在实践中，基于国家考试对其他教育形式学习成果考核验收的核心功能，形成了两种模式：一是深度融合，与其他教育形式共建课程，由省自考委颁发毕业证书，如联合办学、高师自考、高等教育学历文凭考试；二是对部分或大部分课程发挥国家考试的考核验收作用，由办学单位颁发毕业证书，如电大"注册视听生"考试。

（一）联合办学：自学考试在成人高校联合办学中发挥重要作用

1987 年，国务院批转的《国家教育委员会关于改革和发展成人教育的决定》指出，"各级各类成人学校要根据生产、工作的实际需要和成人教育的特点进行各项改革""要加强成人学校与普通学校之间，各类成人学校之间的横向联系和协作，发展多种形式的联合办学"。[④] 根据这一精神，浙江省自考委、省教委、省招委 1988 年联合下发《关于我省成人高等学校经济管理类专业实行联合办学的通知》，提出："为改革和发展成人高等教育，突破目前条块分割的办学体制，加强横向联系与沟通，提高教学质量，提高办学效益，最大限度地为劳动者提

---

① 国家教委：《关于处理少数未经国家教委审定备案的成人高等学校学员学历问题的通知》，全国考办编：《自学考试文件选编》，北京：高等教育出版社，1989年，第345-348页。
② 浙江省自考委、教委、计经委：《转发〈关于对经济管理刊授联合大学八三级学员补课抽查考试认定学历问题的通知〉》，浙江省自考办编：《浙江省自学考试文件汇编（一）》，1984—1994年，第180页。
　　全国考委、国家教委、最高人民法院：《关于对法院干部业余法律大学首届学员进行考校验收工作的意见》，浙江省自考办编：《浙江省自学考试文件汇编（一）》，1984—1994年，第188页。
　　全国考委、国家教委、纺织工业部：《关于对中国纺织政治函授学院一九八五年入学学员进行例行抽查考试工作的意见》，浙江省自考办编：《浙江省自学考试文件汇编（一）》，1984—1994年，第195页。
③ 国务院：《高等教育自学考试暂行条例》，全国考办编：《自学考试文件选编》，北京：高等教育出版社，1989年，第9页。
④ 国务院：《批转〈国家教育委员会关于改革和发展成人教育的决定〉的通知》，中国成人教育协会编：《中国成人教育改革发展三十年》，北京：高等教育出版社，2008年，第624-625页。

供在职学习的教学服务，更好地适应浙江社会经济发展的新形势，实行成人高等教育基本开放式的联合办学。"①

根据通知精神，经济管理类联合办学教学实行两段制，即基础段和专业段。基础段教学计划、教学大纲及教材（辅导材料）由省教委组织制定和编写；考试计划制定、组织考试及成绩管理由省自考委负责组织实施；专业段所开专业及教学计划、课程设置、课程大纲、教材等由办学单位负责拟定；浙江广播电视大学及有关办学单位负责教学辅导。学生取得基础段必修的全部单科中六门以上自学考试结业证方能进入专业段学习。基础课和专业课的授课方式采取自学、自学辅导、广播、电视（录像）以及函授和面授等多种形式。凡基础段和专业段规定的全部课程及格的，由省自考委和办学单位审核后颁发大专毕业证书，国家承认学历。

1989 年下半年，联合办学增设机械类、电（子）气类及机电一体化专业，在杭州、宁波、温州、绍兴、嘉兴、金华等市及市属县进行试点。②

从 1990 年下半年开始，浙江省暂停了上述专业的联合办学。1993 年，浙江省下发了《关于继续试办成人高等教育联合办学的通知》，决定于 1993 年重新对经济管理类、机械类、电（子）气类专业成人高等教育实行联合办学。③

1995 年下半年起，浙江省停止招收联合办学基础段新学员；1996 年 4 月和 10 月举行最后两次基础段课程自学考试后，联合办学基础段自学考试工作画上句号。④

（二）高师自考：高师函授、自学考试和卫星电视师范教育"三沟通"

1990 年，国家教委办公厅下发《关于对电视师范教育高师和中师专业自学收看生考试问题的通知》，要求各省自考委按照中国电视师范学院高师汉语言文学等十二个专业和中等师范专业的教学计划、大纲和教材，对自学收看的中小学在职教师、干部组织考试。⑤1991 年，国家教委在《关于加强自学考试工作的意见》中又强调"积极探索自学考试与函授、广播电视教育的沟通，建立自学考试与函授、广播电视教育等成人教育形式协调发展的有效机制，提

---

① 浙江省自考委、教委、招委：《关于我省成人高等学校经济管理类专业实行联合办学的通知》，浙江省自考办编：《浙江省自学考试文件汇编（二）》，1984—1994 年，第214-220页。

② 浙江省自考委、教委、招委：《浙江省成人高等学校机械、电（子）气类专业实行联合办学的实施办法》，浙江省自考办编：《浙江省自学考试文件 汇编（二）》，1984—1994 年，第221-224页。

③ 浙江省教委：《关于继续试办成人高等教育联合办学的通知》，浙江省自考办编：《浙江省自学考试文件汇编（二）》，1984—1994 年，第225-230页。

④ 浙江省教委：《关于停止招收联合办学基础段新学员的通知》，浙江省自考办编：《浙江省自学考试文件汇编》，1994—1996 年，第494页。

浙江省教委、自考委：《关于1996年结束成人高等教育联合办学基础段自学考试工作的通知》，浙江省自考办编：《浙江省自学考试文件汇编》，1994—1996 年，第497-498页。

⑤ 国家教委办公厅：《关于对电视师范教育高师和中师专业自学收看生考试问题的通知》，全国考办编：《高等教育自学考试文件选编（1989—1992年）》，北京：经济科学出版社，1994 年，第540页。

高自学考试的综合效益"。^① 在此背景下，浙江省尝试采用"高师函授、自学考试和卫星电视师范教育相沟通"（简称"三沟通"）的培训模式，加快中学教师学历培训步伐。

1. 面向初中教师进行专科层次高师自学考试

1992 年，省教委设立浙江省中学教师进修高师自学考试领导小组办公室（以下简称"高师自考办公室"），与师范处合署办公。1993 年，省教委下发《浙江省中学教师进修高师专科自学考试暂行办法》，明确管理体制。省高师自考办公室负责公布本省高师自学考试的考试计划、考试大纲，负责教材供应、考籍管理工作、命题和阅卷；省自考委负责审核并颁发高师自学考试毕业证书；浙江省教育学院为政治、中文等九个专业的主考学校，浙江师范大学为音乐、美术、体育三个专业的主考学校；各市地教育学院和高师进修部为助学单位，县（市、区）教师进修学校配合助学。此次高师培训主要面向尚未取得专科学历的本省公办和在编民办初中教师，也对其他中学教师开放。学生采用自学、收看电视授课或录像、参加面授辅导等多种形式进行学习。^②

1993 年 8 月，全省两万多名不具备合格学历的初中教师参加了省中学教师进修高师专科自学考试。^③

省中学教师进修高师专科自学考试于 1997 年上半年结束。

2. 面向高中教师进行本科层次高师自学考试

在总结全省初中教师实施"三沟通"培训经验的基础上，浙江省又积极探索通过自学考试开展对高中教师的学历培训教育。1994 年，省教委下发《浙江省中学教师进修高师本科自学考试暂行办法》，从 1995 年 1 月起开考政治教育、汉语言文学教育、教育管理等十个本科教育类专业。它主要面向具有国家承认的国民教育系列专科毕业文凭或高中教师专业合格证书的本省高中专任文化课教师或从事教育教学业务的工作人员，浙江教育学院为本科层次高师自学考试的主考学校；浙江师范大学、杭州师范学校、宁波师范学院、温州师范学院承担助学辅导任务，浙江教育学院也同时承担部分助学辅导任务。^④

浙江省充分重视中学教师的学历培训，在各地掀起了开展教师培训的热潮。其中绍兴文

---

① 国家教委：《关于加强自学考试工作的意见》，全国考办编：《高等教育自学考试文件选编（1989—1992 年）》，北京：经济科学出版社，1994 年，第 545 页。
② 浙江省教委：《浙江省中学教师进修高师专科自学考试暂行办法》，浙江省自考办编：《浙江省自学考试文件汇编（二）》，1984—1994 年，第 234-250 页。
　 唐慧卿：《我省将对不具备合格学历初中教师实行全员培训》，《浙江日报》1993 年 4 月 10 日，第 3 版。
③ 唐慧卿：《全省中学教师进修高师专科自学考试开考》，《浙江日报》1993 年 8 月 30 日，第 3 版。
④ 浙江省教委：《关于下发〈浙江省中学教师进修高师本科自学考试暂行办法〉的通知》，浙江省自考办编：《浙江省自学考试文件汇编（二）》，1984—1994 年，第 261-272 页。

理学院在承担绍兴市中学教师"三沟通"培训工作中取得了可喜的成绩。至 1996 年 11 月底，12 个专业的 2041 名专科学员中的 1622 名学员顺利毕业。[①]高师本科自学考试于 2000 年结束。

（三）电大"注册视听生"考试：为电大的开放教育发挥考试验收功能

为使高中和中专学校毕业的在职人员和社会青年有更多的机会接受高等教育，国家教委积极探索自学考试机构与广播电视大学的协调配合，充分利用广播电视大学的现代教育手段和教学资源与国家考试权威考核评价手段，满足经济社会发展对人才的需求。1995 年，国家教委下发《关于广播电视大学招收高等专科"注册视听生"的试点的通知》，决定从 1995 年秋季开始，广播电视大学试行招收高等专科"注册视听生"。"注册视听生"主要招收具有普通高中、职业高中、技工学校毕业证书的在职人员及社会青年。学生的学习方式以自学和收听、收看广播、电视、录音、录像课为主，不组班教学，适当进行教学辅导，实行完全学分制。必修课程必须参加由全国自考办和省市自考办专门组织实施的全国统一考试。考生取得规定毕业总学分，思想品德符合要求，由中央广播电视大学颁发国家教委统一印制的成人高等教育毕业证书。[②]

1995 年，浙江、辽宁、福建等八个省份开启了电大"注册视听生"试点工作。浙江省的试点先在财务会计、法律、英语等三个专业进行，试点范围为杭州、宁波、温州、嘉兴、舟山广播电视大学，其中宁波广播电视大学本级及其所属各县（市）分校、工作站等机构都参与试点。1996 年 1 月 27 日、28 日，浙江省首次实施电大"注册视听生"考试，报考人数为7705 人。[③]1996 年下半年，浙江省继续实施电大"注册视听生"考试，上虞、长兴、天台、龙泉四个县（市）工作站纳入试点范围。

截至 1999 年下半年，浙江省有 3 万人参加省自考办组织的电大"注册视听生"考试；2000 年有 3.4 万人次参加电大"注册视听生"考试。[④]

（四）高等教育学历文凭考试试点：探索民办学校办学与国家考试相结合的新模式

高等教育学历文凭考试是国家对尚不具备颁发学历文凭资格的民办高校的学生组织的学

① 董百志、徐明安：《优化"教、学、管"运行机制 提高"三沟通"培训质量》，《浙江自学考试》1997年第4期。
② 国家教委：《关于广播电视大学招收高等专科"注册视听生"的试点的通知》，浙江省自考办编：《浙江省自学考试文件汇编》，1994—1996年，第468-470页。
③ 金高扬：《我省电大"注册视听生"全国统考成绩揭晓》，《浙江自学考试》1996年第6期。
④ 侯靖方：《大力发展自学考试，为适应多层次多形式教育需求开辟广阔途径：在省三届考委第一次（扩大）会议暨自学考试工作会议上的报告》，浙江省自考办编：《浙江省自学考试文件选编》，2000年，第11页。
浙江省自考委、教育厅：《浙江省自学考试2000年总结》，浙江省自考办编：《浙江省自学考试文件选编》，2001年，第19页。

历认定考试，是以学校办学和国家考试相结合、宽进严出、教考分离为特点的全日制高等学校教育。

1994 年，国家教委同意辽宁省率先进行高等教育学历文凭考试试点。1996 年，国家教委办公厅印发《高等教育学历文凭考试试点工作（考试部分）实施意见》，推进改革试点。浙江省于 1998 年加入试点。[①]

1998 年 5 月，浙江省教委发布《浙江省高等教育学历文凭考试试点工作实施方案》，启动高等教育学历文凭考试试点工作。根据方案和后续印发的实施细则，试点工作在教育部和省政府统一领导下进行，省自考办和有关市地县自考办负责考试工作的具体实施。其理论教学课程分为全国统考课、省统考课和学校考试课三部分，分别由教育部、省级教育行政部门和试点学校组织编写教学大纲。全国和省统考课为 10 门，约占教学计划所设理论课程的 70%，其余 30% 左右的理论教学课程以及实验课、实践性教学环节由试点学校负责组织考试。试点学校参加学历文凭考试的学生，修完教学计划规定的全部课程和实践性教学环节，成绩合格，并经思想品德鉴定符合要求，由省自考委发给高等教育自学考试毕业证书，试点学校在毕业证书上副署，国家承认其大学专科学历。[②]1998 年，浙江省首次确定 15 所学校进行"高等教育学历文凭考试"试点，试点学校共开设专业 13 个，招收 2760 名新生。[③]1999 年 2 月，1998级全体学生首次参加了省自考办组织的 7 门课的考试。[④]1999 年下半年，试点学校增加到 31所，近万名学生参加了考试。[⑤]

2004 年，教育部发出了《关于取消高等教育学历文凭考试的通知》。根据教育部指示，浙江省稳妥做好收尾善后工作，规定在籍考生已取得的合格课程成绩，自学考试予以认可；尚未通过的统考课程，后续可参加自学考试相应课程的考试。在籍考生在完成考试计划规定课程的考试后，可继续申请毕业。[⑥]

---

① 国家教委办公厅：《关于同意山东、浙江、江苏三省进行高等教育学历文凭考试试点的批复》，浙江省自考办编：《浙江省自学考试文件汇编（1998年）》，1998年，第374-386页。

② 浙江省教委：《关于我省开展高等教育学历文凭考试试点工作的通知》，浙江省自考办编：《浙江省自学考试文件汇编》，1998年，第387-393页。

③ 浙江省自考委、教委：《关于印发〈浙江省1998年自学考试总结会暨1999年工作会议纪要〉的通知》，浙江省自考办编：《浙江省自学考试文件汇编》，1999年，第25页。

④ 白锡定、马瑛瑛：《我省高等教育学历文凭考试运行良好》，《浙江日报》1999年8月24日，第6版。

⑤ 侯靖方：《大力发展自学考试，为适应多层次多形式教育需求开辟广阔途径：在省三届考委一次（扩大）会议暨自学考试工作会议上的报告》，浙江省自考办编：《浙江省自学考试文件选编》，2000年，第11页。

⑥ 浙江省教育厅、自考委：《关于做好专修学院办学调整工作的几点意见》，2005年4月7日，电子文件，浙江省教育考试院档案室藏。

浙江省自考委：《关于高等教育学历文凭考试停考后有关问题的通知》，浙江省自考办编：《浙江省自学考试文件汇编》，2006—2007年，第140-141页。

五、省委、省政府的重视与一视同仁政策的出台

在浙江,自学考试的发展有着适宜的政策环境。在省委、省政府的重视和支持下,浙江出台了"一视同仁、自主择业、户口随迁、农转非农"的政策,实现了对自学考试毕业生使用、就业政策的重大突破。

(一)省委领导的重要批示

1998年12月28日,《光明日报》刊登了《烛照农村现代化的神圣之光——浙江省自考向农村延伸纪实》长篇通讯,全面详细地报道了浙江省自学考试向农村延伸的工作情况,受到了普遍的关注。12月29日省委主要领导对此作了重要批示,指出:"大力发展高教自学考试,符合国情、省情。我省自考办工作值得表扬。我省人口多,特别是农村人口多,相对而言学校少,许多有志之士失去了直接进入学校受教育的机会,高教自学考试正好解决了这一问题。这一事业前途广阔,应再接再厉,继续巩固发展。"[1]批示对浙江省自学考试工作作出高度评价,并予以殷殷勉励。

(二)省政府出台重要文件

1999年1月19日,省自考委、省教委和《光明日报》社在杭州联合举行了自学考试向农村延伸研讨会。

1999年12月,浙江省人民政府下发《关于加强我省自学考试工作的通知》,从六个方面对做好自学考试工作提出明确要求。

一、完善自学考试人才培养体系,充分发挥自学考试教育在高等专门人才、职业型实用人才培养中的作用。在巩固、完善和发展专科、中专自学考试教育的同时,积极拓展本科教育,实施硕士研究生教育,对完成学业者承认其学历;加快发展各类非学历证书教育,满足多样化的教育需求,提高各类实用型人才的专业素质,以全面贯彻"鼓励自学成才"的方针。

二、大力推进自学考试向农村延伸工作。依托乡镇成人文化技术学校设立乡镇自学考试联络站,继续巩固和发展乡镇自学考试基地。已经建站的乡镇要积极拓展乡镇自学考试联络站的功能,促使联络站向具有注册、助学等综合功能的工作站过渡,为农村学生学习提供有效的支持和服务。

三、完善自学考试教育环节,强化考试管理。各地要统筹规划各种教育资源,积极建立县级自学考试助学中心,开展多种形式的助学活动;主考学校和有关高等学校要充分发挥师

---

[1] 《省委书记张德江同志对自考工作作重要批示》,《浙江自学考试》1999年第3期。

资、设备资源优势，积极承担自学考试的相关工作；鼓励高校、社会力量根据自学考试教育要求和管理规定开展助学。

各级教育行政部门要强化考试管理，从严治考。委托自学考试机构开考专业的部门要加强对本系统考生的教育和管理。对违反纪律的工作人员及考生，所在单位及有关部门要严肃处理，确保自学考试的严肃性和权威性。

四、高等教育自学考试毕业生在就业、工资、户籍管理上享受普通高校相同学历层次毕业生同等待遇。允许高等教育自学考试毕业生在全省范围内自主择业，原系我省农业户口的，被机关和城镇企事业单位（包括个体私营企业单位）录（聘）用后，实行"农转非"政策，准予办理户籍随迁手续。凡参加国家学历文凭考试等国家其他学历教育考试，取得专科及专科以上毕业学历者，可参照此规定执行。

五、切实保证自学考试教育经费的筹措和使用。在政府经费投入有限的情况下，要建立多渠道筹措经费的教育投入体制；自学考试机构收取的教育考试经费，应按确定的使用范围专款专用，任何部门和单位不得擅自收取各项管理费，以确保自学考试教育必要的经费。举办自学考试教学辅导活动的社会助学单位，享受浙地税〔1999〕7号通知中有关教育行政部门承认学历的各类学校教育劳务税收待遇。

六、健全自学考试机构，加强队伍建设。各级自学考试办公室是同级自学考试委员会的日常办事机构。各级政府要切实加强对自学考试教育的领导，高度重视自学考试队伍建设，提高自学考试机构人员素质，并根据专业技术职务评聘工作的有关规定，解决好相关工作人员专业技术职务评聘问题。同时，要从财力、物力上给予必要的支持，努力改善自考工作条件，为自学考试事业的发展创造良好的环境和条件。[①]

（三）六厅局出台自学考试毕业生政策

按照省委主要领导批示的精神，省教育厅、省自考委、省发展计划委、省人事厅、省公安厅、省粮食局等六部门就自学考试毕业生的就业政策制定了具体的落实措施。2000年3月，六部门联合下发《关于做好浙江省高等教育自学考试及其他高等教育学历考试毕业生就业工作的通知》，明确将高等教育自学考试毕业生的就业纳入普通高校毕业生就业管理范围。该文件内容可以提炼为"一视同仁、农转非农、自主择业、户口随迁"。[②]

2001年，浙江省通过在浙江自学考试网站上建立历年自学考试毕业生人才库，将每届自学考试毕业生名册下达给各地高校毕业生就业主管部门，进入当地人才市场，以举办就业招

---

① 浙江省人民政府：《关于加强我省自学考试工作的通知》，浙江省自考办编：《浙江省自学考试文件汇编》，1999年，第1-2页。
② 浙江省教育厅、自考委、发展计划委、人事厅、公安厅、粮食局：《关于做好浙江省高等教育自学考试及其他高等教育学历考试毕业生就业工作的通知》，浙江省自考办编：《浙江省自学考试文件选编》，2000年，第40-42页。

聘会等形式，为贯彻省政府关于高等教育自学考试毕业生就业落户政策提供了相关服务。至此，浙江省以自身成功的实践探索打破高等教育学历就业的门户阻碍，加快了人才流动和城市化进程，是我国唯一在全省范围实现"自学考试毕业生与普通高校毕业生享有完全同等待遇"的省份。

自学考试功能的拓展与升华
（2001—2021年）

进入 21 世纪，浙江省自学考试事业开局喜人。2002 年 8 月 12 日，教育部和北京市人民政府在人民大会堂举行高等教育自学考试制度建立 20 周年纪念大会，教育部部长、全国考委主任出席会议并作重要讲话。会上表彰了自学考试工作先进集体和先进个人，浙江省自考办获得考务考籍工作优秀奖、社会助学工作优秀奖和教材媒体建设工作优秀奖。浙江省自考办主任作为考试机构代表作大会发言。

2004 年 4 月 1 日，浙江省政府在省人民大会堂隆重召开浙江省实施高等教育自学考试制度 20 周年纪念大会，总结浙江省实施自学考试制度 20 年辉煌历程，部署在新形势下进一步推进自学考试改革发展的任务。时任省委书记、省人大常委会主任习近平致信祝贺。在领导的关怀和勉励下，浙江自考系统迈上了新的征程。①

一、以衔接沟通为抓手的功能拓展

世纪之交，自学考试发展迎来新的契机。1998 年 12 月，教育部《面向 21 世纪教育振兴行动计划》提出"要逐步研究建立普通高等教育与职业技术教育之间的立交桥，允许职业技术院校的毕业生经过考试接受高一级学历教育"。②1999 年 6 月，中共中央、国务院《关于深化教育改革全面推进素质教育的决定》提出："构建与社会主义市场经济体制和教育内在规律相适应、不同类型教育相互沟通相互衔接的教育体制，为学校毕业生提供继续学习深造的机会。职业技术学院（或职业学院）可采取多种方式招收普通高中毕业生和中等职业学校毕业生。职业技术学院（或职业学院）毕业生经过一定选拔程序可以进入本科高等学校继续学习。"③

自学考试作为一种权威的国家考试制度和开放的教育形式，可以与各种形式、各种类型

---

① 本刊讯：《省政府召开大会，隆重纪念我省实施自学考试制度20周年》，《浙江自学考试》2004年第7期。

② 教育部：《面向21世纪教育振兴行动计划》（摘要），《中国高等教育》1999年第6期。

③ 中共中央、国务院：《关于深化教育改革全面推进素质教育的决定》，2015年9月8日，http://jyt.zj.gov.cn/art/2015/9/8/art_1229617807_58924573.html。

的教育衔接，在教育立交桥的构建上具有得天独厚的优势。从 20 世纪 90 年代后期开始，浙江自学考试系统就在中职教育和高职教育、高职教育和本科教育之间的衔接沟通与自学考试和普通高校之间的学分互认上进行探索。

（一）实行中高职衔接（含中职修身类课程）

自学考试与中职教育衔接是自学考试与其他教育形式衔接最先取得突破的领域。

1. 提出自学考试与中职衔接开设高职类专业的设想与方案

1999 年，"进行中等职业教育和高等职业教育相互衔接'一贯制'的探索"被列入《浙江省自学考试跨世纪改革与发展纲要》，成为新世纪自学考试事业发展的工作要点之一。[①] 此前，宁波大学溪口教学区自学考试联络站进行了中职学校统计专业与自学考试会计和统计核算专科层次接轨工作的尝试，两年的实践取得成功。[②]

2000 年，在多方调研论证和总结经验的基础上，浙江省形成了初步方案，确定在坚持与高职院校同类同层次专业的水平相一致的前提下，实行区间学分制管理，允许取得一定级别技能证书的考生免考相关专业的技能课等。2001 年，浙江省政府下发《关于加快中等职业教育发展的意见》，明确提出要"充分发挥自学考试开放、灵活的教育功能，在高等教育自学考试现有开考模式的基础上，开考与中职相衔接的高职类专业，为学有余力的中职在校生和毕业生提供接受高等职业教育的机会"，进一步推动了试点方案由设想转入实施。[③]

2. 开展自学考试与中职衔接开设高职类专业试点

2001 年，省自考委下发《关于开展高教自学考试与中职衔接开设高职类专业试点的通知》，并于下半年开始高职类自学考试试点，首批试点专业为烹饪工艺、饭店管理（专科）等专业，主考学校为浙江商业职业技术学院。专业计划内所有课程实行区间学分制管理模式：所有课程以百分制计分，主干课程和实践课程划定三个成绩区间，即 60 ～ 74 分、75 ～ 89 分、90 ～ 100 分，根据考生成绩所处区间计算考生各课程的实得学分，专业内各课程（含实践课程）之间学分准予互补。经省自考委认可，省级教育、劳动、行业等部门统一组织的技能、职业考核的等级证书、资格证书，可作为免考相应专业技能课和取得学分的依据。[④] 区间学分

---

① 浙江省自考委、教委：《浙江省自学考试跨世纪改革与发展纲要》，浙江省自考办编：《浙江省自学考试文件汇编》，1999年，第50页。
② 祝志勇：《中等职业教育与高等教育自学考试接轨的尝试》，《浙江自学考试》2002年第5期。
③ 浙江省人民政府：《关于加快中等职业教育发展的意见》，2001年6月7日，https://www.edu.cn/zhong_guo_jiao_yu/zheng_ce_gs_gui/shengji_zhce_fagui/zhejiang_zhce_fagui/200603/t20060323_169063.shtml。
④ 浙江省自考委：《关于开展高教自学考试与中职衔接开设高职类专业试点的通知》，浙江省自考办编：《浙江省自学考试文件选编》，2001年，第48-49页。

制把学生学习的质量差异反映在学分的计算上，有助于激发学生的学习积极性。

随后，省自考委相继开设了药学、电算会计、装潢设计等专业，并将已开考的服装艺术设计、交通运输专业转型为高职类专业，至 2001 年底浙江省推出高职专业 11 个。2001 年 10 月浙江省首次开考烹饪工艺、饭店管理等四个专业，共计 2300 余人参加考试。[①]2002 年 4 月考试，报考人数近 5000 人，各地中职学校学有余力的学生参加高职类自学考试试点的热情高涨，短短数月即达到 49 家。[②]

2002 年 6 月，省自考委召开中高职自学考试衔接试点工作会议，各地就出台的相关政策进行交流。宁波市自考办提出了招收中职和高职"3+2"五年一贯制大专班和组织中职学有余力的学生参加相近专业高职自学考试等思路，嘉兴、衢州市自考办介绍了把参加高职自学考试试点的中职学生计入试点学校当年高职升学指标的做法。各地根据实际情况，推进自学考试高职类专业和中职教育的衔接。[③]

3. 为中职学生修身养成教育提供考试激励服务

修身养成类课程指的是自学考试的思想政治教育类课程和心理健康教育课程。

2003 年 4 月，绍兴县教育局针对中职学校修身类课程缺乏统一评定标准，教学效果不佳的情况，在全市率先提出通过参加自学考试，提高修身类课程教学效果，首次考试有 1100 多名中职学生参加。2004 年 1 月，绍兴县教育局再次发文明确，修身类课程包括思想政治教育类课程三门（马克思主义哲学原理、邓小平理论概论、法律基础与思想道德修养）和心理健康教育类课程三门（心理卫生、青少年心理学、人际关系心理学），要求各中职学校把学生参加思想政治教育类课程和心理健康教育类课程自学考试，"作为提高学生整体素质的重要内容之一"。该年度全县共组织 2200 多名学生参加了考试。2004 年下半年诸暨市有 2000 多名中职学生参加"法律基础与思想道德修养"课程考试。2005 年下半年自学考试，绍兴全市域 5 个县（市）18 所中职学校的 9056 名学生报考了修身类课程。[④]

在绍兴市取得突破后，嘉兴等地纷纷加入。2005 年，海宁市教育局印发了《关于组织中职学生参加高等教育自学考试的实施意见》进行部署，海宁市职业高级中学和市电子信息技术学校为首批试点学校。[⑤]嘉善县也致力于推动职业学校学生参加自学考试修身类课程，并与

① 浙江省自考委、教育厅：《浙江省自学考试2001年工作总结》，浙江省自考办编：《浙江省自学考试文件选编》，2002年，第41页。
② 薛平：《高职自考：中、高职教育立交桥的新通途》，《浙江自学考试》2002年第5期。
③ 金高扬：《我省大力发展高职自考 各地陆续出台相关政策》，《浙江自学考试》2003年第2期。
④ 陈正贤：《借自考之力 强素质教育——绍兴市中职学生参加自考修身类课程考试情况调研》，《浙江自学考试》2006年第9期。
⑤ 朱寿江：《海宁市中职学生参加自考修身类课程学习成效显著》，《浙江自学考试》2006年第8期。

县司法局和普法办合作，对参加自学考试修身类考试合格的职业学校学生，颁发五五普法合格证书，作为就业上岗的必备证书。[1]2008年全省有17828名中职学生参加中职修身养成教育自学考试课程学习考试。[2]

参加自学考试修身类课程学习考试，对提高中职学生法律基础知识水平和思想道德修养，起到了积极的作用。

4. 进一步深化自学考试与中职衔接试点工作

2006年，自学考试与中职衔接增加技师学院类别。杭州技师学院、浙江交通技师学院在汽车运用技术专业中实行学校教学与自学考试的衔接沟通。参加试点对象为两校全日制高级技工班和技师班在籍学生。学校根据自身课程设置，参照自学考试考试计划，统筹安排教学辅导。[3]

2008年，浙江省高等教育自学考试与中职衔接试点工作会议在嘉兴召开。会议交流了自学考试与中职衔接沟通工作经验，研究部署下一步工作。截至2008年底，浙江省与高职自学考试衔接试点的中职学校达49所，学生达31155人。嘉兴市有19所中职学校参加与自学考试的衔接沟通工作，3000多名学生参加自学考试大专学习，6000多名学生参加自学考试单科课程学习。平湖职业中专、秦山成校等参加衔接沟通试点的学校对如何正确处理自学考试考试计划和学校教学计划的关系进行了深入的实践探索。[4]

在总结前期中高职衔接试点经验的基础上，浙江省研究拟定了适应新形势下职业教育需求的中高职衔接方案。2010年，省教育厅下发了《关于进一步推进中等职业教育与自学考试衔接试点工作的通知》，积极鼓励主考院校对中职、技校、成校进行辐射带动，提升区域内自学考试的社会效益。在该文件指导下，浙江省于2012年探索试行专科专业主考学校属地化，即试点高校面向所在地区中职与自学考试专科衔接学生和中职学校毕业生，履行主考学校的职责。该举措有利于发挥试点高校与区域经济联系紧密的优势，加快中职教育与自学考试衔接沟通步伐，为促进区域经济发展服务。

① 吴重秋：《着力两个拓展 实现三个结合》，《浙江自学考试》2008年第9期。
② 浙江省教育考试院：《关于印发〈浙江省自学考试工作要点〉等文件的通知》，浙江省教育考试院编：《浙江省教育考试文件选编》，2009年，第245-246页。
③ 浙江省自考委、教育厅：《关于在汽车运用技术专业中开展自考与全日制技师教育衔接试点的通知》，浙江省教育考试院编：《浙江省教育考试文件选编》，2006—2007年，第59-60页。
④ 浙江省教育考试院：《关于印发〈浙江省自学考试工作要点〉等文件的通知》，浙江省教育考试院编：《浙江省教育考试文件选编》，2009年，第245-246页。

（二）实行专本衔接

专本衔接指的是自学考试本科专业与普通高职院校专科教育的衔接。

1. 开展高等教育自学考试与全日制专科教育衔接试点

浙江省在巩固推进与中职相衔接的高职自学考试的同时，积极探索自学考试本科与高职教育相衔接的试点。2003年，省自考委、省教育厅下发《关于开展高等教育自学考试与全日制专科教育衔接试点的通知》，并于该年7月开始试行。[①] 试点方案推出后，各类高职高专院校纷纷响应。2003年参与该项试点的专科院校有杭州职业技术学院、浙江交通职业技术学院、浙江经贸职业技术学院等17所，涉及专业37个。[②]

2. 贯彻教育部自学考试与高职高专教育相沟通工作研讨会精神

2004年，高等教育自学考试与高职高专教育相沟通工作研讨会在湖北宜昌召开，浙江等13个省（市）考办的负责人、部分高职高专院校代表出席了会议。会议指出，自学考试与高职高专教育相沟通是一件利国利民的好事，一是为部分高职高专院校学生提供了继续接受教育的机会，有利于增强就业能力；二是为社会培养急需的较高层次的应用技术型人才；三是有利于实现资源共享和优势互补，是构建高等教育立交桥的一种尝试。[③]

浙江省于2004年末在杭州召开了自学考试与高职高专教育衔接试点工作座谈会，就试点一年多来取得的成效和面临的主要问题进行了沟通、探讨，并对下一步改革发展举措提出了意见与建议。

3. 进一步推进自学考试与高职高专教育衔接沟通

2004年底，全省共有20所高职高专院校参加试点工作，涉及专业35个，试点院校的学生规模超过1.3万人，其中浙江公安高专、树人学院等院校规模均在千人以上；[④] 2006年，新增温州职业技术学院等5所高校开展全日制专科与自学考试本科沟通衔接试点，试点高校由22所扩大至27所，专业37个，考生1.3万多人；[⑤] 截至2008年，省内参与专本衔接的试点高职高专学校达29所，参加学生达28518人。

---

① 浙江省自考委、教育厅：《关于开展高等教育自学考试与全日制专科教育衔接试点的通知》，浙江省自考办编：《浙江省教育考试文件选编》，2003年，第114-116页。

② 浙江省自考委、教育厅：《浙江省自学考试2003年工作总结》，浙江省自考办编：《浙江省自学考试文件选编》，2004年，第24页。

③ 《自学考试与高职高专教育相沟通工作研讨会在湖北宜昌举行》，《中国考试》2004年第11期。

④ 吴鸿炜：《加强沟通合作 推进共同发展》，《浙江自学考试》2005年第5期。

⑤ 浙江省教育考试院：《2006年全省自学考试工作总结》，浙江省教育考试院编：《浙江省自学考试文件选编》，2006—2007年，第47页。

在此基础上，浙江省以依托高职院校建立区域衔接沟通中心和实践实训基地的方式促进自学考试与职业教育的衔接沟通。2008 年，在温州职业技术学院开展衔接沟通新模式的试点工作。该模式从专本衔接、中高职衔接、在职人员培训等多个方面做好学校教学计划和自学考试专业计划的互接互通，参加试点的中职学生有 1900 余人。①2009 年，湖州职业技术学院、金华职业技术学院等 10 所院校进行了自学考试与职业教育衔接沟通试点，进一步发挥地区辐射作用，拉动本地区专本衔接、中高职衔接工作，将实践实训基地向社会考生开放。

（三）探索学分互认

长期以来，在自学考试内部，专业与专业之间实行了"名称与要求相同"课程的学分互认制度。在自学考试与其他教育形式之间，则仅限于成人高校承认自学考试学分，自学考试承认其他教育形式的公共课学分。从 2002 年起，浙江探索普通高等学校承认自学考试学分。

1. 浙江工商大学率先试点

2002 年浙江省自考委在全国自学考试系统率先推出自学考试与普通高校学分互认制度，杭州商学院成为首所试点学校。

该校先从成教着手，明确成人脱产、夜大、函授等在校学生，凡取得同层次、同专业、同课程的自学考试成绩，均可顶替免修学校所开课程。2002 年 9 月，经省自考委同意，该校招收的国际贸易和法律专业两个全日制自学考试本科教学辅导班学员的五门实践性较强的课程，分别由本校实施考核。学校还积极鼓励自考生选修普通本科课程，并参与校园文化建设。②

2. 自学考试与普通本科教育的学分互认扩大试点

2005 年，省自考委决定扩大自学考试与普通本科高校学分互认试点范围。在《关于稳步推进中欧电子学习模式及学分互认试点有关问题的通知》中，鼓励具备条件的助学院校作为开展学分互认高校的自学考试助学点，参与自学考试与普通高校学分互认试点。根据该文件精神，浙江青年专修学院等 14 所全日制自学考试助学院校参与了浙江工商大学与自学考试学分互认试点。③

2006 年，学分互认试点范围进一步扩大，新增浙江工业大学、浙江中医药大学、宁波工程学院三所试点学校。2007 年，浙江省推进自学考试在学分互认试点高校作为学生辅修第二

---

① 浙江省教育考试院：《抓住发展机遇，激发制度活力，开创自考新局面》，浙江省教育考试院编：《浙江省教育考试文件选编》，2009 年，第246页。
② 胡祖光：《积极开展学分互认试点，努力构建人才成长立交桥》，《浙江自学考试》2003年第9期。
③ 浙江省自考委：《关于稳步推进中欧电子学习模式及学分互认试点有关问题的通知》，2005年5月27日，电子文件，浙江省教育考试院档案室藏。

专业的工作。宁波大学与浙江科技学院相继开展了学分互认试点。同年，绍兴文理学院决定在双专业教育中认可自学考试学分。学生在自学考试工商企业管理、会计、国际贸易、英语、法律、行政管理学六个本科专业中，获得的指定课程合格成绩，可申请作为学校双专业教育中的课程成绩，同时获得双专业课程学分。[①]

高等教育自学考试与普通高校学分互认，是实现自学考试教育与全日制教育优势互补、协调发展的创造性举措，对构建人才培养立交桥，提高学生就业竞争力起到了积极的作用。

（四）与非学历教育衔接沟通

2000年5月，浙江省学历与非学历"捆绑式"发展的专业设置模式全新出台。作为实现学历教育与非学历教育衔接的重要方式之一，它是指在自学考试专业计划设置的课程中，指定若干门课程同时作为非学历证书考试课程，自考生修完规定的全部课程，既可获得自学考试学历证书，也可同时获得相应的岗位（职业）资格证书；如考生没有学历需求，则在完成指定的若干证书课程和规定的技能考核后，就可获得相应的资格证书。根据专业设置主体的不同，可以分为全国统一开考与省独立开考的证书考试，主要开设的专业如表5-3-1所示。

表5-3-1 浙江省学历与非学历"捆绑式"发展的相关专业统计

专业	开考模式	岗位（职业）资格证书	学历证书
商务管理、金融管理（中英合作）	全国统一开考	剑桥商务管理证书；剑桥高级商务管理证书或剑桥高级金融管理证书	高等教育自学考试专科毕业证书
计算机网络		计算机网络工程证书；国家信息化技术证书（IT证书）	高等教育自学考试本科毕业证书
电力市场营销		大专专业证书；岗位资格证书	高等教育自学考试专科毕业证书
餐饮管理		中国餐饮业职业经理人资格证书（中级、高级）	高等教育自学考试专科毕业证书；高等教育自学考试本科毕业证书
调查与分析		调查分析师证书（初级、中级、高级）	高等教育自学考试本科毕业证书
电子商务		全国电子商务职业证书（中级、高级）	高等教育自学考试专科毕业证书；高等教育自学考试本科毕业证书
销售管理		中国销售管理水平证书（销售经理助理、销售经理、销售总监）	高等教育自学考试专科毕业证书；高等教育自学考试本科毕业证书

---

① 陈正贤：《绍兴文理学院在双专业教育中认可自考学分》，《浙江自学考试》2007年第10期。

续表

专业	开考模式	岗位（职业）资格证书	学历证书
心理健康教育	省独立开考	心理健康教育基础知识培训考核合格证书；专业证书；心理辅导教师上岗证书	高等教育自学考试专科毕业证书；高等教育自学考试本科毕业证书
人力资源管理		浙江省企业劳动管理人员岗位资格证书	高等教育自学考试专科毕业证书；高等教育自学考试本科毕业证书
社会工作与管理		大专专业证书；社会工作与管理岗位资格证书	高等教育自学考试专科毕业证书；高等教育自学考试本科毕业证书
工商企业管理（连锁经营方向）	省独立开考	收银管理岗位证书或理货管理岗位证书	高等教育自学考试专科毕业证书
汽车运用技术		汽车维修工上岗证；技术等级证书	高等教育自学考试专科毕业证书
物业管理		物业管理证书（初级、中级）	高等教育自学考试专科毕业证书
物流管理		物流管理证书（中级、高级）	高等教育自学考试专科毕业证书；高等教育自学考试本科毕业证书
劳动和社会保障		劳动和社会保障岗位资格证书	高等教育自学考试专科毕业证书；高等教育自学考试本科毕业证书
农产品营销		农产品营销专业证书	高等教育自学考试专科毕业证书
社区管理		社区管理专业证书	高等教育自学考试专科毕业证书
农家乐经营与管理		农家乐经营与管理专业证书	高等教育自学考试专科毕业证书
淡水养殖		淡水养殖专业证书	高等教育自学考试专科毕业证书

资料来源：浙江省自考办编：《浙江省自学考试文件选编》，1999—2004年；

浙江省教育考试院编：《浙江省教育考试文件选编》，2006—2010年。

在全国统一开考的专业中，商务管理、金融管理专业是全国考委与英国剑桥大学考试委员会（University of Cambridge Local Examinations Syndicate，UCLES）合作开设的专业。两个专业的课程考试合格者可获得课程合格证；其中合作课程的合格证由教育部高等教育自学考试办公室和 UCLES 联合签发。获得 9 门合作课程（企业组织与环境、商务交流等）合格证的考生，UCLES 负责颁发剑桥商务管理证书。获得本专业 15 门课程合格证，对思想品德经鉴定符合要求的考生，发给高等教育自学考试专科毕业证书，同时，由 UCLES 授予剑桥高级商务管理证书或剑桥高级金融管理证书。浙江省于 1999 年首次推行中英合作的商务管理、金融管理两个专业考试，并同时启动中英合作商务管理、金融管理证书考试。2001 年，浙江省参加该专业证书考试人数达 1455 人；2002 年增至 2959 人。[①]

在本省独立开考的专业中，心理健康教育专业实行的基础知识培训考核合格证书发展势

---

① 浙江省自考委、教育厅：《浙江省自学考试2001年工作总结》，浙江省自考办编：《浙江省自学考试文件选编》，2002年，第41页。

浙江省自考委、教育厅：《浙江省自学考试2002年工作总结》，浙江省自考办编：《浙江省自学考试文件选编》，2003年，第93页。

头较好。本专业实行多种证书制，包括毕业证书、心理健康教育基础知识培训考核合格证书、专业证书。获专业证书的在职教师经所在学校推荐，由当地教育行政部门核发省教育厅统一印制的"心理辅导教师上岗证书"。该项考试广受欢迎，2006 年上半年，台州、金华、嘉兴、绍兴等市获心理健康教育基础知识培训考核合格证书人数分别达 3500 余人、2900 余人、2100 余人、1400 余人，全省累计取得该证书人数达 5.5 万人。[①]

"捆绑式"设置模式实现了学历教育与非学历教育的沟通，有利于满足社会成员多样化的教育需求，有利于广大从业人员在职"充电"与深造，同时也有利于推动劳动就业准入制度的实施和终身教育体系的构建。

二、为清华大学、浙江大学等远程教育提供考试服务

2001 年，全国自考办与清华大学继续教育学院就合作开展远程教育达成协议：全国自考办利用全国自学考试系统为清华大学承担远程教育考试的组织管理工作；探索部分高校远程教育课程与高等教育自学考试课程的学分互认。全国自考办下发《关于接受清华大学委托开展远程教育考试组考试点工作的通知》进行部署。浙江、辽宁、安徽、广东、山西等首批试点省份从 2001 年 7 月开始负责本地的组考工作。[②]

2001 年，浙江省首次承担的清华大学远程教育考试，杭州、宁波、温州、台州四市近 700 人参加，开创了自学考试为远程教育提供考试服务的先河。2002 年，浙江省参与清华大学现代远程教育考试 1400 人次，比上年翻了一番。[③]

2002 年全国考办与浙江大学签署协议，浙江大学远程教育委托全国自学考试系统进行考务管理工作。[④]2004 年增加了北京外国语大学的远程教育考试。省自考办下发《关于做好清华大学、北京外国语大学 2004 年 7 月远程教育考试考务工作的通知》，对做好考试服务工作提出要求。

2004 年 6 月，浙江省自考办受浙江工商大学委托，为该校成人高等教育专升本函授学位课程提供考试服务。

---

① 张超然：《心理健康教育等非学历证书审核工作结束》，《浙江自学考试》2006 年第 11 期。
② 教育部高等教育自学考试办公室：《关于接受清华大学委托开展远程教育考试组考试点工作的通知》，浙江省自考办编：《浙江省自学考试文件选编》，2001 年，第 383—385 页。
③ 浙江省自考委、教育厅：《浙江省自学考试 2001 年工作总结》，浙江省自考办编：《浙江省自学考试文件选编》，2002 年，第 40 页。
　浙江省自考委、教育厅：《浙江省自学考试 2002 年工作总结》，浙江省自考办编：《浙江省自学考试文件选编》，2003 年，第 92 页。
④ 《高等教育自学考试 2002 年大事记》，2010 年 12 月 7 日，https://www.eol.cn/zikao/zkbd/201012/t20101207_549578.shtml。

三、参加中欧电子学习项目和开启自学考试课程学习过程性考试

进入新世纪后，随着网络技术的发展，浙江自学考试系统进一步开展网上答疑和网上助学活动。在此基础上，在全国考办的谋划下，浙江省承担了"中欧电子学习项目"的试点任务。借助该项目的实践成果，浙江省启动了自学考试课程学习过程性考试试点工作，促进了自学考试多元化评价体系的形成。

（一）深入开展网上答疑、网上助学

2001年，省自考办下发《关于充分利用自考网站加强助学工作的通知》，强调了教学媒体、网络在助学中的重要作用，鼓励自考生利用各种渠道上网学习。与此同时，浙江省着力抓网上课件研制，将其作为省自考委"十五"重点科研课题之一，浙江大学、浙江工业大学、浙江师范大学、杭州师范学院等高校申请立项。2002年1月，浙江自考网正式启动网上课程辅导答疑服务，浙江大学、杭州商学院、浙江师范大学、浙江工业大学、杭州电子工学院等承担了答疑课程。2003年，浙江自考网又建立了课程辅导答疑兼职教师队伍。拥有各高校在线兼职答疑教师500余人，覆盖自学考试646门课程，占已开考课程的90.2%，基本做到新开考课程与答疑教师同步落实。截至2006年，网上在线课程答疑实现了全覆盖，全年开通网上答疑课程645门，覆盖当年在考所有课程，各主考高校积极加强兼职答疑教师队伍建设，努力实现"即时互动"和"周内答毕"，答疑回复率达99%。[①] 此外，省自考办指定专职人员负责检查督促，将该项工作作为有关学校评优的重要参考之一。有关专家认为，浙江省自学考试网上课程辅导与答疑覆盖面之广，参与教师数量之多，在全国居领先位置，它在更深层次上解决了长期以来围绕自考界的教学环节相对薄弱等问题，对提高自学考试教学质量、实施素质教育大有裨益。

（二）承担中欧电子学习项目试点

进入20世纪90年代，全国自考办在继续做好考试环节管理工作的同时，把关注学习过程、完善自学考试教育功能作为自学考试改革与发展的重点之一。一方面，积极鼓励各种社会力量、办学机构向考生提供助学支持；另一方面，积极探索把现代远程教育的先进理念、先进技术引入自学考试。对此，全国自考办一直在积极寻求和国际远程教育机构的合作，先后多次派出考察团赴美国、英国、加拿大、日本等国考察学习开放与远程教育。1999年，经

---

① 浙江省教育考试院：《2006年全省自学考试工作总结》，浙江省教育考试院编：《浙江省自学考试文件选编》，2006—2007年，第49页。

教育部批准，全国自考办正式申请加入国际开放与远程教育协会（International Council for Open and Distance Education，ICDE），成为国际开放与远程教育机构大家庭中的一员。

2001 年 6 月，ICDE 起草了合作方案，提出了一个题为"欧中通用电子学习模型与实践"（Developing EU-China e-learning Model and Capacities，中方简称"中欧电子学习项目"，外方简称"DEC-eLEARN"）的合作项目。该电子学习项目是由国际开放与远程教育协会、全国自考办（National Education Examinations Authority，NEEA）、西班牙加泰罗尼亚开放大学（Universitat Oberta de Catalunya，UOC）、巴西圣保罗大学（University of São Paulo，USP）四方参与，利用欧洲（UOC）的远程教育专长和电子学习专长在中国开展的一项"大规模电子学习"活动，浙江、江苏、山东、四川、吉林等省份先后参与了该项目的有关活动。该项目分为四个阶段：一是 WP0 阶段，进行开题、项目分工、日程安排和签约等工作；二是 WP1 阶段，探讨建立中欧通用的电子学习模型；三是 WP2 阶段，确定电子学习的课程和开发电子学习材料；四是 WP3 阶段，开发电子学习平台与电子学习试点。

由于浙江省已在国际互联网建立了大容量的浙江自学考试网络平台，网上课程辅导与课程答疑工作已日益完善，国际远距离教育协会专家一致认为具备与外方网络学习平台接轨的条件。2004 年，教育部下发《中欧电子学习项目试验方案》，决定于 3 月至 7 月在浙江省进行中欧电子学习项目的学习平台试验工作。参与试点的 122 名学生被分为 3 个班级，分别接受 3 位专业教师的指导。依托于安装在 UOC 的汉化电子学习平台（以下简称 iAula），学生可以进入网上图书馆、网上资料室、课件库、虚拟实验室、虚拟教室等开展学习活动，通过文字、声音或可视电话的形式与教师进行网上交流与讨论。教师需要通过对学生进行辅导或与学生进行专题讨论、考查学生作业等，对学生的学习状况进行过程考核。考生最终成绩的合成比例为综合考核成绩占 65%，过程考核成绩占 35%。[①]

本次试点实验按照全国自考办确认的《中欧电子学习项目试点方案》实施，以中国人民大学出版社出版、保罗·克鲁格曼撰写的《国际经济学》第八章为试点实验的学习材料。过程学习考核试点自 2004 年 3 月 1 日正式开始，至 5 月底结束，历时两个月。

省自考办指定的平台系统管理员、观察员自始至终承担平台的技术维护、与 UOC 的技术联络工作与辅导教师及实验学生的联系工作。经查阅并分析系统记录，本次实验组 3 个班级 122 名学生中，有 112 人完成规定内容的试点实验学习和过程考核，有 10 人因多种原因基本没有按规定要求进行过程学习考核，实验参与率为 91.8%。[②] 从问卷调查、专题座谈和对实验

---

① 教育部高等教育自学考试办公室：《关于印发〈中欧电子学习项目试验方案〉的通知》，浙江省自考办编：《浙江省自学考试文件选编》，2004年，第257-259页。
② 教育部考试中心编：《中欧电子学习项目资料汇编》。

的观察情况看，此项实验获得了学生的积极参与和较高评价，取得了明显的成效。

2004年8月21—22日，中欧电子学习项目总结会暨自学考试网络助学研讨会在浙江召开，全国自考办主任对该项目的意义给予了充分肯定，认为既有利于贯彻落实全国考委五届二次会议上提出的"自学考试要加大对学习过程的重视"，又对即将开展的网络助学实践有很强的指导作用。

（三）开展自学考试课程学习过程性考试试点工作

作为中欧电子学习项目的试点省，浙江在该方案的制定、实施、评价等方面承担了大量的工作，收获了第一手的实践经验。为进一步强化过程性学习指导，浙江省于2005年率先启动网上过程性考试试点，通过对参加全日制教学的自考生进行统一组织的网上课程学习过程性考试，尝试对自考生学业进行综合评价。首次试点课程为邓小平理论概论、毛泽东思想概论、经济法概论等五门。浙江育人专修学院、浙江青年专修学院等五所院校为首批参与试点的院校。从2006年1月的自学考试开始实施课程学习过程性考试试点工作：过程性考试总计三次，其中客观题考试两次，由计算机自动评阅生成成绩；主观题考试一次，由省自考委统一组织教师评阅。课程学习过程性考试由试点院校在指定的计算机房统一组织安排，由省自考委在浙江自考网上组织实施。试点院校学生的课程终结成绩合成方式可从以下两种形式中由自考生自主选定：（1）统一考试课程成绩的70%加上课程学习过程性考试成绩的30%合成该门课程终结成绩；（2）单以参加统一考试的课程原始成绩为准。[①]2006年，省自考委又增加了浙江求智专修学院、浙江勤业自考学院、浙江三联专修学院等七所院校作为试点院校，自2006年3月起实施课程学习过程性考试试点。

与此同时，全国考办于2005年开始着手在自学考试中探索过程性考核。2007年，为适应高等教育大众化的形势，实现自学考试结构调整，全国考办制定了《高等教育自学考试改革发展纲要》，并启动了自学考试综合改革。改革单一的课程终结性考试方式，把自考生的学习过程纳入考核范畴，开展过程性考核，形成过程性考核和终结性考核相结合的自学考试学业评价体系是自学考试综合改革的内容之一。经过两年的准备，2008年开始在七个省（市）试点。

根据全国考办文件的精神，浙江省决定于2008年进一步推进自学考试课程学习过程性考试试点工作，积极扩大过程性考试试点范围，试点对象从参加全日制教学的自考生扩大到社会考生，试点课程从原来的9门扩大到15门，试点单位从全日制助学班扩大到衔接沟通学校

---

① 浙江省自考委：《关于中欧电子学习模式课程学习过程性考试试点管理有关事项的通知》，2005年11月28日，电子文件，浙江省教育考试院档案室藏。

和符合条件的市，参加学生近 4000 人。如湖州市教育考试中心筹建了"自考学习中心"，为社会考生参加过程性考试提供了平台。此外，在《关于进一步推进自学考试课程学习过程性考试试点工作的通知》中，浙江省教育考试院还对相关考务工作作了修订，如过程性考试的三部分考试内容允许自考生一次完成，也可分两次或三次完成等。[①]

2010 年，为了更好地利用社会教育资源向自考生学习和考试提供服务，浙江省自考系统与网站运营专业机构合作建设浙江省自学考试网络助学平台，并在此基础上进行课程学业综合评价试点工作。试点对象为中高职衔接学生和社会考生，采取自愿原则。按统考成绩和课程学业综合评价总成绩(含网上学习和网上过程性考试)7∶3 的比例合成该课程终结性成绩。[②]由此，通过多种方式，探索实施自学考试课程学习过程性考试，将一次性、终结性评价方式与多次性、过程性评价方式相结合，改变"一考定胜负"的现行模式，强化自学考试的学习过程。

四、深化自学考试课程设置与学分制改革

进入新世纪以后，浙江自学考试系统在课程设置和学分制管理模式上推出了两项改革，一是专科专业增加实践类课程比重，二是实施"同层课程超市"的自学考试大选修制。

（一）以增加实践类课程比重为重点的专科课程结构优化

2000 年教育部印发的《关于贯彻全国教育工作会议精神进一步改革和完善高等教育自学考试制度的意见》提出："根据社会需求和开考条件设置开考专业，要在原有特色的基础上，面向农村、行业、区域开设应用性、职业性的专业，重点培养在生产、管理、服务第一线工作的应用型人才。"此前，浙江省自考委和省教委 1999 年印发的《浙江省自学考试跨世纪改革与发展纲要》也把"发展自学考试高等职业教育"作为自学考试跨世纪改革与发展的重要目标之一。

2005 年浙江省成为全国自学考试专科专业审批权下放首批试点省之一。以此为契机，浙江省对自学考试专科专业进行了以增加实践类课程比重为重点的课程结构优化。至 2008 年完成了 60 余个专科专业课程设置的全面调整和修订，课程结构上进一步体现了职业教育特色，

---

① 浙江省教育考试院：《关于进一步推进自学考试课程学习过程性考试试点工作的通知》，浙江省教育考试院编：《浙江省教育考试文件选编》，2008年，第174-177页。
② 浙江省教育考试院：《关于建立自学考试网络助学平台的通知》，浙江省教育考试院编：《浙江省教育考试文件选编》，2010年，第330-335页。

突出应用性、技能性，使其更贴近岗位、行业的实际需求。①

一些助学单位据此加强实训基地建设，如浙江三联专修学院先后投入100余万元资金，建立"数控技术及仿真实验室""电子电工技术实验室""汽车实训室""学前教育琴房"等，为提升自学考试高职学生的学习和实践能力创造良好的条件。②截至2008年，浙江省完成了专科专业课程设置的全面调整和修订，进一步推进专业结构、课程体系由传统学科型向应用型、职业型的转变。

（二）实行"同层课程超市"大选修制

根据教育部1996年印发的《高等教育自学考试开考专业管理办法》等相关文件，浙江省高等教育自学考试开考专业的课程由公共基础课、专业基础课、专业课和实践性环节四部分构成。公共基础课、专业基础课、专业课部分课程的学分比例为3：4：3或2：5：3。在专业基础课和专业课中，自考生可以进行课程选修。但为确保组织考试、教材供应等各项配套工作的顺利开展，面向自考生开设的选修课并不多，且自考生只能在本专业考试计划推荐的选修课中按学分要求选修。

为此，浙江省于2009年进行基于核心课程的完全学分制管理模式试点，实施"同层课程超市"大选修制，即在核心课程的基础上，扩大选修范围，打破课程选修的专业界限，允许自考生根据自己的兴趣爱好、学科背景、岗位要求和社会需求在相同的学历层次上跨专业选修。课程结构由公共基础课、专业基础课、专业课和实践性环节四部分调整为公共基础课程、核心课程和选修课程三部分。核心课程是指实现本专业培养目标所必需的主干课程，包含本专业主要专业课程和专业基础课程。其中，核心课程和选修课程又包括理论课程和实践课程。对于选修课程来说，自考生既可在本专业考试计划推荐的选修课程中按学分要求选修，也可以在本省自学考试开考的同层次专业中选修。自考生修完公共基础课程、核心课程和选修课程，通过考试达到规定学分的要求，思想品德经鉴定符合要求的考生，发给自学考试专科或本科毕业证书，国家承认学历。符合学位授予条件的，按相关规定授予相应的学士学位。

经专家论证，浙江省于2010年下半年在自学考试产品质量工程等31个专科专业、食品质量与安全等30个专科起点本科专业中试行基于核心课程的大选修制，并于2012年在全省开考的127个专业中全面推行。"同层课程超市"大选修制的实行，有利于贯彻以人为本和学分制的理念，充分发挥自考生的学习主动性，实现学科体系、社会需求和学习者个体需求的

---

① 浙江省教育考试院：《关于印发〈浙江省自学考试工作要点〉等文件的通知》，浙江省教育考试院编：《浙江省教育考试文件选编》，2009年，第245页。
② 浙江三联专修学院：《助学单位加强实训基地建设》，《浙江自学考试》2008年第9期。

三位统筹。[①]

五、新时代推进自学考试综合改革实验区建设

2012 年 11 月举行的中国共产党第十八次全国代表大会的报告明确要求：积极发展继续教育，完善终身教育体系，建设学习型社会。2013 年 11 月党的十八届三中全会通过的《中共中央关于全面深化改革若干重大问题的决定》进一步提出："试行普通高校、高职院校、成人高校之间学分转换，拓宽终身学习通道。"[②] 这为新时代自学考试功能的拓展和升华注入了强大的动力。2013 年 11 月，全国高等教育自学考试综合改革实验区会议在湖北武汉召开。浙江作为 7 个实验预备省（市）之一，参加了会议。会议分析了高等教育自学考试工作面临的形势：一方面，高等教育大众化趋势明显，各类开放教育、继续教育形式等的不断涌现都对自学考试的发展提出了新的要求；另一方面，《国家中长期教育改革和发展规划纲要（2010—2020 年）》提出构建终身教育体系，建立学习型社会，为自学考试指明了发展方向。会议强调，在新形势下，应加快高等教育自学考试综合改革步伐，第一要明确新形势下自学考试的定位；第二要调整专业设置和课程体系；第三要修订考试大纲，加快命题内容和题型的改革；第四要加快考核评价方式和考试方法的改革。[③]2013 年 12 月，全国考办把浙江省列为全国自学考试综合改革实验区试点省。

2014 年 7 月，浙江省自考委和省教育厅印发了《浙江省自学考试综合改革实验区工作意见》。文件明确：自学考试综合改革是一项系统的、复杂的工程。推进自学考试综合改革，遵照"育人为本、创新体制、拓展服务、提高质量"的原则，从教育规律和本省教育发展实际出发，解放思想，转变观念，坚持质量标准，坚持教考分离，积极稳妥推进。

一是优化专业和课程结构，完善自考课程和专业设置。调整优化专业结构，以产业和社会需求为导向，及时开设具有本省经济特色、跨学科的专业，实现专业设置与产业需求、社会需求的有效对接；完善课程体系，健全基于专业核心课程的大选修制。

二是完善衔接沟通机制，拓宽终身学习通道。充分发挥自学考试开放灵活的优势，开展与其他教育形式的衔接沟通，促进实现各种教育形式的功能互补、资源共享、相互促进、共同发展，构架人才成长立交桥，为建立和完善继续教育、终身教育体系，推进学习型社会建

[①] 浙江省自考委：《关于在产品质量等自考专业中试行大选修制的通知》，浙江省教育考试院编：《浙江省教育考试文件选编》，2010年，第324页。

[②] 中共中央：《关于全面深化改革若干重大问题的决定》，北京：人民出版社，2013年，第44页。

[③] 全国自考办：《全国高等教育自学考试综合改革实验区会议在汉召开》，2013年11月14日，http://www.hbea.edu.cn/html/2013-11/8683.shtml。

设拓展路径。推进自考专科与中职教育（含技师教育）衔接，自考本科与高职高专教育衔接，自考课程与非学历证书衔接，自考与其他教育形式学分互认，自考为普通高中学生、中职学生选修课程、修身教育提供以课程或课程组为单位的服务。积极创造条件，鼓励高校学生通过自考辅修第二专业和选修课程，尝试为高中学生选修课程学习及评价提供自考新平台；探索自考课程学分库和学分银行建设，搭建各种教育形式学分转换和认证平台。

三是充分发挥普通高校特别是主考学校作用，完善自考学习支持体系。强化主考学校在自考专业建设、命题、评卷、实践环节考核和毕业审核等方面的职能；发挥普通高校特别是主考学校在自考学习支持体系建设中的作用，向自考生开放教育教学平台，开放实验室，采用多种形式参与自考助学辅导；开展示范学习服务中心建设，充分发挥示范和辐射作用。

四是改革考试内容和方式，建立综合评价制度。发挥本省承担全国统考课程命题任务的优势，推进考试形式和内容改革；对选修课程的理论课开展统考和过程性评价相结合的试点，建立多元评价、综合评价制度。[①]

从2014年到2021年，浙江省自学考试按照《浙江省自学考试综合改革实验区工作意见》的部署，以结构优化和内涵发展为重点，扎实地推进综合改革实验区的工作。

[①] 浙江省自考委、教育厅：《浙江省自学考试综合改革实验区工作意见》，浙江省教育考试院编：《浙江省教育考试文件选编》，2014年，第222-232页。

1981 年

1 月 13 日，国务院批转下发了教育部制定的《高等教育自学考试试行办法》，并决定在北京、上海、天津和辽宁等三市一省试行。

1983 年

5 月 3 日，国务院批准成立全国高等教育自学考试指导委员会，负责拟定考试的方针政策，指导各省、自治区、直辖市高等教育自学考试工作等。

1984 年

2 月，省政府批准建立浙江省高等教育自学考试指导委员会，副省长李德葆担任省自考委主任。省高等教育自学考试办公室设在省教育厅内，作为指导全省自学考试的日常办事机构。随后在杭州举行全体会议。

4 月 15 日，经省政府批准，省自考委颁发《浙江省高等教育自学考试暂行办法》。

8 月，《浙江自学考试》杂志创刊。

12 月 2 日，浙江省首次开考党政干部基础科、汉语言文学、数学、英语、统计学、商业企业管理等六个专科专业，报考人数为 2.88 万人。主考学校为杭州大学、杭州电子工业学院、杭州商学院。

1985 年

9 月 25 日，经省政府批准，省自考委下发《浙江省中等专业自学考试试点暂行办法》。

1986 年

4 月、5 月、8 月，中师、护士、财会中专自学考试开考。

6 月，华东地区第二次协作会议在宁波举行，此次会议着重讨论汉语言文学专业协作命题的问题。

12 月，浙江省自考生邹海波、陈大新荣获全国首届残疾人自学成才奖。

1987 年

4 月 12 日，省自考办在全国率先研制完成"计算机自学考试考籍管理系统"，并通过全国考委组织的技术鉴定。专家们认为此成果在推进自学考试现代化管理方面实现了突破。随后受全国考委委托，省自考办在杭州举办全国自学考试计算机考籍管理应用培训班。

6 月，浙江省自考委与省统计局联合转发全国考委、国家统计局《关于在统计学专业高等教育自学考试中试行专业证书制度的通知》，首次在自学考试制度里试行专业证书制度。从而形成了单科合格证书、专业证书和毕业证书相结合的证书体系。

8 月，省自考委在杭州举行高等教育自学考试首届毕业典礼，并对首届优秀自考毕业生进行表彰。全省首届自考毕业生 1839 人。

10 月，浙江省开考"汉语言文学"本科专业。自学考试由刚建立时单一的专科层次拓展为中专、大专、本科三个层次。

11 月，省自考委根据国家教委统一部署，首次对无学历授予权的经济管理刊授联合大学1983 级学员进行认定考试。

1988 年

3 月 3 日，国务院发布《高等教育自学考试暂行条例》，对高等教育自学考试的含义、任务和工作方针、考试机构、开考专业、考试办法、考籍管理、社会助学、奖励和惩罚等都作了明确的规定，成为国家层面自学考试工作的法规性文件。

4 月 25 日，省自考委、省教委、省招委决定在全省成人高等学校经济管理类专业开展联合办学，实行免试入学，省自考委负责对基础段四门课程考试，有关成人学校负责专业段教学和考试，国家承认学历。

1989 年

1 月，省自考委根据全国自考委文件精神，批复宁波市自考委，同意该市从下半年起独立开考"工商经营"中专。

6 月，浙江省首届高等教育自学考试本科考生毕业，21 位自考生获得汉语言文学专业本科毕业证书。

1990 年

浙江省嘉兴市自考办、宁波市自考办等八个单位和四位个人被评为 1989 年全国自学考试先进单位和先进工作者。

1991 年

3 月，浙江省召开首届自学考试理论研讨会，探讨对自学考试理论与实践工作的认识。

6 月，全省自学考试首届科研讨论会在岱山县召开。

6 月 12 日，国家教委主任以第 16 号令发布了《中等专业教育自学考试暂行规定》，明确中专自学考试主要是地方性事业，全面阐述了中专自学考试的运行机制和管理体制。

8 月 31 日，国家教委下发《关于加强自学考试工作的意见》，提出"有计划、有步骤地发展应用型专科的自学考试工作，逐步调整开考专业结构；以专科学历考试为主，努力发展中专自学考试""积极探索自学考试与函授、广播电视教育的沟通""积极研究自学考试面向基层、面向农村问题""进一步完善部门委托开考的形式"等。

1992 年

1 月，省自考办发出《关于"自学考试如何面向农村"专题调研的通知》。随后启动专题调研。

4 月，省自考委和省卫生厅联合发文，面向全省护理人员开考护理专业自学考试。该专业由华东各省（市）协作开考。从课程设置、教材编写到命题均实行区域协作。这是浙江实施自学考试制度以来第一个省际协作开考的专业。

10 月，国家教委下发《关于在部分省开展中专自学考试改革试点工作的几点意见》，决定在浙江等六省开展中专自学考试改革的试点工作。试点内容主要是在专业开考方面逐步扩大地市一级自学考试工作委员会的权限。

12 月，经过一年的调研和准备，省自考办在杭州召开"自学考试如何面向农村"的专题论证会，首次把自学考试的乡镇服务机构称为"基层联络点"。

12 月，经省自考委和有关部门同意，宁波、衢州进行独立开考中专自学考试改革试点。其中，宁波独立开考"实用英语"专业，衢州独立开考"种植养殖"专业。

1993 年

8月，浙江省采用"高师函授、自学考试和卫星电视师范教育相沟通"（简称"三沟通"）的方式开展对初中教师的学历培训教育。全省两万多名不具备合格学历的初中学教师进修高师专科自学考试。是为"高师自考"专科层次。

10月5日至7日，省自考办在宁波象山召开全省社会助学工作会议（即"象山会议"），会议提出了社会助学工作的十六字工作方针：充实内涵、开拓基层、因地制宜、全面发展。它是浙江省推进自学考试向农村发展以来规模最大的一次会议，标志着浙江省自学考试社会助学工作进入持续健康发展阶段。全国自考办相关工作负责人到会指导。

1994 年

3月，省教委颁发《浙江省中学教师进修高师本科自学考试暂行办法》，通过自学考试开展对高中教师的学历培训教育，第一学期的考试时间在1995年1月。是为"高师自考"本科层次。

12月，省自考委、省教委在杭州举行"浙江自学考试十周年庆祝大会"，省委主要领导致贺信。

以反映浙江省自学考试为主题的《大学，没有围墙》电视专题片由省自考办和省电视台联合拍摄完成，并在浙江电视台播放。

12月，根据国家教委党组决定，全国高等教育自学考试指导委员会办公室（国家教育委员会高等教育自学考试办公室）与国家教委考试中心合并，机构定名为"国家教育委员会考试中心"，因工作需要，对外仍保留"全国高等教育自学考试指导委员会办公室"和"国家教育委员会高等教育自学考试办公室"两个名称。

12月，省教委允许自学考试成绩优良的学生经批准后可以免考学位课程，成绩优良的衡量标准是自学考试各科成绩平均达到70分以上，其中学位课程考试成绩在70分以上。

1995 年

4月，浙江省自考生报考人数突破10万人。

6月，"自学考试制度的教育规律"科研讨论会在北京市召开。会议强调要重视自学考试作为一种教育形式的功能和规律。浙江省多名同志出席此次会议并作大会发言。

1996 年

1月，省政府决定调整省高等教育自学考试委员会组成人员，副省长徐志纯任主任。

1月，省教委、省自考委下发《关于1996年结束成人高等教育联合办学基础段自学考试工作的通知》，决定于1996年4月和10月再安排两次基础段课程自学考试，此后不再安排考试。联合办学结束。

1月27日至28日，浙江省首次开考电大"注册视听生"考试。

4月10日至12日，省教委、省自考委在临安召开全省乡镇自学考试联络站工作会议。全国自考办主任到会指导。

4月23日，《中国教育报》头版头条刊登《面向农村服务农业：浙江省设乡镇自考联络站的启示》。

5月，省自考委二届一次会议在杭州召开。

6月，国家教委下发《关于进一步做好高等教育学历文凭考试试点工作的意见》，明确了高等教育学历文凭考试的含义、组织管理、试点专业等。

10月，在国家教委召开的自考工作会议上，浙江省自考办被评为全国自考15周年科研与统计工作先进集体和社会助学工作先进集体。

1997 年

2月3日，全国自考办印发《关于贯彻执行国家教育委员会办公厅〈关于调整函授、卫星电视教育、自学考试相结合的中学师资培训工作的通知〉的通知》，决定"三沟通"模式培训初中教师不再继续招生。

10月，浙江省自学考试报考人数突破20万人。

启动自学考试"课程学习包"工程。一年后，"文学概论""建筑企业管理学""国际贸易实务"等课程学习包在浙江问世。

1998 年

3月，国家教委办公厅同意浙江、山东和江苏三省进行高等教育学历文凭考试试点，对不具备颁发学历文凭的民办高校进行学历认定考试。首次统考课程于1999年2月进行，下半年于7月进行。

5月，教育部印发《高等教育自学考试专业目录》和《高等教育自学考试专业基本规范》。

这是建立自学考试制度以来，第一次对开考专业进行全面系统的汇集、整理、修订和规范。

6月，湖州市计划委员会、人事局、自考委等联合下发《关于湖州市高等教育自学考试农业户口毕业生"农转非"问题的通知》，在全省率先实施自学考试毕业生"农转非"政策。

12月28日，《光明日报》以头版头条位置发表长篇通讯《烛照农村现代化的神圣之光——浙江省自考向农村延伸纪实》，浙江省委主要领导对此作出重要批示。

省委办公厅、省政府办公厅印发《关于在全省开展创建教育强县活动的通知》，启动教育强县建设活动，"积极发展自学考试"纳入考评标准。

1999 年

1月19日，省自考委、省教委和《光明日报》社在杭州联合举办自学考试向农村延伸研讨会。

2月，经省政府同意，省自考委组成人员进行了调整。省自考委、教委印发《浙江省自学考试跨世纪改革与发展纲要》。

4月，全国考委在浙江省建立面向农村自学考试综合实验区。

11月，浙江省教委主任兼省自考委副主任担任第五届全国自考委委员职务，后又担任第六届全国自考委委员。①

是年下半年考试，浙江省自学考试报考人数突破30万人。

12月，全国考办决定在浙江省建立高等教育自学考试学习媒体建设实验区。主要内容包括课程学习包研制和主渠道供应模式实验两部分。

12月27日，省政府印发《关于加强我省自学考试工作的通知》，对加强自学考试工作作出全面部署。

2000 年

3月，省教育厅、省自考委、省发展计划委、省人事厅、省公安厅、省粮食局联合下发《关于做好浙江省自学考试及其他高等教育学历考试毕业生就业工作的通知》，明确将高教自考毕业生的就业纳入普通高校毕业生就业管理范围，准予自考毕业生户口"农转非"，规定其可在全省范围内双向选择、自主择业，由各级高校毕业生就业管理部门签发就业报到证。

5月，省教育厅、省自考委决定开考心理健康专业（专、本科），并对该专业实行多证书

---

① 教育部：《关于成立第五届全国高等教育自学考试指导委员会的通知》，1999年11月11日，http://www.moe.gov.cn/srcsite/zsdwxxgk/199911/t 19991111_163420.html。

制（毕业证书、专业证书和心理健康教育基础知识培训考核合格证书），开启了学历与非学历教育考试"捆绑式"发展的新模式。

高师自考的思想政治教育、数学教育、教育管理、汉语言文学教育、英语教育等5个专业纳入自学考试。

上半年，省自考办承担证券从业人员资格考试，首次报考人数为3200余人。

7月，省教育厅、省自考委决定在实施"浙江省自学考试社会助学许可证"的基础上，建立自学考试社会助学机构年审和挂牌助学制度。

2001年

1月，省教育厅、省自考委下发《关于开展高教自学考试与中职衔接开设高职类专业试点的通知》，决定于下半年开始试点，首批试点专业为烹饪工艺、饭店管理（专科）专业，主考学校为浙江商业职业技术学院。

上半年，教育部自考办在全国范围内开展大规模的自考生问卷调查，统计结果显示浙江省自考生对所在省自考的综合满意率位于全国第一位。

7月，浙江省自考系统首次承担清华大学远程教育考试组考试点工作，杭州、宁波、温州、台州四市近700人参加，开创自学考试为远程教育提供考试服务先河。

从7月开始，浙江省自考委、省教育厅决定高教自学考试在每年4月、10月考试的基础上，增设1月、7月考试。一年共安排4次考试。

11月，经全国考委批准，浙江省开展自学考试开设高中起点本科专业试点，试点专业为新闻、法律、英语、国贸。首次考试时间为2002年10月。

12月，成立高等教育自学考试浙江命题中心，与省自考办一个机构两块牌子，主要承担全国统考课程与本省学历非学历各项考试的命题组织管理工作。

省自考办成功举办浙江省首届自学考试毕业生人才招聘会。

全省自学考试社会助学及乡镇自考生学习活动室建设现场会在海宁市召开。

2002年

1月，《农村自学考试发展研究》荣获"九五"（1996—2000年）浙江省教育科学规划重大研究成果一等奖。

浙江自考网正式启动网上课程辅导答疑服务，杭州商学院、浙江大学、浙江师范大学、浙江工业大学、杭州电子工学院等高等院校教师在线回答自考生课程学习中的问题。

受省国税局委托，省自考办组织省国税系统执法资格考试，全省近万名国税干部参加考试。

上半年，舟山市启动自学考试计算机网上报名试点工作。

7月，省自考委接受省国税局的委托，在全省开考国税系统执法能级考试。

省自考办率先推出自学考试与普通高校学分互认制度，杭州商学院成为首所试点学校。

宁波市成功开通自学考试电话报名系统，实现了自考报名工作网络化、自动化和远程化。

8月，省政府决定调整浙江省自考委组成人员，盛昌黎副省长担任主任。

8月12日，教育部和北京市人民政府在省人民大会堂举行高等教育自学考试制度建立20周年纪念大会，浙江省自考办主任在大会上发言。会上表彰了自学考试工作先进集体和先进个人，浙江省自考办获得考务考籍工作优秀奖、社会助学工作优秀奖和教材媒体建设工作优秀奖，杭州商学院等10个浙江单位获评全国高等教育自学考试工作先进单位，16名浙江自学考试工作者获评先进个人。

9月10日，浙江大学委托全国考办进行远程教育考试的考务管理工作。浙江省自学考试系统承担相应工作。

11月，杭州电子工业学院率先进行实验室向自考生开放试点，自考生可与在校全日制学生一起参加实践环节培训。

教育部成立第三届全国自考委专业委员会，浙江省5位主考学校专家当选为委员。

经省教育厅批准、省工商行政管理局注册，省自考办成立浙江省教育考试服务中心，以市场运作机制开展教育考试服务工作。

北京外国语大学与全国考办合作开展远程教育考试。浙江省自学考试系统承担相应工作。

12月，在全国高等教育自学考试教材供应会议上，浙江省再次获得全国自考教材供应工作一等奖，成为全国唯一获得三连冠的省份。

年底，浙江省完成所有高等教育自学考试毕业生电子注册工作，社会和用人单位只需登录中国高等教育学生信息网或者浙江省高等教育学生信息网即可对自考生毕业证书进行查询和认证。

2003 年

1月，由舟山市教育局承担的浙江省自学考试"十五"规划课题"高等教育自学考试网上报名系统开发研究"，在杭州通过省级鉴定。

2月，省自考委四届一次会议在杭州举行。

4月，绍兴县教育局在全市率先动员中职学生参加自考修身类课程考试。修身类课程包括思想政治教育类课程三门（马克思主义哲学原理、邓小平理论概论、法律基础与思想道德修养）和心理健康教育类课程三门（心理卫生、青少年心理学、人际关系心理学）。

7月9日，省自考委、省教育厅下发《关于开展高等教育自学考试与全日制专科教育衔接试点的通知》，并于该年7月开始试行。

10月，全国自学考试考务考籍管理质量评审组赴浙江省检查评估。评审组在听取省自考办关于全省自学考试考务考籍质量评估汇报后，到宁波、嘉兴、湖州、舟山等市对组织机构、考务考籍管理、考风考纪建设等情况进行实地检查，逐项评分，浙江省总成绩名列第一。

12月，浙江省自学考试学习媒体建设实验区顺利通过全国验收。教材供应工作第四次获得全国自考教材供应工作一等奖。

2004 年

3月24日，教育部下发《中欧电子学习项目试验方案》，决定于3月至7月在浙江省进行中欧电子学习项目的学习平台试验工作。参与试点的学生在该平台上进行网上学习和过程考核等活动。

4月1日，政府召开浙江省实施高等教育自学考试制度20周年纪念大会，总结20年来浙江省自学考试的巨大成就，对先进市县自考办、主考学校、示范性助学组织、优秀毕业生进行了表彰，进一步明确了今后的发展方向和重点。时任浙江省委书记习近平和省政府主要领导、教育部副部长在会前致贺信。全国自考办主任代表教育部全国考委在会上致贺词。

5月19日，中欧电子学习项目浙江省试点阶段总结会在杭州召开。西班牙加泰罗尼亚开放大学（UOC）的代表参加会议。

6月28日，教育部下发了《关于取消高等教育学历文凭考试的通知》。自2005年起，停止招收高等教育学历文凭考试学生。浙江经三年收尾考试后，2008年不再安排考试。

11月，全国自考办于2004年起开展命题中心综合评估。浙江命题中心以优良成绩通过全国自考办组织的专家评估组的全面评估。

2005 年

是年，浙江、福建、江苏、北京、重庆、天津、湖北等七省（市）成为首批全国专科专业审批权下放试点省份。

2006 年

1月，启动课程学习过程性考试试点。过程性考试总计三次，其中客观题考试两次，由计算机自动评阅生成成绩；主观题考试一次，由省自考委统一组织教师评阅。

2月13日，省自考委决定在杭州技师学院、浙江交通技师学院开展汽车运用技术（专科）专业自学考试与全日制技师教育衔接试点工作。

3月，建立浙江省教育考试院，作为省招委、省自考委的常设办事机构，同时作为省教育厅直属的副厅级行政职能类事业单位，组织实施本省高等学校招生考试、高等（中等）教育自学考试、普通高中会考、相关社会考试等教育类考试。

年底，网上在线课程答疑服务实现全覆盖。全年开通网上答疑课程645门，覆盖当年在考所有课程。

2007 年

3月，自学考试制度建立25周年之际，全国考委决定对自学考试工作中涌现出的一批先进集体、先进工作者予以表彰。浙江省获得高等教育自学考试专业建设工作优秀奖、考务考籍工作优秀奖、科研工作优秀奖、教材媒体建设工作优秀奖和综合改革特殊贡献奖，杭州市萧山区获得"全国高等教育自学考试先进集体"称号，22位同志被授予"全国高等教育自学考试先进个人"。

2008 年

年底，浙江省完成了对专科专业课程设置的全面调整和修订，课程结构上进一步体现职业教育特色，突出应用性、技能性。

2009 年

3月23日，浙江省教育考试院决定从2009年开始，建立自考全日制助学网上招生服务平台，进行网上招生试点。

2010 年

4月，省教育厅和省农办印发《关于建立自学考试与社区教育沟通机制为新农村建设提供教育服务的实施方案》，决定通过开设学历教育和非学历教育项目建立沟通机制，推进自考与社区教育沟通协作。

浙江省教育考试院与"自考 365 网站"合作建设浙江省自学考试网络助学平台，并在此基础上进行课程学业综合评价试点工作。

9 月，省自考委决定于 2010 年下半年在自学考试产品质量工程等 31 个专科专业、食品质量与安全等 30 个专科起点本科专业中试行基于核心课程的大选修制。大选修制指的是在核心课程的基础上，扩大选修范围，打破课程选修的专业界限，允许自考生根据自己的兴趣爱好、学科背景、岗位要求和社会需求在相同的学历层次上跨专业选修。2012 年上半年起全面实施大选修制。

2011 年

11 月，浙江省自考委秘书长兼省自考办主任担任第七届全国自考委委员职务。[①]

2012 年

12 月，全国自考办批准浙江工商大学、浙江师范大学、温州职业技术学院、浙江新世纪经贸专修学院、浙江三联专修学院 5 所自考全日制助学院校为"全国示范学习服务中心"。

2013 年

8 月 1 日，省自考委调整高等教育自学考试课程考试安排：自 2014 年起，原一年四次考试（1 月、4 月、7 月、10 月），调整为一年两次（4 月、10 月），1 月和 7 月不再安排课程考试。

12 月，全国自考办把浙江省列为全国 7 个自考综合改革实验区试点省份之一。

2014 年

7 月 9 日，省教育厅、省自考委联合下发《浙江省自学考试综合改革实验区工作意见》，要求优化专业、类别、课程结构，完善自考课程和专业设置制度；完善衔接沟通机制，拓宽终身学习通道；发挥普通高校特别是主考学校作用，完善自考学习支持体系；改革考试内容方式，建立综合评价制度等。

---

① 教育部：《关于成立第七届全国高等教育自学考试指导委员会的通知》，2011年11月11日，http://www.moe.gov.cn/srcsite/zsdwxxgk/201111/t 20111111_127341.html。

2017 年

"对自考合格课程跨省转移的确认""对自考考生免考课程的确认"两项工作纳入浙江省人民政府"最多跑一次"改革事项，实现了相关服务网上申请、网上办理。

2018 年

9月，根据教育部办公厅下发的《关于印发〈高等教育自学考试专业设置实施细则〉和〈高等教育自学考试开考专业清单〉的通知》，浙江省教育考试院制定了《浙江省高等教育自学考试现行开考专业与教育部专业清单对应表》，重新核定了《浙江省高等教育自学考试现行开考专业计划》。

自学综合管理系统开发完成，实现了自考报名缴费、计划编排、考务考籍管理、毕业生申请及审定、主考学校实践环节成绩报送等环节工作的网络化、信息化管理。

浙江省高教自学考试历年报考人数和毕业人数

浙江省高教自学考试历年报考人数（1984—2021年）

单位：人

时间	报考人数	时间	报考人数	时间	报考人数
1984年下半年	28846	1996年上半年	159952	2004年7月	98017
1985年上半年	34053	1996年下半年	177257	2004年10月	249699
1985年下半年	46995	1997年上半年	196899	2005年1月	90102
1986年上半年	51910	1997年下半年	201875	2005年4月	216292
1986年下半年	64553	1998年上半年	236372	2005年7月	85537
1987年上半年	66619	1998年下半年	276433	2005年10月	242847
1987年下半年	66443	1999年上半年	295418	2006年1月	84896
1988年上半年	68136	1999年下半年	321938	2006年4月	206317
1988年下半年	52964	2000年上半年	309164	2006年7月	83647
1989年上半年	51271	2000年下半年	312837	2006年10月	196731
1989年下半年	46076	2001年4月	320828	2007年1月	75688
1990年上半年	62555	2001年7月	111565	2007年4月	189823
1990年下半年	51233	2001年10月	336247	2007年7月	81069
1991年上半年	60585	2002年1月	121539	2007年10月	164589
1991年下半年	68463	2002年4月	334432	2008年1月	75745
1992年上半年	85012	2002年7月	124814	2008年4月	186075
1992年下半年	88275	2002年10月	321848	2008年7月	83852
1993年上半年	74353	2003年1月	124958	2008年10月	155865
1993年下半年	79026	2003年4月	328334	2009年1月	94709
1994年上半年	84035	2003年7月	106601	2009年4月	172258
1994年下半年	88782	2003年10月	296339	2009年7月	90973
1995年上半年	115952	2004年1月	105717	2009年10月	156821
1995年下半年	133055	2004年4月	258626	2010年1月	86772

续表

时间	报考人数	时间	报考人数	时间	报考人数
2010年4月	131586	2013年1月	44825	2017年下半年	53935
2010年7月	74191	2013年4月	72555	2018年上半年	66631
2010年10月	117373	2013年7月	47834	2018年下半年	73338
2011年1月	68650	2013年10月	60827	2019年上半年	86111
2011年4月	112566	2014年上半年	96336	2019年下半年	84353
2011年7月	58574	2014年下半年	68517	2020年上半年	95342
2011年10月	96039	2015年上半年	74846	2020年下半年	86844
2012年1月	51955	2015年下半年	55694	2021年上半年	105681
2012年4月	85591	2016年上半年	64993	2021年下半年	97573
2012年7月	49337	2016年下半年	51567		
2012年10月	71388	2017年上半年	59541		

注明：从2001年起，为缩短学习周期，浙江省经过全国自考委同意，在4月、10月开考基础上增加7月、1月考试，分别为7月、1月考生增加一次考试机会。2014年起恢复一年两次考试。

浙江省高教自学考试历年毕业人数（1987—2021年）

单位：人

时间	毕业人数	时间	毕业人数	时间	毕业人数
1987年上半年	1839	1997年下半年	3267	2008年上半年	6177
1987年下半年	1033	1998年上半年	3915	2008年下半年	5575
1988年上半年	2705	1998年下半年	6418	2009年上半年	6001
1988年下半年	1785	1999年上半年	3754	2009年下半年	7512
1989年上半年	2459	1999年下半年	8118	2010年上半年	6292
1989年下半年	2886	2000年上半年	5248	2010年下半年	7414
1990年上半年	2079	2000年下半年	9029	2011年上半年	6546
1990年下半年	1662	2001年上半年	5469	2011年下半年	7160
1991年上半年	1578	2001年下半年	14283	2012年上半年	5246
1991年下半年	1989	2002年上半年	8265	2012年下半年	6467
1992年上半年	2424	2002年下半年	12669	2013年上半年	6949
1992年下半年	1609	2003年上半年	9640	2013年下半年	6636
1993年上半年	1082	2003年下半年	11386	2014年上半年	7421
1993年下半年	1775	2004年上半年	11447	2014年下半年	8893
1994年上半年	1511	2004年下半年	10104	2015年上半年	10868
1994年下半年	3477	2005年上半年	8786	2015年下半年	12992
1995年上半年	2346	2005年下半年	10038	2016年上半年	8495
1995年下半年	3019	2006年上半年	7241	2016年下半年	13541
1996年上半年	3701	2006年下半年	8713	2017年上半年	5840

时间	毕业人数	时间	毕业人数	时间	毕业人数
1996年下半年	2983	2007年上半年	6926	2017年下半年	7528
1997年上半年	1326	2007年下半年	6892	2018年上半年	2661
2018年下半年	7059	2020年上半年	893	2021年上半年	3554
2019年上半年	2203	2020年下半年	5195	2021年下半年	8579
2019年下半年	7721	2020年9月	4444		

第篇

教育评价改革中形成的高中
会考与高中学考
（1983—2021年）

引　言

高中会考的功能是检验学生的学业水平、评价高中学校的教学质量。高中会考制度的建立，旨在改变中学以高考成绩作为评价中学教学质量的主要甚至是唯一的指标、唯高考升学率是求的局面。

20 世纪 80 年代，浙江与上海一起，率先在全国实施高中会考制度。浙江于 1983 年面向 18 所重点中学先行试点，又于 1988 年完成向全省所有普通高中的推开实施。上海则于 1985 年在全市普通高中实行普通高中会考制度。在浙江、上海先行试点的基础上，国家教委于 1989 年印发《关于试行普通高中毕业会考制度的意见》，推开试点；次年又印发《关于在普通高中实行毕业会考制度的意见》，部署在全国分步实行高中毕业会考制度。

2006 年，浙江把"普通高中证书会考"改名为"普通高中会考"。在两年后省政府办公厅公布的《浙江新课改高考方案》中，高中会考被确定为新课改高考的基础，在五年后的"三位一体"综合评价招生模式中，高中会考成为其中的一"位"。

2012 年，高中会考转型为高中学业水平考试。在两年后省政府公布的《浙江省深化高校考试招生制度综合改革试点方案》中，高中学考经增加"加试题"而形成的选考科目，与统一高考科目"语文、数学、外语"一起构成"3+3"高考科目组合，高中学考纳入高校招生考试科目体系。

先行探索的浙江高中会考制度
（1983—2005年）

高中会考制度是专门用于评价高中教学质量的教育评价制度。建立高中会考制度是我国教育发展史上的一项重大改革，旨在改变单纯用高考评价高中教学质量的做法，扭转中学教育中愈演愈烈的文理偏科和片面追求升学率倾向。

1983年，教育部提出"毕业考试要和升学考试分开进行，有条件的地方可按基本教材命题，试行初、高中毕业会考"[①]的设想，勇立潮头的浙江立即响应，当年在全国率先建立重点高中毕业会考制度。1988年，浙江又在全省全面实行高中证书会考制度，并持续实施，成为"1983年开始会考，始终坚持不间断的唯一的省"。[②]

一、高中会考制度建立的时代背景

中学教育是基础教育，一方面服务于高等教育优秀人才选拔，另一方面关乎国家四化建设劳动者储备。恢复高考后，由于国家建设对高校毕业生的需求旺盛，高考成为中学生改变人生道路的关键环节，中等学校逐渐形成了"片面追求升学率"的局面，主要表现为五个方面：其一，教学内容的安排以考试内容为基准，考什么教什么，考多难教多难；其二，以少数尖子生升学为主要教学目的，难以满足所有学生的发展需求；其三，盲目增加重读留级学生数量，忽视办学质量，存在大量复读班和补习班；其四，教学规律难以得到充分体现，题海战术、考试频繁大大增加了学生负担；其五，高考升学率近似于评估学校、师生的唯一依据。[③]

在这一形势下，高考被强加上了评价中学教学质量的功能，也被归咎为偏科教学和应试教育的主要原因，甚至成为一种证明"失败"而不是"成功"的考试，从而使中学教育成为一

---

① 教育部：《关于进一步提高普通中学教育质量的几点意见》，何东昌主编：《中华人民共和国重要教育文献（1949—1997）》，海口：海南出版社，1998年，第2114页。
② 杨学为：《会考与高考 合格加特长》，杨学为：《中国考试改革研究》，北京：北京大学出版社，2001年，第301页。
③ 邵宗杰、蔡建民主编：《高中会考制度的实践与研究》，杭州：浙江教育出版社，1994年，第2-3页。

种"失败"的教育。^①因此，建立一种新的考试制度以衡量中学教育质量、引导学生全面发展，不仅是应对中学"片面追求升学率"的另辟蹊径，也是高考亟待挣脱被强加的"指挥棒"重负的必然之需。

1983年全国教育工作会议提出：为提高中学教学质量，有条件的省、市可组织进行高、初中会考。^②同年8月，教育部发布《关于进一步提高普通中学教育质量的几点意见》，为普通中学的未来发展把舵定向。《意见》提出：

衡量一所中学办得好坏，主要看其是否全面贯彻党的教育方针，对全体学生负责；学生的品德、智力、体质是否在原有的基础上有较大提高，合格率如何；学生毕业后是否适应劳动或升学的要求。只抓考分，忽视德育、体育，忽视基础知识和培养能力；只抓少数"尖子"、毕业班，忽视大多数；只抓高中，忽视初中等片面追求升学率的错误做法，必须坚决纠正。^③

在明确了办学指导思想后，教育部进一步要求从实际出发对教学进行改革，并提出建立健全考试制度：

教学计划所规定的必修课程，各校都必须开设，每个学生都必须学习。每学完一门课程，即进行考试或考查，学习成绩应记入学生档案。毕业考试可只考本学年所学课程。对没有学完教学计划所规定的课程，德、智、体没有达到合格要求的学生，只发给结业证书；一年内在原校补考及格，才可发给毕业证书；中途退学的只发给肄业证书。具体办法由各省、市、自治区教育厅（局）制定。毕业考试要和升学考试分开进行，有条件的地方可按基本教材命题，试行初、高中毕业会考。^④

二、浙江高中会考制度在全国的率先建立

浙江高中会考制度的率先建立既得益于国家教育计划的引导，也立足于浙江本地教育的发展成果。

（一）浙江高中会考制度建立契机

自1978年至1983年，浙江省在"压缩普通高中，稳定初中规模，确保小学重点"的工作方针指导下，全省普通高中由1977年的2833所调整为621所，在校生从72.58万人减少到

---

① 杨学为：《克服困难，改革考试难度》，杨学为：《中国考试改革研究》，北京：北京大学出版社，2001年，第279页。
② 全国普通高中学业水平考试工作协作会编：《中国高中会考改革二十年（1990—2010）》，南昌：江西人民出版社，2010年，序言第2-3页。
③ 教育部：《关于进一步提高普通中学教育质量的几点意见》，何东昌主编：《中华人民共和国重要教育文献（1949—1997）》，海口：海南出版社，1998年，第2113页。
④ 教育部：《关于进一步提高普通中学教育质量的几点意见》，何东昌主编：《中华人民共和国重要教育文献（1949—1997）》，海口：海南出版社，1998年，第2114页。

19.76万人，学制由两年改为三年，实现了区区有高（完）中、每县各有一所重点中学，消除了基础教育的虚肿现象，提高了学校规模效益。[①]

1983年，浙江省教育厅主要负责人参加全国教育工作会议回来后，立即传达贯彻全国教育工作会议精神，结合全省普通高中办学和教学质量评价的实际情况，研究决定响应教育部的号召，于当年首次举行全省统一命题的重点中学高中毕业会考，率先吹响创建高中会考制度的号角。

浙江省在探索建立全省高中毕业会考制度之初，即明确高中毕业会考的目的和原则：其一，列入高中教学计划中的必修科目都要考，以达到改变任意砍课程现象的目的；其二，规定全省统一的会考时间，以达到改变过早结束课程，盲目"开超速快车"状况的目的；其三，把考试的难度压下来，以达到改变教学单纯与高考对口以至于忽视大多数学生学业状况的目的。[②]

（二）率先实施重点中学高中毕业会考

1983年，浙江省在首批办好的18所省级重点中学首次举行高中毕业会考。首次考试由省教育厅授权省教研室统一命制试卷与评分标准，按学校施考与评卷；考试科目分侧文侧理两类共九科：政治、语文、数学、外语、物理、化学、生物、历史、地理。[③]杭州市则在市区范围内实行毕业会考。1984年，杭州市人民政府作出决定：自本年起，高中毕业会考与招工考试合并举行，由市教育局统一组织，统一命题，统一阅卷，考试科目为政治、语文、数学、外语、物理、化学和生物。侧重文科的不考物理、化学和生物，改考历史、地理。职业班毕业生只参加语文、数学两科考试。[④]1985年5月，杭州市应届高中毕业生参加会考人数约5000名，次年约9000名。[⑤]

三、从重点高中到普通高中，从高中毕业会考到高中证书会考

从1983年到2006年，浙江高中会考制度的推进经历了三个阶段。

第一阶段（1983—1987年）：试点推广阶段，从重点高中到普通高中，逐步推开。

1983年首先在首批办好的18所省级重点中学实施高中毕业会考后，逐步扩展到所有重

[①] 张彬主编：《浙江教育史》，杭州：浙江教育出版社，2006年，第840-841页。
[②] 邵宗杰、蔡建民主编：《高中会考制度的实践与研究》，杭州：浙江教育出版社，1994年，前言第10页。
[③] 浙江省教育厅教研室供稿。
[④] 李洪中：《今年招工考试和毕业会考合并》，《杭州日报》1984年5月15日，第2版。
[⑤] 李洪中：《本市五月中旬举行高中毕业会考》，《杭州日报》1985年5月2日，第1版。
　　李洪中：《高中毕业会考将举行》，《杭州日报》1986年4月20日，第1版。

点中学，并对非重点中学自愿参加持开放的态度。1984 年至 1986 年，全省各地普通高中为了检验本校的教学质量，纷纷自愿参加重点高中毕业会考，数量逐年增多，规模日益扩大。1986 年 12 月，省教委下发《关于举行一九八七年全省普通中学高中毕业会考的通知》，决定自 1987 年起将高中毕业会考由重点中学逐步扩大到普通高中，全省普通中学高中各年级的学生，均可参加相应年级规定学科的毕业会考。①

第二阶段（1988—1998 年）：全面实施阶段，实行全省普通高中证书会考，研制高中会考标准，增设计算机学科。

1988 年 3 月，在国家教委召开的全国高校招生会议上，国家教委领导宣布：浙江省和上海市正式作为全国高中会考和高校招生考试制度改革的试点省、市。5 月，浙江省人民政府批准了省教委关于考试改革的请示："试行普通高中证书会考制度，对克服片面追求升学率，全面提高教育质量是一项好措施。"② 12 月，国家教委复函给浙江省教委，原则同意《普通中学高中合格证书会考和高考制度改革的试行方案》，从 1987—1988 年度入学的高一年级学生开始进行全省高中证书会考。③

从高中毕业会考到高中证书会考，会考的功能进一步增强。浙江省教委确定由省教研室牵头，会同省招办、普教处协调工作，各市（地）都成立了由教委分管主任和教研室、普教科、招生办负责人组成的考试改革领导小组，分工负责，具体实施。④ 会考科目扩大到教学计划要求设置的所有学科，包括物理、化学和生物 3 科的实验操作以及体育、劳动技术和社会实践的考查。1988 年，全省 587 所普通高中 9.6 万余名高一学生参加高中证书会考的第一科历史科目的考试。⑤ 1989 年，全省高一、高二年级共约 19 万名学生参加了历史等 5 个科目的会考，还首次进行了全省规模的化学、生物实验操作考查。⑥ 1990 年 2 月，为进一步完善高中证书会考制度，加强会考管理，确保考试改革的顺利进行，浙江省普通高中证书会考办公室（以下简称"省会考办"）正式成立，负责会考的考籍、考务、成绩管理等工作。⑦

---

① 浙江省教委：《关于举行一九八七年全省普通中学高中毕业会考的通知》，1986年12月23日，档案号J039-036-230-092，浙江省教育厅档案室藏。

② 全国普通高中学业水平考试工作协作会编：《中国高中会考改革二十年（1990—2010）》，南昌：江西人民出版社，2010年，第437页。

③ 国家教委：《对〈关于考试制度改革试行情况报告〉的复函》，1988年12月19日，档案号J084-1988-Y-003-001，浙江省教育考试院档案室藏。

④ 浙江省教委：《关于试行全省普通高中证书会考合格证书和高校招生考试制度改革的请示》，1988年4月10日，档案号J039-038-273-001，浙江省教育厅档案室藏。

⑤ 浙江省教委：《关于考试制度改革试行情况的报告》，1988年11月11日，档案号J084-1988-Y-003-002，浙江省教育厅档案室藏。

⑥ 马瑛瑛：《我省高中证书会考效果明显》，《浙江日报》1990年1月14日，第1版。

⑦ 浙江省教委：《关于设立浙江省普通高中证书会考办公室的通知》，1990年2月3日，档案号J039-040-386-017，浙江省教育厅档案室藏。

1994 年末，浙江省在百余所普通高中实行大面积分流教育试验，对试验学校的高中证书会考采取"3+2+4"的形式，即语文、数学、外语 3 门必考科目与 2 门选考科目、4 门考查科目。①

1996 年起，全省普通高中会考增设计算机学科。②

第三阶段（1999—2006 年）：改革完善阶段，完善免考办法，高中会考向社会开放。

启动高中会考改革。 1999 年 6 月，中共中央、国务院颁发《关于深化教育改革 全面推进素质教育的决定》，提出："鼓励各地中小学自行组织毕业考试，采取多种形式改革高中阶段学校的招生办法，改革高中会考制度。"③同年 10 月，浙江省教委颁发《关于普通高中会考制度改革的若干意见》，启动高中会考制度改革。

改革的目的和指导思想是：完善高中教育质量的监控和评价体系，形成普通高中全面实施素质教育的重要导向机制、管理机制和激励机制，促进学校端正办学思想，提高整体办学水平，提高普通高中教育质量。有助于面向全体学生，减轻过重课业负担，发展个性特长，全面提高素质；有助于完善普通高中的教育质量监控和评价体系，加强教学管理，深化教育改革，适应并促进普通高中的改革与发展；有助于高校选拔学习潜能、创新意识和实践能力强的新生，为高考改革打好基础。④

改革的具体内容为：（1）在考试科目上，文化科目采用"3+3+4"形式，后一个"3"增设了计算机学科。（2）完善免考办法。一是经省教委批准进行教育整体改革和课程教材改革的试点学校（包括省创新教育试点班）可以全科免于参加会考，由学校自行命题、组织实施；二是省级示范性普通高级中学（包括重点中学、综合高中、特色高中）中，一级学校可以全科（除"计算机"外）免于参加会考，二级、三级学校的语文、数学、外语三科可以免于参加会考，由学校自行命题、施考，考后试卷报送省会考办备案，成绩按省会考办颁发的标准评定，经审核后予以确认。（3）允许学生提前参加会考和重考。提前完成某学科学业，并确实掌握了所学内容的特别优秀的学生，可提前报名参加相应学科的会考，也允许学生参加重考和多次补考。（4）在学科内容的考核上，严格以高中教学大纲和教材的基本要求为依据，在考核学科基础知识和基本技能的同时，注意考核综合运用知识分析、解决问题的能力，以有利于创新精神和实践能力的培养。（5）实行高中会考向社会开放，鼓励社会青年通过自学、

---

① 周丹：《普高"三年一贯模式"将有改变》，《浙江日报》1994年12月12日，第2版。
② 金文斌：《普高增设计算机会考》，《浙江日报》1996年9月10日，第5版。
③ 中共中央、国务院：《关于深化教育改革 全面推进素质教育的决定》，何东昌主编：《中华人民共和国重要教育文献（1998—2002）》，海口：海南出版社，2003年，第288页。
④ 浙江省教委：《关于普通高中会考制度改革的若干意见》，1999年10月8日，档案号J039-049-173-163，浙江省教育厅档案室藏。

面授、辅导等形式的学习，报名参加高中会考，获得高中毕业学历证书。普通中专、重点职高的"综合改革实验班"的学生也可以参加普通高中会考，符合毕业标准者可同时发给普通高中毕业证书。

2001年7月，浙江省教育厅发布《浙江省全日制普通高中实施新课程计划后的高中会考方案》，提出采取"统筹规划、分级负责"的办法，完善会考考试形式、命题和阅卷工作。[①] 同年8月28日，《浙江日报》刊登《我省普通高中会考向社会开放》一文，描绘其盛况：

我省高中会考今年首次向社会开放，受到社会青年和中等职业技术学校学生的欢迎。今年会考社会类考生报名人数达1.35万人，参加会考科次超过3.2万科次。[②]

深化高中会考改革。2002年9月，浙江省教育厅发布《关于深化普通高中证书会考改革的若干意见》，进一步明确高中会考的功能及改革方向，并提出完善会考的主要措施：（1）完善免考措施。语文、数学、外语等3门学科的考试由学校自主决定考试形式，可以采用自行命题、自行阅卷、评定成绩，或使用省卷、自行阅卷、评定成绩，或自愿参加全省统一会考三种形式。（2）取消思想政治等学科的考查形式，各学科均采取考试形式。劳动技术作为综合实践活动课的组成部分，不再单独列为会考的考查项目。（3）综合高中的语文、数学、外语和专业基础理论等4门学科为全省统一会考科目，其余学科均为考查科目，由学校自行组织。（4）改革考试形式。信息技术正式实行无纸化考试，取消笔试；计算器进考场；历史采用半开卷考试形式等。（5）强化教学管理和质量监控。不定期对免考学校进行抽测；所有普通高中不得提前结束课程等。[③]

2003年3月，综合高中会考正式启动，浙江省教育厅作出新规，明确从2002年秋季入学的新生必须参加综合高中毕业会考。此外，学校自行组织考查科目的会考，可使用省卷，学校自行施考，评定成绩。

四、国家教委对浙江高中会考试点的支持和全国推广

国家教委（教育部）的全力支持是浙江高中会考工作健康发展的有力保障。1983年，在教育部的号召下，浙江省试行重点高中毕业会考。1988年3月，国家教委副主任在全国高校招生会议上宣布将浙江省、上海市正式作为全国高中会考和高校招生考试制度改革的试点省、市。同年4月，国家教委考试中心主任、国家教委学生司负责人等到浙江指导考试改革工作。

---

① 浙江省教育厅：《关于实施〈浙江省全日制普通高中实施新课程计划后的高中会考方案〉的通知》，2001年7月2日，档案号J039-051-187-045，浙江省教育厅档案室藏。
② 俞亦云、王而冶：《我省普通高中会考向社会开放》，《浙江日报》2001年8月28日，第8版。
③ 浙江省教育厅：《关于深化普通高中证书会考改革的若干意见》，浙江省教育厅办公室编：《浙江省教育厅2001—2004年文件汇编》，2006年，第207-209页。

6月，国家教委领导和有关司局负责人听取浙江考试改革方案的汇报，充分肯定浙江建立高中证书会考制度和高考改革是教育工作中"突破性的重大改革，国家教委全力支持，希望浙江花大力气抓好"。① 9月，为了帮助各地在研究和制订考试改革方案的过程中进一步明确指导思想和改革目的，国家教委办公厅转发浙江省教委主任在全省考试改革电话会议上的讲话，并以国家教委第33期简报形式报中共中央政治局等参阅。②

1989年1月，国家教委向中共中央政治局、国务院、全国人大常委会呈报了1989年第1号简报，具体汇报了"浙江省实行高中证书会考效果好"。③ 同年7月，国家教委颁发《关于试行普通高中毕业会考制度的意见》，明确："普通高中毕业会考是国家认可的省级考试。它是水平考试，与高校招生选拔考试具有根本不同的性质。会考是检查、评估高中阶段教学质量，考核高中毕业生文化课学习是否合格的一种手段。"文件指出："上海、浙江试行普通高中毕业会考制度，并在此基础上改革普通高等学校招生考试及录取办法，有利于普通高中全面贯彻教育方针、提高教学质量，有利于普通高等学校选拔优秀新生。"④

1990年，国家教委在全国教育工作会议上把考试制度的改革作为基础教育四项改革之一列入工作日程。同年3月16日至20日，国家教委于杭州召开全国中学升学考试制度改革工作会议。会议中，浙江、上海等省、市介绍了实施高中会考的经验。国家教委副主任提出"上海、浙江的实践证明，高中证书会考制度完全可以逐步向全国推开"。⑤ 8月，国家教委颁发《关于在普通高中实行毕业会考制度的意见》，重申高中会考的性质与功能，明确"各省、自治区、直辖市的会考成绩具有同等效力"，并提出从1990年起，用两年左右时间有计划地在全国逐步实行普通高中毕业会考制度。⑥

全国各省、自治区、直辖市实行高中会考制度的情况见表6-1-1。

① 全国普通高中学业水平考试工作协作会编：《中国高中会考改革二十年（1990—2010）》，南昌：江西人民出版社，2010年，第437页。
② 国家教委：《改革考试制度，促进四化人才的培养》，《国家教育委员会简报》第33期，1988年9月3日。
③ 全国普通高中学业水平考试工作协作会编：《中国高中会考改革二十年（1990—2010）》，南昌：江西人民出版社，2010年，第437页。
④ 国家教委：《关于印发〈关于试行普通高中毕业会考制度的意见〉等两个意见的通知》，1989年7月26日，档案号J039-039-277-200，浙江省教育厅档案室藏。
⑤ 何欣、朱振岳：《高中会考将向全国推开》，《浙江日报》1990年3月21日，第3版。
⑥ 国家教委：《关于在普通高中实行毕业会考制度的意见》，杨学为编：《高考文献（下）》，北京：高等教育出版社，2004年，第454-456页。

表6-1-1　全国各省、自治区、直辖市实行高中会考制度的情况

年份	省、自治区、直辖市	备　注
1983年	浙江	率先试行重点中学高中会考
1985年	上海	率先进行普通高中会考与高考整体改革试验
1988年	浙江、上海	教育部宣布浙江、上海正式作为全国试点省市，浙江全面实行高中会考
1989年	海南、云南、湖南	实行高中会考
1990年	湖北、河南、贵州	实行高中会考
1991年	北京、辽宁、黑龙江、吉林、内蒙古、新疆	实行高中会考
1992年	陕西等其他省份（除西藏）	实行高中会考
1993年	西藏	实行高中会考，全国30个省、自治区、直辖市全部实行高中会考

五、推进高中会考的科学化

作为一种评价中学教学质量的考试评价制度，高中会考的考试标准如何确定和把握，实验科目如何考核？浙江教育系统与教育部考试中心一起对此进行研究探索。

（一）制订会考标准

1991年3月，国家教委考试中心会考指导处先后到全国八个先行实施会考的省（市）了解会考情况。1992年1月，在广泛调查的基础上，国家教委决定将制订会考标准作为会考指导工作的重点，由考试中心与浙江省教委一同开展对高中会考标准制订方法的研究。之后，国家教委考试中心在杭州召开会议，确定了研究的重点，即"会考标准的概念、结构和建立会考标准的程序；会考知识能力的考核要求和学科能力目标体系；会考等第水平的界定和等第行为特征的描述；会考学科标准量表的编制和标准参照等第的评定方法；会考标准的实施操作和维持标准稳定性的等值技术"。[1]浙江省教委教研室围绕建立会考标准的社会背景、高中学业水平界定等作了大量调查与探索，试验工作于当年10月按计划顺利完成，并形成《高中会考标准制订方法》，随后由国家教委考试中心组织的鉴定委员会审查并得到一致通过。

1992年11月，国家教委召开第四届全国教育考试科研讨论会，《高中会考标准制订方法》科研成果荣获全国教育标准化考试唯一的创新一等奖。[2]

1993年6月，浙江省正式出台高中各学科会考标准，覆盖思想政治、语文、数学等9门

---

[1]　蔡建民、杨友淳、郑忠耀：《纪念／敢为人先 勇于创新 与时俱进——浙江省普通高中会考制度改革纪实》，2018年12月19日，https://mp.weixin.qq.com/s/dvJIeFUVz7zAJhT8T3CWEw。
[2]　全国普通高中学业水平考试工作协作会编：《中国高中会考改革二十年（1990—2010）》，南昌：江西人民出版社，2010年，第439页。

学科（后又增加计算机、劳动技术学科）。此后每年依据高中各学科《教学大纲》，结合浙江省高中教学实际制订《浙江省普通高中会考标准》，明确高中会考的内容、要求、方法和形式，同时作为高中学科教学、会考命题、成绩评定的基本依据，为建立高中教学质量监控系统奠定了基础，正确引导了学校教学方向。

1999 年 6 月，全国教育科学研究重点课题"高中会考后的教学评价研究"成果报告《建立浙江省普通高中教学质量监控系统的研究和探索》，荣获浙江省首届基础教育教学成果一等奖。①

（二）研究实验操作考查办法

为改变"黑板上讲实验，课本上看实验，试卷上做实验"的现象，切实促进学校改进实验教学，实现对考生动手操作能力的有效考查，浙江省率先开展高中会考实验操作考查的研究。1988 年 4 月，浙江省教委在《普通高中合格证书会考和高考制度改革的试行方案》中提出，"高中证书考试分考试和考查两种形式"，考查科目为实验（物理、化学、生物）、体育、劳动技术和社会实践，考查以"及格""不及格"两个等第评定。②

1997 年 7 月，浙江省教委在推进素质教育的背景下提出进一步完善高中证书会考制度，修订并完善劳技实践测试和实验操作考查的实施办法。2001 年，浙江省教育厅结合实际情况，编制了《浙江省普通高级中学综合实践活动教学指导纲要（试行）》，提出将劳动技术教育的技能操作部分、研究性学习作为高中会考的考查项目进行评价。2002 年，劳动技术课列入综合实践活动课综合考核。

（三）考试信息化与信息技术（计算机）学科无纸化考试

在浙江省高中会考持续改革发展的背景下，会考管理的信息量激增，原有的管理系统已无法适应，运用现代信息技术提高管理效率势在必行。

1997 年，浙江省在全国率先开始研究普通高中计算机会考，并以当年颁布的《中小学计算机课程指导纲要（修订本）》为蓝本，参照其他学科，研制出计算机会考标准。③ 1998 年 6 月，浙江省首次实施全省范围的高中计算机会考。其中，杭州市 9 所中学采用了无纸化考试

---

① 蔡建民、杨友淳、郑忠耀：《纪念 / 敢为人先 勇于创新 与时俱进——浙江省普通高中会考制度改革纪实》，2018年12月19日，https://mp.weixin.qq.com/s/dvJIeFUVz7zAJhT8T3CWEw。
② 浙江省教委：《关于试行全省普通高中会考合格证书和高校招生考试制度改革的请示》，1988年4月10日，档案号J039-038-273-001，浙江省教育厅档案室藏。
③ 魏雄鹰：《浙江省高中信息技术学业水平考试与高考选考发展历程》，《中国信息技术教育》2021年第24期。

（上机操作考试），教师出题和学生答题全部在计算机上进行，这在全省和全国均属首例。[1] 2000年6月，浙江省将信息技术（计算机）学科会考无纸化扩展到全省范围。在各级教育行政部门的大力支持下，高中会考管理部门强化相关学科教研员、教师及考务人员培训，所有参加高中会考的学校积极配合，浙江省信息技术（计算机）学科无纸化考试顺利开考，为全国提供了信息技术（计算机）学科高中会考的新模式。之后，浙江省普通高中会考办公室于2006年成功上线"浙江省普通高中会考管理系统"，使全省高中会考全程管理适应新课程实验，更加规范、有序、高效。

六、高中会考与高考招生相衔接

高中会考制度在日臻完善中实现了与高校招生考试的紧密衔接。

师范专科在会考基础上提前单独招生。1990年起，浙江省招委、教委改革省内师范专科招生办法，文史、外语和部分理科类在会考基础上试行提前单独招生，不参加全国统一高考。应届高中毕业生在自愿报名的基础上，由学校推荐，高师院校组织面试，然后根据会考成绩和面试成绩各占80%和20%的比例，德智体全面衡量、择优录取。[2] 1992年进一步扩大试点范围，除浙江师范大学个别系科外，全省面向市地招生的师范专科全部实行在高中毕业会考基础上单独提前招生的办法。

公安大专院校招生对考生会考成绩提出要求。1993年，浙江省公安大专院校率先实行改革，规定考生报名必须持有高中毕业会考成绩单，其中语文、数学、外语成绩在C等以上。[3]

高校招生对保送生会考成绩提出要求。1996年，浙江省加强高校保送生管理，对保送生会考成绩等第提出具体要求。2000年，重点大学要求保送生会考成绩为5A4B以上，其中语数外为A。师范院校为4A4B1C，且所报专业对应科目会考成绩必须是A。[4]

艺术类招生试行会考成绩加专业考试办法。1997年，高等艺术院校附属中等艺术学校应届毕业生参加省级普通高中会考，且政治、语文、历史、地理、外语5科考试成绩及格并达到规定要求者，可以直接参加高等艺术院校的专业考试。[5]

① 胡海燕：《我市九所中学计算机会考无纸化》，《杭州日报》1998年6月23日，第2版。
② 葛为民：《我省今年师范专科提前单独招生》，《杭州日报》1990年3月18日，第1版。
③ 周丹：《我省公安院校招生率先改革》，《浙江日报》1993年4月16日，第3版。
④ 张江琳、马瑛瑛：《我省66所中学有资格保送学生上大学》，《浙江日报》2000年4月14日，第6版。
⑤ 杨俊霞：《艺术体育类专业招生办法出台》，《浙江日报》1997年6月4日，第7版。

从高中会考到高中学考的发展嬗变
（2006—2021年）

2006年，在启动高中新课改后，浙江把普通高中证书会考更名为普通高中会考。在新课改高考方案里，高中会考作为一个基础，担负起促进学生全面发展的重任。2012年，浙江进一步深化高中课改，在高中会考基础上建立高中学业水平考试（以下简称"高中学考"），在保持"考试成绩是高中生毕业的基本依据"基本功能的同时，增加了"高校招生录取和用人单位招聘的重要参考依据"的功能。2014年，浙江承担新高考试点任务，高中学考纳入高校招生评价体系，和统一高考一起，成为"两依据一参考"中的两个依据。

一、新课程改革中的高中会考

2001年5月，国务院发布《关于基础教育改革与发展的决定》，教育部随即印发《基础教育课程改革纲要（试行）》，奏响了基础教育课程改革的序曲。2006年4月，浙江省教育厅印发《浙江省普通高中新课程实验第一阶段工作方案》，启动浙江省高中新课程改革实验。而高中证书会考也以全新的面貌成为高中课程改革实验的重要元素。[①]

（一）从高中证书会考到高中会考

2006年12月，浙江省教育厅印发《关于坚持并完善普通高中会考制度的意见》，决定把原来的"浙江省普通高中证书会考"改为"浙江省普通高中会考"。此次高中会考制度的改革与完善主要是为了适应2006年秋季浙江省全面实施的普通高中新课程实验。其内容主要为：

考试性质和功能。普通高中会考是检测普通高中学生课程修习状况的省级水平考试，对于督促学校认真执行课程方案和课程标准，规范教育教学行为；面向全体学生，为学生终身发展打下宽厚基础；监测普通高中教育教学质量，促进高校招生制度改革，都具有十分重要

---

① 浙江省教育厅：《浙江省普通高中新课程实验第一阶段工作方案》，2006年4月5日，http://www.zj.gov.cn/art/2006/11/14/art_1229400468_59053991.html.

的意义。普通高中会考成绩是衡量学生是否达到毕业水平的重要依据，是高等院校招生录取的重要参考，也是反映高中学校教育教学质量的重要指标。

与原来的重点高中毕业会考和普通高中证书会考相比，明确了普通高中会考是"高等院校招生录取的重要参考"这一功能，为普通高中会考在2009年起实施的新课改高考方案里发挥重要作用作了铺垫。

考试形式与内容。（1）考试科目新增"通用技术"和"自选综合"两科。其中，"通用技术"科目的设置是为了配合高中新课改新开设的"通用技术"课程。"自选综合"主要考核语言与文学、数学、人文与社会、科学等4个学习领域选修ⅠB模块的内容。开设"自选综合"科目主要是为了发挥考试的引导作用，促使学校按照规定开设选修课程，保证学生选择课程的自主性。（2）把物理、化学、生物实验操作考查纳入高中学生综合素质评价。（3）主要采用纸笔测验形式，外语除纸笔方式外还采用听力测试方式，信息技术采用上机操作考试方式。

报考对象。（1）凡具有浙江省普通高中学籍的所有在校学生都应参加普通高中会考，未取得普通高中学籍的学生不得参加普通高中会考。（2）从2006级学生起，综合高中（班）学生如要取得普通高中毕业文凭，必须参加普通高中会考。普通高中学生参加所有科目的会考，且不合格科目不超过一门，是取得毕业资格的必备条件。

评定成绩与发证。普通高中会考成绩主要采用等级制，分为A、B、C、E四级等第，其中E等为不合格。补考成绩分为P、E两等，分别为合格和不合格。

考试机构与管理。普通高中会考工作由浙江省会考办具体负责。省会考办继续设在省教育厅教研室。浙江省普通高中会考各科目的考试由省会考办组织命题、分市阅卷、统一划等。[①]

此次浙江省高中会考设立"通用技术考试"这一科目，对浙江省高中课程改革产生积极影响。2007年秋季学期开始，全省高二学生学习新开设的通用技术，而为了课程的有效落实，当年暑假有1000多名高中教师分批到杭州师范大学继续教育学院干起手工、木工和精工的活计，为任教通用技术作好准备。[②]

（二）高中会考成绩的多重效用

自2006年浙江省启动新的普通高中会考制度以来，考生的会考成绩实现多种效用。一是作为申请出国留学的重要参考依据。2008年，加拿大高中或大学对申请就读学生的高中平

---

① 开化县教育局：《关于转发〈浙江省教育厅关于坚持并完善普通高中会考制度的意见〉的通知》，2006年12月27日，http://www.kaihua.gov.cn/art/2020/6/8/art_1229093627_207584.html。
② 张冬素：《千名高中教师暑期当学徒》，《浙江日报》2007年7月30日，第5版。

均成绩、会考成绩或者高考成绩有各自的要求。二是作为普通高校统一招生考试的重要参考依据。2007 年浙江省高校招生推出新措施：将统一考试的英语听力和口语成绩载入考生电子档案，供高校录取时参考。其中，听力测试成绩，采用学生参加高中英语会考所取得的听力测试成绩或者高中期间参加全国英语等级考试（PETS）二级及以上笔试所取得的听力测试成绩。[①] 三是作为高职院校自主招生考试的重要参考依据。2008 年宁波职业学院在自主招生考试中对国际商务专业提出英语会考成绩要求。[②]

（三）在新课改高考改革中发挥重要作用

2008 年 4 月 18 日，浙江省人民政府正式公布新课改高考方案，明确提出："实行在全科会考基础上的分类测试、分批选拔、综合评价、全面考核、择优录取的选拔模式。逐步建立学业水平测试、综合素质评价和统一选拔考试三位一体的多元化的招生考试评价体系。"把"继续实施和完善高中会考制度"作为重要内容：把会考作为分类测试的基础；采集学生会考等第进入综合素质评价表；由招生院校自主确定是否对学生相应学科的会考成绩提出等第要求。[③]

2011 年 2 月，浙江工业大学和杭州师范大学作为首批试点高校启动"三位一体"综合评价招生改革试点。两所高校自主设定高中会考、综合素质评价、高考三者的权重，以综合成绩为依据择优录取，其中高中会考成绩占 20%，共招收 260 名学生。[④] 同年 11 月，省教育厅正式批准中国美术学院成为"三位一体"综合评价招生试点学校，高中会考成绩在综合成绩中占 10%。[⑤]

二、从高中会考到高中学考

2007 年 10 月，全国普通高中毕业会考工作协作会第十三届年会在杭州市召开。会议达成共识：普通高中学业水平考试制度是我国现行普通高中毕业会考制度的继承与发展，是我国普通高中教育一项重要基本制度，它在贯彻落实党和国家教育方针、强化课程管理、反馈指导教学、保障高中教育质量等方面发挥着重要作用。"杭州会议是全国高中会考改革发展进程中具有里程碑意义的会议，高中会考改革从此走出了低谷，全国高中会考改革的又一个春

① 张冬素、薛平：《2007年我省普通高考出台新措施》，《浙江日报》2006年10月27日，第6版。
② 王尹俊：《高职自主招考给你提点》，《浙江日报》2008年4月9日，第11版。
③ 浙江省人民政府办公厅：《关于印发浙江省新课改高考方案的通知》，2008年4月18日，http://jyt.zj.gov.cn/art/2008/4/18/art_1532974_27485393.html。
④ 冯成火：《浙江省"三位一体"招生模式改革的思考和探索》，《教育研究》2014年第10期，第152-152页。
⑤ 董颖、鲍夏超：《美院招生试行"三位一体"》，《浙江日报》2011年11月17日，第14版。

天来到了。"①

2008年1月，教育部颁发《关于普通高中新课程省份深化高校招生考试改革的指导意见》，明确要求："各地要加快建设在国家指导下由各省份组织实施的普通高中学业水平考试和学生综合素质评价制度，切实做到可信可用，逐步发挥其对普通高中教育教学质量进行管理和监控，对高中学生学业水平和综合素质进行全面、客观评价，以及为高校招生选拔提供参考依据的作用。"②

2012年6月，浙江省教育厅发布《浙江省深化普通高中课程改革方案》，并在附件《浙江省普通高中学业水平考试实施方案》中明确，浙江省从2012年秋季入学的高一年级开始实行"普通高中学业水平考试"。

考试性质与功能。 浙江省普通高中学业水平考试（以下简称"学业水平考试"）是在教育部指导下，由省级教育行政部门组织实施的全面衡量普通高中学生学业水平的考试。其主要功能是引导普通高中全面贯彻党的教育方针，落实必修课程教学要求，检测高中学生的学业水平，监测、评价和反馈高中教学质量。考试成绩是高中生毕业的基本依据，也是高校招生录取和用人单位招聘的重要参考依据。

考试形式与时间。 学业水平考试实行全省统一命题、统一施考、统一阅卷、统一评定成绩。各科目每年开考1次。1月开考科目为语文、数学、外语；6月开考科目为思想政治、历史、地理、物理、化学、生物、信息技术、通用技术。学生参加同一科目考试次数最多2次，以最好成绩记入档案。每年3月开设11门科目的补考，高三年级学生可报名参加。（见表6-2-1）

表6-2-1　2012年浙江省学业水平考试的时间及科目安排

考试时间	考试科目
1月	语文、数学、外语
6月	思想政治、历史、地理、物理、化学、生物、信息技术、通用技术
3月	所有科目（共11门）的补考

评定成绩与发证。 学业水平考试成绩报告采用等第制。成绩从高到低分为A（优秀）、B（良好）、C（及格）、E（不及格）四个等第；补考成绩分为C（及格）和E（不及格）两个等第。学生参加学业水平考试所有科目的考试，由省教育厅发给《浙江省普通高中学业水平考

---

① 全国普通高中学业水平考试工作协作会编：《中国高中会考改革二十年（1990—2010）》，南昌：江西人民出版社，2010年，序言第16页。
② 教育部：《关于普通高中新课程省份深化高校招生考试改革的指导意见》，2008年1月10日，http://www.moe.gov.cn/srcsite/A15/moe_776/s3258/200801/t20080110_79887.html。

试证书》。

考试机构与管理。成立学业水平考试工作领导小组，由省教育厅分管领导任组长，相关部门负责人为成员，负责制定学业水平考试政策。将原浙江省普通高中会考办公室改为浙江省普通高中学业水平考试办公室，负责考试日常管理、教学质量监测与反馈等工作。成立学业水平考试研究专家组，具体负责考试研究、试卷命制与题库建设、考试结果分析与质量报告等工作。加快学业水平考试制度建设，制定学业水平考试实施细则、保密规定、突发事件应急预案、违规处理规定等，规范操作程序，端正考风考纪，确保考试公正与公平。[①]

2013年4月，浙江省教育厅发布《关于普通高中会考和学业水平考试有关问题的通知》，对学业水平考试的管理职能和相关政策作出调整：一是从2013年6月考试开始，高中会考和学业水平考试管理职能由省教育考试院承担，市县同步调整；二是学业水平考试中信息技术、通用技术和英语听力考试纳入高考技术和英语听力考试，二考合一，考试成绩既用于高考招生录取，又用于评定学业水平等第；三是自2014年起，学业水平考试实行"全科开考"，语文、数学、英语、思想政治、历史、地理、物理、化学、生物9门学科同时开考，每年寒假、暑假前各开考一次；四是高中学业水平考试，每位学生每门学科可选择参加2次考试，按最高成绩记入档案，允许学生再参加一次未及格科目的考试，作为学业水平考试补考；五是高中学考的命题、评卷均由省教育考试院统一组织，采取"设区市扫描、省统筹设点、分学科集中双评"的网上评卷方式。[②]

2013年6月末7月初，普通高中会考扫尾考试和首次高中学业水平考试举行，约30万名考生见证了会考向学考过渡的历史节点。高二学生于6月29日参加生物、通用技术和思想政治的会考；高一学生于6月30日参加物理、生物、化学的学业水平考试，7月1日参加历史、地理、思想政治的学业水平考试。[③]

三、高考综合改革中的高中学考

2014年9月4日，《国务院关于深化考试招生制度改革的实施意见》发布并启动高考综合改革试点，浙江、上海先行试点。浙江省高中会考在深化高考改革的背景下，实现了与高考更深层次的联结。

---

① 浙江省教育厅：《关于深化普通高中课程改革的通知》，2012年6月19日，http://jyt.zj.gov.cn/art/2012/6/19/art_1532973_27485038.html。
② 浙江省教育厅：《关于普通高中会考和学业水平考试有关问题的通知》，浙江省教育考试院编：《浙江省教育考试文件选编》，2013年，第237-239页。"双评"指由两位评卷教师背靠背评卷。
③ 董颖、黄梓馨：《我省高中周末会考》，《浙江日报》2013年6月29日，第7版。

（一）从高中学考的两种功能发展为高中学考的两种类型

《国务院关于深化考试招生制度改革的实施意见》提出："改革考试科目设置。增强高考与高中学习的关联度，考生总成绩由统一高考的语文、数学、外语3个科目成绩和高中学业水平考试3个科目成绩组成。"[①] 这就是"3+3"的由来。在浙江省的高考综合改革方案中，前一个"3"指必考科目，后一个"3"指选考科目。

必考科目：语文、数学、外语3门。

选考科目：考生根据本人兴趣特长和拟报考学校及专业的要求，从思想政治、历史、地理、物理、化学、生物、技术（含通用技术和信息技术）等7门设有加试题的高中学考科目中，选择3门作为高考选考科目。选考科目按等级赋分，每门满分100分，以高中学考成绩合格为赋分前提，根据事先公布的比例确定等级，每个等级分差为3分，起点赋分40分。语文、数学成绩当次有效，外语和选考科目成绩2年有效。[②]

浙江省高考综合改革方案明确了高考选考科目来自高中学考科目，是"设有加试题的高中学考科目"。随后公布的《浙江省普通高中学业水平考试实施办法》《浙江省普通高校招生选考科目考试实施办法》进一步阐述了高中学考与高考选考的联系与区别：（1）考试范围。除外语外，其余科目的高中学考只考高中课程的必修内容；高考选考则在高中学考"必考题"基础上增加"加试题"，"加试题"考试内容为高中课程必修和选修内容。（2）成绩呈现方式。高中学考成绩采用等级制，设A、B、C、D、E 5个等级，E为不合格；高考选考各科成绩按等级赋分，设21个等级，先根据考生的卷面原始成绩按事先公布的比例划定等级，再按事先公布的对应关系转换为满分为100分的分数。（3）功能。高中学考成绩用以评定学生的学业水平，作为高中毕业的依据，此外在"三位一体"招生中作为其中的一"位"发挥作用；高考选考科目成绩计入高考总成绩在高校招生录取中发挥作用。[③]

如果说，2012年6月浙江省教育厅印发的《浙江省普通高中学业水平考试实施方案》明确了高中学业水平考试兼具"高中生毕业的基本依据"和"高校招生录取和用人单位招聘的重要参考依据"两种功能，那么2014年浙江省高考综合改革和高中学考等系列文件则标志着高中

---

① 国务院：《关于深化考试招生制度改革的实施意见》，2014年9月3日，http://www.moe.gov.cn/jyb_xxgk/moe_1777/moe_1778/201409/t20140904_174543.html。
② 浙江省人民政府办公厅：《关于印发浙江省深化高校考试招生制度综合改革试点方案的通知》，2014年9月22日，https://www.zj.gov.cn/art/2014/9/22/art_1229019364_54933.html。
③ 浙江省教育厅：《关于印发〈浙江省普通高中学业水平考试实施办法〉和〈浙江省普通高校招生选考科目考试实施办法〉的通知》，浙江省教育考试院编：《浙江省教育考试文件选编》，2014年，第292-298页。

学业水平考试在两种功能基础上进一步发展为两种类型。^①

（二）高中学考、高考选考办法的若干调整

2017 年、2020 年，浙江省人民政府对高考综合改革方案作了两次深化完善，学考、选考的办法也在调整完善之列。

1. 从合卷到分卷

2014 年，浙江实施高考综合改革方案，高中学考与高考选考采用同科合卷的办法。同一科目的高中学考和高考选考在不同的试场同时开考，高中学考试题满分 70 分，考试时间 60 分钟；高考选考在高中学考相同试题（满分 70 分）基础上设加试题（满分 30 分），全卷满分 100 分，考试时间 90 分钟。^②

2017 年 11 月，《浙江省人民政府关于进一步深化高考综合改革试点的若干意见》把高中学考和高考选考由合卷改为分卷，考试日期由每年 4 月、10 月调整为每年 1 月、6 月。^③

2. 高中学考次数从两次调整为一次，高考选考保持两次机会

2014 年，浙江实施与高考综合改革方案衔接的高中学考和高考选考方案，高中学考与高考选考同科合卷，每年提供两次机会，每位学生每科都有两次考试机会。^④

2017 年，浙江省人民政府发文把高中学考的考试机会由两次调整为一次。高考选考仍提供两次机会，但集中在高三年级安排。2020 年，省人民政府发文进一步把外语和选考科目成绩从两年有效调整为当年有效。

3. 从跨年级参加考试到按年级定时定科参加考试

2008 年，浙江省人民政府公布《浙江省新课改高考方案》后，英语听力、通用技术、信息技术三项考试均提供给每位学生两次机会，对学生的年级没有限制。2013 年，高中学考的相应科目和高考三项考试合二为一，仍提供两次机会，同时打破年级界限，允许不同年级的学生同场竞技，此举与深化高中课改方案中的弹性学制高度吻合，体现了完全学分制的先进理念。

---

① 在 2021 年 9 月底前公布的 21 个省、自治区、直辖市新高考和高中学考系列方案中，除浙江外，上海、北京等前两批 5 个试点省、直辖市用"高中学考合格性考试""等级性考试"指称高中学考的两种类型；广东、江苏等后两批 15 个省、自治区、直辖市用"高中学考合格性考试""选择性考试"指称高中学考的两种类型。
② 王婷：《高考新政后，学考怎么考》，《浙江日报》2014 年 11 月 15 日，第 2 版。
③ 浙江省人民政府：《关于进一步深化高考综合改革试点的若干意见》，2017 年 11 月 28 日，https://www.zj.gov.cn/art/2017/11/28/art_1229017138_64634.html。
④ 浙江省人民政府：《关于印发浙江省深化高校考试招生制度综合改革试点方案的通知》，2014 年 9 月 9 日，http://jyt.zj.gov.cn/art/2014/9/19/art_1532974_27485645.html。

2014年，浙江实施高考综合改革方案，高中学考和高考选考也打破年级界限，提供两次机会。在实施过程中，由于从学年制到完全学分制和选课走班，要经历一个力度很大的重建教学秩序的过程，相当数量的教师难以很快适应，此外还叠加一些集中开课、抢跑开课等功利性的问题。鉴于此，2020年6月省人民政府印发《关于进一步做好高考综合改革试点工作的通知》，根据必修课程教学安排和"学完即考"的原则，把跨年级参加考试调整为"定时定科"，按年级安排。[①] 2020年浙江省高中学考的时间及科目安排见表6-2-2。

表6-2-2　2020年浙江省高中学考考试时间及科目安排

考试时间	考试科目
高一下学期	历史、地理、化学、生物
高二上学期	物理、思想政治
高二下学期	语文、数学、技术
高三上学期	外语（此次外语成绩既可用于评定学业水平等级又可用于高校招生）

---

① 浙江省人民政府：《关于进一步做好高考综合改革试点工作的通知》，2020年6月19日，https://www.zj.gov.cn/art/2020/6/19/art_1229017138_650132.html。

1983 年

全国教育工作会议提出：为提高中学教学质量，有条件的省、市可组织进行高、初中会考。

8 月，教育部发布《关于进一步提高普通中学教育质量的几点意见》，明确要求："毕业考试要和升学考试分开进行，有条件的地方可按基本教材命题，试行初、高中毕业会考。"

是年，浙江省在 18 所省级重点中学首次举行高中毕业会考。

1986 年

12 月，浙江省教委下发《关于举行一九八七年全省普通中学高中毕业会考的通知》，决定自 1987 年起将高中毕业会考由重点中学逐步扩大到普通高中。

1988 年

3 月，在国家教委召开的全国高校招生会议上，国家教委领导宣布：浙江省和上海市正式作为全国高中会考和高校招生考试制度改革的试点省、市。

5 月，浙江省人民政府批准了省教委关于考试改革的请示："试行普通高中证书会考制度，对克服片面追求升学率，全面提高教育质量是一项好措施。"

6 月，全省 587 所普通高中 9.6 万余名高一学生参加历史学科高中证书会考。

9 月，国家教委办公厅转发浙江省教委主任在全省考试改革电话会议上的讲话，以国家教委第 33 期简报形式供中共中央政治局和国务院领导参阅。

12 月，国家教委复函浙江省教委，原则同意《普通中学高中合格证书会考和高考制度改革的试行方案》，从 1987—1988 年度入学的高一年级学生开始进行全省高中证书会考，标志着浙江省从重点高中毕业会考到普通高中证书会考的转型。

1989 年

1 月，国家教委向中共中央政治局、国务院、全国人大常委会呈报了本年度第 1 号简报，具体汇报了"浙江省实行高中证书会考效果好"。

6月，浙江省高一、高二年级共约 19 万名学生参加了历史、数学、化学、生物、地理的会考，还首次进行了全省规模的化学、生物实验操作考查。

7月，国家教委颁发《关于试行普通高中毕业会考制度的意见》，明确："普通高中毕业会考是国家认可的省级考试。它是水平考试，与高校招生选拔考试具有根本不同的性质。会考是检查、评估高中阶段教学质量，考核高中毕业生文化课学习是否合格的一种手段。"文件指出："上海、浙江试行普通高中毕业会考制度，并在此基础上改革普通高等学校招生考试及录取办法，有利于普通高中全面贯彻教育方针、提高教学质量，有利于普通高等学校选拔优秀新生。"

1990 年

2月，浙江省设立普通高中证书会考办公室，负责会考考籍、考务和成绩管理工作。

3月 16 日至 20 日，国家教委于杭州召开全国中学升学考试制度改革工作会议。

8月，国家教委发布《关于在普通高中实行毕业会考制度的意见》，提出从 1990 年起，用两年左右时间有计划地在全国逐步实行普通高中毕业会考制度。

1992 年

1月，国家教委确定由国家教委考试中心与浙江省教委一同开展对高中会考标准制订方法的研究。

10月，课题研究形成《高中会考标准制订方法》，随后由国家教委考试中心组织的鉴定委员会审查并得到一致通过。

11月，在国家教委举行的第四届全国教育考试科研讨论会上，《高中会考标准制订方法》科研成果荣获全国教育标准化考试唯一的创新一等奖。

1998 年

6月 22 日，杭州市举行的高中计算机会考中有 9 所中学采用了无纸化考试，在全省和全国均属首例。

1999 年

10月 8 日，浙江省教委发布《关于普通高中会考制度改革的若干意见》，提出浙江高中会考向社会开放，鼓励没有高中学历的社会青年通过自学、面授、辅导等形式的学习，报名参加高中会考。

2000 年

教育部发布《关于普通高中会考制度改革的意见》，决定将是否举行会考的决策下放到各省、自治区、直辖市的教育行政部门。

浙江省信息技术（计算机）学科无纸化考试在全省顺利开考，为全国提供了信息技术（计算机）学科高中会考的新模式。

2001 年

浙江省普通高中会考首次向社会开放。会考社会类考生报名人数达 1.35 万人，参加会考科次超过 3.2 万科次。

2006 年

12 月，浙江省教育厅下发《关于坚持并完善普通高中会考制度的意见》，把原来的"浙江省普通高中证书会考"改为"浙江省普通高中会考"；考试科目新增"通用技术"和"自选综合"两科。

2008 年

4 月，浙江省人民政府公布《浙江省新课改高考方案》，提出 2009 年起浙江省实行在全科会考基础上的分类测试、分批选拔、综合评价、全面考核、择优录取的选拔模式。逐步建立学业水平测试、综合素质评价和统一选拔考试三位一体的多元化的招生考试评价体系。

2011 年

2 月，浙江省教育厅印发《关于同意浙江工业大学、杭州师范大学尝试深化完善"三位一体"综合评价招生制度的批复》，在浙江工业大学、杭州师范大学两所学校启动"三位一体"综合评价招生改革试点，将高中学业水平考试、综合素质评价（含中学综合素质评价和高校综合测试）纳入高校招生评价体系。

2012 年

6 月，浙江省教育厅印发《浙江省深化普通高中课程改革方案》，并在附件《浙江省普通高中学业水平考试实施方案》中规定，浙江省从 2012 年秋季入学的高一年级开始实行"普通高中学业水平考试"。

2013 年

4 月,浙江省教育厅发布《关于普通高中会考和学业水平考试有关问题的通知》,决定从 2013 年 6 月起普通高中会考和学业水平考试管理职能由省教育考试院承担。

6 月,普通高中会考同时是首次学业水平考试举行。

9 月,浙江省将学业水平考试中技术科目(信息技术、通用技术)和英语听力考试纳入高考,实行"二考合一",考试成绩既用于高校招生录取,又用于高中学业水平等第评定。

2014 年

9 月,浙江省人民政府发布《浙江省深化高校考试招生制度综合改革试点方案》。《方案》提出:"实行统一高考和高中学业水平考试相结合,考生自主确定选考科目,高校确定专业选考科目及其他选拔条件要求,综合评价,择优录取。"其中高职提前招生,"普通高中学生以高中学考成绩为基本依据"。

2015 年

10 月 30 日至 11 月 1 日,浙江新高考首次学考选考开考。全省 24.9 万名考生参加考试。

2017 年

11 月,浙江省人民政府印发《关于进一步深化高考综合改革试点的若干意见》,提出完善学考选考安排:从 2017 级高中学生起,学考与选考分离,实行分卷考试。

11 月,浙江省教育厅发布《关于完善学考选考工作的通知》,就学考与选考分离作具体安排。

2020 年

6 月,浙江省人民政府发布《关于进一步做好高考综合改革试点工作的通知》,对浙江高考改革试点方案再次深化完善:高中学考按年级定时定科统一安排,同一年级统一科目统一时间开考;外语和选考科目成绩从两年有效改为当年有效;选考科目等级赋分的分差由 3 分改为 1 分。

第七篇

教师资格考试和其他非学历
考试的实施与发展
（1978—2021年）

引　言

教师资格考试和其他非学历考试是教育考试体系中的重要组成部分。

教师资格考试是公民取得教师资格的重要渠道，是建设高水平、专业化教师队伍的重要措施。浙江省的教师资格考试萌芽于 20 世纪八九十年代的教师任用、培训考核与新教师试用考核办法，发端于 2001 年开展的"省级考试"，定型于承担教师资格国家考试试点任务。2011 年，教育部确定中小学和幼儿园教师资格考试国家试点工作在浙江与湖北进行。在两省试点工作的基础上，教师资格考试"国考"逐步向全国推开。

非学历教育考试又称证书考试或社会考试，是我国 20 世纪 80 年代教育考试的新生事物，是学校、学历教育考试的延伸。这类考试的突出特点是考试对象和领域广泛、考试内容实用性强。从 1987 年大学外语等级考试开始，浙江省自主研发和负责组织管理的非学历教育考试先后有近 30 项，如浙江省高校计算机等级考试、浙江省大学英语三级考试、全国计算机等级考试、全国高等学校英语应用能力考试、全国英语等级考试、全国少儿计算机应用技术证书考试、浙江省中小学信息技术等级证书考试等。非学历教育考试在不同时期的发展需求下推陈出新，与学历教育考试相互配合，满足了社会的多方面需求。

教师资格考试的探索与发展
（1978—2021年）

教师是教育之本。教师资格考试是公民获得教师职位、从事教师工作的重要渠道，也是保证教师队伍素质、提升各级各类教育教学质量的重要机制。国家教师资格考试制度在浙江省的建立可分为三个阶段。改革开放初期，教师学历未达合格标准问题一度成为制约浙江教育事业发展的因素，浙江省立足于本地实际，探索适宜的教师任用、培训考核与新教师试用考核办法，此为教师资格考试的萌芽阶段；2001年教师资格制度全面实施后，浙江省探索实施教育学、心理学考试，此为教师资格考试的发端阶段；2011年浙江省承担国家教师资格考试制度先行试点，为国家教师资格考试制度在全国的全面实施贡献了浙江经验。

一、教师资格考试的萌芽：任用考核、试用考核和培训考核

教师资格考试制度在浙江的建立，萌芽于改革开放后对中小学和高校教师的任用考核、上岗培训考核、新教师招考与试用考核。

（一）教师资格考试的萌芽：中小学和高校教师任用考核

中小学教师任用考核。 1978年1月，国务院批转的《教育部关于加强中小学教师队伍管理工作的意见》中提出"山西、浙江、河南等省委……对解决教师归队问题、民办教师管理问题等，提出了明确的措施"，教育部"参照一些省委已作出的决定"，明确了中小学教师队伍管理办法。[1] 根据文件精神，浙江省明确公办教师任用考核由县以上各级教育行政部门负责。师范院校毕业生通过一年左右的试用期，并经所在学校鉴定合格者，方可转正定级。[2] 同年5月，《浙江日报》刊登了《怎样加强民办教师队伍的管理和建设》[3] 一文，叙述了东阳县民办

---

① 国务院：《批转〈教育部关于加强中小学教师队伍管理工作的意见〉的通知》，何东昌主编：《中华人民共和国重要教育文献（1949—1997）》，海口：海南出版社，1998年，第1590页。
② 《浙江通志》编纂委员会编：《浙江通志·第76卷·教育志1》，杭州：浙江人民出版社，2019年，第189—194页。
③ 东阳县文教局：《怎样加强民办教师队伍的管理和建设》，《浙江日报》1978年5月11日，第2版。

教师的任用条件与办法，包括文化考试、思想考核等，并对正式民办教师颁发工作证。

1985 年，国家颁布《中共中央关于教育体制改革的决定》，提出在有步骤实行九年制义务教育的同时，要"建立一支有足够数量的、合格而稳定的师资队伍"，"要争取在五年或者更长一点的时间内使绝大多数教师能够胜任教学工作。在此之后，只有具备合格学历或者有考核合格证书的，才能担任教师"。① 之后，浙江省又紧跟国家部署，建立了中小学教师考核合格证书制度，为不具备国家规定合格学历的幼儿园、中小学（含农职业中学文化课）教师开设教材教法考试与文化专业知识考试。以杭州市为例，自 1987 年开考至 1991 年，杭州市教师考试合格率不断提高，高中教师从 59.9% 提高到 71.1%，初中教师从 32.5% 提高到 56.8%，小学教师从 27% 提高到 41.1%。②

高等学校教师任用考核。1978 年后，浙江省高校教师的任用考核工作均由学校的主管部门负责，省教育行政部门则进行检查和监督。为加强高校师资队伍建设，国家教委于 1986 年召开全国高等师范学校师资培训工作会议。根据会议精神，浙江省教委依托浙江师范大学成立了浙江省高师师资培训点，承担高校教师培训、考核等任务。1987 年，浙江省高师师资培训点更名为"浙江省高等师范学校师资培训中心"。③

（二）教师资格考试的萌芽：新教师试用培训考核、招考新教师、高校教师上岗培训考核

开展新教师试用培训考核。1993 年，《中华人民共和国教师法》首次以法律形式规定国家实行教师资格制度："中国公民凡遵守宪法和法律，热爱教育事业，具有良好的思想品德，具备本法规定的学历或经国家教师资格考试合格，有教育教学能力，经认定合格的，可以取得教师资格。"1994 年，浙江省在贯彻落实国家规定的基础上，结合以往教师岗位培训经验，全面开展新教师试用期培训考核。教师考核合格后获得"新教师试用期培训合格证书"，以转正定级。④

首次面向社会招考新教师。1994 年 8 月，《浙江日报》刊登一文发起"向社会广纳师资"的呼吁，提出吸纳部分社会优秀人员到中小学任教、通过考试发放教师资格证书等建议。⑤ 1995 年 9 月，浙江省进行拓宽师资来源渠道改革，首次打破身份与地域界限，参照国家公务

---

① 中共中央：《关于教育体制改革的决定》，中共中央文献研究室编：《改革开放三十年重要文献选编（上册）》，北京：中央文献出版社，2008年，第381-384页。
② 周训亮：《合格证书考核促进师资水平提高》，《杭州日报》1991年2月14日，第1版。
③ 《浙江师范大学史》编写组编：《浙江师范大学史（1956—2006）中卷》，上海：上海三联书店，2006年，第45页。
④ 陈峰、蒋国俊主编：《历史的回声：浙江教育70年》，杭州：浙江教育出版社，2020年，第223页。
⑤ 张能梓：《解决师资紧缺，出路在"开源"》，《浙江日报》1994年8月26日，第8版。

员考试的办法面向全社会公开招考，共录用 2000 名乡镇中小学教师（在职非在职都可参加），新录用教师经一年试用期，并通过 3 ～ 6 个月的岗前培训考核合格后方能上岗。[①]

开展高校教师上岗培训考核。1991 年起，浙江省教委开始试行普通高校教师岗位培训制度。[②] 1992 年 5 月，开展高等学校青年教师上岗培训试点，杭州大学等 12 所院校的 432 名青年教师参加了培训，390 名青年教师参加了省教委组织的课程考试，合格率近 95%。[③] 1996 年，浙江省首次将高校教师的教育理论课程培训考核普及到成人高校和党校系统，由省教委统一领导和组织实施，负责统一制订教学大纲、教材、组织考试和发证。培训考核成绩作为教师转正升级的必备条件。[④] 在 1997 年国家教委办公厅发布的《高等学校教师岗前培训暂行细则》《高等学校教师岗前培训教学指导纲要》指导下，浙江省高等学校教师培训考核逐步规范化。

二、教师资格考试的发端：教师资格"省考"

在构建教师资格制度框架的基础上，2001—2010 年这一时期内的教师资格考试以省考为主。在浙江省教育厅的统一领导下，中小学和幼儿园、普通高校、高职高专院校实行分级管理体制，师范生在毕业时可直接认定教师资格。教师资格考试由政策法规走向实践，拓宽了师资来源渠道。

（一）从《教师资格条例》发布到《浙江省实施〈教师资格条例〉细则》出台

1995 年 12 月，国家发布《教师资格条例》，提出"中国公民在各级各类学校和其他教育机构中专门从事教育教学工作，应当依法取得教师资格"，"不具备教师法规定的教师资格学历的公民，申请获得教师资格，应当通过国家举办的或者认可的教师资格考试"。2000 年 9 月，教育部发布《〈教师资格条例〉实施办法》。

2001 年，教育部在北京召开全国教师资格制度实施工作会议，部署在新世纪全面实施教师资格制度工作。浙江省教育厅结合省内实际深入研究，制定了《浙江省实施〈教师资格条例〉细则》，包括教育学、心理学培训考试、教育教学基本素质和能力测试等一系列配套的实施办法，并下达《浙江省关于全面实施教师资格制度的通知》，对考试实施的具体问题作了明确规定，为浙江省教师资格考试工作的顺利进行作了充分准备。

[①] 本报讯：《拓宽师资来源渠道的一次改革》，《浙江日报》1995年9月8日，第1版。
[②] 浙江省教委：《关于实行高校教师岗位培训制度的意见》，浙江省教委办公室编：《1995、1996年教育工作文件选编》，1996年，第406页。
[③] 《中国教育年鉴》编辑部编：《中国教育年鉴（1993）》，北京：人民教育出版社，1993年，第489页。
[④] 浙江省教委：《关于实行高校教师岗位培训制度的意见》，浙江省教委办公室编：《1995、1996年教育工作文件选编》，1996年，第407页。

1. 考试、测试对象和要求

考试对象主要为符合条件的非师范教育类专业申请教师资格认定的人员。申请人员除符合规定的免试条件外，均应按照有关规定参加相应考试或者测试：（1）在职非师范类应进行教育学、心理学补修和考试，以及教育教学基本素质和能力考查；（2）其他师范类（师范教育类专业毕业人员）未参加教育教学实践者应参加教育教学能力测试；（3）其他非师范类（非师范教育类专业毕业人员）应参加教育学、心理学补修和考试，以及教育教学能力测试。

2. 考试内容及形式

考试由浙江省教育厅职能部门统一命题并组织实施，每年春季、秋季各安排一次。

教育学、心理学考试。考试科目与培训科目一致。高等学校、中等职业学校、高级中学、初级中学教师资格申请人员须达到师范教育类本科层次同课程结业要求；小学教师资格申请人员须达到师范教育类专科层次同课程结业要求；幼儿园教师资格申请人员须达到幼儿师范教育类中专层次同课程结业要求。考试科目全部合格者，高等学校教师资格申请人员按照高校教师岗位培训的有关规定颁发证书，其他人员由浙江省教育厅教师资格认定指导中心颁发省统一印刷的"浙江省申请教师资格人员教育学、心理学考试合格证书"。本次考试不及格的科目，可在下一次考试时补考；经补考仍不合格的，应当重新参加培训。[①]

教育教学基本素质和能力测试。各级教师资格认定机构建立专家审查委员会负责关于教育教学能力的考察，分为面试、笔试和试讲。面试重点考察申请人的仪表仪态、行为举止、思维能力以及口头表达能力；笔试重点考察申请人的知识水平和运用教育学、心理学等理论解决教育教学和学生管理中实际问题的能力；试讲重点考察申请人实现教学目的、组织课程实施等能力，以及使用普通话提问、讲解和板书的技巧。

（二）实行统分结合、分级管理体制

实施教师资格制度任务艰巨，浙江省教育厅予以高度重视，统一领导和组织全省教师资格考试工作，其中申请认定中小学、幼儿园教师资格的人员由省教育厅教师资格认定指导中心负责培训、考试和发证，申请认定高等学校教师资格的人员参加高校教师岗位培训和考试。2002年4月，浙江省首次教师资格认定教育学、心理学培训考试共1.2万余人报名参考，其中在职教师1.1万多人，4805人取得"浙江省申请教师资格人员教育学、心理学考试合格证书"。[②]

---

① 浙江省教育厅：《浙江省实施〈教师资格条例〉细则（试行）》，浙江省自考办编：《浙江省自学考试文件选编》，2002年，第488—496页。
② 吴鸿炜：《我省首次教师资格认定教育学、心理学培训考试顺利结束》，《浙江自学考试》2002年第10期。

1. 中小学和幼儿园教师资格考试

2001 年 9 月，浙江省教育厅教师资格认定指导中心成立，设在省自考办内，承担实施中小学、幼儿园教师资格制度的培训测试、证书管理等工作。[①] 在教育教学基本素质和能力部分，由县级以上教育行政部门分别组建幼儿园教师、小学教师、初级中学教师、高级中学教师、中等职业学校教师资格专家审查委员会，负责按照法定的条件、标准、办法分别对相应种类的申请人员进行考察评议，提出审查意见。专家审查委员会根据工作需要下设若干专业评议组，实行动态管理、定期调整，负责通过笔试、面试、试讲等形式，对申请人的教育教学基本素质和能力直接进行考察。

2. 普通高校教师资格考试

2001 年发布的《浙江省实施〈教师资格条例〉细则》规定，浙江省高校资格认定由省教育行政部门认定，省教育行政部门可以委托有关本科高校认定教师资格。2002 年，浙江省教育厅同意委托浙江大学等 26 所高校认定本校任教人员和拟聘任教人员的高等学校教师资格。[②] 2003 年，申请认定高等学校教师资格的人员按高校教师岗位培训的有关规定，参加高校教师岗位培训和考试。其中，1999 年 1 月 1 日后进入学校的非师范教育类专业毕业拟聘任教人员，应参加教育教学基本素质和能力测试并合格，测试工作由省教育厅教师资格认定指导中心负责组织实施。[③] 2001 年底前已经参加高校教师岗位培训并取得合格证书者，高校拟聘任教授、副教授教师职务或具有博士学位者可免于参加相应的教育学、心理学培训和考试。

3. 高职高专院校教师资格考试

2003 年 3 月，浙江省教育厅教师资格认定指导中心下发《关于高等专科学校和高职院校首次教师资格认定工作有关事宜的通知》，要求分别在杭州、宁波、温州、台州、金华设立 7 个测试点进行教育教学基本素质和能力测试，并作出具体规定。[④] 同年 4 月，浙江省教育厅教师资格认定指导中心成立了浙江省高等专科学校与高职学院教师资格认定教育教学基本素质和能力测试专业评议组。随着形势变化，为提高高职高专教师面试质量，便于集中管理，逐步压缩面试的测试点数量。至 2006 年，高职高专院校教师资格考试仅设杭州师范大学一个测

---

① 浙江省教育厅：《关于设立"浙江省教育厅教师资格认定指导中心"的通知》，浙江省自考办编：《浙江省自学考试文件选编》，2001年，第46页。

② 浙江省教育厅：《关于同意浙江大学等26所高校认定高等学校教师资格的批复》，浙江省自考办编：《浙江省自学考试文件选编》，2002年，第555页。

③ 浙江省教育厅教师资格认定指导中心：《关于接受委托高等学校教师资格认定工作有关事项的通知》，浙江省自考办编：《浙江省自学考试文件选编》，2003年，第422页。

④ 浙江省教育厅教师资格认定指导中心：《关于高等专科学校和高职院校首次教师资格认定工作有关事宜的通知》，浙江省自考办编：《浙江省自学考试文件选编》，2003年，第414-419页。

试点。

2006 年，浙江省教育考试院成立后，省教师资格认定指导中心的整体管理职责移交到省教育考试院。

三、教师资格"国考"的浙江试点

教师资格考试在省级开展后，有力地促进了教师队伍的素质提升。但是由于各省自行组织考试，考试标准的差异影响了教师的省际流动。实行全国统一标准的中小学和幼儿园教师资格考试，将所有教师资格申请者一视同仁纳入考试范围，成为教师资格考试改革的目标。随着 2011 年全国中小学、幼儿园教师资格考试在浙江、湖北两省试点工作的开展，全国中小学和幼儿园教师资格考试登上历史舞台。

（一）启动"国考"试点

2010 年，教育部师范教育司委托教育部考试中心进行了全国中小学和幼儿园教师资格考试笔试、面试大纲的编写等工作，积极推进全国中小学教师资格考试改革。2011 年 9 月，教育部确定 2011 年中小学和幼儿园教师资格考试改革与定期注册试点工作在浙江、湖北进行[1]，并印发《关于开展中小学和幼儿园教师资格考试改革试点的指导意见》等文件，对考试标准、考试内容与方式等作出具体指导。同年 10 月，公布《中小学和幼儿园教师资格考试标准》《中小学和幼儿园教师资格考试大纲》。

按照教育部工作部署，浙江省教育厅、教育考试院先后发布关于做好中小学、幼儿园教师资格考试改革试点相关工作的文件，对教师资格考试工作进行细化布置。

1. 组织管理

全国中小学和幼儿园教师资格考试由教育部统一制订教师专业标准、教师资格考试标准和教师资格考试大纲，负责命题工作，统一考试时间，规范考试科目。教育部成立中小学和幼儿园教师资格考试委员会，指导全国中小学教师资格考试工作。

浙江省教育厅成立教师资格考试改革试点工作领导小组，在师范教育处设领导小组办公室，负责处理教师资格考试改革日常事务。浙江省教育考试院负责教师资格考试的考试组织管理等工作。各市、县（区）教育行政部门建立相应的工作机制。举办教师教育的浙江师范大学等高等院校积极参与及承担中小学和幼儿园教师资格考试改革的有关工作。教育行政部门与教育考试机构密切配合，按照分级负责、属地管理的原则，有序实施。

---

[1] 教育部考试中心编：《中国教育考试年鉴（2012）》，北京：中国传媒大学出版社，2012年，第500页。

2011年6月，浙江省教育厅成立"浙江省高等学校教师资格认定教育教学基本素质和能力测试中心"，设在杭州师范大学继续（成人）教育学院，承担浙江省除依法接受高等学校委托以外的其他高等学校教师资格申请人员的教育教学基本素质和能力测试工作。[①]

2. 考试内容及形式

中小学和幼儿园教师资格考试分为幼儿园、小学、初级中学、高级中学四类。按照四个学段不同的考核要求，分学段分学科设置考试科目，具体如表7-1-1所示。考试分为笔试和面试两部分。笔试合格者，方可参加面试。笔试和面试均合格者，由教育部考试中心颁发中小学和幼儿园教师资格考试合格证明。

表7-1-1　中小学和幼儿园教师资格考试科目

类别		笔试科目			面试
		科目一	科目二	科目三	
幼儿园		综合素质	保教知识与能力	/	教育教学实践能力
小学		综合素质	教育教学知识与能力	/	教育教学实践能力
初级中学		综合素质	教育知识与能力	学科知识与教学能力	教育教学实践能力（各设区市组织）
高级中学					
中等职业学校	文化课教师			专业知识与教学能力	
	专业课教师				
	实习指导教师				

注：（1）试点期间，初级中学和高级中学科目三"学科知识与教学能力"科目分为语文、数学、物理、化学、生物、历史、地理、思想品德（政治）、英语、音乐、美术、体育与健康、信息技术等13个学科。

（2）幼儿园面试部分科目，小学面试科目分小学甲类（除音乐、体育、美术之外的科目）和小学乙类（音乐、体育、美术），中学面试科目与科目三相一致。

（3）中等职业学校专业课和实习指导教师的"专业知识与教学能力"考试，主要结合面试进行考查，必要时进行笔试，2011年浙江省按原操作方式由各设区市结合当地实际具体组织实施。

资料来源：浙江省教育考试院：《关于做好2011年中小学和幼儿园教师资格考试改革试点相关工作的通知》，浙江省教育考试院编：《浙江省自学考试文件汇编》，2011年，第336-346页。

3. 考试实施

2011年11月26日，国家教师资格考试的首次笔试正式开考，浙江省作为两个试点省之一，严密组织，成功实施了笔试。首次考试共有20584人通过网上注册参加笔试报名，12996名考生在28个考点参加了五大类笔试，5302人获得通过，通过率为40.8%。

---

① 浙江省教育厅教师资格认定指导中心：《关于成立高等学校教师资格认定教育教学基本素质和能力测试中心的通知》，浙江省教育考试院编：《浙江省自学考试文件汇编》，2011年，第364页。

12月24日至25日，首次面试举行，考生候考室等考场设置实现路线闭环，面试组织秩序井然。浙江共4944名考生参加教师资格考试面试，4021人合格，[①] 合格率为81.3%。合格考生获得由教育部考试中心出具的"中小学和幼儿园教师资格考试合格证明"。试点取得预期效果，为改革在全国推广提供了有益经验，得到教育部领导的多次表扬。[②]

（二）深化改革试点

2012年4月，教育部决定在浙江、湖北两省开展试点的基础上，新增河北、上海、广西、海南4省（自治区、直辖市）。[③] 2013年8月，教育部发布《中小学教师资格考试暂行办法》《中小学教师资格定期注册暂行办法》。浙江省作为试点省，试点期间的许多做法和经验被教育部上述文件采纳。

1. 提高幼儿园教师持证率

为了加强幼儿园教师队伍建设，浙江在幼师持证率上率先采取措施。2011—2020年，浙江省人民政府共发起三轮发展学前教育行动计划，对幼儿园专任教师持有教师资格证比例提出具体要求。[④] 2013年1月，浙江省教育厅办公室发布《关于进一步加强未取得教师资格在岗幼儿园教师任职资格培训工作的通知》，提出诸多措施：一是加强培训，帮助未取得教师资格的在岗幼儿园教师通过教师资格考试；二是要求教师限期取得任职资格，对一些不可能获得资格证书的在职人员予以解聘等处理；三是各地幼儿园新录用教师必须持有相应教师资格证书。各地因地制宜出台鼓励政策。温岭市在幼儿园等级评定、换证、年检中，实施教师持证率一票否决制，对持证上岗的非在编教师给予每人每年6000元奖励。缙云县将教师持证率目标分解到幼儿园，将其达成情况与发展性评价和奖补挂钩，对达标者给予每年1000～5000元奖励。[⑤]

---

① 教育部考试中心编：《中国教育考试年鉴（2012）》，北京：中国传媒大学出版社，2013年，第501页。
　　浙江省教育厅：《浙江国家教师资格考试笔试通过率40.8% 本周末面试》，2011年12月21日，http://jyt.zj.gov.cn/art/2011/12/21/art_1543974_21567826.html。
② 浙江省教育厅编：《浙江教育年鉴（2012）》，杭州：浙江教育出版社，2013年，第131页。
③ 《中国教育年鉴》编辑部编：《中国教育年鉴（2013）》，北京：人民教育出版社，2014年，第296页。
④ 浙江省人民政府：《关于印发浙江省发展学前教育三年行动计划（2011—2013年）的通知》，2011年5月18日，https://www.zj.gov.cn/art/2011/5/20/art_1229621583_64235.html。
　　浙江省人民政府办公厅：《关于印发浙江省发展学前教育第二轮三年行动计划（2014—2016年）的通知》，2014年10月17日，http://jyt.zj.gov.cn/art/2014/10/17/art_1532994_27483877.html。
　　浙江省人民政府办公厅：《关于印发浙江省发展学前教育第三轮行动计划（2017—2020年）的通知》，2017年12月6日，https://www.zj.gov.cn/art/2017/12/12/art_1229591320_56580.html。
⑤ 蒋亦丰、史望颖：《浙江：学前教育"短板"变"跳板"》，《中国教育报》2018年11月4日，第1版。

2. 将师范生纳入考试范围

2013 年，教育部发布《中小学教师资格考试暂行办法》，规定在教师资格试点工作启动后入学的师范类学生在申请中小学教师资格时，应该参加教师资格考试。[①] 这一规定将师范生纳入教师资格考试范围，同时对师范院校教育教学改革形成了倒逼机制。

2014 年上半年，浙江省共有 3.3 万余名考生参加了 5.7 万科次的笔试，共有 16873 名考生报名参加面试。同时根据教育部要求，浙江、山东、湖北和广西 4 个省、自治区还承担了师范生试测任务。浙江省此次试测由浙江师范大学、杭州师范大学承担，共有 607 名考生报名参加 1469 科次的笔试考试。[②]

2014 年下半年，浙江省在校师范生首次参考。笔试考试全部采取纸笔考试形式，在全省 11 个设区市设立 42 个考点。6.2 万名考生参加了 12.3 万科次的考试，比上一年同期增长 5600 人，主要集中在小学学段，报考人数创历史新高。[③] 各地高度重视，严密组织，考试实施平稳。

3. 承担全国中小学教师资格考试评卷工作

自 2011 年全国中小学和幼儿园教师资格考试试点工作启动以来，浙江省多年承担该项考试的阅卷工作。2011 年浙江省承担首次试点省份湖北、浙江两省所有评卷工作。2012 年承担浙江、湖北、上海等 5 个省、直辖市的教师资格考试笔试（含机考）的评卷任务。此后，浙江省教育考试院承担了至 2021 年下半年全国中小学教师资格考试所有考次的试卷评阅工作，评卷点均设在浙江师范大学。为确保评卷工作的质量，浙江省教育考试院形成了一套严格的阅卷规程、阅卷教师选聘制度。

四、教师资格考试在浙江的巩固发展

浙江省开展国家教师资格考试试点工作取得阶段性成效，为打造卓越的中小学、幼儿园教师队伍，引领高校教师岗前培训考核制度的建立与发展奠定了基础。

（一）建立高校教师岗前培训考核制度

2012 年，浙江省高校师资培训中心（设在浙江师范大学）和浙江省高校师资培训基地（设

① 教育部：《关于印发〈中小学教师资格考试暂行办法〉〈中小学教师资格定期注册暂行办法〉的通知》，2013 年 8 月 15 日，http://www.gov.cn/gongbao/content/2013/content_2547145.htm。
② 浙江省教育厅：《我省 2014 上半年中小学教师资格考试笔试顺利结束》，2014 年 3 月 18 日，http://jyt.zj.gov.cn/art/2014/3/18/art_1543974_21580395.html。
浙江省教育厅：《浙江省 2014 年上半年中小学教师资格考试面试结束》，2014 年 5 月 21 日，http://jyt.zj.gov.cn/art/2014/5/21/art_1543974_21580235.html。
③ 浙江省教育厅：《我省 2014 下半年中小学教师资格考试笔试顺利结束》，2014 年 11 月 4 日，http://jyt.zj.gov.cn/art/2014/11/4/art_1543974_21567974.html。

在浙江大学）联合组织全省高校教师开展岗前培训，并进行高等教育学、大学心理学、高等教育法规、教师伦理学4个科目的在线考试，教师达到合格分数线后取得"浙江省高校教师教育理论培训结业证书"。在上述经验的基础上，浙江省决定自2013年起，在全省高等学校全面实施青年教师助讲培养制度，并设立高校青年教师教学"上岗资格证书"。获得该资格证书成为教师参加职称评聘和相关职务晋升的必要条件，也成为监督考察学校教学工作及业绩考核的指标之一。

2013年10月，浙江省教育厅发布《关于加强和改进全日制高等学校教师资格认定工作的意见》，确定从2014年起调整浙江省全日制高等学校教师资格认定委托学校范围，并提出"新聘任到高等学校教学岗位的人员，除应参加高校教师岗前培训并取得申请教师资格所要求的高等教育学和高等教育心理学课程合格证书外，还需参加相关高等学校组织的教师基本教学技能培训并考核合格。"[1]

2020年，教育部等六部门《关于加强新时代高校教师队伍建设改革的指导意见》提出"建立新教师岗前培训与高校教师资格相衔接的制度"[2]。在此之前，浙江省已于2013年建立了高校青年教师上岗资格证书制度，并将参加培训取得合格证书作为取得高校教师资格的条件之一，建立了相对成熟的高校教师岗前培训与教师资格相衔接的制度。

（二）严格教师资格准入条件

2018年，为深入贯彻落实中共中央、国务院《关于全面深化新时代教师队伍建设改革的意见》精神，加快推进新时代教师队伍建设改革，浙江省委、省人民政府发布《关于全面深化新时代教师队伍建设改革的实施意见》:（1）完善中小学教师准入和招聘制度。完善教师资格考试和认定办法，逐步将修习教师教育课程、参加教育教学实践作为认定教育教学能力、取得教师资格的必备条件。（2）提高新教师入职标准，幼儿园教师学历提升至专科，小学和初中教师学历提升至本科，有条件的地方可将普通高中教师学历提升至研究生。（3）健全职业院校教师管理制度。完善职业院校教师资格标准，探索将行业企业从业经历作为认定教育教学能力、取得专业课教师资格的必要条件。（4）深化高等学校教师人事制度改革。严把高校教师选聘入口关，实行思想政治素质和业务能力双重考察。把新入职教师岗前培训和教育实

---

① 浙江省教育厅：《关于加强和改进全日制高等学校教师资格认定工作的意见》，2013年10月30日，http：//wwwzjxz.edu.cn/2013/1030/c48a4993/page.htm。

② 教育部等六部门：《关于加强新时代高校教师队伍建设改革的指导意见》，2020年12月24日，http://www.moe.gov.cn/srcsite/A10/s7151/202101/t20210108_509152.html。

习作为认定教育教学能力、取得高校教师资格的必备条件。①

2018 年，为贯彻落实国务院办公厅与教育部办公厅《关于规范校外培训机构发展的意见》和《关于切实做好校外培训机构专项治理整改工作的通知》要求，浙江省开展中小学生校外培训机构专项治理行动，对存在教师无证上岗等问题的校外培训机构进行整改。此项新规对省内培训机构产生了较大影响，也促使杭州 2018 年下半年中小学教师资格考试报名的人数创了新高，接近 2 万人，远超往年。② 2019 年 12 月，浙江省教育厅根据教育部文件指导意见，联合发布《浙江省关于规范校外线上培训发展的实施细则》，提出学科知识培训人员应具有教师资格，并需在培训平台和课程界面的显著位置公示培训人员教师资格证等信息，进一步规范校外培训机构教师队伍。③

（三）开启教师资格发展新方向

2016 年是试点工作迈向全面实施的一年，浙江省教育厅发布《浙江省中小学教师队伍建设"十三五"规划》，提出完善教师资格制度和新任教师准入制度，全面实施国家教师资格考试制度和教师资格定期注册制度。

1. 新增"心理健康教育"等学科

随着师范生参加教师资格考试人数增多，广大考生对于开考心理健康教育、日语、俄语、小学信息技术、小学全科教师等学科需求日趋增强。为满足师范生对相应学科教师资格认定的需求，2017 年浙江省根据教育部教师工作司《关于中小学教师资格考试增加"心理健康教育"等学科的通知》④，规定自 2017 年下半年开始，浙江省中小学教师资格考试初中、高中、中职文化课类别增设"心理健康教育""日语""俄语"学科；小学类别增设"心理健康教育""信息技术""小学全科"学科。

2. 面向港澳台居民开放

2019 年，为贯彻国务院政务服务一体化和浙江省"最多跑一次"改革精神，根据《关于港澳台居民在内地（大陆）申请中小学教师资格有关问题的通知》等文件要求，浙江省教育厅教

---

① 浙江省委、省人民政府：《关于全面深化新时代教师队伍建设改革的实施意见》，2018 年 8 月 11 日，http://www. moe.gov.cn/jyb_xwfb/xw_zt/moe_357/jyzt_2018n/2018_zt03/zt1803_ls/201810/t20181018_352019.html。
② 浙江省教育厅：《钱江晚报：杭城报考教师证人数创纪录 很多培训机构组团考证》，2018 年 9 月 18 日，http://jyt. zj.gov.cn/art/2018/9/18/art_1532836_27102113.html。
③ 浙江省教育厅等七部门：《关于印发〈浙江省关于规范校外线上培训发展的实施细则〉的通知》，2019 年 12 月 18 日，http://jyt.zj.gov.cn/art/2019/12/20/art_1229106823_607177.html。
④ 教育部教师工作司：《关于中小学教师资格考试增加"心理健康教育"等学科的通知》，2017 年 7 月 5 日，http:// www.moe.gov.cn/s78/A10/tongzhi/201707/t20170712_309244.html。

师资格认定指导中心发布《关于做好 2019 年春季教师资格认定工作的通知》，明确在内地（大陆）学习、工作和生活的港澳台居民可以申请认定中小学教师资格；申请人可在规定条件内就地申请教师资格认定，并逐渐减少提交的纸质材料。2019 年上半年的中小学教师资格考试，浙江省首次出现港澳台考生，10 余名港澳台考生参加笔试。[1]

3. 出台免试认定教师资格政策

2017 年，教育部发布《普通高等学校师范类专业认证实施办法（暂行）》，决定开展普通高等学校师范类专业认证工作。结合浙江省实际，省教育厅制定《浙江省普通高等学校师范类专业第二级认证实施方案（暂行）》。截至 2021 年 10 月，教育部办公厅公布通过的高等学校师范类专业认证的名单中，浙江省共有浙江师范大学学前教育专业等 43 个专业通过二级认证。根据教育部规定，通过第二级认证专业的师范毕业生，可由高校自行组织中小学教师资格考试面试工作。

2020 年 4 月，受新冠疫情影响，国家人力资源社会保障部等七部门联合发文，规定对中小学、幼儿园、中等职业学校教师资格实施"先上岗、再考证"阶段性措施，稳定高校毕业生就业。[2] 同年 9 月，浙江省根据教育部发布的《教育类研究生和公费师范生免试认定中小学教师资格改革实施方案》，规定符合条件的教育类研究生、公费师范生可免试认定中小学教师资格，也可自愿参加国家中小学教师资格考试，申请认定相应的教师资格。2021 年 4 月，教育部发布《中学教育专业师范生教师职业能力标准（试行）》等五个文件，明确了中学教育、小学教育、学前教育、中等职业教育和特殊教育五个专业的教师职业能力标准，建立师范生教育教学能力考核制度，推进师范生免试认定中小学教师资格改革。

2011—2021 年浙江省中小学教师资格考试报名、合格人数整体呈现稳中上升趋势，具体如图 7-1-1 所示。自 2011 年浙江省承担首次试点任务，中小学教师资格考试强化了教师职业能力要求，拓宽了浙江省教师来源渠道，实施至 2021 年，已历经整整 10 个年头，对国家推进教师资格制度改革、浙江省加强教师队伍建设都具有重要的意义。

① 纪驭亚：《中小学教师资格考试笔试明日开考》，《浙江日报》2019年3月8日，第5版。
② 人力资源社会保障部等七部门：《关于应对新冠疫情影响实施部分职业资格"先上岗、再考证"阶段性措施的通知》，2020年4月21日，http://www.gov.cn/zhengce/zhengceku/2020-04/23/content_5505441.htm。

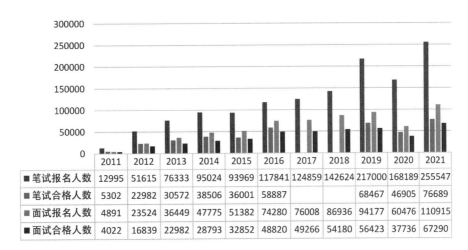

	2011	2012	2013	2014	2015	2016	2017	2018	2019	2020	2021
■ 笔试报名人数	12995	51615	76333	95024	93969	117841	124859	142624	217000	168189	255547
■ 笔试合格人数	5302	22982	30572	38506	36001	58887			68467	46905	76689
■ 面试报名人数	4891	23524	36449	47775	51382	74280	76008	86936	94177	60476	110915
■ 面试合格人数	4022	16839	22982	28793	32852	48820	49266	54180	56423	37736	67290

图 7-1-1　2011—2021 年浙江省中小学教师资格考试统计情况

说明：2020年上半年因新冠疫情未举行考试。

资料来源：浙江省教育考试院编：《浙江教育考试统计年鉴》，2011—2021年。

第二章 外语类等级考试的实施与拓展（1987—2021年）

改革开放以来，学习外语成为我国公民学习活动的重要组成部分，对外语学习和掌握水平的考核评价也应运而生。浙江省教育系统参与了全国统一组织实施的大学外语四、六级考试，全国高等学校英语应用能力考试和全国公共英语等级考试，并自主开发了大学外语三级考试。

一、大学外语四、六级考试在浙江的实施

大学英语考试（College English Test，简称CET）是由国家教委主办的全国统一的教学考试。考试目的是通过客观、准确地检测学生英语水平，推动大学英语教学大纲的贯彻执行，提升高校英语课程的教学质量，发展学生的英语能力，为我国各部门各行业选拔人才、合理使用人才提供参照。

大学英语考试分为大学英语四级考试（CET-4）和六级考试（CET-6）两个级别，每年举行两次，四级与六级考试同期进行。考试主要对象是修满相应大学英语课程的全国高等学校在校生，必须持有四级考试合格证书才能报考六级，凡考试合格的学生由国家教委颁发大学英语四级或者六级考试合格证书，60分为及格，分数在85以上为优秀者，证书上注明"优秀"字样。

（一）考试的研发背景

1978年，教育部在全国外语教育座谈会上提出"千方百计地提高外语教育质量"[①]的总要求，大力发展各种形式的外语教育。随着改革开放范围扩大、程度加深，1980年，教育部自主设计了用于选拔鉴定出国留学人员的"英语水平考试"项目，为开发大学英语四、六级考试

---

① 教育部：《关于印发加强外语教育的几点意见的通知》，何东昌主编：《中华人民共和国重要教育文献（1949—1997）》，海口：海南出版社，1998年，第1668-1669页。

提供了经验基础。1985 年，《大学英语教学大纲》颁布，规定学生修习大学英语课程后参加全国统一的标准化考试，即大学英语四、六级考试。同时国家教委组建"大学英语四、六级标准化考试设计组"筹备组（以下简称"设计组"），浙江大学、杭州大学等高校的部分外语系专家也参与其中。

（二）考试的组织实施

1. 考试初步施行

首次大学英语四级考试顺利实施。1987 年 4 月，浙江省教委转发国家教委《关于一九八七年试行大学英语四级标准考试的通知》。通知规定由国家教委委托设计组负责考试的组织实施，并设办公室作为常设办事机构，下设清华大学、上海交通大学、武汉大学三个考试中心，承担组织、管理和协调地区的考试工作。[①] 浙江省的大学英语四、六级考试工作由上海交通大学考试中心分管。至 1987 年 7 月末，浙江省已有 10 所高校，约 1900 名学生报名参加首次大学英语四级考试。在浙江省政府的重视和高等院校的支持下，大学英语四级考试严格按照标准化考试的要求精心实施，各考区、考场均实行责任制，并在考前对监考人员进行统一培训，考前考后严格保密试题，做好试卷回收工作。浙江省总主考评价此次考试"监考人员和教师均反映情况之好是空前的"。

1988 年，根据国家教委指示，三个考试中心下分别增设一个作文阅卷点。其中上海考试中心在浙江省增设杭州阅卷点，承担广东、江西、福建、上海（部分）的阅卷工作。[②] 自此以后，浙江省常年承担全国大学英语四、六级考试的阅卷工作。

全国大学英语四、六级考试组织管理结构参见图 7-2-1。

---

① 浙江省教委：《转发〈关于一九八七年试行大学英语四级标准考试的通知〉》，1987年4月30日，档案号J039-037-142-017，浙江省教育厅档案室藏。
② 浙江省教委：《转发国家教委〈关于一九八八——一九八九年度大学英语四、六级标准考试的通知〉》，1988年4月6日，档案号271，杭州电子科技大学档案室藏。

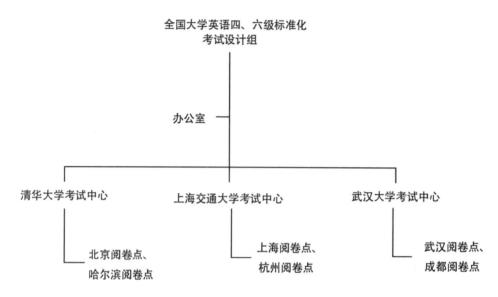

图 7-2-1　全国大学英语四、六级考试组织管理结构

1989 年 1 月，大学英语六级首次考试顺利实施，浙江省内共 14 所普通高校报名参加。为做好此次考试组织工作，省教委特在考前召开各校主考会议，总结大学英语四级考试情况，部署大学英语四、六级考试组织工作。[①] 考试结束后，大学英语总主考会议在上海举行。会议提出大学英语四、六级考试的考试对象范围由本科生扩大至研究生、专科生，并且强调目前大学英语四、六级考试不向社会开放。[②]

1992 年 3 月，浙江省教委发布通知，提出自本年 6 月起全国大学英语四、六级考试允许部分教师和成人高校学生参加，进一步扩大了考生范围。[③]

1990—1997 年，浙江省陆续开考大学俄语、日语、德语、法语四级考试，与大学英语四、六级考试同时进行。

2. 考试内容与题型

1987 年大学英语四级考试题型有听力理解、阅读理解、词语用法与语法结构、完形填空及短文写作。

1989 年 1 月大学英语六级考试包括听力理解等 5 个部分，其中，将四级的"完形填空"部分改为"综合改错"。1996 年 1 月起，为进一步提高大学英语教学质量，全国大学英语四、

---

① 浙江省教委：《关于召开大学英语标准考试各校主考会议的通知》，1988年12月10日，档案号J039-038-134-066，浙江省教育厅档案室藏。
② 机械电子工业部教育司：《转发国家教委〈关于转发1989年大学英语考试总主考会议纪要的通知〉的函》，1989年6月1日，档案号422，杭州电子科技大学档案室藏。
③ 浙江省教委：《关于一九九二年六月举行大学英语四、六级考试的通知》，1992年3月7日，档案号J039-042-159-001，浙江省教育厅档案室藏。

六级考试委员会逐步推出改革措施：采用英译汉等新题型；采用平均级点分；设作文最低分。[①]1999年，为检验与认定高校非英语专业在校生对英语口语的掌握程度，开始实施面试型大学英语四、六级口语考试试点。2000年5月和11月，杭州市顺利开展该考试试点工作，并取得良好效果。次年，该口语考试考点扩大到全国范围。[②]

3. 成绩报道和使用

1987—2004年，大学英语四、六级考试采用百分制，60分及以上85分以下为及格，85分及以上为优秀。浙江省各学校、高教部门利用考试的反馈信息总结检查教学的长处和不足，提高了大学英语的教学质量。

（三）启动大学英语四、六级考试改革

伴随着大学英语教学改革逐渐深入，大学英语四、六级考试正式拉开改革序幕。

1. 组织管理

2005年6月起，大学英语四、六级考试的部分考务管理工作交由教育部考试中心统一管理并组织协调省级教育考试机构共同实施。[③]2006年后，浙江省大学英语四、六级考试管理工作由浙江省教育考试院负责组织实施。在浙江省高等教育事业快速发展的背景下，大学英语四、六级考试规模不断扩大，考试管理、考试安全面临新的挑战。经研究，省教育考试院决定从2011年起将该考试由省级直接管理调整为省、市分级管理。按照属地管理、分级负责的原则，杭州地区以外的高校考点由所在地设区市、义乌市教育考试机构（教育考试院、考试中心、自考办）负责管理，杭州市属高校考点由杭州市教育考试院负责管理，在杭省部属高校考点暂仍由省考试院负责管理。[④]

为做好该项考试相关工作，浙江省教育考试院不断完善考务管理工作制度。（1）严格认定考生报名资格。自2007年起，只接受在校生报名，本校已设考点的在校生不得跨校报名考试。报考学生须修完所报级别教学大纲规定的内容，报考四级必须通过三级或英语应用能力

---

① 国家教委高等教育司：《关于转发第六次大学英语四、六级考试总主考会议纪要的通知》，1998年1月7日，档案号J039-048-209-001，浙江省教育厅档案室藏。

② 教育部高等教育司：《关于扩大大学英语四、六级考试口语考试试点的通知》，2000年2月25日，档案号J039-050-163-001，浙江省教育厅档案室藏。
　教育部高等教育司：《关于实施大学英语四、六级考试口语考试的通知》，2000年12月29日，档案号J039-050-163-007，浙江省教育厅档案室藏。

③ 教育部办公厅：《关于大学英语四、六级考试部分考务管理工作交接的通知》，2005年3月11日，http://www.moe.gov.cn/jyb_xxgk/gk_gbgg/moe_0/moe_495/moe_991/tnull_10141.html。

④ 浙江省教育考试院：《关于大学外语等级考试和高校计算机等级考试实行分级管理的通知》，2011年3月30日，档案号311，杭州电子科技大学档案室藏。

A级考试（本科生及以上学历除外），报考六级必须是四级达到425分（含）以上的学生。各高校严禁接受外语培训机构的报名，严禁设置校外考点。（2）严格考风考纪建设。实行严格的监考和巡视制度。自2009年起，考生违规事实记入考生诚信档案，严防代考、高科技手段群体性舞弊等情况的发生。（3）强化考务人员选拔与培训。除监考教师和工作人员培训外，2018年起，各考点学校需要由业务能力较强的专职英语教师担任监听员，全程参与听力播放环节的监听及偶发事件的处理等。

2. 考试内容与题型、考试形式、计分与成绩报道

2005年，修订后的考试大纲开发了快速阅读理解等新题型，听力理解部分占比35%，阅读理解部分占比35%，综合测试部分占比15%，写作部分占比15%。[①]

2013年12月起，全国大学英语四、六级考试委员会对四、六级考试的试卷结构和测试题型作局部调整：（1）增设翻译采用"段落翻译"形式，并首次尝试在考试中融入中国元素；（2）听写变为考查单词短语；（3）不再考查完形填空；（4）快速阅读调整为段落信息匹配。

2016年，教育部考试中心发布《全国大学英语四、六级考试大纲（2016年修订版）》，听力部分测试题型调整为单选题，听力材料采用新闻、讲座或报道等题材，以更好地体现英语的实际应用。

2012年起，大学英语四、六级考试采用多题多卷模式。每次考试采用内容、排列和组合不同的卷库，使用条形码区分不同版本的试卷。[②] 此外，多题多卷模式还对命题、实施、阅卷评分等环节制订了更加严格的标准与规则，以防止新型高科技作弊。

2005年6月起，大学英语四、六级考试成绩采用满分为710分的计分体制，不设及格线，面向所有考生。成绩报道方式由考试合格证书改为成绩报告单，包括总分、单项分等，还向学校提供四、六级考试分数解释。

3. 与学位证书脱钩

随着大学英语四、六级考试社会认可度不断提高，一些高校在学校的规章制度中将大学英语等级考试与大学毕业证书、学业证书相挂钩。这就使参加考试的对象由部分学有余力或对外语学习有兴趣的学生扩大到大学全体学生，对部分学生在学习时间、精力和费用上造成了压力。2005年2月，教育部宣布对大学英语四、六级考试进行改革，不再发放合格证，改

---

① 教育部办公厅：《关于印发〈全国大学英语四、六级考试改革方案（试行）〉的通知》，2005年3月7日，档案号170，杭州电子科技大学档案室藏。
② 教育部：《实施"多题多卷"强化考试安全 严防作弊行为》，2012年12月19日，http://www.moe.gov.cn/jyb_xwfb/gzdt_gzdt/s5987/201212/t20121219_145833.html。

为发放成绩单，并重申教育部从未要求大学四级与学位挂钩。同年4月，浙江工业大学率先推出脱钩之举，明确从2003级开始，将大学英语四级考试与学历、学位脱钩。[①] 2013年7月，国务院学位委员会书面答复浙江省全国人大代表林燚《关于取消学士学位授予与英语四级考试挂钩的建议》，重申国务院学位委员会和教育部并未制定学士学位授予与英语四级考试挂钩的办法，英语四级与学位证书挂钩的"土政策"终被取消。[②]

2009—2021年，浙江省大学英语四、六级考试笔试报名人数均保持在30万人以上规模，其中，四级笔试报名人数略有起伏，六级则呈现稳中上升趋势，历年报考人数参见图7-2-2。在大学英语四、六级等级考试影响下，浙江省内部分高校如温州医科大学还以该考试成绩为依据实行分类教学、课程免修及学分冲抵，教师自主开展英语等级考试辅导等志愿活动，满足了学生专业学习的差异化需求，推动了大学英语教学改革。

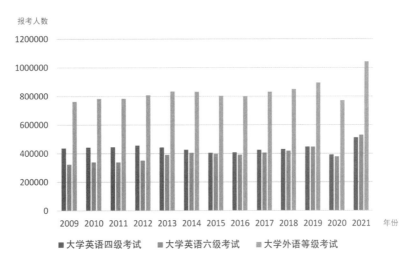

图7-2-2 2009—2021年浙江省大学英语四、六级考试笔试及大学外语等级考试报考人数

说明：2020年上半年受新冠疫情影响，未举行大学英语四、六级考试。

资料来源：浙江省教育考试院编：《浙江教育考试统计年鉴》，2009—2021年。

二、浙江省大学外语三级考试的设立与完善

浙江省大学英语三级考试是在浙江省教委领导下，由浙江省高教一处组织、浙江省大学外语教学研究会专家设计开发的一项大规模标准化考试，用以衡量高等专科层次学生英语水平。该项考试每年于6月、12月各开考一次。考试对象为修完大学英语相应阶段课程的在校大学生。成绩合格或优秀者由浙江省教育厅发给考试合格证书或优秀证书。2002年，大学英

---

① 浙江工业大学：《关于英语计算机等级考试成绩与学历学位脱钩的通知》，2005年4月8日，档案号30，浙江工业大学档案室藏。

② 张凌云、卢义杰：《英语四六级考试亟待回归社会化》，《中国青年报》2013年11月4日，第7版。

语三级考试管理职能转移到省高等学校招生办公室。

（一）项目设立

改革开放的契机使高等专科教育迎来大发展的春天，浙江省高职高专院校数量成倍数增长，呈现繁荣景象。自大学英语四、六级考试开设以来，许多本科院校英语教学水平有明显提高。为了使专科层次学生在英语课程学习结束时能够达到大学英语三级要求，提高全省高校英语教学水平，浙江省教委于1993年发布《关于试行大学英语三级考试的通知》，决定参照相关大学英语教学大纲编制考试大纲和试题，自1994年起试行大学英语三级考试，考生主要为本、专科院校的非英语专业专科生，成绩合格者授予相应证书。考试结束后将提供通过三级考试人数及考试个人的总分等情况，以便各校检查教学的长处与不足。[①]

（二）考试实施

1994年4月，浙江省教委下发《关于浙江省大学英语三级考试（CET-3）有关问题的通知》，明确大学英语三级考试在省高教一处设办公室，各高等学校作为考点，并承担具体考务工作。[②]同年6月，大学英语三级考试首次试行顺利开展。1996年，根据国家教委教高司《关于做好〈普通专科英语课程教学基本要求〉落实工作和开展英语教学质量抽检测试试点工作的通知》精神，浙江省教委决定正式开展大学外语三级水平考试（包括英语、日语、法语），考试对象不再限于高等学校的专科学生，申请学士学位的成人教育本科生和自学考试本科毕业生也可报考，考试采用标准化考试形式，并使用计算机听力制作系统和成绩阅读处理分析系统，进一步保证考试水准和质量。

（三）考试调整与完善

浙江省大学英语三级考试在开展初期填补了大学英语四、六级的空缺，为省内高等学校专科英语教学提供了适宜的测试体系。

1.考试标准

1998年，浙江省教委根据国家教委颁布的专科英语教学要求，结合本省高等专科教育的具体情况，制订出版了《浙江省普通高等专科英语课程教学基本要求及三级考试大纲》（高等

———————————

① 浙江省教委：《关于试行大学英语三级考试的通知》，1993年6月1日，档案号J039-043-160-006，浙江省教育厅档案室藏。
② 浙江省教委办公室：《关于浙江省大学英语三级考试（CET-3）有关问题的通知》，1994年4月8日，档案号J039-044-171-053，浙江省教育厅档案室藏。

学校专科适用），并在部分院校的学生中进行了预测。

2003年，为进一步提高大学英语三级考试的信度和效度，满足不同类型的大学专科层次学校的英语教学需要，浙江省教育厅大学外语等级考试办公室编写出版了《浙江省大学英语三级考试指南》，对省大学英语三级考试的内容、题型作出调整。

2011年，根据全国大学外语等级考试的调整变化，浙江省教育考试院组织专家、学者编制出版了《浙江省大学英语三级考试大纲》，并决定自2011年12月起，按照修订后的考试大纲组织命题和考试工作。

2. 考试政策

2001年，为提升各类优秀专科学生的学历层次和知识结构，促进高职高专学校的校风、学风建设，努力构建浙江省高等教育人才成长立交桥，浙江省开展选拔高职高专毕业生进入本科学习，将取得大学英语三级考试合格证书作为选拔条件之一。[①] 2016年，浙江省专升本进行改革，英语不作为统一报考条件，但招生高校仍可以根据专业需要明确大学英语三级成绩要求。[②] 此外，部分高校将通过大学英语三级考试作为报考大学英语四级的条件。2009—2021年浙江省大学英语三级考试报考人数参见图7-2-3。

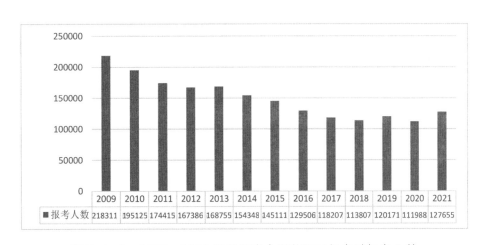

图7-2-3　2009—2021年浙江省大学英语三级考试报考人数

资料来源：浙江省教育考试院编：《浙江教育考试统计年鉴》，2009—2021年。

浙江省大学英语三级考试作为衡量高专、成教等学生英语水平的测试体系，发挥教学指挥棒的功能，促进了浙江省高专院校英语教学，为提升高专学生英语语言实践应用能力作出

[①] 浙江省教育厅：《关于开展选拔优秀高职高专毕业生进入本科学习试点工作的通知》，2001年3月22日，档案号J039-051-138-147，浙江省教育厅档案室藏。
[②] 浙江省教育考试院：《关于做好2016年选拔高职高专毕业生进入本科学习工作的通知》，浙江省教育考试院编：《浙江省教育考试文件选编》，2015年，第293-316页。

了贡献。

三、全国高等学校英语应用能力考试在浙江的实施

全国高等学校英语应用能力考试（Practical English Test for Colleges，简称 PRETCO）是教育部于 1998 年开始实施的专门针对高职高专学生开展的一项考试。该考试分为 A、B 两个等级，A 级考试对应于《高职高专教育英语课程教学基本要求（试行）》的 A 级要求，是标准要求；B 级考试对应于《基本要求》的 B 级要求，是过渡要求。考试分为笔试与口试。笔试测试考生的英语语言知识和读、听、译、写四种英语技能，口试测试考生的听说技能。考试按照百分制计分，满分为 100 分，60 分及以上为及格，85 分及以上为优秀；考试成绩合格者可获得"高等学校英语应用能力考试"相应级别的合格证书。考试分别在每年 6 月、12 月与大学英语四、六级考试一同进行。

（一）考试由来

20 世纪 90 年代初，高职高专英语教育课程教学模式套用本科英语教学，测试考核也主要采用大学英语四、六级考试，或套用其模式实施二、三级考试，与高职高专教育的培养目标严重脱节。[①] 为了改变这一现状，探索专科特色教学体系，1997 年，教育部在《关于加强高等专科英语课程教学工作的意见》中提出，"在三年内把目前的专科英语二、三级统考逐步转到用普通高等专科英语试题库考试的轨道上来"，"今后国家检测专科英语教学质量将采取试题库考试的方式进行"[②]，以改变目前延续套用本科四、六级考试的模式。

（二）考试实施

2000 年 10 月，教育部颁布《高职高专教育英语课程教学基本要求（试行）》，正式向各省、自治区、直辖市推广国家高等学校英语应用能力考试。2001 年，教育部成立高职高专教育英语课程教学指导委员会，下设高等学校英语应用能力考试委员会（专科层次）（简称"考委会"），专门负责考试题库建设和高职高专教育英语教学质量的检测与评估。考委会下设办公室，负责日常事务工作。[③] 浙江省教育厅负责本省考试的管理与实施。

① 刘鸿章、孔庆炎、陈永捷：《高等学校英语应用能力考试十年回顾与展望》，《中国外语》2010年第7卷第4期。
② 国家教委高等教育司：《关于用普通高等专科英语试题库对黑龙江省等八省市普通高等专科英语教学质量进行试测工作的通知》，普通高等专科英语课程教学指导委员会编：《普通高等专科英语教学改革理论与实践》，北京：高等教育出版社，1999年，第89-91页。
③ 教育部办公厅：《关于成立高职高专教育英语课程教学指导委员会的通知》，2001年5月31日，档案号J039-051-138-001，浙江省教育厅档案室藏。

2001 年 7 月，浙江省教育厅发布《关于我省高职高专学校英语采用国家高等学校英语应用能力考试试题库进行统一测试的通知》，决定自 2002 年起在保留原来大学英语三级考试的基础上（近三年作为过渡），参加国家高职高专英语应用能力考试。各校可自行选择其中一类，也可两类兼报。[①] 2003 年，考委会顺应社会发展形势设计了高等学校英语应用能力口试，并于 2005 年开始试行基于计算机的口语考试。[②]

（三）考试调整与完善

国家高等学校英语应用能力考试需要不断完善以更加适应我国高等职业教育的要求和社会对高端技能型人才的要求。

1. 考试标准

2013 年，为了进一步提升测试内容的应用性和实用性，考委会总结历年考试经验，在广泛调研的基础上对高等学校英语应用能力考试大纲进行了修订。

口试部分可以兼顾考核高职高专院校学生与应用型本科院校学生的口语技能。口试采用计算机辅助形式，分为朗读、提问—回答、口译—汉译英、看图讲话四部分，主要考查考生的口头交际能力。口试成绩根据考试分数分为优秀、及格、不及格三个等级。成绩合格者可获得"高等学校英语应用能力考试（口试）"相应级别的证书。

2. 考试政策

高等学校英语应用能力考试中的 A 级考试一度作为浙江省高职高专院校非英语专业学生报考专升本条件之一。2016 年，浙江省专升本改革，英语不作为统一报考条件，但招生高校仍可以根据专业学习需要设高等学校英语应用能力 A 级等要求。此外，浙江省部分高职高专院校将通过该考试作为报考大学英语四级的条件。

2009—2021 年，浙江省内报考全国高等学校英语应用能力考试的考生人数趋于稳定，具体见图 7-2-4。该项考试为做好高职高专院校英语课程教学质量的检测和评估，推进英语教学的改革与建设作出了贡献。

---

① 浙江省教育厅办公室：《关于我省高职高专学校英语采用国家高等学校英语应用能力考试试题库进行统一测试的通知》，2001 年 7 月 13 日，档案号 J039-051-146-021，浙江省教育厅档案室藏。
② 刘鸿章、孔庆炎、陈永捷：《高等学校英语应用能力考试十年回顾与展望》，《中国外语》2010 年第 7 卷第 4 期。

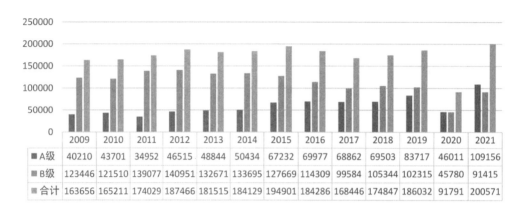

	2009	2010	2011	2012	2013	2014	2015	2016	2017	2018	2019	2020	2021
■A级	40210	43701	34952	46515	48844	50434	67232	69977	68862	69503	83717	46011	109156
■B级	123446	121510	139077	140951	132671	133695	127669	114309	99584	105344	102315	45780	91415
■合计	163656	165211	174029	187466	181515	184129	194901	184286	168446	174847	186032	91791	200571

图 7-2-4　2009—2021 年浙江省全国高等学校英语应用能力考试报考人数

说明：2020年上半年受新冠疫情影响，未举行全国高等学校英语应用能力考试。

资料来源：浙江省教育考试院编：《浙江教育考试统计年鉴》，2009—2021年。

四、全国英语等级考试在浙江的试点与发展

全国英语等级考试的前身是全国公共英语等级考试，是国家教委（教育部）主管、国家教委考试中心（后改为教育部教育考试院）开发设计的水平等级考试，2002 年更名为全国英语等级考试。该系统的开发得到英国国际发展部（Department for International Development，简称"DFID"）的资助及英国剑桥大学考试委员会（University of Cambridge Local Examinations Syndicate，简称"UCLES"）的支持，并成为中英文化交流的合作项目。该考试与传统英语考试的明显不同是注重语言交际能力的测试并以此来推动外语教学改革，改变以往英语教育考试与社会需求脱节的被动局面。该考试分为一级（B）、一级、二级、三级、四级、五级，其中一级（B）为一级的附属级，基准略低于一级的要求。各级别考试均设有笔试和口试两部分，考试时间为每年的 3 月和 9 月。考生不必从低级别考起，可根据自身的英语水平和需要单独报名参加其中任何一个级别的考试。成绩合格者由国家教育考试中心统一颁发相应级别的考试合格证书。

（一）考试由来

随着改革开放的进一步加深，中外经济文化交流活动日益频繁，急需大量专业外语技术人员，而此时英语教学测试未得到充分发展，对于口头表达技能的测试相当薄弱，客观上造成了考生重书面听力而轻口头表达的倾向。并且国内相当一部分英语考试是封闭式的，例如大学英语四、六级考试和各类职称考试，只面向有限的一部分考生开放。这种状况与我国改革开放对外语能力的要求是严重脱节的。在这样的背景下，国家教委与英国国际发展部共同

合作，由教育部考试中心和英国剑桥大学地方考试委员会经过多年的密切合作，共同设计、开发了公共英语考试体系（Public English Test System，简称"PETS"）。

（二）考试实施

1997年起，在国家教委的领导下，北京市、山东省开始进行全国英语等级一级（B）的考试试点工作。[①] 作为沿海开放省份之一，浙江省外向型经济发展速度较快，为适应频繁涉外活动这一新形势的需要，提高国民文化素质和国际通用外语语言交流能力，并考虑到公共英语等级证书考试将来与中考、高考和研究生入学考试制度改革相联系，浙江省决定参加全国公共英语等级考试试点工作。[②]

1. 参加试点工作

1998年，经国家教委考试中心批准，浙江省高等院校招生委员会与教委联合发布《关于在我省开展外语水平等级考试工作的通知》，决定在全省逐步开展全国公共英语等级证书考试，1998年仅在杭州、宁波、温州三市开展一级（B）的试点工作。1998年3月，全国共有五个省、市参加全国公共英语等级考试一级（B）的试点工作，浙江省作为试点省之一，共有3200余人参加考试。[③] 1999年9月，浙江省在全省实施全国公共英语等级考试一级（B）——四级考试的试点工作，PETS五级同时正式替代原国家公派出国留学人员英语水平考试，用于鉴定中国公派赴国外留学人员的英语水平。[④]

2. 建立组织管理体制

教育部考试中心负责制订全国公共英语等级考试各级考试大纲、命题和试卷分值、考务管理以及考生的成绩认定，浙江省自考办具体负责本省考试工作的实施。为保证该项考试在科学、规范的基础上试点成功，浙江省成立全国公共英语等级考试领导小组，并有专人负责。领导小组的组长由省教委分管领导担任，副组长由省自考办的主要负责人担任，小组成员中包括计算机技术人员、考务管理人员和具有英语专业高级职称的教师作为业务顾问，且均经过严格的培训后上岗。[⑤]

---

① 国家教委办公厅：《关于在北京市、山东省进行全国英语等级证书一级（B）考试试点工作的通知》，1996年7月9日，档案号J039-046-143-012，浙江省教育厅档案室藏。
② 浙江省教委：《关于要求参加全国英语等级证书考试试点工作的请示》，1997年1月2日，档案号J039-046-383-048，浙江省教育厅档案室藏。
③ 林守国：《全国英语等级证书考试本月十四日开考》，《浙江日报》1998年3月12日，第6版。
④ 教育部考试中心编：《中国教育考试年鉴（2000）》，北京：中国传媒大学出版社，2000年，第12-13页。
⑤ 浙江省自考委、教委：《关于成立浙江省全国公共英语等级考试（PETS）领导小组的通知》，1999年7月15日，档案号J039-049-373-022，浙江省教育厅档案室藏。

（三）考试调整与完善

自 2000 年以来，浙江省全国公共英语等级考试向基层推进呈现良好发展势头，一度掀起考试热潮。2002 年，"全国公共英语等级考试"更名为"全国英语等级考试"。[1] 为推动 PETS 项目更好发展，2003 年起原先由杭州商学院负责的 PETS 五级改由省自考办管理。[2]

1. 制定鼓励考生参与措施

随着社会对外语人才需求的不断增加，以及劳动力市场对权威部门测定的水平等级证书认可度的提高，浙江省全国英语等级考试考生规模不断扩大，为了发挥非学历教育考试的优势，更好地服务于社会，保证考试质量，浙江省自考办发布《关于做好公共英语等级考试工作有关事项的通知》，提出以下措施：（1）积极鼓励和支持具备条件的教育机构开展 PETS 培训活动，并切实做好服务工作。（2）各地要有计划、有步骤地做好考点向县（市、区）延伸工作，至 2003 年，各县（市、区）均应设立 PETS 考点；（3）坚持口试考官培训上岗制度，确保 PETS 质量。[3]

由于终身教育发展的需要，非学历教育证书考试成为自学考试中的重要组成部分。为了积极鼓励拓展非学历证书考试，尤其是全国英语等级考试这样具有良好社会效益和品牌效应的考试，2002 年教育部考试中心办公室发布《关于进一步在全国高等教育自学考试系统推广 PETS 考试的意见》，重申在高等教育自学考试中积极推广 PETS。浙江省依据《意见》精神，作出明确规定：（1）在自学考试学历教育中将 PETS-2 和 PETS-3 的笔试合格成绩用于顶替自学考试相关课程学分。（2）为了方便并鼓励自考考生参加 PETS 考试，从 2003 年起 PETS 相关级别的考试增加考次。（3）今后，PETS 相关级别的考试允许笔试、口试分别报名和分项收费，考生的合格成绩将允许保留到下一考次。PETS 笔试合格成绩用于顶替自考相关课程学分是自考学分制的具体体现，也是自考课程改革的一项重要措施，实现了学历证书与 PETS 考试等非学历考试的有机结合、优势互补。

2. 加强口试教师培训

自 2000 年 PETS 考试在浙江省所有地市铺开，原有管理模式难以适应发展的需要。为适应 PETS 发展形势的需要，方便广大考生报考，浙江省自考办要求各市、县从 2003 年起均

---

[1] 本报讯：《英语等级考明年全国推开》，《浙江日报》2002年11月26日，第15版。
[2] 葛琳：《我省全国英语等级考试第五级（PETS）纳入自考办统一管理》，《浙江自学考试》2003年第1期。
[3] 浙江省自考办：《关于做好公共英语等级考试工作有关事项的通知》，浙江省自考办编：《浙江省自学考试文件选编》，2001年，第399页。

设立 PETS 考点。[①] 考点延伸至县（市）后，为保证 PETS 质量，维护 PETS 社会信誉，加强 PETS 口试教师队伍建设势在必行。2002 年，省自考办发布《关于实行全国公共英语等级考试（PETS）口试教师持证上岗制度的通知》，启动了浙江省实施口试教师资格认定及考核上岗制度。该年度，全省有 1500 余名教师参加培训考核，1000 余名教师取得 PETS 口试教师上岗资格。[②] 同年 11 月，全国 PETS 工作总结、考务管理和软件培训暨省级口试主考研讨会在海南召开，浙江省代表在会议中介绍了本省实行 PETS 口试考官培训考核方可持证上岗制度的做法，受到了与会代表的好评。[③]

3. 用于教师培训考试

2000 年，江山市教育局颁布江教〔2000〕26 号文件，决定在全市教育系统范围内开展全国公共英语培训和等级考试。全市年龄在 40 周岁以下的无英语等级证书的教师（含教育局机关干部）原则上须参加考试，鼓励其他教师参加培训和考试。[④] 绍兴县把教师参加全国英语等级考试和计算机等级考试列入绍兴县"十五"期间中小学校长和教师培训的重要内容。[⑤] 为加强教师群体建设，提高教师的英语基础知识，舟山市发布舟教师〔2002〕7 号文件，决定组织全市教师参加全国英语等级考试，并制定相关加分政策。[⑥] 2002 年，《浙江省小学英语教师岗位培训合格证书考试实施细则》规定：参加全国英语等级考试 PETS 二级或以上级别考试，已经取得大学英语三级及以上等级证书者可免试英语水平考试；已取得 PETS 二级及以上证书者，可免口语考试。[⑦]

4. 替代浙江高考听力成绩

为了强化高中学生英语综合能力，尤其是听说能力的培养，浙江省教育厅发布《关于开设普通高中全国英语等级考试的通知》，决定从 2005 年起在普通高中教育阶段引入全国英语等级考试，以建立融中考、会考、全国英语等级考试等测评形式为一体的英语教学评估体

① 浙江省自考办：《关于实行全国公共英语等级考试（PETS）口试教师持证上岗制度的通知》，浙江省自考办编：《浙江省自学考试文件选编》，2002年，第473页。
② 浙江省自考办：《浙江省自学考试2002年工作总结》，浙江省自考办编：《浙江省自学考试文件选编》，2003年，第92页。
③ 张建民：《2002年全国PETS工作总结、考务管理和软件培训暨省级口试主考研讨会在琼召开》，《浙江自学考试》2003年第6期。
④ 祝龙江：《江山市教育局在全市教育系统开展全国公共英语培训和等级考试》，《浙江自学考试》2002年第9期。
⑤ 金水娣：《绍兴县NCRE、PETS报考人数剧增》，《浙江自学考试》2004年第1期。
⑥ 徐明丞：《舟山市教育局组织全市教师参加英语考级》，《浙江自学考试》2002年第11期。
⑦ 浙江省自考办：《浙江省小学英语教师岗位培训合格证书考试实施细则》，浙江省自考办编：《浙江省自学考试文件选编》，2002年，第577页。

系。[①] 2007 年起，浙江省普通高校招生把参加全国英语等级考试的英语听力和口语成绩载入考生电子档案，供高校录取时参考。高中期间参加全国英语等级考试二级及以上口试取得合格成绩并载入其电子档案的考生，可免于参加全省统一组织的高考英语面试。[②] 2008 年，根据《浙江省新课改高考方案》，高考英语听力测试成绩使用 PETS-2 级听力考试成绩，实行全省统考。[③] 同年 9 月 13 日，省教育考试院组织实施了新课改方案实行后的首次英语听力考试，浙江省共有 33.22 万名考生参加。[④] 2016 年浙江省实行新高考政策，同年 3 月开展最后一次英语听力考试，[⑤] 此后高考英语听力不再与 PETS 考试统一举行。

5. 不断助力英语教学特色评估体系

2014 年，浙江省人民政府发布《关于印发浙江省深化高校考试招生制度综合改革试点方案的通知》，规定高职院校单独考试招生"拟报考有外语要求的学校、专业的考生，可选择参加全国英语等级考试一级（PETS-1）考试"[⑥]，后逐渐将全国英语等级考试作为报考条件之一。

全国英语等级考试作为教育部（国家教委）考试中心设计并组织的多级别英语测试体系，实现了英语类教育考试向公民开放的历史性跨越，后又规定考试不面向义务教育阶段学生，规范了考试管理与教学秩序。浙江省适时开展此项目，在全省范围实施之初，一度掀起参加英语等级考试的热潮。经历蛰伏期后，全国英语等级考试又在 2016 年创浙江省报考人数新高，为助力浙江省的特色英语教学评估体系，提升社会公众英语水平作出了贡献。2000—2021 年浙江省全国英语等级考试报考人数详见图 7-2-5、图 7-2-6。

---

① 浙江省教育厅：《关于开设普通高中全国英语等级考试的通知》，2005年3月28日，档案号J039-2005-JJ-2-00007，浙江省教育厅档案室藏。
② 薛平：《PETS听力和口语成绩将作为高校录取参考》，《浙江自学考试》2007年第3期。
③ 浙江省人民政府办公厅：《关于印发浙江省新课改高考方案的通知》，2008年4月7日，https://www.zj.gov.cn/art/2012/7/15/art_1229019365_62354.html。
④ 《中国教育年鉴》编辑部编：《中国教育年鉴（2009）》，北京：人民教育出版社，2009年，第341页。
⑤ 纪驭亚：《杭州发布"中高考禁噪令"》，《浙江日报》2016年3月19日，第2版。
⑥ 浙江省人民政府：《关于印发浙江省深化高校考试招生制度综合改革试点方案的通知》，2014年9月19日，http://jyt.zj.gov.cn/art/2014/9/19/art_1532974_27485645.html。

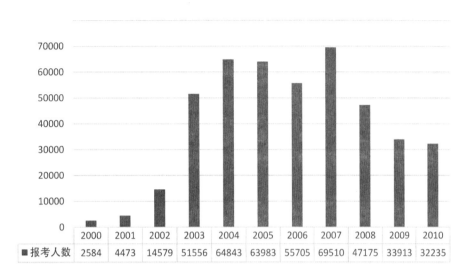

	2000	2001	2002	2003	2004	2005	2006	2007	2008	2009	2010
■报考人数	2584	4473	14579	51556	64843	63983	55705	69510	47175	33913	32235

图 7-2-5　2000—2010 年浙江省全国英语等级考试报考人数

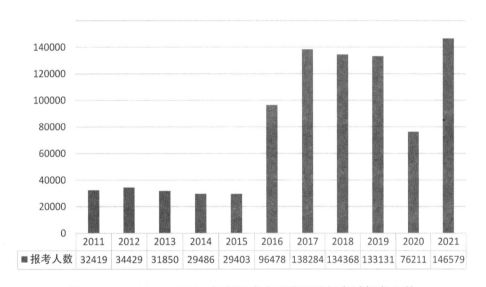

	2011	2012	2013	2014	2015	2016	2017	2018	2019	2020	2021
■报考人数	32419	34429	31850	29486	29403	96478	138284	134368	133131	76211	146579

图 7-2-6　2011—2021 年浙江省全国英语等级考试报考人数

说明：2020年上半年受新冠疫情影响，未举行全国英语等级考试。

<table>
<tr><td>第
三
章</td><td>计算机类等级考试制度的建立与发展
（1992—2021年）</td></tr>
</table>

20世纪科技发展中，最引人注目的变化无疑是计算机技术带来的网络信息化。顺应时代发展的需要，我国计算机类等级考试制度经历了一个从建立、发展到快速提升、高质量发展的过程。浙江省适时组织开展计算机类等级（水平）考试，并在实践中不断丰富完善。本章简述的4项考试在满足不同群体需求、推进教学改革、培养适应现代社会多类型多层次人才上具有一定的代表性，为实现科教兴省、高等教育强省战略和"数字经济"建设发挥了积极作用。

一、浙江省高校计算机等级考试的研发与演进

浙江省高校非计算机专业学生计算机应用知识和应用能力等级考试（以下简称"高校计算机等级考试"），是由浙江省教委主持开发的计算机类等级考试项目之一，发端于1992年邓小平南方谈话后，发力于高等教育大发展时期，是国内同类型考试开展时间较长、规模较大的项目之一。

（一）考试立项背景

浙江省开展高校计算机等级考试正值计算机技术发展快速、浙江改革开放提速和高等教育加速之际。1992年前后，以苹果、IBM、联想为代表的系列微机的应用，以以太网等为代表的局域网应用，以关系数据库为代表的数据库应用，以北大光华"汉卡"为代表的汉字处理技术的广泛应用等，在我国发展迅猛。浙江省委、省政府提出并实施教育优先发展、"科教兴省"战略，为包括计算机应用等各类学科技术人才提供了广阔的发展前景和施展才能的平台。同年，浙江省的高等教育稳步发展，"35所高校招生人数增长13.8%，本、专科在校生比上年增长4.0%，达6.3万人。普通高校布局和专业建设进一步改善，办学条件积极向好"。[①] 在计

---

① 浙江省教委编：《浙江省教育事业统计资料》，1992年，浙江省教育厅档案室藏。

算机技术应用快速发展的背景下，为增强适应和服务市场经济的能力，浙江省教委根据省内各高校计算机教育教学相对薄弱的现状，提出高等教育必须加强和普及计算机教学，"使计算机基础知识和应用能力成为大学生知识和能力结构中的必要组成部分，"[①]尤其是要在计算机基础教学中高度重视教学的实践环节，加强上机操作能力的培养和基础知识的掌握。据此，省教委经多次专题研究，并借鉴浙江已开展多年的大学外语等级考试经验做法，决定在普通高校中开展计算机等级考试，旨在以考试为抓手，以考促学，加快计算机教育教学的改革，为科教兴省战略的顺利实现增添力量。

1. 考试方案研制

1992年春季起，浙江省教委组织开展了高校计算机等级考试相关座谈调研等工作。同年5月，省高校计算机等级考试专家组成立，明确由浙江大学教务处处长任专家组组长，浙江农业大学、杭州大学、浙江工学院、杭州电子工业学院计算机系主任为组员，明确责任分工，研究高校计算机等级考试具体方案，组织考试系统软件开发和命题等工作。1992年11月，浙江省教委发布《关于实行浙江省高校非计算机专业学生计算机应用知识和应用能力等级考试的通知》，设立浙江省高校计算机等级考试委员会，下设命题组、考务组，负责考试的组织协调工作，并明确：

浙江省高校非计算机专业学生计算机应用知识和应用能力等级考试是课程考试，又是水平考试，进行这一考试的目的在于提高非计算机专业学生的计算机应用知识和应用能力。

考试等级分基础级和提高级，其中基础级分文史类和理工类。考试内容分应用知识和应用能力，前者为笔试，后者为上机操作。应用能力考试合格作为报考应用知识的条件之一。学生在学校组织的计算机应用能力考试合格的情况下，方可报名参加由我委组织的应用知识考试。

考试成绩分"合格"和"优秀"两级，达到以上级别的，由省教委发给相应的证书，该证书可在毕业分配和择业时作为用人部门录用的参考依据。报考对象为普通高校全日制在校学生。

计算机应用知识考试由我委组织，应用能力考试由各学校组织，必要时我委组织抽查。[②]

1992年12月，浙江省高校计算机等级考试办公室成立，设在杭州电子工业学院，承担上机考试系统的开发、上机考试操作程序制定、系统管理员培训和部分考务工作。次年4月，省教委下发了《浙江省高校非计算机类专业学生计算机应用知识和应用能力等级考试大纲及

---

① 王浦育：《计算机等级考试组织总结和分析》，《丽水师专学报》1997年第19卷第2期。
② 浙江省教委：《关于实行浙江省高校非计算机专业学生计算机应用知识和应用能力等级考试的通知》，1992年11月24日，档案号J039-042-159-016，浙江省教育厅档案室藏。

样题》。

2.首次考试组织实施

首次考试按全省统一考试规定要求，分步、分时间段进行。省教委确定由高教一处处长为总主考，成立省总主考组，① 统筹协调该项考试组织工作。各高校成立相应的主考组，负责本校的考试组织与实施。根据考试总体方案职责分工，先期的计算机应用能力考试，由各高校组织报名和实施，省教委主要是统一确定考试内容范围、程序、标准要求，组织考中巡视和考后抽查。计算机应用知识考试则由省高校计算机等级考试委员会组织实施。采取闭卷笔试方式，全省实行统一时间、统一试卷、统一考务规则、统一评定成绩。

试卷准备。1993 年 5 月，为保障考试内容的广泛性、代表性和适用性，省教委面向全省全日制语文类和其他类普通高校开展了"高校非计算机专业学生计算机应用知识等级考试试题征集"活动。② 在此基础上，1993 年 6 月下旬，省教委高教一处组织召开第一次高校计算机等级考试命题工作会议，明确了命题制卷的相关问题。截至 1993 年 9 月，高校计算机等级考试共积累试题原始卷 260 多套。

考试报名。首次高校计算机应用知识考试报名工作分两步进行：首先，各高校根据自身条件向省教委提出组织考试的申请，批准后展开后续工作。而后，各高校受理已参加本校组织的计算机应用能力考试且合格的考生报名参加全省计算机应用知识统一笔试，学校汇总上报浙江省教委。

主考培训。1993 年 10 月中旬，浙江省教委在杭州召开高校计算机等级考试主考会议，进行动员部署和考务培训。③

1993 年 10 月 24 日上午 9 时，浙江省首次高校计算机等级考试应用知识笔试近 30 个考点拉开帷幕。考试的科目、内容是：一级计算机应用基础（Windows、Office）；二级高级语言程序设计，Pascal、FORTRAN77、C、dBase Ⅲ（或 FoxBase）、BASIC。评卷工作由浙江工业大学负责组织和保障，从全省高校抽调的 28 名计算机教师参加评卷工作。④

3.考试过渡期与机考测试

1994—1995 年，高校计算机等级考试进入过渡期。一方面，继续按首次考试分段实施的

---

① 浙江省教委办公室：《关于张祖夔等三人为浙江省高校非计算机专业学生计算机应用知识和应用能力等级考试总主考的通知》，1993年10月12日，档案号J039-043-160-154，浙江省教育厅档案室藏。
② 浙江省教委办公室：《关于征集非计算机专业类学生计算机应用知识等级考试试题的通知》，1993年5月3日，档案号J039-043-160-148，浙江省教育厅档案室藏。
③ 浙江省教委办公室：《关于召开计算机等级考试主考会议的通知》，1993年10月8日，档案号J039-043-160-156，浙江省教育厅档案室藏。
④ 杭州电子科技大学供稿。

方式，组织了后两年的考试并加以调整改进；另一方面，积极创造条件，推进计算机上机考试的系统开发研制，为实现全省上机考试统考打牢基础。

1994年4月10日，浙江省第二次高校计算机等级考试举行，此次考试的方式延续首次，时间、内容有所调整。将一级考试笔试的时间由120分钟缩短至90分钟；二级考试时间保持不变。题型相应增加了填充、判断、多项选择题、问答题等，为之后的考试改进作了铺垫。

1995年4月9日，浙江省第三次高校计算机等级考试统一笔试如期举行。首次统一安排计算机应用能力上机操作考试。省教委组织研发的上机考试系统，在经过多次小范围测试之后，省高校计算机等级考试委员会于1995年4月初，组织了全省30多所高校40多名计算机教学的教师在杭州进行系统软件测试和集中培训，检验其适用性、安全性等，征求意见建议，作进一步完善。在取得这一标志性成果之后，省教委决定：该项考试按先笔试后机考的顺序调整考试时间，各高校具体组织的计算机应用能力考试于5月中旬进行，使用统一下发的考试测评系统。彼时起，全省统一机考系统、统一笔试和机考试题、统一时间考试、统一评定成绩的组织管理模式水到渠成。

（二）考试制度的建立与完善

1. 一年全省统考两次的制度设计与安排

1996年，浙江省教委决定，高校计算机等级考试由每年组考1次调为每年2次，原则上在4月、10月举行，实行笔试和上机考试全省统一组织实施，其中：上半年只开考一级，下半年一、二、三级全部开考。对考试成绩的计算方法实行动态调整，并确定，"逐步加大上机考试的比重"，"取消单项合格（笔试或上机考试），将笔试成绩与上机考试成绩统一计算，占比为70：30，两项合计达60分为合格，85分为优秀"。[1]

1996年4月和10月，浙江省教委分别组织了全省高校计算机等级考试，参加考试13176人，其中一、二级参考人数分别为4728人、8448人。笔试、机考的评阅工作由杭州电子工业学院负责保障，在全省抽调教师参与。全省一级合格率为58.3%，优秀率为4.1%；二级合格率为45.8%，优秀率为8.1%。[2]

2. 考试科目内容适时调整

1998年5月，浙江省教委公布了《浙江省高校非计算机专业学生计算机基础知识和应用

---

① 浙江省教委办公室：《关于1995年高校计算机等级考试的补充通知》，1995年4月10日，档案号J039-045-164-065，浙江省教育厅档案室藏。
② 杭州电子科技大学供稿。

能力等级考试计划》。1998 年 10 月份考试与 1999 年 4 月份考试采用 For DOS、For Windows 两种平台，考生任选其一。1999 年 10 月份考试开始停考 For DOS 的全部内容，并制订各科目新的考试大纲、编写新的课程教材和实践教程、研究开发二级各科目 For Windows 上机考试软件及试题库。以此为标志，高校计算机等级考试，实现了从 DOS 到 Windows 的平台转换。2000 年之后，陆续进行了从 For Windows 3.2 到 For Windows 95、For Windows XP、For Windows 7，以及 Office 版本升级与局部优化。

2005 年 7 月，浙江省教育厅下发了《高校计算机等级考试计划（2005—2007 年）》。一级考试内容增加了动漫设计，改进一级 Windows 2000 上机考试理论部分，完善一级上机考试系统；二级考试内容增加种类，适当增加编程题数量，并将二级上机考试成绩比例上调 10%；三级考试开考数据库技术、网络技术、微机系统及应用、单片机及嵌入式系统应用。同时，制订下发了《浙江省高校学生计算机基础知识和应用能力等级考试大纲（一级动漫基础）》。[①]

3. 各高校推进教改、以考促学的措施

随着考试制度的建立，考试科目、次数的增多，以考促教促学的效果初步显现。一是"各高校领导尤其是主管领导引起了重视，出现了可喜局面。改变了以往四年一门计算机语言课的局面"[②]，各高校积极调整布局，在人力、财力、物力上予以倾斜，增添计算机软、硬件设备，提高计算机机房配置标准，扩大计算机教师队伍，"浙江大学逐步建立一个完整的计算机基础教学课程体系（含计算机文化、技术基础、应用基础），其他不少院校建立了多功能媒体实验室，改善了教学、实验条件"[③]。二是大多数院校在专业培养计划中，增加了计算机课程的份额，出台有效措施，鼓励教师钻研技术和教法，认真做好计算机的基础课程教学和实际应用能力的培养；有些高校还作出了非计算机类专业的学生必须参加全省计算机一级考试的要求。三是各高校非计算机专业的学生也从学知识、长才能、利就业等方面考虑，学习和报考的自觉性、主动性大为增强，计算机应用知识与实际能力大幅提高。

该考试初期，丽水师专通过张贴各类文件、通知等各种宣传渠道，积极主动地开展宣传工作。1993 年第一次考试就有 15 名数学系学生参加二级考试，并取得了 8 人通过的好成绩。1994 年开始通过举办各类培训班，报考人数达到 117 人；1995 年开始学校在部分班级开设了计算机基础课，共有 167 人报名；1996 年全校大面积铺开教学工作，报名数达到 311 人。另

---

① 浙江省教育厅办公室：《关于公布高校计算机等级考试计划的通知》，2006年11月16日，http://jyt.zj.gov.cn/art/2006/11/16/art_1228998760_27488329.html。
② 岑岗：《21世纪初计算机基础教育改革的思考》，《全国高等院校计算机基础教育研究会2000年会论文集》，北京：清华大学出版社，2000年，第193-197页。
③ 岑岗：《21世纪初计算机基础教育改革的思考》，《全国高等院校计算机基础教育研究会2000年会论文集》，北京：清华大学出版社，2000年，第193-197页。

外，对正常教学班级的计算机课程不再举行考试，而将等级考试的结果作为该课程的最终成绩，从而对学生的计算机学习形成了正面压力。①

绍兴文理学院"从 1997 年起，所有的非计算机专业都要开设计算机基础课，本、专科学生都要掌握计算机基础知识，理工科（2000 年扩大到医、商科）学生要求掌握 1 门高级语言……2001 年，学校根据实际情况又制定了关于加强非计算机专业计算机教学的若干规定，明确理、工、经、管、医等类专业的本科生，必须通过省高校计算机二级考试，其他专业的本、专科应通过省高校计算机一级考试，高校计算机等级考试的成绩与毕业挂钩。为此，学校作出了一系列计算机教学的改革，计算机教学的硬件设施又有了较大改善。"②

4. 强化考试管理

1998 年 4 月和 2002 年 10 月，高校计算机等级考试总主考组先后进行了调整和人员充实，继续负责协调考试的准备和组织实施工作。1996 年至 2009 年上半年，强化考试管理与质量提升的举措主要体现于以下三个方面。

发挥分析研讨和专家智囊团队作用。1996 年，浙江省教委提出"要统一思想认识、高度重视计算机基础教学工作，明确计算机基础教育近期目标，增加经费投入，建立学校计算机中心，建立专门的教学机构，加强课程建设，改进教学方法"③。为此，省教委职能处室围绕高校计算机课程重点"教什么、考什么、怎么考"等议题，加强了对该项考试的指导与研究，重视发挥智库作用，为教、学、考助力。1998 年 7 月前后，省教委相继成立了浙江省计算机类专业教学指导委员会、浙江省高职高专教育计算机专业教学指导委员会和浙江省高校计算机基础教学研究会，大多数高校还设立了专项研究经费。这一时期，涌现出一批计算机基础教学和考试研究成果。以杭州电子工业学院为主申报的"高校计算机上机考试自动测试系统的研究及应用"获得浙江省教学成果一等奖，胡维华教授 1999 年申报的"基于网络环境计算机基础教学改革的研究与实践"被教育部评为国家级教改项目立项（1283B08044），主持完成的"面向 21 世纪计算机基础教学的改革"成果于 2001 年获国家级教学成果二等奖。④

考风考纪建设得到加强。1997 年上半年，浙江省教委对 6 所高校 19 名作弊考生书面通报全省高校，并重申："对违规作弊学生务必要按规定进行处理，不能姑息迁就；教师对考场管理不严，对考生舞弊行为放任自流的，应参照省教委《关于严肃处理教育部门干部、教师考试舞弊行为的意见》，作出严肃处理。"要求各高校和教师"真正做到教书育人，提高学生思想

---

① 王浦育：《计算机等级考试组织总结和分析》，《丽水师专学报》1997 年第 2 期。
② 陈力群：《浅析我校计算机等级考试现状与对策》，《绍兴文理学院学报》2006 年第 2 期。
③ 浙江省教委：《关于加强普通高校计算机基础教育的意见》，1995 年 4 月 26 日，档案号 J039-045-164-026，浙江省教育厅档案室藏。
④ 杭州电子科技大学供稿。

认识，增强考风考纪观念，杜绝作弊现象"。① 这份通报对各高校震动很大。在之后的考试组织中，省教育行政部门继续"加大监督检查力度，严肃考风考纪"，"坚持常规性重点抽查和阶段性全省普查相结合，对考试中的犯规舞弊行为，严肃查处，绝不留情"。② 各高校也加强了考试的检查巡视力量，增强了工作主动性和责任感。

专业化考试机构承担考务管理。 随着高等教育发展的力度加大，浙江省的高校和在校生规模也逐步扩大，1998 年在校生为 11.3 万人，到 2004 年已达 57.3 万人，增幅为 429%；③ 参加高校计算机等级考试的年人次也从 1998 年的约 15 万人次 / 年，到 2004 年的 30 多万人次 / 年，④ 考试管理的任务加重。为此，从 2002 年下半年开始，省教育厅将高校计算机等级考试的考务管理工作调整由省高校招生委员会办公室（以下简称"省招办"）承担。省招办借鉴高考的管理模式和该项考试特点，重点抓了四个方面的工作：一是修订完善《高校计算机等级考试考务工作手册》等考务规则；二是加强主考院校业务部门负责人的考务培训；三是统一试卷保密室的标准要求和验收办法；四是增设业务科室，专司考务管理职责。

5. "一考多用"的考试政策措施出台

公布考试成绩。 1996 年起，浙江省每年公布全省高校非计算机专业学生计算机考试的平均通过率及优秀率，并通报各有关学校的通过率、优秀率及参加考试学生参加计算机等级的百分比（三者均以应参加考试的学生总数为基数）。以便各校进行教学质量分析研究。⑤ 例如，1998 年 11 月，省教委转发《浙江省高校计算机等级考试办公室关于公布 1998 年秋季高校计算机等级考试成绩的通知》，涉及参考的 33 所高校的一、二级考试所有语种单位平均成绩。

"一考两证"。 1996 年，省教委与省人事厅联合下发通知，明确将浙江省高校计算机等级考试的一、二级与省计算机应用能力初级考试并轨，实行"一考两证"模式。凡考试成绩合格或优秀者，发给中共浙江省委组织部、浙江省人事厅印制，由浙江省计算机应用能力培训考试办公室统一编号、由省教委核验印章的"浙江省计算机应用能力考核合格证书"（分合格、优秀两种）。该证书效用等同于浙江省计算机应用能力培训考核办公室验印颁发的证书。⑥

---

① 浙江省教委：《关于全省计算机等级考试中部分学生作弊情况的通报》，1997 年 6 月 2 日，档案号J039-047-194-022，浙江省教育厅档案室藏。
② 侯靖方：《大力发展自学考试，为适应多层次多形式教育需求开辟广阔途径》，浙江省自考办编：《浙江省自学考试文件选编》，2000 年，第13页。
③ 浙江省教育厅编：《浙江省教育事业统计资料》，1998—2004年，浙江省教育厅档案室藏。
④ 杭州电子科技大学统计资料。
⑤ 浙江省教委：《关于1996年浙江省高校计算机等级考试有关事项的通知》，1996 年 2 月 27 日，档案号J039-046-143-074，浙江省教育厅档案室藏。
⑥ 浙江省教委、人事厅：《关于普通高等学校计算机初级考试和省计算机应用能力初级考试并轨的通知》，1996 年 3 月 14 日，档案号J039-048-209-082，浙江省教育厅档案室藏。

成绩合格作为报考"专升本"前置条件之一。2001年起，为构建纵向衔接、横向沟通的人才成长"立交桥"，浙江省教育厅开展了选拔优秀高职高专毕业生进入本科学习的试点工作，并规定"考生必须在2001年3月31日之前，已取得大学外语三级和高校计算机等级（理科二级，文科一级）的考试合格证书"[①]。此项政策一发布，在高校反应热烈，欲要专升本的学生对高校计算机等级考试的学习、参考意愿更为强烈。

（三）考试制度的巩固与拓展

2006年9月，浙江省人民政府公布了《浙江省教育强省建设与"十一五"教育发展规划纲要》[②]，浙江的高等教育发展进入了从规模扩张到更加注重内涵发展，重点建设"双一流"高校和专业的新时期。这一年，浙江省的普通高校数量68所，加上正在筹建的院校，考点学校已达85个，在校生65.1万人。[③]高校计算机等级考试工作及时顺应高校和社会的发展变化，坚持"迈小步、不停步"的原则，持续进行调整、改进和完善。

1. 组织管理体制调整

2002年下半年至2006年上半年，高校计算机等级考试的组织管理由浙江省教育厅主管、省招办承办。2009年9月起，省教育厅将该项考试转由省教育考试院负责组织与管理。2011年起，该项考试实行省教育考试院——设区市教育考试机构——高校（考点）三级管理，为全面实施考试规范化、专业化、科学化管理奠定了组织基础。同时，强化考试的运行机制和操作规范。考试领卷全过程监控，标准化考场建设进一步完善，科技强考工作持续推进。

2. 考试内容、方式优化组合

2007—2008年，浙江省教育厅先后修订《浙江省高校学生计算机基础知识和应用能力等级考试大纲》，对二、三级考试科目、语种等进行了调整补充。考试的科目、语种增加了二级的办公软件高级应用技术、三级的Linux网络管理及应用技术，达到13个语种。[④]

2014年，浙江省教育考试院将高校计算机等级考试考试平台升级为Windows 7/Office 2010。

---

① 浙江省教育厅：《关于开展选拔优秀高职高专毕业生进入本科学习试点工作的通知》，2001年3月22日，档案号J039-051-138-147，浙江省教育厅档案室藏。
② 浙江省教育厅：《我省制定〈教育强省建设与"十一五"教育发展规划纲要〉》，2006年10月9日，http://jyt.zj.gov.cn/art/2006/10/9/art_1543974_21573394.html。
③ 浙江省教育厅编：《浙江省教育事业统计资料》，2006年，浙江省教育厅档案室藏。
④ 浙江省高校计算机等级考试办公室编：《浙江省高校计算机等级考试手册2007版》，杭州：浙江摄影出版社，2007年。
浙江省教育厅办公室：《关于印发〈浙江省高校计算机等级考试办公软件高级应用技术（二级）、Linux网络管理及应用（三级）考试大纲〉的通知》，2008年6月11日，http://jyt.zj.gov.cn/art/2008/9/9/art_1228998760_27488314.html。

2019年，浙江省教育考试院在听取专家建议基础上，从三个方面对高校计算机等级考试作出较大调整：（1）调整考试内容。在计算机应用基础科目中，一级Windows科目中逐步增加国产操作系统、国产应用软件等考核内容；在办公软件相关科目中，一级Windows和二级办公软件高级应用技术科目中增加国产WPS软件考试选项；在程序设计相关科目中，逐步增加新型程序设计、算法设计、网络开发、数据分析、人工智能等相关内容。在"数据库技术及应用"和"网络技术及应用"科目中，增加大数据分析和网络信息安全等相关考试内容，同时更改科目名称。将单片机和嵌入式系统两个科目合并。（2）调整考试科目。将13个科目缩减为10个。其中一级1个，二级5个（新增二级Python程序设计），三级4个。同时对每个科目的考试内容进行整合与提升。（3）增加上机考试比重。一级Windows、二级办公软件高级应用技术、二级动漫设计和新增的Python程序设计实行上机考试。二级C和二级Java两个科目采用笔试加上机考试的形式。三级科目暂行笔试。[①]

在考试报名和组织实施中，浙江省从2019年启动推进高校计算机等级考试关键环节的数字化元素的注入和更便捷的技术协助工作：一是考试科目逐步取消笔试而实行机考，推进实现完全的机上考试与自动阅卷；二是考试环境由局域网转为互联网；三是实行手机报名；四是颁发等级考试的电子证书。

3.报考条件逐步放宽

随着计算机技术的发展普及，高校信息化技术设备的增加及办学条件的改善，组织大规模的计算机上机操作考试的基本条件已经具备；同时，为了给高校学生增加就业资质条件，浙江省教委从1996年起在允许选修学生参加计算机等级考试的基础上，逐步放宽了普通高校计算机专业类学生和在普通高校就读的全日制成人教育学生等的报考限制，扩大了受试群体。

4.考试规模总体保持平稳

自1993年开考至2021年，浙江省高校计算机等级考试规模、通过率、优秀率变化总体较为平稳（2006—2001年考试统计情况详见图7-3-1及图7-3-2）。该考试的开设促进了浙江省计算机教学的发展，提高了全省计算机整体水平，为培养计算机人才作出了贡献。

[①] 浙江省教育考试院：《浙江省教育考试院关于调整我省高校计算机等级考试科目及有关内容的通知》，浙江省教育考试院编：《浙江省教育考试院文件选编》，2019年，第390-392页。

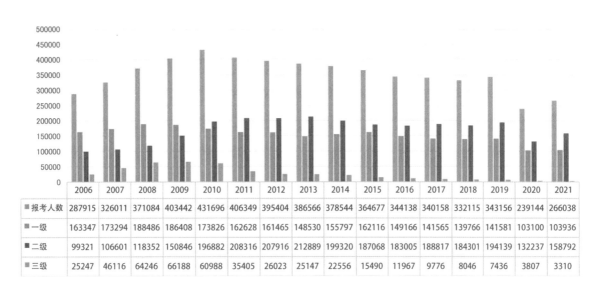

	2006	2007	2008	2009	2010	2011	2012	2013	2014	2015	2016	2017	2018	2019	2020	2021
■报考人数	287915	326011	371084	403442	431696	406349	395404	386566	378544	364677	344138	340158	332115	343156	239144	266038
■一级	163347	173294	188486	186408	173826	162628	161465	148530	155797	162116	149166	141565	139766	141581	103100	103936
■二级	99321	106601	118352	150846	196882	208316	207916	212889	199320	187068	183005	188817	184301	194139	132237	158792
■三级	25247	46116	64246	66188	60988	35405	26023	25147	22556	15490	11967	9776	8046	7436	3807	3310

图 7-3-1　浙江省高校计算机等级考试 2006—2021 年报考人数

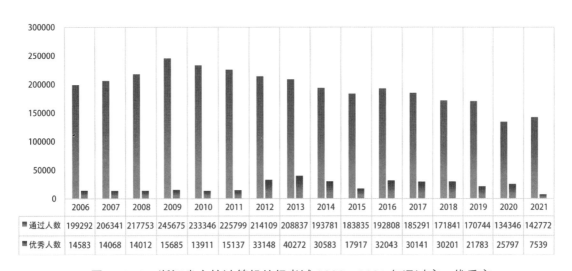

	2006	2007	2008	2009	2010	2011	2012	2013	2014	2015	2016	2017	2018	2019	2020	2021
■通过人数	199292	206341	217753	245675	233346	225799	214109	208837	193781	183835	192808	185291	171841	170744	134346	142772
■优秀人数	14583	14068	14012	15685	13911	15137	33148	40272	30583	17917	32043	30141	30201	21783	25797	7539

图 7-3-2　浙江省高校计算机等级考试 2006—2021 年通过率、优秀率

二、全国计算机等级考试在浙江的落地与开展

全国计算机等级考试（简称 NCRE）是经国家教委批准、由国家教委考试中心组织研究设计并主办、面向社会公众开放的用以考查应试人员计算机知识和技能的全国性计算机水平考试，也是该中心开发最早、社会认可度较高的非学历教育考试精品项目之一。浙江省自考办顺势而为，积极与国家教委考试中心密切合作，较早开展了该项考试，在实践中不断积累经验，规范完善，延续至今，并在许多方面对该项考试的组织管理和改革贡献了浙江智慧。

（一）首考与考试管理规范研究

1. 考试落地过程

国家教委考试中心组织开发的全国计算机等级考试于1994年11月和1995年1月在部分省、直辖市开展首次笔试和上机考试。浙江省自考办闻讯后及时向省教委提出组考意向，随后根据全国计算机等级考试的特点、技术要求、社会需求等综合评估，正式向省教委、国家教委考试中心提出举办该项考试的申请并得到批准。1995年5月、6月，省自考委、省教委先后下发《关于在我省实施全国计算机等级考试的通知》[①] 和《关于确定我省全国计算机等级考试首批试点的通知》[②]，拉开了此项考试的序幕。

浙江省组织的该项考试实行省、市、县三级管理体制，省自考办统筹，市、县负责考生报名和考试实施具体工作。考试每年上、下半年各组织一次，考试方式分为笔试和上机考试。参加考试的对象无年龄、职业、学历限制，考生均可根据自己学习和使用计算机的实际情况，选报不同等级的考试，一次只能报考一个等级。

2. 首考组织实施

国家教委考试中心于1995年2月印发了全国计算机等级考试有关通知，浙江省自考办在经过考生报名、考务人员培训、上机设备检修、考点检查等一系列周密组织、充分准备之后，于1995年9月24日至29日首次组织全国计算机等级考试。全省共有2700名考生参考，其中：一级DOS 1260人；二级QBASIC 241人；FORTRAN 32人；Pascal 37人；C 114人；FoxBase 761人；三级A 73人，B 182人。全省共设立浙江大学、浙江省团校、宁波高专、宁波成教集团学校、浙江师范大学、温州师范学院6个考点。[③]

3. 考试规范研究

1996—1999年，浙江省共组织参加全国计算机等级考试8次，参考人数近8万人，考生年人数依次为：6352、14210、27773、31281，呈现稳步上升态势。承担该项考试的学校由1995年的6所增加到1999年的9所：湖州师专、绍兴文理学校、衢州电大、丽水师专、嘉兴高专、舟山成教中心、杭州大学、宁波中专、杭州商学院。考试科目涉及所有级别和内容，共2.2万名考生获得合格证书。[④]

---

① 浙江省自考委：《关于在我省实施全国计算机等级考试的通知》，《浙江省自学考试文件选编1994—1996》，1996年，第456页。
② 浙江省自考委：《关于确定我省全国计算机等级考试首批试点的通知》，《浙江省自学考试文件选编1994—1996》，1996年，第461页。
③ 边星灿：《我省将推广实施全国计算机等级考试》，《浙江省自学考试》1995年第4期。
④ 浙江省教育考试院供稿。

考试规则与技术研究。1996—1999 年，随着考试规模的增大，全国计算机等级考试逐步进入建章立制、规范完善时期。浙江省自考办非常重视对该项考试项目的市场需求研判、考试管理的研究，结合考试实践，及时向全国考委会就该项考试的考务管理、宣传推广、技术要求等提出改进建议。在 1999 年教育部、全国考委会对全国计算机等级考试上机考试的软件版本、功能及技术参数作出的完善与规范中得以体现。①

考试管理力量强化与评优机制。1997 年，浙江省教委下发文件，要求各级教育行政部门加强自学考试机构建设，并就各市、县自考机构职责任务、人员配置等提出要求，充实了组考力量。②同年，浙江省自考委出台《关于"九五"期间加强自学考试工作的意见》，将全国计算机等级考试项目单列予以重点强调。③ 11 月，全国计算机等级考试委员会工作会议在杭州召开。与会人员参访调研了杭州市的部分考点，对浙江在考点建设上的做法给予了充分肯定。④ 1999 年，教育部考试中心在全国计算机等级考试开考 5 年之际首次开展评选先进单位和个人活动，浙江省自考办荣获"全国计算机等级考试先进单位"，有两名同志荣获"全国计算机等级考试先进个人"。⑤

（二）考试完善与健康发展

进入 21 世纪，全国计算机等级考试经过多年的发展，已具有较高的社会信度。同时，计算机技术发展日新月异的形势、市场经济对计算机应用人才的需求，以及该项考试的特性，又促使该项考试不断改进、完善和优化。

1. 考试科目、内容、形式的调整

从 2000 年起，全国计算机等级考试四级考试笔试试卷及相关工作作出调整：笔试试卷分值由 150 分改为 100 分；其中论述题比重由卷 20% 增加到 30%，即 30 分，扩大了考生选答题范围；选择题由 90 题缩小为 70 题。⑥

从 2001 年起，全国计算机等级考试启用中文版 Word 97 与计算机应用的新技术相衔接。

---

① 浙江省自考办：《转发〈关于全国计算机等级考试上机考试等有关事项的通知〉的通知》，浙江省自考办编：《浙江省自学考试文件汇编》，1999 年，第 687–689 页。
② 浙江省教育厅办公室：《关于进一步健全各地自学考试机构的意见》，浙江自考办编：《浙江省自学考试文件选编》，1997 年，第 52 页。
③ 浙江省教委、自考委：《关于印发杨丽英、吴聚芳同志在全省高等教育自学考试工作会议上的讲话和〈关于"九五"期间加强自学考试工作的意见〉的通知》，浙江省自考办编：《浙江省自学考试文件汇编》，1997 年，第 15–39 页。
④ 薛平：《全国计算机等级考试委员会（扩大）会议在杭州召开》，《浙江自学考试》1998 年第 1 期。
⑤ 教育部考试中心：《关于表彰全国计算机等级考试"先进单位"和"先进个人"的通知》，浙江省自考办编：《浙江省自学考试文件汇编》，1999 年，第 104–107 页。
⑥ 浙江省自考办：《转发全国考办〈关于对全国计算机等级考试四级考试笔试试卷及工作调整调整〉的通知》，浙江省自考办编：《浙江省自学考试文件选编》，2000 年，第 474–476 页。

同年 11 月，浙江省自考办根据教育部考试中心的通知对考试等级（类别）及时间，作了微调，[1] 使考试更贴近实际，操作性和科学性更强。

2002 年 4 月，全国计算机等级考试推出基于 Windows 9x 平台的二级 VB、VFP 等新科目；一级考试取消笔试，全部在机上进行，机考使用 Windows 局域网环境等，使考试环境和智能水平向前推进了一大步。同时，建立了全国统一的服务平台和网络门户网站，推出证书网上查询服务，并为一级 MS Office 科目提供成绩报告等，考试服务得到了加强。[2]

2005—2013 年，为了适应计算机技术的发展，突出考试科目内容的应用性，全国计算机等级考试一级、二级、三级科目均逐步进行了部分调整。其中，增加了二级 Delphi 语言程序设计科目。四级考试作了较大调整，开考面向岗位、具有较强应用性的"四级网络工程师""四级数据库工程师""四级软件测试工程师"三项证书考试。[3] 浙江省根据考试科目的调整情况，提升了对考试环境、计算机硬件、软件的标准和要求。[4] 2013 年之后，全国计算机等级考试在科目、内容、形式上均有局部调整，旨在适应社会信息化和计算机应用技术快速发展的要求。

2. 考试发展环境的优化

各级重视与关切。全国计算机等级考试作为浙江省非学历考试项目之一备受关注。2004 年 4 月，在全省高等教育自学考试 20 周年纪念大会提出：要坚持学历教育与非学历教育并举，继续为社会成员接受技能培训和证书考试搭建新平台。坚持"多条腿走路"，扩大证书考试的覆盖面，推进信息技术应用，全面服务浙江的人才强省战略。浙江省自考办认真落实省会议和文件精神，努力"方便考生，推进质量建设"。将考点设立向基层倾斜：通过简化审批手续，下延培训点与考点，加快对培训教师和考官的培训等有效措施，对全省考点进行了重新评估、认证、审批、备案等工作，促进了考试规范程度进一步提升。

支持政策与措施。（1）国家层面：替代自考课程。1999—2004 年，全国自考委先后多次出台相关文件，明确全国计算机等级考试通过后可顶替自考的对应课程（见表 7-3-1）。

---

① 浙江省自考委：《转发教育部考试中心〈关于部分调整全国计算机等级考试考务工作的通知〉的通知》，浙江省自考办编：《浙江省自学考试文件选编》，2000年，第468-471页。

浙江省自考办：《转发〈关于全国计算机等级考试一级（Windows版）考试及教材的通知〉的通知》，浙江省自考办编：《浙江省自学考试文件选编》，2000年，第472-473页。

② 黄啸波、王伟：《中国共产党领导下社会证书考试项目的探索与发展轨迹探析——以全国计算机等级考试为例》，《中国考试》2021年第7期。

③ 浙江省自考办：《关于全国计算机等级考试（NCRE）科目调整、考点重新认证有关事项的通知》，浙江省自考办编：《浙江省自学考试文件选编》，2004年，第325-331页。

张超然：《2008年上半年全国计算机等级考试新增四个科目》，《浙江自学考试》2008年第4期。

④ 浙江省教育考试院：《关于做好全国计算机等级考试考点机房软硬件装备升级检查、验收工作的通知》，浙江省教育考试院编：《浙江省教育考试文件选编》，2013年，第290-294页。

（2）省级层面："一考两证"。浙江省自考委、省教委、省人事厅联合发文明确：全国计算机等级考试的证书在职称评定、职务晋升等方面与人事厅举办的省计算机应用能力考核证书具有同等效用。凡取得全国计算机等级考试合格成绩者，同步颁发给考生"浙江省计算机应用能力考核证书"，实行"一考两证"[①]。这两项政策的实施，增强了该项考试的效用，促进了考试的健康发展。（3）市、县层面：多项地方激励政策。绍兴市、县教育局于2004年发出《关于在全县中小学推行等级证书考试的几点意见》，对中青年教师通过参加计算机等级考试提升计算机素养提出要求；[②]余姚市出台了通过全国计算机等级考试可在中考中加分的激励政策。衢州江山等地要求45周岁以下的教师在三年内取得全国计算机等级考试一级以上证书，作为评定职称、聘任上岗的依据之一。[③]

表7-3-1　全国计算机等级考试顶替自考对应课程

全国计算机等级考试（NCRE）	高等教育自学考试课程
一级	计算机应用基础00018/00019 计算机应用技术02316/02317
二级C语言程序设计（笔试和上机）	高级语言程序设计（一）00342/00343
三级PC技术（笔试和上机）	微型计算机及接口技术02319/02320 微型计算机原理及应用02277/02278

资料来源：浙江省自考办：《关于全国计算机等级证书考证与高等教育自学考试课程衔接的通知》，浙江省自考办编：《浙江省自学考试文件选编》，2004年，第129页。

考试安全管理工作的强化。浙江省不断研究和加强全国计算机等级考试项目管理、考务规范、考风考纪建设主要体现在三个方面：一是中心考点建设示范。按照省自考办的部署，各设区市均在2007年建立了全国计算机等级考试中心考点，加强技术力量配备，提升设备配置。二是考点设置实行动态管理。根据考试规模、变化增减考点数量。为既保证考试质量，又方便考生应考，从2000年起，全省承担该项目的考点、培训点均保持60个左右，其中40%设在县（市、区）。三是安全管理制度。在多年实践基础上，2008年3月，为加强和完善非学历教育考试安全管理，省教育考试院下发通知，就考试安全工作建章立制。提出了"三个坚持"：坚持预防为主、坚持依法施考、坚持和完善各项管理制度，并对全国计算机等

---

① 浙江省人事厅、自考委、教委：《关于浙江省自考办举办的计算机等级考试（DOS环境、Windows环境）和省计算机应用能力考试（初级、二级）并轨的通知》，浙江省自考办编：《浙江省自考文件选编》，1999年，第684—685页。

② 张超然：《加强技能培训 推进素质教育——绍兴县在中小学推行等级证书考试制度》，《浙江自学考试》2004年第3期。

③ 浙江省自考办：《浙江省自学考试2001年工作总结》，浙江省自考办编：《浙江省自学考试文件选编》，2002年，第42—43页。

级考试中可能出现的 52 个偶发事件处理办法进行分类明确，努力降低考试的安全风险。[①]

3. 考试规模保持相对稳定

2000—2021 年，浙江省参加全国计算机等级考试人数约 103.7 万人次，近 33.4 万人次获得合格证书。总体呈现平稳态势。其中报考较多的年份为 2002 年、2003 年、2004 年，年参考人数均超过 6 万人，部分数据详见图 7-3-3 及图 7-3-4。

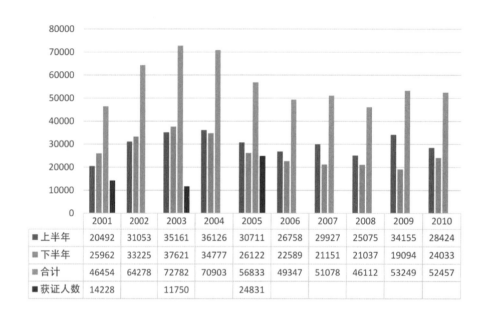

	2001	2002	2003	2004	2005	2006	2007	2008	2009	2010
上半年	20492	31053	35161	36126	30711	26758	29927	25075	34155	28424
下半年	25962	33225	37621	34777	26122	22589	21151	21037	19094	24033
合计	46454	64278	72782	70903	56833	49347	51078	46112	53249	52457
获证人数	14228		11750		24831					

图 7-3-3　浙江省 2001—2010 年报考全国计算机等级考试人数

[①] 浙江省教育考试院：《关于加强非学历证书考试安全工作的通知》，浙江省教育考试院编：《浙江省教育考试文件选编》，2008年，第340-353页。

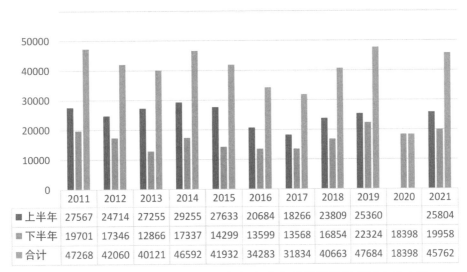

图 7-3-4　浙江省 2011—2021 年报考全国计算机等级考试各次人数

	2011	2012	2013	2014	2015	2016	2017	2018	2019	2020	2021
上半年	27567	24714	27255	29255	27633	20684	18266	23809	25360		25804
下半年	19701	17346	12866	17337	14299	13599	13568	16854	22324	18398	19958
合计	47268	42060	40121	46592	41932	34283	31834	40663	47684	18398	45762

说明：2020年上半年受新冠疫情影响，未举行全国计算机等级考试。

资料来源：浙江省自考办编：《浙江省高等教育自学考试统计汇编》，2000—2004年；浙江省省教育考试院编：《浙江教育考试统计年鉴》，2005—2021年。

　　浙江省组织开展全国计算机等级考试的实践，有力地促进了计算机知识、应用技能推广和普及，推进了学习型社会的建设，同时也为各行各业在人员录用和上岗资格、工作人员职务晋升、职称评定等提供了参考依据。

三、全国少儿计算机应用技术证书考试在浙江的实践

　　全国少儿计算机应用技术证书考试（以下简称"少儿NIT"）是国家教委考试中心开发和主办的面向青少年群体的考试项目，浙江省自考办较早开展了该项考试，体现了对青少年群体提高计算机基础技术素养的重视，适应了计算机技术应用年龄段下移的发展趋势。

（一）考试项目的创立与基本设计

1. 创立背景

　　20世纪80年代中期，邓小平同志在参加上海微电子技术应用汇报展览会时指出，"计算机普及要从娃娃抓起"[①]。随后，以少儿为对象的计算机应用知识技术的学习、培训和操作技能得到各级的重视，各地"学电脑热"逐步兴起。教育部为贯彻落实邓小平同志的指示和国家科教兴国的战略方针，在《全国教育事业"九五"计划和2010年发展规划》中提出：要适应计

――――――――――
① 共青团上海市委员会、少先队上海市工作委员会编：《上海少先队发展史》，上海：上海教育出版社，2009年，第320页。

算机技术快速发展形势对人才培养的要求，在实现教育"三个面向"过程中早出人才、快出人才。[①]教育部考试中心为推进少儿计算机应用技术的普及，并提供学习、培训、考试全国性参照系，组织全国计算机专家、计算机教育专家、教育心理学专家，针对5～16岁少年儿童的认知能力和心理特点，历经数年研究论证和测试，于1999年推出了全国少儿计算机应用信息技术培训与考试项目，旨在以考促学，以考试促进计算机和知识应用能力的普及，进而推进素质教育的发展。

2. 基本设计

该项考试重点体现以需求为前提、以适应为特色、以质量为根本、以培训为核心，以考促学、促普及的考试理念，以激发兴趣、协作学习、考试评价等环节的适宜方式方法，探寻和引导少年儿童利用业余时间自主学习计算机基础知识和基本操作技能，符合基础教育从"应试教育"向"素质教育"转变的时代要求。

考试内容突出少儿对知识的自我检索、拓展能力和创新思维的培养，考试共设操作基础、文字、表格、画图、因特网、音乐、多媒体、数据库、编程、动画等10个模块。每个模块又分为不同等级。考试分为过程式考试、作品设计、上机考试3个部分。参加每个模块、每个级别的考生可获得教育部考试中心颁发的证书，证书上注明作品、上机考试的成绩。为激发少儿报考热情，凡获得3个模块证书的考生，可获得少儿NIT铜牌证书，获得6个模块证书的考生，可获得少儿NIT金牌证书。[②]

（二）考试项目在浙江的启动与实施

1. 考试项目启动

2000年4月27日，浙江省自考委、教委下发了《关于实施全国少儿计算机应用技术证书考试的通知》，明确了浙江省实施少儿NIT项目的管理施行办法、考务规则、模块和级别设置、考试信息格式等。考试的管理与教材供应，由省自考办统筹，"实行培训机构和考点合一的考试管理机制"。各市、县（区）自考办做好考试的组织实施工作。考点由所在市自考办检查验收审批，报省自考办备案。[③]

该项考试实行"过程式考试"和"任务式考试"相结合，考生答题须在计算机上操作完成，

---

① 国家教委：《全国教育事业"九五"计划和2010年发展规划》，1996年4月10日，http://www.moe.gov.cn/srcsite/A03/s7050/199604/t19960410_77143.html。
② 章汉荣：《我省实施全国少儿计算机应用技术证书考试》，《浙江自学考试》2000年第9期。
③ 浙江省自考委、教委：《关于实施全国少儿计算机应用技术证书考试的通知》，2000年4月27日，档案号J039-050-358-049，浙江省教育厅档案室藏。

对设备的要求较高。为做好考试工作，2000年6月、8月，省、市自考办结合，先后开展了面向全国少儿NIT的考官、系统管理员的集中培训，培训合格者方可持证上岗。其间，统一规范完善了计算机软、硬件设施；组织了对该项考试的考点考前检查。

2. 考试项目实施

2000年9月9日至10日，浙江省组织了少儿NIT首次考试，全省设42个考点，共有986名少年儿童报考。其中，杭州、宁波和衢州市报考人数较多。参考相对集中的模块为操作基础、表格、画图、多媒体和文字处理。考试期间，省、市共派出20余人次对首次考试进行督查指导。

2001—2002年，浙江省分别在每年的3月、9月组织了4次该项目考试，共有1858人参考，获得金牌、铜牌证书的有1849人。[①]

随着考试项目的推进和计算机应用技术的发展，少儿NIT于2003年进行改进升级，模块数量由10个增加到12个：操作基本、文字处理、表格处理、画图、网络应用、PPT多媒体制作、动画制作、图像处理、网站设计、数据库、程序设计、智能机器人。重新划分为3个层次，分别为基础层、提高层、特长层。原有金、银、铜牌也采用学分制的方法。

2008年，少儿NIT经过10年的发展，根据数据分析，报考对象发生了变化，从最初的小学生年龄段发展到初、高中年龄段，此项考试中的"少儿"一词已难以准确反映参考的群体。据此，教育部考试中心将此项考试更名为"全国青少年计算机应用能力证书考试"，有关考试政策、内容、模块保持不变，英文缩写YNIT。

四、浙江省中小学信息技术等级证书考试的研发与实施

浙江省中小学信息技术等级证书考试是经浙江省教育厅批准、由省自考办组织开发的非学历教育考试项目之一。该项考试面向本省中小学和中职学生，围绕全面贯彻党的教育方针，遵循教育教学规律和青少年成长规律，提高中小学信息技术素质的现实需要而进行整体设计，体现了浙江省在新世纪新形势下对促进中小学计算机教育快速发展的重视与超前意识。该项考试聚焦打基础、勤实践、重能力导向，旨在推进中小学信息技术教学内容体系的改革和教学方法、手段的更新，实现信息技术的普及和学生学习的主体化、多元化。

---

① 浙江省自考办编：《浙江省高等教育自学考试统计汇编》，2001—2002年。

（一）考试项目的研发与试点

1. 研发背景

1996 年，国家教委提出"要建立和完善计算机教学的考核制度，建立和完善计算机教育的检查、评估制度"。[①] 为加强对中小学信息技术教育的领导，于 2000 年先后下发了《关于在中小学普及信息技术教育的通知》[②] 等系列文件，要求各省教育行政部门高度重视、加大力度，推进中小学信息技术教学工作，用 5 ~ 10 年时间，在全国中小学基本普及信息技术教育。2001 年 1 月，根据全国中小学信息技术教育工作会议和《浙江省教育现代化建设纲要》精神，省教育厅研究制订了《浙江省普及中小学信息技术教育规划（2001—2005）》，强调"教育信息化是教育现代化的前提和基础，必须坚持适度超前、科学规划、发挥多个积极性等原则，统筹推进形成浙江特色"。[③]

为促进浙江省中小学信息技术教育质量提高，省自考办组织专家反复论证，于 2001 年 12 月向省教育厅提交了在全省开展中小学信息技术等级证书考试项目的报告并得到批准。2002 年 2 月，省教育厅下发《关于在全省中小学（中职）实施信息技术等级证书考试制度的通知》，对该项考试的主要目的、内容、形式和组织保障等作出了明确要求。[④]

2. 考试相关准备

组织管理。浙江省教育厅成立了浙江省中小学信息技术等级证书考试办公室，设在省自考办。下辖考务组、考试系统研发组、命题组等，进行整体设计，分工合作，全力攻关。[⑤]

考试实施方案公布。2002 年 1 月，浙江省中小学信息技术等级证书考试实施方案（以下简称"实施方案"）经省教育厅同意并公布。实施方案明确：实行省、市、县自考办和考点学校四级管理体制，省自考办主办，各市、县自考办和学校考点分工合作，具体组织实施。

"考试全部采用上机操作方式，每年 5、11 月各考一次；各级别考试时间为：一级 45 分钟、二级 60 分钟、三级及三级 B 为 90 分钟。"

"内容按照不同学段的教学目标，考试设一、二、三、三 B 共 4 个级别，分别对应小

---

① 国家教委：《关于印发中小学计算机教育五年发展纲要（1996—2000年）的通知》，1996年12月30日，档案号J039-046-197-001，浙江省教育厅档案室藏。

② 教育部：《关于在中小学普及信息技术教育的通知》，何东昌主编：《中华人民共和国重要教育文献（1998—2002年）》，海口：海南出版社，2003年，第740-741页。

③ 浙江省教育厅：《关于印发〈浙江省普及中小学信息技术教育规划（2001—2005）〉的通知》，2001年1月6日，档案号J039-051-367-001，浙江省教育厅档案室藏。

④ 浙江省中小学信息技术等级证书考试办公室：《关于公布浙江省中小学（中职）信息技术等级证书考试说明的通知》，浙江省自考办编：《浙江省自学考试文件选编》，2001年，第591页。

⑤ 浙江省自考办：《浙江省自学考试2002年工作总结》，浙江省自考办编：《浙江省自学考试文件选编》，2003年，第99页。

学段、初中段、高中段、职高的学生。其中，一级为：基础知识、网络作文、多媒体作品（PowerPoint）。二级为：信息技术基础、操作系统基础、文字处理的基本方法、网络基础及应用、用计算机制作多媒体作品、计算机系统的硬件与软件。三级为：信息技术基础、操作系统的使用、电子表格 Excel、网页制作、因特网基础知识。三级 B 的考试内容则以三级为基础，根据中职学生教学特点，作适当增减。"

"考试成绩分优秀、良好、合格和不合格 4 个等级：取得合格及以上者，由省信息技术等级证书考核办公室颁发对应级别的证书。"①

考试系统研发与命题准备。对中小学信息技术等级证书考试而言，命题与题库建设、考试系统研发尤为重要。浙江省自考办聘请浙江师范大学计算机有关专家于 2002 年 4 月下旬完成了中小学信息技术等级证书考试系统软件开发研制工作。与此同时，省自考办从全省选定了 30 多名信息技术教学专家，开展命题工作，于 2002 年 10 月完成试题库建设。考试初期可根据考生人、次数自动组合生成 300 万套左右的机上作答试卷。②

3. 考试试点

2002 年 5 月，浙江省自考办在金华、绍兴两市组织开展了中小学信息技术等级证书考试试点，选定柯桥中学等 3 所学校不同年龄段在校中小学生 1000 多人参加考试程序和软硬件系统测试，取得了良好效果。在试点基础上，省自考办组织专家对考试系统进行了改进完善，经多方评估，达到大范围组织考试的要求。③

（二）考试项目稳步发展

2002 年 11 月，该项考试在全省范围首次全面开考，参加考试共 6.3 万余人，④ 其中，宁波市、金华市参考学生数名列前茅。在全省县（市、区）中，慈溪市报考 10783 人，占全省报考人数近 1/6。为保障中小学信息技术教学和考试，该市共新配置计算机 1200 余台，投入 400 多万元。⑤

2003 年，"非典"疫情来袭，但此项考试仍继续举行。省自考办采取积极措施"护考"。省中小学信息技术等级考试办公室先后下发了《关于做好全省中小学信息技术等级证书考试工作的通知》和《关于加强中小学信息技术等级证书考试管理的通知》，召开了考务培训会议，

---

① 张超然：《浙江省中小学信息技术等级证书考试日前在全省各地举行》，《浙江自学考试》2003 年第 2 期。
② 张超然：《浙江省中小学信息技术等级证书考试日前在全省各地举行》，《浙江自学考试》2003 年第 2 期。
③ 张超然：《浙江省中小学信息技术等级证书考试日前在全省各地举行》，《浙江自学考试》2003 年第 2 期。
④ 浙江省自考办：《浙江省自学考试 2002 年工作总结》，浙江省自考办编：《浙江自学考试文件汇编》，2003 年，第 92 页。
⑤ 赵桓：《精心组织考试，加快中小学信息技术知识的普及——慈溪市首次中小学信息技术等级证书考试突破一万人》，《浙江自学考试》2003 年第 4 期。

组织力量开展了考前检查、考中巡视工作。[①] 当年，浙江省"中小学信息技术考试实现了跨越式发展，全年报考 29 万余人，为 2002 年人数的 4 倍"。[②] 金华市教育局、临安市教育局等市、县还就一手抓考试安全、一手抓"非典"防护，成立了考试领导小组，下发了专项通知，对考试工作进行全面部署和严格管理，保证了考试组织严密、过程平稳、安全顺利。[③] 宁波市、绍兴市重视该项目的宣传推广，学生报考热情高，宁波市当年报考人数 6.5 万人，绍兴市报考比 2002 年增幅达 337%。[④]

2004—2006 年，全省该项考试年报考人数均在 50 万人以上。2002—2006 年中小学信息技术等级考试参考人数及获证人数见表 7-3-2。

表7-3-2　2002—2006年中小学信息技术等级考试参考人数及获证人数

单位：人

年份	参考人数	获证人数	获证率/%
2002年	63602	14471	22.8
2003年	292430	151291	51.7
2004年	534073	336199	63.0
2005年	547992	370572	67.6
2006年	521291	370101	70.9

资料来源：浙江省自考办编：《浙江省高等教育自学考试统计汇编》，2002—2004年；浙江省教育考试院编：《浙江教育考试统计年鉴》，2005—2006年。

[①] 浙江省中小学信息技术证书考试办公室：《关于做好全省中小学信息技术证书等级证书考试工作的通知》，浙江省自考办编：《浙江省自学考试文件选编》，2002年，第644-656页。

[②] 浙江省自考办：《浙江省自学考试2003年工作总结》，浙江省自考办编：《浙江省自学考试文件选编》，2004年，第23页。

[③] 张超然：《一手抓非典防治　一手抓考试组织——全省8万余考生参加中小学信息技术等级考试》，《浙江自学考试》2003年第10期。

[④] 浙江省自考办：《浙江省自学考试2003年工作总结》，浙江省自考办编：《浙江省自学考试文件选编》，2004年，第25页。

1985 年

5 月 27 日，国家颁布《中共中央关于教育体制改革的决定》，提出在有步骤实行九年制义务教育的同时，要"建立一支有足够数量的、合格而稳定的师资队伍"，"要争取在五年或者更长一点的时间内使绝大多数教师能够胜任教学工作。在此之后，只有具备合格学历或者有考核合格证书的，才能担任教师"。

1986 年

10 月，为贯彻落实《中共中央关于教育体制改革的决定》，国家教委颁布《中小学教师考核合格证书制度》。浙江省紧跟国家部署于本年开展了首次中小学教师教材教法考试，次年首次开展中小学教师文化专业知识考试。

12 月 1 日，浙江省教委下发《关于在浙师大建立我省高校师资培训点的通知》，决定在浙师大建立浙江省高师师资培训点，负责高校教师的培训与考核等工作。

1987 年

7 月，浙江省教委发布《关于一九八七年浙江省大学英语四级标准考试组织实施工作的通知》，部署浙江省首次大学英语四级考试试行工作；9 月，首次大学英语四级考试开考。

1989 年

1 月，浙江省大学英语六级考试首次开考。

1992 年

5 月，浙江省教委开展高等学校青年教师上岗培训试点，杭州大学等 12 所院校的 432 名青年教师参加了培训，390 名青年教师参加了省教委组织的课程考试，合格率近 95%。在试点基础上，省教委下发《关于试行高校青年教师岗前培训制度的实施意见》。

11月24日，浙江省教委下发《关于实行浙江省高校非计算机专业学生计算机应用知识和应用能力等级考试的通知》，对高校计算机等级考试的性质，考试的级别设置、内容、方式、用途、作用等作了明确。

1993 年

4月15日，首个《浙江省高校非计算机类专业学生计算机应用知识和应用能力等级考试大纲及样题》发布，对考试的基本要求、内容、范围、题型、成绩构成等作了规范。

5月3日，浙江省教委办公室发出《关于征集非计算机专业学生计算机应用知识等级考试试题的通知》，为考委会建立试题库作准备。

6月1日，浙江省教委发布《关于试行大学英语三级考试的通知》，决定参照相关大学英语教学大纲编制考试大纲和试题，于1994年起试行大学英语三级考试。

8月25日，浙江省教委《关于举行浙江省高校非计算机类专业学生计算机应用知识和应用能力等级考试的通知》明确：计算机应用能力考试由省教委统一规范，各校组织；计算机应用知识考试由省教委统一组织，统一评卷。

10月24日，浙江省首次高校计算机等级考试应用知识笔试举行。

10月31日，国家公布《中华人民共和国教师法》，首次以法律形式规定国家实行教师资格制度："中国公民凡遵守宪法和法律，热爱教育事业，具有良好的思想品德，具备本法规定的学历或经国家教师资格考试合格，有教育教学能力，经认定合格的，可以取得教师资格。"

1994 年

4月，浙江省教委下发《关于浙江省大学英语三级考试（CET-3）有关问题的通知》，明确大学英语三级考试在省高教一处设办公室，各高等学校作为考点，并对考务工作作具体安排。

6月，大学英语三级考试首次试行顺利开展。

11月，浙江省自考办向浙江省教委、国家教委考试中心提交书面申请举办全国计算机等级考试。

是年，浙江省全面开展新教师试用期培训考核。教师考核合格后获得"新教师试用期培训合格证书"，以转正定级。

1995 年

4月9日，第三次浙江省高校计算机等级考试应用知识笔试进行。应用能力上机操作考试全省统一考试系统和试题库开始使用。

5月24日，浙江省自考委、教委下发《关于在我省实施全国计算机等级考试的通知》，对该项考试的组织管理、考点设置等提出了明确要求。

6月13日，浙江省自考委下发《关于确定我省全国计算机等级考试首批试点的通知》，并对其考试试点作了具体明确。

9月24日至29日，浙江省全国计算机等级考试首次考试在6所学校（考点）举行，共2700名考生报考。

10月11日，浙江省教委向省人事厅发出《关于建议开展计算机等级考试合作的函》，提出实行"一考多用"办法。

12月12日，国家发布《教师资格条例》，提出"不具备教师法规定的教师资格学历的公民，申请获得教师资格，应当通过国家举办的或者认可的教师资格考试"。

1996 年

2月27日，浙江省教委在《关于1996年浙江省高校计算机等级考试有关事项的通知》中明确，从1996年起，每年公布全省高校非计算机专业学生计算机考试的平均通过率及优秀率，并通报各有关学校的通过率、优秀率及参加考试学生的百分比；凡高校计算机等级考试一级成绩合格者，可免试省相应的计算机初级证书。

1997 年

5月，国家教委考试中心复函浙江省教委，同意浙江省参加全国外语（英语）等级证书一级（B）考试试点工作。

是年，国家教委在《关于加强高等专科英语课程教学工作的意见》中提出，"在三年内把目前的专科英语二、三级统考逐步转到用普通高等专科英语试题库考试的轨道上来"和"今后国家检测专科英语教学质量将采取试题库考试的方式进行"，以改变当时延续套用本科四、六级考试的模式。

1998 年

1月6日，浙江省招委与省教委联合发布《关于在我省开展外语水平等级考试工作的通知》；3月，在杭州、宁波、温州三市开展首次全国公共英语等级考试一级（B）的试点工作。

8月17日，浙江省教委、人事厅联合发文《关于普通高校计算机等级考试（For Windows）和省计算机应用能力二级考核并轨的通知》。

是年，浙江省教委制订出版《浙江省普通高等专科英语课程教学基本要求及三级考试大纲》。

1999 年

9月，浙江省在全省实施全国公共英语等级考试一级（B）—四级考试的试点工作。

11月5日，浙江省自考委向教育部递交《关于要求承办全国少儿计算机应用技术证书考试的请示》，当月19日得到教育部考试中心同意的批复。

11月9日，浙江省人事厅、自考委、教委下发《关于浙江省自考办举办的计算机等级考试（DOS环境、Windows环境）和省计算机应用能力考试（初级、二级）并轨的通知》，实行"一考两证"制度。

11月18日，教育部考试中心发布《关于表彰全国计算机等级考试"先进单位"和"先进个人"的通知》，浙江省自考办被评为"全国计算机等级考试先进单位"。

2000 年

4月27日，浙江省自考委、教委下发《关于实施全国少儿计算机应用技术证书考试的通知》，并要求各市、县（区）教育考试机构在坚持自愿基础上，积极采取有效措施，做好该项考试的推广和实施工作。

7月4日，教育部办公厅发出《关于调整全国中小学信息技术教育领导小组的通知》，要求各省、自治区、直辖市教育厅（教委）依据本地情况，调整或成立相应的领导小组，以加强中小学信息技术教育的领导。

9月，全国少儿计算机应用技术证书考试浙江考区开考，全省有986名考生参加考试。

9月，教育部发布《〈教师资格条例〉实施办法》。根据其规定，浙江省各级各类师范教育类专业毕业生可申请直接认定相应的教师资格，而非师范生和社会人员需要参加相应的考试，考试合格后，方可申请教师资格认定。

2001 年

1 月，教育部在北京召开全国教师资格制度实施工作会议。

5 月，教育部印发《关于首次认定教师资格工作若干问题的意见》的通知，明确了全面实施教师资格制度的法律依据、性质、范围、认定程序、认定条件、特殊规定等。

7 月，浙江省教育厅发布《关于我省高职高专学校英语采用国家高等学校英语应用能力考试试题库进行统一测试的通知》。

9 月，浙江省成立省教育厅教师资格认定指导中心，设在省自考办，承担实施教师资格制度的培训测试、证书管理等方面的具体工作。

12 月 31 日，浙江省教育厅发布《浙江省关于全面实施教师资格制度的通知》，部署全省全面实施教师资格制度和首次教师资格认定工作；印发《浙江省实施〈教师资格条例〉细则》，包括教育学、心理学培训考试方法等在内的一系列配套的实施办法。

2002 年

2 月，浙江省教育厅下发《关于在全省中小学（中职）实施信息技术等级证书考试制度的通知》，对该项目考试的目的、意义、内容等作了明确，并成立浙江省中小学信息技术等级证书考试办公室，挂靠于省自考办。

4 月，浙江省首次教师资格认定教育学、心理学培训考试共 1.2 万余人报名参考，其中在职教师 1.1 万多人，4805 人取得"浙江省申请教师资格人员教育学、心理学考试合格证书"。

4 月，浙江省自考办印发《关于实行全国公共英语等级考试（PETS）口试教师持证上岗制度的通知》，启动了浙江省实施口试教师认定及考核上岗制度。

5 月，金华市、绍兴市承担了浙江省中小学信息技术等级证书考试试点工作。

12 月，中小学信息技术考试在浙江省全省范围首次全面开考，共 6.3 万余人参加考试。

2003 年

2 月 26 日，浙江省教育厅下发《关于确定"浙江省中小学信息技术等级证书考试项目"指导机构的通知》，确定浙江师范大学计算机科学与工程学院为该项目的指导机构，并明确了其责任与义务。

3 月，浙江省教育厅教师资格认定指导中心下发《关于高等专科学校和高职院校首次教师资格认定工作有关事宜的通知》，部署在杭州、宁波、温州、台州、金华设立 7 个测试点进行教育教学基本素质和能力测试。

4月，浙江省教育厅教师资格认定指导中心建立浙江省高等专科学校和高职学院教师资格认定教育教学基本素质和能力测试专业评议组。

是年，浙江省教育厅大学外语等级考试办公室编写出版了《浙江省大学英语三级考试指南》，对省大学英语三级考试的内容、题型作出调整。

2005 年

3月21日，教育部办公厅发布《关于大学英语四、六级考试部分考务管理工作交接的通知》，规定该年6月起将大学英语四、六级考试的部分考务管理工作交由教育部考试中心统一管理并组织协调省级教育考试机构共同实施。

3月31日，浙江省教育厅办公室印发《关于开设普通高中全国英语等级考试的通知》，决定从2005年起在普通高中教育阶段引入全国英语等级考试，以建立融中考、会考、全国英语等级考试等测评形式于一体的英语教学评估体系。

2006 年

2月22日，浙江省教育厅发文明确：省高校计算机等级考试工作由省高校计算机教学指导委员会承担，具体考务工作由杭州电子工业学院承办。

3月，建立浙江省教育考试院，作为省高招委、省自考委的常设办事机构，同时作为省教育厅直属的副厅级行政职能类事业单位。组织实施省高等学校招生考试、高等（中等）教育自学考试、普通（综合）高中会考、相关社会考试等教育类考试。

2007 年

2007年起，浙江省普通高校招生把参加全国英语等级考试的英语听力和口语成绩载入考生电子档案，供高校录取时参考。

9月7日，浙江省教育厅办公室公布新修订的《浙江省高校学生计算机基础知识和应用能力等级考试大纲》。

2008 年

2008年4月，《浙江省新课改高考方案》发布，高考英语听力测试成绩使用PETS-2级听力考试成绩，实行全省统考；9 月 13 日，浙江省教育考试院组织实施了新课改方案实行后的首次英语听力考试，浙江省共有 33.22 万名考生参加。

2011 年

3 月 30 日，浙江省教育考试院发布《关于大学外语等级考试和高校计算机等级考试实行分级管理的通知》，决定从 2011 年起将该两项考试由省级直接管理调整为省、市分级管理。

9 月 19 日，教育部召开中小学和幼儿园教师资格考试改革和定期注册试点工作审议会，确定试点工作在浙江和湖北进行。

10 月 15 日，浙江省教育厅办公室发布《关于做好 2011 年下半年中小学和幼儿园教师资格考试改革试点工作的通知》，明确实施方案。

11 月 26 日，全国中小学和幼儿园教师资格考试首次笔试在浙江、湖北两省举行。

12 月 24 日至 25 日，全国中小学和幼儿园教师资格考试首次面试举行。

是年，编制出版《浙江省大学英语三级考试大纲》，自 12 月起按照修订后的考试大纲组织命题和考试工作。

2014 年

3 月，浙江省在国家教师资格考试中承担师范生试测任务。

9 月，杭州师范大学首次承办浙江省非委托高校教师资格考试面试的组织实施工作，来自省内 64 所高职院校的 675 名在岗教学人员参加了此次测试。

2016 年

3 月以后，高考英语听力不再与 PETS 考试统一举行。

2017 年

1 月 9 日，浙江省教育考试院发文明确："从 2017 年 3 月考试起，全国计算机等级考试二级 Access 数据库程序设计将使用新版考试大纲（2016 年版）；2018 年起将停考 Visual、Fox Pro 数据库程序设计……"

2019 年

3月，浙江省教育厅教师资格认定指导中心明确在内地（大陆）学习、工作和生活的港澳台居民可以申请认定中小学教师资格；2019年上半年的中小学教师资格考试，浙江省首次出现港澳台考生，10余名港澳台考生参加笔试。

11月16日，浙江省教育考试院发文，对高校计算机等级考试科目及有关内容再次作出调整，将原来的13个科目优化为10个，增加了上机考试的内容和成绩比重，加快三级考试上机考试研发的节奏等。

2020 年

8月13日，浙江省教育考试院发布《关于调整浙江省高校计算机等级考试上机考试有关要求的通知》，明确该项考试上机考试软件均需使用"浙江省高校计算机等级考试上机考试通用平台"等。

第八篇

提升管理水平与服务质量的
考试招生制度化、信息化、
现代化建设

引　言

新中国成立以来，特别是改革开放以来，浙江考试招生系统围绕质量、公平、服务三大主题，开展各项考试招生工作，推进考试招生改革。用制度化、科学化、规范化确保考试招生工作的标准统一、操作规范、程序公平、质量可控，用现代化、信息化、数字化提升工作效率和工作质量，健全公平公开机制；用人文化和细致耐心周到的服务，营造温馨友好的考试招生工作环境氛围，让考生在通过公平而高质量的考试充分展示自己真实水平的同时，也感受到规则意识的心灵陶冶，实现另一种层面的考试育人。

党的十八大以后，在习近平新时代中国特色社会主义思想指引下，浙江教育考试招生系统树立以人民为中心的发展理念，把立德树人作为考试招生工作的核心目标，在推进考试招生制度改革、健全考试招生公平保障体系的同时，全方位提升制度化、信息化、现代化水平，全方位提升为考生服务的质量，打造人民满意的教育考试和招生工作。

现代化既包括手段、方式的现代化，也包括人的现代化和治理体系、治理能力的现代化。建立开放的、科学的决策机制，问计于民，群策群力，是现代化的体现；建立完备的规则体系和管理制度，并依法治考、依法治招，用制度规则保证程序公平，用信息公开、信息共享让全体考生在一致的标准、对称的信息掌握条件下竞争，让公共教育资源在阳光下分配，既是公平正义的体现，也是现代化的体现；建立政府抓总、相关部门协作配合，集中社会资源提升工作效率和质量，是现代化的体现；贯彻全面发展的教育方针，遵循教育规律和考试评价规律，与时俱进，不故步自封，善于通过改革完善考试、评价与选拔制度，是现代化的体现；寓管理于服务，为全体考生营造既严肃庄严又温馨友好的考试环境，让考生的真才实学得到充分展示，也是现代化的体现。

考试招生的管理机构和体制

新中国成立以来，浙江省考试招生管理机构的设立和调整，不仅与国家管理体制的建立、调整同步，也与各类教育考试和招生工作项目的设立、取消和合并相适应。

一、招生类考试和招生工作的管理机构和体制

招生类考试既包括普通高校、中专的招生考试，也包括研究生和成人高校、成人中专的招生考试。

新中国成立初期，我国高校考试招生总体上实行"中央统一领导，统一政策、计划、命题，大区组织实施考试和录取"的体制。1950年，华东区上海、南京、杭州及镇江等地11个公立专科以上学校，组织成立"公立专科以上学校一九五〇年度暑期统一招生委员会"，实行统一招生，浙江大学也参与其中。1951年，华东军政委员会教育部根据中央人民政府教育部文件精神，成立"华东区高等学校一九五一年统一招生委员会"，并成立杭州办事处。1952年，浙江省成立高等学校统一招生工作委员会，负责办理浙江地区高等学校的招生工作。1953年，华东区高等学校招生工作委员会成立，浙江大学的代表也加入委员会，浙江成立了分会。

1955年起，由于在行政管理体制上撤销了大行政区，中央人民政府高等教育部和教育部要求省（市）加强对高校招生工作的领导。1955年6月，浙江省高等学校招生工作委员会正式成立，教育厅厅长俞子夷任主任，标志着省高等学校招生工作委员会全面领导本省招生工作的开始。

1977年恢复高考，其招生工作实施意见由省招委制订，省革命委员会批转实施。1979年5月21日，省革命委员会印发《关于成立浙江省高等学校招生委员会的通知》，明确经省委批准，成立浙江省高等学校招生委员会（以下简称"省招委"）。由薛驹、商景才、肖文、李春田等26人组成。薛驹任省招委主任，商景才、肖文、李春田任副主任。下设办公室，李春田兼办公室主任。

　　1987年4月，国家教委颁发《普通高等学校招生暂行条例》，明确："国家教育委员会主管全国普通高等学校招生工作。""省（自治区、直辖市）、市（地）、县人民政府分别成立普通高等学校招生委员会。各级招生委员会在本级人民政府和上一级招生委员会的双重领导下负责本地区招生工作。""招生办公室是招生委员会的常设机构。"①

　　2004年5月，教育部发出《关于全面加强教育考试环境综合整治工作的通知》，浙江省建立"高考环境综合治理领导小组"，此后又演进为"高考环境综合整治联席会议""普通高校招生考试联席会议"，领导全省高考招生工作。

　　2013年4月，浙江省人民政府办公厅发出《关于调整省级议事协调机构及其主要负责人的通知》，郑继伟副省长任浙江省高校招生委员会主任。②

　　2017年1月，浙江省人民政府办公厅发出《关于调整部分省级议事协调机构负责人的通知》，成岳冲副省长任浙江省高校招生委员会主任。③

　　1977—2005年历届浙江省招办主任（含党总支书记）担任人员见表8-1-1。

表8-1-1　历届浙江省招办主要负责人

时间	负责人	职务	时间	负责人	职务
1977年	李春田	主任（兼）			
1978年起	郑维希	副主任			
1981年12月起	梁璜辉	副主任			
1985年3月起	梁璜辉	主任			
1993年11月起	鲍光鸟	主任			
1995年2月起	王晓文	主任	1997年2月起	刘昭銮	党总支书记
2000年9月起	陈忠伟	主任	2000年9月起	陈小云	党总支书记
2003年10月起	叶宏	主任	2003年10月起	徐建农	党总支书记

注：（1）李春田1977年任省招委副主任兼省招办主任；（2）郑维希1977年9月起先后任省教育厅高教处负责人、省高教局教育处负责人，兼省招办副主任，1978年起主持省招办工作；（3）梁璜辉1981年12月起任省高教局学生处长，兼省招办副主任，主持省招办工作，1985年3月起任省招办主任。

---

① 国家教委：《关于发出〈普通高等学校招生暂行条例〉的通知》，杨学为编：《高考文献（下）》，北京：高等教育出版社，2003年，第279页。
② 浙江省人民政府办公厅：《关于调整省级议事协调机构及其主要负责人的通知》，2013年3月21日，https://www.zj.gov.cn/art/2013/4/19/art_1229019365_62171.html。
③ 浙江省人民政府办公厅：《关于调整部分省级议事协调机构负责人的通知》，2017年1月26日，https://www.zj.gov.cn/art/2022/3/25/art_1229019365_2398339.html。

二、自学考试管理机构与体制

浙江省于1984年开始实施自学考试制度，省政府批准建立浙江省高等教育自学考试委员会，由李德葆副省长任主任。

1987年，国务院颁发《高等教育自学考试暂行条例》，明确："全国高等教育自学考试委员会在国家教育委员会领导下，负责全国高等教育自学考试工作。""省、自治区、直辖市高等教育自学考试委员会在省、自治区、直辖市人民政府领导和全国考委指导下进行工作。""省、自治区、直辖市教育行政部门设立高等教育自学考试工作管理机构，该机构同时作为省考委的日常办事机构。""主考学校由省考委遴选专业师资力量较强的全日制普通高等学校担任。主考学校在高等教育自学考试工作上接受省考委的领导，参与命题和评卷，负责有关实践性学习环节的考核，在毕业证书上副署，办理省考委交办的其他有关工作。"[1]

1984—2014年，经省政府批准，浙江省共建立七届自考委。前六届省自考委主任均由分管教育工作的副省长兼任，第七届由省政府副秘书长任主任。省自考委的成员包括相关部委厅局的负责人、部分主考学校的分管领导、专家学者。历届浙江省自考委主任、副主任和秘书长担任人员见表8-1-2。

表8-1-2 历届浙江省自考委主任、副主任、秘书长担任人员

时间	届次	职务	姓名
1984年2月起	第一届	主任	李德葆
		副主任	缪进鸿、刘活源、刘趋前、刘云田、薛艳庄、吕维雪、陈锡臣
1996年1月起	第二届	主任	徐志纯
		副主任	杨丽英、郑松年、沈晖、吴聚芳、董君舒、黄达人、王重鸣
		秘书长	姚正培
1999年2月起	第三届	主任	鲁松庭
		副主任	蒋泰维、侯靖方、黄新茂、夏阿国、来茂德
		秘书长	葛为民
2002年8月起	第四届	主任	盛昌黎
		副主任	蒋泰维、侯靖方、赵詹奇、黄新茂、来茂德
		秘书长	葛为民
2004年3月起	第五届	主任	盛昌黎
		副主任	马林云、侯靖方、黄新茂、来茂德
		秘书长	葛为民

[1] 国务院：《高等教育自学考试暂行条例》，全国自考办编：《自学考试文件选编》，北京：高等教育出版社，1988年，第9页。

续表

时间	届次	职务	姓名
2013年7月起	第六届	主任	郑继伟
2014年起	第七届	主任	李云林

历届浙江省自考办主任（含党总支书记）担任人员见表8-1-3。

表8-1-3　历届浙江省自考办主要负责人

时间	负责人	职务	时间	负责人	职务
1983年11月起	林人妥、权维刚	副主任			
1985年3月起	黄逢更	主任			
1991年6月起	姚正培	主任			
1997年2月起	葛为民	主任	2003年10月起	缪克俭	党总支书记

1984—2021年曾担任浙江省高等教育自学考试主考学校的学校名录见表8-1-4。

表8-1-4　曾担任浙江省高等教育自学考试主考学校的学校名录

浙江大学	浙江水利水电专科学校，浙江水利水电学院
杭州大学（现浙江大学）	浙江医学高等专科学校，杭州医学院
浙江医科大学（现浙江大学）	浙江医药高等专科学校，浙江药科职业大学
浙江农业大学（现浙江大学）	宁波职业技术学院
中国美术学院	温州职业技术学院
浙江工学院，浙江工业大学	杭州职业技术学院
浙江师范大学	浙江商业职业技术学院
宁波大学	浙江经贸职业技术学院
杭州电子工业学院，杭州电子科技大学	浙江经济职业技术学院
杭州商学院，浙江工商大学	浙江交通职业技术学院
中国计量学院，中国计量大学	浙江纺织服装职业技术学院
浙江中医学院，浙江中医药大学	浙江工商职业技术学院
浙江林学院，浙江农林大学	义乌工商职业技术学院
浙江财经学院，浙江财经大学	台州职业技术学院
浙江科技学院	嘉兴职业技术学院
浙江传媒学院	浙江育英职业技术学院
杭州师范学院，杭州师范大学	中国人民公安大学
嘉兴学院	中国刑事警察学院
浙江公安高等专科学校，浙江警察学院	中央司法警官教育学院，中央司法警官学院
浙江广播电视大学，浙江开放大学	东北师范大学
浙江教育学院，浙江外国语学院	南京邮电学院，南京邮电大学
浙江树人学院	上海海关专科学校，上海海关学院
宁波工程学院	

三、其他各类考试的管理

浙江省于 1983 年实行重点高中毕业会考，1988 年实行普通高中证书会考，2006 年将其改名为高中会考，2012 年在高中会考基础上建立高中学业水平考试（以下简称"高中学考"）。2013 年 6 月以前，高中会考、高中学考由省教育厅教研室组织实施，1990 年省教育厅设立浙江省普通高中证书会考办公室，挂靠在省教育厅教研室。2013 年 6 月起，高中学考的管理职能由省教育厅教研室转移至省教育考试院。

浙江省于 1987 年、1989 年先后实施大学英语四、六级考试。1994 年实施自行研制开发的大学英语三级考试。2006 年以前，大学英语等级考试由省教育厅高教处组织实施。2006 年以后，浙江省大学英语等级考试的管理职能转移到省教育考试院。

浙江省于 1993 年实施自行研制开发的高校计算机等级考试，由省教育厅高教处组织实施。1995 年，省自考办承担全国计算机等级考试在浙江省的组织管理工作，并于 2002 年实施自行研发的浙江省中小学信息技术等级证书考试。2006 年省教育考试院建立后，全国计算机等级考试和中小学信息技术等级证书考试由省教育考试院组织实施。浙江省高校计算机等级考试的管理职能也转移到省教育考试院。

浙江省于 2002 年起实施教师资格认定教育学、心理学的培训考试。该项考试由教师资格认定指导中心负责，设在省自考办内。2006 年，该指导中心设立在省教育考试院内。

四、浙江省教育考试院的建立和内设机构的调整

浙江省教育考试院建立于 2005 年，2020 年在事业单位机构改革中又进行了整合组建。

（一）浙江省教育考试院的建立和职责

2005 年 11 月 11 日，浙江省机构编制委员会印发《关于省教育考试院机构编制的批复》，明确："经报省委同意，撤销省高等学校招生委员会办公室、省高等教育自学考试办公室，建立省教育考试院，为省教育厅下属副厅级事业单位。"[①]

2005 年 12 月 27 日，省机构编制委员会办公室印发《浙江省教育考试院职能配置内设机构和人员编制规定》，明确了省教育考试院的职能配置、内设机构和人员编制。

省教育考试院的主要职责为：（1）贯彻执行国家教育考试和招生工作法律法规、方针政策，拟订并组织实施本省教育考试、招生工作的具体措施和办法；（2）编制并组织落实年度

---

① 浙江省机构编制委员会：《关于省教育考试院机构编制的批复》，2005 年 11 月 11 日，档案号 J039－2005－BG－3－00022，浙江省教育厅档案室藏。

高校招生生源计划，组织实施高校招生录取工作，指导协调各地、各高校招生工作;（3）组织实施本省高等学校招生考试、高等（中等）教育自学考试、普通高中会考、相关社会考试等教育类考试，指导各地和高校教育考试工作，具体负责自学考试学生学籍管理和相关考试考生考籍管理;（4）负责指导、管理全省自学考试社会助学机构，审核自学考试助学机构资质和自学考试学历证书发放，负责自学考试专业建设和助学辅导体系建设;（5）拟订全省教育考试事业发展规划和考试大纲，组织相关考试命题工作，指导并开展教育考试、招生工作科学研究，负责相关教材与学习媒体建设，主办教育考试刊物;（6）指导全省教育考试考风考纪建设，协助有关部门查处考试、招生违纪事件，协调本省教育考试和招生工作的舆论监督工作;（7）组织实施上级主管部门或境外机构委托在浙江省举办的涉外考试，承办其他委托考试;（8）承办省高等学校招生委员会、省高等教育自学考试委员会、省教育厅交办的其他工作。

浙江省教育考试院内设八个职能处室:办公室（党委办公室）、计划发展处、考务处、社会考试处、命题处、教材与助学处、信息技术处、科研宣传处。人员编制60名。

（二）浙江省教育考试院的整合组建

2020年4月，浙江省委机构编制委员会印发《浙江省教育考试院主要职责、内设机构和人员编制规定》，明确:"浙江省教育考试院、浙江省教育评估院整合组建浙江省教育考试院。浙江省教育考试院是浙江省高等学校招生委员会、浙江省高等教育自学考试委员会的常设办事机构，为浙江省教育厅所属公益二类事业单位，机构规格为副厅级。"

浙江省教育考试院的主要职责，增加了"承担或承接各类教育评估业务，指导基层教育评估工作"，在组织实施的各类教育考试的种类中，增加了普通话测试。根据教育考试和招生工作的发展变化实际，省教育考试院的内设机构体制作了调整，设办公室、高校招生一部、高校招生二部、自学考试部、社会考试部、命题管理部、评估部、信息技术部、组织宣传部和研究室等10个内设机构，人员编制为78名。

2006—2021年浙江省教育考试院主要负责人见表8-1-5。

表8-1-5　2006—2021年浙江省教育考试院主要负责人

时间	负责人	职务	时间	负责人	职务
2006年3月起	葛为民	院长	2006年2月起	叶宏	党委书记
连续	葛为民	院长	2013年12月起	孙恒	党委书记
2015年2月起	孙恒	院长	2015年1月起	王玉庆	党委书记
2021年2月起	孙恒	党委书记	2021年2月起	黄亮	院长

五、市县教育考试和招生工作管理机构

1977 年恢复高考后，与省级管理机构相应，市县也建立或健全了招生委员会，并在教育局设立专门的日常管理机构。1987 年 4 月，国家教委颁发的《普通高等学校招生暂行条例》明确要求市（地）、县普通高等学校招生委员会在本级人民政府和上一级招生委员会的双重领导下负责本地区招生工作，并要求各级招生委员会把招生办公室作为常设机构。

1988 年国务院发布的《高等教育自学考试暂行条例》对"地市考委"的设立进行了明确："省、自治区人民政府的派出机关所辖地区（以下简称'地区'）、市、直辖市的市辖区高等教育自学考试工作委员会（以下简称'地市考委'）在地区行署或市（区）人民政府领导和省考委的指导下进行工作。"从 1984 年实施自学考试制度，浙江就把自学考试的考点设到县一级，自学考试工作相应延伸到县一级，由县级教育局、教育委员会确定相关部门负责自学考试的工作。

对其他各项教育考试的工作，市（地）县教育行政部门均参照省教育厅、省教委的机构设置和工作部署作出相应的安排。

2021 年浙江省 11 个设区市的教育考试和招生工作的日常管理机构见表 8-1-6。

表8-1-6　2021年浙江省各设区市教育考试和招生工作日常管理机构

杭州市教育考试院	嘉兴市教育考试院	金华市教育考试院	台州市教育考试院
宁波市教育考试院	湖州市教育考试中心	衢州市教育考试院	丽水市教育招生考试中心
温州市教育考试院	绍兴市教育考试院	舟山市教育考试中心	

考试招生管理的制度化

考试招生管理是一项复杂的系统工程。对考试招生实行制度化管理，既有利于保证考试招生的安全，也有利于保证考试招生的公平与质量。

自恢复高考以来，浙江考试招生系统就把建章立制作为考试招生管理的基础性工作。根据教育部的统一要求，在命题、制卷和试卷运送保管、考点建设、考试组织实施、录取等各个环节建立严密的管理制度，并根据时代与管理手段的变化而不断完善。

一、命题工作制度化

1977 年是恢复高考第一年，高考命题工作由省招办组织实施。1978 年后实行全国统一命题，省级不组织高考命题，但负责中等专业学校招生考试的命题。2004 年，高考试行分省命题，浙江省作为首批试点省份从教育部接受了高考分省命题试点任务，先后由省招办、省教育考试院组织命题。

1984 年，浙江实行自学考试制度，命题工作实行全国统一命题和省级命题相结合的运行管理体制，后来又增加了省际协作命题模式。省自考办承担了组织省级命题和省际协作命题的任务。2001 年 12 月，全国高教自考浙江命题中心成立，承担部分全国统考试题的命制任务。

1993 年，浙江研发高校计算机考试和大学英语三级考试，先后由省教委职能处室和省教育考试院组织命题。

2002 年，研发实施浙江省中小学信息技术等级证书考试，先后由省自考办、省教育考试院组织命题。同年，省自考办根据省教育厅统一部署，承担教师资格考试教育学、心理学两门课程的命题任务。

（一）命题教师选拔培训制度

命题教师队伍建设是确保命题质量的前提，包含命题教师的遴选和培训两项主要工作。

1. 命题教师的遴选制度

在命题教师的选聘上，高考、自学考试和其他考试有共同的标准，也有不同的要求。无论是 2006 年以前的省招办、省自考办，还是 2006 年组建的省教育考试院，在印发有关推荐命题教师的内部文件中都强调了对教师遴选的条件要求。共同之处包括对教师职称（专业技术职务）和专业能力的要求、从事教学工作年限的要求、团队合作精神的要求等。不同的要求包括：由于自学考试是达标性考试，因此命题教师基本上从高等学校（主要是主考学校）选拔，而由于高考是选拔性考试，既要体现高校对新生素质的要求，又要考虑对中学教学的导向作用，因此命题教师必须由高校教师和中学教师两部分组成。基于高考作为选拔性考试的高利害性，为了保证公平，高考命题教师的选拔十分注重考虑城乡之间、地区之间、学校之间的平衡，确保每次命题的教师覆盖 11 个设区市，此外还要考虑从县级中学和普通中学遴选教师，以保证中学类型的覆盖面。自学考试有的专业试行主考学校多元化，命题教师的遴选也把主考学校之间的平衡作为重要原则。

为了保证命题教师队伍的质量，高考、自学考试和其他考试均建立命题教师师资库，由考试机构在命题工作开始前按既定规则抽取师资库内人员组成命题组。

2. 命题教师的培训制度

对命题教师的培训内容包括国家方针政策、教育测量与教育考试命题理论及方法、保密纪律等。培训的对象包括当次参加命题的教师和列入师资库的教师。培训的时间包括平时培训和入闱前培训。对列入师资库的教师培训结束后要进行考试，合格的才能成为命题教师。

2001 年，浙江省自考委和教育厅印发的《浙江省自学考试命题工作管理办法》明确要求："加强培训。每次命题，省考办都必须组织培训，主考学校必须通知所有新命题课程教师到会参加培训。"[①] 除了在命题前加强对命题教师的培训，省自考办还重视对命题教师师资库的建设和对主考学校自考工作管理人员的培训。2004 年 3 月，省自考办在杭州市举行命题管理人员培训会暨命题教师库建设工作会。[②]

2004 年，省招办承担高考分省命题工作后，十分重视师资队伍建设，开展多种形式的

---

① 浙江省自考委、教育厅：《关于印发〈浙江省自学考试命题工作管理办法〉的通知》，浙江省自考办编：《浙江省自学考试文件选编》，2001 年，第 270 页。
② 《全国高等教育自学考试浙江命题中心召开命题培训会暨命题教师库建设工作会》，《浙江自学考试》2004 年第 9 期，封二。

教育测量和命题业务培训，建立命题教师库。2008年4月，省人民政府办公厅公布《浙江省新课改高考方案》后，浙江省教育考试院立即组织召开高考文科组和理科组命题教师备选人员培训工作会议。会议邀请了浙江大学等高校和省教育厅教研室的学科专家，对有关高校和各市教育局新推荐的高考命题教师备选人员共385人开展了专题培训。会议传达了教育部命题工作交流会的精神，从命题测量技术的角度，结合各学科的特点对新课改后的学科命题如何体现新课程的基础性、时代性、选择性，如何加强新课程的三维目标的考查进行了讨论。会议前还布置了征题工作，通过会议讨论和对征集试题的质量评定，省教育考试院更新了命题师资库。[1]

为提升培训效果，各项考试的命题管理部门精心准备培训材料。省考试机构鼓励支持命题管理工作人员钻研命题理论和方法，编写出版培训教材。省自考办和省教育考试院先后于1997年、2012年支持出版《自学考试命题理论与方法》《让考试更科学：基于命题视角的研究》等培训教材。还委派命题管理人员参与教育部考试中心《高等教育自学考试命题工作手册》《高等教育自学考试命题工作指南》的编写，并作为培训专家参与全国高教自考命题培训。

此外，还把高考、学考、高职单独考试招生的命题业务骨干培训班纳入浙江省中学教师专业发展培训体系，计算教师培训学分。此举把国家教育考试命题工作与教师专业发展结合起来，有效地促进了普通高中、职业高中教师的专业水平提升，也有效地激发了教师和中学参与国家教育考试命题工作的积极性。

（二）命题的科学化和质量保证体系

自20世纪80年代承担自学考试和高中会考命题任务、2004年承担高考分省命题和自行组织多项考试命题工作以来，浙江考试招生机构一手抓命题的保密安全，一手抓命题的质量保证，努力实现从经验命题向科学命题的提升。

一是建立科学的考试标准体系。浙江考试招生机构十分重视考试标准体系的建设，各项考试都及时制订考试大纲或考试说明并向社会公布。1977年恢复高考后，从1978年开始，教育部即组织编写高考各科复习大纲，浙江省招办也组织专家编写中等专业学校招生考试复习大纲，并通过《浙江日报》等正式媒体向社会公布。1984年实施自学考试制度后，除全国统一制订考试大纲的课程按全国的大纲执行外，其他课程均由省自考办组织专家制订。2004年起承担高考分省命题任务后，省招办认真组织高考考试说明的制订。考试大纲和考试说明是考试标准的载体。在制订考试标准时，既从内容维度对各科目考核内容作出清晰的描述，又从

---

[1] 浙江省教育考试院：《我省进行新课改高考命题教师培训》，《浙江教育考试简报》2008年第4期。

认知层次、掌握要求的维度对知识点的考核要求进行规定。此外，根据各类考试的性质确定考试标准的有效把握。对作为常模参照性选拔考试的高考，十分重视处理知识和能力的关系，通过科学的设计实现对能力的考查；[①] 十分重视处理难度和区分度的关系，重视对难度的有效控制；[②] 对作为目标参照性达标考试的自学考试，则十分重视对内容效度和合格线的把握。[③] 1992 年，浙江省会考办与国家教委考试中心一起研究制订高中会考标准，为高中会考命题的科学化奠定良好基础。[④]

二是严格按照考试标准设计命题蓝图。命题蓝图以双向细目表或多维细目表的形式呈现。双向细目表指的是两个维度的细目表，包括知识内容和能力层次两个维度，或知识内容与难度两个维度，或知识内容与题型两个维度。多维细目表把多个维度集中在一张表格上呈现。双向细目表和多维细目表的设计，体现了对考试的效度（内容效度、目标效度）、难度和区分度（高考有区分度要求）等指标的考虑。

三是通过多种方式实现命题蓝图、提升命题质量。通过命题前的培训讨论切磋，统一大家对难度、效度、区分度等的认识；通过审题老师和命题老师的紧密合作提升试题质量；通过建立严格的校对程序杜绝科学性错误。

四是建立贴近教学实际需求的考试调研制度和专家征询制度。高考既是为高校选拔新生，也对中学教学有强大的导向作用，因此高考命题必须贴近中学教学实际。2009 年，浙江实行新课改高考方案，为了让高考命题更好地呼应高中新课改，省教育考试院于 2008 年 10 月举行新课改高考命题民主恳谈会。部分市县教育局和教研室负责人、高校教师、中学师生、考生家长代表共 40 余人参加了恳谈会：

结合新高考方案，与会代表提出了许多富有针对性、建设性的意见建议。希望命题要保持稳定性，坚持稳中求进、稳中求新。要遵循教学大纲、教学指导意见和考试说明，以能力立意为主，贴近社会、贴近实际、贴近生活。要坚持科学性、公平性、继承性、导向性、可操作性等原则。试题难度适中，不出偏题、怪题、难题，避免大起大落。选取试题和背景材料要注意考虑不同地域、城乡学生掌握信息的对称性。[⑤]

浙江在承担高考分省命题任务的第二年就建立了专家咨询委员会，专门负责高考命题的学术性研讨和技术咨询。[⑥] 2010 年 9 月，省教育考试院召开高考命题评价会，邀请 70 余人

① 葛为民、李金波：《高考能力考查的设计与评估研究》，《教育理论与实践》2012年第17期。
② 孙恒、李金波：《高考试题难度的预估研究》，《教育理论与实践》2008年第29期。
③ 冯成火：《关于"如何控制及格线"问题的思考》，《浙江自学考试》1992年第6期。
④ 蔡建民、孙玲：《会考标准的理论与实践探索》，北京：航空工业出版社，1993年，第9页。
⑤ 浙江省教育考试院：《我院组织召开新课改高考命题民主恳谈会》，《浙江教育考试简报》2008年第10期。
⑥ 浙江省招办：《2005年浙江省普通高校招生工作总结》，2005年8月29日，档案号J084-2005-Y-017-003，浙江省教育考试院档案室藏。

参加会议。受邀的有外省高校学科专家、本省部分市教育局负责人和高校教师、中学教研员、一线教师代表。会议以学科为单位，围绕新课改条件下的命题方向及试卷质量展开讨论。[①] 2019年，省教育考试院专门设立高考命题调研课题面向中学和高校进行调研。

五是建立开放征题制度。1993年5月，省教委面向全省普通高校开展"非计算机专业类学生计算机应用知识等级考试试题征集"活动，在此基础上组织专家命制试题库试题近300套。[②]

2012年，省教育考试院建立评价处，从教育测量与评价的方向加强对教育考试命题的理论与技术研究。2013年起，面向全省高中教师、高校教师和其他专业人员开展试题征集活动。建立计算机征题平台，组织教师和专业人员报送试题，经整理、筛选、比对、研磨、加工和分析评估后形成题库。至2018年，共征集试题30280题，经整理、加工后，形成素材题11618题。[③] 开展征题工作，一方面为高中学考与高考提供了贴近教学一线实际、鲜活的试题素材，另一方面为研究命题与测量技术提供了平台，同时也为高中学考和高考命题师资库的更新优化开辟了新途径。

（三）命题的安全保密制度

保密安全和质量是考试的两条生命线。保密安全是质量的基础和前提。浙江考试招生系统通过建立严密的制度和机制，确保命题保密安全。一是把保密教育贯穿命题工作始终。除了命题前的培训阶段把保密纪律作为培训的重要内容，在命题期间的动员会、小组会、组长会上等都不厌其烦地强调保密纪律。在培训会和动员会上请省保密局的领导和专家出席并作讲座，用因泄密而受到处罚的案例警示命题教师。二是采取多种行之有效的措施健全保密机制。

2001年，浙江省自考委、教育厅联合印发《浙江省自学考试命题工作管理办法》，根据教育部、国家保密局的规定，进一步强调自学考试作为国家考试，其试题、答案及评分标准在启用前均属绝密材料。文件明确了三项保密制度：一是直系亲属回避制度，二是命题与辅导相分离制度，三是保密责任书制度。实行省自考办、主考学校和命题教师三方签订"命题质量保密责任书"制度，以此强化主考学校对命题教师的保密教育和管理责任，把命题保密安全制度落到实处。[④]

---

① 浙江省教育考试院：《我院召开高考命题评价会》，《浙江教育考试简报》2010年第9期。
② 浙江省教委：《关于征集非计算机专业类学生计算机应用知识等级考试试题的通知》，1993年5月3日，档案号J039-043-160-148，浙江省教育厅档案室藏。
③ 浙江省教育考试院职能部门提供数据。
④ 浙江省自考委、教育厅：《浙江省自学考试命题工作管理办法》，浙江省自考办编：《浙江省自学考试文件选编》，2001年，第270-272页。

2004 年，浙江省成为高考分省命题试点省。省教育厅与公安厅、保密局联合签发《浙江省普通高考命题保密工作规定》，对高考命题各个环节、各个岗位的保密守则作了具体规定。在封闭入闱场所，层层设置保密安全防线，层层布控。省保密局根据入闱场所地理情况，安装红外线监控与无线电信号屏蔽仪等保密硬件设备，阻断无线通信泄密路径。省招办会同省保密局职能处室狠抓入闱人员保密纪律教育。在封闭入闱命题期间，实行"三二一"管理制度[①]，坚持全程管理和重点管理相结合的原则，重点抓好保密室、工作室、上网和电话间管理。省武警部队派出武警官兵 24 小时值守。省教育厅纪检部门派员全程蹲点监督管理。[②]

自学考试在 20 世纪 80 年代制度建立初期也采用集中封闭入闱命题形式，后来随着开考专业的大幅增加，参与命题的教师由于同时承担所在学校的教学任务，不可能全部集中封闭入闱，因此在强化保密教育和签订保密责任书的基础上，采用大容量卷库随机抽取试卷的形式以确保保密安全的落实。

二、考试管理制度化

考试管理包括三部分内容：一是考点建设，二是考风考纪建设，三是考务工作。这三部分相互联系，内容上既有所交叉，又各有侧重。考务工作包括从报名、考场编排、试卷运送保管到考试实施期间所有与考试组织相关的工作。考务工作链条长、环节多，细碎繁杂，每个环节都需要规范化、程序化、制度化。考点建设包括硬件和软件，硬件是考点的场地和物质设备，软件就是制度和人（包括考生和考试工作者）的素质、意识。考风考纪是考试期间在考点、考场所呈现出来的考试氛围、考试秩序、考试纪律执行状况。考试管理的制度化是确保考试在良好的考点、考场秩序、环境中安全平稳实施，让考生的真实水平得以充分发挥的必要条件。

（一）考点建设的制度化

考点是考试实施的场所。浙江省的各项教育考试，考点基本上设置在中学、高校，高中会考、高中学考设置在中学，大学英语、高校计算机等级考试设置在高校，中小学信息技术等级证书考试设置在中小学，普通高校招生考试、成人高校招生考试、自学考试以在中学设置为主。无论哪项考试，都十分重视考点的建设。

---

① "三"指三个组织机构，即入闱命题组织机构、入闱命题临时党支部、入闱命题保密机构；"二"指两项管理章程，即《入闱命题工作手册》和《入闱命题保密手册》；"一"指一个入闱例会制度，即每日召集各组负责人召开会议。
② 浙江省招办：《浙江省2004年普通高校招生工作总结》，2004年8月26日，档案号J084-2004-Y-002-004，浙江省教育考试院档案室藏。
孙恒、吴若茜：《教育考试命题入闱管理模式探析》，《浙江师范大学学报》2005年第3期。

1995 年 2 月，省自考委发出《关于进一步加强考点建设的意见》，对考点学校的选定、监考队伍的建设、考试监督机制的强化、考试纪律的严明等都提出了明确的要求。[①]

2001 年，省招办制定的《浙江省普通高校招生考试考点管理实施办法》对"考点设置标准""考点机构与职责""人员选聘与培训""管理与施考"等作出详细的规定。

2006 年建立省教育考试院后，在对各类教育考试项目进行统一安排的基础上，进一步强化考点管理的制度与机制建设。2008 年，把"四项制度"的落实作为工作重点，即监考教师"三回避"[②]制度，巡视员"异地巡视"与"全程蹲点巡视"制度，考点学校与监考教师签订监考责任书制度，教育考试安全与市县科学和谐发展考核挂钩制度等。[③]

2014 年，浙江承担新高考先行试点任务后，修订完善了普通高校招生考试、普通高中学业水平考试考点管理实施办法，制定了普通高校招生选考科目考试考点管理实施办法。

（二）考试全程形成环环相扣无缝衔接的操作规范和实施细则

各项考试的组织实施均制订了环环相扣的操作规范和实施细则，形成了严密的规则和规范体系。大体上可以分为四类：第一类是综合性的管理办法，包括《考务工作细则》《考点管理实施办法》《安全保密工作管理实施办法》；第二类是各种守则，包括《各类招生人员守则》《报名工作人员守则》《监考员守则》；第三类是各个岗位的职责，包括考试机构工作人员、巡视员、主考、副主考、考务组工作人员、监考员、考生领队等的职责；第四类是具体工作环节的要求、要点与其他注意事项，包括《试卷装订密封要求》《试卷验收要求》等。

浙江省招办对普通高考、成人高考、研究生招生考试等各项考试的各个环节都制订了详细的管理规范。如 2002 年省招办编印的《浙江省各类成人高等学校招生工作手册》收录了 58 个文件和表册。省自考办、会考办、教育厅职能处室等也就自学考试、高中会考、普通高校专升本、"2+2"考试等编印工作手册，对考试各个环节、岗位的管理办法、工作规范和注意事项等进行了详细的规定和说明。

2006 年浙江省教育考试院成立后，针对普通高考、成人高考、研究生招生考试、自学考试、全国英语等级考试、全国计算机等级考试等各类非学历证书考试，狠抓考点建设，健全各类管理制度和操作规范。2011 年，浙江省承担国家教师资格考试试点任务，浙江省教育考试院结合本省实际编印了《浙江省 2011 年国家教师资格笔试考务管理工作手册》《浙江

① 浙江省自考委：《关于进一步加强考点建设的意见》，浙江省自考办编：《浙江省自学考试文件选编》（1994—1996），第262-267页。
② "三回避"指的是"学科回避、直系亲属回避、高三任课教师回避"。
③ 浙江省教育考试院：《浙江省教育考试院2008年工作总结与2009年工作思路》，2008年10月，浙江省教育考试院档案室藏。

省 2011 年国家教师资格考试面试工作指南》《浙江省中小学和幼儿园教师资格考试面试考官、系统管理员培训指南》。2013 年以后，又就高中学业水平考试、选考科目考试等制定完备的实施细则和操作规范。

这些覆盖考务工作全过程的、细致的规定，辅以考前培训，使全省各市县和各考点的工作人员对各环节的工作要求和要点都了然于胸，有效地提升了工作质量。

（三）建立对考试工作人员的上岗培训和对考生的考前教育制度

1. 对考试工作人员的上岗培训

从省到市县（市、区），从县（市、区）到考点，逐级进行业务培训，培训结束后还进行专业知识考试，考试合格才能上岗。培训的内容除了各类考试的操作规范，还要就变化之处进行重点强调和提醒。

为增进培训成效，还自行研发录像教学片进行形象直观的培训。20 世纪 90 年代中期，浙江省自考办会同宁波市自考办拍摄《浙江省高等教育自学考试考点工作规范》录像教学片。该片在全省推开后，取得很好的成效，获得 1996 年第三届全国标准化考试改革创新奖二等奖。[①] 1996 年，浙江省招办拍摄普通高校招生考试录像教学片，对考试程序实施统一指令，以提升全省考试管理的规范化程度。[②] 2019 年，金华市教育考试院根据省教育考试院《中小学教师资格考试面试工作指南》的要求，结合本地考点的实际和以往 15 次考试的工作情况，规范梳理出组考的七个重要环节，制作《中小学教师资格面试组考工作流程片》。当年在"中小学教师资格面试"全国考务培训会上作经验交流，受到一致好评，教育部考试中心负责人提议作为样板在全国推广使用。[③]

2010 年，浙江省教育考试院在全省范围内开展"考试安全教育日"活动，活动的参加对象是各市、县（市、区）教育考试机构全体工作人员。活动内容为：集中学习教育考试保密工作规定，宣讲具有警示作用的违反考试安全的典型案例，并进行分析讨论，梳理、排查本地、本单位考试管理的安全隐患，制定有针对性的措施。[④]

---

① 国家教委考试中心：《第三届全国标准化考试改革创新奖获奖项目》，国家教委考试中心编：《第三届全国标准化考试改革创新奖获奖项目文集》，大连：辽宁师范大学出版社，1997年，第288页。
② 浙江省招办：《浙江省一九九六年普通高校招生工作总结》，1996年9月，档案号J084-1996-Y-016-002，浙江省教育考试院档案室藏。
③ 金华市教育考试院：《金华市"中小学教师资格面试"组考工作流程片作为样板全国推广》，2019年度浙江省考试招生工作考评材料。
④ 浙江省教育考试院：《浙江省教育考试院2010年工作总结与2011年工作安排》，2010年10月，浙江省教育考试院档案室藏。

2011年，省教育考试院先后组织考点负责人考风考纪培训班等专项培训。[①]

2. 对考生的考前教育制度

考试中的犯规舞弊既是对考试公平的破坏，也严重影响考试的信度、效度，同时对学生思想政治品德、遵纪守法意识的养成，以及对学生的健康成长有很不利的影响。考试中的犯规舞弊，既有有意作弊的，也有因不了解考试管理规则而过失犯规的。无论是从维护考试公平，还是从发挥考试育人的正面作用出发，都必须对此采取应对措施，一要建立健全考试管理制度，堵塞考试犯规作弊的漏洞，使考生不能犯规作弊；二要对考生犯规舞弊予以严肃处理，并适当使用现代化的防作弊手段如监控设备等，使考生不敢犯规舞弊；三要加强对考生的教育，提高考生的思想认识，使考生不想犯规舞弊。

浙江考试招生系统围绕对考生犯规舞弊的防治，在建立健全考试管理和犯规舞弊处罚制度的同时，花大力气抓考生的考风考纪教育。考风考纪教育贯穿考前、考中、考后：考前通过准考证背面的提醒警示进行教育，对参加高考的毕业班学生和参加自考衔接沟通的在校生由班主任进行教育；考中通过考点学校的书面张贴和考生领队、监考教师的提醒强调进行教育；考后通过对违规舞弊行为进行惩处的案例发挥警示教育功能。

2004年起，根据教育部的要求，浙江省招办在普通高校招生考试中实施"考生诚信考试承诺书"制度，每位考生在参加考试前签订承诺书。2010年起，浙江省教育考试院在全省范围内开展"诚信考试宣传教育周"活动，参加对象为全体普通高考考生。活动内容为：向考生播放省教育考试院专门制作的《走进高考考场》视频教学片；组织考生学习《考生守则》《国家教育考试违规处理办法》，宣讲高考违纪舞弊典型案例；发出以"诚信考试光荣、违纪舞弊可耻"为主题的考试倡议书和致家长的公开信，组织全体考生参加集体签名承诺活动。与此同时，还面向高校在校学生进行考风考纪宣传教育，以防范、制止高校在校学生参与或协助高考考生作弊。

（四）建立全过程考试安全摸排检查分析制度

考试安全是考试招生工作得以顺利进行的前提和基础。在下功夫抓考点建设、考前教育培训、考中纪律执行等工作的同时，浙江考试招生系统把考前风险排摸、考前考中检查和考后分析总结结合起来，扎紧考试安全的篱笆。

---

① 浙江省教育考试院：《浙江省教育考试院2011年工作总结与2012年主要工作安排》，2011年10月，浙江省教育考试院档案室藏。

1. 考前检查查实查全

考前检查的内容包括两类检查：一是专项检查，如对地市县考试机构保密室和考点学校保密室的检查；二是全面检查，在某一项考试前，对地市县和考点学校的考前准备工作进行全面检查。

省政府领导对国家教育考试工作十分重视。高考前夕，省政府领导深入市县考点检查考前准备工作。省教育厅班子成员全体出动，赴全省 11 个设区市所属县市考点全面检查。各市县政府领导和教育行政部门都把考前检查作为规定动作。[①]

2. 保密室成为考前考中必查项目

保密室是试卷保密的核心。为确保保密室管理符合要求，省教育厅、保密局定期对全省的教育考试保密室进行检查。每次考前检查和考试期间的巡视，都把保密室列为必查内容。不仅检查硬件是否完好，更检查值班人员是否严格执行保密制度。2010 年建立了全省联网的试卷保密室与试卷分发场所远程监控录像系统后，将保密室纳入监控系统管理。2012 年标准化考点建设完成后，各市县考试机构和考点的保密室被纳入全省综合管理平台的远程监控范围。远程监控与现场检查相结合，确保保密室的作用发挥。

3. 重视考前风险排查

在各项考试实施前，各级考试管理机构都十分重视对考试期间可能存在的风险隐患的排查。

2006 年，浙江省教育考试院成立，集中实施各类教育考试，全年共组织实施 170 多次考试，包括普通高考、成人高考、研究生招生考试、自学考试和各类非学历证书考试。省教育考试院在每项考试工作前对考试各个工作环节进行梳理，分析潜在的风险点，研究针对性的防范措施。

2014 年，浙江省承担新高考改革试点，打破原来的文理分类，试行学生自主选科。每年安排统一高考和学考选考三次考试。品种多、环节多，风险点也增多。鉴于此，省教育考试院建立了每年两次的考试招生安全风险点排查制度，由职能处室对各项考试全部环节进行全覆盖的梳理，在此基础上召开党委会或院长办公会进行汇总讨论研究，建立风险隐患清单，

---

① 嘉兴市第一中学：《浙江省副省长盛昌黎来我校视察和指导高考前工作》，2004年6月3日，http://www.jxedu.net/art/2004/6/3/art_2110_735591.html。

毛雪逸：《成岳冲等带队赴各地检查高考准备工作》，《浙江教育报·数字报》2017年6月7日，http://www.zjjyb.cn/html/2017-06/07/content_3561.htm。

实行挂图作战，进行表格化、销号式管理。[①] 各市县考试招生机构也建立考试安全排查制度。

4. 重视考后总结分析

考试结束后，各级考试机构都对考试工作进行认真的总结回顾。高考结束后，省教育厅、省教育考试院将考试实施情况以信息专报形式报省委、省政府。

考前风险点排查、考前考中实地检查和考后总结分析的结合，强化了省、市、县各级考试机构的风险意识、危机意识，夯实了考试安全的堤坝。

（五）建立指挥协调机制

1977年恢复高考，1984年实施自学考试制度，1986年实施成人高校招生全国统一考试后，省、市、县各级党委、政府十分重视。党委和政府领导在考前、考中深入考点检查和巡视。各级招生委员会和自学考试委员会发挥统筹和协调的作用。

2004年5月，浙江省委十一届六次全体会议提出了建设"平安浙江"的要求。由于高考是一项牵动千家万户、涉及社会各个方面的系统工程，与社会稳定密切相关，因此，浙江省把开展高考环境综合治理工作纳入"平安浙江"建设。省政府成立了"浙江省高考环境综合治理领导小组"，由分管副省长牵头，16个单位的负责人作为成员，全面协调高考各环节的工作。省政府办公厅通过下发文件对各级政府营造高考工作良好环境提出要求。省、市、县各级党委、政府有关职能部门各司其职，密切配合，齐心协力做好高考工作。

2008年高考环境综合治理工作由省高考环境综合整治联席会议统筹协调，并建立高考期间联合值班制度。5月23日，省政府召开高考环境综合整治联席会议。分管副省长强调：高考是事关教育公平和社会和谐稳定的大事，各级各部门要切实加强领导、统筹协调、齐抓共管、突出重点，确保高考各项工作安全有序。会上省教育考试院主要负责人汇报了当年高考准备工作和采取的主要举措，省高考环境综合整治联席会议成员单位有关负责人分别汇报了本部门的准备工作。[②] 会后省政府办公厅发出通知，要求各地充分发挥高校招生考试环境综合整治联席会议等协调机构的作用，统筹指挥各部门、各单位，在人力、物力和财力上加以保证，各司其职，各负其责，共同做好高考组织工作。[③]

---

① 浙江省教育考试院：《坚持底线思维，强化防范化解风险意识：省教育考试院召开党委理论中心组学习会》，2019年4月30日，浙江省教育考试院《浙江考试》微信公众号。

② 浙江省教育厅：《我省召开省高考环境综合整治联席会议》，2008年5月23日，http://jyt.zj.gov.cn/art/2008/5/23/art_1543974_21566431.html。

③ 张冬素：《确保今年高考顺利进行》，《浙江日报》2008年5月25日，第2版。

2011 年高考工作由省普通高校招生考试工作联席会议统一领导和协调。[①] 2014 年联席会议采用电视电话会议形式，省高校招生委员会委员、省普通高校招生考试工作联席会议成员单位有关负责同志共 60 余人在杭州主会场参加会议。全省各市、县（市、区）设立分会场。[②]

2021 年 5 月 14 日，省政府召开全省高考联席会议暨全省普通高校招生考试安全工作电视电话会议。分管副省长要求坚守安全底线，坚持"六个加强"，认真落实属地责任，健全全链条、闭环式的责任落实机制。各级高校招生委员会要切实履行好组织领导、统筹协调职责，各相关部门要加强沟通对接，分工不分家，形成强大工作合力。会上，省教育厅、省委宣传部、省委网信办、省国家保密局、省公安厅、省生态环境厅、省卫生健康委、省经信厅无线电管理局等 8 家单位负责人分别就有关工作作了发言。会议在杭州设立主会场，各市、县（市、区）设分会场。省高校招生委员会、高考联席会议成员单位负责人及省教育厅班子相关同志在主会场参加会议。[③]

市县各级政府均建立联席会议等领导和协调机制，并在高考与其他国家教育考试期间，实行联合值班制度。[④]

（六）建立目标责任制和工作考核机制

1. 实行考试管理目标责任制

2001 年，高考与自学考试两项国家教育考试均在全省实行目标责任制。

高考。7 月 3 日，召开了加强考试管理严肃考风考纪全省电视电话会议，对做好高考各项工作进行了周密的部署。省招委决定开展考务管理质量年活动，省招委与各市招委签订考务管理责任书，明确各自的职责，层层落实责任制。[⑤]

自学考试。省、市、县逐级签订考试管理责任书，明确各级教育行政部门和自考机构在自考管理中的职责与要求，首次强调了在考试管理中实行重大责任事故追究制。金华、舟山、

---

① 浙江省教育厅：《2011年普通高校招生考试工作联席会议昨天召开》，2011年5月19日，http://jyt.zj.gov.cn/art/2011/5/19/art_1543974_21563894.html。

② 浙江省教育厅：《2014年全省普通高校招生考试工作联席视频会议召开》，2014年5月9日，http://jyt.zj.gov.cn/art/2014/5/9/art_1543974_21566261.html。

③ 浙江省教育厅：《2021年全省高考联席会议暨全省普通高校招生考试安全工作电视电话会议召开》，2021年5月15日，http://jyt.zj.gov.cn/art/2021/5/15/art_1543973_58917552.html。

④ 嘉兴市教育局：《我市召开中高考考试环境综合整治联席会议》，2020年6月23日，http://www.jiaxing.gov.cn/art/2020/6/23/art_1554996_48681352.html。

义乌市人民政府办公室：《转发〈浙江省人民政府办公厅关于做好2012年全省普通高校招生考试工作的通知〉》，2012年6月15日，http://www.yw.gov.cn/art/2012/6/15/art_1229142745_947897.html。

⑤ 本报讯：《加强考试管理 严肃考风考纪》，《浙江日报》2001年7月4日，第10版。

衢州、绍兴等地将目标责任制延伸到考点学校。①

考试目标管理责任书制度的持续实施，有效地强化了各级考试招生机构的考试管理责任意识，有力地促进了考风考纪建设。

2. 在教育考试系统内部开展教育考试工作达标评优活动

1995年7月，省自考委"在总结前几年我省自学考试先进集体和先进工作者评选工作经验的基础上""决定在全省开展市（地）、县考办工作达标考核和评优工作"。"达标考核"的内容包括考务工作、助学、宣传和科研工作、自身建设和事业发展四个方面。每个方面的内容都细化为指标，并明确了评分标准。在达标考核的基础上进行评优，包括先进集体和先进个人，此外对每年在自学考试工作中进步明显或开拓创新成绩显著的市（地）考办，另设鼓励奖或创新奖。② 1998年，又增加了对自学考试主考学校、专业指导学校和自学考试考点的评优奖励办法。③

2009年，根据多项教育考试由省、市、县教育考试机构集中管理运行的情况，省教育考试院在广泛征求市县教育考试机构意见的基础上，制订了《浙江省教育考试工作考评办法》。设"考试管理""招生工作""自考工作""综合管理"等四个考核项目，每个项目下细化考核指标，采用量化评分办法进行考核。考核满分为400分，300分为合格线。在考核基础上评比产生教育考试先进集体、招生工作先进集体、自考工作先进集体和先进个人。④

3. 把教育考试工作列为省政府、省教育厅对市县工作考核的指标

1998年，浙江省启动教育强县建设，将"积极发展自学考试"纳入教育强县考评的"操作标准"。⑤

2011年，浙江省启动教育现代化县（市、区）评估，把"规范考试招生""防范考试舞弊"

---

① 浙江省自考委：《浙江省自学考试2001年工作总结》，浙江省自考办编：《浙江省自学考试文件选编》，2002年，第47页。

② 浙江省自考委：《关于在我省自学考试中进行达标评优的通知》，浙江省自考办编：《浙江省自学考试文件汇编》，1994—1996年，第351-358页。

③ 浙江省自考委、教委：《关于印发浙江省自学考试先进集体和先进工作者评比办法的通知》，浙江省自考办编：《浙江省自学考试文件选编》，1998年，第103-122页。

④ 浙江省教育考试院：《关于印发〈浙江省教育考试工作考评办法〉的通知》，浙江省教育考试院编：《浙江省教育考试文件选编》，2009年，第1-8页。

⑤ 浙江省委办公厅、省人民政府办公厅：《关于在全省开展创建教育强县活动的通知》，1998年10月20日，档案号J039-048-420-046，浙江省教育厅档案室藏。

浙江省教委：《关于印发〈浙江省教育强县评审认定操作标准〉的通知》，1999年10月22日，档案号J039-049-344-031，浙江省教育厅档案室藏。

列为操作标准。①

与此同时，浙江省教育厅先后把"考试安全和考风考纪情况"列入"全省教育科学和谐发展业绩考核"和"全省教育工作业绩考核"内容框架。

考试管理目标责任制的实施，明确了工作目标，强化了各级教育行政部门、考试管理机构和考点学校的责任意识；在教育考试系统内部建立起达标评优考评制度，在明确工作目标的同时，激发了系统内部全体工作人员的工作积极性，特别是其中对开拓创新的鼓励，更是在全省教育考试系统营造了锐意开拓、勇于创新的氛围；"全省教育科学和谐发展业绩考核""全省教育工作业绩考核"，把考试安全和考风考纪建设纳入省教育厅对市县教育工作考核体系，提高了市县各级教育行政部门抓考试安全和考风考纪建设的自觉性；"教育强县""教育现代化县（市、区）"建设把教育考试工作纳入教育强省战略，进一步把做好教育考试工作作为各级政府的责任，有力地促进了教育考试事业的发展。

三、录取工作制度化

录取工作是高考招生工作的重要环节。浙江考试招生系统在一年一度的招生录取工作中严格执行教育部制定的招生录取工作政策和纪律，严格执行招生计划和录取工作程序，形成了严密的管理制度。

一是在录取工作小组之间建立职责制约机制。2000年8月7日，《浙江日报》记者采访了浙江省高考招生录取现场：

高校招生录取正在紧张进行之中。与其他省、市一样，我省录取新生坚持德、智、体全面衡量、择优录取的原则。录取工作全面采取计算机辅助管理，录取场所是封闭式管理，但是所有的录取政策、录取程序、每批各学校的第一志愿录取投档分、录取名单均向社会公开。

由于在录取现场参与录取的单位和人员较多，因而必须实行严格的制度管理，从而做到公平、公正。我省高校招生整个录取程序须通过录取现场6个组（室）来完成，各组（室）之间均有制约机制。录取1名新生必须经过计算机调档、联络组、档案室、录取室、计划审核组、主任室等6个环节，每个组的工作人员都有操作记录和个人签名，以备后查。即便是计划调整或是增加机动计划指标，也必须通过以上各组来完成。②

二是建立"三个一律"的刚性计划管理制度。新华社记者对此作过报道：

---

① 浙江省委办公厅、人民政府办公厅：《关于在全省开展教育现代化县（市、区）评估工作的通知》，2011年11月30日，档案号J039-2012-督导处-永久-000，浙江省教育厅档案室藏。
浙江省人民政府督导室、教育厅：《关于印发〈浙江省教育现代化县（市、区）评估操作标准〉的通知》，2012年11月30日，档案号J039-2012-督导处-永久-0005，浙江省教育厅档案室藏。
② 马瑛瑛：《制度严格 操作规范》，《浙江日报》2000年8月8日，第10版。

2007 年起浙江实行高校招生计划网上管理，做到三个"一律"：对所有招生计划一律通过高校招生计划管理系统平台编制和执行；对省内院校一律不留机动指标；对省外院校招生计划一律从教育部计划管理系统流转，即使是增加的招生指标，也要求通过网上平台运转，绝不受理任何网外招生计划。[①]

三是健全录取信息管理制度。2001 年，省招办制定了《浙江省高校招生考试工作信息管理暂行规定》，对招生考试的信息包括录取环节的信息的管理提出了规范管理的要求。[②] 2006年，省教育考试院统一各类教育考试组织管理规程和操作规范，高考志愿填报时，将原来的高考志愿信息由市地分散采集调整为由省教育考试院统一采集，并在采集过程中严格落实"三备份""三分离"，杜绝在填报志愿过程可能产生的不公正。[③] 2009 年起，省教育考试院在录取工作各阶段的第一时间拷贝并立即封存所有原始数据，交由纪委管理。录取结束后，由专家将这些原始数据与系统服务器中的数据进行比对处理，检查有无不一致的情况，确保各个环节的规范操作、公平公正。[④]

四、特殊类型招生制度化

特殊类型招生，是普通高校招生的一个术语，与普通类型招生在思想政治品德考核和体检合格基础上依据文化科统考成绩进行录取相比较，特殊类型招生指的是在思想政治品德考核和体检合格基础上，将文化科统考成绩和其他考核评价结果结合起来进行综合评价，或者免于参加文化科统考、只依据其他考核评价结果进行录取。特殊类型招生最早出现的是艺术、体育类招生，新中国成立之初的高考招生中就对艺术、体育类招生采用特殊的评价方式。后来又先后出现了保送生、自主招生、综合评价招生等特殊类型。2014 年颁布的《普通高等学校招生违规行为处理暂行办法》（中华人民共和国教育部令第 36 号）对其的定义是："本办法所称特殊类型招生，是指自主选拔录取、艺术类专业、体育类专业、保送生等类型的高校招生。"[⑤] 2018 年，教育部办公厅《关于做好 2018 年普通高等学校部分特殊类型招生工作的通知》对特殊类型招生列举的种类进一步增加，包括普通高校艺术类专业、高水平艺术团、高

① 余靖静：《取消高考"点招"浙江实践能走多远？》，2013年12月20日，http://edu.people.com.cn/n/2013/1220/c1053-23904919.html。

② 浙江省招办：《浙江省高校招生考试工作信息管理暂行规定》，2001年5月29日，档案号J084-2001-Y-011-001，浙江省教育考试院档案室藏。

③ "三备份"即原始数据、确认后数据、入录取库数据分三次备份；"三分离"即系统密码保管分离、志愿信息采集与数据管理分离、志愿库与成绩库分离。

④ 浙江省教育考试院：《浙江省教育考试院2009年工作总结与2010年工作安排》，2009年10月，浙江省教育考试院档案室藏。

⑤ 教育部：《普通高等学校招生违规行为处理暂行办法》，2014年7月8日，http://www.moe.gov.cn/jyb_xxgk/xxgk/zhengce/guizhang/202112/t20211206_585114.html。

水平运动队、保送生招生和教育部授权各地各高校组织的单独招生、自主招生、综合评价等其他特殊类型招生。①

特殊类型招生的"特殊"表现在两个方面：一是其选拔录取的依据不仅仅是文化科统一高考成绩，比如自主招生把文化科统一高考成绩和高校自主测评（蕴含中学的评价）结合起来选拔录取，艺术类、体育类招生把文化科统一高考成绩和艺术、体育专项考试成绩结合起来选拔录取，保送生录取主要依据学生中学阶段的综合表现，辅以高校的考核测评，免于参加文化科统一高考；二是招生院校在考核测评过程中有较大的自主权。

在普通高校招生的普通类型招生通道之外，开辟特殊类型招生通道，是为了更好地考核测评学生的专业素质（艺术、体育类专业）和综合素质、创新潜质（保送生、自主招生、综合评价招生），总体上是对"德智体全面考核，择优录取"原则的贯彻落实。但是在中学推荐、高校考核测评等过程中，能否像统一高考一样保证标准统一、程序公平、信息公开，则是社会人员存有疑虑的问题，而实践过程中出现的犯规舞弊事件则进一步加剧了社会的质疑。鉴于此，教育部十分重视对特殊类型招生的规范管理。2005 年 3 月，在全国普通高等学校招生工作电视电话会议上，教育部部长提出："要重点解决好当前招生中存在的突出问题，尤其在高校招生计划执行、定向就业招生、各种特殊类型招生和规范少数独立学院、民办高校招生行为等方面，加大力度，严格管理。"②从 2016 年招生工作起，教育部连续多年印发关于做好特殊类型招生工作的通知，要求各地各学校贯彻执行。

浙江考试招生系统按照教育部的要求，对特殊类型招生进行制度化管理。1983 年的招生工作《实施意见》就强调："体育成绩继续采取县一级初试和地市一级复试的办法。""体育院校和艺术院校招生，要更好地注重文化课成绩，对于文化成绩过低的学生，即使专业成绩突出，也不能录取，以提高体育和艺术院校、专业新生的质量。体育院校和专业招生，文化考试成绩录取分数线一般不得低于本省理工医农类录取分数线的百分之六十。艺术院校一九八四年起，文化课成绩参加全国文科类统一考试。"

1994 年，省招办根据文化部、国家教委《关于印发高等艺术院校（系科）招生工作暂行规定的通知》及其补充意见的精神，制定印发了《浙江省一九九四年高等艺术院校（系科专业）招生工作实施意见》。1997 年，省招办根据国家体委、国家教委《普通高等学校体育专业招生工作暂行规定》的精神，制定印发《浙江省一九九七年普通高等院校体育专业招生工作实施办

---

① 教育部办公厅：《关于做好2018年普通高等学校部分特殊类型招生工作的通知》，2017年11月29日，http://www.moe.gov.cn/srcsite/A15/moe_776/s3258/201712/t20171208_320954.html。

② 教育部：《2005年全国普通高等学校招生工作电视电话会议强调：从严管理 公开透明 力求高校招生公正公平》，2005年3月8日，http://www.moe.gov.cn/jyb_xwfb/gzdt_gzdt/moe_1485/tnull_6212.html。

法》，对艺术、体育类招生进行制度化规范管理。

2007年，浙江省试行高职自主招生，省招委、教育厅即制定公布改革试点方案，对高职自主招生的试点条件、实施程序作出了明确的规定，并要求试点院校成立招生工作领导小组，加强领导，切实完善自我约束机制和监督机制，严肃招生纪律。凡属考试、录取中的重大问题，一律集体研究决定。凡有直系亲属当年报考高校者不得参与招生考试工作。2009年再次印发《浙江省高等职业技术院校自主招生试点暂行规定》予以规范。

2011年，浙江省在全国率先推出"三位一体"综合评价招生试点。省教育厅在批复浙江工业大学、杭州师范大学《关于尝试深化完善"三位一体"综合评价招生制度的报告》时就明确提出了建立各项规范管理的制度和机制的要求。2012年，在总结第一年试点工作的基础上，浙江省教育考试院制定出台《浙江省普通高校"三位一体"综合评价招生试点管理暂行办法》，提出了建立系统严密的管理制度的要求，包括落实阳光招生、内外监督、集体决策和职责制约等"四个机制"，测评专家随机产生、测评专家考生和考场随机匹配等"六项制度"。2016年3月，浙江省教育考试院又印发了《关于加强"三位一体"综合评价招生和高职提前招生工作管理的通知》，对加强"三位一体"综合评价招生和高职提前招生工作管理进行更全面的制度设计。

五、自学考试助学管理和实践环节考核管理制度化

（一）自学考试助学管理的制度化

社会助学是自学考试制度的重要组成部分。1988年，国务院《高等教育自学考试暂行条例》明确提出："国家鼓励企业、事业单位和其他社会力量，根据高等教育自学考试的专业考试计划和课程自学考试大纲的要求，通过电视、广播、函授、面授等多种形式开展助学活动。""各种形式的社会助学活动，应当接受高等教育自学考试机构的指导和教育行政部门的管理。"

在浙江，自1984年实施自学考试制度后，多种形式的社会助学活动如火如荼地开展了起来。相应地，自考机构对助学活动的指导和教育行政部门的管理也贯穿于自学考试事业发展的全过程。

明确社会助学的指导思想、办学条件以及指导和管理的职责分工。 1988年8月和1992年8月，浙江省自考委和教委先后联合下发《关于加强对自学考试社会助学的指导和管理的意见》和《关于加强自学考试社会助学工作管理的几点意见》，明确了社会助学的指导思想、

基本原则和具体要求。其一，对社会助学持提倡和鼓励的态度；其二阐述社会助学的宗旨是提高广大劳动者科学文化和思想道德素质，要求自始至终坚持质量标准，杜绝以营利为目的的行为；其三对申请开展社会助学的基本条件予以明确；其四确立了"命题与辅导相分离"的原则；其五明确了"教育行政部门侧重于行政管理，自学考试机构侧重于业务指导"和省、市（地）、县（市）分级指导和管理的职责分工。①

建立社会助学组织助学辅导统计制度。1994年，省自考委根据全国考办文件精神，建立高、中等教育自学考试社会助学组织助学辅导统计制度。统计的内容包括助学专业、助学范围、招生数量、教师来源、辅导计划，以及教学场所、设备、资料、助学辅导合格率等。②

实行"社会助学许可证"制度。1998年4月，省教委下发《关于加强对自学考试社会助学机构管理的意见》，根据国家教委的部署，对助学机构实行"社会助学许可证"制度。③

实行年审制度。2000年7月，省自考委和教育厅在"社会助学许可证"制度的基础上，建立自学考试社会助学机构年审和挂牌助学制度。对年审合格的助学单位颁发下一年度"社会助学许可证"，并在机构门外醒目位置悬挂省教育厅、自考委统一制作的牌子，不合格的撤销"社会助学许可证"。④ 2002年，又把非学历考试纳入自学考试社会助学年审范畴，并对原年审办法进行修订，形成新的《浙江省自学考试社会助学（培训）机构年审办法》。⑤

实行综合评估制度。针对自学考试社会助学活动特别是全日制助学活动中出现的不规范现象，省教育厅在深入调研和广泛征求意见的基础上形成了《关于进一步加强高等教育自学考试全日制助学管理的若干规定》（以下简称《若干规定》），于2008年11月由省教育厅办公室印发。《若干规定》首先要求"明确助学主体，确保具备基本办学条件"；其次要求"规范审批（备案）程序，严格依法依规管理"；其三要求"严格招生管理，规范经费收支行为"；其四要求"完善内部管理，提高教育教学质量"；其五要求"注重综合治理，维护校园安全稳定"；最后要求"加大监管力度，促进助学有序发展"，决定定期对全日制助学机构的办学条件、教育教学质量、校园安全稳定工作等内容进行综合评估。《若干规定》以附件形式下发了《全日

---

① 浙江省自考委、教委：《关于加强对自学考试社会助学的指导和管理的意见》，浙江省自考办编：《浙江省自学考试文件汇编（一）》，1984—1994年，第134-135页。
浙江省自考委、教委：《关于加强自学考试社会助学工作管理的几点意见》，浙江省自考办编：《浙江省自学考试文件汇编（一）》，1984—1994年，第136-138页。
② 浙江省自考委：《关于建立高、中等教育自学考试社会助学组织辅导统计制度的通知》，浙江省自考办编：《浙江省自学考试文件汇编》，1994—1996年，第246-249页。
③ 浙江省教委：《关于加强对自学考试社会助学机构管理的意见》，浙江省自考办编：《浙江省自学考试文件汇编》，1998年，第359-363页。
④ 浙江省自考委、教育厅：《关于建立自学考试社会助学机构年审和挂牌助学制度的通知》，浙江省自考办编：《浙江省自学考试文件选编》，2000年，第324-336页。
⑤ 浙江省自考委、教委：《关于印发浙江省自学考试社会助学（培训）机构年审办法暨开展2001年年审工作的通知》，浙江省自考办编：《浙江省自学考试文件选编》，2002年，第370-385页。

制助学机构评估指标体系》，并列举了 10 种在日常监管或评估中发现其一即视为不合格的违规行为。[①] 当月，省教育考试院组织对全省全日制助学机构进行助学资格重新认定和综合评估。2009 年，在对全省 110 所全日制助学机构办学资质进行重新认定的基础上，组织三个评估专家组进行综合评估，确定 81 所助学机构具有招生资格。此后综合评估工作持续实施。

（二）对自学考试实践环节考核的制度化管理

自学考试的实践环节包括实验、实习、课程设计、毕业论文（毕业设计）、毕业综合考核、临床实习等。无论是全国考委统一制订的计划，还是省自考委会同主考学校拟订并经全国考委审批的考试计划，都包含实践环节。国务院《高等教育自学考试暂行条例》规定主考学校负责实践性学习环节的考核。浙江省各主考学校都对各个实践环节的考核进行了精心设计和周密实施。

建立制度规范。 1991 年 11 月，浙江省自考办在总结提炼主考学校实践经验的基础上制订印发了《浙江省自学考试实践性环节考核试行办法》。1996 年 6 月，省自考委、教委根据国家教委《高等教育自学考试实践性环节考核管理办法》，制订印发了《浙江省高等（中等专业）教育自学考试实践性环节考核管理试行办法》，对自学考试实践环节考核的报名条件、报名手续、考核地点、考核时应准备的仪器设备、考核要求、考核纪律等进行了详尽的规定。[②]

重视实验指导与考核。 各个主考学校根据省自考委、教委和自考办的文件，制订健全了覆盖各个环节的管理制度和操作规范，并在实践性环节考核前给自考生安排训练，把训练和考核结合起来，让自考生在参加考前训练和考核的过程中，真正把理论知识应用于实践，同时在参加主考学校考核的过程中，真切地感受到主考学校文化氛围的熏陶。如杭州电子工业学院主考的应用电子技术（后调整为电子技术）、通信技术专业，属于工科专业，实验考核非常重要。学校制订了严密的实验考核及考核前准备程序。要求自考生在实验考核前必须进行预习，要求指导教师在考核前必须将实验的目的、要求，设备仪器的使用方法、安全措施等向每位学生进行必要的讲解。考核过程中则要求自考生在规定的时间内独立撰写并交出实验报告。自考生反映实验考核真正起到了促进他们深入领会、巩固知识的效果。[③] 2002 年，在省自考委的统筹下，杭州电子工业学院电工电子实验中心向电子技术专业自考生开放。

---

① 浙江省教育厅办公室：《关于印发进一步加强高等教育自学考试全日制助学管理若干规定的通知》，浙江省教育考试院编：《浙江省教育考试文件选编》，2008年，第161-173页。
② 浙江省自考委、教委：《关于印发〈浙江省高等（中等专业）教育自学考试实践性环节考核管理试行办法〉的通知》，浙江省自考办编：《浙江省自学考试文件汇编》，1994—1996年，第268-277页。
③ 徐兰芬：《自学考试工科专业实践环节考核探索》，葛为民主编：《高等教育自学考试论集》，武汉：武汉大学出版社，1994年，第314-321页。

重视毕业论文指导与考核。主考学校高度重视自考生的毕业设计和毕业论文的指导和考核。如浙江大学作为多个本科专业的主考学校，围绕着自考生毕业论文的写作和答辩，进行了深入细致的研究，形成了完备的操作程序和质量保证体系。该校自考办牵头建立了学校管理部门、学院管理部门和指导教师三结合的管理体系，设计了"培训、选题、开题报告（一审）、二审、三审、论文答辩"环环相扣的运作流程。学校定期召开学院管理人员会议，对论文指导教师进行岗前集中培训，还建立了自考生中期回校面授、论文答辩期间学校组织巡查、论文审核的淘汰与论文成绩的分阶段计分（包括过程考核成绩和答辩成绩）制度。[①]

六、从制度化管理到依法治考、依法治招

考试招生管理的制度化有多方面的效能：一是有助于实现工作标准、规格的统一，提升工作质量；二是有助于克服操作过程的随意性、主观性，保证评价考核的客观、公平；三是有助于强化规则、纪律、法制意识。进入 21 世纪以后，随着依法治国战略的实施，"依法治考、依法治招"也提上了议事日程，促成了考试招生制度化管理的内涵提升。

2002 年 1 月，教育部在《关于做好 2002 年普通高等学校招生工作的通知》中明确提出："坚持依法治招。依法治招是我国教育改革和发展的必然选择，是依法治教的重要组成部分。各高等学校和各级教育行政部门，都要按照依法治招的要求对已有的规章和办法重新修订。高等学校招生工作要切实做到公正、公平，招生条件、录取程序和规则等必须事先在招生章程中公布，做到公开、透明。"[②] 2012 年，教育部就做好普通高等学校招生考试执法监察工作发出通知，强调要坚持依法治招、从严治考。

根据教育部的要求，浙江省 2004 年《招生工作实施意见》提出要强化"依法治招、从严治招"的意识，切实落实分级管理责任制、重大问题报告制、招生过程督查制、违纪舞弊通报制和制约评估制度。2012 年，则进一步强调要依法依规，从严管理，严厉查处各类违规行为。2017 年，要求"各级教育行政部门、考试招生机构和高校要牢固树立依法治考意识，严格执行国家和省招生工作有关规定，确保招生录取公平、公开、公正"。[③]

"依法治考、依法治招"包含两个方面的要求：一是从严管理，违法必究，严厉查处各类违规行为；二是对考生和工作人员违规行为的处理必须依照法律和规章。

---

① 章瑞莲、韩建立：《试论自学考试毕业论文质量保证体系建设》，《中国考试》2005年第5期。

② 教育部：《关于做好2002年普通高等学校招生工作的通知》，2002年1月18日，http://www.moe.gov.cn/jyb_xxgk/gk_gbgg/moe_0/moe_8/moe_22/tnull_179.html。

③ 浙江省招委：《关于做好2017年普通高校招生工作的通知》，浙江省教育考试院编：《浙江省教育考试文件选编》，2017年，第69页。

浙江省考试招生系统一方面严格按照教育部的考试招生工作规定，通过教育与惩处的结合，严肃考风考纪，教育考试违规舞弊率呈逐年下降趋势；另一方面通过对法律法规的学习培训，提升治理能力和水平。

省教育考试院采取多种举措，提升依法治考、治招的水平。一是加强队伍建设：请专家进行依法治国专题讲座，加强对考试招生工作人员的法治教育；2017年在原来就建立的法律顾问制度基础上增加聘任法律顾问，健全法律顾问团队；2021年设立涉考法律事务专员岗位。二是把依法治考、治招付诸实施：按照行政法规的要求，完善考试违规处置程序；畅通考生救济途径。2016年起提醒考生收到违规告知后，可以向省教育考试院陈述申辩，在收到违规处理决定书后，可以向省教育厅提出复核申请，或申请行政复议，或直接向人民法院提起行政诉讼。

第三章

考试招生管理的信息化和手段现代化

随着计算机与信息技术的发展，把计算机与信息技术以及其他高科技手段应用于考试招生工作也摆上了议事日程。信息化和高科技手段带给考试招生工作的首先是便捷、高效，有利于提升对考生的服务能力和服务水平。同时在堵塞人工操作的管理漏洞、排除主观因素的干扰、推进信息公开、提升评价选拔的客观性和公平性方面，具有突出的优势。

一、考试招生的计算机辅助管理

早在 20 世纪 80—90 年代，浙江考试招生系统就致力于用计算机辅助考试招生工作管理。

1984 年浙江省自学考试制度建立伊始，省自考办就着手开发计算机考籍管理系统，当年 12 月首次考试就投入运行。经两年的探索实践，形成了一套具有大批量成绩录入、检验、纠错、课程拼装、统计分析、数据图形显示等功能，融日常管理与毕业管理于一体的计算机考籍管理系统。1987 年 4 月 12 日，全国自考委委派由清华大学计算机专业副教授、全国考委考试研究会副主任等专家组成的鉴定委员会对该系统进行技术鉴定。鉴定委员会认为该系统具有实用性强、运算速度快、准确度高、数据可靠、操作方便和功能齐全的特点，在国内自学考试考籍管理系统中处于领先水平，建议全国自考委逐步在全国推广使用。[①]

1988 年起，省招办也开始用计算机辅助高考招生有关工作。1988 年英语试行标准化考试，1989 年扩大到政治、物理、化学、历史、地理，实行分卷考试。从 1988 年起，客观题试卷均采用计算机阅卷和统计分数，既提升准确率，又提升速度。此外，从 1989 年起，还将计算机应用于计划、报名、录取等环节的工作。计算机辅助编制生源计划，在报名中随机编排考生的准考证号码，在录取过程中实行人工与机器双轨并行，计算机承担录取情况的跟踪、查询工作。1991 年，浙江省在高校招生工作中首次全面应用计算机管理：各科客观题采用计算机

---

① 钱沈纲：《我省计算机考籍管理系统通过部级鉴定》，《浙江自学考试》1987年第4期。

光电阅卷，考生志愿卡采用计算机光电输入，考生体检情况、外语口试成绩、徒手画加试等信息全部输入计算机，从而形成一套完整的考生信息系统；采用计算机编制招生计划；在录取工作中，首次全面实行计算机辅助调档，并成功地通过计算机远程联网通信传输各类录取信息。同时还专门设立了微机查询检索服务项目，接受广大考生的监督。[①]

1993 年 1 月 8 日，省招办历时四年研制完成的"高校招生录取计算机网络管理系统"在杭州通过专家鉴定。它的最大特点是以计算机管理为主，结合必要的人工管理，在招生工作的核心阶段——录取期间，根据国家的录取政策与法规，对考生档案进行自动调配。[②] 1997 年 5 月，浙江省高校招生计算机远程电子邮件管理系统开通并投入使用。全省 80 多个市、地、县（区）、部分高等院校、科研单位和省招办技术与信息中心通过计算机远程网络联在一起，系统提供了全天候无人值守的工作环境。系统的开通为浙江省普通高校、成人高校、中专、研究生招生从基本信息的采集到综合信息的拼加、评卷、录取等各个环节工作的全面现代化奠定了基础。[③] 当年 6 月，浙江省招办与浙江中兴通讯服务有限责任公司联合开通招生考试信息电话查询系统，并在全省范围内提供查询服务。[④]

1997 年 10 月自学考试，浙江省采用计算机随机编排考场，取消了市地报送试场登分单的环节，整个阅卷过程（阅卷、合分、登分、计算机录入）在全密封状态下进行。1998 年上半年，省自考办研制开发出"计算机直接录入题首分自动生成卷分"的成绩处理系统，对评卷及成绩处理各环节实行"全过程、全密封"管理，增强了评卷工作的保密性和公正、公平性，提高了工作质量和效率。2000 年 9 月，省自考办决定在全省采用数码摄像自考全程管理系统。2002 年底，浙江省完成所有高教自考毕业生电子注册工作，社会和用人单位只需登录中国高等教育学生信息网或者浙江省高等教育学生信息网即可对自考生毕业证书进行查询和认证，实现了从报名、考场编排到成绩处理、考籍管理、毕业管理的全过程信息化管理。

二、先行探索无纸化考试

1996 年起，全省普通高中会考增设计算机学科。杭州市率先进行了无纸化教学和考试的试验。1998 年 6 月 22 日，杭州市举行的高中计算机会考中有 9 所中学采用了无纸化考试，教师出题和学生答题全部通过软盘，在计算机上进行。这在全省和全国均属首例。[⑤]

---

① 汪奴戟：《我省高校录取工作首次全面应用计算机管理》，《浙江日报》1991年8月30日，第1版。
② 王咏田：《高校招生计算机管理系统研制成功》，《浙江日报》1993年1月9日，第1版。
③ 宣成：《我省招生远程电子邮件管理系统开通》，《浙江日报》1997年5月10日，第3版。
④ 张江琳：《全省招生考试信息电话查询系统开通》，《浙江日报》1997年6月1日，第3版。
⑤ 胡海燕：《我市九所中学计算机会考无纸化》，《杭州日报》1998年6月23日，第2版。

2000年，浙江省信息技术学科无纸化考试顺利开考，为全国提供了信息技术学科高中会考的新模式。[1]

2002年5月，浙江省中小学信息技术等级证书考试成功实施，至2003年底，有35万名中小学生参加。该项考试由省自考办和浙江师范大学联合开发，实现电脑自动成卷、自动评分。[2]

三、网上录取和网上阅卷

网上录取。 2000年，浙江省招办与天津市、福建省招办一起承担了教育部交托的"成人高校招生网上录取"试点工作，按照"高起点、高标准、高质量"的要求，团结协作共同攻关，圆满完成试点任务。教育部学生司于当年10月向各省、自治区、直辖市教育厅、招办发文予以通报表扬。在试点成功的基础上，2001年成人高校招生全面实施网上录取。[3]

在成人高校试点经验的基础上，普通高校招生也在2001年试行网上录取，[4]并于2002年全面推开。为确保成功，省招办从抓管理、抓落实、重技术、重质量等几个方面统筹安排，以集成方案的科学、经济和高效为抓手，以网络安全建设为重点，在充分认证的基础上，采用双防火墙结构，同时升级了设备，使用硬件防火墙确保网站和网上录取平台的安全。在省公安厅的支持下，排除了来自外网的攻击，实现了信息发布的畅通和远程网上录取的安全运行。[5]

网上阅卷。 2004年，普通高考英语科进行网上阅卷试点，成人高考高中起点本、专科的语文科也试行网上阅卷。[6] 2005年，拓展到普通高考语文科。2006年，普通高考全部科目实行网上阅卷，《浙江日报》记者曾到现场探营；[7] 2009年，记者再次去阅卷现场采访：

要进行网上阅卷，首先得把考生的答卷扫描进数据库。今天下午，记者在省教育考试院看到，数十台高清晰度高速扫描机正把一份份考卷，以图像方式扫描进主数据库。这些扫描进去的考卷会被陆续"分发"到各个主观题阅卷点，然后由电脑随机分给每个评卷老师进行打分。评卷教师在整个评卷过程中看不到，也接触不到一张纸质答卷，只能看到扫描形成的没有任何多余标识的考生答卷页面的图像。

如何确保不同阅卷老师之间打分的公平、公正呢？记者随后来到高考语文、数学阅卷点，一探究竟。记者在这里看到，每位评卷教师正认真地面对着电脑屏幕阅卷，被放大的考生答

---

① 全国普通高中学业水平考试工作协作会：《中国高中会考改革二十年》，南昌：江西人民出版社，2010年，第13页。
② 边星灿、郑家淮：《托起百万学子的大学》，《浙江日报》2004年4月2日，第6版。
③ 张冬素、张江琳：《高考网上录取咋回事，成人高校招生先探营》，《浙江日报》2001年6月22日，第6版。
④ 张江琳、马瑛瑛：《今年我省高校招生试行网上录取》，《浙江日报》2001年2月28日，第1版。
⑤ 浙江省招办：《浙江省2002年普通高校招生工作总结》，2002年10月，档案号J084-2002-Y-021-001，浙江省教育考试院档案室藏。
⑥ 鲍夏超、钱国良：《成人高考对手机发禁令》，《青年时报》2004年10月15日，第4版。
⑦ 张冬素、薛平：《阅卷打分"背靠背"》，《浙江日报》2006年6月13日，第1版。

案非常清晰。据介绍，所有考生的每一道主观题都要由两位老师进行"背靠背"的评分，相互之间看不见评分结果，当两位老师的评分差距在一个规定分数内，计算机将以取平均值的方式打出分数；如果差距超过规定的范围，计算机将会把考卷发给第3位老师评，如果第3位老师的独立评分与前两位的差距还是超过规定范围，则提交给小组长评分，如果还有疑问，则要进行大组讨论，直到分值差符合设定的范围。一个小组的阅卷老师只管一道题的评分。

廖可斌（语文阅卷大组长）认为网上阅卷的好处除了"背靠背"打分外，还可以对每个阅卷老师的阅卷质量、速度、评分宽严进行随时监控，通过"有效度"等程序设计，调整教师评卷的宽严程度，使得阅卷工作实现最大化的公平、公正。[①]

2006年成人高考高中起点本科和专科的所有科目实施网上阅卷，2007年成人高考高中起点本科、专科和专升本除少数语种考试外的所有科目实施网上阅卷，2013年成人高考全部科目均实施网上阅卷。[②]

2011年，研究生招生考试试卷也采用网上评阅方式。[③]

网上录取和网上阅卷都具有三方面的功效：一是有利于提高工作效率；二是有利于控制误差、提升工作质量；三是有利于排除主观因素的干扰，促进高考招生公平。

四、用高科技手段加强考风考纪建设

随着科学技术的发展，高科技考试作弊露出苗头，并迅速蔓延。浙江省考试招生机构及时应对，在进一步完善制度建设和加大管理力度的同时，加强高科技手段在考试管理中的应用，形成硬件和软件配套、技防和人防结合的考试安全体系，保障考试过程的公平公正。

2006年，在综合治理国家教育考试环境时，把"三防一治"作为重点：重点防范利用现代通信工具作弊，重点防范代考替考，重点防范有组织的群体性舞弊，重点治理考点周边环境和网络环境。并初步建立全省联网的各类教育考试网络远程指挥平台。2007年，加快科技治考步伐，在组考中启用"无线信号监测车"，并用"作弊克""监考大师"等技术手段防范打击高科技舞弊。2008年，进一步提升科技反舞弊能力，加大现代科技手段在考试中的应用力度：考场外，运用无线信号监测车对考点周边可疑信号进行巡回监测；考场内，配备无线信号监

---

① 张冬素：《高考阅卷打分"背靠背"》，《浙江日报》2009年6月13日，第2版。
② 浙江省招委、教育厅：《关于印发浙江省2006年成人高等学校招生工作实施意见的通知》，2006年7月17日，档案号0001_J084-WS·2006-Y-ZZ-0082，浙江省教育考试院档案室藏。
　浙江省招委、教育厅：《关于印发2007年浙江省成人高等学校招生工作实施办法的通知》，2007年7月24日，档案号J084-WS·2007-Y-ZZ-0018，浙江省教育考试院档案室藏。
　浙江省招委、教育厅：《关于印发2013年浙江省成人高校招生工作实施意见的通知》，2013年8月9日，档案号J084-WS·2013-Y-ZZ-0017，浙江省教育考试院档案室藏。
③ 浙江省教育考试院：《关于做好硕士研究生招生考试网上评卷工作的通知》，浙江省教育考试院编：《浙江省教育考试文件选编》，2010年，第302-308页。

测仪，部分考区还启用了会议屏蔽系统。2009年，在全省全部高考考场使用移动通信干扰系统对手机等移动通信设备的信号进行屏蔽，高考犯规舞弊率降为0.092‰。

2013年，所有考点启用无线通信屏蔽仪和无线信号监测仪，辅以监测车流动监测，着力防范和打击高科技作弊。金华等地部分考点加配了金属探测仪等"安检"工具，防止考生误带手机等通信工具入场；所有考生准考证号和座位号均直接使用电脑随机编排。[①]

2016年，绍兴市一次性投入900万元，为全部高考考点配备身份信息采集仪和身份验证识别仪。同时，绍兴市教育考试院还与科技公司合作，共同开发了"三合一"（身份证、指纹、人脸比对）身份验证识别系统，从2016年10月的成人高考起步，2017推广使用到高考和各类国家教育考试。[②] 2019年4月，"绍兴市教育考试院国家教育考试考生身份验证平台"获得国家版权局"计算机软件著作权登记证书"。[③]

五、市县、高校探索"互联网＋教育考试工作"

随着计算机互联网技术的发展，市县教育考试机构和自学考试主考学校积极探索将互联网技术应用于教育考试管理的具体工作环节。

2003年浙江大学启动的"基于网络的自学考试毕业论文指导与管理系统的设计"，于2005年投入使用。[④] "互联网＋毕业论文指导"系统成为自考生和指导教师之间教学互动的园地，也为学校自考管理部门与二级学院之间的工作交流搭建了平台。线上师生平时交流和线下自考生到主考学校与指导教师切磋讨论的结合，使自学考试的育人功能得到充分发挥。

2018年，杭州市教育考试院在杭州市区的高考体检过程中，利用互联网，实现"无纸化体检"。[⑤] 2019年，绍兴市实现全市域所有市县高考体检电子化。宁波市也于2019年试行无纸化体检。[⑥]电子化、无纸化体检既提升了体检信息记录的准确度，又提升了工作效率。

2019年，温州市教育考试院建立科研课题，利用互联网上的在线表单工具开发教育考试考务培训考核应用软件，试行"线下培训＋手机端考核"模式。由一线考点教务主任与考试院专业人员组成命题组，生成考核题库。每次考试前上岗培训结束后用手机扫码即可在线考

---

① 董颖、张雪燕、杨洋：《今年高考"严"在哪里》，《浙江日报》2013年6月6日，第16版。
② 李平：《绍兴大投入"护航"新高考》，《浙江教育报》2017年12月6日，第2版。
③ 著作权登记号：2019SRO371613。
④ 韩建立、章瑞莲：《基于网络的自学考试毕业论文指导与管理系统的设计和实践》，2019年11月11日，https://www.jinchutou.com/p-114468752.html。
⑤ 杭州市教育考试院提供材料：《无纸化信息技术在高考体检中的运用》。
⑥ 宁波市教育考试院：《用科学管理促进高效长效服务：2019年高考体检运用无纸化信息技术》，2019年度浙江省考试招生工作考评"改革创新"加分项目申报材料。
　　成伟俊：《绍兴高考体检全面电子化》，《浙江考试》2019年第8期。

核。考试机构和考点学校可以及时查询、统计考核情况，由考点对个别不合格教师落实复测。2019 年和 2020 年 1 月三次考试（含高考、高中学考），参加考务培训考核的人次达 1.68 万，合格率达 91.4%。2020 年进一步推广到研究生招生考试和中等学校招生考试的考务培训。[①]

六、从标准化考点到综合管理平台建设

在逐步使用高科技手段加强考风考纪建设的基础上，从 2010 年起，浙江省教育考试系统利用现代化通信网络建立远程监控、巡查系统；从 2011 年起，根据教育部统一部署，启动覆盖全省所有考点的国家教育考试标准化考点建设，又从 2018 年起在标准化考点建设升级的基础上，启动国家教育考试综合管理平台建设。

（一）建立全省保密室网上巡查和评卷场所实时监控系统

试卷安全是考试安全的核心。2010 年，浙江省教育考试院印发《关于完善试卷安全远程监控系统的通知》《关于在评卷场所安装视频监控系统的通知》，实现了全省试卷保密室网上巡查和对试卷扫描场所、评卷场所的实时监控。同时在全省各市、县（市、区）建立了教育考试试卷保密室电子档案。[②]

（二）实行国家教育考试标准化考点建设

2011 年上半年高考前，为了加强考风考纪建设，省教育考试院与部分市县教育局和考试招生管理部门研究讨论，决定在 7 个县市的 25 个考点、464 个考场，先行安装视频监控系统，实现对考场的实时监控、巡查。[③]

2011 年 10 月，根据教育部、财政部的统一部署，浙江省教育厅、财政厅联合印发《关于加快推进我省国家教育考试标准化考点建设的通知》，启动标准化考点建设。[④] 省教育厅把标准化考点建设列入 2012 年全省教育重点工作任务，作为十个方面的实事之一。

整个工程分两期实施，其中第一期建设的高考考点视频监控系统在 2012 年 6 月的高考中投入使用。经全省共同努力，建成 1 个省平台、12 个市平台、69 个县（市、区）平台、82 个

① 赵桂芳、戴磊、谢琳琳等：《借助"互联网+"技术提升国家教育考试组织管理质量与服务水平的实践研究》，《浙江考试》2022年第2期。
② 浙江省教育考试院：《浙江省教育考试院2010年工作总结与2011年工作安排》，2010年10月，浙江省教育考试院档案室藏。
③ 浙江省教育考试院：《浙江省教育考试院2011年工作总结与2012年主要工作安排》，2011年10月，浙江省教育考试院档案室藏。
④ 浙江省教育厅、财政厅：《关于加快推进我省国家教育考试标准化考点建设工作的通知》，浙江省教育考试院编：《浙江省教育考试文件选编》，2011年，第1—4页。

保密室、343 个标准化考点、12865 个考场的浙江省国家教育考试网络指挥平台。[①]

2013 年，启动对标准化考点的升级完善、提质扩面。提质：对 2011 年先行安装设备的部分县按照标准化要求更新设备。扩面：由市县考点向高校考点延伸，新建标准化考点 49 个。[②]

到 2015 年底，全省建成标准化考点 600 余个、考场 24690 多个，安装视频监控摄像头 50000 多个。市、县建设标准化考场工作全面完成，高校标准化考场建设工作也基本完成（完成率 96%），省、市、县三级教育考试机构考试应急指挥系统建设完成率为 93%。

（三）升级国家教育考试综合管理平台建设

国家教育考试标准化考点建设对提升教育考试管理的现代化水平、遏制考试违规行为、确保考试安全、公平，提供了有利的条件保障。但运行多年以后，一些问题显现出来，主要是设备、系统功能、信息资源整合程度已不能适应实际需要。鉴于此，根据教育部的要求，浙江省于 2018 年启动国家教育考试综合管理平台建设工程。[③]

至 2021 年，全省升级建设省、市、县三级指挥中心 84 个、标准化考点 497 个（不含高校考点）、标准化考场 26950 个，形成了"一个平台、五大系统、一张专网"相结合的考试综合管理系统。

"一个平台"：国家教育考试综合管理平台。在省级平台建设基础信息管理平台、标准化考点管理平台，部署可视化决策指挥中心，提升全省教育考试综合管理功能。管理平台采取集中和分布部署，全省统一开发，集中管理，各市县通过终端接入应用。

"五大系统"：网上巡查系统、身份验证系统、作弊防控系统、试卷流转系统、考试支撑系统。一站式掌控工作开展进度、试卷押运任务情况、试卷流转情况、值班情况、考试进展情况，具备视频回放、智能预警处理等功能。

"一张专网"：全省教育考试网上巡查和综合管理专用网络。

国家教育考试综合管理平台的建设，在全省形成了信息畅通、功能完整、步调一致的国家教育考试运行与管理网络体系，为全面提升国家教育考试治理现代化水平提供了强大的技术条件保障。

[①]　浙江省教育考试院：《浙江省教育考试院2012年工作总结与2013年主要工作安排》，2012年10月，浙江省教育考试院档案室藏。

[②]　浙江省教育考试院：《浙江省教育考试院2013年工作总结与2014年主要工作思路》，2013年10月，浙江省教育考试院档案室藏。

[③]　浙江省教育厅办公室、财政厅办公室：《关于开展国家教育考试综合管理平台建设工作的通知》，浙江省教育考试院编：《浙江省教育考试文件选编》，2018年，第1-3页。

第四章

考试招生服务体系的构建

考试招生是各级考试招生机构、招生院校、主考学校与考生之间沟通交流和互动的过程。考试招生机构组织实施考试招生相关工作的过程，既是对考生的考核评价的过程，也是为考生提供服务的过程。

恢复高考以来，浙江省教育考试和招生系统秉承全心全意为人民服务的宗旨，在考试招生的各个环节为考生和家长提供耐心细致的服务。特别是进入新时代以来，浙江考试招生系统树立以人民为中心的发展理念，全方位做好为考生和家长服务的工作。

一、咨询服务：从纸媒、广电、现场咨询到云咨询

1977年恢复高考，浙江省招办就通过报纸、电台等媒体发布招生院校、专业、考试日期等信息。随后出版的《浙江招生通讯》，成为联系考生和考试招生机构的重要纽带。1984年起出版的《浙江自学考试》，成为广大自考生的主要信息源和为考生释疑解惑、指导学习的良师益友。

1995年，杭州、宁波、湖州、温州等地开通"168"自考信息台，方便自考生查询自学考试信息。1998年10月，浙江自考网上线。2003年，浙江招生网建成投入运行。

世纪之交，随着会展活动在经济社会生活中的作用发挥，大型的广场与会场咨询活动也在考试招生宣传咨询活动中大显身手。省招办、省自考办和随后成立的省教育考试院会同市县考试招生机构多次组织大型广场和会场咨询活动，包括全省各地的巡回宣传咨询活动。省内外的招生院校、自考主考学校和助学学校一起参加，见图8-4-1和图8-4-2。

2006年省教育考试院建立后，即招聘、培训专门的咨询工作人员，设立考试招生咨询热线和专门的咨询服务大厅，配备专职人员值守。考试招生忙季，晚上和双休日均安排人员值班接受咨询。2019年6月，为增强服务考生、服务学校、服务基层的力量，省教育考试院在教育考试服务中心设立"三服务"窗口部，专门负责信访咨询服务工作。据2021年统计数据，

全年共接听电话 7.84 万余次，接待现场咨询 460 余人次，接待信访 24 次；开具成绩证明 1.25 万份（其中现场 600 份，政务网申请 1.19 万份）；办理申领海外考试各类成绩证书 2472 份；转办、回复厅长信箱 1523 件；为部队考学人员开具录取证明 316 份；此外还做好双休日及春节、"十一"等法定节日的值班工作。

图 8-4-1　浙江省自考办举行自学考试大型宣传咨询活动

图 8-4-2　高校招生"下基层"

2008 年省政府出台《浙江省新课改高考方案》后，省教育考试院在通过多种途径进行宣传解读的同时，编印数十万份解读小册子免费发放给所有考生，并在全省进行全覆盖的宣讲解读。2014 年，省教育考试院组织编写《教育考试百问百答》，就普通高校考试招生、成人高校考试招生、研究生考试招生、自学考试、教师资格考试等各类考试招生工作，梳理考生关心和需要了解、咨询的 200 多个问题，进行解答。《教育考试百问百答》既上传到省教育考试院官网、微信公众号供考生下载，也作为办事大厅咨询热线的解答依据。

2014 年新高考方案出台，浙江省教育考试院在将新高考内容作为一个专题纳入《教育考试百问百答》、编印数十万份解读小册子免费发放、组织全省范围的宣讲解读的同时，还编印宣传漫画书，印发到高中毕业班，同时发布网上志愿填报流程动画视频进行指导。

2015 年开通《浙江考试》微信公众号。至 2021 年底，共积累粉丝 240 万，推送微信 2200 余篇，其中阅读量 10 万以上的 200 余篇。

2020 年高校招生录取期间，正值新冠疫情高峰期，在现场咨询难以开展的情况下，省教育考试院会同浙江日报社、浙江教育报刊总社和中国教育在线浙江站举办"2020 年高考志愿填报云咨询周"活动。参与咨询活动的高等学校 240 余所，吸引 10 万余名考生与家长，近 50 万人次进入直播间观看与咨询，见图 8-4-3。

图 8-4-3　浙江省教育考试院 2020 年高考志愿填报云咨询周活动

2021 年高校招生录取期间，继续开展云咨询服务活动。

二、爱心服务：从助考、助学到助就业

在组织考试的过程中，浙江考试招生系统的工作人员以大爱的情怀，既为各类考生参加考试创造良好的条件，也为自考生考前的学习和考后的就业提供服务。

1989年10月29日,缙云县人民医院外科六病室成了一间特殊的考场。自考生郑捷在两个月前因车祸受伤,住院治疗。一年两次的考试,对自考生而言每一次都很重要。为了让他顺利完成自考学业,获得毕业证书,经报省地两级自考办同意,缙云县自考办特地为他在医院病房里单独设立考场。①

2015年,宁波慈溪盲人考生郑荣权参加高考。浙江省教育厅主要负责人在看到有关材料后,明确表示"在坚持高考公平的同时,要给予热心关怀"。浙江省教育考试院多次专题研究,积极为考生参加考试提供人性化便利,为他单独提供盲文试卷,单独设置考场考试。志愿填报期间,考试院主要负责人专程前往考生家中看望,面对面指导考生填报高考志愿,并与有关院校协调沟通。该生最终被第一志愿温州大学思想政治教育专业录取。

在自学考试体系里,教材是自考生学习的主要材料。让自考生及时获得教材是自学考试社会助学的重要内容。在20世纪90年代,网络还不普及,相对于城市自考生,农村、山区、海岛自考生在获得自考教材、有关考试信息和参加考试方面都面临多种困难。浙江省独创的自考乡镇联络站、工作站,依托乡镇成人文化技术学校,为考生传递自考信息,到县城为自考生代领教材、准考证、成绩通知单,还为自考生加油打气。有的还请学科专家为自考生讲课辅导。

2001年12月,浙江省自考办在省委党校大礼堂举行首场自学考试毕业生专场招聘会,为自考毕业生和用人单位牵线搭桥。杭州娃哈哈集团、浙江传化集团、东风汽车集团等90余家大中型企业进场招贤,将目标锁定自学成才者。1万多名自考毕业生参加招聘会,其中1000余名与用人单位签订就业意向书。②

三、便捷服务：从网上答疑助学、网上报名到一站式志愿填报服务

自考网上答疑助学。 2002年,浙江省自考办启动网上课程辅导答疑,浙江大学、杭州商学院、浙江师范大学、浙江工业大学、杭州电子工业学院的专业教师在线回答自考生在学习上遇到的问题。2003年拥有在线兼职答疑教师500余人,覆盖自考646门课程,占已开考课程的90%。2010年答疑课程达到876门,参加答疑教师700余人,考生提出问题的回答率达到100%。

网上报名。 2002年上半年,舟山市启动自学考试计算机网上报名试点工作。2003年1月,由舟山市教育局承担的浙江省自学考试"十五"规划课题"高等教育自学考试网上报名系统开

---

① 默笛：《一曲紫色生命的旋律》，《浙江自学考试》1990年第1期。
② 吴鸿炜：《我省举办首届自考毕业生人才招聘会》，《浙江自学考试》2002年第5期。

发研究"，在杭州通过省级鉴定。该课题成果获得舟山市政府科技进步三等奖。2002年，宁波市成功开通自学考试电话报名系统，实现了自考报名工作网络化、自动化和远程化。2008年10月，浙江省教育考试院在硕士研究生招生工作中采用网上报名形式。[①] 2009年3月下旬，普通高校招生实行网上远程报名，全省有近35万名考生参加。此次报名工作一方面实行社会化报名和学校报名相结合的办法，考生可选择在就读的中学报名，也可在本地区的其他社会报名点报名；另一方面全部采用计算机网络远程报名方式，考生可以自主选择在家庭、学校或其他能够上网的地方完成报名。

网上填报志愿。2008年，浙江省教育考试院在嘉兴、湖州两地举行网上高考志愿填报试点。试点取得经验后于2009年在全省推开网上志愿填报。为确保考生利益，采取了异地同步备份、考生现场（书面）确认的办法。经过两年的试行，2010年取消了现场确认环节。为避免录取过程中出现意外，省教育考试院加大技术保障力度，建立应急预案，加班加点连续奋战，数十万名考生填报志愿、投档录取无一差错。

网上缴费。在2009年成功实施网上报名的基础上，浙江省教育考试院又围绕网上缴费，与省财政厅等部门反复研究讨论，争取财政部门的支持。2018年从自学考试项目起步，2019年在成人高考、研究生招生考试和教师资格考试报名环节跟进，2020年全部考试项目实现网上缴费，取消报名现场确认环节，实现了"让数据多跑路，让学生少跑腿"的目标。教育考试网上缴费纳入省财政厅"浙里缴费"统一公共支付平台。该平台以"深入推进公共支付数字化改革"的名称入选2021年浙江省直机关最佳制度供给优秀案例。

一站式网上志愿填报集成服务。自实施招生阳光工程以来，每年高考招生的全部信息都通过公共媒体和省教育考试院的网站公布，往年的录取信息还通过公开出版《浙江省普通高校招生投档及专业录取情况》等书向考生公布，但由于信息分布在多个时段，呈现多种形态，考生填报志愿时需要多处查询，既不便捷也不完整。2019年高考招生填报志愿期间，省教育考试院把所有的相关信息整合集成，在官网上开设"高考志愿填报服务专窗"。信息包括当前最新的与考生选考科目相对应的高校分专业的招生计划数，当前考生成绩分段表，往年全部高校全部专业投档分数线及位次，志愿填报百问百答（包括当年招生政策的变化和志愿填报注意事项）等，一站登录，信息俱全，成为考生志愿填报的忠实助手。

四、升级服务：从"最多跑一次"到"浙考零跑"

"最多跑一次"是浙江省委、省政府于2016年推出的为民办实事项目，是社会公共服务

---

① 张冬素、薛平：《报考2009年硕士研究生 10日起可网上报名》，《浙江日报》2008年10月9日，第5版。

的一项重大改革。浙江考试招生系统第一时间加入改革，涉及 2 项行政确认事项和 5 项公共服务事项。

2016 年，首先在 5 项公共服务上实现最多跑一次，分别为：普通高中学业水平考试和会考成绩证明、普通高校招生考试和单独考试招生成绩证明、自学考试合格成绩和毕业证明、全国计算机等级考试合格证书证明、全国英语等级考试成绩证明。2017 年，在继续办理 5 项公共服务的同时，实现 2 项行政确认事项（自考合格课程跨省转移确认、自考考生免考课程确认）的最多跑一次。2017 年全年，对自考合格课程跨省转移确认共办理 354 人；对自考考生免考课程确认共计办理 7569 人；高考等成绩证明 5 项公共服务事项总计办理约 4200 人次。

2021 年，针对教育考试报名业务分散、数据分隔等问题，在全国率先建设八大类教育考试报名通办"浙考零跑"平台，实现考生考试报名"跑零趟""掌上办"。该平台以通办平台为抓手、政务大数据互通为纽带，协同教育部学位中心、考试中心和省公安厅、财政厅、人力社保厅、大数据局、民宗委等部门，打破以往考试报名数据不连通的局面，把各项考试、各部门信息、报名各流程串接起来，实现了全链条闭环管理。平台整合了不同考生群体、不同考试类型、不同技术平台的报名系统，汇集报名缴费、网上确认、准考证打印、成绩查询、成绩确认、身份互认等六大应用场景，共享多种信息，实现高考、研究生考试等八大类教育考试报名一平台通办。

五、全真模拟：从适应性模拟考试到适应性模拟录取

2014 年浙江承担新高考试点任务后，2015 年 10 月迎来第一次学考选考相结合的考试。按浙江的新高考方案，高中学考（相当于其他一些新高考试点省份的合格性考试）和选考科目（相当于其他一些新高考试点省份的等级性、选择性考试）采用同时开考的办法。

将两种不同要求的考试结合起来考核，是一种全新的尝试。如何结合？题型结构和难度结构如何合理设置？学生关心，教师关心。方案公布后，浙江省教育考试院立即组织专家根据国家课程标准制订和公布考试说明。又组织专家根据考试说明研究命题思路，并按照实考的要求命制模拟考试试题，于 2015 年 9 月面向全省所有将参加首次学考选考的考生进行全真适应性模拟考试，又将模拟考试的结果反馈给中学和学生。2015 年 10 月首次学考选考，全省 24.9 万名学生参加考试，考试期间学生心态平稳淡定，考试后的数据分析显示，难度、区分度等指标都符合要求。①

① 浙江省教育考试院：《浙江省教育考试院2015年工作总结及2016年工作思路》，2015年10月，浙江省教育考试院档案室藏。

在学考选考模拟考试成功后，在 2017 年首次新高考统考科目考试前，针对新高考数学从原来文理分别命题考试改为不分文理同卷考试后考生和中学教师对适应性训练的迫切需要，又组织了数学和语文的模拟考试。2017 年 6 月，首次新高考数学语文科考试又获得成功。

浙江的新高考方案取消录取批次，按学生成绩分段录取，平行志愿改原来平行到院校为平行到专业，每位学生可以填 80 个志愿。这样的录取体制在运行时会遇到什么问题？如何填报志愿？浙江省教育考试院在针对新高考录取方案进行覆盖全省的逐级培训基础上，于 2016 年下半年、2017 年上半年 3 次组织 2017 届全体考生进行全真适应性模拟志愿填报和录取。模拟录取过程贯穿招生计划上传、学生阅读各院校招生计划、填报志愿、省教育考试院投档、招生院校阅档、生成拟录取名单、学生查阅录取结果的全程。省内外 1000 多所院校参加模拟录取。

模拟考试和模拟录取为 2017 年首届新高考学生从容应对考试和志愿填报创造了有利条件，保证了首次新高考录取的成功落地。

六、守护平安：从抗暑、抗台、抗洪到抗疫

2003 年以前，高考的时间为每年 7 月，正值江南高温季节。2003 年调整到 6 月以后，也处于浙江梅雨季节，同时也是洪水和台风的多发季节。而自学考试下半年 10 月开考也往往遇上台风天气。在几十年的考试季里，浙江考试招生系统面对突发的高温、台风和洪水等异常天气考验，心系考生，周密安排，见招拆招，打赢了抗暑、抗台、抗洪的多次战役，2021 年更是取得了研究生考试抗疫保卫战的胜利。

（一）抗暑抗台抗洪，为考生营造平安的考试环境

1978 年是恢复高考后的第二次考试，也是恢复高考第一次全国统一考试，考试日期安排在 7 月 20 日至 22 日。这一年浙江省遇到高温酷暑。在没有空调的情况下，如何保证 24.3 万名考生沉着冷静作答？ 7 月 18 日和 7 月 21 日的《浙江日报》详细叙述了全省各级教育局、考试招生机构和考点学校采取买竹帘遮阴、备水泵喷屋顶、配制清凉饮料、设立医疗急救站、用井水泼洒地面、为考生拧毛巾擦脸、提前一天用专车把农村学校考生接到考点安排教室住宿等措施，让考生顺利完成考试的情景。[①]

1984 年自学考试制度在浙江实施后，下半年 10 月举行的考试，舟山地区多次遇到台风

---

① 本报讯：《让考生考出良好成绩》，《浙江日报》1978年7月18日，第4版。
本报讯：《考场新风》，《浙江日报》1978年7月21日，第4版。

来袭、轮船停航，或者试卷无法从市区送到嵊泗、岱山等岛上，或者考生难以从小岛赶到考点考试的情况。考试机构在渔政管理部门的支持下，通过调用渔政船等措施确保考试如期进行。

2020年因新冠疫情，高考时间延期至2020年7月7日至10日。6月至7月上旬，长江中下游等地持续出现强降雨。新安江流域一个多月总降水量是多年均值的2.64倍。7月7日，新安江水库进行开闸泄洪。受此影响，杭州市桐庐县考区分水高级中学考点附近区域道路水位升高，导致道路被淹、交通阻断，高考试卷运送面临很大风险，数百名考生能否如期参加考试成为疑问。面对越来越猛烈的汛情，浙江省教育厅、省教育考试院和当地教育与考试管理部门全力以赴做好防汛保考工作。在7日考试顺利结束后，8日开始考生统一安排在考点住宿，考试工作人员统一安排在考点附近住宿。8日上午一次性将8日至10日的高考外语及7门选考科目试卷押送至考点。为确保试题试卷安全，采取四项措施：一是加强人员值守，由市教育局、县教育局、县公安局、考点学校派出人员共4人，24小时值班；二是严格执行试题试卷保密制度，钥匙双人交叉保管，严格试题试卷登记交接手续，确保可查可追溯；三是省教育考试院全程对考点保管室进行视频监控监督；四是考点当地派出所加大力量，对考点周边治安进行巡逻。

7月8日，新安江水库建成运行61年来首次9孔全开泄洪。[①] 由于提前做出了积极应对，该中学考生全部顺利完成了考试。

（二）抗疫，不让一个考生因疫情影响而失去考试机会

2003年4月的自学考试和6月的高考是在防治"非典"的特殊时期进行的。浙江考试招生系统根据教育部和省里的有关部署，结合当地的实际情况，制定、落实各项防范和应急措施。对考生和考务工作人员进行"非典"排查和健康状况摸底调查。考点设临时医疗站和考生休息待考场所。与此同时，全省各地还普遍对接送考生的车辆、考生集中食宿的场所进行严格的卫生检查，对考点周围的治安环境进行整治。考试期间，有的地区的考点还组织了考生进场的应急演练。5月12日的《浙江日报》报道了一位金华考生在杭州参加自学考试期间在考点学校留验点受到考点工作人员和当地居民精心照顾的经历。[②]

2019年底出现的新冠疫情长时间肆虐更是给考试招生工作带来严峻考验。2021年12月，

---

① 赵倩：《中国气象局提醒未来3天新安江流域仍有大到暴雨，需注意防范山洪等次生灾害》，2020年7月8日，https://www.sohu.com/a/406439793_116237。

② 洪加祥：《团结互助战病魔》，《浙江日报》2003年5月12日，第2版。
  金海忠：《我省各地全力以赴确保高考顺利进行》，《浙江日报》2003年6月5日，第8版。

全国外语等级考试、艺术类省统考、全国研究生考试接踵而至。12月上旬，省内宁波市镇海区、绍兴市上虞区先后暴发疫情，而研究生考试前夕，陕西省西安市也突发疫情，给考生流动性很强的研究生考试带来重重困难。浙江省委、省政府高度重视，省委和省政府主要领导多次作出指示，明确要求做到考试和防疫双安全。12月16日，全省成立战时教育考试指挥体系，省委副书记兼省委教育工作领导小组组长担任领导小组组长，亲自指挥协调，领导小组每日研判疫情，及时统筹调度，省委宣传部、省防控办、省卫生健康委、省教育厅等部门各司其职、齐抓共管，联合印发考试防疫工作方案两个，下发"工作提示"五次。全省11个市和相关县（市、区）第一时间成立了以市委副书记、政府分管领导为组长、副组长的领导小组和工作专班。各级公安、卫健、疾控、教育等部门在指挥中心和现场值班值守，做好考试保障，处置突发事件。省教育厅主要负责人联系疫情最严重的绍兴市。[①] 省教育厅班子全体成员在外语等级考试和研究生考试前夕两次赶赴11个地市，现场督阵考试工作。[②]

12月10日晚上，浙江省教育考试院通过官网和微信公众号发出《致考生的一封信》和《关于中高风险地区滞留考生参加全国硕士研究生招生考试安排公告》。信中提醒考生密切关注疫情动态，积极做好自我防护；诚实守信、从容赴考。《公告》则郑重作出三项承诺：无论是外省滞留浙江考生，滞留在中高风险区的本省考生，还是滞留在外省的本省考生，均可与浙江省教育考试院联系落实就地参加考试事宜。

在收集统计滞留考生信息的基础上，为使每一位报名考生都不因疫情失去考试的机会，省教育考试院与全国23个省、自治区、直辖市联系，紧急调运全国各地高校自命题试卷1033份，使426名在浙江省借考考生顺利参加考试。本次考试原计划设13个考区、90个考点、5865个考场，因疫情防控需要，考点数、考场数分别增加96个、415个，并准备了隔离考场。12月25日，全省15.8万名研究生考试考生入场平顺有序、考试组织井然、考风考纪良好；启用隔离考场192个，涉及考生1886人。各考区考点在考生交通出行、赴考入场等方面提前作出温馨提醒。浙江大学、浙江师范大学、浙江农林大学等高校考点在考试期间升级服务保障，为校外考生开辟用餐、午休、备考专区，为考生积极营造温馨、暖心研考的氛围。中央电视台、中国青年报、浙江日报等主流媒体均正面报道浙江省考试疫情防控和考生服务保障举措。

考试结束后，考生纷纷在《浙江考试》微信公众号留言：

---

① 绍兴市教育局：《省教育厅党委书记、厅长毛宏芳来绍检查指导国家教育考试组考和疫情防控工作》，2021年12月20日，http://jyj.sx.gov.cn/art/2021/12/20/art_1489102_59017365.html。

② 浙江省教育厅：《省教育厅领导班子赴我省各地检查指导疫情防控和组考工作》，2021年12月20日，http://jyt.zj.gov.cn/art/2021/12/20/art_1543973_58918506.html。

"感谢各级政府，以考生为本调用各种资源维护研考顺利开考。感恩伟大的祖国。"（网友"悠然"）

"你可以永远相信浙江！"（网友"困到头要掉了"）

"浙江做得太棒了，向所有工作人员致敬！"（网友"荣耀"）

"浙江太有温度了。"（网友"萧瑟"）

"只要考生满意，一切付出都是值得的。这是一个有温度的冬天。"（网友"清秀"）

"考试过程中看到有那么多人在为我们的考试付出巨大努力，真的非常感动！没有理由不努力！"（网友"Tommy"）①

七、增值服务：率先推出全省性的考试成绩诊断报告

新高考改革启动后，浙江为全体考生在英语和选考科目上提供两次考试机会。与此相配套，在全国率先实行学考选考科目考试成绩诊断报告制度。2015年10月首次学考选考后，省教育考试院面向全部考生推出了59万余份全新的成绩诊断报告。将原来冷冰冰的单一的分数丰富为含学习成绩信息和诊断信息两部分，诊断信息包括试题得分、学科知识、学科能力、考核目标四个方面，反映学生个体在全体学生中的相对水平，引导学生更加关注自身知识、能力掌握状态，帮助学生提高学习的针对性和有效性，从而实现从考试到评价的平稳推进。中央和省级媒体予以报道和肯定：

近日，参加过今年浙江新高考首考的考生在查询学考、选考成绩时惊喜地发现，除了自己的学考等级和选考等级赋分外，还附有一份个性化的"诊断报告"。

记者看到，这张A4纸大小的诊断报告，分为成绩信息和诊断信息两部分。报告不仅提供学考等级、选考等级赋分的成绩信息，更有大量知识、能力方面的诊断信息，包含的内容已从原先的"卷面成绩"拓展到现在的"试题得分、学科知识、学科能力、考核目标达成"四个方面，具体到某道试题、某个学科知识点、某项学科能力，以及"理解""掌握""综合应用"等考核目标，分五个层级反映个人在全体学生中的相对水平。

这是浙江也是国内首次推出新高考的成绩诊断报告，其目的是诊断出学生在知识、能力上的优势和不足，在单一冷冰冰的分数（等级）之外再提供更丰富、深层次的关于知识、能力掌握方面的信息，进一步提高教与学的科学性和有效性。②

截至2021年7月，省教育考试院面向参加17次学考选考的全体学生，推出2754.9万份成绩诊断报告。③

① 《浙江考试》新媒体编辑：《疫情下的"考验"今日收官！浙江"温度"呵护学子考研》，《浙江考试》微信公众号，2021年12月27日。
② 蒋亦丰：《浙江新高考首推学生成绩"诊断报告"》，《中国教育报》2015年12月26日，第1版。
③ 杨军：《浙江省普通高中学生个人成绩诊断报告单解读及完善探析》，《浙江考试》2022年第2期。

后 记

　　《浙江教育考试招生 70 年》一书是浙江省教育考试院的文化建设重点项目。编委会确定项目的指导思想，孙恒审定书稿纲目和内容。项目作为科研课题由浙江师范大学承担，编写组具体实施。

　　编写组由边新灿任组长，李学功、李伟任副组长，成员为王君胜、毛竞飞、宣成、郑忠耀、韩月、张剑、曾心凌、刘亚斐、潘巧丽、章汉荣、陈侃章、杨肖、赵玉辉。

　　本书各篇章的撰写人员为：第一篇李学功、张剑；第二篇边新灿、陈侃章、杨肖；第三篇毛竞飞、潘巧丽；第四篇宣成、李伟、曾心凌、赵玉辉；第五篇曾心凌、边新灿、章汉荣；第六篇郑忠耀、韩月、刘亚斐、边新灿；第七篇王君胜、刘亚斐；第八篇边新灿。

　　本书在收集材料和写作过程中得到浙江省图书馆、浙江省档案馆、浙江省教育厅档案室和其他业务处室、浙江大学档案馆、浙江科技学院档案室、浙江省内研究生各招生单位、浙江开放大学、浙江 11 个设区市教育考试院和桐乡市教育局等的大力支持，在此谨表谢忱；本书采用了浙江省多所高校、中学的专题总结材料和多位历史事实见证人的书面回忆材料，采用材料已在注解中说明，在此一并致谢。